PAOLO CAMAGNI RICCARDO NIKOLASSY

Informatica
Linguaggio C

Per il secondo biennio degli Istituti Tecnici settore Tecnologico articolazione Informatica

EDITORE ULRICO HOEPLI MILANO

UN TESTO PIÙ RICCO E SEMPRE AGGIORNATO
Nel sito **www.hoepliscuola.it** sono disponibili:
- **materiali didattici** integrativi;
- eventuali **aggiornamenti** dei contenuti del testo;
- un **estratto esemplificativo del volume** in formato PDF che può essere consultato, scaricato e stampato.

via Hoepli 5, 20121 Milano (Italy)
tel. +39 02 864871 - fax +39 02 8052886
e-mail hoepli@hoepli.it

www.hoepli.it

ISBN 978-88-203-4975-2

Ristampa maggio 2021

Realizzazione editoriale

ART Servizi Editoriali S.p.A. - Bologna
www.artspa.it

Coordinamento editoriale: Monica Monari
Impaginazione: Pietro Genna

Copertina: mncg S.r.l., Milano

Stampa: Grafički zavod Hrvatske d.o.o., Zagreb

Printed in Croatia

Indice

Presentazione

L'impostazione del presente volume tiene conto delle modifiche apportate ai programmi del corso di informatica previsti per l'articolazione informatica del secondo biennio degli Istituti Tecnici settore Tecnologico.

Abbiamo ritenuto irrinunciabile fare tesoro della nostra esperienza maturata nel corso di numerosi anni di insegnamento che ci ha reso consapevoli della difficoltà di adeguare le metodologie didattiche alle dinamiche dell'apprendimento giovanile e ai continui cambiamenti tecnologici che implicano sempre nuove metodologie di comunicazione, per proporre un testo con una struttura innovativa, riducendo l'aspetto teorico e proponendo un approccio didattico di apprendimento operativo, privilegiando il "saper fare".

Il volume è strutturato in dodici moduli suddivisi in unità didattiche che ricalcano le indicazioni per la programmazione imperativa e ad oggetti dei programmi ministeriali per il terzo e quarto anno di studio: lo scopo di ciascun modulo è quello di presentare un intero argomento, mentre quello delle unità didattiche è quello di esporne un singolo aspetto. Ciascuna unità didattica è stata progettata per essere svolta in una o al massimo due lezioni.

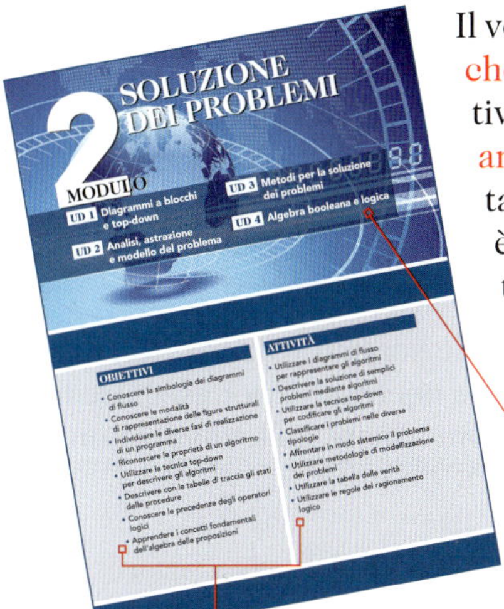

Nella pagina iniziale di ogni modulo è presente un indice delle unità didattiche trattate

Indice degli obiettivi che si intendono raggiungere e delle attività che si sarà in grado di svolgere

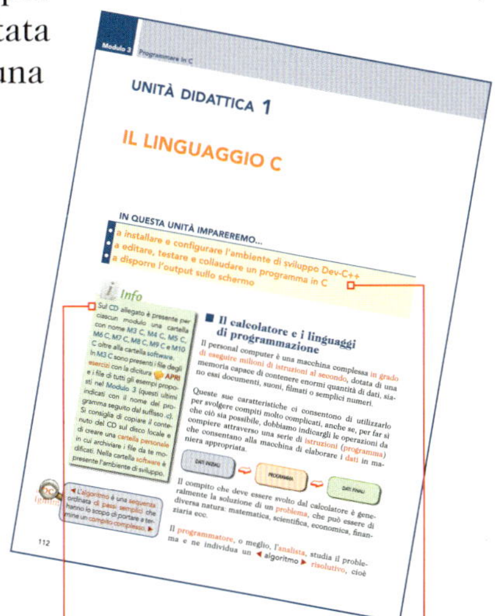

Tutti gli esempi presenti nel testo sono contenuti nel CD-ROM allegato al volume

All'inizio di ogni unità didattica sono indicati in modo sintetico i contenuti

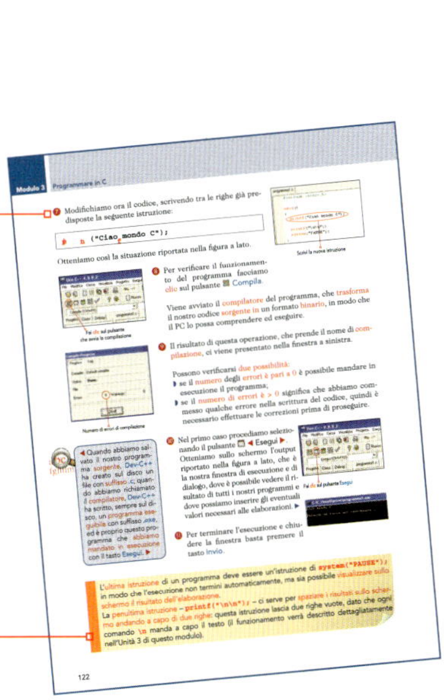

Le procedure operative vengono presentate in maniera semplice ed essenziale attraverso procedimenti passo-passo

Le osservazioni aiutano lo studente a comprendere e ad approfondire

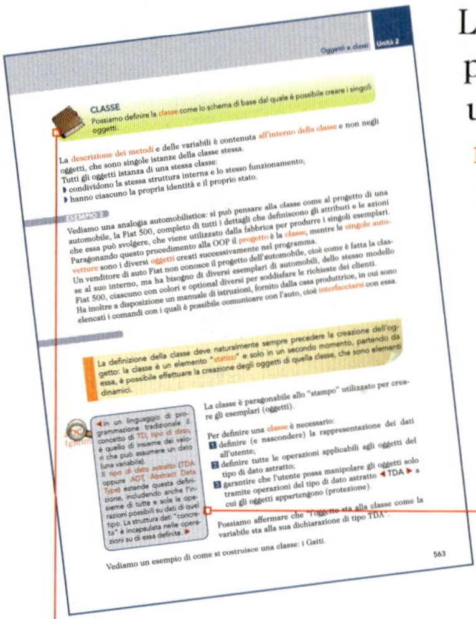

Le finalità e i contenuti dei diversi argomenti affrontati sono presentati all'inizio di ogni modulo; in conclusione di ogni unità didattica sono presenti esercizi di valutazione delle conoscenze e delle competenze raggiunte, suddivisi in domande a risposta multipla, vero o falso, a completamento, ed infine esercizi di progettazione da svolgere autonomamente.

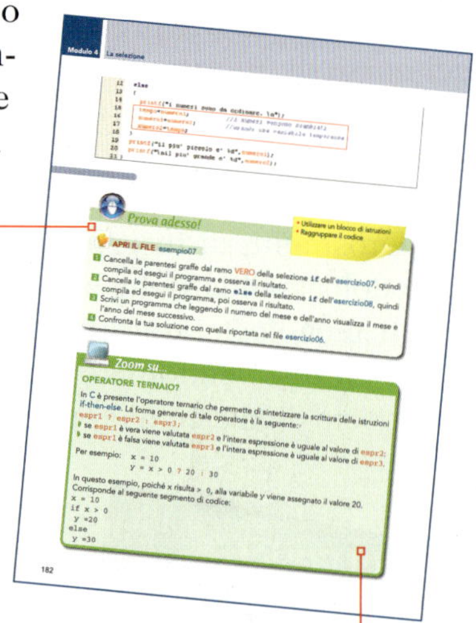

Le parole chiave vengono poste in evidenza e spiegate allo studente

Il significato di moltissimi termini informatici viene illustrato e approfondito

Lo studente può mettere in pratica in itinere quanto sta apprendendo nel corso della lezione

In questa sezione viene approfondito un argomento di particolare importanza

Al libro viene allegato un CD-ROM che contiene i file sorgenti con il codice di tutti gli esempi proposti nel testo nonché il materiale necessario per eseguire le procedure guidate degli esercizi svolti e da svolgere in itinere nelle diverse unità didattiche con le rispettive soluzioni.

RISORSE ONLINE

Alla pagina web **http://www.hoepliscuola.it** sono disponibili le risorse online, tra cui unità didattiche integrative, numerosi esercizi aggiuntivi per il recupero e il rinforzo, nonché schede di valutazione di fine modulo.

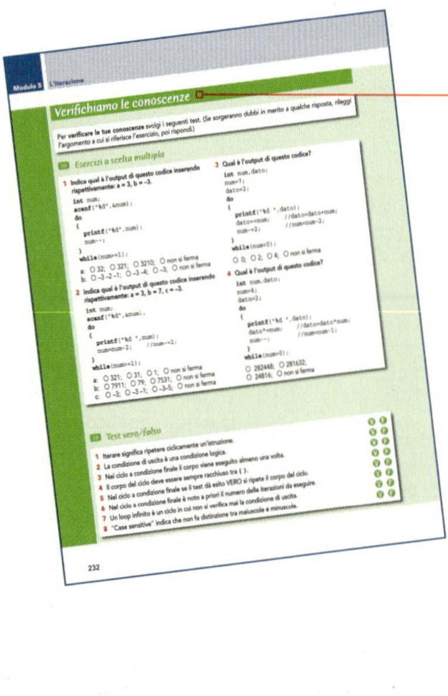

Per la verifica delle conoscenze e delle competenze è presente un'ampia sezione di esercizi

MODULO 1
PROGETTAZIONE DI ALGORITMI

OBIETTIVI

- Acquisire l'origine del termine "algoritmo"
- Acquisire la definizione e le caratteristiche di un algoritmo
- Comprendere la relazione tra algoritmo e programma
- Acquisire i concetti fondamentali del calcolo automatico
- Comprendere le differenze tra sistemi cablati e programmati
- Acquisire il concetto di linguaggio di programmazione
- Distinguere tra compilatori e interpreti
- Acquisire il concetto di programmazione strutturata
- Conoscere gli strumenti a disposizione del programmatore per programmare
- Comprendere la necessità della manutenzione del software

ATTIVITÀ

- Distinguere i linguaggi di programmazione
- Riconoscere il codice sorgente, assemblativo ed eseguibile
- Utilizzare la terminologia informatica
- Individuare i settori di impiego e di utilizzo dell'informatica
- Identificare gli elementi principali di un sistema di elaborazione e la loro funzionalità
- Classificare i linguaggi nei diversi paradigmi di programmazione
- Saper individuare le diverse fasi della produzione del software
- Identificare gli stili di programmazione, le metodologie di analisi, la progettazione e la produzione del software
- Conoscere i campi di utilizzo dell'informatica e le tipologie del software
- Individuare la filiera produttiva informatica

UNITÀ DIDATTICA 1

ALGORITMI E INFORMATICA

IN QUESTA UNITÀ IMPAREREMO...

- l'origine del termine algoritmo
- la definizione di algoritmo
- la relazione tra algoritmo e programma
- i concetti fondamentali del sistema automatico

Introduzione

Ogni disciplina scientifica ha una sua terminologia, ma forse in nessuna come nell'informatica è possibile trovare un dizionario così ricco di termini e definizioni in continua evoluzione. Inoltre, tutti quotidianamente abbiamo a che fare con "qualcosa" di informatico (o di digitale) e quindi la terminologia informatica è entrata a far parte della vita di ciascuno di noi, spesso anche in modo non del tutto corretto o addirittura inesatto.

◀ ICT è l'acronimo di *Information and Communication Technology* che in italiano è stato tradotto in Tecnologia dell'Informazione e della Comunicazione, che ha come acronimo TIC: quindi, ICT e TIC sono la stessa cosa. ▶

Viviamo nell'epoca della comunicazione globale e dell'informazione digitale, delle ◀ ITC ▶ (oppure TIC, Tecnologie dell'informazione e telecomunicazione), dei satellitari, dei decoder e del Web, ma senza dubbio non tutti abbiamo realmente chiare le idee e i concetti che si nascondono dietro questi termini.
Anche questo libro parla di informatica e soprattutto di un aspetto particolare, cioè quello della progettazione degli algoritmi in un linguaggio per la programmazione degli elaboratori elettronici: tuttavia cominceremo la trattazione cercando di chiarire i concetti fondamentali indispensabili a un corretto approccio a questa disciplina.
In questa unità didattica vengono introdotti i principali termini utilizzati nella vita quotidiana da tutti noi, cioè dalla "società digitale dell'informazione del terzo millennio", cercando di darne le relative definizioni in modo semplice ma corretto.
Saranno anche ripresi concetti e definizioni noti (o ritenuti tali) in modo da completare la loro formulazione prima di iniziare ad affrontare le tecniche di programmazione.

L'algoritmo

La definizione del termine algoritmo sarà il primo argomento della nostra trattazione. Cominciando con la ricerca dell'etimologia, le ipotesi più accreditate sono quelle riportate di seguito.

1. Secondo la prima ipotesi, il termine deriva dalla deformazione del vocabolo algorismo, avvenuta negli anni '50 del secolo scorso: esso indicava il processo di calcolo con i numeri arabi descritto nell'opera *Kitab Al-jabr wal Muquabala* ("L'arte di numerare e ordinare le parti in tutto") da cui deriva il termine algebra, pubblicata nel 825 d.C. dal matematico arabo Abu Ja'far Mohammed ibn Musa Al-Khwarizmi (780-850 circa).
2. Un'altra ipotesi richiama la deformazione di Al-Khwarizmi (soprannome di Abu Ja'far Mohammed ibn Musa nativo di Khowara) avvenuta nel corso del XIII secolo per opera di Leonardo da Pisa (o Leonardo Pisano), studioso matematico, figlio del commerciante Guglielmo Bonacci (per questo chiamato anche il Fibonacci).

LA SEQUENZA DI FIBONACCI

Nel 1223 a Pisa si tenne un particolare torneo tra abachisti e algoritmisti, armati soltanto di carta, penna e pallottoliere. Fu dato il seguente problema: "Quante coppie di conigli si ottengono in un anno supponendo che ogni coppia dia alla luce un'altra coppia ogni mese e che le coppie più giovani siano in grado di riprodursi già al secondo mese di vita?".
Vinse Fibonacci descrivendo la prima progressione logica della matematica, quella che oggi è conosciuta come la sequenza di Fibonacci: 1,1,2,3,5,8,13,...

Questi, durante i suoi viaggi in Oriente, ebbe modo di conoscere gli scritti di Al-Khwarizmi, di studiarli e di diffonderli in Occidente; nelle sue citazioni spesso semplificava il difficile nome del matematico arabo chiamandolo "Algoritmo".

AL-KHWARIZMI

L'immagine a lato si riferisce alla commemorazione di Al-Khwarizmi su un francobollo della ex Unione Sovietica dove si trovava la sua città natale, Khowara, oggi chiamata Khiva (divenuta canato indipendente nel 1512, lo rimase fino al 1804, anno in cui Mukhammad Rakhimhon Madrasasi si arrese alla Russia: oggi appartiene alla Repubblica dell'Uzbekistan).

Ad Al-Khwarizmi è stato attribuito il procedimento per effettuare il calcolo della moltiplicazione tra due numeri mediante la disposizione a cifre incolonnate (quella che utilizziamo ancora oggi!) e il termine *algoritmus* ha designato, fino al XVII secolo, il sistema di numerazione posizionale decimale; successivamente venne utilizzato per indicare i procedimenti sistematici che descrivono la modalità di esecuzione di operazioni aritmetiche.

3 Una terza ipotesi, alquanto goliardica, propone la derivazione etimologica dalle parole greche *algiros* = doloroso e *arithmos* = numero.
Possiamo notare come le prime due ipotesi leghino il termine algoritmo al matematico arabo, ma non al primo studioso che descrisse un algoritmo; molti esempi di algoritmi sono stati prodotti nel corso del tempo: uno per tutti, forse il più conosciuto, è quello di Euclide di Alessandria per il calcolo del Massimo Comun Divisore (MCD) tra due numeri. Il procedimento, descritto nell'opera *Elementi* intorno al 300 a.C., naturalmente non richiedeva l'utilizzo di calcolatori né di strumenti elettronici di calcolo!

ALGORITMI

Nel Medioevo la parola latina *algorismus* (o *algorithmus*) cominciò a essere usata per indicare i procedimenti di calcolo per eseguire le quattro operazioni aritmetiche nel sistema decimale in contrapposizione al sistema di numerazione romano e all'uso dell'abaco. L'incisione di Gregor Reisch del 1503 (figura a lato) rappresenta un abacista (a destra, Pitagora) che utilizza una tavola per contare, a differenza di un algorista (a sinistra, Boezio) che utilizza il sistema decimale posizionale (al centro è posizionata l'Aritmetica, simboleggiata da una figura femminile). L'incisione di Reisch è tratta dalla prima enciclopedia a stampa *Margarita Philosophica*, compendio delle scienze tecniche e teoriche del periodo.

I primi algoritmi della storia risalgono a 4000 anni fa: li troviamo descritti nelle tavolette dell'antica Mesopotamia e riguardano operazioni di misurazione di una superficie quadrata.
Il termine algoritmo è stato ed è a tutt'oggi utilizzato come sinonimo di:
- procedura effettiva;
- procedimento di calcolo;
- metodo di risoluzione di un problema;
- insieme di regole per eseguire una data operazione.

Non è quindi sinonimo di programma per calcolatore, come erroneamente (e generalmente) si ritiene!

Possiamo ora dare una prima definizione di algoritmo.

ALGORITMO (1)

Si dice algoritmo una sequenza di azioni, valida per un insieme di dati iniziali ben definito, che, eseguita da un opportuno esecutore (o processore), trasformi, in un numero finito di passi elementari e non ambigui, i dati nel risultato finale.

In questa definizione individuiamo tre elementi fondamentali:
- dati iniziali e dati finali;

- sequenza di azioni (istruzioni o passi elementari);
- esecutore (oppure processore).

Illustriamoli dettagliatamente.

1 Dati iniziali e finali: sono gli elementi (iniziali o in ingresso) che vengono elaborati dall'algoritmo e i risultati prodotti dall'algoritmo (finali o in uscita).
Per esempio, in un'addizione gli addendi sono i dati in ingresso, la somma risultante i dati di uscita e l'algoritmo il metodo con cui gli addendi vengono sommati.

2 Sequenza di azioni: un'azione è un'operazione elementare (istruzione), generalmente molto semplice, che compone un passo della serie di operazioni (sequenza) che deve essere eseguita sui dati di ingresso per ottenere il risultato, cioè i dati in uscita.
Questo procedimento prende anche il nome di elaborazione.
Per esempio, un'azione elementare per un algoritmo che esegue la somma di numeri a più cifre è la somma di una singola cifra delle unità, decine oppure centinaia.

3 Esecutore: è il soggetto che "compie" le azioni, cioè legge le istruzioni che devono essere eseguite sui dati in ingresso, le interpreta e le esegue in modo da elaborare tali dati per trasformarli nei risultati, cioè nei dati in uscita.
L'esecutore è una persona oppure una macchina automatica e, naturalmente, le istruzioni devono essere scritte in modo tale che l'esecutore le possa comprendere e sia in grado di eseguirle correttamente.

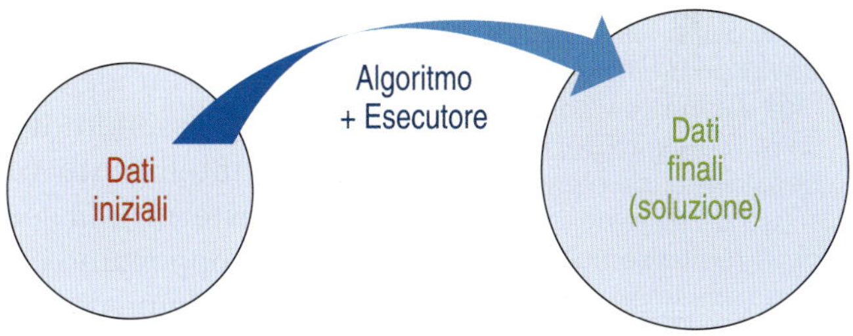

Possiamo ora riformulare con maggiore precisione la definizione di algoritmo.

ALGORITMO (2)

L'algoritmo è un insieme di istruzioni elementari che consentono di risolvere un problema trasformando i dati iniziali del problema stesso nel risultato, cioè nell'insieme dei dati finali che rappresentano la soluzione.

Per problema intendiamo "*una questione da risolvere mediante il ragionamento partendo da elementi noti*", quindi algoritmo e problema sono inscindibili: se c'è un algoritmo questo è stato concepito per risolvere un problema e, viceversa, dove c'è un problema da risolvere è necessario scrivere un algoritmo che lo risolva (e si vedrà che a volte è difficile o addirittura impossibile poiché esistono dei problemi che non possono essere risolti).

Tutte le tecniche sviluppate per affrontare la ricerca della soluzione di un problema hanno come risultato la generazione dell'algoritmo (oppure *processo risolutivo*) composto da un insieme di sottoproblemi facilmente risolvibili oppure già risolti (*problemi primitivi*), oppure dalla definizione di un insieme di azioni elementari da compiere.

L'insieme delle istruzioni deve essere scelto a seconda dell'esecutore, sia in termini di qualità e di tipologia sia di livello di dettaglio: l'algoritmo deve essere formulato diversamente in funzione del diverso esecutore.

Infatti, per poterlo eseguire, quest'ultimo deve dapprima comprenderlo, quindi, sulla base delle due categorie di esecutori esistenti, possono essere individuate altrettante tipologie di caratteristiche che un algoritmo deve possedere:

1. caratteristiche di formulazione finalizzate alla comunicazione tra persone:
   - l'algoritmo deve essere sintetico e intuitivo;
   - codificato in linguaggi informali o semi-informali;
2. caratteristiche di formulazione finalizzate all'esecuzione automatica:
   - l'algoritmo deve essere preciso ed eseguibile;
   - codificato in linguaggio comprensibile dagli esecutori automatici (*linguaggio macchina* o *linguaggio di programmazione* ad alto livello).

> ◀ Un programma per calcolatore, o semplicemente programma, è l'implementazione di un algoritmo in un linguaggio adatto a essere "compreso" ed eseguito da un computer: è costituito da una sequenza ordinata di istruzioni e risolve una famiglia di problemi. Generalmente viene indicato con il termine software. ▶

> ◀ Un linguaggio formale è un particolare linguaggio composto da un insieme di "stringhe di caratteri" di lunghezza finita, costruite sopra un alfabeto finito di elementi, cioè sopra un insieme finito di oggetti molto semplici che vengono chiamati caratteri, simboli o lettere. ▶

Quando un algoritmo deve essere comunicato a un computer, essendo il computer una macchina automatica non intelligente (un mero esecutore di ordini impartiti dall'esterno), la sequenza di istruzioni deve essere scritta in un opportuno codice detto linguaggio di programmazione: l'insieme di queste istruzioni prende il nome di ◀ programma ▶. I linguaggi di programmazione che permettono di codificare gli algoritmi in modo tale che risultino "comprensibili" a un calcolatore sono veri e propri linguaggi con uno specifico lessico, una specifica sintassi e una specifica semantica; studiati e catalogati da linguisti illustri come Noam Chomsky, rientrano nei ◀ linguaggi formali ▶.

LINGUAGGIO

Il linguaggio è un sistema codificato di segni che consente la comunicazione, intesa come scambio di informazioni: mediante una grammatica *generativo-trasformazionale* vengono formulate regole per mezzo delle quali sono generate e trasformate le frasi (che possono essere attive o passive, affermative, negative o interrogative).

Caratteristiche di un algoritmo

Dopo aver dato una definizione rigorosa di algoritmo è necessario stabilire quali caratteristiche deve avere un algoritmo per essere tale.

Innanzitutto deve avere le seguenti proprietà:

- finitezza: l'algoritmo deve essere composto da un numero finito di passi elementari che vengono eseguiti un numero finito di volte;

- determinatezza: le istruzioni vengono definite senza ambiguità in modo tale da garantire sempre gli stessi risultati a parità di condizioni, indipendentemente dall'esecutore;
- realizzabilità: le istruzioni devono essere effettivamente realizzabili e conosciute all'esecutore che sa come attuarle; inoltre, l'algoritmo deve essere fattibile con le risorse a disponibili.

Cerchiamo di chiarire meglio ciascuna di queste proprietà.

Finitezza

Se un algoritmo potesse essere composto da un numero infinito di istruzioni non vi sarebbe un calcolatore in grado di eseguirlo. Anche se esistesse un algoritmo composto da un numero infinito di istruzioni, come potrebbe essere rappresentato in un linguaggio di programmazione? E da chi e in quanto tempo? E anche si potesse descriverlo, come sarebbe possibile trovarne l'inizio e la fine in un insieme infinito di istruzioni?

Vediamo un esempio di ◀ algoritmo infinito ▶ (che in realtà, appunto perché infinito, non è un algoritmo): individuare tutti i successori di N seguendo la seguente regola:

- se N = 0 il successore è 1;
- se N = 1 il successore è il numero ottenuto sommando 1, quindi successore(N = 1) = 1 + 1= 2;
- se N = 2 il successore è il numero ottenuto sommando 1, quindi successore(N = 2) = 2 + 1 = 3;
- ... e così via.

> ◀ Loop – algoritmo infinito Spesso nella scrittura di algoritmi si scrive un codice che non termina mai: generalmente di tratta di un errore che viene commesso all'interno di una struttura ripetitiva (ciclo) e prende il nome di loop infinito. ▶

È evidente che in questo "algoritmo" l'istruzione +1 non viene eseguita un numero finito di volte, quindi non termina mai.
Inoltre ogni singola istruzione deve essere eseguita in un tempo finito.

Determinatezza

Un'istruzione ambigua o più istruzioni combinate in modo ambiguo generano un risultato casuale diverso a ogni elaborazione: un tale "algoritmo" non produce, quindi, risultati affidabili.
Inseriamo, per esempio, un'istruzione ambigua come la seguente:

"se un numero è abbastanza grande allora dividilo per 3 altrimenti dividilo per 2"

Che cosa significa "abbastanza grande"? Solo l'esecutore ne dà un'interpretazione che ogni volta potrebbe essere diversa: per esempio, il numero 100 riferito ai giorni che mancano alle vacanze è abbastanza grande, mentre se riferito alla quantità di euro sul conto corrente è naturalmente abbastanza piccolo!
Un'altra istruzione ambigua potrebbe essere la seguente:

"Aggiungi per un po' di volte un cucchiaio di zucchero nel caffè"

Quante volte va ripetuta l'istruzione? Quali dimensioni deve avere il cucchiaio da utilizzare?

Realizzabilità

È necessario che esista un esecutore in grado di eseguire effettivamente ogni istruzione dell'algoritmo, in modo che si abbia la garanzia che l'algoritmo sia eseguito in un tempo finito.
Ciò si ottiene grazie a quattro sottoproprietà:
- le istruzioni elementari eseguibili dall'esecutore devono presentare complessità limitata;
- i tipi di istruzioni eseguibili, cioè il "set di istruzioni disponibili", devono possedere un limite finito altrimenti l'esecutore potrebbe impiegare un tempo infinito solamente per selezionare l'istruzione da eseguire;
- l'esecutore deve essere in grado di comprendere la singola istruzione e di operare per passi discreti, cioè un passo dopo l'altro;
- le istruzioni non devono essere ambigue, cioè l'esecutore deve poterle interpretare in modo univoco.

Da quanto affermato possiamo evidenziare altre due proprietà che, pur essendo implicite nelle precedenti, sono altrettanto importanti e meritano di essere evidenziate:
- generalità: l'algoritmo non deve risolvere un problema, ma una famiglia di problemi (per esempio l'algoritmo della moltiplicazione non deve eseguire solamente 6×5, ma essere efficace in tutti i casi possibili);
- tempo di elaborazione: oltre a essere costituito da un numero finito di istruzioni deve terminare in un tempo finito.

Possiamo riassumere tutte le proprietà dicendo che un algoritmo deve soddisfare 5 requisiti, cioè deve essere:
- finito: la sequenza di istruzioni deve essere finita e terminare in un tempo finito;
- deterministico: deve portare sempre allo stesso risultato;
- realizzabile: le istruzioni si devono poter effettuare;
- generale: deve risolvere una famiglia di problemi;
- non ambiguo: le istruzioni non devono dare alcun adito a interpretazioni diverse che dipendono dall'esecutore.

Informatica e informazione

◀ Il termine informatica deriva dal francese "informatique", composto da "INFORMation" e "automATIQUE"), cioè "informazione automatica", coniata da Philippe Dreyfus, direttore del Centro Nazionale di Calcolo Elettronico di Bull, che utilizzò questo termine nel 1962 nella designazione della sua azienda "Società d'Informatica Applicata" (SIA). ▶

Dopo la definizione di algoritmo è utile fissare il significato della parola ◀ informatica ▶: una prima definizione è quella proposta dall'ACM (*Association for Computing Machinery*), la principale organizzazione che riunisce informatici di tutto il mondo.

INFORMATICA (1)

L'informatica è la scienza degli algoritmi che descrivono e trasformano l'informazione: ne studia la teoria, l'analisi, il progetto, l'efficienza, la realizzazione e l'applicazione.

Due sono i concetti fondamentali di questa definizione: informazione e algoritmo.
Il termine *algoritmo* è già stato definito e quindi ora ci occuperemo brevemente dell'affascinante concetto di *informazione*.

L'informazione è un argomento che da sempre ha suscitato l'interesse di intellettuali appartenenti ai campi più disparati: filosofi, artisti, scienziati quali Gödel, Turing, Shannon, Wiener, von Bertalanffy e altri che hanno effettuato importanti scoperte nel settore della logica matematica e hanno fondato le discipline dell'informatica, della teoria dell'informazione, della cibernetica, della teoria dei sistemi.

Costoro si sono resi conto che, accanto al mondo della materia, delle forze e dell'energia, esiste un mondo dell'informazione e del significato, in cui le ben note leggi della fisica sembrano sorprendentemente non valere.
A tutt'oggi la scienza dell'informazione sembra trovarsi ancora in uno stato primordiale, ben lontana da discipline scientifiche tradizionali quali la meccanica o la fisica, in cui, a partire dalle definizioni formali di pochi semplici concetti, è possibile dedurre leggi fondamentali che permettono di descrivere e prevedere parecchi fenomeni.

Considerata la complessità del concetto appare difficile formulare in breve una definizione soddisfacente del termine informazione; una definizione che si avvicina al "mondo digitale" è la proposta di Bateson che vede l'informazione come una differenza: «ricevere informazioni vuol dire sempre e necessariamente ricevere notizie di differenza tra uno stato di cose e un altro».

GREGORY BATESON

Gregory Bateson (1904-1980) è stato uno dei più importanti studiosi dell'organizzazione sociale del secolo scorso. Viene ricordato anche come uno dei fondatori della cibernetica, attraverso la sua partecipazione alle Macy Conferences, insieme a personaggi come Arturo Rosenblueth, John von Neumann, Warren McCulloch, Claude Shannon e altri.
Fu proprio dagli studi nel campo cibernetico che Bateson approdò alla psichiatria e all'epistemologia, settori ai quali egli diede i maggiori contributi.

Per esempio:
- una luce accesa è differente da una luce spenta;
- un "sì" è diverso da un "no";
- "bello" è diverso da "brutto";
- un "1" è diverso da uno "0";
- il silenzio è anch'esso informazione: nessuna notizia indica che non ci sono stati cambiamenti significativi (ricordiamo per esempio il proverbio "nessuna nuova, buona nuova").

La "presenza" è diversa dall'"assenza", e quindi anche l'assenza di informazione è informazione!

Una definizione generale di informazione è riportata di seguito.

INFORMAZIONE

Chiamiamo informazione qualunque "cosa" che:

- possiede un *significato* per "qualcuno";
- ha, ha avuto o potrà avere un valore o una *utilità*;
- può assumere *forme diverse* (simboli, numeri, grafici, disegni, colori ecc.);
- può essere *comunicata* (scambiata) tra due soggetti in diverse *modalità* (scritta, orale ecc.);
- può essere *archiviata*, catalogata e memorizzata;
- può essere *elaborata* e *trasformata* nella forma più utile a seconda della necessità.

Informatica e informazione sono legate dalla seguente definizione.

◀ La notazione binaria, o codice binario, è il più semplice sistema di notazione esistente che utilizza solo due cifre, 0 e 1. Essendo binario, ogni cifra viene moltiplicata per 2 elevato alla posizione che occupa nel numero meno 1 (le cifre a destra occupano le prime posizioni). ▶

INFORMATICA (2)

L'informatica è la scienza della *rappresentazione* e dell'*elaborazione* dell'informazione:

- l'informazione può ridursi alla semplice "notizia di differenza", cioè uno 0 o un 1, ed è quindi la scienza che studia la possibilità di *rappresentare*, mediante questa ◀ **notazione** ▶ (chiamata ◀ **binaria** ▶), simboli, dati ed elementi più complessi;
- *elaborazione* è la capacità di manipolare e trasformare l'informazione per renderla disponibile nella forma e nella quantità adeguata alle necessità di chi la richiede e la deve utilizzare.

Informazione e automazione

Tra tutte le definizioni di informatica riportiamo come ultima la seguente, che contiene termini caratteristici e ci permette di proseguire con altre definizioni strettamente legate a questa disciplina:

INFORMATICA (3)

L'informatica è la scienza che studia i metodi, gli strumenti e i linguaggi utilizzati per automatizzare le procedure di trattamento delle informazioni.

◀ Normalmente il termine automa è associato all'altro ancor più generale di macchina e sta a indicare un congegno che "imita i movimenti e le funzioni di un corpo animato". In sostanza il concetto di automa è quello di una macchina capace di svolgere in maniera automatica, una volta sollecitata in modo opportuno, operazioni particolari più o meno complesse che portano a un preciso risultato. ▶

Questa definizione introduce due nuovi termini:

- procedura è sinonimo di programma e sta a indicare la descrizione di un procedimento operativo detto anche processo (per esempio un *processo produttivo*);
- automatizzare significa fare in modo che un processo possa essere eseguito da un dispositivo artificiale, detto ◀ **automa** ▶, senza l'intervento diretto dell'uomo.

Il calcolatore elettronico è un particolare automa che a differenza di altri (come per esempio una lavatrice, un distributore di bibite, un robot, un ascensore) che svolgono una sola funzione, cioè quella per cui sono stati progettati e realizzati, è in grado di assolvere a diversi compiti e funzioni nei vari settori delle attività umane a seconda del programma installato ed eseguito e dei dispostivi collegati.

◀ Si dice cablato un sistema in cui lo scambio di dati e/o informazioni avviene attraverso collegamenti fisici; nelle telecomunicazioni indica la presenza di connessioni fisiche (wired) al contrario delle trasmissione via etere (wireless). ▶

Tutti gli automi sopra descritti hanno bisogno di "imparare" il compito che devono eseguire, ma il loro "lavoro" è lo stesso per tutta la loro "vita": il programma che devono eseguire è unico e in questo caso si dice che il loro programma di lavoro è ◀ **cablato** ▶; al contrario, se è possibile cambiare la funzionalità e il compito che svolgono, sostituendo a ogni situazione il programma particolare che devono eseguire, si dice che sono programmabili.

Un sistema in grado di avere più funzionalità è una macchina né intelligente né stupida, ma certamente più complessa delle altre: il calcolatore elettronico rientra tra queste, cioè è una macchina programmabile.

Da questo concetto si è introdotta una terminologia per distinguere la macchina dal programma; si sono chiamati:

- hardware (da *hard* = duro): tutti i macchinari, o meglio, tutti i dispositivi e gli strumenti che si "possono toccare" nel senso che hanno una loro consistenza fisica: computer, monitor, stampanti ecc.
- software (da *soft* = leggero): i programmi, cioè tutto ciò che è inerente alla programmazione della macchina, costituito dall'insieme delle istruzioni che descrivono il compito che la macchina deve eseguire.

"IL TURCO"

Un celebre automa fu costruito nel 1770 da un nobile ungherese di Presburg, Wolfgang von Kempelen, e presentato alla corte dell'Imperatrice Maria Teresa d'Austria.
Gli è stato attribuito il nome di "Turco giocatore di scacchi" in quanto raffigurava un uomo avvolto in abiti orientali seduto dietro a una scrivania che sfidava a una partita a scacchi avversari che venivano sempre sconfitti.
"Il turco" si esibì in tutta Europa e a Parigi, dove nel 1809 sconfisse Napoleone Bonaparte in sole 24 mosse, e fu oggetto di studio da parte di Benjamin Franklin, che non si accorse dell'inganno che nascondeva al suo interno: infatti "Il turco" viene considerato come "la prima truffa informatica" dato che l'automa non era un miracolo di tecnologia, bensì era semplicemente azionato dall'interno da un uomo di piccola statura, che si occultava abilmente dietro gli ingranaggi, spostandosi a destra o a sinistra a seconda dello sportello che veniva aperto.

Ricostruzione dell'automa "Il turco" andato perduto nell'incendio del Museo Cinese di Philadelphia del 1854.

Verifichiamo le conoscenze

Esercizi a scelta multipla

1 Quale di queste affermazioni è vera?

- O gli algoritmi sono problemi
- O i programmi sono problemi
- O i problemi sono algoritmi
- O gli algoritmi sono programmi

2 Quale di queste affermazioni relativa agli algoritmi è falsa?

- O è un procedimento di calcolo
- O è un metodo di risoluzione di un problema
- O è stato inventato da *Al-Khwarizmi ed* è un insieme di regole per eseguire una data operazione

3 Quale tra i seguenti elementi non è fondamentale in un algoritmo?

- O dati iniziali e dati finali
- O sequenza di azioni
- O esecutore
- O comunicazione

4 Quale caratteristica non è di un algoritmo finalizzato alla comunicazione tra persone?

- O sintetico
- O intuitivo
- O preciso ed eseguibile
- O codificato in linguaggi informali o seminformali

5 Quale caratteristica non è di un algoritmo finalizzato alla comunicazione automatica?

- O sintetico
- O codificato in linguaggio ad alto livello
- O preciso ed eseguibile
- O codificato in linguaggio macchina

6 Quale di queste affermazioni è falsa?

- O il linguaggio di programmazione è un linguaggio formale
- O l'algoritmo risolve uno specifico problema
- O il linguaggio orientato alla macchina è composto da istruzioni estremamente semplici
- O l'esecutore umano utilizza il linguaggio naturale

7 Il termine "informatica" deriva da:

- O informazione mediatica
- O informazione automatica
- O intelligenza automatica
- O informazione matematica
- O non ambiguità
- O generalità

8 Che cos'è un automa?

- O un calcolatore in grado di eseguire un calcolo automatico
- O un robot dalle sembianze umane
- O una macchina capace di svolgere un compito in maniera automatica
- O nessuna delle precedenti

UNITÀ DIDATTICA 2

CONOSCIAMO I LINGUAGGI DI PROGRAMMAZIONE

IN QUESTA UNITÀ IMPAREREMO...

- che cos'è un linguaggio di programmazione
- quale relazione esiste tra algoritmo e programma
- che cosa sono i codici sorgente, assemblativo ed eseguibile
- quali sono i diversi linguaggi di programmazione

Linguaggi informatici

Quando l'esecutore di algoritmo è una macchina, nel nostro caso un elaboratore elettronico, la formulazione deve essere precisa e codificata in un linguaggio comprensibile agli esecutori automatici.

L'algoritmo deve essere trasformato in un insieme di comandi (o istruzioni elementari) che l'esecutore è in grado di eseguire in modo univoco: l'insieme delle istruzioni scritte in un linguaggio prende il nome di ◀ programma ▶ e il linguaggio relativo è il linguaggio di programmazione.

Il linguaggio che il processore può eseguire si chiama linguaggio macchina ed è composto da soli 0 e 1: ogni istruzione è composta da tre parti (indirizzo, codice operativo, dato) e i calcolatori della prima generazione potevano essere programmati soltanto scrivendo manualmente, una dopo l'altra, le istruzioni direttamente in codice binario.
Naturalmente questo codice era molto difficile da utilizzare in quanto le istruzioni sono indistinguibili dai dati su cui operano (essendo sequenze di zeri e di uno) e risultava molto complesso apportare modifiche al codice una volta scritto.
Il temine binario, che significa "formato da soli due elementi", è usato molto spesso in informatica in quanto i componenti elettronici del calcolatore memorizzano ed elaborano informazioni con soli due valori.

Per aiutare i programmatori si è fatto un primo passo introducendo il linguaggio assemblatore (o linguaggio assembly): è il primo esempio di linguaggio orientato sia alla macchina

◀ Il codice mnemonico è una forma semplice di linguaggio di programmazione a basso livello. Il nome deriva dall'uso di abbreviazioni mnemoniche dei codici di operazione scelti in modo da ricordare facilmente il loro significato: per esempio, ADD sta per addizione, JMP sta per *jump* (salto), LDA sta per *load accumulator* (carica l'accumulatore), SUB per *subtract* (sottrazione); sono alcuni dei codici mnemonici presenti nei linguaggi assembly di tutti i processori. ▶

sia all'utente, dove ogni istruzione (parola chiave) viene indicata con etichette comprensibili dall'uomo (◀ codice mnemonico ▶) che vengono tradotte nel codice binario corrispondente da un apposito programma (traduttore o assemblatore).

Quindi un programma scritto in linguaggio assembly consiste in un file di testo contenente una serie di comandi che, per essere eseguiti, devono essere preventivamente tradotti in linguaggio macchina dall'assemblatore (o assembler); questo è lo schema operativo utilizzato anche oggi per i linguaggi ad alto livello.

Il linguaggio assembly è una rappresentazione simbolica del linguaggio macchina ed esiste un rapporto 1:1 con le istruzioni in linguaggio macchina, cioè ogni istruzione assembly corrisponde a una istruzione macchina; inoltre ogni processore ha uno specifico linguaggio assembly che lo differenzia proprio perché legato al set di istruzioni del processore stesso.

L'assembly non è un linguaggio portabile, essendo strettamente legato all'architettura sulla quale opera; le istruzioni macchina sono specifiche del processore, cioè della CPU, e quindi ogni processore ha un suo linguaggio assembly che lo differenzia proprio perché legato al set di istruzioni del processore stesso..

Con il linguaggio assemblatore si è passati alla seconda generazione dei linguaggi di programmazione: il programma nel suo formato originale alfanumerico (sequenza di caratteri) è chiamato programma sorgente, mentre il programma assemblato in linguaggio macchina è detto programma oggetto.

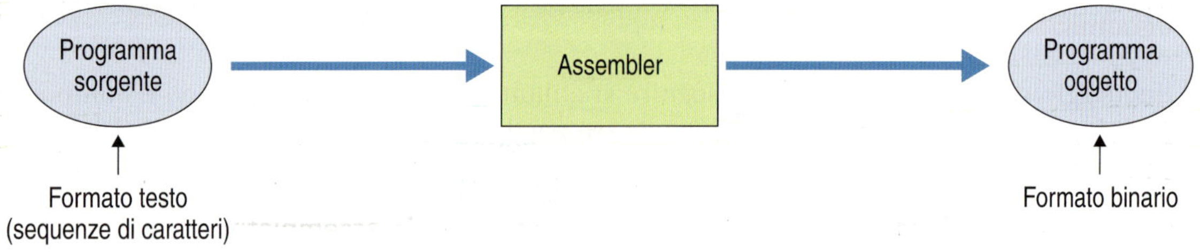

A partire dagli anni '70 sono nati i cosiddetti linguaggi procedurali, dove il controllo del sistema diventa sempre più logico e meno meccanico: si accentua il distacco dall'hardware con l'evoluzione verso linguaggi ad alto livello, cioè orientati verso il programmatore, ponendo di fatto le basi della programmazione moderna (linguaggi della III e IV generazione).
Viene fatta una differenziazione tra programma oggetto e programma eseguibile, soprattutto nel caso in cui il programma sia costituito da più file o se fa uso di file di libreria:

questi "segmenti" vengono riuniti da un apposito programma (il linker) che si occuperà di collegare i file oggetto per produrre il file eseguibile, ossia il programma vero e proprio, aggiungendo le informazioni necessarie a un sistema operativo per eseguire il codice.
Questa procedura verrà descritta in seguito, quando analizzeremo dettagliatamente i compilatori e gli intepreti; ora la riportiamo in sintesi:

- il codice sorgente (o "programma sorgente" indicato generalmente come *source code*) viene "passato" a un programma (detto "compilatore") che genera a seconda dei casi un "programma oggetto" (*object file*) o un eseguibile (*executable*);
- se viene generato un codice oggetto è necessario richiamare il programma linker indicandogli tutti i moduli che deve collegare per poter produrre il formato eseguibile.

Per convenzione, in ambiente Microsoft, i moduli oggetto hanno estensione .obj e l'eseguibile .exe, mentre in ambiente Unix/Linux i moduli oggetto estensione .o, mentre manca la convenzione per gli eseguibili.

Zoom su...

PROGRAMMA ESEGUIBILE

Il programma che il processore esegue è costituito da una sequenza di istruzioni caricate nella memoria centrale sotto forma di parole (quindi sequenze di bit); nell'esempio seguente riportiamo un segmento di codice eseguibile scritto in linguaggio macchina con a fianco il corrispondente segmento di codice scritto in linguaggio assemblativo:

Indirizzo	Opcode	Data	Significato
0000	1101	000000001001	IN X
0001	1101	000000001010	IN Y
0010	0000	000000001001	LOAD X
0011	0111	000000001010	COMPARE Y
0100	1001	000000000111	JUMPGT DONE
0101	1110	000000001001	OUT X
0110	1000	000000000000	JUMP LOOP
0111	1110	000000001010	OUT Y
1000	1111	000000000000	HALT
1001	0000	000000000000	CONST 0
1010	0000	000000000000	CONST 0
Linguaggio macchina			**Linguaggio assemblativo**

Linguaggi ad alto livello

La scrittura di programma in linguaggio assembly, anche se viene tutt'oggi effettuata nei casi in cui è richiesta la massima efficienza del codice, presenta notevoli difficoltà al programmatore, dato che le istruzioni sono molto lontane dalle istruzioni del "linguaggio parlato" (o linguaggio naturale).

Se da una parte è sicuramente più semplice del linguaggio macchina e ha una notevole "potenza" poiché, essendo per sua struttura aderente alla macchina, consente la completa utilizzazione delle risorse della stessa, dall'altra l'assembly richiede proprio la conoscenza dei dettagli della macchina dato che è un linguaggio orientato alla macchina (linguaggio a basso livello) e non al problema (la sua struttura non permette per esempio di definire e trattare dati complessi).

Agli inizi degli anni '70 del secolo scorso, per ovviare alle difficoltà che i programmatori incontravano dovendo scrivere i loro programmi tenendo conto esattamente dell'hardware della macchina che avrebbe poi dovuto eseguirli, sono stati sviluppati linguaggi di programmazione più vicini al linguaggio naturale, cioè il linguaggio normalmente parlato dagli essere umani (linguaggi ad alto livello).

Si tratta di linguaggi simbolici che utilizzano un gruppo di parole, dette parole chiave, che possono essere combinate secondo una determinata sintassi, per *scrivere i programmi in una forma molto vicina al modo di ragionare dell'uomo.*

I linguaggi di programmazione differiscono comunque dai linguaggi naturali: sono meno espressivi ma più precisi, sono semplici e poveri (poche parole chiave, poche regole), ma privi (generalmente) di qualsiasi ambiguità.

CRONOLOGIA DEI LINGUAGGI DI PROGRAMMAZIONE

L'evoluzione dei linguaggi di programmazione ha seguito parallelamente quella tecnologica: spesso nuovi linguaggi sono stati definiti proprio per soddisfare particolari esigenze tecnologiche (si pensi allo sviluppo della programmazione visuale e all'utilizzo del mouse).
Ripercorriamo sinteticamente le tappe fondamentali partendo dal primo linguaggio ad alto livello fino ai moderni linguaggi per Internet.

1956: IBM rilascia la prima versione di FORTRAN (FORmula TRANslator), un linguaggio di carattere strettamente matematico ricco di funzionalità specifiche per l'elaborazione dei numeri.

1960: nasce il COBOL, il primo linguaggio definito appositamente per la "gestione del business", cioè di utilizzo commerciale e gestionale (COmmon Business Orient Language), orientato a soluzione di problemi in ambito aziendale, utilizzato a tutt'oggi nei sistemi IBM modello AS400 per la sua semplicità ed elasticità.

1968: il professor N. Wirth definisce la sintassi di un linguaggio didattico a uso interno del Politecnico di Zurigo che diventerà ben presto un riferimento mondiale in quanto versatile e general-pourpose: il Pascal (ancora oggi si utilizza l'espressione "Pascal like" per tutti i linguaggi che hanno avuto origine da esso oppure hanno alla base le soluzioni e/o la istruzioni simili al Pascal).

1972: Dennis Ritchie ottimizza il linguaggio B inventando quello che attualmente viene chiamato linguaggio C, che viene utilizzato per riscrivere quasi totalmente lo UNIX, implementato poi sul PDP-11.

Anni '80: vengono sviluppati i linguaggi orientati alla gestione dei dati a seguito della definizione dei database (DBII, DBIII, Oracle, Informix ecc.)

Anni '90: nasce la OOP, Object Oriented Programming (o "programmazione degli anni '90") di cui lo Smalltalk, il C++ e il Java sono solo alcuni "rappresentanti".

Attualmente C++ rimane un linguaggio assai utilizzato dai programmatori di tutto il mondo, mentre invece Java si è diffuso soprattutto per la creazioni di applicazioni per cellulari e smartphone, unitamente a una versione particolare del linguaggio C chiamata Objective C, utilizzata per crea-re applicazioni per iPhone e iPad.

Anni '90/2000: la diffusione e lo sviluppo di Internet ha richiesto specifici linguaggi per soddisfare nuove esigenze: l'HTML e l'XML, JavaScript, ASP e PHP sono solo alcuni dei linguaggi definiti (o in fase di definizione ed evoluzione).

Tutti questi linguaggi sono ad alto livello; in essi le istruzioni sono scritte in un linguaggio vicino al programmatore (generalmente in inglese) e sono indipendenti dalla tecnologia e dall'architettura di un particolare calcolatore, possono quindi essere usati per codificare algoritmi, per generare programmi da "far girare" su qualunque macchina; sono cioè portabili su computer diversi.

A sinistra, smartphone programmato con Java.
A destra, iPhone programmato in Objective C o C++.

La tabella che segue illustra i principali linguaggi di programmazione suddivisi per tipologia, dandone una breve descrizione.

Linguaggi a basso livello	Vicini alla logica della macchina e lontani da una visione umana dell'utilizzazione. Il linguaggio a più basso livello è il linguaggio macchina (cioè il binario, che è l'unico sistema di segni che il calcolatore riesce a interpretare). I programmatori che lavorano a questo livello usano l'assembler, una forma simbolica di programmazione strettamente legata al linguaggio macchina. A questo livello è necessaria una conoscenza dettagliata dell'hardware del sistema e del sistema operativo.
Linguaggi ad alto livello	Permettono una maggiore astrazione rispetto alla macchina e un uso di frammenti di frasi (in inglese) per esprimere le istruzioni (per esempio, if ... then ... else ...). Tipici linguaggi ad alto livello sono: C++, Visual Basic, Java, Objective C ecc. Per questi linguaggi non sono sempre necessarie conoscenze relative ai dettagli hardware e software del sistema su cui si opera. Talvolta, linguaggi come il C permettono una visione a basso livello del problema.
Linguaggi ad altissimo livello	Sono i linguaggi che non richiedono assolutamente alcuna conoscenza dei dettagli del sistema; in alcuni casi non richiedono neanche di esprimere i programmi in forma algoritmica (per esempio, un programma Prolog è composto solo da una descrizione dei domini dei dati su cui si opera, delle regole logiche di deduzione e degli obiettivi che si vogliono raggiungere; a tutto il resto provvede il linguaggio). A questa categoria appartengono i linguaggi per l'intelligenza artificiale (Lisp, Prolog), alcuni linguaggi di tipo script a oggetti (linguaggi speciali associati ad applicazioni come database, browser ecc.).
Linguaggi per il Web	Sono i linguaggi che consentono di elaborare e rappresentare le informazioni sul Web. Si suddividono in linguaggi di markup che consentono di descrivere e rappresentare le informazioni dei siti Web (HTML, XML) e linguaggi di scripting (JavaScript, PHP, ASP e Perl) che consentono di elaborare informazioni prima di essere visualizzate dal browser.

Compilatori e interpreti

Il programma codificato in uno di questi linguaggi non è però "pronto" per essere eseguito da un computer in quanto deve successivamente essere "trasformato" in un linguaggio a basso livello in una sequenza di istruzioni macchina (o assemblative) dei diversi computer.

Mentre tra il linguaggio assembly e il linguaggio macchina c'è, come abbiamo detto, una relazione 1 a 1, cioè a ogni istruzione di linguaggio assembly corrisponde un'istruzione di codice macchina, nei linguaggi ad alto livello questa corrispondenza non è più vera, dato che essi si discostano dall'hardware per avvicinarsi al programmatore.
Quindi per ogni istruzione di linguaggio ad alto livello corrispondono più istruzioni in linguaggio macchina; inoltre le istruzioni dei linguaggi ad alto livello non possono essere direttamente interpretate dall'elaboratore, ma è necessario tradurre i programmi scritti nei linguaggi ad alto livello in linguaggio macchina.

La trasformazione del programma sorgente in programma eseguibile dal processore avviene sostanzialmente secondo due alternative:
- compilazione (con linguaggi come C, C++, FORTRAN, Pascal ecc.);
- interpretazione (con linguaggi come Basic, Perl, JavaScript ecc.).

La principale differenza tra le due modalità di traduzione è che i compilatori traducono un intero programma dal linguaggio sorgente al linguaggio macchina della macchina prescelta mentre gli interpreti traducono e immediatamente eseguono il programma istruzione per istruzione.
Nel dettaglio abbiamo, quindi,

A nella compilazione:

1. traduzione ed esecuzione sono fatte in tempi differenti;
2. al termine della compilazione è disponibile la versione tradotta del programma in un file specifico (generalmente un file con suffisso .exe);
3. la versione tradotta è però specifica della macchina sulla quale il programma è stato compilato;
4. per eseguire il programma basta avere disponibile la versione tradotta in formato eseguibile;

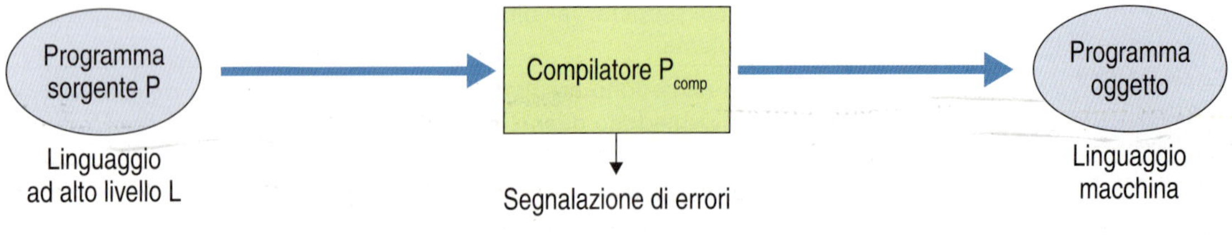

B nell'interpretazione:

1. traduzione ed esecuzione procedono contemporaneamente, una di seguito all'altra;
2. al termine dell'interpretazione non vi è alcuna versione tradotta del programma originale;
3. se si vuole rieseguire il programma occorre ripetere tutto daccapo, cioè ritradurlo.

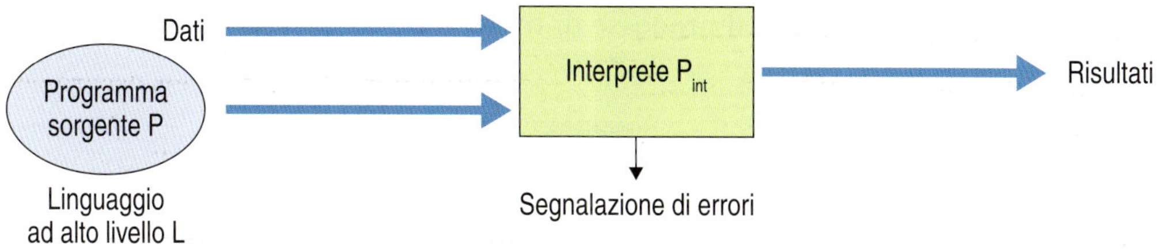

Linguaggi compilati

La trasformazione dal codice sorgente al codice macchina mediante compilazione avviene attraverso un programma, appunto il compilatore, che leggendo il codice sorgente effettua la conversione in codice macchina mediante una sequenza di attività, ciascuna accompagnata dalla rilevazione degli errori, qui di seguito brevemente descritte:

- preprocessing: esegue semplici operazioni automatiche di editing (rimozione commenti ed espansione di definizioni) e inclusione di file;
- analisi lessicale (scanning): riconosce i lessemi (o atomi lessicali) del linguaggio sorgente (comandi, dati, numeri, identificatori e simboli ecc.) legati allo specifico linguaggio di programmazione;
- analisi sintattica (parsing): in base alle regole grammaticali del linguaggio (relative per esempio a istruzioni e dichiarazioni) organizza le frasi e segnala le sottosequenze errate;
- analisi semantica: esegue la verifica della consistenza del "significato" di quanto scritto, effettuando, per esempio, i controlli di coerenza tra i tipi di dati;
- generazione del codice: esegue la traduzione vera e propria in linguaggio assemblativo generando il programma che sarà poi eseguito dalla macchina;
- ottimizzazione del codice: prima di "concludere il suo compito" riesamina il codice scritto per migliorarne i tempi di esecuzione.

> Un lessema è un'unità di analisi linguistica che appartiene a una determinata categoria sintattica (nome, verbo, aggettivo...) e ha un particolare significato o funzione grammaticale. Per esempio, il lessema DORMIRE appartiene alla categoria Verbo, il lessema GLI appartiene alla categoria Pronomi.

Durante queste fasi viene rilevato dal compilatore un insieme di errori (*compile-time errors*) di tipo statico (lessicali, sintattici o semantici): questi errori possono essere di due tipi, a seconda della loro gravità:

- *fatal errors*: errori gravi che non consentono di proseguire la compilazione del sorgente quindi, in questo caso, il compilatore sospende la sua esecuzione e non viene generato il codice oggetto;
- *warnings* (avvertimenti): segnalazioni di errori lievi che non compromettono la traduzione; in questo caso viene generato il codice oggetto.

Come già detto in precedenza per l'assembly, il programma oggetto non è ancora pronto per essere mandato in esecuzione: deve essere trasformato in .exe dal linker.

Possiamo illustrare graficamente il processo di traduzione e creazione di un eseguibile:

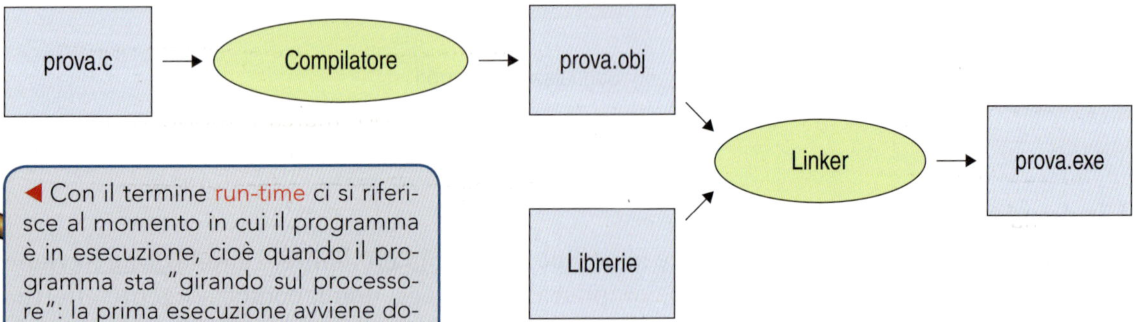

◀ Con il termine run-time ci si riferisce al momento in cui il programma è in esecuzione, cioè quando il programma sta "girando sul processore": la prima esecuzione avviene dopo che si è conclusa positivamente (senza errori) la fase di compilazione (*compile-time*) e ci si appresta al test del programma per verificane il corretto funzionamento. ▶

◀ Una libreria di funzioni è una raccolta di programmi oggetto messi a disposizione dal produttore del compilatore che fornisce particolari funzionalità: la libreria matematica contiene, per esempio, le funzioni trigonometriche, quelle esponenziali, i logaritmi ecc., mentre la libreria grafica contiene le funzioni che disegnano forme geometriche ecc.). ▶

I linguaggi moderni possono avere, oltre alle librerie che vengono collegate all'atto del linking (out line, cioè statiche), anche librerie dalle quali vengono utilizzati segmenti di codice solo quando servono, cioè in fase di esecuzione (in fase di ◀ **run-time** ▶, come per esempio le DLL di Windows).
Sono ◀ **librerie** ▶ che offrono il vantaggio di risparmiare memoria non dovendo caricare tutti i moduli contemporaneamente ma solo il segmento richiesto al momento dell'effettiva necessità.

Linguaggi interpretati

La trasformazione dal codice sorgente al codice eseguibile mediante l'interprete avviene riga per riga, istruzione per istruzione: a differenza del compilatore che prima trasforma tutto il codice e prepara un file eseguibile pronto per l'esecuzione, l'interprete prende un'istruzione alla volta, l'analizza, la trasforma in codice macchina e la manda in esecuzione direttamente; viene così a crearsi un'alternanza tra la fase di traduzione e la fase di esecuzione dell'istruzione appena elaborata.

Il vantaggio dell'interpretazione rispetto alla compilazione sta nella fase di debug in quanto vengono immediatamente individuati sia gli errori statici sia quelli di run-time, che possono essere subito corretti senza la necessità di compilare tutto il programma prima di mandarlo in esecuzione.

Inoltre i linguaggi interpretati sono maggiormente portabili di quelli compilati ma richiedono un interprete specifico per ogni diversa piattaforma dove devono essere eseguiti.

Hanno come difetto principale la lentezza, in quanto in un programma compilato la fase di traduzione avviene una volta sola ed è generalmente seguita da una fase di ottimizzazione; nell'interpretazione a ogni esecuzione deve sempre essere rifatta tutta la traduzione.

Tipici esempi di linguaggi interpretati sono il linguaggio Basic, JavaScript e in genere gli script della shell o a riga di comando.

Zoom su...

PORTABILITÀ

Un componente software è portabile e può essere utilizzato su diversi sistemi operativi senza dover apportare alcuna modifica al codice; oggi la necessità di portabilità è fortemente sentita nel Web: in rete tutti i calcolatori, di ogni tipo, marca e modello devono essere in grado di comunicare e scambiarsi dati ed è necessario adottare tecnologie di sviluppo del software per far sì che il maggior numero di utenti possa utilizzare il programma.

Linguaggi pseudocompilati

Nei linguaggi pseudocompilati il programma sorgente viene dapprima compilato in codice intermedio simile all'assembler e successivamente viene eseguito da un interprete.
Siamo quindi in una situazione intermedia tra la compilazione e l'interpretazione, o meglio, metà "lavoro" viene fatto dal compilatore e metà dall'interprete.
Le prestazioni in termini di velocità di esecuzione si collocano proprio a metà tra le due possibilità, ma il grosso vantaggio che si ottiene è quello di avere la massima portabilità.
L'esempio più famoso è senza dubbio Java: il compilatore genera, a partire da un file sorgente .java, un file intermedio .class che prende il nome di bytecode; questo viene eseguito successivamente dalla Java Virtual Machine (JVM), un interprete che viene messo a disposizione dal produttore del sistema operativo o dell'hardware in genere.
Java è stato progettato proprio come linguaggio multipiattaforma per applicazioni industriali, per programmare cioè dall'ascensore al frigorifero, dal televisore al controllore di processo, utilizzando un unico linguaggio di programmazione.
Tra i linguaggi pseudocompilati possiamo anche considerare quelli della piattaforma .NET framework di Microsoft (come C# o VB.NET): non vengono compilati direttamente in linguaggio macchina ma in un primo tempo viene generato un codice intermedio, detto MSIL (Microsoft Intermediate Language), che viene eseguito mediante compilatori appositi che ottimizzano il codice a seconda dell'hardware sottostante e lo convertono in codice macchina (questa parte di compilatore prende il nome di Just In Time-ter ed è disponibile un JIT-ter specifico per architetture a 32 bit e a 64 bit).

■ La classificazione dei linguaggi in paradigmi

I linguaggi di programmazione vengono classificati a seconda del modello computazionale che adottano. Al modello computazionale è stato dato il nome di paradigma, il cui significato scientifico è stato definito recentemente.

PARADIGMA

Insieme di idee scientifiche collettivamente accettato per dare un senso al mondo dei fenomeni.

Nell'informatica un paradigma di programmazione è un modello concettuale che fornisce la "struttura" di un programma. I principali paradigmi sono:

- la programmazione imperativa;
- la programmazione object-oriented (OOP);
- la programmazione funzionale;
- la programmazione logica.

A loro volta possono essere raggruppati in due soli modelli.

1 Modello procedurale: in questo paradigma rientrano i linguaggi di tipo algoritmico, dove il programmatore deve concentrarsi sulla individuazione e sulla definizione delle procedure risolutive: ci si preoccupa quindi direttamente del *come* risolvere il problema.
Rientrano in questo paradigma i primi due dell'elenco precedente:
- imperativo: il paradigma imperativo è quello classico in cui rientrano i linguaggi macchina e i linguaggi ad alto livello a partire da quelli più datati (tipo FORTRAN, COBOL, BASIC, Pascal, C) fino a quelli più recenti (JavaScript, PHP);
- a oggetti: è un'evoluzione di quello imperativo e ha come capostipite Smalltalk ed Eiffel (linguaggi puri). Oggi abbiamo inoltre alcuni linguaggi come C++ e Java che sono "ibridi", cioè hanno origine da un linguaggio imperativo (il C) ma sono stati integrati e riprogettati secondo la filosofia a oggetti.

2 Modello dichiarativo: in esso non ci si preoccupa di trovare la soluzione mediante l'ideazione dell'algoritmo, ma si procede affrontando il problema dal punto di vista descrittivo individuando le specifiche e gli obiettivi che devono essere raggiunti e definendone le regole e le funzioni necessarie che il traduttore dovrà applicare per ricercare in modo automatico la soluzione.
Rientrano in questo paradigma i successivi due:
- funzionale: ha come origine il linguaggio introdotto negli anni '30 dal matematico Alonzo Church come formalismo universale (il lambda-calcolo) che sostiene che "tutto è un'espressione", e come tale denota un valore ottenibile da un processo di valutazione. Il nome "funzionale" deriva dal fatto che ogni simbolo di operazione che compare in un'espressione corrisponde a una funzione. I principali linguaggi funzionali sono il Lisp, l'Haskell e lo Scheme;
- logico: è un paradigma che si basa sulla logica dei predicati applicando le regole di inferenza del calcolo proposizionale: il linguaggio "simbolo" è il Prolog (contrazione del francese PROgrammation en LOGique). Oggi la programmazione logica trova molte applicazioni nell'intelligenza artificiale e nei sistemi esperti.

> Oggi i paradigmi di programmazione citati con una certa frequenza sono almeno una decina, anche se non sempre sono chiari i loro confini o la loro indipendenza.

Conclusioni

Abbiamo visto che i linguaggi di programmazione sono molti, che seguono filosofie diverse e si collocano a livelli diversi tra l'uomo e la macchina.
Non esiste, quindi, un linguaggio universale e migliore degli altri, ma a seconda dell'applicazione, dell'ambito o del contesto in cui si deve operare è opportuno adottare uno specifico linguaggio di programmazione.

Verifichiamo le conoscenze

Esercizi a scelta multipla

1 Quale di queste affermazioni relative ai linguaggi di programmazione è falsa?
- O esistono molti linguaggi
- O sono di diverso livello
- O sono scritti in binario
- O descrivono gli algoritmi

2 Quale di queste affermazioni è vera?
- O il linguaggio assembly è orientato all'utente
- O il linguaggio assembly è portatile
- O i programmi eseguibili sono interpretati
- O il programma oggetto è in formato binario

3 Il codice macchina:
- O viene scritto dal produttore della macchina
- O è un linguaggio ad alto livello
- O deve essere compilato dal compilatore
- O è in formato eseguibile dal processore

4 Il compilatore:
- O traduce il programma sorgente in linguaggio macchina
- O traduce il programma macchina in linguaggio sorgente
- O traduce il problema in programma
- O traduce l'algoritmo in linguaggio macchina

5 Il codice oggetto:
- O viene scritto dal produttore della macchina
- O è un linguaggio ad alto livello
- O deve essere compilato dal compilatore
- O è il risultato della compilazione

6 Quale di queste affermazioni è falsa?
- O il linguaggio di programmazione è un linguaggio formale
- O il codice eseguibile è portabile su hardware diversi
- O il linguaggio orientato alla macchina è composto da istruzioni estremamente semplici
- O l'esecutore umano utilizza il linguaggio naturale

7 Il linguaggio Pascal:
- O è un linguaggio di programmazione naturale
- O è usato a titolo didattico
- O serviva per implementare i primi sistemi operativi
- O deriva dal linguaggio C

8 Il linguaggio ad alto livello:
- O è un linguaggio come il C
- O serve per i problemi di alto livello concettuale
- O è un linguaggio formale come l'italiano
- O è più completo del linguaggio naturale

Verifichiamo le competenze

Esprimi la tua creatività

1 Descrivi i passi da effettuare per passare dal problema al programma.

2 Elenca le caratteristiche delle tipologie di linguaggi utilizzati in informatica:
O linguaggio naturale O linguaggio ad alto livello O linguaggio macchina
evidenziando le caratteristiche di ciascuno di essi.

3 Ricerca, utilizzando Internet, la storia dei linguaggio di programmazione.

4 Compila una tabella riassumendo vantaggi e svantaggi di compilatori e interpreti.

5 Descrivi le caratteristiche di un linguaggio che non può essere compilato ma solo interpretato.

6 Individua, utilizzando Internet, quali sono le tipologie di problemi che i diversi paradigmi di programmazione risolvono con maggior efficienza.

7 Ricerca, utilizzando Internet, quali linguaggi sono usati per sviluppare i programmi che giocano a scacchi.

8 Ricerca, utilizzando Internet, quali linguaggi sono usati per sviluppare i sistemi esperti.

9 Ricerca, utilizzando Internet, quali linguaggi sono usati per sviluppare i programmi di contabilità aziendale.

10 Individua, utilizzando Internet, in quale linguaggio è scritto il compilatore del linguaggio C.

UNITÀ DIDATTICA 3

IL CICLO DI VITA DEL SOFTWARE

IN QUESTA UNITÀ IMPAREREMO...

- le diverse fasi della produzione del software
- che cos'è la programmazione strutturata
- quali sono gli strumenti per programmare
- in che cosa consiste la manutenzione del software

Scrivere un programma

La *scrittura di un programma* in un linguaggio di programmazione si conclude con la codifica di un algoritmo nel linguaggio utilizzato dal programmatore per essere trasformato in formato opportuno comprensibile al calcolatore; la scrittura dell'algoritmo è l'ultimo passo della progettazione dell'algoritmo che, in generale, è una operazione complessa che richiede l'esecuzione di più fasi.

Una prima scomposizione individua i seguenti "momenti":

Ⓐ definizione e comprensione del problema (analisi del problema);
Ⓑ ricerca della soluzione (strategia risolutiva);
Ⓒ descrizione/elencazione delle operazioni da eseguire nel linguaggio "umano" o semi-formale dell'algoritmo;
Ⓓ codifica in un linguaggio di programmazione.

Tutte le fasi sopra elencate hanno la medesima importanza e in ciascuna di queste sono richieste conoscenze e abilità oltre che tecniche operative specifiche.

Ⓐ La prima fase, cioè quella generalmente definita come fase di analisi del problema, è forse la più delicata e in essa possiamo sintetizzare le seguenti operazioni:
   - comprensione del problema;
   - modellizzazione del problema.

Ⓑ La seconda fase prende anche il nome di progettazione: una volta individuato *cosa* deve essere fatto nella fase di analisi, la fase di definizione della strategia individua la strategia risolutiva, cioè *come* risolvere il problema individuando l'"idea", il procedimento operativo, che permette di raggiungere la soluzione.

A volte queste due fasi vengono eseguite contemporaneamente, per esempio nella soluzione dei problemi cosiddetti banali, oppure richiedono una ripetizione ciclica, quando, per esempio, in fase di progettazione si individua una parte del problema che in prima analisi è stata trascurata (o ritenuta erroneamente non influente) e quindi di questo "componente" non si hanno abbastanza informazioni.
In questo caso si "ritorna" alla fase di analisi e via di seguito.
(Alle tecniche di analisi e definizione della strategia sarà dedicato interamente un modulo didattico.)

> Il dizionario italiano attribuisce alla parola banale i seguenti significati: "molto diffuso, comune, e quindi privo di originalità, di poco conto, piccolo ma anche sciocco".
> In informatica, con il termine "banale" intendiamo i problemi che vengono risolti mediante un procedimento semplice, già noto da altre discipline o nella vita quotidiana, che non richiede la ricerca di un algoritmo specifico perché esso è già di uso comune (per esempio i problemi matematici ecc.).

C Scrittura dell'algoritmo: l'algoritmo consiste nelle descrizione delle operazioni che devono essere effettuate indicandone l'ordine di esecuzione.

> In generale ogni problema ammette molteplici soluzioni e la strategia risolutiva e/o il dettaglio con cui questa viene descritta è anche in funzione di chi dovrà effettivamente eseguire l'algoritmo: l'esecutore.

Dato che l'esecutore deve essere in grado di "eseguire le operazioni", queste devono essere scritte tenendo presente le capacità dell'esecutore e in una forma tale da non consentire ambiguità di interpretazioni.
Per esempio, se il mio problema è quello di *produrre una torta alla crema*, il mio esecutore sarà probabilmente un cuoco e se la ricetta richiede una porzione di crema pasticcera non è necessario descrivere (insegnare!) al cuoco come si prepara tale crema in quanto è un'operazione a lui nota e quindi è un'operazione per lui elementare.
Così se il problema è quello di *costruire un muro di mattoni*, una volta individuata la posizione, l'altezza e la forma, non è necessario dire al muratore come deve preparare la "malta" in quanto è un'operazione per lui elementare.

Anche quando l'esecutore è un calcolatore, è impensabile effettuare direttamente la codifica in un linguaggio di programmazione: la prima stesura dell'algoritmo avviene in un linguaggio semiformale, chiamato linguaggio di progetto. Per semplicità spesso si segue proprio un procedimento costituito dalla riscrittura dell'algoritmo da uno pseudolinguaggio a un altro, per passare gradatamente da un linguaggio naturale a un linguaggio formale.
Noi inizieremo a codificare gli algoritmi utilizzando i diagrammi di flusso per poi tradurli in pseudolinguaggio adottando una tecnica chiamata "per affinamenti successivi", o top-down.

Zoom su...

OPERAZIONE ELEMENTARE

I concetti di operazione elementare e di esecutore sono strettamente collegati e direttamente in relazione.
L'elencazione delle operazioni da eseguire può essere fatta mediante diverse modalità, anch'esse in funzione degli interlocutori:

1. nel caso di persone "umane" può essere il linguaggio parlato oppure un metodo semi-formale:
   - grafico/pittorico;
   - diagramma a blocchi (o diagrammi di flusso);
   - pseudocodice (pseudolinguaggio o linguaggio di progetto);
2. nel caso di calcolatore deve essere rigorosamente formale.

Il linguaggio di progetto è un linguaggio "che non esiste": ogni programmatore generalmente, nel corso degli anni, personalizza il proprio metodo di descrizione intermedia dell'algoritmo in base alla propria esperienza maturata sul campo.
Inoltre, di solito, il linguaggio di progetto è anche abbastanza vicino al linguaggio di programmazione che il programmatore ha adottato.
In questo testo si è cercato di utilizzare uno pseudolinguaggio "il più comune possibile", molto vicino al linguaggio di programmazione C: inoltre si è adottato l'inglese unito a una rappresentazione grafica per i termini sintattici (parole chiave) delle istruzioni in quanto tutti i linguaggi attualmente utilizzati adottano i termini in inglese e ci è sembrato inutile effettuare il doppio lavoro di "tradurli prima in italiano per poi ritradurli in inglese".

D L'ultima fase è la codifica vera e propria in un linguaggio di programmazione. Il passaggio dalla pseudocodifica al linguaggio di programmazione consiste nella semplice traduzione delle istruzioni scritte nel linguaggio di progetto (e quindi non rigorosamente formali) nella sintassi specifica del Pascal, del C, del Visual Basic o di qualunque altro linguaggio imperativo.
Questa operazione richiede esclusivamente la conoscenza della sintassi specifica del linguaggio ed è una vera e propria fase di "conversione", senza momenti di creatività o di progettazione.

Elementi di qualità del software

Per molti anni si è sottovalutata l'importanza di una specifica formalizzazione delle tecniche di sviluppo e produzione del software (ingegneria del software) lasciando al programmatore, generalmente autodidatta, un "fai da te" frutto solo della personale esperienza e/o del consiglio di colleghi e altri programmatori.

◀ GO TO (o GOTO, tradotto dall'inglese "vai a") è un'istruzione che permette di saltare da una istruzione all'altra all'interno del codice rendendolo di fatto incomprensibile per la difficoltà nel seguire la sequenza delle istruzioni e comprendere l'algoritmo che descrive. ▶

Infatti per anni si è scritto il "codice spaghetti", cioè si è programmato male e senza regole sfruttando al massimo le possibilità offerte dai diversi linguaggi, anche a scapito della leggibilità (ricordiamo l'utilizzo indiscriminato della istruzione di ◀ GO TO ▶, la scrittura di programmi senza commenti e documentazione, la codifica "artigianale per tentativi", cioè senza la realizzazione di una fase progettuale organica).

Il problema della mancanza di tecniche e regole formalizzate per la produzione di un "buon" software cominciò a manifestare la sua importanza cruciale man mano che i progetti aumentavano di dimensione e regolarmente i tempi e i costi preventivati per il loro sviluppo si dimostravano sottovalutati causando talvolta effetti catastrofici che in molte situazioni furono le cause del fallimento del progetto.

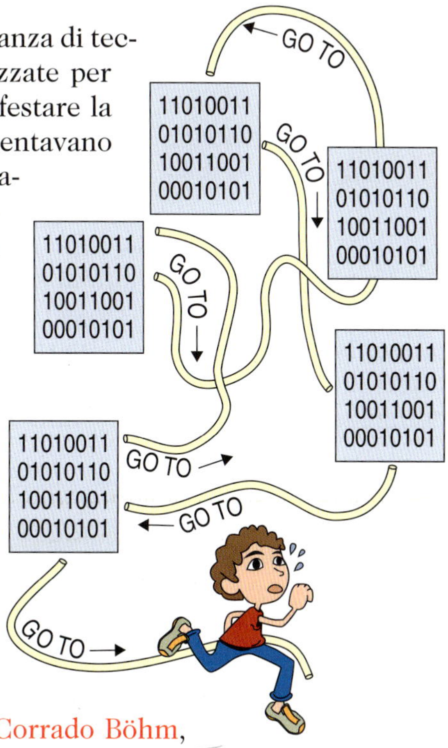

In molte occasioni tali fallimenti furono nascosti e sottaciuti: nacquero "leggende metropolitane" e fobie, come la *sindrome del 90 percento*, una "malattia" endemica nei progetti di sviluppo di software (tutt'oggi ancora non del tutto debellata) i cui sintomi sono:

- il puntuale "quasi completamento" del progetto;
- l'indefinito protrarsi del suo completamento effettivo che comporta dispendio di energie e risorse ben superiori a quelle preventivate e allo sforamento del budget.

I primi passi dell'informatica teorica furono posti da Corrado Böhm, che si dedicò allo studio delle tecniche per formalizzare la scrittura degli algoritmi e formulò con Giuseppe Jacopini uno tra i principali teoremi della programmazione strutturata.
Essi dimostrarono che l'uso del GOTO non è indispensabile per la scrittura di un programma formulando il teorema che porta il loro nome.
Anticipiamo questo fondamentale teorema che verrà presentato nel seguito della trattazione.

Ogni algoritmo può essere descritto utilizzando unicamente tre tipologie di istruzioni: la sequenza, la selezione e l'iterazione.

COSTRUZIONE DI UN PROGRAMMA

Per costruire un programma sono necessari tre soli blocchi:

- blocco di elaborazione (assimilabile a una sola istruzione o un solo blocco con un ingresso e un'uscita);
- meccanismo di decisione binaria, o test (selezione con blocco di scelta SÌ/NO);
- meccanismo di ripetizione (o loop): possibilità di "ritornare indietro" mediante archi orientati.

(La progettazione di algoritmi utilizzando queste tre figure, che prendono il nome di figure strutturali fondamentali, sarà l'argomento trattato nel volume.)

L'assenza di GOTO rende il codice più facile da analizzare, da seguire ed eventualmente da modificare e integrare.
I primi linguaggi avevano le istruzioni numerate (vedi, per esempio, il BASIC) ed era molto "comodo" utilizzare l'istruzione "GOTO numero di riga"; sempre nelle prime versioni del BASIC questa modalità operativa era anche l'unica possibile, in quanto non era presente la selezione doppia ed era necessario "costruirla" effettuando un doppio salto:

```
. . .
10 IF A>B
20 THEN GOTO 80
30 <ramo ELSE>
40 GOTO 100
80 <ramo THEN>
```

Nei linguaggi moderni è quindi sempre possibile effettuare la scrittura di ogni codice evitando di ricorrere all'utilizzo dell'istruzione di GOTO: in un linguaggio di programmazione questa istruzione è quindi "inutile e dannosa" e potrebbe anche essere eliminata. Di fatto tutti i linguaggi di programmazione la contemplano anche se le moderne tecniche di programmazione ne escludono l'utilizzo (programmazione strutturata).

Zoom su...

PROGRAMMAZIONE STRUTTURATA

Come sarà ampiamente descritto in seguito, sono state ridotte al minimo le istruzioni da utilizzare (strutture fondamentali) definendo quella che prende il nome di programmazione strutturata (teoria messa a punto nel 1965 dall'olandese E.W. Dijkstra che denunciò la precarietà dell'istruzione GOTO per saltare, cioè effettuare il *branching*): si basa sull'eliminazione dei salti (condizionati e incondizionati) e, più generalmente, sulla definizione di restrizioni per la descrizione degli algoritmi che però hanno il beneficio di rendere la scrittura dei programmi e la loro manutenzione più semplici, migliorandone la leggibilità.

Molta strada per migliorare la produzione del software è stata fatta, soprattutto sotto la spinta di esigenze economiche. L'evoluzione tecnologica portò a una riduzione dei costi per le apparecchiature hardware in generale, sia calcolatori sia periferiche, mentre contemporaneamente aumentò la richiesta di programmi; inoltre, spesso il patrimonio software era sviluppato in linguaggio macchina o in uno equivalente, rendendo impossibile lo scambio di programmi tra utilizzatori di computer diversi per marca o per modello e rendeva addirittura traumatica la conversione quando si fosse deciso di passare a un nuovo computer.

Se molti computer, in tutto il mondo, furono mantenuti in esercizio ben oltre il limite di obsolescenza tecnologica e di economicità d'impiego, lo si dovette proprio alla gravosità dello sforzo di conversione del loro corredo di software, al quale veniva così implicitamente riconosciuto un valore prevalente rispetto all'hardware.

> ◀ Per ridurre i costi e i tempi di produzione è stata sviluppata la tecnica del software reuse: naturalmente per poter riutilizzare il software questo deve essere di "buona qualità" e deve essere organizzato in modo tale che si possano "prelevare" da un progetto singole sottoparti autonome (moduli funzionali) che svolgano le attività richieste dai nuovi progetti.
> In fase di progetto è necessario, quindi, svolgere un insieme di attività supplementari per organizzare lo sviluppo in segmenti o "componenti software" con tecniche di progettazione particolari, indispensabili per consentire un effettivo riutilizzo del software. ▶

I diversi obiettivi orientarono gli studi alla ricerca delle risposte alla necessità di:

- programmare meglio: mediante l'utilizzo di metodologie e tecniche di tipo ingegneristico, come la "programmazione strutturata discendente";
- programmare meno: non "gettare" un codice già scritto, ma riutilizzare programmi o segmenti di programmi (sottoprogrammi) per la realizzazione di nuovi progetti; creare vere e proprie librerie contenenti codice di "sovente utilizzo" (componenti software elementari) e fornirle ai programmatori o a corredo dei calcolatori stessi (nasce il concetto di riutilizzo, ◀ software reuse ▶, e di mattoni software propri della programmazione orientata agli oggetti);
- programmare con standard: utilizzo di linguaggi e protocolli comuni a tutti i programmatori, condividendo a ogni livello standard universalmente riconosciuti (linguaggi "evoluti", "ad alto livello" e "orientati al problema).

Manutenzione del software

Un aspetto particolare del software è quello di *non essere mai finito*! Qualunque prodotto software ha una vita propria (ciclo di vita) che generalmente *non termina mai* ma confluisce in una nuova versione più completa e aggiornata del programma stesso.

Questo fabbisogno di modifiche può essere necessario per un insieme di cause:

- innovazione tecnologica e quindi necessità di upgrade al nuovo hardware;
- modifiche legislative e/o nuove procedure contabili;
- aumento delle esigenze (in termini di maggiori prestazioni richieste dall'utente);
- nuovi fabbisogni (reali e/o presunti) individuati dall'utente;
- adempimenti fiscali e/o richieste della Pubblica amministrazione;
- necessità di collegamento/integrazione con nuovi sistemi informatizzati;
- semplice desiderio di innovazione.

Quindi il software è "vivo" e ha una sua natura dinamica, in continuo mutamento ed evoluzione. Ogni azienda ha nel proprio portafoglio applicativi che spesso ha realizzato direttamente collaborando con software house nel corso della sua crescita, sviluppando sistemi informatici personalizzati e specifici per le proprie esigenze, investendo risorse e denaro nella personalizzazione della propria informatizzazione.

> ◀ In un'azienda il budget è il *bilancio di previsione* che viene compilato generalmente con cadenza annuale considerando entrate e uscite, cioè facendo una previsione sulle vendite e considerando le spese che devono essere sostenute. ▶

Ciascuna impresa ogni anno stanzia nel proprio ◀ budget ▶ un fondo per la manutenzione ordinaria e straordinaria del proprio software, anche per "tenere il passo" con l'evoluzione dell'hardware; generalmente le nuove tecnologie necessitano di software specifico di controllo e gestione che difficilmente può essere implementato con linguaggi esistenti.

Ricordiamo solo tre eventi epocali che hanno determinato la necessità di modifiche anche strutturali dei programmi applicativi:

- l'avvento dei database;
- l'interfaccia grafica dei sistemi a finestre (utilizzo del mouse);
- l'avvento del Web.

IL MOUSE

Il mouse è una periferica oggi indispensabile per poter utilizzare qualunque programma su un personal computer.
È nato negli anni '60 come risultato di uno studio per la ricerca di un più facile sistema di interazione tra uomo e macchina. Il primo prototipo di un rudimentale device di puntamento lo costruì nel 1964 Engelbart, che brevettò l'idea iniziale X-Y Position Indicator for a Display System per la SRI International (un istituto di ricerca internazionale di natura non profit). Nel 1968 fece molto di più: realizzò una vera e propria dimostrazione multimediale di 90 minuti utilizzando il mouse che lui aveva progettato e realizzato dove erano presenti documenti con link ipertestuali e... un sistema a finestre multiple, come quello oggi utilizzato dai più importanti sistemi operativi visuali. SRI diede in licenza la tecnologia del mouse a Xerox, Apple, Microsoft e ad altre società, ma solo nel 1984 il mouse è diventato una realtà commerciale, "tre anni prima della scadenza del brevetto".

Gli ambienti di sviluppo

Per scrivere i programmi il sistema più semplice è quello di utilizzare un elaboratore di testi, che permetta di scrivere righe di codice una di seguito all'altra; per agevolare il lavoro dei programmatori sono stati progettati e realizzati degli strumenti che lo coadiuvano durante la realizzazione dei programmi, che possono essere suddivisi in:

- IDE;
- Framework;
- SDK.

IDE

Gli ambienti di sviluppo (IDE, *Integrated Development Environment*) sono software che aiutano i programmatori nella codifica di un programma. Normalmente consistono in un editor per la scrittura del codice sorgente, un compilatore, un generatore automatico di codice e un debugger. Sebbene siano in uso alcuni IDE multilinguaggio, come Eclipse, NetBeans e Visual Studio, generalmente gli IDE sono rivolti a uno specifico linguaggio di programmazione, come per esempio Delphi o Apple XCode.

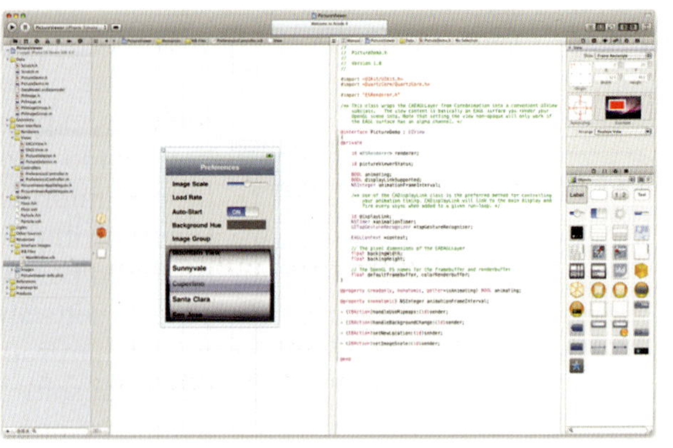

Framework

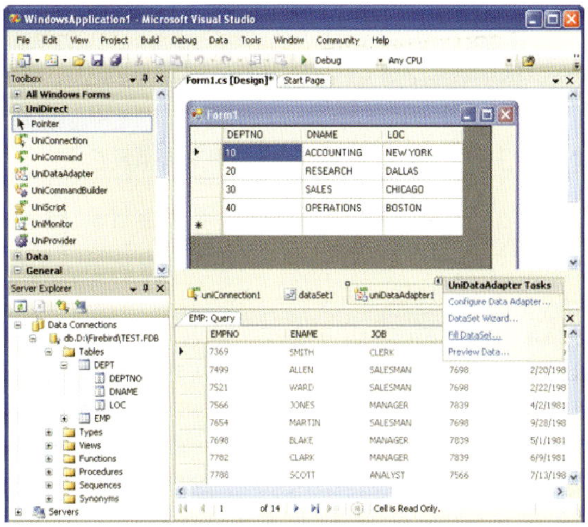

I framework vengono usati per descrivere tutta la struttura operativa nella quale viene elaborato un programma. Un framework, a differenza di un IDE, consente al programmatore di realizzare applicazioni senza scrivere neanche una riga di codice. Un tipico esempio di framework è rappresentato dall'ambiente .NET di Microsoft oppure da PHP Zend, nel quale si possono disegnare pagine web senza dover necessariamente scrivere il programma sorgente. Un framework consente al programmatore di risparmiare tempo evitando la riscrittura di codice già steso in precedenza per compiti simili. Il termine inglese *framework* significa intelaiatura o struttura, che ne definisce infatti la funzione; grazie ad esso al programmatore rimane solo la creazione del contenuto vero e proprio dell'applicazione.

SDK

SDK (*Software Development Kit*) è un termine che può essere tradotto come pacchetto di sviluppo per applicazioni e indica un insieme di strumenti adatti allo sviluppo e alla documentazione del software. Gli SDK possono variare considerevolmente in quanto a dimensioni e tecnologie utilizzate, ma tutti possiedono alcuni strumenti fondamentali:

- un compilatore, per tradurre il codice sorgente in eseguibile;
- le librerie standard chiamate API (Application Programming Interface). Le librerie sono raccolte di procedure disponibili al programmatore, di solito raggruppate a formare un set di strumenti specifici per un determinato compito;
- la documentazione sul linguaggio di programmazione per il quale l'SDK è stato sviluppato e sugli strumenti a disposizione nell'SDK stesso;
- le informazioni sulle licenze da utilizzare per distribuire programmi creati con l'SDK.

Rispetto agli IDE e ai framework, gli SDK non possiedono editor di scrittura del codice. Gli SDK più noti sono: Java SDK, Android SDK, IPhone SDK.

Il ciclo di vita del software

Il programma che abbiamo scritto generalmente fa parte di un prodotto software, chiamato pacchetto, che è costituito da un insieme di programmi che possono essere collegati tra loro oppure anche solo condividere un database o altre risorse hardware o software.
Per ottenere il prodotto finito è necessario che più persone collaborino tra loro, ciascuna con le proprie competenze, utilizzando tecniche specifiche.
L'ingegneria del software, che definisce le tecniche e le strategie per la produzione dei programmi, ha indicato con ciclo di vita del software l'insieme di tutte le attività connesse alla produzione di un programma e le ha indicate come segue, secondo un modello a cascata.

Zoom su...

INGEGNERIA DEL SOFTWARE

L'ingegneria del software è una disciplina che si occupa delle teorie, dei metodi e degli strumenti per sviluppare, gestire e far evolvere i prodotti software. I problemi principali che affronta riguardano:

1. i metodi di analisi e progettazione dei prodotti software;
2. lo studio del processo di sviluppo del software;
3. lo sviluppo degli strumenti di produzione del software;
4. gli aspetti economici dei prodotti e dei processi;
5. la standardizzazione di processi e tecnologie.

È tuttavia anche una disciplina empirica, cioè basata sull'esperienza e sulla storia dei progetti passati.

Il modello a cascata (o modello waterfall) è così definito in quanto ogni singola attività viene completata prima del passaggio alla successiva. Secondo il modello di sviluppo a cascata, il processo di realizzazione di un'applicazione informatica è scomposto in una sequenza di fasi successive ognuna delle quali ha lo scopo di trasformare la descrizione di un problema da una versione a un'altra, di consentire l'analisi e la verifica della conformità dei comportamenti del software ai requisiti dell'utente e di consentire un miglioramento, una correzione e un adattamento dell'applicazione sviluppata. In questo modello, ogni singolo passo viene svolto solo se i passi che lo hanno preceduto sono stati completati.

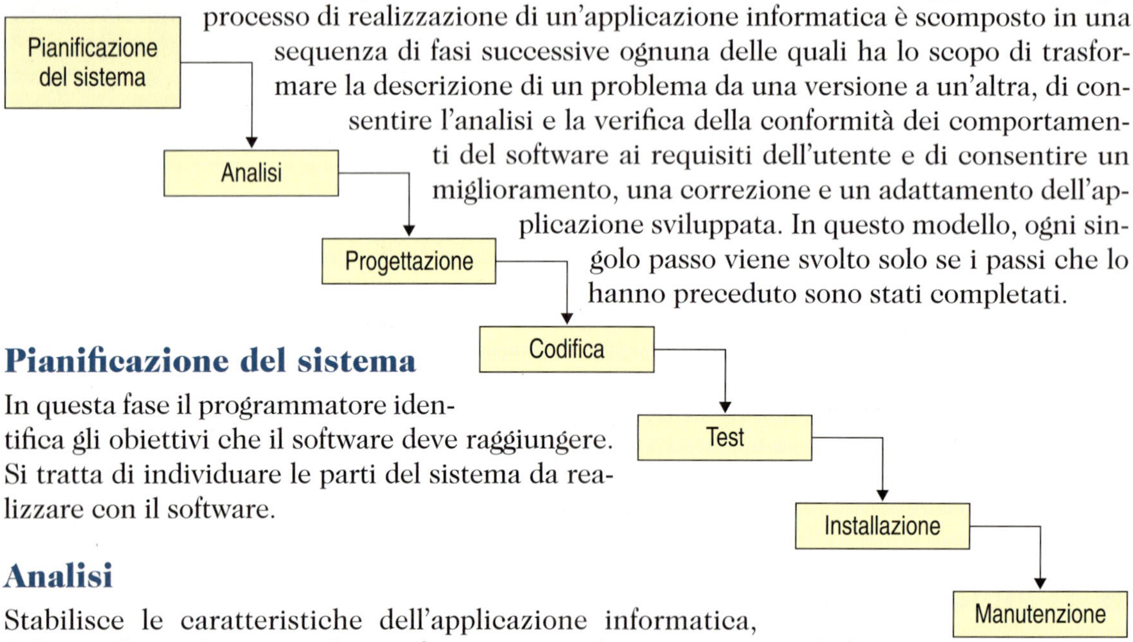

Pianificazione del sistema

In questa fase il programmatore identifica gli obiettivi che il software deve raggiungere. Si tratta di individuare le parti del sistema da realizzare con il software.

Analisi

Stabilisce le caratteristiche dell'applicazione informatica, delineandone gli aspetti di interfacciamento, di prestazione e di funzionalità; nella fase di analisi si decide *che cosa* il progetto dovrebbe realizzare, senza alcun riferimento diretto a come il programma realizzerà i suoi obiettivi.
Il prodotto della fase di analisi è un elenco di requisiti che descrive in tutti i particolari che cosa il programma sarà in grado di fare una volta che sarà stato portato a termine.
Generalmente viene prodotto un vero e proprio documento, noto come "specifiche dei requisiti", fondamentale per le fasi successive; omissioni, errori, sviste e "superficialità" commessi nella fase di stesura di tale documento sono causa di criticità e portano spesso al fallimento di tutto il progetto.

Quello che ha chiesto il cliente

Quello che ha capito l'analista

Come è stato tradotto in fase di progetto

Prototipo costruito in fase di realizzazione

Modifiche apportate in fase di test e debug

Esigenza reale che aveva il cliente

In questo documento sono presenti anche altre due parti:

1. il manuale per l'utente, che indica in che modo l'utente utilizzerà il programma per ricavarne i vantaggi desiderati;
2. le prestazioni richieste al sistema e le risorse utilizzate, cioè quanti e quali dati in ingresso il programma dovrà essere in grado di gestire e in quali tempi, la tipologia degli archivi o le connessioni in rete locale o remota, i fabbisogni massimi di memoria e di spazio su disco richiesti.

Progettazione

Sulla base dei requisiti espressi dall'utente e focalizzati con l'analisi, la progettazione incorpora tutte le attività connesse all'ideazione e alla definizione della strategia che porta alla soluzione e quindi all'individuazione, tra tutte le possibili strategie, di quella più efficace ed efficiente. In particolare, nella fase di progettazione si individuano i seguenti due obiettivi:

1. si sviluppa un piano di realizzazione del sistema, che comprende e descrive le diverse modalità operative da effettuare;
2. si individuano le strutture dati e archivi necessari alla soluzione del problema; se si ricorre alla progettazione orientata agli oggetti vengono stabilite le classi necessarie e i loro metodi più importanti, producendo il diagramma delle classi e di relazione tra di esse.

Codifica (realizzazione)

Nella fase di realizzazione si scrive e si compila il codice sorgente eseguendo la vera e propria codifica delle istruzioni in linguaggi di programmazione. Questa fase è scomposta in un'attività umana e in una serie di attività svolte dalla macchina:

1. nella prima fase, prettamente umana, si traducono in un programma le informazioni fornite dalla formalizzazione;
2. nella seconda fase il programma viene elaborato automaticamente per produrre il codice che l'esecutore è in grado di interpretare: il linguaggio macchina.
   Si realizzano quindi le classi complete di tutti i loro metodi individuati durante la fase di progettazione, ottenendo come risultato il programma finito.

Test e debug

Hanno come obiettivo quello di verificare l'assenza di errori; dato che è praticamente impossibile programmare senza errori, è necessaria una specifica fase, quella di test, nella quale viene verificata la correttezza dei risultati dell'elaborazione su un campione di dati di prova: l'eventuale presenza di errori innesca la fase di debug, cioè la ricerca dell'istruzione (o segmento di codice) errata per procedere alla sua correzione e all'eliminazione del "baco".

Installazione, verifica e collaudo

È un'unica fase articolata in tre momenti:

1. con installazione si intende la consegna del software al cliente mediante l'installazione fisica del programma sul sistema del cliente stesso;
2. la verifica viene effettuata dagli utenti del programma e consiste nell'accertare che il software sia corretto rispetto alle specifiche individuate dall'analista e quindi conforme a quanto specificato nelle loro richieste, cioè se il risultato è un prodotto corrispondente allo scopo per il quale è stato richiesto;
3. il collaudo accerta che, eseguendo prove con dati reali, il programma funzioni correttamente.

   Al termine di questa fase si redige un documento sottoscritto da entrambe le parti, committente ed esecutore, che attesta la bontà del prodotto e la sua aderenza alle richieste del cliente e descrive i collaudi che sono stati eseguiti e i loro risultati.

Manutenzione

È la fase permanente di supporto al sistema dopo la consegna all'utente; le attività svolte in questo passo del ciclo di vita di un'applicazione riguardano:

- l'aspetto correttivo, che consiste nell'eliminare gli errori individuati;
- l'aspetto adattativo, che ha l'obiettivo di apportare le modifiche necessarie per il trasferimento dell'applicazione informatica su altri sistemi, anche a seguito di innovazione tecnologica;
- l'aspetto migliorativo, che si propone di aggiungere nuove funzionalità o di ottimizzare quelle esistenti.

Questa fase risulta agevolata se nelle fasi precedenti si è adottato un buon stile di programmazione e si è prodotta un'adeguata documentazione interna (commenti) ed esterna (manuale d'uso e manuale tecnico) per il programma.

Negli anni successivi sono stati sviluppati altri modelli per cercare di definire un processo in grado di soddisfare tutte le esigenze di progettazione: di seguito sono riportati i principali modelli e viene descritta sinteticamente la loro principale caratteristica, a partire dal modello a cascata appena descritto.

> Il modello a cascata non è l'unico modello di sviluppo software, ma è il primo modello codificato; nel corso degli anni '80 è stato utilizzato come base per la definizione di successivi modelli meno rigidi e più adeguati alle nuove esigenze del software legate allo sviluppo tecnologico.
> Sono nati i modelli evolutivo, trasformazionale, a spirale, a prototipazione rapida, a fontana, agile ecc., che sono oggetto di studio da parte dell'ingegneria del software.

Verifichiamo le conoscenze

Esercizi a scelta multipla

1 Un'operazione elementare:

- O è molto semplice
- O viene eseguita in poco tempo
- O dipende dall'esecutore
- O può essere eseguita da un elaboratore

2 Il linguaggio di progetto:

- O è un linguaggio di basso livello
- O è un linguaggio che non esiste
- O viene interpretato dall'esecutore
- O è un antenato dei linguaggi di programmazione

3 L'istruzione GOTO:

- O è una istruzione a basso livello
- O non è presente nei moderni linguaggi
- O viene utilizzata nella pseudocodifica
- O è responsabile del "codice spaghetti"

4 Il framework:

- O è un compilatore veloce
- O è un editor visuale
- O aiuta il programmatore con esempi
- O genera codice un maniera automatica

5 Gli SDK non includono:

- O un compilatore
- O le librerie
- O la documentazione
- O il run-time
- O le informazioni sulle licenze

6 Ordina cronologicamente secondo il modello a cascata:

- O codifica (realizzazione)
- O progettazione
- O pianificazione del sistema
- O test e debug
- O analisi
- O manutenzione
- O installazione, verifica e collaudo

7 Il test di un programma consiste:

- O nelle operazioni che eliminano un errore
- O nelle operazioni che eliminano un baco
- O nelle operazioni che individuano un errore
- O nelle operazioni che correggono un malfunzionamento

UNITÀ DIDATTICA 4

LE APPLICAZIONI DELL'INFORMATICA

IN QUESTA UNITÀ IMPAREREMO...

- i campi di utilizzo dell'informatica
- le tipologie del software
- la filiera produttiva informatica

■ Le mille facce dell'informatica

L'informatica è una disciplina molto giovane, dato che i primi calcolatori elettronici sono stati realizzati alla metà del secolo scorso e il termine è stato coniato solo negli anni '60: da allora con il termine informatica si indicano genericamente tutte le attività connesse al mondo degli elaboratori elettronici.

Queste attività nel corso di poche decine di anni hanno però generato vere e proprie sottodiscipline talmente complesse che sono diventate vere e proprie "discipline autonome" (un esempio per tutti è la telematica) che tuttavia noi consideriamo sottoparti dell'informatica, dato che hanno un'unica origine in comune: l'informazione digitale.

Riportiamo un possibile elenco delle sottodiscipline nelle quali si possono classificare le attività connesse all'informatica; i criteri adottati per la loro definizione però sono spesso di natura soggettiva e quindi anche la loro catalogazione risulta essere spesso arbitraria:

- algoritmi e strutture dati: progettazione e studio di algoritmi;
- programmazione: studio e codifica dei programmi, ossia stesura degli algoritmi espressi in un linguaggio comprensibile dal calcolatore;
- linguaggi e compilatori: progetto e realizzazione dei linguaggi di programmazione e degli strumenti per rendere tali linguaggi comprensibili all'hardware;
- architettura dei calcolatori: progetto e realizzazione di calcolatori più potenti con nuove tecnologie;
- reti di calcolatori: studio delle tecniche di connessione e realizzazione di sistemi con più calcolatori cooperanti tra loro;
- sistemi operativi: studio dei programmi che consentono di utilizzare i calcolatori;
- ingegneria del software: sviluppo di tecniche opportune per la creazione di programmi di grandi dimensioni e per migliorare la qualità del software;

- basi di dati e sistemi per il reperimento delle informazioni: sistemi e programmi in grado di gestire grandi quantità di dati su memorie permanenti;
- intelligenza artificiale: programmi in grado di imitare il comportamento intelligente degli esseri umani;
- visione e robotica: programmi in grado di "vedere" e programmi per la gestione di sistemi automatizzati;
- teoria dell'informazione: studio teorico delle modalità di rappresentazione efficace dell'informazione, dai dati alfanumerici al multimediale (audio e video).

La dinamicità di tali discipline si può vedere in un solo esempio: Internet. Negli ultimi anni la crescita esponenziale di questo fenomeno (ormai si registrano più di 100 milioni di utenti in tutto il mondo) ha determinato quella che prende il nome di rivoluzione informazionale, che assume un'importanza paragonabile alla rivoluzione industriale dei secoli scorsi.
Il fenomeno Internet, impensabile negli anni '60, ha di fatto creato nuovi settori di attività talmente specializzati e complessi che poco hanno a che vedere con l'informatica tradizionale. Nessuno, inoltre, potrà prevedere gli sviluppi o le nuove discipline che ci attendono nei prossimi anni, sempre però "originate" da una base comune: l'informazione automatica.

Software: programmi e applicazioni

Una macchina programmata deve *eseguire un programma* che, come si è detto, è composto da una sequenza di istruzioni scritte dapprima con un linguaggio di programmazione ad alto livello e successivamente "convertite" in linguaggio macchina, o a basso livello; le istruzioni devono essere tradotte in una sequenza di operazioni opportunamente scritte, in modo tale che la macchina programmata (esecutore) possa *eseguirle*: il programma dovrà quindi essere scritto necessariamente in formato elettronico e comunicato al calcolatore, che lo memorizzerà nei suoi dispositivi (memorie) e successivamente lo analizzerà istruzione per istruzione, riga per riga, in modo da decodificare ed eseguire ogni singola istruzione. Quindi, per poter eseguire un programma è necessario che il calcolatore effettui un insieme di altre operazioni che, a loro volta, devono essere scritte e codificate in un ulteriore programma: il programma che permette di eseguire gli altri programmi. In un calcolatore sono presenti quindi diverse tipologie di programmi che in una prima analisi possiamo catalogare in:

- programmi di sistema, che permettono il funzionamento del calcolatore;
- programmi di base, applicativi che facilitano l'uso del calcolatore;
- programmi utente, applicativi sviluppati o acquistati dall'utente.

Questa classificazione ricalca la struttura organizzata a strati cara all'informatica: la "stratificazione a buccia di cipolla" (*onion skin*) è alla base dell'organizzazione dei sistemi operativi e introduce il concetto di livello di astrazione che cerca di svincolare sempre di più il software dall'hardware, introducendo livelli di astrazione che permettano di isolare le caratteristiche fisiche da quelle logiche (livelli di ◀ macchina virtuale ▶).

◀ Il termine "virtuale" definisce qualcosa di simulato, cioè non reale, ma che sembra esistere e apparire come se fosse reale: una macchina virtuale si comporta come se fosse fisicamente reale ma viene invece emulata da componenti software.
Oggi la virtualizzazione consente di ospitare più macchine virtuali su un server fisico, condividendo le risorse del server attraverso differenti ambienti: i server virtuali e i desktop virtuali consentono di ospitare differenti sistemi operativi e applicazioni localmente e in remoto, annullando tutti i problemi delle infrastrutture fisiche e superando i limiti geografici. ▶

Il programma applicativo è vicino all'utente in quanto risolve il suo problema, ma per essere eseguito necessita di un insieme di altre componenti software che interagiscano con il calcolatore, a partire dal sistema operativo fino ai driver dei singoli dispositivi fisici.

Nello schema che segue possiamo individuare quattro livelli di astrazione che equivalgono anche a diversi livelli di applicazione del software, dal più "alto livello", che corrisponde al punto di vista dell'utente, fino al più basso livello, che consiste nelle istruzioni elementari che l'hardware può eseguire.

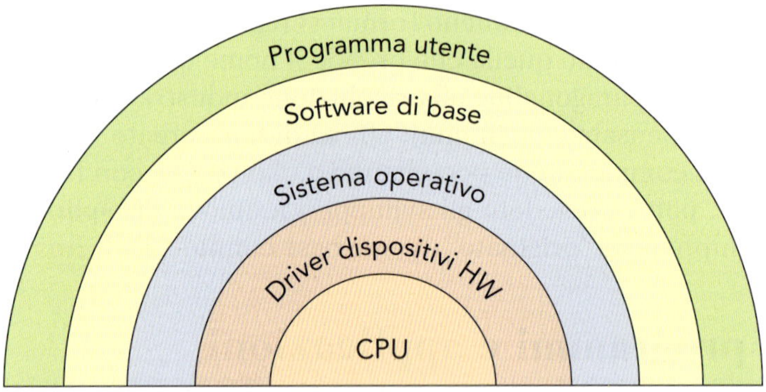

Vediamo brevemente ogni categoria.

Programmi di sistema

Sono comunemente chiamati sistemi operativi e sono costituiti dall'insieme dei programmi che permettono la gestione delle risorse del calcolatore, eseguendo le seguenti funzionalità:

- gestione dei dispositivi (astrazione dei dispositivi fisici);
- gestione delle risorse e in particolare:
  - gestione del *processore*;
  - gestione della *memoria centrale* (RAM);
  - gestione della *memoria di massa* (hard disk);
- esecuzione dei programmi.

Zoom su...

SCRIVERE UN SISTEMA OPERATIVO

La scrittura di un sistema operativo è un'operazione molto complessa è viene fatta utilizzando linguaggi quanto più vicini alla macchina. Una parte del sistema operativo prende il nome di kernel ed è come il cuore del sistema operativo stesso che molto spesso viene scritto in linguaggio C (con delle piccole parti direttamente scritte in assembly) dato che i linguaggi a basso livello sono molto più performanti di quelli ad alto livello.
Man mano che ci si alza di livello e ci si avvicina all'interfaccia di comunicazione con l'utente si utilizzano linguaggi visuali, tra i più diversi: le applicazioni per Linux sono scritte generalmente in C++ mentre per la "famiglia Windows" si usano linguaggi nativi di Microsoft, come Visual Basic, .NET o C# ecc.

Programmi di base

Sono quei programmi comunemente chiamati software di base, forniti "a corredo" del sistema operativo e/o del calcolatore per agevolare l'interazione tra l'utente e la macchina. Possono essere classificati in due famiglie:

- programmi di utilità:
  - interfaccia utente (UI);
  - editor;
  - compilatori/interpreti del linguaggio di programmazione;
  - comandi file system;
  - rete;
- librerie:
  - matematiche;
  - grafiche.

Zoom su...

L'INTERFACCIA CON L'UTENTE

Con interfaccia utente (o shell) si intende ciò che si frappone tra la macchina e l'utente, ciò che fa dialogare l'uomo con la macchina: è qualsiasi cosa che permette a un utente di poter gestire (più o meno) semplicemente le funzionalità di un sistema (anche non informatico). L'interfaccia utente può essere di tipo CUI (*Command User Interface*) o GUI (*Graphical User Interface*). Le interfacce grafiche di tipo CUI sono tipiche dei sistemi operativi a linea di comando, come per esempio MS-DOS o Unix. Le interfacce grafiche di tipo GUI sono tipiche dei sistemi operativi *friendly user*, come per esempio Windows, MacOS e Linux (nelle distribuzioni più recenti).

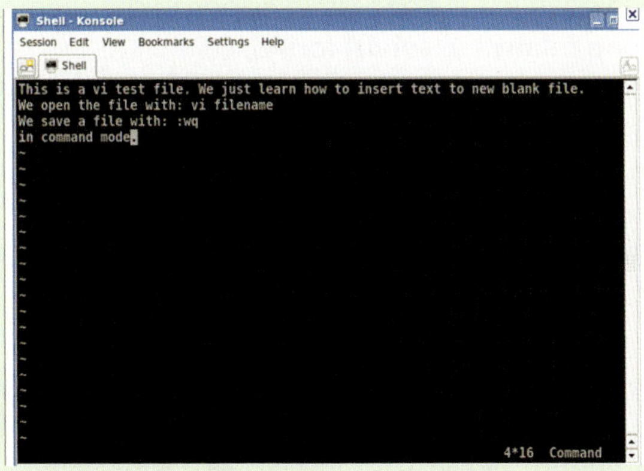

Interfaccia a linea di comando (Linux Red Hat)

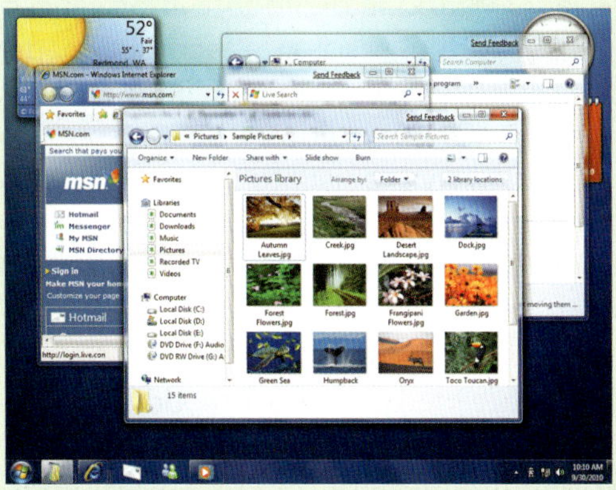

Interfaccia grafica (Windows 7)

Programmi utente

In questa categoria rientra tutto il software applicativo che utilizza l'utente. È difficile effettuare una completa classificazione dei possibili programmi che possono essere eseguiti con un calcolatore: la classificazione che segue è puramente indicativa e serve esclusivamente per offrire una panoramica di come l'informatica sia una disciplina trasversale a ogni tipologia di problema (quindi con una visione e un utilizzo a 360°).

Possiamo analizzare le tipologie di software esistenti partendo da una prima classificazione:

- software dedicato o *ad hoc*;
- software pacchettizzato.

Con software dedicato si intende il prodotto software che una società di sviluppo (software house) progetta e realizza per un singolo cliente. Rientrano in questa categoria soprattutto i siti web oppure le applicazioni studiate appositamente per le medie e grandi aziende.

Con software pacchettizzato si intende il prodotto software che una software house progetta e realizza per risolvere un problema comune a una categoria di clienti e che viene diffuso commercialmente su scala sia nazionale sia internazionale (rientrano in questa categoria soprattutto i programmi di contabilità e paghe).

Zoom su...

SOFTWARE HOUSE

È un'azienda che produce e mette in commercio prodotti software e applicazioni informatiche, cioè una "casa di edizione di software".
Le software house generalmente hanno per oggetto sociale:

- la realizzazione di programmi applicativi per elaboratori;
- la realizzazione di progetti informatici personalizzati in funzione delle esigenze dei clienti;
- i contratti di assistenza tecnica e manutenzione relativa ai servizi forniti;
- la commercializzazione di hardware contenenti programmi applicativi.

I prodotti delle software house sono coperti dal diritto d'autore e pertanto ogni nuovo applicativo va registrato presso la Società Italiana degli Autori ed Editori (SIAE), più precisamente nel registro pubblico speciale per i programmi per elaboratore.

Il software dedicato deve soddisfare le esigenze del cliente (committente), è pertanto indispensabile una stretta collaborazione preliminare tra la software house e il cliente per stabilire gli obiettivi del programma. Successivamente vengono stabiliti i costi di sviluppo e di realizzazione e viene individuato un accordo commerciale. Spesso il software dedicato è assai costoso in quanto richiede una progettazione molto complessa.

Il software pacchettizzato deve soddisfare le esigenze di un numero elevato di ipotetici clienti, ed è spesso il risultato di complesse indagini di mercato. La software house stabili-

◀ In termini generici, un pacchetto software (o suite software) è una serie di programmi che si distribuiscono congiuntamente. Per esempio, un pacchetto di contabilità comprende tutti i programmi che servono per la gestione contabile, dalla fatturazione alla prima nota, dal magazzino alla formulazione del bilancio.
Un pacchetto noto a tutti noi è Microsoft Office, che include un insieme di programmi utilizzati per l'*office automation*, come Microsoft Excel, Microsoft Word e Microsoft Access. ▶

sce il budget per lo sviluppo del ◀ pacchetto software ▶, confidando nel successo della proposta commerciale.

Una seconda classificazione del software viene fatta in base alla categoria dell'applicazione. Le categorie di software più note sono quelle riportate di seguito.

- Business: comprende le applicazioni aziendali e anche le seguenti sottocategorie: Finanziarie, ERP, Project management, E-Commerce ecc. La categoria ERP (*Enterprise Resource Planning*, letteralmente "pianificazione delle risorse d'impresa") rappresenta tutte le applicazioni di un sistema informativo aziendale (contabilità, controllo di gestione e la gestione del personale, degli acquisti, dei magazzini, della produzione, dei progetti, delle vendite, della distribuzione, della manutenzione impianti e degli asset).

- Desktop: è anche definito software di produttività personale. In questa categoria rientrano i pacchetti per l'elaborazione di testi, i fogli di calcolo, presentazioni, grafica tecnica, grafica artistica, fotoritocco, musica, agenda ecc.

- Games: il settore dei giochi ricopre un'importante quota di mercato informatico: si va dai giochi per PC, alle console, ai giochi per cellulari e palmari, ai browser games di Internet ecc.

- Education: rientrano in questa categoria le applicazioni utili alle scuole di tutti i gradi, ai corsi di formazione per l'autoapprendimento, sia distribuiti su CD sia on line.

- Science: con questo termine si indicano le applicazioni utili nei vari campi della scienza applicata, quali, per esempio, intelligenza artificiale, astronomia, biologia, chimica ecc.; qualsiasi disciplina scientifica dispone di applicazioni dedicate.

- Industrial software: la progettazione industriale è assistita da programmi specifici come il CAD (*Computer Assisted Design*) e i processi industriali automatizzati e controllati da specifico software, come il CAM (*Computer Assisted Manufactoring*) per il controllo macchine utensili, il CIM (*Computer Integrated Manufactoring*), la robotica ecc.

- Embedded: i sistemi embedded sono sistemi elettronici a microprocessore dove il programma generalmente viene integrato nell'hardware per la gestione del controllo di processo e l'utente non ne percepisce direttamente la presenza, come per esempio nelle automobili (ABS, controllo iniezione elettronica), negli elettrodomestici, nei sistemi di assistenza alla navigazione aerea.

- Software development: con questo termine si indica sia lo sviluppo di applicazioni dedicate sia il software di base: occorre però tener presente che ogni applicazione sviluppata rientra come classificazione in un settore di attività o di interesse tra quelli prima elencati.

■ La filiera produttiva informatica

Anche per l'informatica, come per la maggior parte dei prodotti industriali, la filiera produttiva è costituita da un insieme di attori:

- produzione-manutenzione;
- distribuzione;
- vendita;
- installazione e postvendita.

> ◀ La versione di un programma è molto spesso individuata da un numero che ne accompagna il nome per identificare l'eventuale aggiornamento.
> Il numero può essere da 1 a 10, oppure l'anno di uscita del programma. Windows, per esempio, è stato prodotto nelle seguenti versioni: Windows 95 (1990); Windows 98 (1998); Windows 2000 (2000); Windows XP (2003); Windows Vista (2006); Windows 7 (2010), Windows 8 (2012). ▶

Con la consegna di un prodotto software non si esaurisce il lavoro dell'informatico, anzi, generalmente inizia proprio da un "primo pacchetto" la relazione che lega il fornitore informatico al cliente, anche perché spesso il cliente richiede al fornitore un servizio completo di fornitura di sistemi "chiavi in mano", cioè di software installato su sistemi informatici e di assistenza operativa di avviamento e di consulenza tecnica continuativa.
Inoltre, i prodotti software richiedono un aggiornamento continuo, sia per essere conformi alle normative e alle specifiche di legge che mutano continuamente (si pensi alla dichiarazione dei redditi che ogni anno richiede il rifacimento di buona parte dei programmi specifici) sia per adeguarsi alla tecnologia che è in continua evoluzione, sia per essere sempre più "accattivanti" e spingere il cliente a passare a ◀ versioni ▶ di prodotto sempre più aggiornate.

Software e hardware sono sempre strettamente legati e quindi è doveroso aprire una parentesi anche sulla produzione dell'hardware.

La produzione dell'hardware

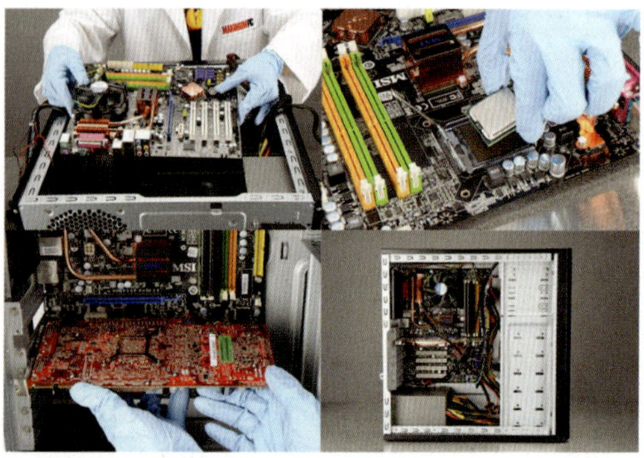

La produzione dell'hardware è un'attività specifica del settore elettronico che si svolge in genere nei paesi dell'Estremo Oriente (Far East). Ogni computer è costituito da diversi componenti che vengono solitamente prodotti da aziende diverse (CPU, scheda madre, scheda video, monitor ecc.) e che richiedono un assemblaggio. Le aziende produttrici di software possiedono molto spesso al loro interno un laboratorio attrezzato per l'assemblaggio dei computer, dove tecnici informatici si occupano del montaggio, della configurazione delle diverse schede e dispositivi, dell'installazione dei sistemi operativi e dell'installazione delle macchine direttamente presso il cliente.

L'installazione si rende necessaria soprattutto quando i PC devono essere connessi con altri PC, cioè collegati in rete locale o remota. In questo caso la figura professionale informatica che esegue questo compito prende il nome di sistemista di rete, che deve essere in

grado di progettare, realizzare e integrare la rete aziendale, installando e configurando l'apposito sistema operativo di rete, i computer e i diversi dispositivi necessari per permettere la comunicazione (router, modem ecc.).

Il sistemista di rete si occupa anche della sicurezza, garantendo l'accesso alle risorse e ai dati solo a chi ne possiede le autorizzazioni (gestione degli account, delle password, dei diritti d'accesso ecc.).

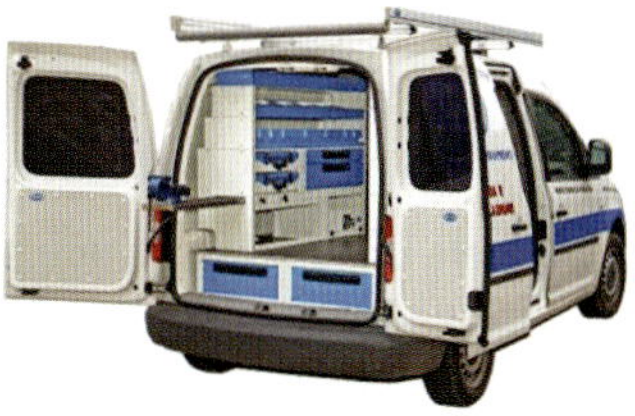

Il mercato informatico è in costante progresso: i prodotti informatici si evolvono a ritmi vertiginosi e le aziende sono costantemente obbligate ad aggiornare hardware e software. L'assistenza post vendita (*customer care*) e la manutenzione sono indispensabili e richiedono tecnici specializzati e sempre aggiornati.

Abbiamo visto che la manutenzione è una fase del ciclo di vita del software e riguarda gli aspetti correttivo, adattativo e migliorativo: per quanto riguarda l'hardware è da considerarsi prevalentemente di tipo migliorativo, dato che questo "invecchia" molto più velocemente del software.
Moore, cofondatore di Intel, nel 1965 osservava che il numero di transistor che compongono un circuito integrato raddoppiava ogni anno e da questa osservazione ne fu dedotta la legge che prende il suo nome.

La capacità di calcolo di un elaboratore elettronico raddoppia ogni anno.

La validità di questa legge fu verificata anche negli anni successivi, seppure con un "tempo di raddoppiamento" che si è andato assestando sui 18 mesi: la crescita delle prestazioni è comunque di tipo esponenziale.

Le aziende seguono per quanto possibile l'evoluzione dell'hardware aggiornando periodicamente il proprio parco macchine in modo da avere elaboratori che garantiscono la massima performance anche per soddisfare le sempre maggiori necessità di potenza di calcolo e di memoria richieste da software grafico ad alta definizione.

Verifichiamo le conoscenze

Esercizi a scelta multipla

1 Un programma software può essere catalogato in:
- O programma di sistema
- O programma di base
- O programma utente
- O programma software

2 Quale tra queste affermazioni relative alla macchina virtuale è falsa?
- O svincola il software dall'hardware
- O isola le caratteristiche fisiche da quelle logiche
- O riduce i costi di un sistema
- O nessuna delle precedenti

3 Quale tra le seguenti non è una funzionalità del sistema operativo?
- O gestione dei dispositivi
- O gestione del processore
- O gestione della memoria centrale
- O compilazione dei programmi
- O gestione della memoria di massa
- O esecuzione dei programmi

4 Il sistema operativo generalmente è scritto in linguaggio assemblatore:
- O vero
- O falso

5 Quale tra questi non è un programma di utilità?
- O interfaccia utente
- O editor
- O compilatore
- O interprete del linguaggio di programmazione
- O excel
- O comandi del file system
- O browser di rete

6 Le interfacce grafiche di tipo GUI sono tipiche dei sistemi operativi a linea di comando:
- O vero
- O falso

7 Tra le applicazioni Business sono presenti programmi di: (*più risposte*)
- O contabilità
- O controllo di gestione
- O gestione del personale
- O gestione della produzione
- O fotoritocco
- O contabilità

8 In quale Paese avviene la produzione dell'hardware?
- O Silicon Valley
- O USA
- O Estremo Oriente
- O Far West

MODULO 2
SOLUZIONE DEI PROBLEMI

OBIETTIVI

- Conoscere la simbologia dei diagrammi di flusso
- Conoscere le modalità di rappresentazione delle figure strutturali
- Individuare le diverse fasi di realizzazione di un programma
- Riconoscere le proprietà di un algoritmo
- Utilizzare la tecnica top-down per descrivere gli algoritmi
- Descrivere con le tabelle di traccia gli stati delle procedure
- Conoscere le precedenze degli operatori logici
- Apprendere i concetti fondamentali dell'algebra delle proposizioni

ATTIVITÀ

- Utilizzare i diagrammi di flusso per rappresentare gli algoritmi
- Descrivere la soluzione di semplici problemi mediante algoritmi
- Utilizzare la tecnica top-down per codificare gli algoritmi
- Classificare i problemi nelle diverse tipologie
- Affrontare in modo sistemico il problema
- Utilizzare metodologie di modellizzazione dei problemi
- Utilizzare la tabella delle verità
- Utilizzare le regole del ragionamento logico

UNITÀ DIDATTICA 1

DIAGRAMMI A BLOCCHI E TOP-DOWN

IN QUESTA UNITÀ IMPAREREMO...

- a descrivere gli algoritmi in pseudocodice
- a descrivere gli algoritmi con i diagrammi di flusso
- a utilizzare la tecnica top-down

Introduzione

Si è visto che la progettazione degli algoritmi è un'operazione articolata e complessa, formata da un insieme di fasi e di attività. Prima di descrivere le metodologie specifiche e le tecniche di analisi di problemi complessi è necessario iniziare a risolvere problemi semplici e a descrivere la loro soluzione algoritmicamente. Riprendiamo il concetto di algoritmo.

ALGORITMO

Procedura passo passo grazie alla quale una sequenza di operazioni può essere svolta senza alcun esercizio di intelligenza e quindi, per esempio, da una macchina.

Per descrivere un algoritmo non è necessario conoscere un linguaggio di programmazione: la descrizione delle operazioni può essere effettuata nel linguaggio "umano" (linguaggio naturale) o semiformale mediante i diagrammi a blocchi che meglio permettono di seguire la sequenza con cui le istruzioni devono essere effettuate. Proprio per questa caratteristica, cioè quella di permettere all'utente di seguire il flusso dell'esecuzione delle istruzioni, questi diagrammi sono anche chiamati diagrammi di flusso (flow chart).

I flow chart, per la loro semplicità di interpretazione, sono comunemente molto utilizzati nella vita quotidiana per descrivere la sequenza con cui alcune operazioni (o attività) devono essere eseguite: per esempio, si possono utilizzare per descrivere le operazioni da compiere per prendere la patente, oppure la procedura per essere ammessi all'esame di maturità, per montare un mobile ecc.

Prima rappresentazione degli algoritmi

La prima rappresentazione degli algoritmi è quella che viene effettuata in linguaggio naturale che elenca una alla volta (sequenzialmente) le operazioni che devono essere eseguite, generalmente scrivendole una per riga.

Un primo esempio è quello che segue.

Problema: algoritmo del "buongiorno"

Si descrivano le operazioni che vengono eseguite dal suono della sveglia fino all'uscita di casa.

Soluzione immediata

Questo problema non richiede alcuna individuazione di strategia (è quindi è un *problema banale*); la soluzione è semplicemente l'elencazione delle attività (azioni) che vengono generalmente compiute ogni mattina.

Procediamo descrivendo la situazione (fase di analisi) dapprima in termini discorsivi per poi effettuarne la scomposizione e individuare le singole istruzioni.

Al suono della sveglia mi stiracchio assonnato, scendo dal letto di malavoglia e vado in bagno a fare una doccia tonificante; in cucina mi aspetta una ricca colazione al termine della quale mi vesto e mi pettino.
Dopo aver dato un'ultima controllata al contenuto dello zaino sono pronto per uscire: indosso il giubbotto, saluto la mamma, esco di casa e mi dirigo verso la fermata dell'autobus.

Una prima metodologia di individuazione delle istruzioni elementari (azioni) è quella di individuare i verbi presenti nell'analisi e, in base a questi, isolare i periodi in singole frasi "esecutive".

Il nostro "racconto" diventa:

Al suono della sveglia mi stiracchio assonnato
scendo dal letto di malavoglia
e vado in bagno
a fare una doccia tonificante
in cucina mi aspetta una ricca colazione
al termine della quale mi vesto e mi pettino.
Dopo aver controllato il contenuto dello zaino sono pronto per uscire:
indosso il giubbotto
saluto la mamma
esco di casa
mi dirigo verso la fermata dell'autobus.

Mettiamolo ora in forma impersonale, trasformando i verbi in comandi (forma imperativa), ed eliminando gli elementi inutili quali gli aggettivi e le osservazioni personali. Otteniamo:

I versione	II versione "ripulita" => algoritmo
~~Al suono della sveglia~~ **svegliati** **scendi** ~~dal letto di malavoglia~~ **vai** ~~in bagno~~ **fai** una doccia ~~tonificante~~ ~~in cucina~~ **mi aspetta** ~~una ricca~~ **fai** la colazione ~~al termine della colazione~~ **vestiti** **pettinati** **controlla** lo zaino ~~sono pronto per uscire~~: **indossa** il giubbotto **saluta** la mamma **esci** di casa **dirigiti** alla fermata dell'autobus.	È mattina: **svegliati** **fai** una doccia **fai** la colazione **vestiti** **pettinati** **controlla** lo zaino **indossa** il giubbotto **saluta** la mamma **esci** di casa **dirigiti** alla fermata dell'autobus.

Tutte le azioni sono state scritte individuando un'azione specifica che l'esecutore (in questo caso l'alunno) è in grado di eseguire in quanto rientra nel suo "bagaglio delle conoscenze": sono quindi operazioni elementari (o istruzioni elementari) che non necessitano di ulteriori specifiche o chiarimenti.
Analogamente alcune azioni sono state eliminate, o perché sottintese o perché integrate in altre: per esempio *fare una doccia* sottintende *essere in bagno* e quindi risulta inutile evidenziare tale azione.

Quello che si è ottenuto è un algoritmo (il nostro primo algoritmo!).

Soluzione ragionata

Nella soluzione sopra descritta si sono commesse alcune imprecisioni, se non dei veri e propri errori.
Riconsideriamo la definizione di algoritmo e ci accorgiamo che la soluzione proposta manca delle caratteristiche di generalità: vengono considerate le operazioni effettuate esclusivamente nel caso di giorni feriali mentre si è invece detto che l'algoritmo deve avere valenza generale, quindi deve essere applicabile a tutti i giorni della settimana (domenica e festivi compresi).
Introduciamo una prima rettifica, effettuando un supplemento d'analisi:

Al suono della sveglia → ho diverse possibilità:

1. è un giorno festivo → non vado a scuola
2. è un giorno feriale → ho diverse possibilità:
   - è un giorno di vacanza → non vado a scuola
   - non mi sento bene → non vado a scuola
   - negli altri casi → vado a scuola

È quindi necessario modificare l'algoritmo prima ottenuto per includere tutte queste alternative: una versione potrebbe essere quella riportata di seguito.

III versione
È mattina: **svegliati**
se è un giorno feriale, non è vacanza e non sei malato
fai una doccia
fai la colazione
vestiti
pettinati
controlla lo zaino
indossa il giubbotto
saluta la mamma
esci di casa
dirigiti alla fermata dell'autobus
altrimenti
rimani a **dormire**

In questa versione sono state introdotte due istruzioni che permettono di generalizzare l'algoritmo inserendo due possibili alternative, una per i "giorni scolastici" e un'altra per quelli "non scolastici": naturalmente si potrebbe continuare a dettagliare le operazioni per i giorni non scolastici individuando i comportamenti per ogni situazione (l'argomento sarà approfondito successivamente).

Vediamo un secondo problema che presenta una complessità maggiore.

Problema: registrare un film con un videoregistratore

Si vuole insegnare a un bambino a utilizzare un videoregistratore per registrare un film.

Soluzione immediata

Prima di procedere è necessario formulare alcune ipotesi:

- il bambino è in grado di prendere un DVD vuoto, comprendere il significato dei tasti, leggere e comprendere la lingua in cui riceve le istruzioni e leggere le ore da un orologio (sia digitale sia analogico).

A questo punto si procede con l'analisi del problema; descriviamo sommariamente che cosa comporta registrare un film su videocassetta:

Individuato il programma che si vuole registrare, quindi il canale e l'ora in cui inizia la trasmissione, è necessario procurarsi un DVD vuoto; quindi si predispone il videoregistratore e si attende l'ora di inizio: a questo punto si comincia a registrare.
Durante la registrazione non è necessaria la presenza di nessun "operatore": è sufficiente ricordarsi di controllare ogni tanto che non sia terminato il programma.

Ripetiamo le stessa procedura effettuata precedentemente per la determinazione dell'algoritmo: isoliamo i verbi e le frasi, li riscriviamo in forma impersonale ed eliminiamo gli aggettivi e/o i termini inutili (che *non forniscono informazioni utili*). Per comodità numeriamo le operazioni in modo da poterle facilmente individuare nella descrizione che segue.

1 **individuare** il programma che si vuole registrare
2 **individuare** il canale
3 **individuare** l'ora in cui inizia la trasmissione
4 **procurare** un DVD registrabile vuoto
5 **predisporre** il videoregistratore
6 **attendere** l'ora di inizio
7 **avviare** la registrazione
8 **controllare** ogni tanto che non sia terminato il programma
9 **togliere** il DVD

In questo caso le operazioni descritte non sono elementari, si è cioè utilizzato un livello di descrizione troppo elevato: per esempio, la 6 e la 8 richiedono più operazioni.
Entrambe richiedono di "far trascorrere il tempo" fino a che non si verifichi una *particolare situazione*: è possibile descrivere questa procedura con due operazioni separate:

- un'operazione di verifica del raggiungimento della situazione desiderata;
- un'istruzione provvisoria "di attesa".

Quindi le due istruzioni 6 e 8 possono essere così riscritte:

```
...
6 ripeti
      controlla l'orologio
  fino a quando è l'ora d'inizio del programma
7 avvia la registrazione
8 ripeti
    continua a registrare fino a quando è terminato il programma
```

Anche l'istruzione 4 è complessa in quanto richiede più istruzioni elementari per essere portarla a termine:

```
...
4 hai un DVD registrabile?
    se sì
      mettilo nel videoregistratore (e prosegui dall'istruzione 7)
    se no
      cerca un DVD riscrivibile
      mettilo nel videoregistratore
5 avvia la registrazione
  ...
```

La descrizione in linguaggio naturale usata per rappresentare dettagliatamente l'algoritmo comporta a volte la scomposizione di un'azione in azioni più elementari e il risultato finale può essere di non facile comprensione nella sua interezza poiché può comportare istruzioni ripetitive e alternative che ne rendono poco agibile la corretta interpretazione.

Vediamo ora una modalità di rappresentazione "grafica" che facilita l'utente nella "lettura" dell'algoritmo.

Seconda rappresentazione degli algoritmi

Lo strumento probabilmente più usato per la rappresentazione degli algoritmi è il diagramma di flusso (flow chart) detto anche diagramma a blocchi in quanto utilizza figure geometriche (chiamate appunto blocchi) che racchiudono le singole istruzioni e sono collegate tra loro attraverso disegni e simboli in modo da rendere possibile seguire la sequenza con cui devono essere eseguite le istruzioni.
È sicuramente lo strumento più efficace per descrivere l'algoritmo scritto a parole (in linguaggio naturale) in quanto offre una visione globale del problema, dalla quale sono stati eliminati i dettagli superflui; inoltre la comunicazione mediante un numero limitato di rappresentazioni grafiche (tipi di blocchi) è di facile comprensione per chiunque.
Si è detto che ogni blocco è una rappresentazione grafica di un passo elementare, va ora aggiunto che sono disponibili solo 4 possibili operazioni base (o primarie) rappresentate con semplici forme geometriche diverse (quadrilateri) combinate tra loro:

Trasferimento di informazioni
lettura dati, scrittura risultati, visualizzazione dati intermedi

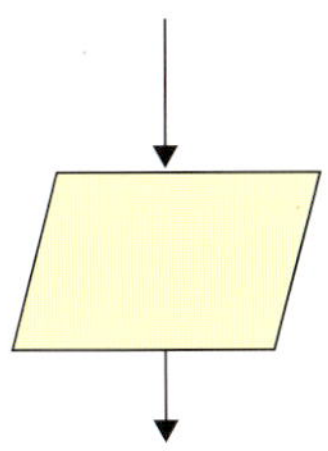

Esecuzione di calcoli/elaborazione

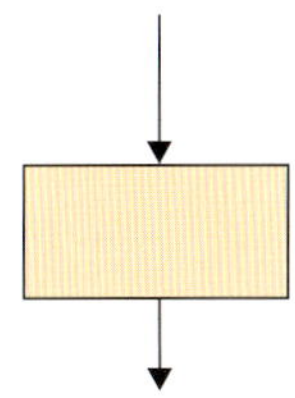

Assunzione di decisioni/selezione

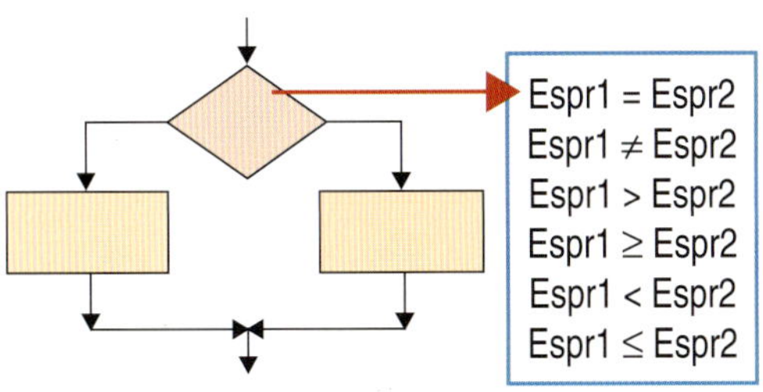

Esecuzione di iterazioni
ripetizione di sequenze di operazioni

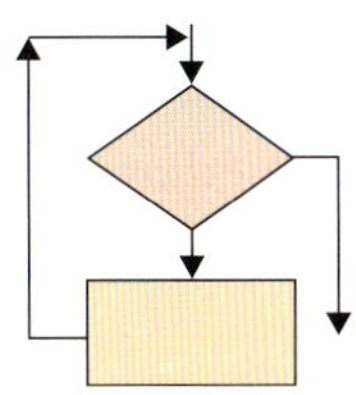

Esistono altri simboli che identificano istruzioni particolari, come quella iniziale, quella finale, quella di scrittura e/o lettura da particolari dispositivi (dischi, nastri ecc.). Ne riportiamo alcuni a titolo di esempio:

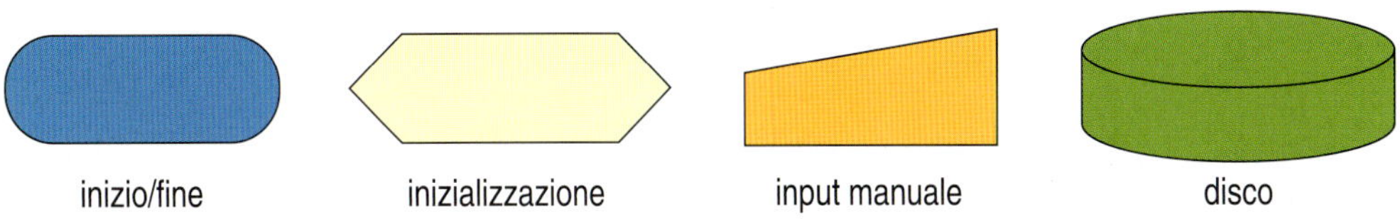

I blocchi hanno un ingresso e, generalmente, un'uscita e sono tra loro collegati mediante linee orientate da frecce che ne indicano la direzione di percorrenza (il "flusso"); dopo l'esecuzione di un'istruzione si passa al blocco collegato tramite l'arco di uscita. Il blocco di selezione ha due archi d'uscita in quanto, a seconda dell'esito della domanda posta al suo interno (istruzione di test, condizione), le operazioni che devono poi seguire dipendono da questo test e sono diverse a seconda dell'esito (un "percorso" viene seguito nel caso che la condizione all'interno del blocco risulti vera, un altro nel caso risulti falsa).

Completano i diagrammi i seguenti simboli grafici:

- arco orientato: l'arco identifica la sequenza delle operazioni, mentre la freccia identifica il flusso dell'esecuzione; ▶

- nodi di congiunzione: indicano un punto in cui due percorsi alternativi si ricongiungono per poi proseguire insieme il resto dell'algoritmo

Corretto

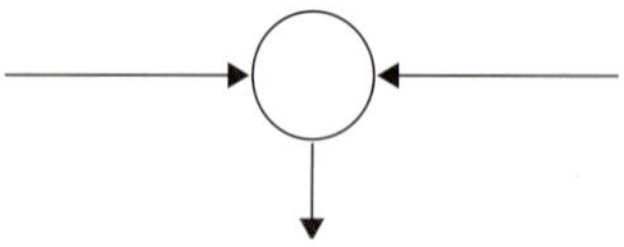

Errato

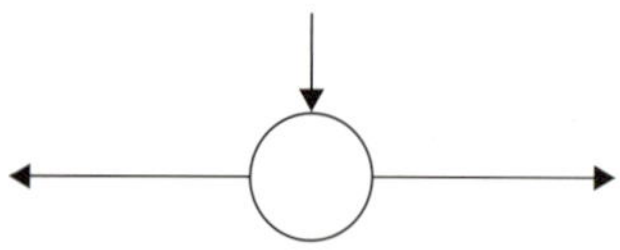

Il secondo esempio è errato in quando l'unico modo per poter "dividere" un flusso è quello di realizzarlo mediante un'istruzione di test.

Descriviamo l'esempio precedente della videoregistrazione.

Osserviamo che ora seguire il flusso delle istruzioni è più semplice: tutte le possibili alternative sono immediatamente (e visivamente) disponibili all'utente che, con facilità, grazie alla diversa rappresentazione dei segni grafici, individua le diverse tipologie di istruzioni, riconoscendo le situazioni di test e di ripetizione dalla normale esecuzione sequenziale. ▶

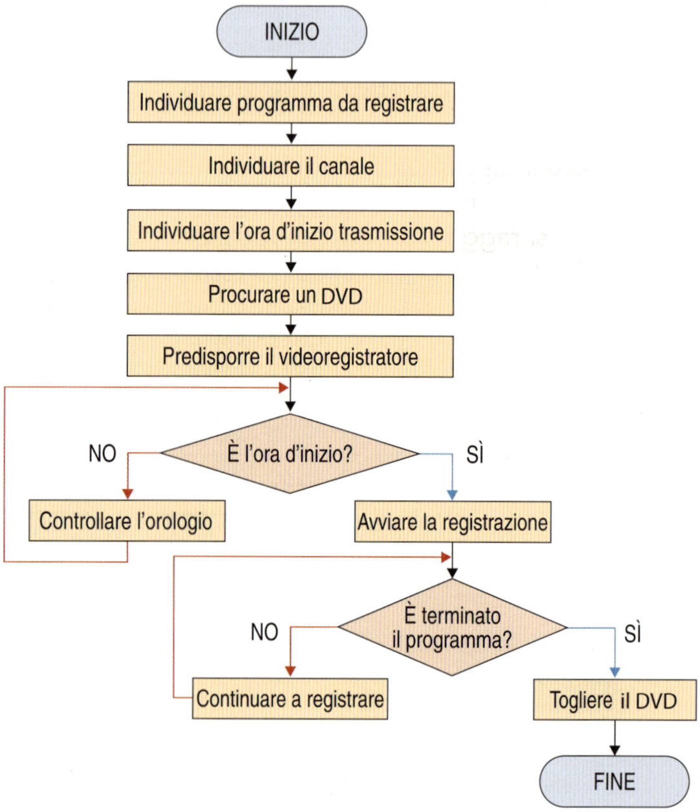

Vediamo un altro esempio.

Problema: olio nel motore

Si descriva la procedura per effettuare il controllo del livello dell'olio nel motore e, se necessario, per effettuare un eventuale rabbocco.

Soluzione immediata

Descriviamo il problema, cioè procediamo con l'analisi.

Per effettuare il controllo dell'olio motore è necessario aprire il cofano e, dopo aver individuato l'asta indicatrice, estrarla, pulirla, riporla e quindi estrarla nuovamente per effettuare la verifica del livello.
Se tale livello è inferiore al minimo, la si reinserisce nell'alloggiamento, si svita il tappo e si aggiunge un po' d'olio alternando successivi controlli finché si raggiunge una situazione soddisfacente.
Si ripone l'asta, si chiude il tappo e il cofano dell'autovettura.

La procedura descritta a parole è abbastanza confusa: vediamo come rappresentarla con un diagramma di flusso, dopo aver individuato le singole operazioni (sempre isolando i verbi) con la descrizione ad alto livello:

aprire il cofano
individuare l'asta indicatrice
estrarre l'asta
pulire l'asta
riporre l'asta
riestrarre l'asta
effettuare la verifica del livello
il livello è inferiore al minimo?
    riporre l'asta nell'alloggiamento
    svitare il tappo e
    aggiungere un po' d'olio **alternando** il controllo
    finché si raggiunge una situazione soddisfacente
riporre l'asta
chiudere il tappo
chiudere il cofano dell'autovettura

Il diagramma di flusso è il seguente. ▶

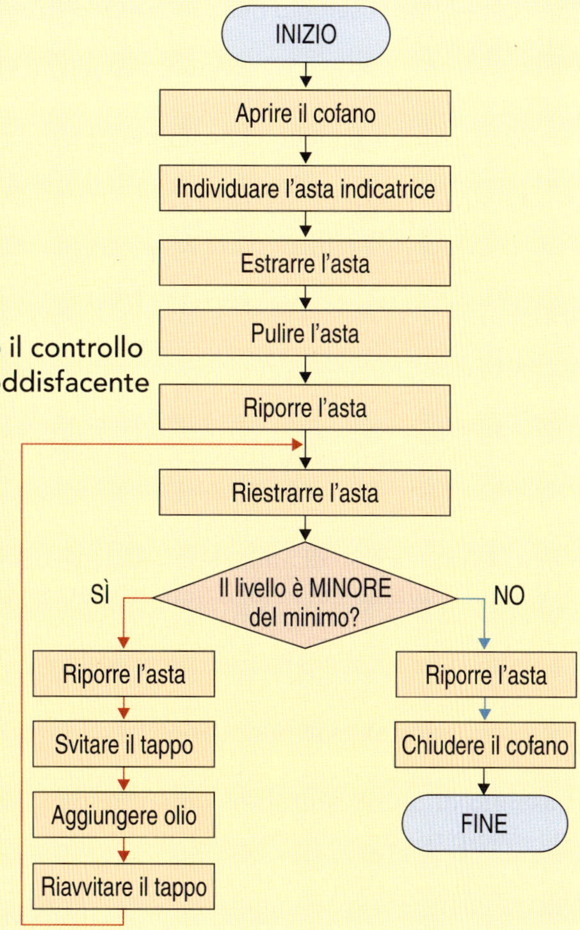

Tecnica top-down

Quando il problema si presenta più complesso o semplicemente più lungo e articolato non è sempre immediato descrivere l'algoritmo direttamente, nei suoi passi elementari.
Una tecnica che semplifica notevolmente questo compito è quella che prende il nome di tecnica per affinamenti successivi (o raffinamenti successivi).
Mediante questa tecnica la ricerca della soluzione avviene articolando il problema in sottoproblemi in modo tale che, risolvendo questi ultimi in modo indipendente, si possa giungere alla soluzione del problema originale.
Operativamente si individuano i sottoproblemi (che a loro volta sono dei veri sotto-obbiettivi) e si procede nella successiva scomposizione per affinamenti successivi fino a giungere, infine, alla definizione di problemi primitivi o alla definizione delle singole azioni elementari.
Tale procedimento di scomposizione è noto anche con il nome di top-down, cioè procedimento per affinamenti successivi dall'alto al basso, in quanto si parte dalla visione globale del problema (*top* = alto), si scompone in sottoproblemi autonomi, sino a giungere alla codifica dei singoli sottoproblemi e quindi alle istruzioni elementari (*down* = basso).

> Esiste anche la tecnica "opposta", cioè bottom-up (quindi dal basso all'alto) che viene utilizzata per esempio nelle tecniche di progettazione dei database ed esula dalla nostra trattazione.

Vediamo un esempio che ci permette di comprendere meglio il procedimento.

Problema: pranzo di nozze

Si descriva la procedura per la preparazione del pranzo nuziale.

Soluzione

Descriviamo il problema procedendo come al solito con l'analisi.

Per la realizzazione del pranzo di nozze è innanzitutto necessario conoscere il numero dei commensali: quindi, una volta stabilito il menù, si può procedere con la preparazione dei singoli piatti.

Sospendiamo la fase di analisi per effettuare una prima osservazione. Nella descrizione del problema abbiamo già evidenziato tre sottoproblemi:

1. individuare il numero dei commensali;
2. definire il menù;
3. preparare i singoli piatti.

Ciascuno di questi sottoproblemi, che pure sono collegati tra loro in modo sequenziale, può essere risolto da persone diverse.

È stata effettuata la scomposizione del problema in tre sottoproblemi, cioè il primo affinamento del processo di top-down del problema da risolvere.

1 Il primo sottoproblema è già un problema elementare, in quanto si limita alla acquisizione del numero degli "invitati che hanno accettato l'invito", cioè l'inserimento di un numero.

2 Il secondo sottoproblema si articola in più passi, che, per esempio, possono essere:
- **A** scelta del numero di portate (in base al costo *pro capite*!);
- **B** per ogni portata la scelta del piatto;
- **C** scelta dei vini.

3 il terzo sottoproblema è il più complesso da risolvere in quanto per ogni portata "andrebbe" descritta la ricetta: la soluzione più semplice è passare l'ordine direttamente alla cucina dove i cuochi non hanno bisogno della ricetta di ogni singolo piatto in quanto rientra (almeno dovrebbe) nelle loro competenze elementari.

Il secondo affinamento del nostro top-down potrebbe quindi essere il seguente:

```
1.   contare il numero di invitati;
2a.  scegliere il numero di portate;
2b.  per ogni portata;
        scegliere il piatto;
        scegliere il vino;
3a.  predisporre il menù completo;
3b.  passare la "comanda" in cucina.
```

Per meglio effettuare la scomposizione top-down ci serviremo di una rappresentazione grafica che cercherà (per quanto possibile) di affiancare i diversi affinamenti in modo da verificare come ogni sottoproblema viene successivamente risolto.

Vediamo un altro esempio.

Problema: secchi d'acqua

Sono presenti due secchi con capacità volumetrica rispettivamente di 4 e 3 litri. Si riempia il primo secchio (quello da 4 litri) con soli due litri (esatti!) d'acqua.

Soluzione

Partendo dall'analisi possiamo dapprima descrivere il problema in una forma più completa:

Avendo a disposizione due secchi si deve individuare la procedura operativa che utilizzi una ***sequenza delle seguenti possibili*** *operazioni:*
- *svuotare uno dei due secchi;*
- *riempire uno dei due secchi;*
- *travasare il contenuto parziale o totale di un secchio nell'altro in modo tale che alla fine nel secchio con capacità 4 litri siamo presenti esattamente 2 litri d'acqua.*

Questo problema è un po' più complesso dei precedenti in quanto la soluzione non è immediata ma richiede una seconda azione, quella chiamata di definizione della strategia risolutiva.

Con un breve ragionamento si può dedurre che per ottenere la quantità di 2 litri è necessario produrre tale quantità per sottrazione di un litro dal secchio con capacità di 3 litri; è possibile ottenere la giusta misura, in quanto, 4 litri – 3 litri = 1 litro, quindi si riempie dapprima con 3 litri il secchio con capacità 4 litri, gli rimane la capacità di 1 litro: riempiendo il secchio da 3 litri e travasando fino all'orlo acqua nel secchio da 4 litri (1 litro mancante) rimane nel secondo secchio la quantità desiderata, cioè i 2 litri ricercati.
Si svuota il primo secchio travasandone il contenuto del secondo.

La procedura appena descritta è alquanto confusa! Descriviamola mediante il top-down:

I Affinamento	II Affinamento
Svuota entrambi i secchi	Svuota il primo secchio Svuota il secondo secchio
Ottieni la quantità d'acqua desiderata	Riempi il secchio da 3 litri Travasalo nel secchio da 4 litri: rimane 1 litro di capacità Riempi il secchio da 3 litri Travasa quanto basta per riempire il secchio da 4 litri (1 litro) (**NB** ora nel secchio da 3 litri sono presenti 2 litri d'acqua)
Mettili nel primo secchio	Svuota il secchio da 4 litri Versa il contenuto del secchio da 3 litri (2 litri) nel primo secchio

La soluzione ottenuta non è l'unica: infatti è noto che un problema può essere risolto mediante diversi algoritmi, come nella seguente soluzione alternativa.

I Affinamento	II Affinamento
Svuota entrambi i secchi	Svuota il primo secchio Svuota il secondo secchio
Ottieni la quantità d'acqua desiderata	Riempi il secchio da 4 litri Travasalo nel secchio da 3 litri: rimane 1 litro Svuota il secchio da 3 litri Travasa il contenuto del secchio da 4 litri (1 litro) Riempi il secchio da 4 litri Travasa quanto basta per riempire il secchio da 3 litri (2 litri) (**NB** ora nel secchio da 4 litri sono presenti 2 litri d'acqua)
Mettili nel primo secchio	Svuota il secchio da 4 litri Versa il contenuto del secchio da 3 litri (2 litri) nel primo secchio

Spesso è comodo seguire il flusso di evoluzione dell'algoritmo per:
- verificare il corretto funzionamento, cioè la corretta sequenza delle operazioni;
- individuare le eventuali istruzioni errate.

Questa tecnica (che si chiama trace-table, *tabella di traccia*) verrà dettagliatamente descritta (e utilizzata) in seguito, ma dato che in questo esempio è possibile intravederne l'utilità, ne proponiamo un esempio: in una tabella riportiamo per ogni operazione la quantità d'acqua presente nei due secchi (l'esempio è relativo al primo algoritmo, mentre il secondo viene lasciato al lettore come esercizio):

Il Affinamento // passo numero		Contenuto del secchio da 4 litri	Contenuto del secchio da 3 litri
Svuota il primo secchio	// 1	0	
Svuota il secondo secchio	// 2		0
Riempi il secchio da 3 litri	// 3	0	3
Travasalo nel secchio da 4 litri: rimane 1 litro di capacità	// 4	3	0
Riempi il secchio da 3 litri	// 5	3	3
Travasa quanto basta per riempire il secchio da 4 litri (1 litro)	// 6	4	2
(**NB** ora nel secchio da 3 litri sono presenti 2 litri d'acqua)	// 7		
Svuota il secchio da 4 litri	// 8	0	2
Versa il contenuto del secchio da 3 litri (2 litri) nel primo secchio	// 9	2	0

A fianco di ogni istruzione è stato aggiunto un numero che permette una migliore individuazione dell'istruzione (passo) per l'eventuale commento e/o spiegazione successiva, nel testo (o da parte del docente in classe). La doppia barra è la notazione utilizzata dai moderni linguaggi per indicare che quanto viene dopo è un commento, non rientra cioè nelle istruzioni da eseguire, ma serve al lettore per migliorare e facilitare la lettura e comprensione del codice.

La programmazione top-down è una tecnica per la realizzazione di programmi che consiste nella scomposizione di un problema in sottoproblemi; possiamo individuare due fasi:

Ⓐ si parte dall'alto, top: problema nella sua interezza;

Ⓑ si arriva in basso down: problema visto come insieme di sottoproblemi elementari.

Questa modalità operativa si presta molto bene alla definizione degli algoritmi in quanto porta passo dopo passo alla descrizione di diagrammi di flusso o alle istruzioni scritte in un linguaggio di programmazione:

- all'inizio il diagramma di flusso è costituito da un unico "nodo" che rappresenta la soluzione del problema;
- questo nodo viene scomposto in una sequenza di sottoproblemi (blocchi) e viene risolto ogni singolo sottoproblema iterando questo meccanismo, cioè scomponendolo in sottoproblemi sempre più semplici fino al raggiungimento delle istruzioni elementari;
- la scomposizione termina quando ogni istruzione è un'istruzione elementare, che può essere rappresentata da semplici sequenze di istruzioni nel linguaggio di programmazione (o rappresentazione) scelto.

Non esiste un numero fisso di affinamenti: bisogna fare tanti affinamenti quanti ne sono necessari! Quindi il numero è legato alla complessità o articolazione del problema, alla abilità e all'esperienza dell'analista, alla tipologia del problema e dell'esecutore.
Spesso si tende a "superare" questa fase man mano che si "crede" di essere diventati bravi programmatori, ma il bravo programmatore ha sempre in mente un concetto fondamentale utile (se non indispensabile) nella risoluzione dei problemi: il "*divide et impera*".
È più facile risolvere un problema scomponendolo in parti (sottoproblemi), risolvendo ogni sua parte singolarmente e quindi ritornare al problema originale integrando le singole soluzioni.

Problema: prepariamo la pizza

Si descriva la procedura per la preparazione di una pizza margherita partendo dai suoi componenti.

Soluzione

L'analisi di questo (apparentemente) semplice problema può essere la seguente:

Dall'analisi individuiamo i passi fondamentali, cioè i sottoproblemi che compongono il problema: essi possono così essere "isolati" evidenziandoli sul testo prima descritto.

Descriviamo questi passi mediante il top-down, effettuando già un secondo affinamento in quanto le operazioni fondamentali sono semplici da scomporre e non richiedono la definizione di una strategia risolutiva.

Dopo essersi procurati la ricetta della pizza (il che non è semplice soprattutto per la composizione della pasta) ci si procura tutti i componenti. Quindi si prepara la pasta e si preparano i componenti.
Si accende il fuoco (o il forno), si stende la pasta e si farcisce con pomodoro e mozzarella.
Quando il forno è alla temperatura giusta, si inforna la pizza e si attende la cottura.
Quando è cotta, si estrae dal forno, si taglia e... buon appetito.

I Affinamento		I Affinamento
Prendere la ricetta della pizza	//1	Procurarsi la ricetta della pizza
Procurare i componenti	//2	Prendere la ricetta con l'elenco dei componenti Controllare i componenti presenti in casa Comperare quello che manca
Preparare i componenti	//3	Preparare la pasta e lasciarla lievitare Tagliare il pomodoro e la mozzarella Stendere la pasta e farcirla con i componenti
Preparare il forno	//4	Pulire/svuotare il forno (a legna o elettrico) Accendere il forno Portarlo alla giusta temperatura
Eseguire la cottura	//5	Inserire la pizza nel formo Ogni tanto "ruotarla" per non farla bruciare Toglierla quando è ben cotta in modo uniforme
Tagliare e mangiare	//6	Estrarre la pizza dal forno Disporla su un piatto Tagliarla e mangiarla: buon appetito!

Dalla descrizione dettagliata effettuata con l'analisi si sono individuati 6 sottoproblemi (fasi) e ciascuno di essi può essere visto come un problema autonomo che potrebbe essere risolto (eseguito) da una diversa persona (esecutore) e anche in tempi diversi.

Per esempio chi compra gli ingredienti (chi fa la spesa) non è detto che sia la stessa persona che impasta o che cuoce la pizza; inoltre l'acquisto degli ingredienti avviene molto prima della fase 4 di approntamento del forno.

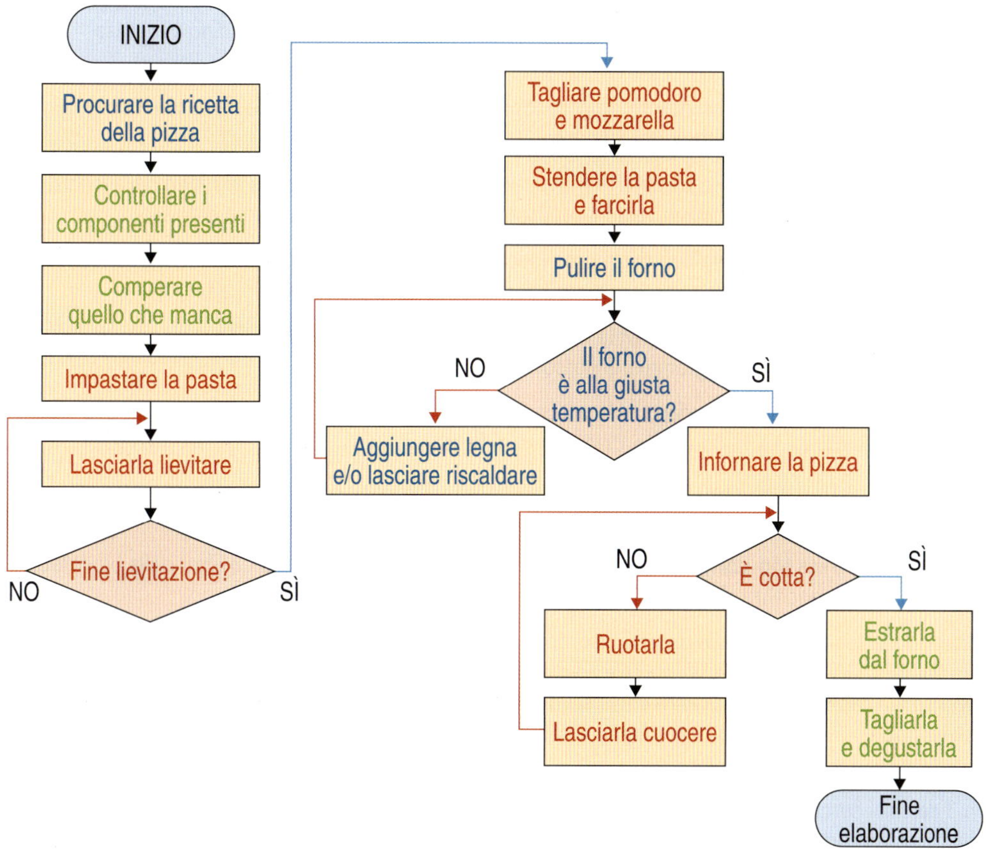

Il top-down scritto in linguaggio naturale non ci permette di evidenziare alcune particolari operazioni (confronto, attesa e/o ripetizione) che il diagramma di flusso invece sottolinea in modo evidente in quanto le descrive con figure di forma diversa che "saltano all'occhio". Risultano evidenziate le operazioni con i blocchi di test, cioè dove vengono eseguite delle istruzioni in conseguenza della risposta (esito del test) a una domanda, cioè da quelle istruzioni è possibile seguire alternative e percorsi diversi, anche ritornando indietro per ripetere istruzioni già effettuate (istruzioni cicliche o *loop*).

Verifichiamo le competenze — *Esprimi la tua creatività*

1 Utilizzando la tecnica top-down descrivi la procedura per *la risoluzione dei problemi mediante la tecnica top-down* e realizza il corrispondente diagramma di flusso.

2 Utilizzando la tecnica top-down descrivi la procedura per *la preparazione del budino* e realizza il corrispondente diagramma di flusso.

3 Utilizzando la tecnica top-down descrivi la procedura per *la preparazione della torta alla marmellata* e realizza il corrispondente diagramma di flusso.

4 Utilizzando la tecnica top-down descrivi la procedura per *prelevare una lattina di bibita dalla macchina distributrice automatica che non dà resto* e realizza il corrispondente diagramma di flusso.

5 Utilizzando la tecnica top-down descrivi la procedura *per prelevare una lattina di bibita dalla macchina distributrice automatica che dà resto* e realizza il corrispondente diagramma di flusso.

6 Utilizzando la tecnica top down descrivi la procedura per *"una ricetta di un piatto regionale tipico a piacere"* e realizza il corrispondente diagramma di flusso.

7 Utilizzando la tecnica top-down descrivi la procedura *per effettuare la somma di tre numeri di 5 cifre incolonnati* e realizza il corrispondente diagramma di flusso.

8 Utilizzando la tecnica top-down descrivi la procedura per *ottenere il diploma di maturità* e realizza il corrispondente diagramma di flusso.

9 Utilizzando la tecnica top-down descrivi la procedura per *ottenere in prestito un libro dalla biblioteca* e realizza il corrispondente diagramma di flusso.

10 Utilizzando la tecnica top-down descrivi la procedura per *traghettare capra, cavolo e lupo tra le due rive di un fiume su una barca che può portare solo due "cose" alla volta sapendo che se vengono lasciati da soli il lupo con la capra, oppure la capra con il cavolo, i primi divorano i secondi!* Produci il flow chart descrivendo anche i diversi stati mediante la tabella di traccia.

11 Utilizzando la tecnica top-down descrivi la procedura per *la soluzione del problema della torre di Hanoi con 3 cerchi*: i cerchi sono inseriti nel primo piolo a sinistra e devono essere "trasferiti" nell'ultimo piolo a destra utilizzando il piolo centrale con le uniche due regole:

- è possibile spostare un solo disco alla volta;
- *un disco non può essere posizionato su un altro disco che abbia un diametro inferiore.* Produci il flow chart descrivendo anche i diversi stati mediante la tabella di traccia.

LA TORRE DI HANOI

Una leggenda narra che alcuni monaci buddisti in un tempio dell'Estremo Oriente siano da sempre impegnati nella soluzione del rompicapo della torre di Hanoi con 64 cerchi, spostando proprio fisicamente 64 dischi da una torre all'altra, consapevoli che quando avranno terminato il mondo finirà. Quando finirà il mondo?

(La risposta si ottiene individuando la relazione tra il numero di cerchi e il numero di mosse da effettuare per la relativa soluzione che è pari a: $2n - 1$, quindi sono necessarie circa 18,5 miliardi di miliardi di mosse... Ipotizzando che il monaco effettui uno spostamento ogni minuto in un anno fanno circa 500.000 mosse: possiamo stare tranquilli, almeno per i prossimi 30 mila miliardi di anni!)

UNITÀ DIDATTICA 2

ANALISI, ASTRAZIONE E MODELLO DEL PROBLEMA

IN QUESTA UNITÀ IMPAREREMO...

- a classificare i problemi
- ad affrontare in modo sistemico il problema
- ad adottare una tecnica di analisi
- a utilizzare metodologie di modellizzazione dei problemi

■ Introduzione

Il lavoro dei programmatori si può riassumere semplicemente in due parole: produrre programmi. Esse mascherano, però, un insieme di attività complesse ben lontane dalla semplice codifica di un algoritmo in un linguaggio di programmazione (operazione effettuata dai cosiddetti codificatori o manovali del software).

Il programmatore *programma*, è cioè un artista della disciplina che prende il nome di programmazione.

PROGRAMMAZIONE
L'insieme di quelle attività che, a partire da un problema, conducono alla stesura di un programma la cui esecuzione da parte di un calcolatore ha come risultato la soluzione del problema.

Si parte quindi dal problema per arrivare al programma individuando la soluzione. Questo è il principale compito del programmatore, cioè la ricerca della soluzione.
Ed è anche il principale problema: come si fa ad arrivare alla risoluzione di un dato problema?

Se consideriamo il problema come *"una questione da risolvere partendo da elementi noti mediante il ragionamento"* ne deriva *che* il programmatore dapprima si pone una

serie di domande necessarie proprio per arrivare alla conoscenza del problema e solo successivamente può iniziare il lavoro di progetto per l'"individuazione di un algoritmo" risolutivo.
Ma molte domande attendono una risposta.

- In che cosa consiste il problema?
- Come si costruisce la soluzione di un problema?
- Qual è il giusto punto di partenza?
- Quali metodologie o tecniche utilizzare?

Il primo problema è proprio quello di "capire il problema"! Questo non è solo di aritmetica, di geometria, di algebra ma generalmente è *"una questione, una situazione difficile o complessa di cui si cerca la soluzione"* (dal greco *pròblema*, da *proballo = metto avanti, propongo,* vocabolario Gabrielli).
Per poter iniziare a ricercare e quindi proporre una soluzione, il programmatore deve "essere a conoscenza" di tutte le possibili forme e sfaccettature che può avere il problema, dai casi particolari a quelli imprevisti, dalle situazioni classiche a quelle improbabili; deve effettuare una "indagine" approfondita alla Sherlock Holmes per diventare "padrone della conoscenza" di ciò che dovrà risolvere.
Inoltre, il problema non è mai "unico", in quanto l'algoritmo da progettare deve risolvere una classe di problemi, cioè un insieme di problemi "simili", definiti nello stesso contesto e che differiscono essenzialmente nell'input.
Il secondo problema inizia quando finisce il primo: una volta individuato che cosa si deve risolvere (e si vedrà come già questo non sempre sia semplice!) "il bello viene adesso", cioè progettare la soluzione individuando come risolvere il problema.
Un "indizio che ci illumina" sul lavoro del programmatore lo possiamo trovare nella differenza tra problema e mistero: "il mistero è una porta chiusa, di cui non si ha la chiave; il problema è una porta da aprire, di cui si deve cercare la chiave, la serratura, il sistema di apertura".
Il programmatore è quindi dapprima investigatore e successivamente stratega che con esperienza, intuito, fantasia e, perché no, intelligenza affronta il processo creativo relativo alla ricerca della "chiave di soluzione" del problema.

I problemi

Spesso già nella formulazione del problema è possibile determinare la strategia risolutiva migliore per risolverlo così come, a volte, la ricerca della soluzione viene agevolata effettuando la catalogazione del problema nella categoria di appartenenza tra le possibili di seguito elencate.

- Problemi di decisione, in cui l'output è fornito dal valore vero o falso a seconda che l'input soddisfi o meno una determinata proprietà; la soluzione di questi problemi è semplicemente una risposta: sì oppure no.
- Problemi di ricerca, in cui nello spazio delle *soluzioni possibili* (spazio di ricerca), si vuole determinare quella soluzione che soddisfa le condizioni poste dal problema, che viene detta *soluzione ammissibile* (è il caso più frequente).
- Problemi di ottimizzazione, in cui alle soluzioni ammissibili è associata una misura e si deve determinare la soluzione ammissibile la cui misura è massima o minima, cioè quella che soddisfa meglio una determinata proprietà.

Programmare non è quindi un'operazione semplice! Il programmatore non è comunque lasciato solo a se stesso ma supportato da tecniche, metodologie e strumenti che lo aiutano in ogni fase della progettazione del programma.

Nel seguito della trattazione verranno affrontate e proposte diverse tecniche studiate e perfezionate nel corso degli anni: anche se da sole non assicurano sempre il raggiungimento dell'obiettivo, ne sottolineiamo l'importanza poiché spesso servono per "far imboccare" la strada giusta per giungere alla risoluzione dei problemi; sono cioè di aiuto al programmatore suggerendo tattiche e strategie che permettono di iniziare il progetto di ricerca della soluzione; altre volte forniscono proprio la traccia da seguire per ottenere la soluzione.

Un primo aiuto ci viene dalle tecniche perfezionate e studiate dalla disciplina che prende il nome di ingegneria del software, nata proprio per mettere ordine nella materia, mentre un secondo aiuto si chiama seniority (anzianità), cioè il frutto dell'esperienza "maturata sul campo" ottenuta con il perfezionamento delle metodologie classiche.
Questi aiuti vanno ad aggiungersi agli "strumenti personali" propri (e indispensabili) dei quali ogni programmatore è dotato, cioè l'esperienza, la fantasia, l'intuito e l'ingegno.
Infatti spesso il modo di accostarsi ai problemi non è solo razionale ma soprattutto creativo: sviluppare un pensiero creativo significa "dare spazio alle forme di espressione" e discipline come l'informatica che, seppure dominate dalla razionalità e dalla logica, hanno bisogno di fantasia e creatività.

Analisi del problema

Il pensiero occidentale si basa sull'analisi del ragionamento deduttivo e attribuisce all'analisi la stessa importanza connessa alla ricerca della verità. Noi siamo naturalmente portati all'analisi in quanto rientra nella nostra tradizione culturale: sin da bambini ci hanno insegnato a esaminare le informazioni di cui abbiamo percezione prima di dedurne un significato. Quindi l'analisi consiste nell'affrontare in modo sistematico il problema, analizzandone i vari aspetti della formulazione e, mediante essa, scomponiamo situazioni complesse e piene di incognite in elementi riconoscibili e accessibili.
La comprensione del problema è necessaria per poter estrarre dalla realtà tutte quelle informazioni che risultano essenziali al fine di risolvere il problema in oggetto.

Occorre preliminarmente delimitare con precisione l'area di interesse da quella di non interesse, ricordando che più ampia è la portata del problema da risolvere e maggiori diventano le complessità da affrontare sul piano concettuale, progettistico e operativo.
Quindi bisogna individuare con precisione l'insieme dei dati ai quali si intende estendere i risultati e specificarne esattamente le condizioni di eleggibilità, ovvero le caratteristiche che ne determinano l'inclusione o l'esclusione (casi particolari e casi limite di funzionamento).
Si è detto che il processo di analisi prende il nome di problem setting e utilizza i concetti di comprensione del problema e modellizzazione.

Comprensione del problema

La formulazione di un qualunque problema non è mai posta in "formato informatico"; in generale si presenta sotto forma di un testo descrittivo ottenuto "raccogliendo" le specifiche richieste del committente, a volte scritto dallo stesso committente e a volte frutto di una serie di colloqui con le persone direttamente interessate al problema.

Il primo punto è quello di focalizzare gli obiettivi.
Sovente un problema è espresso in modo confuso o fuorviante e una prima naturale esigenza consiste nell'eliminare ogni tipo di ambiguità dalla sua formulazione.
Per ottenere tale risultato è indispensabile eseguire una operazione di "maquillage" del testo intervenendo con il duplice scopo di:

- evidenziare
  - i reali obiettivi del problema;
  - le regole;
  - i dati espliciti e impliciti;
- eliminare
  - i dettagli inutili e ambigui.

Si procede quindi a una riformulazione dell'enunciato in modo da:

- eliminare qualunque possibile forma di ambiguità del testo che porterebbe a obiettivi errati;
- evidenziare le informazioni effettivamente necessarie eliminando i dati inutili, superflui o ridondanti;
- individuare ed evidenziare le informazioni presenti nel testo che sono presenti ma non sono esplicitate, cioè sono in forma implicita o sottintese.

Vediamo un classico esempio (di cui si conoscono diverse formulazioni) nel quale operiamo sia con l'eliminazione dei dettagli inutili sia nella focalizzazione del problema.

ESEMPIO *Treno merci*

Un treno merci parte ogni tre giorni alle ore 12 dalla stazione Almonte a quota 800 m s.l.m., completamente vuoto e raggiunge dopo 4 ore la stazione Belpiano a quota 300 m s.l.m.; al suo arrivo viene iniziata subito l'operazione di carico che necessita mediamente di 6 ore di lavoro. A operazione di caricamento completata, il treno riparte immediatamente alla volta di Almonte che raggiunge alle ore 16. Sapendo che gli addetti alle operazioni di carico-scarico hanno un orario di lavoro 8-12, 14-18, esiste un punto lungo la tratta Almonte-Belpiano, di 300 km, in cui il treno transita alla stessa ora?

Analizziamo il testo "tenendo in primo piano" l'obiettivo che è la richiesta effettuata dalla domanda, e cioè quello di dimostrare l'esistenza di un punto in cui il treno transita alla stessa ora sia all'andata sia al ritorno: si faccia attenzione al fatto che la richiesta non è quella di indicare le coordinate di quel punto ma solamente se un tale punto esiste.

I dati utili alla soluzione sono quindi esclusivamente quelli che permettono di individuare informazioni utili per ricavare l'orario di partenza e di arrivo del treno: questi sono gli unici dati che consentono di determinare l'esistenza o meno della soluzione (si osservi che non esiste alcuna garanzia che il problema abbia soluzione).

Riformuliamo il problema eliminando informazioni inutili quali:

- le caratteristiche topografiche delle stazioni (la quota e la distanza);
- la periodicità dell'evento (partenza ogni quattro giorni).

Attenzione: un altro dato implicito significativo ai fini della risoluzione del problema è relativo all'univocità del percorso, in quanto, se il treno percorresse due tratte diverse all'andata e al ritorno il quesito sarebbe privo di senso.

Il testo del problema, integrato con i dati impliciti (in rosso) e ristrutturato e alleggerito dalle informazioni inutili (in blu), può essere il seguente:

Un treno merci parte alle ore 12 dalla stazione Almonte e raggiunge dopo 4 ore la stazione Belpiano percorrendo un unico binario. Al suo arrivo viene iniziata subito l'operazione di carico: siccome l'orario di lavoro termina alle 18 e il caricamento richiede 6 ore, tale operazione può essere conclusa solo il giorno dopo alle ore 12; il treno, quindi, può ripartire alla volta di Almonte che raggiunge alle ore 16.
Esiste un punto lungo la tratta Almonte-Belpiano, di 300 km, in cui il treno transita alla stessa ora?

Un secondo affinamento sul testo così ottenuto ci porta a una nuova formulazione:

Un treno parte alle ore 12 dalla stazione A e raggiunge la stazione B alle ore 16 e riparte alla volta di A alle ore 12 e vi arriva alle ore 16, percorrendo un unico binario.
Esiste un punto lungo la tratta A-B in cui il treno transita alla stessa ora?

A questo punto il problema è ben formulato, chiaro e senza dettagli inutili fuorvianti: è "pronto" per passare alla seconda fase, cioè alla ricerca della soluzione (che vedremo successivamente).

ESEMPIO *Treno passeggeri*

Rimanendo sempre in ambito ferroviario, si provi a dare una soluzione a questo secondo esempio effettuando una sola lettura del testo:

Un treno passeggeri parte da Milano per Lecce composto da 3 carrozze di 1ª classe e da 7 carrozze di 2ª classe. A Milano salgono 120 persone in 1ª classe e 230 in 2ª classe; a Piacenza scendono 20 persone dalla 1ª classe e 50 dalla 2ª classe mentre ne salgono 60 in 1ª classe e 80 in 2ª; a Parma scendono 10 persone dalla 1ª classe e 30 dalla 2ª classe mentre ne salgono 40 in 1ª classe e 20 in 2ª e inoltre viene aggiunta una carrozza di 2ª classe; a Bologna scendono 20 persone dalla 1ª classe e 30 dalla 2ª classe e salgono 30 persone in 1ª classe e 20 in 2ª; a Rimini scendono 80 persone dalla 1ª classe e 40 dalla 2ª, ne salgono 30 in 1ª classe e 120 in 2ª e viene aggiunta una nuova carrozza di 2ª classe; a Pesaro scendono 20 persone dalla 1ª classe e 30 dalla 2ª, ne salgono 10 in 1ª classe e 20 in 2ª; ad Ancona scendono 4 persone dalla 1ª classe e 10 dalla 2ª classe, ne salgono 20 in 1ª classe e 20 in 2ª; a Bari scendono 40 persone dalla 1ª classe e 100 dalla 2ª classe, ne salgono 10 in 1ª classe e 30 in 2ª; a Lecce scendono tutti i passeggeri. Quante fermate ha fatto il treno?

Ovviamente è un caso estremo in cui quasi tutto il testo è "inutile" e il contenuto informativo utile è solamente il seguente:
Un treno parte da Milano per Lecce fermando a Piacenza, Parma, Bologna, Rimini, Pesaro, Ancona, Bari, Lecce. Quante fermate ha fatto il treno?

In questo caso la riscrittura del problema ha automaticamente portato alla soluzione.

Astrazione del problema

L'astrazione è il primo importante strumento di lavoro nella fase di progettazione di un sistema software (oltre a essere un concetto importante in tutte le attività di ingegneria).

> È il risultato di un processo, detto appunto di astrazione, secondo il quale assegnato un sistema, complesso quanto si voglia, si possono tenere nascosti alcuni particolari evidenziando quelli che si ritengono essenziali ai fini della corretta comprensione del sistema.

In generale esistono due tipi di astrazione:
- astrazione funzionale;
- astrazione sui dati.

Astrazione funzionale

Sostanzialmente ha lo scopo di separare in un sistema la sua struttura interna (com'è fatto) da come appare all'esterno (che cosa fa) in modo da nascondere l'aspetto fisico in una "scatola nera" e considerare solamente come questa interagisce con il "resto del mondo", cioè quali funzioni svolge indipendentemente da come le svolge. È quindi necessario individuare come ogni elemento così descritto (modulo, sottosistema ecc.) interagisca con gli altri definendo quella che prende il nome di interfaccia, dove vengono indicate la natura e la quantità delle informazioni che il sistema "scatola" richiede per svolgere la sua funzione e che "ritorna" (o restituisce) dopo avere effettuato le sue elaborazioni.
Questa modalità operativa è fondamentale nello sviluppo del software, sia nel concetto di astrazione procedurale e programmazione modulare sia in quello di programmazione funzionale e a oggetti.
Nell'astrazione funzionale si effettua un processo di astrazione delle sole funzionalità del sistema ma non si opera sulla modellizzazione dei dati di ingresso/uscita.

Astrazione sui dati

Ogni sistema opera generalmente su dati in forme e organizzazioni complesse: l'astrazione sui dati ha il compito di semplificare queste strutture definendo nuovi dati, detti appunto dati astratti, che pur mantenendo il contenuto informativo dei dati di partenza, sono organizzati mediante strutturazioni proprie a partire dalle tipologie di dati semplici messi a disposizione dai diversi linguaggi di programmazione (tipi di dati primitivi). Completa la fase di definizione dei tipi di dati astratti la definizione delle operazioni che è possibile effettuare su tali dati ed eventualmente la definizione di un modulo funzionale che le esegua.
La fase di astrazione dei dati è inoltre strettamente connessa con tutta la fase di astrazione funzionale in quanto, essendo proprio i dati gli elementi che determinano l'interfacciamento tra i diversi moduli funzionali, ne deriva che fino a quando questi non sono definiti non è possibile astrarre le funzioni che li manipolano e quando questi subiscono modifiche e integrazioni, di conseguenza devono essere modificate tutte le funzioni che li utilizzano.

Modello del problema

Nella risoluzione del problema si è portati, quasi spontaneamente, a dare una rappresentazione sintetica della situazione in esame in modo tale da poter meglio esplicitare gli ele-

menti presenti, le loro proprietà e le relazioni che tra essi esistono: tali rappresentazioni sono dette modelli. I modelli sono semplificazioni della situazione reale in cui si evidenziano esclusivamente gli aspetti che si ritengono utili per la risoluzione.
Anche il processo di modellizzazione, però, non è oggettivo e dipende dalle competenze del risolutore: è possibile che a uno stesso problema possa essere associato un modello grafico, verbale (o tabellare) o simbolico (per esempio, mediante formule matematiche) a seconda del progettista o delle esigenze e dell'ambito in cui si opera; tutte e tre le modellizzazioni possono anche essere contemporaneamente usate per descrivere lo stesso problema.

MODELLO

Definiamo modello una rappresentazione semplificata della situazione in esame che esplicita gli elementi presenti, le loro proprietà e le relazioni tra essi.
Il processo di modellizzazione porta sempre a una astrazione del modello reale.

La fase di modellizzazione nella progettazione software costituisce un'attività importante (che spesso è indicata come *definizione delle specifiche funzionali del sistema*) la quale, oltre a essere una fase molto creativa, è sempre il punto di partenza per una qualsiasi metodologia utilizzata per la ricerca della soluzione.

> Non è possibile risolvere un problema se prima non lo si rappresenta in una qualche forma astratta!

In generale esistono molte tipologie di modelli che in base all'uso possono essere classificati in:
- descrittivi: riproducono in modo semplice la realtà eliminando gli elementi superflui;
- predittivi: forniscono gli elementi di una situazione per prevederne l'evoluzione (per esempio quelli che vengono usati per le previsioni meteorologiche;
- prescrittivi: impongono un particolare comportamento in previsione dell'obiettivo da raggiungere (per esempio le ricette del medico);
- matematici (o simbolici): danno una rappresentazione astratta mediante un insieme di equazioni che legano le grandezze;
- analogici: danno una rappresentazione fedele della realtà in scala ridotta.

Tutte le tipologie di modello sono accomunate dalle seguenti caratteristiche:
- la struttura e la complessità del modello dipendono dallo scopo per cui esso viene costruito;
- il modello deve contenere tutti gli elementi significativi per chi lo userà;
- il modello è sempre una semplificazione e un'astrazione della realtà;
- il modello è uno strumento di comunicazione e di informazioni per altri o per se stessi.

Lo studio dei modelli è una delle sfide intellettuali più stimolanti dell'ingegneria del software; i modelli utilizzati in informatica sono fondamentalmente di tipo descrittivo e possono essere suddivisi in:
- modelli grafici;
- modelli tabellari (o verbali);
- modelli simbolici.

Prima di analizzare i singoli modelli riformuliamo una definizione di modello:

> Il modello della situazione relativo al problema in esame è una rappresentazione più semplice della realtà che contenga tutti e solo gli elementi che si ritengono soggettivamente determinanti per la risoluzione del problema.

Sfortunatamente, però, non è sufficiente produrre un modello della situazione per risolvere un problema in quanto questo, pur evidenziando gli aspetti più significativi della questione, non sempre evidenzia direttamente la soluzione.

Il modello, quindi, è semplicemente un utile ausilio alla risoluzione del problema e rappresenta la base per la ricerca del risultato: una volta trovata la soluzione nell'ambito del modello occorrerà poi interpretarla correttamente, così da poterla trasferire nella situazione reale.

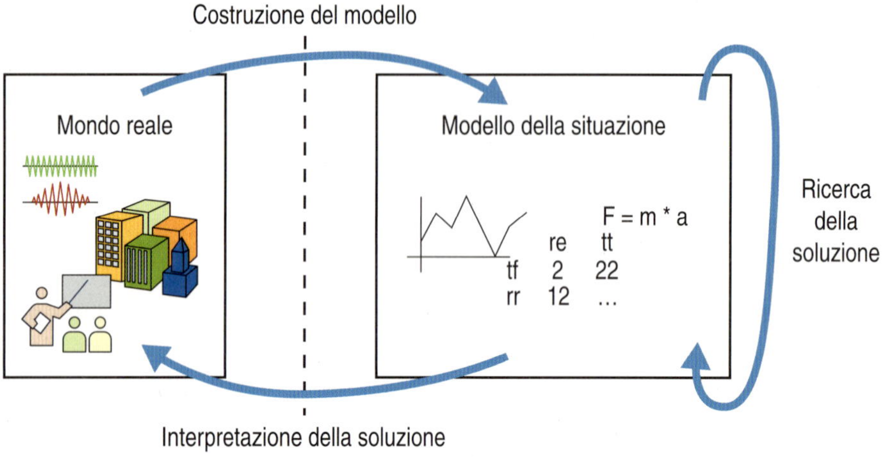

> Operativamente, quindi, si modellizza la situazione, si trova la soluzione sul modello e la si interpreta trasferendola nuovamente al problema originale:
> - si estrae una rappresentazione sintetica che mette in evidenza i soli aspetti rilevanti del problema in oggetto: in questa fase si costruisce il modello;
> - sul modello si identificano i passi che conducono alla soluzione del problema; tali passi vengono applicati sul modello stesso producendo la soluzione;
> - la soluzione, che risulta valida per il modello, viene interpretata per il trasferimento sulla situazione reale. Questo passaggio rende la soluzione estratta dal modello valida nel contesto reale.

Modello grafico

Per comprendere pienamente l'utilità del modello grafico riprendiamo il problema del treno già affrontato e riscritto precedentemente:

Problema: il treno merci

Situazione: un treno parte alle ore 12 dalla stazione A e raggiunge la stazione B alle ore 16 e riparte alla volta di A alle ore 12 e vi arriva alle ore 16, percorrendo un unico binario.
Quesito: esiste un punto lungo la tratta A-B in cui il treno transita alla stessa ora?

Il modello può essere rappresentato in forma simbolica mediante due grafici: uno che si riferisce alla tratta che porta da A verso B e l'altro che porta da B verso A, osservando che l'andamento è puramente qualitativo e le uniche condizioni vincolanti sono i punti di partenza e gli orari di partenza e di arrivo: infatti viene richiesto solamente se esiste un punto in comune senza dettagliare le coordinate del punto (quindi la posizione e l'ora di incontro).

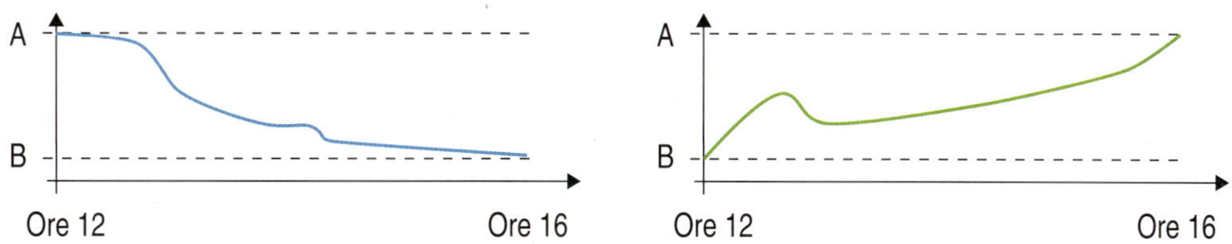

La ricerca della soluzione del problema consiste solamente nel determinare se esiste una intersezione tra le due linee e la soluzione si ottiene sovrapponendo i due percorsi.

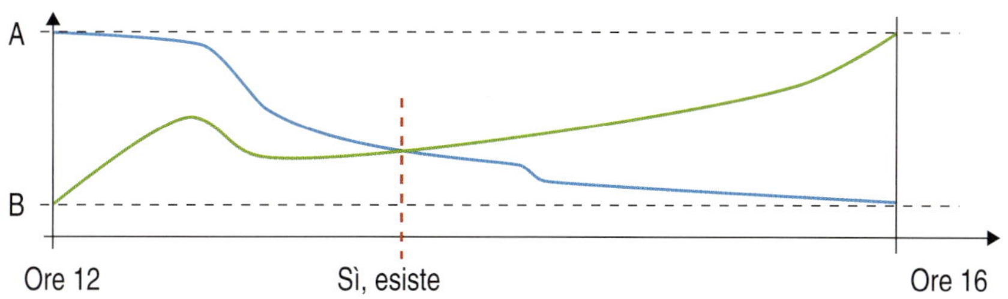

La soluzione esiste e si può facilmente affermare che tale risultato ha validità generale al variare dei dati e alla natura del problema; lo stesso modello può essere la rappresentazione del problema noto come problema dell'"*eremita e il santuario*".

Problema: l'eremita

Situazione: un eremita decide di salire in cima a una collina per pregare in un santuario. Parte all'alba e, percorrendo l'unica strada, arriva al tramonto. Si ferma a meditare tre notti e due giorni, e all'alba del terzo giorno riparte. Essendo adesso la strada in discesa, l'eremita può procedere più speditamente per cui, pur rifacendo lo stesso percorso, arriva due ore e mezzo prima del tramonto.
Quesito: esiste un punto della strada per il quale, sia all'andata che al ritorno, l'eremita passa alla stessa ora?

Vediamo ora un semplice problema che graficamente ci suggerisce una soluzione errata.

Problema: le anatre

Situazione: sotto un ponte nuota un gruppo di anatre così disposte: due anatre sono davanti, due anatre sono in mezzo e due anatre sono dietro.

Quesito: quante sono in tutto le anatre?

La soluzione intuitiva ci porta ad affermare che le anatre sono 6, disposte a coppie su tre file.

Ma vediamo graficamente che in questo modo si ottiene la situazione della figura dove ci sono 4 anatre davanti a due anatre e analogamente 4 anatre dietro a due anatre!
La soluzione ottenuta è quindi sovrabbondante!

Ridisegnamo la situazione seguendo rigorosamente il testo e otteniamo la nuova situazione della figura: con solamente 4 anatre possiamo soddisfare le richieste del problema. ▶

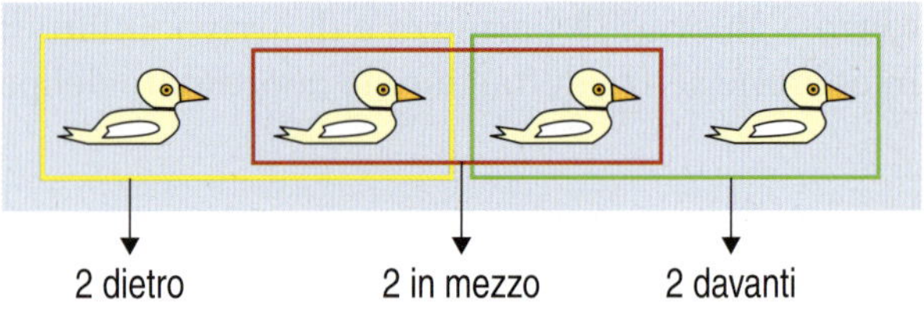

Un altro semplice problema è il seguente.

Problema: "il peso del mattone"
Situazione: un mattone pesa un chilogrammo più mezzo mattone.
Quesito: quanto pesa un mattone?

Anche in questo caso la soluzione immediata ci porta ad affermare che il peso del mattone è di 1,5 kg; naturalmente tale soluzione è errata come si deduce dal modello grafico:

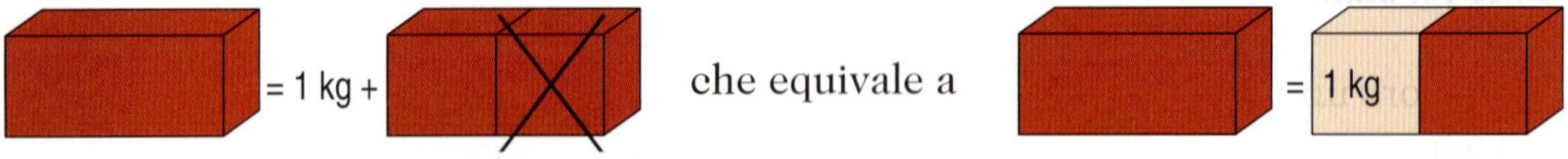

quindi la soluzione (ora evidente!) è che il peso è di 2 kg.

Modello tabellare (o verbale)

Rappresentiamo ora un problema in forma tabellare: osserviamo come la soluzione si ottenga automaticamente!

Problema: la ninfea nello stagno
Situazione: una ninfea nasce in un laghetto. Ogni giorno raddoppia la sua superficie e in 10 giorni copre tutta la superficie del lago.
Quesito: quanti giorni ha impiegato per coprire la metà del lago?
Soluzione: come nell'esercizio precedente la risposta immediata ci porta all'affermazione di 5 giorni, ma da una semplice tabella deduciamo la soluzione corretta. ▶

Giorno	Dimensione ninfea
1	1
2	2
3	4
4	8
5	16
6	32
7	64
8	128
9	256
10	512

Individuiamo la dimensione dello stagno per poter dedurre in quanti giorni la ninfea ne copre la metà: indichiamo in una tabella i giorni e la corrispondente dimensione della ninfea, ipotizzandola il primo giorno di grandezza unitaria.

Raddoppiando giorno per giorno (quindi la crescita è esponenziale) calcoliamo che la sua dimensione dopo 10 giorni è di 512 unità ed equivale alla dimensione dello stagno.
La metà dello stagno è di quindi 256 unità, dimensione che la ninfea raggiunge in 9 giorni!

La stessa soluzione poteva essere ricavata mediante un modello grafico indicando, come nella figura, giorno per giorno la superficie che viene ricoperta dalla ninfea fino a raggiungere il decimo giorno il rettangolo (che corrisponde allo stagno): visivamente si intuiva come al giorno 9 la ninfea si era estesa coprendo la metà dello stagno.

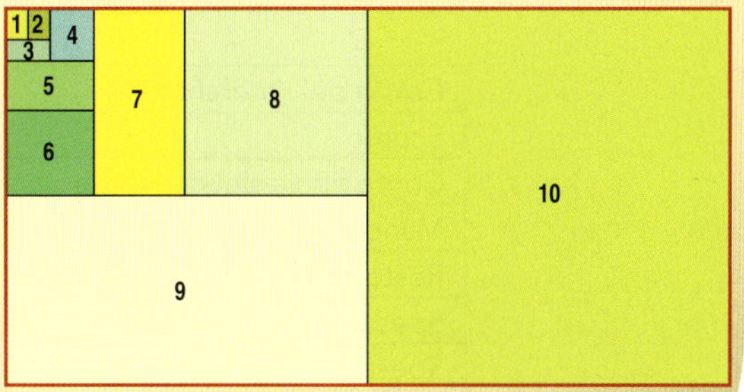

Lo stesso modello rappresenta anche il seguente problema.

Problema: moltiplicazione dei batteri

Situazione: in una provetta ci sono dei batteri il cui numero raddoppia ogni minuto. In un'ora la provetta sarà riempita.
Quesito: in quanto tempo si riempie metà provetta?
Soluzione intuitiva: **1/2 ora** (errata!).
Soluzione formale: **59 minuti**.

Affrontiamo ora un problema più complesso che trova nuovamente una soluzione "gratuita" una volta che viene modellizzato.

Problema: la moneta scomparsa

Situazione: ci sono tre amici che si trovano una sera e decidono di andare insieme a cena in un ristorante della loro città. Alla fine della cena chiedono il conto al cameriere, che immediatamente porta loro la ricevuta dalla quale risulta che la spesa complessiva ammonta a 30,00 euro. A questo punto i tre amici estraggono ognuno una banconota da 10,00 euro e la porgono al cameriere, lamentandosi però perché trovano il conto piuttosto salato, e chiedono quindi al cameriere di andare dal suo capo per chiedere un piccolo sconto. Il cameriere si reca allora dal direttore riferendo quanto gli è stato detto e quest'ultimo decide di accettare la richiesta applicando uno sconto di 5,00 euro. Subito dopo il cameriere prende 5 monete da 1,00 euro dalla cassa e li riporta ai tre amici, i quali decidono di riprendere 1,00 euro a testa e lasciano i restanti 2,00 euro al cameriere come mancia, in segno di gratitudine per la sua disponibilità. Usciti dal locale i tre amici cominciano a fare i conti: in pratica, ognuno di loro ha speso 9,00 euro, per un totale di 27,00 euro, più 2,00 euro dati al cameriere; si arriva a una somma di 29,00 euro.
Quesito: dove è finito il restante 1,00 euro che manca ai 30,00 euro iniziali?
Soluzione: in questo caso non è disponibile una risposta intuitiva: costruiamo una tabella dopo aver riformulato il problema eliminando i dettagli inutili.

Ci sono tre amici che a cena spendono 30,00 euro. Il cameriere applica uno sconto di 5,00 euro. I tre amici prendono 1,00 euro a testa e lasciano i restanti 2,00 euro al cameriere.

Rifacendo i conti ognuno ha speso 9,00 euro, per un totale di 27,00 euro, più 2,00 euro dati al cameriere si arriva a una somma di 29,00 euro: dove è finito il restante 1,00 euro che manca ai 30,00 euro iniziali?

Scopriamo immediatamente "l'inghippo":

Conto del ristorante	30 = 10 + 10 + 10
Sconto	5
Conto finale del ristorante	25
Mancia	2
Resto	3
Spesa individuale totale: compresa la mancia	9 = (10 – 1)
Spesa individuale: esclusa la mancia	25/3 = 8,33
Spesa individuale solo per la mancia	2/3 = 0,77

Non è presente in nessuna posizione la somma di 29,00 euro in quanto... non è una somma da effettuarsi! L'errore è nella formulazione della domanda, nella quale viene effettuata una somma errata che trae in inganno: non c'è nessun motivo per sommare 27,00 euro spesi dai tre amici ai 2,00 euro di mancia al cameriere in quanto tali 2,00 euro sono già compresi nei 27,00 euro = 25,00 per il pasto + 2,00 per la mancia!

Un altro problema (famoso) che si risolve "automaticamente" mediante un modello tabellare è il seguente.

Problema: età dei figli

Situazione: due vecchi amici si incontrano dopo molti anni e il primo chiede al secondo l'età dei suoi figli. Il secondo gli risponde: "*Considerando le loro età come numeri interi, il loro prodotto è 36 e la somma è il numero civico di questa casa qui davanti*". Il primo ci pensa e dopo un po' gli dice che non ha abbastanza dati per dedurre l'età di tutti e tre; come risposta il secondo gli dice semplicemente che la maggiore suona il flauto.
Quesito: quali sono le età dei tre figli?
Soluzione: rileggiamo il problema estraendo le informazioni (dati) che ci permettono di descrivere il problema in un modello: *il prodotto dei tre numeri interi è 36.*

Quindi in una tabella rappresentiamo le possibili soluzioni:

I età	II età	III età	Somma
36	1	1	38
18	2	1	21
12	3	1	16
9	4	1	14
9	2	2	13
6	6	1	13
6	3	2	11
4	3	3	10

Un secondo dato è l'affermazione del primo amico quando dice che non è in grado di individuare la soluzione *pur conoscendo la somma dei tre numeri*: da questa affermazione si deduce che siamo nella situazione con somma uguale a 13 dato che è l'unica che presenta una duplice composizione.
Alla successiva indicazione si esclude la presenza di due gemelli come primogeniti e quindi si può univocamente individuare la soluzione: 9-2-2.

In questo problema si è rivelata fondamentale un'affermazione che apparentemente sembrava priva di contenuto informativo, cioè che la "somma era quel numero civico": l'informazione contenuta in questo caso non è esplicita ma implicita ed è comunque fondamentale alla soluzione; è opportuno quindi effettuare molta attenzione nella riformulazione del problema in quanto è possibile eliminare dettagli che sembrano inutili ma che alla fine possono rilevarsi fondamentali.

Modello simbolico

Il modello simbolico è quello che più semplicemente viene dedotto dal testo perché è già utilizzato in discipline quali la fisica e la matematica e quindi noto a tutti in quanto "quotidianamente" utilizzato in queste discipline: si tratta di descrivere il problema sotto forma di espressioni e formule matematiche.
Pur essendo già molto utilizzato riportiamo a titolo di esempio qualche problema.

Problema: missile contro missile

Situazione: una potenza A lancia un missile alla velocità di 13.000 km/ora da una base di coordinate LONG 34 LAT 12 alle ore 14.00 zulu. I radar della potenza nemica B posti alle coordinate LONG 24 LAT 32 individuano tale missile alle ore 15.00 zulu e subito viene lanciato un missile per intercettarlo alla velocità di 11.000 km/ora.
Quesito: a un minuto dall'impatto a che distanza sono i due missili?
Soluzione: come prima operazione effettuiamo la riformulazione del testo eliminando le informazioni inutili alla realizzazione del modello, ottenendo: *"due missili vengono lanciati uno contro l'altro, uno alla velocità di 13.000 km/ora e l'altro di 11.000 km/ora"*.

Infatti è completamente ininfluente sapere:

- l'ora di partenza dei due missili;
- le coordinate delle due basi;
- il punto in cui si scontrano i due missili.

È possibile anche effettuare una riformulazione della domanda per ottenere un problema la cui soluzione risulti agevolata: utilizzando un'elementare legge della fisica è possibile ricavare dalla velocità lo spazio percorso in un minuto dai due missili (lo spazio percorso non è altro che la distanza a cui sono i due missili un minuto prima dell'impatto):

lo spazio percorso si ottiene dal prodotto della velocità (media) per il tempo, cioè: $s = v \times t$

I due missili percorreranno quindi in un minuto $s_1 = v_1 * 1$ e $s_2 = v_2 * 1$ e quindi lo spazio totale si ottiene da:
$s = s_1 + s_2$ dopo aver individuato la velocità espressa in km/min (dividendo quindi per 60)!
$s = s_1 + s_2 = 13.000/60 + 11.000/60 = 24.000/60 = 400$ km
(analogo risultato si otteneva sommando i moti relativi e quindi ottenendo subito la velocità di 24.000 km/ora).

Un altro problema ci permette di osservare come la modellizzazione offre spesso la soluzione in modo implicito.

Problema: saluti e brindisi al matrimonio

Situazione: a un matrimonio i 20 commensali si salutano con una stretta di mano e quindi, una volta seduti a tavola, vengono invitati dallo sposo a effettuare un brindisi per la sposa.
Quesito: se ogni commensale effettua la stretta di mano con tutti gli altri commensali e il cin cin solamente con i due vicini a lui di posto, quante strette di mano e quanti cin cin vengono effettuati?
Soluzione: il problema è costituito da due problemi. Bisogna calcolare le strette di mano e i brindisi.

Iniziamo effettuando il conteggio delle persone coinvolte: 20 commensali ai quali aggiungiamo, naturalmente, lo sposo e la sposa ottenendo in totale 22 persone.
Il calcolo dei brindisi è immediato: un primo conto potrebbe portare al numero 44 come risposta, contando che ogni commensale effettua 2 brindisi e quindi $22 \times 2 = 44$, ma in questo modo si conterebbero due volte i brindisi di ciascuno (basta disporre i 22 commensali attorno a una tavola rotonda e contare i brindisi che ogni commensale effettua, per esempio, con il suo vicino di sinistra) la risposta è quindi 22.
Più articolato il conteggio delle strette di mano, che può essere risolto mediante una osservazione che ci porta a una nota formula matematica (Gauss).
Il primo invitato stringe 21 mani, il secondo sempre 21 ma una è già contata in quelle del primo invitato e quindi sono 20 le nuove strette, il terzo quindi ne effettua 19 nuove, il quarto 18 e via di seguito fino a 1.
La formula che ci fornisce il risultato è quella che somma i primi 21 numeri:

$$(21 + 20 + 19 + 18... + 1) = (21 * 20)/2 = 21 * 10 = 210$$

Vediamo ora un problema dove vengono combinati il modello grafico con quello simbolico, cioè vengono utilizzati contemporaneamente.

Problema: staffetta tra due treni

Situazione: da due stazioni distanti 120 km partono contemporaneamente due treni l'uno in direzione dell'altro alla velocità di 30 km/ora. Dalla locomotiva del primo treno spicca il volo un uccello contemporaneamente alla partenza del treno e, con velocità di 50 km/ora, raggiunge l'altro treno e ritorna indietro al treno di partenza. Esso ripete questa operazione finché i due treni si incrociano.
Quesito: quanta strada ha percorso in tutto l'uccello?
Soluzione: **100 km**.
La soluzione è abbastanza complessa se viene descritta analiticamente la strada percorsa dall'uccello. Infatti, come è possibile vedere dal disegno, il percorso è costituito dalla somma di un insieme di tratti (segmenti) ciascuno di grandezza variabile (decrescente fino a 0) man mano che i due treni si avvicinano.

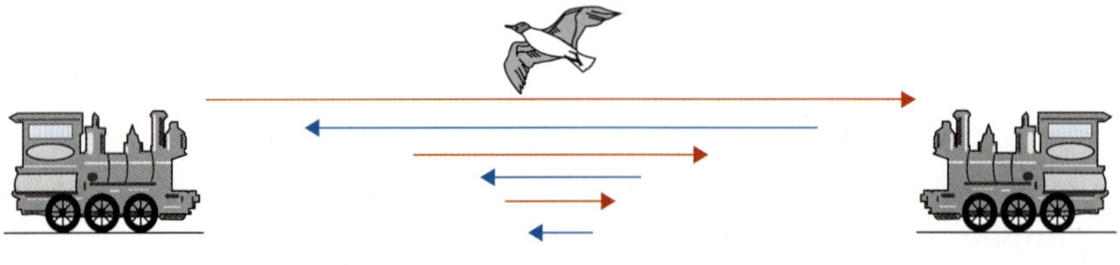

Effettuiamo, invece, un'osservazione che ci permette di trovare semplicemente la soluzione: la misura dello spazio può essere ottenuta in fisica mediante la misura del tempo, in quanto spazio e tempo sono tra loro legati dalla relazione

$$spazio = velocità \times tempo \ (s = v \times t)$$

dove:
- v è la velocità dell'uccello;
- t è il tempo di volo.

Ma l'uccello vola fintanto che i due treni non si incontrano, quindi calcolando il tempo necessario ai due treni per "raggiungersi" otteniamo la durata del volo dell'uccello.
Alla velocità di 30 km/ora i due treni impiegano 2 ore per incontrarsi, quindi l'uccello percorre

$$s = v \times t = 50 \ km/ora \times 2 \ ore = 100 \ km$$

Per ultimo vediamo un problema che sembra essere uguale a quello dei missili precedentemente proposto.

Problema: due aerei uno contro l'altro
Situazione: un aereo parte da Londra alle ore 10.00 del mattino con velocità di 800 km/ora diretto a Pechino. Due ore dopo un aereo parte da Pechino diretto a Londra ma a causa di una perturbazione la velocità media è di soli 600 km/ora. Le due capitali distano tra loro circa 10.000 km e hanno 8 ore di fuso orario di differenza, e Milano in linea d'aria è circa a 3000 km da Londra.
Quesito: quando si incrociano quale dei due aerei è più distante da Milano?
Soluzione: a una prima lettura del testo ci sembra un problema analogo a quello dei due missili, ma la domanda nasconde un imbroglio. Quando si incontrano, i due aerei sono nella stessa posizione e quindi sono entrambi alla stessa distanza da Milano e, dato che il problema *non* chiede a quale distanza si trovano ma solo quale dei due è il più distante, la soluzione è lapalissiana!

> Il testo, ricco di particolari, può portare a soluzioni affrettate ed erronee; infatti, riformulandolo, si riduce a: *"un aereo parte da Londra e uno parte da Pechino: quando si incrociano quale dei due aerei è più distante da Milano?"* e la risposta è evidente.

Conclusione

Possiamo riassumere quanto detto indicando tre semplici regole da seguire nella fase di modellizzazione e astrazione.

1 Evidenziare i reali obiettivi del problema
- I problemi sono pressoché irrisolvibili quando non siamo capaci di evidenziare i reali obiettivi, pur avendo effettuato un'analisi della situazione: sapere che cosa si deve fare è il primo fondamento da porsi per poter cercare la soluzione.

2 Evidenziare regole e dati impliciti

- Apparentemente il problema sembra essere semplice ma potrebbe non avere soluzione per la mancanza di regole/dati effettivi. Allora il problema deve essere riformulato esplicitando dati e regole, integrando osservazioni e documentazione aggiuntiva oppure sostituendo concetti complessi con un insieme di elementi semplici senza la preoccupazione di aver modificato il testo del problema originale: l'importante è avere l'accortezza di non modificare il problema, mentre è ininfluente modificarne la sua descrizione!

3 Eliminare i dettagli inutili e le ambiguità nelle ipotesi

- Per esempio, nel problema seguente: *"Individuare l'insieme delle operazioni che deve svolgere un cuoco professionista per cucinare un uovo"* si può osservare come, pur essendo il problema molto semplice nella sua essenza, è formulato in maniera incompleta e ambigua. Infatti non viene detto come l'uovo debba essere cucinato (sodo, alla coque, al tegamino, in camicia ecc.); inoltre, è superfluo e senza contenuto informativo indicare che il cuoco sia professionista o meno: l'importante è che sappia la ricetta!

  Quindi è fondamentale prestare la massima attenzione ai dettagli anche se apparentemente inutili.

Verifichiamo le competenze

Esprimi la tua creatività

1 Due aerei uno contro l'altro

Situazione: un aereo parte da Londra con velocità di 700 km/ora diretto a Pechino. Contemporaneamente un aereo parte da Pechino diretto a Londra alla velocità media di 800 km/ora. Le città distano tra loro circa 10.000 km e hanno 8 ore di fuso orario di differenza.
Quesito: qual è la distanza tra i due aerei un'ora prima che si incrocino?

Soluzione: *riformulazione: velocità relativa dei due aerei 1500 km/ora (ottenuta come somma delle velocità). Distanza = 1500 km/ora × 1 ora = 1500 km.*

2 La lumaca sul muro

Situazione: una lumaca si trova alla base di un muro alto 20 m. Ogni giorno scala 5 m ma, durante la notte, scivola di 4 m.
Quesito: quanti giorni passano prima che la lumaca giunga in cima al muro?

Soluzione: la lumaca raggiunge la cima del muro nel sedicesimo giorno. Il primo giorno raggiunge un'altezza di 5 m ma, durante la notte, scivola di 4 m e dunque si ritrova a 1 m di altezza. Il secondo giorno arriva a 6 m ma scivola fino a 2 m. Il terzo giorno raggiunge l'altezza di 7 m, ma scivola fino a 3 m... e così via. Il quindicesimo giorno arriva a 19 m ma scivola fino a 15 m. Il sedicesimo giorno raggiunge l'altezza di 20 m, cioè in cima al muro.

3 Età di un figlio

Situazione: il nostro preside ha un figlio. Se si aggiunge 6 anni alla sua età si ottiene un numero intero che è un quadrato perfetto; se invece si toglie dalla sua età il numero 6, si ottiene un numero che è ancora un quadrato perfetto ed è anche la radice del risultato prima ottenuto.
Quesito: quanti anni ha il figlio del preside?

Soluzione: *10 anni*: si giunge alla soluzione partendo dal seguente modello matematico: ($a + 6 = x$) e ($a - 6 = \sqrt{x}$). Si può procedere per tentativi costruendo una tabella dove ad **a** sostituiamo numeri 7, 8, 9, 10... e via di seguito finché si individua un valore di **x** quadrato perfetto e si prosegue cercando la soluzione della seconda equazione, oppure si risolve con la seguente equazione di II grado: $a^2 - 13a + 30 = 0$ ottenuta da $(a - 6)^2 = a + 6$.

4 Età dei figli

Situazione: il nostro bidello ha tre figli di età inferiore a 10 anni. Il prodotto dell'età dei più giovani è uguale all'età del terzo che è il maggiore dei tre. Inoltre la somma delle loro età è un numero primo.
Quesito: quanti anni hanno i figli del bidello?

Soluzione: *2, 3 e 6 anni*: si giunge alla soluzione con una tabella dove si effettuano tutte le combinazioni.

A	B	A * B	Somma
1	1	1	3
2	2	4	8
2	3	6	11
2	4	8	14
3	3	9	15

Dato che ogni figlio ha meno di 10 anni, il prodotto deve essere inferiore a 10. Le possibili combinazioni sono solo 5, dalle quali la prima si esclude in quanto i tre figli sarebbero gemelli e quindi non ci sarebbe un figlio maggiore. L'unica possibilità di soluzione è quella che dà come somma 11, che è il solo numero primo.

UNITÀ DIDATTICA 3

METODI PER LA SOLUZIONE DEI PROBLEMI

IN QUESTA UNITÀ IMPAREREMO...

- come modellizzare i problemi
- come scomporre i problemi in sottoproblemi
- come utilizzare le tecniche specifiche per la ricerca della soluzione

Ricerca della soluzione

Il processo creativo relativo alla ricerca della soluzione di un problema viene supportato da alcuni metodi e strategie che però da soli non permettono di raggiungere la soluzione: risolvere un problema è un processo creativo *non automatizzabile* e quindi il progettista gioca un ruolo fondamentale.
Questo significa che la risoluzione richiede non solo un insieme di conoscenze ma anche la capacità di utilizzarle per elaborare una strategia risolutiva; non è quindi possibile dare un insieme di regole generali che consentano di trovare automaticamente la soluzione.

La creatività nella ricerca della soluzione è sempre fondamentale e si fonde con le tecniche per risolvere problemi, inoltre può essere utilizzata per cercare nuove soluzioni più efficienti a vecchi problemi già risolti.

> L'approccio vincente è sempre quello "molteplice": le diverse metodologie sono sempre da utilizzarsi in combinazione tra loro e a esse devono unirsi le attività creative e artistiche prima discusse. Possiamo affermare che la ricerca della soluzione è una fase di progetto dove conoscenze, tentativi e lavoro metodico si fondono per la definizione della soluzione del problema.

In definitiva, risolvere un problema è un processo creativo che si può avvalere di alcuni metodi e strategie che permettono di ricercare una possibile sequenza di operazioni per raggiungere l'obiettivo proposto, anche se non è certo che tale sequenza di operazioni esista, cioè non è detto che il problema in esame abbia effettivamente soluzione. Risolvere un problema equivale a individuare il cammino che dallo stato iniziale permetta di raggiungere lo stato finale (soluzione del problema) attraverso un insieme finito di stati intermedi.

Metodi

I metodi di ricerca del cammino risolutivo possono essere classificati in due categorie:
- metodi diretti che, partendo dai dati iniziali, cercano di arrivare alla soluzione applicando delle regole o degli operatori;
- metodi indiretti che, partendo dalle possibili soluzioni e applicando opportuni operatori, cercano di ottenere i dati di partenza.

I metodi possono essere anche classificati in base alle tecniche utilizzate e noi li descriveremo in base a questa seconda classificazione. Inoltre a volte la stessa tecnica può sfruttare sia un procedimento diretto sia indiretto, come vedremo di seguito.

Conoscenza dell'argomento

Si è visto negli esempi precedenti che la fase di analisi e modellizzazione porta spesso alla individuazione del risultato in modo "automatico", quindi la conoscenza approfondita dell'argomento è il primo metodo da adotttare come tecnica di risoluzione dei problemi.

Il vecchio proverbio *"chi ben incomincia è a metà dell'opera"* trova nell'informatica una conferma di validità, poiché iniziare bene è:
- capire che cosa si deve fare;
- avere a disposizione tutti i dati del problema;
- analizzare approfonditamente tutte le possibili sfaccettature del problema;
- individuare ogni caso particolare o limite;
- avere ben chiaro l'obiettivo finale di tutti coloro che sono coinvolti nel progetto;
- possedere le regole utilizzabili;
- conoscere le eventuali implicazioni sociali, giuridiche ed economiche.

Procedimento per tentativi

La soluzione del problema non sempre viene individuata al "primo colpo": alla base del problem solving c'è la ricerca per tentativi e generalmente la maggior parte di questi non ha successo.
Non bisogna demordere o demoralizzarsi se di fronte a un problema non si ha subito l'idea per la soluzione o se si inizia un procedimento che ben presto porta in un vicolo cieco: in tale situazione non resta che escludere la "strada" scelta e cercarne una nuova.
A volte capita anche di arrivare faticosamente a una soluzione che però risulta estremamente complessa e di difficile codifica e/o implementazione; bisogna tenere sempre presente che:

> La soluzione migliore è sempre la più semplice.

Se quindi ci si rende conto di aver progettato una soluzione complessa è meglio ricominciare tutto da capo e ricercare la soluzione più semplice; il tempo apparentemente perso per risolvere nuovamente il problema è sicuramente recuperato nelle successive fasi di sviluppo e soprattutto nella fase di manutenzione.

Sfruttamento dell'esperienza

Fortunatamente i problemi da risolvere non sono sempre "nuovi" e unici: molti problemi si somigliano e sono frequentemente correlati tra loro.
La prima regola da rispettare per risolvere i problemi è quella di individuare eventuali similarità con altri problemi. Anzi, a essere sinceri la prima regola è quella di scoprire se lo stesso problema non è già stato risolto da altri; quindi di ricercare l'analogia con problemi risolti in passato, anche se più semplici, sia da noi che da altri programmatori (o matematici) più famosi.

Nel mondo degli algoritmi problemi simili hanno spesso soluzioni simili: se si studia il procedimento risolutivo di tali problemi spesso questo può essere utilizzato, interamente o parzialmente, per la soluzione del nuovo problema.

> L'analogia è la somiglianza tra entità diverse che concordano tra loro sotto qualche aspetto.

A volte è difficile riconoscere le analogie: cerchiamo di descrivere alcune regole per meglio comprendere questo concetto.
Due entità possono essere analoghe anche solamente perché alcune delle parti che le compongono svolgono la stessa funzione (per esempio, il manico della tazzina e quello dell'ombrello) oppure perché esistono nei loro componenti relazioni che sono identiche e quindi possono essere messe in relazione tra di loro.
Questo ultimo caso viene definito rigorosamente dal concetto matematico di isomorfismo.

> Due problemi infatti si dicono isomorfi quando, durante il processo risolutivo, gli stati (insieme delle variabili del processo risolutivo in un certo istante) e le azioni dell'uno possono essere messi in corrispondenza biunivoca (uno a uno) con quelli dell'altro.

Per esempio, è possibile individuare aspetti isomorfi tra due ricette di cucina, come la cottura dell'uovo al tegamino e la cottura dell'uovo sodo: è quindi possibile avvalersi dell'esperienza della prima per "trasmetterla" alla seconda.

In generale è però difficile trovare relazioni di isomorfismo: spesso è possibile trovare solo relazioni di somiglianza o analogia (*similitudine tra problemi*), come precedentemente descritto, ma anche in questo caso possiamo tentare di estrarre dalla strategia risolutiva nota dei buoni suggerimenti per il progetto di soluzione del nostro nuovo problema.

Per esempio, gli algoritmi che dispongono gli elementi in ordine numerico o alfabetico (algoritmi di ordinamento) hanno molti aspetti in comune ed è compito del progettista riuscire a trovare l'analogia esistente con un problema simile a quello che dobbiamo risolvere (e del quale conosciamo il procedimento) per poterla sfruttare e per trovare la risposta al quesito iniziale.

Anche questo metodo non è automatico, cioè il progettista ha sempre buona parte della responsabilità nell'applicazione del metodo: di seguito riportiamo alcuni semplici suggerimenti pratici che possono essere d'aiuto alla applicazione di tale metodologia:
- cercare di risolvere il problema facendo riferimento a un problema analogo, ma più semplice;
- cercare problemi che rappresentino la versione più generale possibile del problema in oggetto, del quale probabilmente è già stata data la soluzione;
- circoscrivere i casi particolari per risolvere il problema generale che sicuramente è più semplice di questi;
- avere una buona conoscenza di "ciò che esiste", cioè dei problemi che sono già stati risolti;
- sapere come e dove ricercare soluzioni che già esistono.

Scomposizione dei problemi

La principale tecnica utilizzata in informatica per la soluzione dei problemi è quella della scomposizione del problema in sottoproblemi: questo approccio non è proprio della programmazione ma ha origini antiche e si ispira al *divide et impera* degli antichi romani.
Infatti, non è realistico pensare di risolvere un problema in un'unica azione sia perché spesso il problema da risolvere ha dimensioni consistenti, sia perché nella ricerca di soluzioni si può articolare un problema in sottoproblemi più semplici da risolvere (o addirittura già risolti) in modo tale che, risolvendo questi ultimi indipendentemente, si possa giungere alla soluzione del problema originale.

Abbiamo utilizzato questa tecnica nella metodologia top-down di progettazione degli algoritmi descritta nell'unità didattica precedente e ne ricordiamo i concetti principali:

> Top-down significa affrontare il problema dall'alto verso il basso, partendo dal problema completo per scomporlo in sottoproblemi.
> Scomporre il problema in sottoproblemi significa individuare problemi più semplici che compongono il problema di partenza, che siano autonomamente risolvibili e che dalla loro soluzione sia poi possibile arrivare alla soluzione del problema complessivo.

La scomposizione in sottoproblemi avviene:
- fissando una *serie di sotto-obiettivi* da raggiungere durante il processo risolutivo in modo che ciascuno individui sottoproblemi degni di particolare attenzione;
- procedendo a una scomposizione attraverso *affinamenti successivi* che deve essere orientata alla definizione di uno o più sottoproblemi facilmente risolvibili (*problemi primitivi*);
- individuando per ogni sottoproblema la sequenza delle operazioni elementari che l'esecutore è in grado di eseguire.

Si è già discusso di come sia complesso dare una definizione di problema primitivo in quanto non ne esiste un concetto "assoluto" ma dipende dalle conoscenze e dalle capacità del risolutore.
La regola principale è che non esistono regole fisse per la ricerca di appropriati sottoproblemi: esperienza, creatività, intuizione e conoscenza delle tecniche fondamentali devono sempre essere a disposizione del progettista.

Vediamo alcuni esempi.

Problema: il recipiente e l'acqua

Situazione: un recipiente contenente 1000 litri ha un'apertura con un tappo nella parte inferiore e una apertura nella parte superiore: viene tolto il tappo e inizia a uscire acqua e dopo 15 minuti viene aperto il rubinetto per riempire il contenitore attraverso l'apertura superiore.
Dal recipiente fuoriescono 10 litri al minuto mentre dal rubinetto vengono immessi 5 litri al minuto.
Quesito: dopo quanto tempo il recipiente sarà vuoto?
Soluzione (con applicazione del metodo diretto): è decisamente complesso cercare di risolvere questo problema in un unico "monoblocco". Procediamo con la scomposizione in due parti, considerando come sottoproblemi:
- la fase che inizia quando viene tolto il tappo all'apertura del rubinetto;
- la fase dell'apertura del rubinetto fino a quando sarà vuoto il contenitore.

Infine si riuniscono i due sottoproblemi per ottenere la soluzione completa.

Il primo sottoproblema è quello in cui è in azione solo la fuoriuscita d'acqua: al temine di questa fase sarà disponibile la situazione iniziale del secondo sottoproblema, cioè il suo punto di partenza; calcoliamo il contenuto del recipiente.

La quantità di acqua che esce dal recipiente è data dal prodotto tra la quantità che esce al minuto (LitriMinOut) per il numero dei minuti (MinutiPrimaFase):

$$\text{NuovoContenuto} = \text{VecchioContenuto} - \text{LitriMinOut} \times \text{MinutiPrimaFase} = 1000 - 10 \times 15 = 850$$

dove si è indicato con:
- NuovoContenuto: il nuovo valore di litri d'acqua presenti nel recipiente;
- VecchioContenuto: il vecchio valore di litri d'acqua presenti nel recipiente (1000);
- LitriMinOut: la quantità d'acqua che esce dall'apertura in litri/minuto (10 litri/min);
- MinutiPrimaFase: la durata della prima fase in cui esce l'acqua dall'apertura (15 minuti).

Quindi dopo 15 minuti sono usciti 150 litri, quindi il primo tempo parziale è 15 minuti.

Il secondo sottoproblema è quello in cui lo svuotamento e il riempimento agiscono contemporaneamente. È possibile descrivere questa situazione mediante una formula:

$$\text{DeltaAcquaInOut} = (\text{LitriMinRub} - \text{LitriMinOut}) = (5 - 10) = -5$$

dove si è indicato con:

- LitriMinRub: la quantità d'acqua che entra espressa in litri/minuto (5);
- LitriMinOut: la quantità d'acqua che esce espressa in litri/minuto (10);
- DeltaAcquaInOut: la quantità totale che entra/esce dal recipiente (5 – 10 = –5).

DeltaAcquaInOut è negativa, quindi escono 5 litri al minuto.

La seconda fase inizia dalla "giacenza", alla fine della prima fase (850): la sua situazione iniziale è il risultato determinato dalla soluzione del primo sottoproblema.

Quindi calcoliamo la durata della seconda fase, cioè in quanto tempo escono 850 litri d'acqua sapendo che ne fuoriescono 5 litri al minuto:

MinutiSecondaFase = NuovoContenuto/DeltaAcquaInOut = 850/5 = 170

Il tempo totale per svuotare il contenitore è dato dalla somma dei due tempi.

TempoTotale = MinutiPrimaFase + MinutiSecondaFase = 15 + 170 = 185

Vediamo un secondo esempio dove la soluzione si ottiene effettuando un procedimento a ritroso, usando cioè un modello inverso.

Problema: annaffiatoio e acqua

Situazione: un agricoltore deve diluire un sacco di fertilizzante in 20 litri d'acqua ma ha a disposizione un annaffiatoio contenente 16 litri d'acqua e due contenitori rispettivamente da 5 e 3 litri.
Quesito: come può operare l'agricoltore?
Soluzione (con applicazione del metodo inverso): per individuare la soluzione si utilizza il metodo inverso, cioè si analizza il problema a partire dalla soluzione fino ad arrivare al punto di partenza dopo aver scomposto il problema in due sottoproblemi:

- individuare una quantità da 4 litri;
- aggiungerla all'annaffiatoio.

La soluzione è quella di ottenere 4 litri d'acqua da aggiungere all'annaffiatoio, quindi supponiamo di aver già 4 litri nel contenitore grande. Ci si rende facilmente conto che l'unico modo per eliminare un litro d'acqua dal contenitore di 5 litri è quello di versarlo nel contenitore piccolo parzialmente riempito con due litri (passo 1). A questo punto il problema è diventato quello di individuare in che modo riempire il contenitore piccolo con 2 litri di acqua. Per ottenere 2 litri è necessaria un'interazione tra i due contenitori:

- se si versano due volte 3 litri nel contenitore grande si produce un resto di un litro: non va bene;
- se si versano 5 litri in quello da 3 si produce un resto di 2 litri nel contenitore da 5: va bene.

Ragionando a ritroso, vediamo come il problema può essere risolto.

1. Si riempie il contenitore da 5 litri e da questo si riempie quello da 3: nel contenitore grande rimangono 2 litri.
2. Si svuota il contenitore piccolo e si travasano in esso i due litri residui.
3. Si riempie il contenitore grande, si completa quello da 3 litri e lo si svuota. Nel contenitore da 5 litri restano esattamente 4 litri mentre il contenitore piccolo è vuoto.

A questo punto si aggiungono i 4 litri d'acqua all'annaffiatoio ottenendo i 20 litri desiderati.

Per ultimo, ricordiamo il più classico dei problemi, dove la necessità della scomposizione in sottoproblemi e l'aiuto che porta alla soluzione è evidente.

Problema: calcolo dell'area di un figura geometrica

Situazione: si calcoli l'area della figura geometrica riportata sotto.

Soluzione: effettuare il calcolo direttamente è impossibile ma se analizziamo la figura notiamo che è possibile scomporla in figure elementari di cui sono note le formule per calcolarne l'area: si ottiene, per esempio, la figura riportata a lato dove la colorazione delle diverse figure regolari ci permette di ottenere il valore della superficie grazie alla somma delle quattro aree colorate.

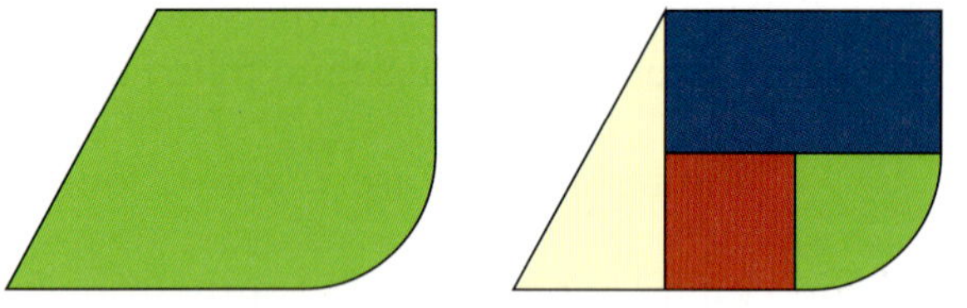

Strumenti

Da quanto esposto finora si è visto che le metodologie principali spesso utilizzano il modello simbolico per poter descrivere il problema e, di conseguenza, iniziare la progettazione e la ricerca della soluzione. Dal momento che la modellizzazione e la sua manipolazione in termini matematici gioca un ruolo fondamentale, è necessario conoscere gli strumenti che permettono di costruire i modelli simbolici. Di seguito riportiamo alcuni esempi di strumenti normalmente utilizzati dal progettista software.

Matematica e algebra

La descrizione simbolico-matematica è quella che più si presta a essere utilizzata in quanto bagaglio della nostra cultura scolastica: l'utilizzo di espressioni matematiche e sistemi di equazioni algebriche, come abbiamo già visto, permette di trovare la soluzione di una nutrita famiglia di problemi. Vediamo alcuni esempi.

Problema: biciclette in famiglia

Situazione: in un piccolo villaggio vivono 33 famiglie, ognuna delle quali possiede almeno 1 o 2 o 3 biciclette. Il numero delle famiglie che possiedono 1 bicicletta è uguale al numero delle famiglie che ne possiedono 3.

Quesito: quante biciclette ci sono in totale nel villaggio?

(*suggerimento: la soluzione è un numero tra 20, 51, 33, 15, 66*).

Soluzione immediata: non è semplice dare una risposta intuitiva e quindi si procede analiticamente.

Soluzione ragionata: la soluzione si ottiene dapprima descrivendo analiticamente la situazione con le seguenti equazioni:

$$\text{NRTOT} = x_1 + 2 \times x_2 + 3 \times x_3$$

dove:

- NRTOT è il numero totale di biciclette;
- x_1 è il numero di famiglie con 1 bicicletta, x_2 quelle con due e x_3 con 3 biciclette.

Il testo offre inoltre una successiva indicazione $x_1 = x$; sostituendo nella prima equazione si ottiene:

$$\text{NRTOT} = 4x_1 + 2 \times x_2 = 2(2x_1 + x_2)$$

Si ottiene un'equazione con tre incognite, ma grazie al suggerimento che indica quali possono essere le soluzioni possibili, possiamo escludere tutti i numeri dispari; analizziamo le due soluzioni rimanenti:

$$20 = 2(2x_1 + x_2) \Rightarrow 10 = (2x_1 + x_2)$$
$$66 = 2(2x_1 + x_2) \Rightarrow 33 = (2x_1 + x_2)$$

Sapendo inoltre che le famiglie sono 33 l'unica possibile soluzione è la seconda.

Nell'esempio che segue si può osservare come una soluzione affrettata sia spesso errata e una semplice modellizzazione analitica possa offrire la soluzione.

Problema: il pilota e il vento

Situazione: un pilota reduce della Prima guerra mondiale con un vecchio aereo in legno e altri materiali leggeri compie tutti i giorni il volo Milano-Bologna e ritorno (100 km a velocità costante di 120 km/ora). Un giorno sulla pianura padana è presente per l'intera giornata un vento costante in direzione nord-sud che all'andata aiuta l'aereo aumentandone l'andatura mentre al ritorno ne rallenta la velocità (velocità del vento 60 km/ora).
Quesito: rispetto a un giorno senza vento il pilota compie il viaggio di andata e ritorno in un tempo maggiore, minore o uguale?

Soluzione immediata: la prima soluzione del problema la otteniamo per via intuitiva. La risposta più spontanea è che il tempo è uguale, dal momento che il tempo guadagnato all'andata viene perso al ritorno e, poiché la differenza di velocità (in aumento e in diminuzione) è uguale, il tempo totale *dovrebbe* rimanere invariato.

Soluzione ragionata: modellizziamo il problema scomponendo il percorso in due segmenti, andata e ritorno. Possiamo osservare che la tratta effettuata con velocità maggiore viene coperta in un tempo inferiore e viceversa, cioè l'aereo ha volato a una velocità inferiore per un tempo maggiore rispetto al tempo che ha volato a velocità maggiore: si tratta ora di determinare se la somma dei tempi risulta maggiore o minore di quando percorre il tragitto a velocità costante.

Calcoliamo dapprima il tempo impiegato senza il vento:

120 km/ora = 2 km/min
tempo_andata = tempo_ritorno = 50 minuti
tempo_totale = 50 min = 100 minuti (= 1 ora 40 min)

Ora introduciamo un vento costante di 60 km/ora e calcoliamo il tempo di volo: la velocità all'andata diviene di 180 km/ora (= 3 km/min) e al ritorno di 60 km/ora (= 1 km/min):

1. I 100 km all'andata verranno percorsi in 100/3 = 33,3 minuti.
2. I 100 km al ritorno verranno percorsi in 100/1 = 100 minuti.

Quindi il tempo totale sarà di 133,3 minuti (= 2 ore 13,3 minuti) contro i 100 minuti in assenza di vento.

Intuito

Nella ricerca della soluzione l'intuito gioca un ruolo fondamentale nel suggerire la strada da percorrere ma spesso porta a risultati errati.
Vediamo alcuni esempi in cui verifichiamo come è facile... prendere "cantonate"!

Il primo esempio porta a un errore dovuto alla distrazione e a una soluzione affrettata.

Problema: la barca e la marea

Situazione: da una fiancata di un'imbarcazione all'ancora in una baia pende una scaletta di corda composta da 6 gradini. L'ultimo dei gradini sfiora appena l'acqua, mentre i successivi distano uno dall'altro venti centimetri. L'alta marea, in quella zona, raggiunge al massimo sessanta centimetri.
Quesito: in presenza di alta marea, fino a quale gradino arriva l'acqua?

Soluzione immediata: la risposta intuitiva è ottenuta con un semplice calcolo:

sessanta centimetri innalzamento/venti centimetri per gradino = tre gradini

Soluzione ragionata: dopo un breve ragionamento la soluzione invece è diversa. Infatti, quando si alza la marea si alza anche la barca e con essa si alza la scaletta con tutti i gradini...

Il secondo esempio porta generalmente a errate conclusioni anche per chi effettua una fase di "meditazione".

Problema: la corda attorno al mondo

Situazione: immaginate una corda lunga quanto la circonferenza terrestre (cioè all'incirca 40.000 km), distesa lungo l'equatore. Immaginate ora di aggiungere alla corda un metro in più e, quindi, di ridistribuirla attorno all'equatore in modo che abbia una distanza dalla superficie terrestre che rimanga costante lungo tutta la circonferenza.
Quesito: quale animale può passare di misura nello spazio interposto tra la corda e la superficie, una formica, un gatto o un elefante?

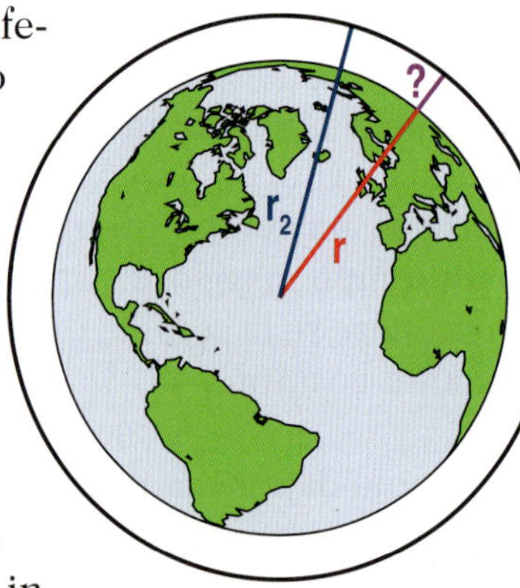

Soluzione immediata: intuitivamente si è portati a pensare che solo una formica possa passare al di sotto della corda in quanto l'aumento di un solo metro di corda su tutta la circonferenza terrestre provoca un minimo sollevamento della corda dal terreno. Naturalmente la risposta è errata!

Soluzione formale: la soluzione formale si ottiene applicando la geometria e ricavando analiticamente il risultato.

La circonferenza della Terra si può approssimare a quella di una sfera ($2\pi r$ dove r è il raggio terrestre) mentre la circonferenza della corda è $2\pi r$ ed è di 1 metro più lunga della circonferenza della Terra, quindi è possibile scrivere la seguente relazione:

$$2\pi r_2 = 1 + 2\pi r$$

r_2 è il raggio della nuova circonferenza, ottenuto da $= r_2 = \Delta r + r$ e Δr è "l'innalzamento" che stiamo cercando dovuto alla nuova lunghezza della corda.

Sostituendo otteniamo $2\pi\,(\Delta r + r) = 1 + 2\pi r$.
Sviluppando il prodotto $2\pi\Delta r + \cancel{2}\pi r = 1 + \cancel{2}\pi r$ e semplificando si ottiene $2\pi\Delta r = 1$ da cui si ottiene l'innalzamento $\Delta r = \dfrac{1}{2\pi} = \dfrac{1}{2 \times 3,14} = 0,16$ m = 16 cm e un gatto può tranquillamente passare sotto tale corda.

Possiamo concludere che l'intuito è uno strumento sicuramente molto importante ma anche altrettanto pericoloso!

> Nella ricerca della soluzione l'intuito gioca un ruolo fondamentale di suggerimento: è sempre comunque doveroso verificare analiticamente in una fase di formalizzazione la soluzione ottenuta intuitivamente per verificarne la correttezza.

Logica e ragionamento deduttivo/induttivo

Nei ragionamenti che il progettista software sviluppa durante la ricerca della soluzione confluiscono e prevalgono diverse attività non deduttive: scegliere le leggi e i principi a cui fare riferimento, risolvere ambiguità di formulazione, valutare l'evidenza, determinare il peso dei diversi obiettivi, prestare attenzione agli aspetti sociali ed economici. Ma la ricerca della soluzione può avere nel ragionamento deduttivo e/o induttivo un valido strumento.

Spesso ragionamento induttivo e deduttivo vengono accomunati o addirittura "confusi" con l'algebra booleana e tra loro stessi: la prossima unità didattica affronta l'algebra booleana e le tematiche proprie del ragionamento logico (anche se la trattazione dell'argomento richiederebbe un corso a parte), mentre di seguito sono riportati esclusivamente i concetti fondamentali e alcuni esempi che possono essere d'aiuto alla comprensione e di stimolo per avvicinarsi a questa affascinante disciplina.

> Applicare la logica al progetto di soluzione di un problema significa percorrere una strada coerente, significa dare uno sguardo globale e sviluppare ogni passo del progetto affinché ogni fase sia collegata a quella successiva per "necessità logica", nel senso che ogni passo deve essere concatenato all'altro logicamente:
> - nella progressione della scomposizione dei sottoproblemi;
> - nel legame tra i sottoproblemi stessi;
> - nello studio delle interfacce e nell'organizzazione del progetto.

Ripercorrere la strada del pensiero logico ci porta a Platone e ad Aristotele e proprio l'allievo di Platone comprese che la mente umana opera due tipologie di ragionamento: la deduzione e l'induzione. È necessario quindi definire la differenza tra le due modalità operative.

Il metodo deduttivo parte dalle ipotesi e determina logicamente nuove relazioni tra i dati mediante formule o relazioni implicite, ottenendo nuovi punti di partenza per poi dedurre altre relazioni e così via fino ad arrivare alla soluzione.
Questa metodologia classica viene applicata in matematica: dalla tesi e dalle ipotesi si deducono i risultati mediante la trasformazione dei dati che portano a situazioni intermedie; un sistema deduttivo sostanzialmente è un modo di presentare una teoria matematica per mezzo di assiomi e regole (esempi notevoli di sistemi deduttivi sono la geometria di Euclide, l'aritmetica di Peano, la meccanica razionale).

La deduzione utilizza il sillogismo, uno strumento che permette di derivare da due premesse valide una conclusione altrettanto valida, e che contiene nelle premesse la necessità della conclusione. Ricordiamo il sillogismo più famoso, noto a ogni studente che si è avvicinato alla logica:
- Tutti gli uomini sono mortali (premessa maggiore);
- Socrate è un uomo (premessa minore);
- Socrate è mortale (conclusione).

Il sillogismo è uno strumento molto importante per il progettista, ma occorre sottolineare che non dice nulla di nuovo sulla realtà del sistema in esame, cioè non aggiunge informazioni a quelle raccolte in fase di analisi; la soluzione del sillogismo è contenuta nelle sue premesse, quindi dobbiamo già avere a disposizione delle premesse valide su cui fondare il ragionamento sillogistico. Tali premesse derivano dal ragionamento induttivo, l'altro metodo della logica, un procedimento che parte dall'analisi dei particolari.

Il metodo induttivo parte dai risultati e cerca di risalire alle regole che li hanno generati per poterle applicare in situazioni simili.

> Secondo Aristotele, "l'induzione è una forma di conoscenza che permette di accrescere la conoscenza, risalendo da un insieme di osservazioni a un principio più generale: un ragionamento che procede dal particolare all'universale".

In sintesi:
1. Deduzione: dai principi generali si specifica una conoscenza utile in un particolare caso, si procede dall'universale al particolare, dai principi alle conseguenze o anche da una o più proposizioni a una o più altre proposizioni come necessarie conseguenze.
2. Induzione: dall'osservazione, dall'esame e dall'analisi di casi specifici si passa a proposizioni e a principi generali.

Applicare la logica nella risoluzione dei problemi è utile al fine di:
- formalizzare e modellizzare, cioè riscrivere il problema in un linguaggio dalla sintassi rigorosa e ristretta;
- sottoporre ad analisi il testo formale così ottenuto.

Se stabiliamo delle regole precise scopriamo che in ogni contesto funzionano le stesse regole logiche di ragionamento, deduttivo e induttivo, che conosciamo come valide nel mondo reale.

Il progettista software deve essere in grado di usare le regole fondamentali della logica (come il *modus ponens*, la regola d'inferenza e altre che spesso vengono utilizzate inconsciamente quali la *consequentia mirabilis* utilizzate nei ragionamenti per assurdo, nella distinzione dei casi) che possono servire a verificare se il ragionamento, proprio o dell'interlocutore, è corretto o a cercare di confutarlo, individuando le premesse rilevanti nella fase di definizione del progetto e analisi del problema.

Spesso la logica interviene in forma negativa, per evitare errori o lacune nell'analisi del problema; inoltre possedere un'abilità eccessiva a costruire ragionamenti deduttivi complessi può addirittura essere controproducente se induce a particolari situazioni difficili da seguire.
Affrontare un problema mediante la logica significa destrutturare un argomento, curando con particolare attenzione i singoli passi, la loro coerenza interna in modo da rendere fluido l'intero progetto.

Più l'organizzazione dei contenuti è semplice, più la lettura, l'identificazione degli obiettivi e delle strategie risolutive sarà immediata.

Si può partire dalla classificazione degli elementi presenti nel progetto scegliendo quelli da mettere in rilievo e stabilendo un criterio per ordinarli; è necessario scomporre i dati fino a ottenere degli "atomi" di informazione.

A questo punto si può cominciare a raggruppare tali atomi in insiemi e a identificare quale relazione intercorre tra insiemi di informazioni: solo dopo queste operazioni si può costruire l'architettura logica.

È necessaria una precisazione: i giochi logici e i test di intelligenza si basano sull'induzione empirica e possono essere fuorvianti e alle volte non fornire alcun indice di conoscenza o abilità logiche di colui che li esegue. In generale tali test hanno più soluzioni e quella attesa non è la più immediata.

Vediamo un esempio chiarificatore semplice e molto conosciuto.

Problema: la sentinella e la password

Situazione: una spia, tentando di impossessarsi della parola d'ordine segreta che permetteva l'accesso al castello nemico, riuscì ad ascoltare il dialogo tra la sentinella e alcuni soldati nemici in procinto di entrare nel castello:

Sentinella: "12"	1° Soldato: "6"	Sentinella: "OK. Avanti"
Sentinella: "10"	2° Soldato: "5"	Sentinella: "OK. Avanti"
Sentinella: "8"	3° Soldato: "4"	Sentinella: "OK. Avanti"
Sentinella: "6"	4° Soldato: "3"	Sentinella: "OK. Avanti"

Convinto di aver capito il meccanismo della parola d'ordine si presentò a sua volta alla porta del castello e il dialogo fu il seguente:

Sentinella: "4" Spia: "2" Sentinella: "Allarme! Un nemico tenta di entrare nel castello!"

Che cosa avrebbe dovuto rispondere la spia per farla franca e farsi così aprire il portone?
Soluzione: la soluzione si ottiene analizzando ciò che hanno in comune le coppie

sei e tre, otto e quattro, dieci e cinque, dodici e sei

Il meccanismo è legato al numero di caratteri che compongono il numero e non al calcolo della sua metà, quindi la soluzione del quesito è 7!

La spia si è accontentata della prima spiegazione che gli è venuta in mente sulla base delle osservazioni sperimentali, spiegazione dedotta dai fatti ma non l'unica avvalorata dai fatti!
In nessun modo però poteva raggiungere la certezza che la soluzione ipotizzata fosse proprio la risposta che la sentinella si aspettava se non quello di trovare tutte le possibili soluzioni e attendere il verificarsi di tutti i casi necessari per permettergli di eliminare tutte le alternative in modo da dedurre l'unica soluzione corretta.

Problema: numero mancante

Situazione: individuare il numero mancante (vedi figura seguente).

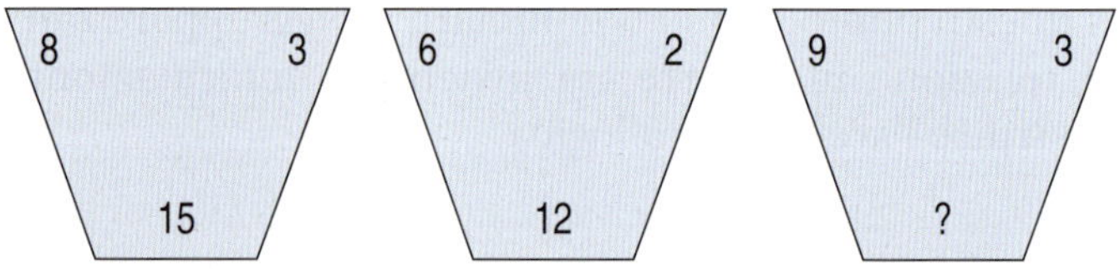

Soluzione: la risposta è 18, ottenuta dalla seguente formula (9 – 3) × 3 dedotta dalla disposizione dei numeri nelle tre situazioni. Ma non è l'unica soluzione corretta, in quanto altre espressioni e legami sono deducibili logicamente:

- 2ª soluzione: 16 = 9 + 3 + 4
  infatti 15 = 8 + 3 + 4 e 12 = 6 + 2 + 4
- 3ª soluzione: 4, la somma decresce di 4 unità 3 + 8 + 15 = 24; 12 + 6 + 2 = 20; 9 + 3 + 4 = 16

e altre soluzioni possono essere ricavate da formule complesse: addirittura la regola potrebbe anche essere cambiare in ognuno dei tre casi.

> La logica non ci fornisce la certezza della soluzione corretta di questo problema, ma ci indica le possibili soluzioni: come si è già detto, le tecniche e le metodologie operative devono essere integrate tra loro e sempre confrontate con quello che la nostra esperienza e la conoscenza del contesto ci suggerisce.

■ Riepilogo: astrazione, modello e soluzione

L'astrazione, concetto adottato in tutte le attività di ingegneria, è il risultato di un processo secondo il quale, assegnatolo a un sistema complesso quanto si voglia, è possibile isolare ed escludere (o tenere nascosti) alcuni particolari, evidenziando quelli ritenuti essenziali ai fini della corretta comprensione del sistema stesso. Tale processo svolge un ruolo fondamentale nella fase di progettazione di un sistema software quale strumento di lavoro indispensabile per la definizione dell'algoritmo risolutivo del problema.

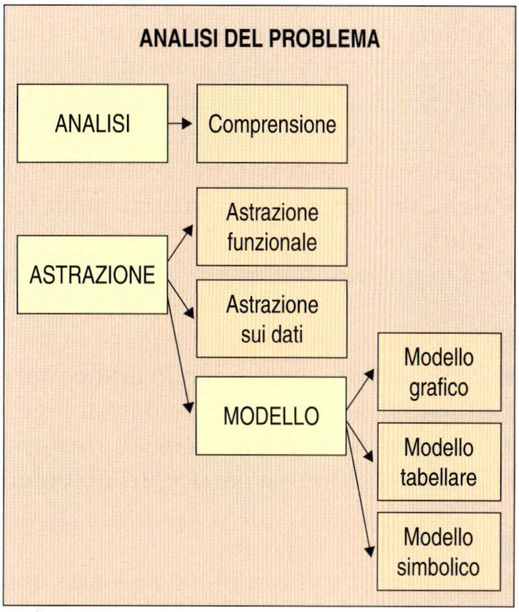

Il concetto di astrazione rappresenta uno dei fondamenti per la progettazione dei sistemi comunque complessi: esso è collegato alla modularità e al *divide et impera*, che generalmente la mente umana "fatica" a utilizzare in quanto preposta al tutto piuttosto che alla parte e non si cura molto dei dettagli. I modelli rappresentano lo strumento attraverso il quale il concetto di astrazione viene concretizzato, costituendo la base del processo di risoluzione del problema.
Il processo di ricerca della soluzione applica su tale modello un insieme di conoscenze e la soggettiva capacità di utilizzarle per elaborare una strategia risolutiva, ma non è guidato da un insieme di regole generali che consentano di trovare automaticamente la soluzione.

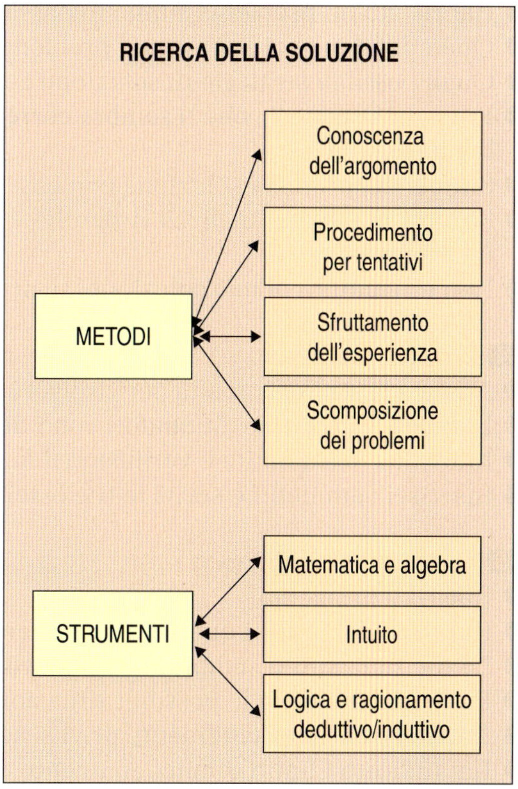

La ricerca può essere svolta in direzioni diverse: esistono tecniche che, partendo dai dati iniziali, cercano di arrivare alla soluzione applicando regole oppure operatori (metodi diretti) e tecniche che, partendo dalle possibili soluzioni e applicando opportuni operatori, cercano di ottenere i dati di partenza (metodi inversi).

Gli strumenti a disposizione del progettista sono molteplici, tutti della medesima importanza e tutti da utilizzarsi in contemporanea, ma ogni strumento deve sempre essere integrato e confrontato con l'esperienza e le abilità creative proprie del progettista, per vincere la sfida creativo-intellettuale di riuscire a dar vita alla soluzione del problema e, quindi, al progetto software.

La check list del programmatore

Riportiamo infine una semplice "check list" di azioni/domande che il progettista deve tener presente e porsi durante l'esecuzione di ogni fase per meglio affrontare l'attività di progettazione.

1 Analisi del problema

- Rifletti attentamente sulla formulazione del problema.
- Sei proprietario dell'argomento?
- Ricerca problemi analoghi risolti in passato: è un problema conosciuto?
- Se sì, quanto è simile quello già risolto? Quanto è differente?
- Quali sono i dati noti del problema e gli obiettivi (*goals*)?
- Mancano dati o informazioni nella formulazione del problema che ne impediscono la soluzione?
- Sono presenti lati oscuri o di difficile comprensione?

2 Modellizzazione del problema

- Riduci il problema in modo grafico-tabellare.
- Individua le relazioni tra i dati di ingresso e quelli intermedi.
- Individua le leggi e le regole di trasformazione dei dati.
- Isola i casi limite e particolari di funzionamento.

3 Scelta della strategia

- Organizza i sottoproblemi secondo uno schema logico.
- Inizia la ricerca della soluzione dal più semplice.
- Hai risolto un problema simile in passato? Come?
- Quali differenze ci sono con il problema corrente?
- Quali possibili strategie di soluzione conosci?
- Prova una strategia che ti sembra corretta ricordando che la soluzione migliore è sempre la più semplice.
- Simula dapprima la soluzione con casi d'uso standard.
- Se non funziona, analizza il perché e individua dove potrebbe essere il malfunzionamento.
- Non innamorati di una soluzione: se non funziona... butta via tutto e ricomincia da capo.

4 Progetto della soluzione: definizione dell'algoritmo

- Applica la strategia scelta per risolvere il problema.
- Definisci l'algoritmo aiutandoti con i diagrammi di flusso.
- Individua i casi limite e verificane il funzionamento.
- Inserisci commenti e scrivi le tue osservazioni "in corso d'opera".

5 Verifica della soluzione

- Rileggi il problema.
- Hai risposto a tutti i quesiti del problema?
- Le tue soluzioni ti sembrano ragionevoli?
- Hai verificato tutte le possibili situazioni?
- Anche i casi apparentemente privi si senso?
- Hai indicato i limiti di funzionamento e i casi esclusi?

Verifichiamo le competenze

Esprimi la tua creatività

1 Distanza tra casa e scuola

Situazione: un giorno Pippo parte da scuola per andare verso casa mentre Pluto parte da casa per andare verso la scuola percorrendo la stessa strada. I due si incontrano in un punto che dista 4 km da scuola; man mano che giungono a destinazione ritornano immediatamente (quindi senza fermarsi) sui loro passi: questa volta si incontrano a 2 km da casa.
Quesito: sapendo che camminano a velocità costante, quanto dista la casa dalla scuola?
Soluzione: *10 km.*

Riformulazione: per individuare la soluzione è necessario rappresentare graficamente il problema evidenziando i due punti di incontro e il tratto percorso da Pippo (rosso) e Pluto (verde).
La soluzione può essere ottenuta sia analiticamente che intuitivamente:

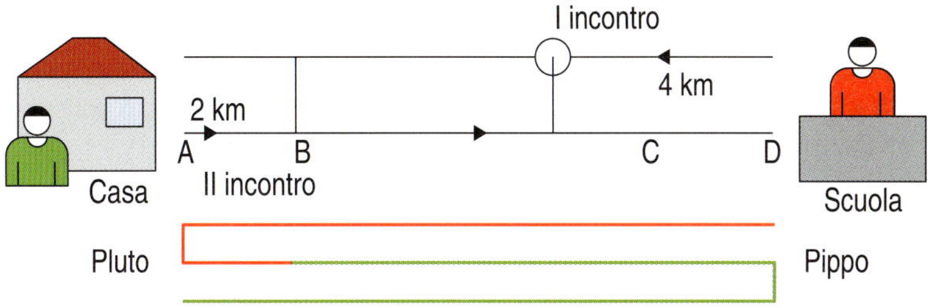

a) analiticamente: si scrivono le equazioni che legano lo spazio al tempo: $s = v \times t$ quindi $t = \frac{s}{v}$.
Nei due punti di incontro il tempo t trascorso è uguale per i due personaggi, quindi scrivendo le rispettive espressioni dello spazio percorso da entrambi per raggiungere i due punti di incontro con semplici passaggi si ottiene:

$$\begin{cases} \frac{s_1}{v_1} = \frac{s_2 + s_3}{v_2} \\ \frac{s_1 + s_2 + 2s_3}{v_1} = \frac{2s_1 + 2s_2 + s_3}{v_2} \end{cases} \quad \frac{v_2}{v_1} = \frac{10 + 2s_2}{8 + s_2} \quad s_2^2 - 2\,s_2 + 24 = 0 \quad s_2 = 4 \text{ soluzione accettabile}$$

b) si osserva che dopo il secondo incontro il percorso totale equivale a 3 volte la distanza tra la casa e la scuola mentre al primo incontro si era percorsa solo una volta tale distanza. Mantenendo le velocità invariate per tutto il cammino, il tempo impiegato per percorrere 3 volte la distanza è pari a 3 volte il tempo impiegato per percorrere una distanza: in tale tempo si può vedere dal disegno che Pippo ha percorso uno spazio pari a 4 km mentre la seconda volta ha percorso la distanza scuola-casa + altri 2 km = 3 volte × 4 km = 12 km. Quindi la distanza scuola-casa è di 12 km – 2 km = 10 km.

2 La medaglia più leggera

Situazione: a un orafo viene consegnato un certo quantitativo d'oro per preparare 24 medaglie uguali; ma l'orafo "trafuga" parte dell'oro producendo 23 monete uguali e una più leggera.
Quesito: utilizzando una bilancia con due bracci com'è possibile individuare la medaglia falsa in sole tre pesate?
Soluzione: *prima pesata*: suddividere in tre gruppi di 8 monete e confrontare i primi due gruppi individuando il gruppo di 8 medaglie contenente quella falsa;
seconda pesata: suddividere in tre gruppi rispettivamente di 3-3-2 medaglie e confrontare i primi due gruppi individuando il gruppo di 3 (o di 2) contenente quella falsa;

terza pesata: due casi:
- 3 medaglie: confronto tra due di tre medaglie, o si trova la più leggera o, se sono uguali, la terza è falsa.
- 2 medaglie: confronto tra le due medaglie e la più leggera è quella falsa.

L'informazione fondamentale è quella che indica che la medaglia falsa è più leggera delle altre! Se solo modifichiamo il testo indicando che la medaglia falsa ha un peso diverso da quelle vere senza indicare se è più leggera o pesante, la soluzione cambia completamente e con tre sole pesate è impossibile ottenere il risultato.

3 Le uova di Fibonacci

Situazione: una contadina porta delle uova al mercato. Sa che contandole a 2 a 2 ne avanza 1, contandole a 3 a 3 ne avanza 1, a 4 a 4 ne avanza 1, a 5 a 5 ne avanza 1, a 6 a 6 ne avanza sempre 1 mentre contandole a 7 a 7 non ne avanza alcuna e ha un numero esatto.
Qual è il numero minimo di uova che ha la contadina? (problema tratto dal *Liber Abaci* di Leonardo Fibonacci)
Soluzione: $x = 2a + 1$; $x = 3b + 1$, $x = 4c + 1$, $x = 5d + 1$, $x = 6e + 1$, $x = 7f$: sono 6 equazioni in 7 incognite.
La soluzione 721 si ottiene da $1 + 2 \times 3 \times 4 \times 5 \times 6$ (minimo comune multiplo +1).

4 Concerto degli U2

Situazione: il complesso degli U2 è in Italia e mancano 17 minuti all'inizio del concerto. Per raggiungere il palco i membri del gruppo devono attraversare al buio un piccolo ponte disponendo di una sola torcia elettrica e sul ponte non possono andare più di due persone per volta. La torcia è essenziale per l'attraversamento per cui deve essere portata avanti e indietro per consentire a tutti di passare e tutti sono dalla stessa parte del ponte.
Ciascun componente del complesso cammina a una velocità diversa e attraversando il ponte in coppia si muoveranno alla velocità del più lento. I tempi individuali per attraversare il ponte sono: Adam 1 minuto, Bono 2 minuti, Edge 5 minuti, Larry 10 minuti: come possono arrivare in tempo?
Soluzione: innanzitutto attraversano insieme Adam e Bono (2 minuti).
Poi Adam torna indietro da solo (1 minuto) e passano Edge e Larry (10 minuti).
Quindi è Bono che torna indietro da solo (2 minuti) e ripassa insieme ad Adam (2 minuti).
Tempo totale impiegato: 2 + 1 + 10 + 2 + 2 = 17 minuti.

5 Numeri in riga

Situazione: data la seguente sequenza
1
11
21
1211
111221
312211
13112221
1113213211

Individuare la composizione della prossima riga.
Soluzione:

31 13 12 11 13 12 21 (segue 13 21 13 11 12 31 13 22 11)
ottenuto da coppie della lettura del numero precedente
tre 1-un 3-un 2-un 1-un 3-un 2-due 1

UNITÀ DIDATTICA 4

ALGEBRA BOOLEANA E LOGICA

IN QUESTA UNITÀ IMPAREREMO...

- a utilizzare le tabella della verità
- le precedenze degli operatori logici
- a utilizzare le regole del ragionamento logico

Introduzione

Si potrebbe intitolare questa unità didattica "tributo a Boole" in quanto i due argomenti che verranno affrontati si possono ricondurre al lavoro di Boole descritto in *An Investigation of the Laws of Thought*, opera in cui Boole pose le basi della *logica formale* e anche i fondamenti di un nuovo tipo di algebra, nota oggi come *algebra booleana*: è un'algebra innovativa per il periodo, che formalizza le teorie anticipate nel volumetto dal titolo *The Mathematical Analysis of Logic* che lui stesso scrisse nel 1847 e dove è presente chiaramente il suo pensiero nei riguardi della logica e della matematica stessa; è l'algebra degli insiemi del suo amico De Morgan (di cui ricordiamo i teoremi e le leggi sugli insiemi); è un'algebra della *logica*.

L'EPOCA DELLE "RIVOLUZIONI" MATEMATICHE

Boole opera in un periodo rivoluzionario che vede la nascita delle geometrie non euclidee di Lobachevsky (siamo sicuri che i triangoli sulla sfera abbiano la somma degli angoli interni uguale a 180°?), la nascita della matematica dell'infinito di Cantor (i numeri reali sono infiniti e sono "di più" dei numeri naturali), e quando in Francia, Galois, appena diciassettenne, inventa i "gruppi".

Per Boole l'insieme universo è 1, l'insieme vuoto è 0, il segno + sta a indicare l'unione tra due insiemi e il segno X sta a indicare l'intersezione tra insiemi (i simboli oggi sono stati cambiati ma il "concetto" è lo stesso).

Inoltre dimostra che la sua algebra è utile a rappresentare ragionamenti di tipo sillogistico (la "logica", per intenderci, oggi chiamata anche "logica boolena"), e dimostra anche il possibile utilizzo della sua algebra per applicazioni al calcolo delle probabilità.

Oltre che in matematica l'algebra di Boole è utilizzata oggi in molteplici discipline tecniche e scientifiche, come la teoria dell'informazione e della trasmissione dei segnali, impieghi impensabili per il 1860 (periodo in cui fu diffusa); il lavoro di Boole ha contribuito alla nascita e allo sviluppo dei computer, macchine "stupide" in grado di comprendere esclusivamente se c'è corrente (stato **1**) oppure no (stato **0**).

Grazie ai teoremi di Claude Shannon, sempre basati sulle regole dell'algebra booleana, si è potuto rappresentare un qualsiasi circuito costituito da una combinazione di interruttori e/o transistor (sistemi digitali) mediante un insieme di espressioni matematiche.

Da quanto è stato detto si deduce che l'algebra di Boole spazia dalla matematica alla logica, dall'informatica all'elettronica ed è possibile individuare tre diverse discipline nelle quali trova applicazione:
- algebra degli insiemi;
- algebra delle proposizioni;
- algebra dei circuiti.

Algebra degli insiemi

Senza approfondire ogni dettaglio della teoria di Boole, è necessario conoscerne gli aspetti fondamentali. La definizione rigorosa è la seguente:

L'algebra di Boole è una struttura algebrica costituita da due costanti, **0** e **1**, una operazione unaria **–** (o **!**, che è la negazione) e due operazioni binarie ***** (congiunzione) e **+** (disgiunzione) e che verifica gli assiomi riportati nella tabella che segue:

Proprietà		
associativa	A + (B + C) = A + (B + C)	(A * B) * C = A + (B * C)
commutativa	A * B = B * A	A + B = B + A
idempotenza	A + A = A	A * A = A
assorbimento	A + (A * B) = A	A * (A + B) = A
distributività	A * (B + C) = (A * B) + (A * C)	A + (B * C) = (A + B) * (A + C)
identità	1 * A = A	0 + A = A
esistenza inverso	A * (–A) = 0	A + (–A) =

Riportiamo in ultimo anche i teoremi di De Morgan (prima citato):

$$!(A + B) = !A * !B$$
$$!(A * B) = !A + !B$$

Nella pratica la terminologia utilizzata è la seguente:

Elementi della struttura	Valori	Descrizione
Costanti	{F, V oppure 0, 1}	F = falso, V = vero oppure 0 = falso, 1 = vero
Operatori	+, OR	operatore binario chiuso detto anche *disgiunzione logica*
	*, AND	operatore binario chiuso detto anche *congiunzione logica*
	!, NOT	operatore unario chiuso detto anche *negazione logica*

Gli operatori vengono anche denominati, rispettivamente, somma logica, prodotto logico e negazione.
Il valore assunto da un'operazione logica elementare (e, più in generale, da una funzione logica) può essere espresso mediante una tabella di verità (TT, *Truth Table*) che riassume tutte le combinazioni dei valori di ingresso e il corrispondente valore del risultato dell'operazione logica. La tabella di verità di una funzione a *n* ingressi ha 2^n righe, che corrispondono a tutte le possibili configurazioni di ingresso e un insieme di colonne suddivise in due gruppi, gli ingressi e le uscite:

n = 2 ingressi

colonna uscita

$2^n = 2^2 = 4$ righe

A	B	f = A AND B
0	0	0
0	1	0
1	0	0
1	1	1

- colonne degli ingressi: contengono tutte le combinazioni di valori delle variabili coinvolte nell'operazione;
- colonna dell'uscita: riporta i valori assunti dalla funzione in corrispondenza degli ingressi indicati nelle colonne precedenti.

Nei paragrafi che seguono procediamo all'esame delle singole operazioni.

Operatore AND (*): prodotto logico

Prende anche il nome di prodotto logico in quanto il risultato può essere ottenuto dal prodotto algebrico delle due variabili di ingresso: solamente quando entrambi i valori sono uguali a 1 l'uscita assume valore 1, negli altri casi il prodotto vale 0.
Il simbolo che rappresenta tale operatore può assumere diverse forme, a seconda della disciplina in cui viene impiegato; le notazioni più diffuse sono le seguenti:

A	B	A AND B
0	0	0
0	1	0
1	0	0
1	1	1

A AND B, A && B, AB, A x B

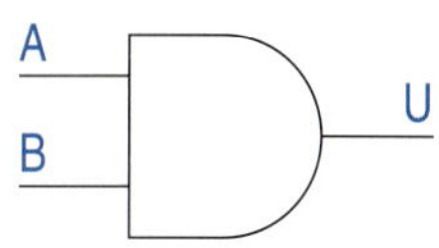

In elettronica digitale esiste un circuito che effettua automaticamente questa operazione; esso viene rappresentato negli schemi elettrici mediante il simbolo funzionale riportato nella figura a lato.

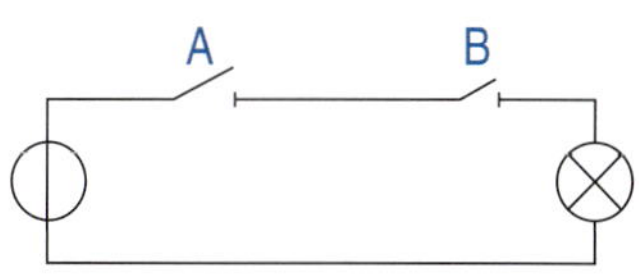

L'analogia che meglio si presta a descrivere questo operatore è quella elettrica in cui i due ingressi sono rappresentati da interruttori collegati in serie e l'uscita è costituita da una lampadina: affinché la lampadina possa essere accesa entrambi gli interruttori devono essere chiusi.

Operatore OR (+): somma logica

Prende anche il nome di somma logica in quanto il risultato può essere ottenuto dalla somma algebrica (senza riporto) delle due variabili di ingresso: l'uscita assume valore 0 soltanto quando entrambi i valori sono uguali a 0, mentre negli altri casi la somma ha come risultato 1.

A	B	A OR B
0	0	0
0	1	1
1	0	1
1	1	1

Il simbolo che rappresenta tale operatore può assumere forme diverse, a seconda della disciplina in cui viene impiegato; le notazioni più diffuse sono le seguenti:

A OR B, A || B, A + B

In elettronica digitale esiste un circuito che effettua automaticamente questa operazione e viene rappresentato negli schemi elettrici mediante il simbolo funzionale riportato nella figura a lato.

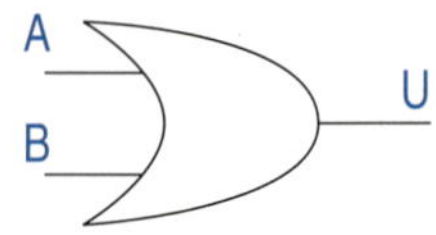

Sempre utilizzando l'analogia elettrica, in questo caso gli interruttori dovranno essere connessi in parallelo e la lampadina si accenderà quando almeno uno dei due interruttori verrà chiuso: infatti viene garantito il passaggio in almeno uno dei due rami e, di conseguenza, l'accensione della lampadina.

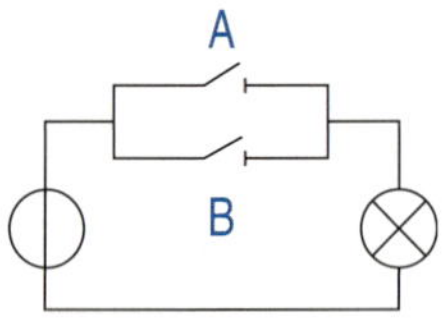

Operatore NOT (!): complemento o negazione

Prende anche il nome di negazione logica, in quanto effettua il "ribaltamento" del valore della variabile in ingresso: in uscita viene riportato il valore "opposto" al valore della variabile di ingresso, detto appunto valore negato, o complementato. Si ha che:

A	NOT A
0	1
1	0

- la negazione di 0 è 1 e, viceversa, la negazione di 1 è 0;
- il complemento di 0 è 1 e, viceversa, il complemento di 1 è 0.

Le notazioni più utilizzate sono le seguenti:

Not A, !A, A', $\bar{A}$

Il simbolo funzionale del circuito che in elettronica digitale espleta questa operazione è quello della figura a lato.

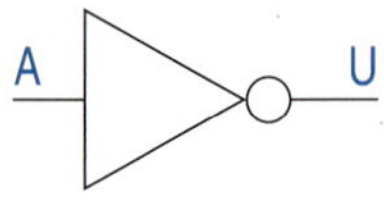

Combinazione e precedenza degli operatori

È possibile combinare più operatori in modo da ottenere espressioni logiche complesse: si può osservare come già le proprietà del reticolo definite in precedenza presentassero combinazioni tra più di due variabili, quindi la possibilità di utilizzare operatori diversi nella medesima espressione.

Come nell'algebra tradizionale, anche nell'algebra di Boole sono definite precise precedenze tra gli operatori, che sono le seguenti:

NOT - AND - OR

cioè viene effettuata prima l'operazione di negazione, quindi il prodotto e per ultima la somma logica.
Possiamo vedere come, modificando l'ordine, il risultato finale risulti diverso, prendendo in esame l'esempio riportato di seguito.

NOT A AND B

1 Eseguiamo l'espressione dapprima con le precedenze corrette, cioè ((NOT A) AND B), eseguendo la negazione di A e solo successivamente l'AND di tale risultato con B; la tabella di verità è riportata a lato.

A	B	NOT A	(NOT A) AND B
0	0	1	0
0	1	1	1
1	0	0	0
1	1	0	0

2 Eseguiamo ora l'espressione con le precedenze errate, cioè (NOT (A AND B)): otteniamo dapprima il risultato di A AND B e solo successivamente effettuiamo la negazione, ottenendo i risultati riportati nella tabella a lato.

A	B	A AND B	NOT (A AND B)
0	0	0	1
0	1	0	1
1	0	0	1
1	1	1	0

Come si è appena visto, il risultato è completamente diverso. Il rispetto delle precedenze è fondamentale per otttenere il corretto risultato della espressione; in caso di perplessità o dubbio operativo si suggerisce di introdurre le parentesi che, come nell'algebra, definiscono in maniere esplicita le precedenze.

Algebra delle proposizioni

Lo studio di Boole trova applicazione nell'algebra delle proposizioni (anche chiamata "Logica delle proposizioni"), anzi, spesso si identifica con essa!
Definiamo innanzitutto il concetto di proposizione:

Una proposizione (o enunciato) è un'affermazione che può essere VERA o FALSA.

Potendo assumere esclusivamente due valori è quindi un naturale campo di applicazione dell'algebra di Boole, con i suoi enunciati, operatori e teoremi: è quella che viene comunemente chiamata *logica moderna* e della quale giochi, quesiti ed enigmi "farciscono" riviste di enigmistica e test attitudinali.
Anche alcuni presunti "test di intelligenza" si riducono a quesiti di logica che, come vedremo, non danno alcuna indicazione di intelligenza ma evidenziano solamente la conoscenza delle regole dell'algebra di Boole da parte del candidato.

LA LOGICA CLASSICA

Prima di procedere è opportuno ricordare le origini della logica classica e quindi ricordare Aristotele (384-322 a.C.); dato che logica deriva dal greco *logos = pensiero, ragione*, possiamo ricordare la seguente definizione classica:
"la logica è la scienza del ragionamento corretto quale possiamo osservarlo attraverso i discorsi che le persone fanno".

La logica moderna, invece, studia le asserzioni, cioè si basa su proposizioni che esprimono relazioni e ne studia il loro valore (o significato):

LOGICA

La logica moderna studia i processi deduttivi che, partendo da frasi vere o false, giungono a soluzioni che attribuiscono il valore di vero o falso.

In particolare possiamo individuare due compiti della logica matematica:
- il primo compito è stabilire come il valore di verità di un'asserzione composta possa essere calcolato a partire dai valori di verità delle asserzioni che la compongono e quindi dare un significato alla parola "essere vero" (questa parte viene chiamata *semantica*);
- il secondo compito è quello di formalizzare e riprodurre le forme di ragionamento dell'essere umano, cioè quei processi mentali che permettono di ottenere, a partire da asserzioni considerate vere (premesse), nuove asserzioni (conclusioni). Questa parte della logica prende il nome di *teoria della dimostrazione*.

Vero e falso oppure 1 e 0: supponiamo infatti che invece di dire che un'asserzione è vera affermiamo che ha "valore di verità 1", invece di dire che è falsa affermiamo che ha "valore di verità 0".

Iniziamo con la distinzione delle proposizioni da semplici frasi, come negli esempi seguenti:

	Frase	Tipologia	Esito
A	Roma è la capitale d'Italia	**proposizione**	**VERO**
B	Milano è la capitale d'Italia	**proposizione**	**FALSO**
C	Il gatto miagola	**proposizione**	**VERO**
D	6 * 7 è uguale a 42	**proposizione**	**VERO**
E	6 * 7 è uguale a 22	**proposizione**	**FALSO**
F	Forse domani pioverà	**non proposizione**	**???**
G	Ti piace la marmellata?	**non proposizione**	**???**
H	Telefonami quando arrivi a casa	**non proposizione**	**???**
I	Piove perché le nuvole sono sopra di noi	**non proposizione**	**???**
L	Cadendo ti rompi una gamba	**non proposizione**	**???**
M	Adesso piove	**proposizione**	**VERO**
N	Il vento mi spettina	**proposizione**	**VERO**
O	Frequento la III classe	**proposizione**	**FALSO**
P	Il prossimo anno frequenterò l'università	**non proposizione**	**???**

- Le proposizioni vengono indicate da una lettere maiuscola (A, B, C ...).
- Non è ammesso che una proposizione sia contemporaneamente vera o falsa, quindi frasi interrogative o esclamative che possono assumere diversi valori a seconda dell'interlocutore non sono proposizioni (frasi F, G e H).
- Non sono proposizioni frasi che includono eventi casuali (frasi I e L).
- Il valore di una proposizione può modificarsi nel tempo, come per esempio le ultime due proposte nella tabella che restano comunque sempre delle proposizioni (frasi M, N, O, P).

Nel calcolo proposizionale non è importante il significato che hanno le proposizioni, ma esclusivamente il loro valore di verità o falsità.
Per esempio, le frasi come: *"6 * 8 è uguale a 48"* oppure *"la domenica viene dopo il sabato"*, pur avendo contenuti completamente diversi, per la logica proposizionale sono le stesse in quanto il loro valore è VERO e VERO (V e V).
Se all'interno di una proposizione è presente un solo predicato verbale la proposizione si dice semplice mentre è composta se è costituita da due o più proposizione semplici.
Per esempio, la frase I non è una frase semplice: potrebbe essere scomposta in due frasi:

Q Piove
R Le nuvole sono sopra di noi

È immediato constatare che la frase completa non è una proposizione, infatti anche se le due proposizioni sono vere la veridicità della proposizione composta non è garantita poiché dipende anche da altre considerazioni non presenti (infatti non basta avere le nuvole sopra alla testa affinché piova!).
In generale la presenza del connettivo perché implica considerazioni aggiuntive, quindi non deve essere utilizzato nelle produzioni.
Per esempio:

la Roma non vince mai perché Totti è un bravo giocatore.

Anche se le due proposizioni A (*la Roma non vince mai*) e B (*Totti è un bravo giocatore*) sono vere singolarmente, una volta che sono composte (A perché B) si ottiene una affermazione falsa e quindi non si ottiene una produzione.

Per costruire proposizioni complesse si utilizzano i connettivi (operatori) dell'algebra di Boole: negazione (not), congiunzione (and) e disgiunzione (or).

Prima di proseguire riportiamo un'ultima definizione, concettualmente semplice, che sarà utilizzata in seguito.

PROPOSIZIONI

Una proposizione, a seconda del numero di variabili che lega, si dice:
- unaria: se contiene una variabile;
- binaria: se contiene due variabili;
- ternaria: se contiene tre variabili;
- N-aria: se contiene N variabili.

come negli esempi riportati di seguito:

Proposizione	Descrizione
A è un numero pari	Unaria
A è maggiore di B (A > B)	Binaria
A è più bello di B che di C	Ternaria
A è più bello di B che di C che di D...	N-aria

Vediamo ora alcuni esempi di proposizioni complesse ottenute mediante i connettivi.

	Frase	Connettivo	Esito
A	Roma è la capitale d'Italia e Parigi di Francia	congiunzione	VERO
B	Milano non è la capitale d'Italia	negazione	VERO
C	Il gatto miagola e il cane abbaia	congiunzione	VERO
D	6 * 7 è uguale a 42 o 6 * 7 uguale 48	disgiunzione	FALSO
E	6 * 7 non è uguale a 42	negazione	FALSO
F	I pesci non nuotano	negazione	FALSO
G	Non è vero che i pesci non nuotano	negazione doppia	FALSO
H	La Ferrari è rossa o il fuoco è caldo	disgiunzione	VERO
I	Mario è più vecchio di Luigi che è più giovane di Giovanni	congiunzione	VERO
L	Mario è più vecchio di Luigi o è più giovane di Giovanni	disgiunzione	VERO

Come si può vedere nella proposizione G, è possibile combinare più volte i connettivi nella stessa proposizione: nell'esempio è stato riportato il caso classico di doppia negazione che "diventa" un'affermazione.
La proposizione *"non ho voglia di fare niente"*, se possiamo accettare che *niente* è la negazione di *qualcosa*, può essere così trasformata:

- "non (*ho voglia di fare niente*)";
- "non (*non ho voglia di fare qualcosa*)";
- "non non (*ho voglia di fare qualcosa*)";

quindi togliendo la doppia negazione si ottiene:

"ho voglia di fare qualcosa"

Il risultato di una produzione composta si ottiene mediante le tabella della verità che in base alla veridicità o meno delle due proposizioni semplici fornisce i possibili valori della proposizione composta, come nel successivo esempio:

"per comprarmi la merenda o ho contanti (A) oppure ho la carta di credito (B)"

Dalla tabella della verità del connettivo OR possiamo affermare che la produzione è vera quando una delle due produzioni è vera, mentre è falsa nell'unico caso in cui entrambe sono false.

A	B	A OR B
FALSO	FALSO	FALSO
FALSO	VERO	VERO
VERO	FALSO	VERO
VERO	VERO	VERO

Osserviamo che la tabella della verità è identica a quella vista in precedenza per l'operatore OR: basta sostituire

FALSO con 0
VERO con 1

A	B	A OR B
0	0	0
0	1	1
1	0	1
1	1	1

Analogo confronto può essere fatto con le altre tabelle della verità; se però ricordiamo la definizione di struttura algebrica, quando si è detto che sono presenti due costanti, già si è visto come queste costanti possano essere sia Falso e Vero che 0 e 1 ecc.

Linguaggio logico e naturale

La logica ha un carattere formale ed è basata su un processo di astrazione rispetto al linguaggio naturale.

La formalizzazione richiede che siano eliminate le possibili ambiguità del linguaggio naturale: per esempio dalla proposizione *"Sono andato alla stazione e ho preso il treno"* non segue logicamente *"Ho preso il treno e sono andato alla stazione"* in quanto dalla verità della prima non segue quella della seconda.

Zoom su...

CONNETTIVO "E"

La proposizione *"la maglia dell'Inter è nera e azzurra"* non equivale alla proposizione *"la maglia dell'Inter è nera"* e *"la maglia dell'Inter è azzurra"*: mentre la prima è *vera* le seconde sono *false*.
Nel linguaggio naturale "e" viene usato in diversi contesti e molti non sono vero-funzionali: spesso la "e" non è tra due proposizioni ma tra due nomi, o due verbi, o due attributi (come nell'ultimo esempio) e a volte equivale a una congiunzione logica (come in *"Ciro e Dino sono italiani"* che equivale a *"Ciro è italiano"* e *"Dino è italiano"*), a volte no (come in *"Ciro e Dino sono amici"* che ovviamente non equivale a *"Ciro è amico"* e *"Dino è amico"*).

Questo tipo di considerazioni può essere esteso agli altri connettivi: è possibile proporre un'analisi logica delle proposizioni del linguaggio naturale al fine di "scoprire" in che modo il valore di ciascuna delle proposizioni *componenti* determini l'esito della proposizione composta.

La gran parte dei ragionamenti svolti nella vita quotidiana non sono logici, nel senso che non è rispettato il nesso di conseguenza logica che caratterizza le regole della logica classica: e quindi è necessario prestare molta attenzione alle applicazioni delle regole del ragionamento logico a frasi non semanticamente logiche.

Applicare la logica al progetto di soluzione di un problema significa percorrere una strada coerente, dare cioè uno sguardo globale e sviluppare ogni passo del progetto affinché ogni fase sia collegata a quella successiva per "necessità logica", nel senso che ogni passo deve essere concatenato all'altro logicamente.
Quindi la logica è un valido strumento da utilizzarsi per:

- formalizzare e modellizzare, cioè riscrivere il problema in un linguaggio dalla sintassi rigorosa e ristretta;
- sottoporre ad analisi il testo formale così ottenuto.

In ogni contesto funzionano le stesse regole logiche di ragionamento, nelle due forme di deduttivo e induttivo.

- La prima forma del ragionamento logico è la deduzione che, partendo da alcuni casi generali, giunge a una conclusione di carattere particolare.
  Due esempi:
  - se ogni italiano è un europeo e ogni europeo è terrestre allora ogni italiano è terrestre (se ogni A è un B e ogni B è un C allora ogni A è C);
  - se ogni europeo è terrestre e ogni italiano è europeo allora ogni italiano è terrestre (se ogni A è un B e ogni C è un A allora ogni C è B).
- La seconda forma di ragionamento logico è l'induzione che, partendo dall'esame di alcuni casi particolari, giunge a una conclusione (conseguenza) di carattere generale:
  "*L'uomo percepisce dalla natura più oggetti circolari e ne ricaverà, per induzione, il cerchio*"; è un processo molto semplice, ma fondamentale, per Aristotele che appoggia lo studio di Socrate (a cui viene attribuita la scoperta).

> Il procedimento di astrazione si può applicare ai concetti elementari per arrivare a concetti più generali (da specie a genere, per esempio da quadrilatero a poligono, da uomo a animale): questo modo di operare è fondamentale nella progettazione per classi e oggetti.

Argomentazione debole o fallace

Spesso però il ragionamento logico porta a conclusioni errate, in tale caso si dice che l'argomentazione è debole o fallace.

FALLACE

Con il termine fallacia si intende un tipo di ragionamento errato ma psicologicamente plausibile:

- "errato" vuol dire che il ragionamento non è tale da garantire la verità delle conclusioni;
- "psicologicamente plausibile" vuol dire che il ragionamento è tale da convincere ad accettare la conclusione come vera, facendo accettare la supposta verità delle premesse o una forma errata di inferenza.

Tradizionalmente le fallacie si distinguono in formali (argomenti errati per la forma logica) o informali (argomenti che sfruttano abilità retoriche o altre funzioni del linguaggio per nascondere la ovvia falsità di una premessa del ragionamento, come le fallacie per ambiguità e la classica fallacia per divisione).

Senza entrare nel dettaglio riportiamo di seguito alcuni esempi per offrire una panoramica degli errori classici più frequenti.

- Fallacia induttivista (per derivazione): deriva una certezza da una serie di casi particolari, come nell'esempio del tacchino di Russell che sostiene: "*tutti i giorni mi hanno dato da mangiare; quindi anche domani mi daranno da mangiare*"; ma domani è il giorno di Natale...
  "*Tutti i corvi finora osservati sono neri, tutti i corvi sono neri*".
- Fallacia per asserzione presupposta: è la classica fallacia usata abilmente, per esempio, da investigatori e poliziotti: "*dove hai nascosto le prove?*". Infatti presuppone che "tu" abbia nascosto le prove e che "io" lo sappia.
- Fallacia per chiarezza: vengono usate frasi o parole ambigue, il cui significato cambia nel corso dell'argomento:
  "*gli elefanti sono animali, quindi gli elefanti piccoli sono animali piccoli*";
  "*è un buon studioso, quindi è un buon insegnante*" (non ne è una conseguenza e spesso ottimi studiosi sono pessimi insegnanti).
- Fallacia per composizione: è quella più comune e la si ottiene quando si prende la parte per il tutto o i membri per la classe:
  "*ogni pezzo di un aereo è leggero; quindi un aereo è leggero*";
  "*ogni parte di questa macchina pesa meno di dieci chili. Quindi la macchina pesa meno di dieci chili*".
- Fallacia per divisione: anche questa è molto comune ed è l'esatto contrario di quella precedente cioè quando qualcosa che è vero del tutto si ritiene vero per ogni singola parte:
  "*gli uomini sono numerosi, Socrate è un uomo, Socrate è numeroso*";
  "*i pellerossa stanno scomparendo, Tom è un pellerossa, Tom sta scomparendo*";
  "*il risotto alla milanese è tipicamente italiano; ogni suo ingrediente è tipicamente italiano*".
- Fallacia per errato *modus ponens*: il *modus ponens* è il ragionamento diretto di una implicazione:
  "se P implica Q, e se Q è vero, allora anche Q è vero".

  Vediamo alcuni esempi di corretta applicazione:
  "se manca la corrente allora la lampadina si spegne": manca la corrente, quindi la lampadina si spegne";
  "se nevica allora è freddo: nevica, quindi è freddo";
  "se Paolo ha scritto un libro allora è un grande studioso: Paolo ha scritto un libro quindi è un grande studioso".

  L'errore si commette con l'affermazione del conseguente:
  "se manca la corrente allora la lampadina si spegne": la lampadina si spegne quindi manca la corrente" => se la spengo con l'interruttore...;
  "se nevica allora è freddo; è freddo, quindi nevica" => può far freddo senza nevicare;
  "se Paolo ha scritto un libro allora è un grande studioso: Paolo è un grande studioso quindi ha scritto un libro".
- Fallacia per errato *modus tollens*: il *modus tollens* è una regola di inferenza che si basa sulla negazione di una implicazione:
  "se P implica Q: se Q è falso, allora anche P è falso".

Per esempio:
"se Maria è milanese allora Maria è lombarda. Maria non è lombarda, dunque Maria non è milanese";
"se una figura è un quadrato, allora ha quattro lati; non ha quattro lati quindi non è un quadrato";
"se Carlo e Piero sono fratelli, allora sono parenti; ma Carlo e Piero non sono parenti quindi non sono fratelli".

Nel *modus tollens* è possibile una fallacia per la negazione dell'antecedente:
"se P implica Q, P è falso allora anche Q è falso".

Le seguenti affermazioni sono pertanto errate:
"se Maria è milanese allora Maria è lombarda. Maria non è milanese, dunque Maria non è lombarda";
"se una figura è un quadrato, allora ha quattro lati; ma non è un quadrato, quindi non ha quattro lati";
"se Carlo e Piero sono fratelli, allora sono parenti; ma Carlo e Piero non sono fratelli, quindi non sono parenti".

> Un ricca raccolta di fallacie la si trova all'indirizzo:
> http://www.linux.it/~della/fallacies/index.html

Paradosso

Per ultimo riportiamo una tipologia di asserzioni che, dal punto di vista logico, sembrano essere sia vere sia false (o vere se e solo se false); la stessa situazione si verifica quando ci si trova dinnanzi ad argomentazioni che, per quanto logicamente valide, conducono a una conclusione che ci sembra inaccettabile pur "partendo" da premesse che ci sembrano indiscutibili: siamo di fronte a un paradosso.
Il termine "paradosso" deriva dal greco e significa letteralmente *"contrario all'opinione comune"* ma nell'uso corrente ha assunto un significato più ampio e indica qualunque affermazione o ragionamento che abbia dell'assurdo.

Ricordiamo il più famoso paradosso dovuto a Epimenide, quello del "bugiardo".

Problema: Il paradosso del bugiardo

Situazione: un uomo dice "Io sono un mentitore " (oppure "io sto mentendo").
Soluzione: è abbastanza semplice dimostrare l'assurdità di questa affermazione.

Posto che:
- mentitore è chi afferma il falso, quindi se un uomo è mentitore la proposizione che lui dice è falsa;
- sincero è chi afferma sempre il vero, quindi la proposizione che lui dice è sempre vera;

si ottengono i due casi:
1. se l'uomo è sincero e afferma di essere mentitore quindi la sua affermazione è falsa ma un sincero non può fare affermazioni false;
2. se l'uomo è bugiardo e afferma di essere mentitore quindi la sua affermazione è vera ma un bugiardo non può fare affermazioni vere.

Siamo quindi in presenza di un paradosso.

Il paradosso del bugiardo viene spesso presentato in altre formulazioni, come per esempio la seguente:

In una tribù selvaggia dell'Africa Centrale esiste l'abitudine di uccidere i prigionieri di guerra dopo averli sottoposti a un interrogatorio puramente formale.

Un'inderogabile tradizione però voleva che si impalasse il prigioniero se diceva la verità e che lo si arrostisse se mentiva. Un giorno un prigioniero venne a conoscenza di questa regola e poiché era un furbo matricolato, trovò il modo di sfuggire alla morte. Egli disse semplicemente quattro parole; sapreste dire quali sono?

La risposta è nota: "io sono un bugiardo".

Algebra dei circuiti

Nei calcolatori elettronici tutte le informazioni trattate sono codificate tramite stringhe di bit e le elaborazioni da compiere su tali informazioni consistono nel costruire, a partire da determinate configurazioni di bit, altre configurazioni che, nella codifica prefissata, rappresentano i risultati richiesti.
Queste operazioni vengono effettuate mediante circuiti elettronici detti circuiti di commutazione (*switching circuits*) o reti logiche.

L'algebra di Boole consente di descrivere in forma algebrica le funzioni dei circuiti fornendo dei metodi per l'analisi e la sintesi dei circuiti.
Tramite l'algebra di Boole si stabilisce una corrispondenza biunivoca tra operazioni dell'algebra e componenti elementari, espressioni algebriche e circuiti.
Per tale motivo l'algebra di Boole a volte viene indicata come "l'algebra dei circuiti digitali".
I circuiti di base sono detti porte logiche (*logical gate*) e i comportamenti dei circuiti digitali vengono descritti mediante le funzioni e gli operatori dell'algebra di Boole; inoltre, mediante i teoremi di De Morgan e di Shannon, è possibile specificare l'operazione di ogni *gate* ed è possibile analizzare e sintetizzare il circuito ottenendo le reti equivalenti.

Conclusioni: perché la logica

Gran parte dei ragionamenti svolti nella vita quotidiana non sono logici, nel senso che nelle inferenze non è rispettato il nesso di conseguenza logica che caratterizza le regole della logica classica.
Si può sostenere che la logica classica è quella che interviene nelle dimostrazioni matematiche, nella fase di astrazione e modellizzazione del progetto informatico e in modo particolare nella formalizzazione della strategia risolutiva dei problemi.

Nella vita quotidiana l'attività inferenziale è fortemente influenzata dai "contenuti" e da conoscenze implicite e il ragionamento logico-formale non è affatto spontaneo, ma va coltivato in maniera esplicita: lo studio della logica è quindi un valido strumento utile a favorire lo sviluppo di capacità deduttive.

Gli errori in un ragionamento (o fallacia, come si è visto) sono "normalmente commessi" dai giovani programmatori e portano a conseguenze spesso disastrose: si riscontrano nell'accettazione di argomentazioni incomplete o parziali, nell'errata valutazione della verità o falsità delle proposizioni usate nell'argomentazione o in errori di concatenazione per cui tra le premesse e le conclusioni non si possono trarre inferenze valide. Gli informatici devono essere innanzi tutto dei matematici, noti per l'ostinazione con la quale esigono una dimostrazione assoluta prima di accettare qualunque asserzione, come si evince dall'aneddoto del matematico Ian Stuart, riportato di seguito.

L'ANEDDOTO DI STUART

Si narra che un astronomo, un fisico e un matematico stessero viaggiando in Scozia. Guardando dal finestrino scorsero una pecora nera in mezzo a un prato. "Interessante – osservò l'astronomo – tutte le pecore scozzesi sono nere!". Il fisico replicò: "No, no, alcune delle pecore scozzesi sono nere!". Il matematico alzò gli occhi al cielo e con espressione compassionevole disse: "In Scozia esiste almeno un campo, che contiene almeno una pecora, un lato della quale è nero".

L'abilità logica concorre spesso a evitare errori, a smascherare fallacie o lacune presenti nell'analisi del problema: paradossalmente, essere particolarmente abili a costruire ragionamenti deduttivi complessi può addirittura rivelarsi controproducente, se induce a particolari situazioni difficili da seguire. Affrontare un problema mediante la logica significa destrutturare completamente un argomento, atomizzando ogni singolo problema e isolando ogni affermazione, curando con particolare attenzione i singoli passi e la loro coerenza interna in modo da rendere fluido l'intero progetto: più l'organizzazione dei contenuti è semplice, più la lettura, l'identificazione degli obiettivi e della strategia risolutiva sarà immediata.

La logica fornisce alcune conoscenze indispensabili nel "bagaglio del sapere" degli informatici: ha benefiche ricadute sulla formazione complessiva, nella quale troviamo tra gli obiettivi l'educazione all'uso consapevole del linguaggio e al pensiero razionale.

Suggerimenti operativi

Possiamo riassumere alcune osservazioni utili per sviluppare "il pensiero razionale" mediante lo "studio del ragionamento":

- i concetti non sono isolati ma collocati in relazione a quelli preesistenti;
- non incontriamo normalmente una successione ordinata di esempi;
- incontriamo esempi rappresentativi di una categoria, non esempi "negativi" di un'altra;
- non deve essere presa in considerazione ciascuna premessa in maniera isolata rispetto alle altre premesse e alle altre conoscenze rilevanti nel contesto;
- non si devono considerare in maniera ordinata coppie di premesse isolate per formulare conclusioni;
- quando si formulano negazioni non lo si deve fare per negare proposizioni, ma fatti o eventi.

Verifichiamo le conoscenze

Esercizi risolti

1 **Esercizio: le scatole dei gioielli – caso 1**

Situazione: in una delle tre scatole che sono sul tavolo è contenuto un gioiello. Sulle scatole è riportata una scritta, come si può vedere nella figura.

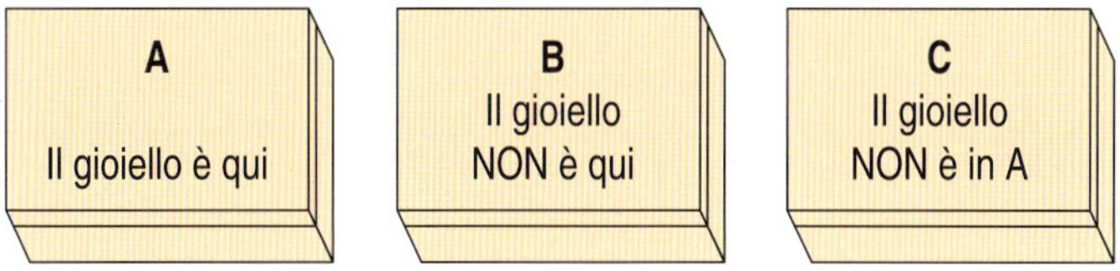

Quesito: se solo una affermazione è vera, in quale scatola è il gioiello?
Soluzione formale: procediamo per ipotesi costruendo una tabella di questo tipo:

	A	B	C
Se il gioiello fosse in A	V	V	F
Se il gioiello fosse in B	F	F	V
Se il gioiello fosse in C	F	V	V

L'unica situazione coerente con il quesito è la seconda, quindi il gioiello è in B

	A	B	C
Se il gioiello fosse in B	F	F	V

2 **Esercizio: le scatole dei gioielli – caso 2**

Situazione: in una delle tre scatole che sono sul tavolo è contenuto un gioiello. Sulle scatole è riportata una scritta, come si può vedere nella figura.

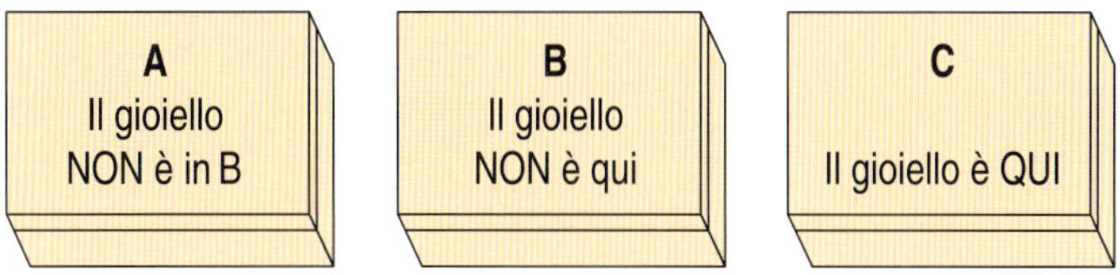

Quesito: se almeno un'affermazione è vera e almeno una è falsa, in quale scatola è il gioiello?
Soluzione formale: procediamo per ipotesi costruendo una tabella di questo tipo:

	A	B	C
Se il gioiello fosse in A	V	V	F
Se il gioiello fosse in B	F	F	F
Se il gioiello fosse in C	V	V	V

L'unica situazione coerente con il quesito è la prima, quindi il gioiello è in A

	A	B	C
Se il gioiello fosse in B	V	V	F

3 Esercizio: le scatole dei gioielli – caso 3

Situazione: in una delle tre scatole che sono sul tavolo è contenuto un gioiello. Sulle scatole è riportata una scritta, come si può vedere nella figura.

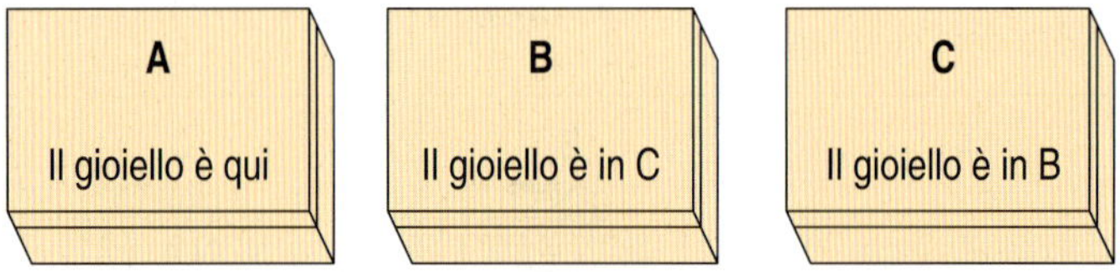

Quesito: se solo l'iscrizione della scatola che contiene il gioiello dice il vero, mentre le altre due affermazioni sono false, dove si trova il gioiello?
Soluzione formale: procediamo per ipotesi costruendo una tabella di questo tipo:

	A	B	C
Se il gioiello fosse in A	V	F	F
Se il gioiello fosse in B	F	F	V
Se il gioiello fosse in C	F	V	F

L'unica situazione coerente con il quesito è la prima, quindi il gioiello è in A

	A	B	C
Se il gioiello fosse in B	V	F	F

4 Esercizio: paradosso dell'impiccato

Situazione: in un'aula di tribunale è in corso un processo contro un criminale accusato di omicidio. La sentenza, correttamente riportata per iscritto dal giudice, è una condanna all'impiccagione. Viste le continue insistenze (ovviamente infondate) da parte dell'imputato sulla sua innocenza, il giudice gli propone un piccolo gioco per permettergli di commutare leggermente la pena: l'imputato dovrà fare una affermazione di senso compiuto e, se si dimostrerà falsa, verrà comunque impiccato, se invece risulterà vera rimarrà condannato ma alla fucilazione.
Il tutto viene scritto nella sentenza dal giudice.
Il condannato, non perdendosi affatto d'animo, ragiona con una logica a dir poco rigorosa e ferrea e presenta alle orecchie del giudice l'unica affermazione che gli salva la vita non facendolo né impiccare né fucilare.
Quesito: quale affermazione gli ha consentito di salvarsi la vita?
Soluzione formale: l'affermazione è "Io sarò impiccato".
È infatti da ricordare che la sentenza emessa era di esecuzione tramite impiccagione. L'affermazione fatta dall'imputato risulta dunque essere vera, ma in tal caso, dovrebbe essere fucilato.
Dovendo essere fucilato l'affermazione dovrebbe essere falsa e invece è vera.
L'affermazione dunque porta a un paradosso che costringe il giudice, non potendo ignorare la condizione aggiunta alla fine della sentenza, ad assolvere l'imputato.

3 PROGRAMMARE IN C

MODULO

UD 1 Il linguaggio C

UD 2 Il programma e le variabili

UD 3 Input e output dei dati

UD 4 Casting, operatori matematici e commento del codice

OBIETTIVI

- Conoscere il ciclo di vita di un programma
- Conoscere i diversi formati di un programma
- Descrivere le diverse fasi di sviluppo di un programma
- Conoscere la struttura di un programma C
- Comprendere il concetto di variabile
- Conoscere l'istruzione di assegnazione anche nella forma compatta
- Conoscere le istruzioni di comunicazione con l'utente
- Comprendere l'importanza del commento del codice
- Conoscere l'operatore %

ATTIVITÀ

- Installare e configurare l'ambiente di sviluppo Dev-C++
- Editare, testare e collaudare un programma in C
- Disporre l'output sullo schermo
- Utilizzare le variabili nei programmi
- Effettuare l'input dei dati
- Formattare l'output numerico sullo schermo
- Commentare il codice del programma
- Scrivere programmi con istruzioni in sequenza e in blocchi
- Utilizzare variabili intere e reali
- Effettuare il casting tra i tipi di variabili

UNITÀ DIDATTICA 1

IL LINGUAGGIO C

IN QUESTA UNITÀ IMPAREREMO...

- a installare e configurare l'ambiente di sviluppo Dev-C++
- a editare, testare e collaudare un programma in C
- a disporre l'output sullo schermo

Info

Sul CD allegato è presente per ciascun modulo una cartella con nome M3 C, M4 C, M5 C, M6 C, M7 C, M8 C, M9 C e M10 C oltre alla cartella software.
In M3 C sono presenti i file degli esercizi con la dicitura APRI e i file di tutti gli esempi proposti nel Modulo 3 (questi ultimi indicati con il nome del programma seguito dal suffisso .c).
Si consiglia di copiare il contenuto del CD sul disco locale e di creare una cartella personale in cui archiviare i file da te modificati. Nella cartella software è presente l'ambiente di sviluppo.

◀ L'algoritmo è una sequenza ordinata di passi semplici che hanno lo scopo di portare a termine un compito complesso. ▶

■ Il calcolatore e i linguaggi di programmazione

Il personal computer è una macchina complessa in grado di eseguire milioni di istruzioni al secondo, dotata di una memoria capace di contenere enormi quantità di dati, siano essi documenti, suoni, filmati o semplici numeri.

Queste sue caratteristiche ci consentono di utilizzarlo per svolgere compiti molto complicati, anche se, per far sì che ciò sia possibile, dobbiamo indicargli le operazioni da compiere attraverso una serie di istruzioni (programma) che consentano alla macchina di elaborare i dati in maniera appropriata.

Il compito che deve essere svolto dal calcolatore è generalmente la soluzione di un problema, che può essere di diversa natura: matematica, scientifica, economica, finanziaria ecc.

Il programmatore, o meglio, l'analista, studia il problema e ne individua un ◀ algoritmo ▶ risolutivo, cioè l'insieme delle operazioni (istruzioni) che devono essere eseguite per raggiungere il risultato.

L'insieme di queste istruzioni prende il nome di programma, e ogni singola istruzione deve essere scritta secondo rigorose regole (sintassi) affinché l'elaboratore possa comprenderla correttamente.

PROBLEMA → ALGORITMO → PROGRAMMA

Il programma, dunque, viene scritto in un linguaggio di programmazione costituito da un insieme di regole sintattiche che forniscono al calcolatore le istruzioni necessarie per portare a termine un determinato compito.

> ◀ Il codice binario è una notazione che utilizza solo simboli binari (bit): il bit è l'unità di informazione binaria e può assumere solo i valori 0 o 1. ▶

Il linguaggio di programmazione usato dal programmatore (noto anche come linguaggio ad alto livello) è di fatto molto lontano dal ◀ codice binario ▶ (linguaggio a basso livello), cioè dal formato dei comandi che un PC è in grado di eseguire. Affinché l'elaboratore sia in grado di comprenderlo, dunque, è necessario che venga effettuata una traduzione da un linguaggio all'altro.
Questa operazione viene eseguita da particolari programmi, detti compilatori o traduttori, che trasformano il codice sorgente, scritto dal programmatore, in codice macchina, eseguibile dal calcolatore.

LINGUAGGIO AD ALTO LIVELLO → COMPILATORE → LINGUAGGIO A BASSO LIVELLO (BINARIO)

Il linguaggio C

> ◀ Il linguaggio C nasce per merito di Dennis Ritchie che, nel 1972, ne scrisse la prima versione, con lo scopo di creare un linguaggio ad alto livello per l'implementazione di sistemi operativi.
> Il C fu utilizzato per la riscrittura del sistema operativo Unix e molte delle sue caratteristiche derivano dalle specifiche necessità legate alla realizzazione di un sistema operativo. Alla metà degli anni '80 del secolo scorso il comitato ANSI sviluppò uno standard per il linguaggio C con l'aggiunta di importanti caratteristiche, e a partire da quel momento l'ANSI C cominciò a essere considerata la versione "ufficiale" di questo linguaggio. Da allora a oggi il linguaggio C non ha subito profonde trasformazioni: la sua sintassi è stata estesa, soprattutto in conseguenza della programmazione orientata agli oggetti, e il linguaggio ha preso il nome di C++ (che, come vedremo, significa C+1, cioè "linguaggio successivo al C"), ma sostanzialmente è rimasto quello delle origini. ▶

Il ◀ linguaggio C ▶ è un linguaggio di programmazione ad alto livello, che tenta in pratica di avvicinarsi, per quanto possibile, al ragionamento umano per cercare di semplificare al massimo la scrittura dei programmi. Permette di codificare facilmente algoritmi in grado di risolvere problemi matematici: lo utilizzeremo pertanto in questa sede per tradurre e collaudare i nostri programmi.
Un programma C è un testo composto secondo regole ben precise definite dalla sintassi del linguaggio affinché il programma compilatore, progettato in base a tali re-

gole, sia in grado di tradurlo univocamente in codice binario. Tale programma può quindi essere paragonato a un discorso (un testo) in una lingua naturale (italiano, francese ecc.), che deve obbedire a una certa grammatica e sintassi. La grammatica dei linguaggi di programmazione è però molto più semplice e rigida di quella delle lingue parlate, in quanto è composta da un numero molto limitato di vocaboli (parole chiave del linguaggio) e di costruzioni sintattiche (istruzioni del linguaggio).

Zoom su...

GRAMMATICA E SINTASSI

I linguaggi di programmazione, esattamente come le lingue naturali, hanno una propria sintassi (o grammatica) e una semantica.

La sintassi di una lingua è costituita dalle regole di formazione cui deve obbedire una frase per poter essere definita tale, dotata cioè di significato.

La semantica di una lingua o di un linguaggio definisce invece in che cosa consiste tale significato, cioè che cosa significa un discorso corretto in quella lingua.
Per esempio, "bicicletta Mario mangiare" non è in realtà una frase, in quanto la sintassi non è corretta e quindi essa è priva di significato, mentre "Milano è la capitale della Svizzera" è una frase italiana sintatticamente dotata di significato, anche se di fatto il suo "valore" è falso.

Il controllo della correttezza sintattica di un linguaggio di programmazione viene effettuato dal compilatore: se il programma non è corretto vengono generati i cosiddetti "errori di compilazione", e il programma non viene eseguito, altrimenti viene tradotto in linguaggio macchina ed eseguito dal calcolatore.
Naturalmente un programma sintatticamente corretto può essere semanticamente scorretto, nel senso che può generare degli errori durante l'esecuzione, oppure può non realizzare lo scopo per cui è stato scritto.

Come si scrive un programma in C

◀ Le principali attività (e sottoattività) che costituiscono il processo di sviluppo di un programma sono in sintesi le seguenti: analisi, progetto, codifica, testing, debugging, manutenzione.
L'ingegneria del software chiama questo processo ciclo di vita del software. ▶

Lo ◀ sviluppo di un programma ▶ avviene generalmente in due fasi distinte.

- La prima fase è quella di progetto, dove si passa dal problema al programma:
  - il problema viene studiato in modo da capire cosa si deve risolvere: questa operazione prende il nome di analisi del problema;
  - si procede quindi con la ricerca dell'idea risolutiva, si deve cioè individuare come è possibile risolvere il problema definendo la strategia risolutiva;
  - quando sono disponibili tutti gli elementi per scrivere il programma, esso viene scritto dapprima in linguaggio di progetto, poi in linguaggio di programmazione.

IL PROBLEMA → L'IDEA → IL PROGRAMMA

> La fase di progetto viene effettuata "a computer spento", cioè senza l'ausilio di strumenti elettronici ma solo con l'utilizzo del "cervello umano". Tutte le fasi sono scritte rigorosamente su un foglio di carta e solo alla fine della codifica si passa al PC per compiere le operazioni della fase successiva, il collaudo vero e proprio del programma.

- La seconda fase è quella di collaudo sul PC, che segue questi semplici passi:
  - per prima cosa si scrivono le istruzioni del linguaggio C in formato elettronico, utilizzando un elaboratore di testi (editing del programma);
  - il programma che scriviamo in C viene salvato in un file con un nome a piacere (per esempio prova1) e deve essere identificato con l'estensione .c: lo salviamo quindi identificandolo per esempio con il nome prova1.c ed è il nostro programma sorgente;
  - dato che l'elaboratore capisce solo il linguaggio binario (linguaggio macchina), abbiamo bisogno di un traduttore che prenda il programma sorgente e lo traduca in 0 e 1. Questo traduttore (o compilatore), prima della traduzione utilizza un preprocessore C che espande le forme abbreviate e solo successivamente il compilatore vero e proprio controlla che non ci siano errori in linguaggio C. Poi provvederà a creare un nuovo programma scritto in codice binario (programma eseguibile) mediante il linker (o collegatore): tale programma sarà salvato automaticamente in un file con estensione .exe, mantenendo il nome che gli è stato assegnato: viene quindi generato il file prova1.exe;
  - a questo punto siamo in grado di eseguire il programma scritto: basterà mandare in esecuzione il programma prova1.exe per controllare se il nostro algoritmo risponde correttamente alle richieste del problema da risolvere (test del programma) e per apportare le correzioni ed eliminare gli eventuali errori commessi (fase di debugging).

EDITING DEL PROGRAMMA → PROGRAMMA SORGENTE (.c) → PROGRAMMA ESEGUIBILE (.exe) → ESECUZIONE (TESTING E DEBUGGING)

> Per scrivere i programmi noi utilizzeremo l'ambiente Dev-C++, che è un ambiente di sviluppo integrato (IDE) completo per la programmazione sia in linguaggio C++ sia in linguaggio C sotto Windows, prodotto da Bloodshed con licenza GNU (cioè di software completamente libero e gratuito) e include:
> - un potente editor multifinestra con varie opzioni;
> - un compilatore C++ (e quindi anche C) per Windows;
> - un debugger;
> - un evidenziatore di sintassi personalizzabile e molto altro ancora (non è un caso se questo software è usato per le *Olimpiadi Mondiali dell'Informatica*).
>
> Abbiamo scelto di utilizzare l'ambiente C++ perché la programmazione C è propedeutica proprio alla programmazione a oggetti e, quindi, ci è sembrato utile iniziare a usare già un ambiente completo e professionale: inoltre questa versione è disponibile in lingua italiana.

Per effettuare la fase di collaudo sono presenti in commercio software che prendono il nome di ◀ ambienti di sviluppo ▶ e che integrano tutti gli strumenti necessari alla fase di collaudo in modo da agevolare le operazioni che un programmatore deve eseguire.

Il programmatore con una singola applicazione può così editare il codice, compilarlo, eseguirlo e fare debug semplicemente con "un clic del mouse".

Installiamo l'ambiente di lavoro Dev-C++

Per poter utilizzare l'ambiente di lavoro Dev-C++ è innanzitutto necessario installare questo programma sul personal computer, attraverso la seguente procedura.

1. Inserisci il CD-ROM allegato al volume.
2. Copialo nel tuo PC, creando la cartella C_Hoepli nella directory principale del tuo hard-disk (C:\C_Hoepli).
3. Il CD-ROM contiene 9 sottocartelle: M3 C, M4 C, M5 C, M6 C, M7 C, M8 C, M9 C, M10 C e software: il programma da installare è memorizzato nella cartella software.
4. Nella cartella è presente il programma di installazione devcpp-4.9.9.2_setup: per effettuare l'installazione è sufficiente effettuare un doppio clic sull'icona corrispondente.
5. Nel caso venisse visualizzato sullo schermo un avviso di protezione simile a quello della figura sottostante, fai clic sul pulsante Esegui.

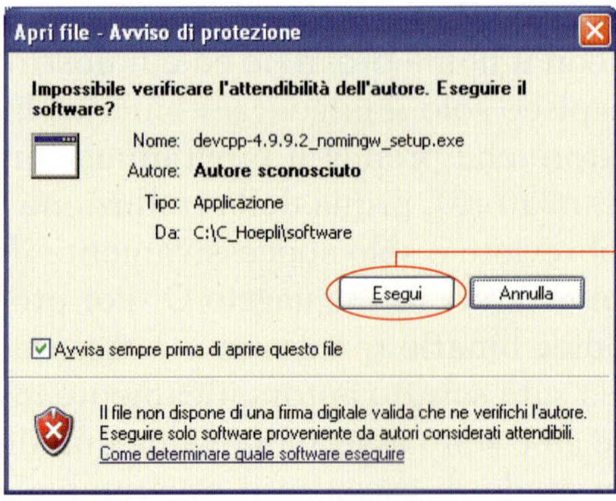

Fai clic sul pulsante Esegui

6. Successivamente viene visualizzata sullo schermo la seguente raccomandazione, in cui si chiede di non installare questa versione di Dev-C++ sopra una precedente installazione già presente sul disco fisso.

7. Seleziona la lingua desiderata per la procedura di installazione.

Fai clic sul pulsante OK

8. Le successive tre schermate ti permettono di completare l'installazione del programma. La prima schermata richiede la conferma di accettazione della licenza GNU. Procedi facendo clic sul pulsante Accetto.

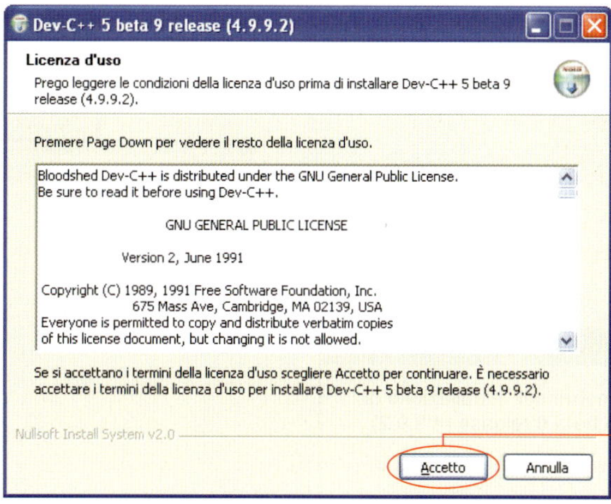

Fai clic sul pulsante Accetto

La seconda schermata ti permette di personalizzare il tipo di installazione scegliendo i componenti che verranno copiati nel calcolatore: lascia inalterato quanto proposto e procedi facendo clic sul pulsante Avanti.

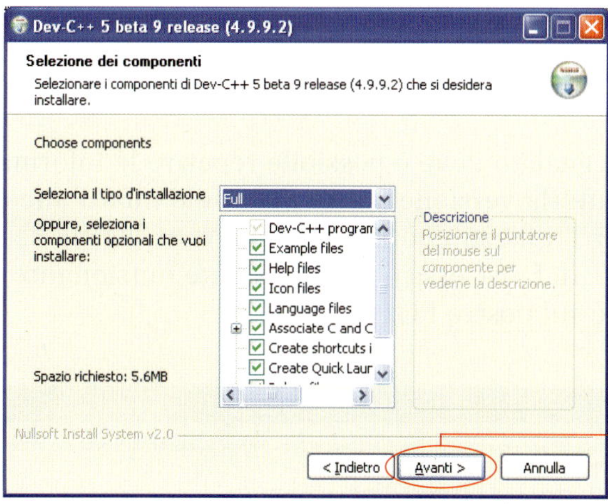

Fai clic sul pulsante Avanti

La terza schermata ti permette di personalizzare la directory in cui verrà copiato il programma (si consiglia di non effettuare modifiche a questa proposta). Procedi facendo clic sul pulsante Installa. ▶

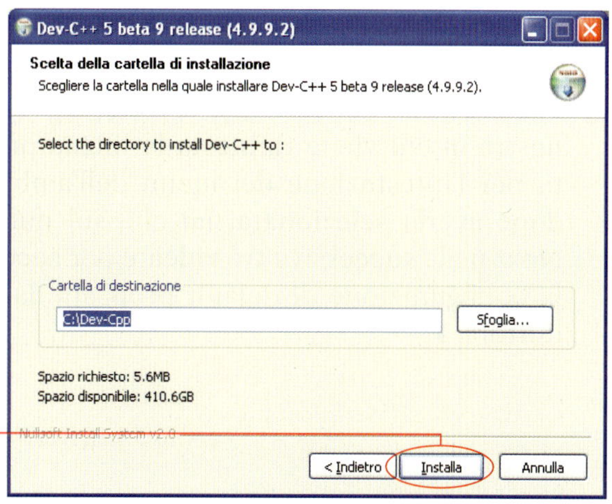

Fai clic sul pulsante Installa

❾ Al termine dell'installazione dei file, sul disco rigido viene chiesto se l'ambiente Dev-C++ può essere usato da tutti gli utenti del computer: rispondi Sì e prosegui. ▶

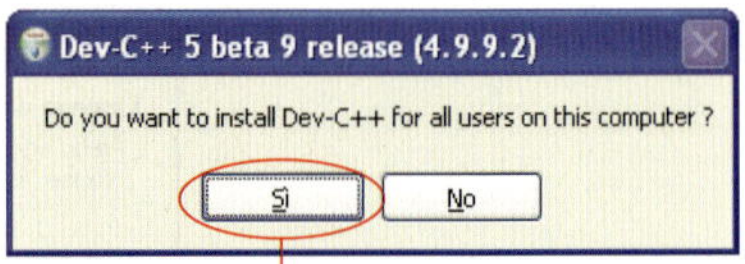

Fai clic sul pulsante Sì

❿ Se l'installazione si è conclusa con successo viene visualizzata sullo schermo la videata sottostante: puoi chiuderla facendo clic sul pulsante Fine.

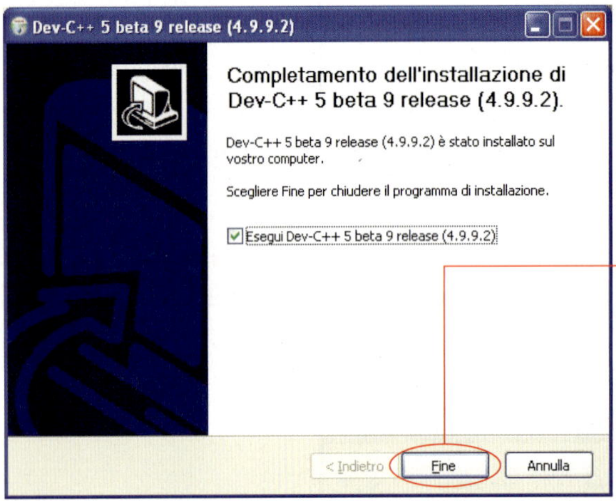

Fai clic sul pulsante Fine

Prima di iniziare a usare il programma è tuttavia necessaria una ulteriore fase di configurazione.

⓫ Dapprima ti viene segnalato dove è possibile reperire le informazioni su eventuali bug presenti nell'ambiente (la versione a disposizione è infatti ancora in fase beta, cioè in fase di collaudo: per l'utilizzo che ne viene fatto in questa sede abbiamo comunque potuto verificare che, di fatto, essa è perfettamente funzionante) e dove viene salvato il file di configurazione sul nostro PC.

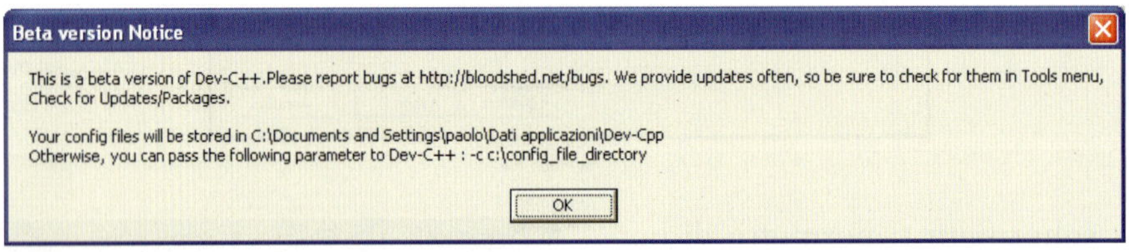

⓬ Facendo clic sul pulsante OK appare una finestra in cui viene richiesta la lingua preferita per l'intestazione dei menu dell'ambiente: dopo averla selezionata, fai clic sul pulsante Next nelle successive tre videate per accettare la configurazione di default proposta dal produttore. ▶

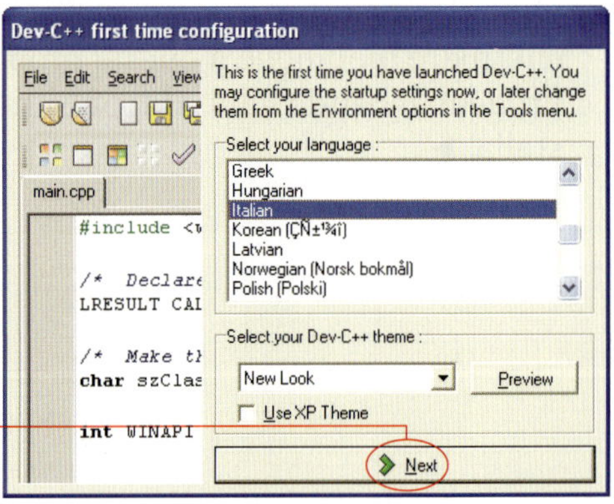

Fai clic sul pulsante Next

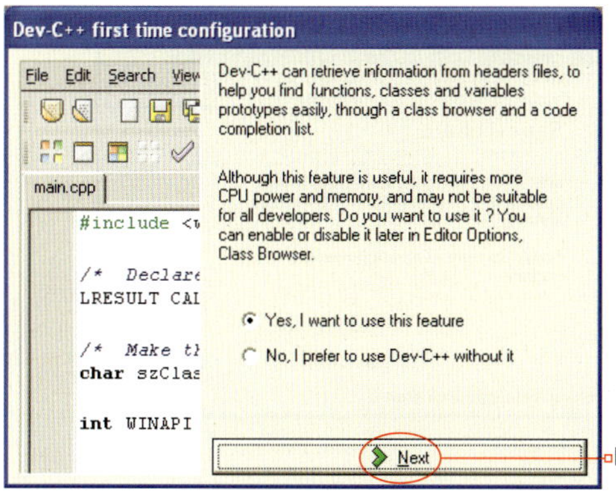

Fai clic sul pulsante Next

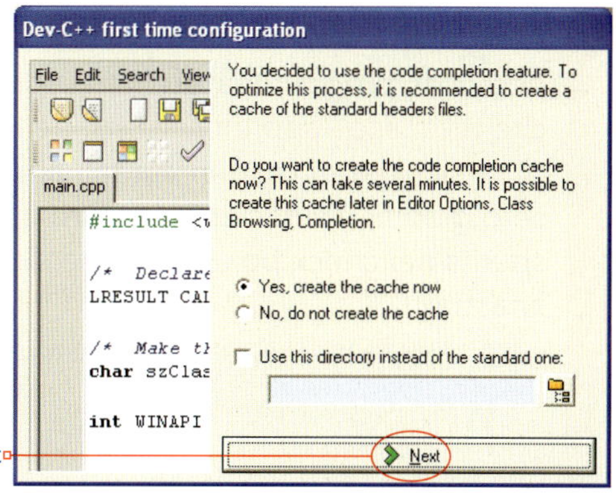

⓭ L'ultima schermata di installazione ti comunica che tutto è andato a buon fine e, facendo clic su OK, viene caricato l'ambiente Dev-C++. ▶

A questo punto appare (figura a lato) la schermata completa dell'◀ ambiente Dev-C++ ▶ e siamo pronti per scrivere il nostro primo programma.

◀ L'ambiente che abbiamo installato comprende sia il C sia il C++, è cioè in grado di compilare programmi scritti sia in C sia in C++: il C++, infatti, utilizza come linguaggio base la stessa sintassi del linguaggio C e tutte le istruzioni che studieremo sono "comuni" a entrambi i linguaggi. ▶

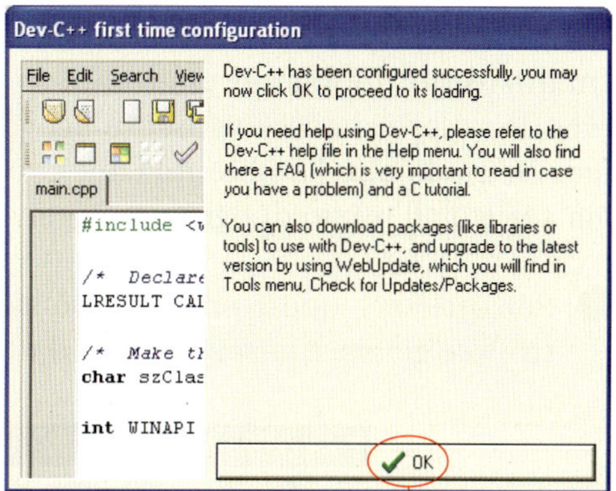

Fai clic sul pulsante OK

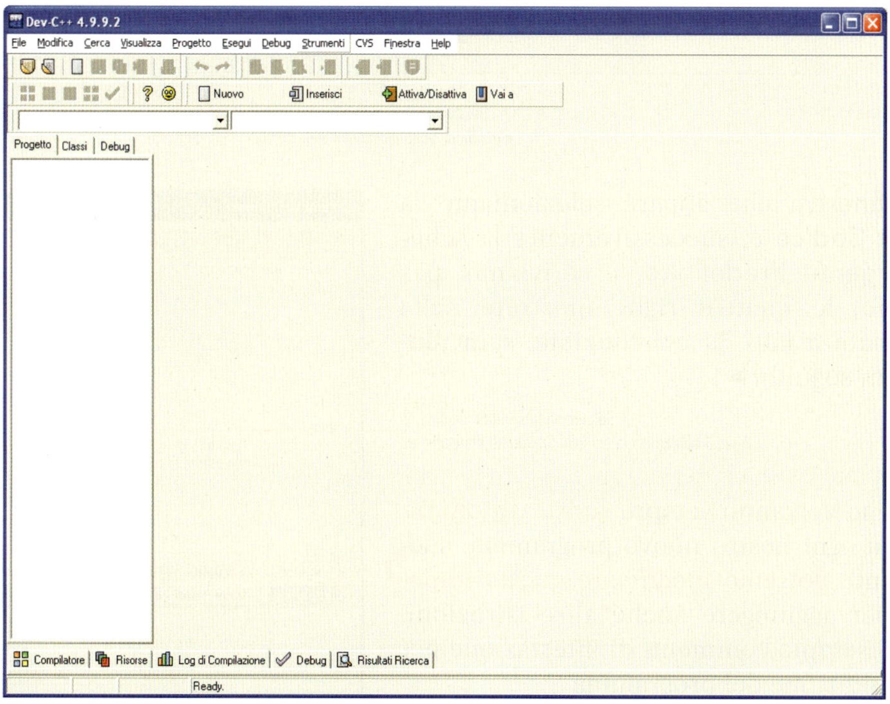

A ogni apertura del compilatore viene proposto al programmatore un suggerimento che favorisce l'apprendimento dell'ambiente di sviluppo: nel caso in cui tali aiuti non fossero graditi, è sufficiente inserire un segno di spunta nel check box in basso a sinistra della finestra.

Inserisci la spunta in Non mostrare i suggerimenti all'avvio

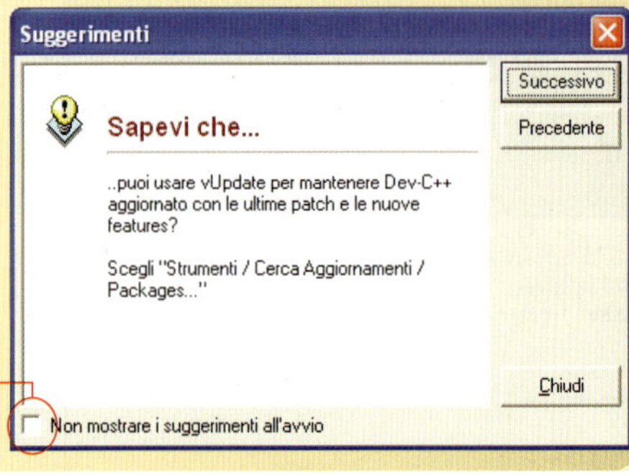

Scriviamo il nostro primo programma

Innanzitutto dobbiamo effettuare la personalizzazione dell'ambiente di lavoro, in modo tale da essere successivamente agevolati nella scrittura dei programmi: è infatti possibile fare in modo che l'ambiente Dev-C++ proponga automaticamente "parte del programma" già scritto all'inizio di ogni nostro lavoro.

1. Per ottenere questo risultato è sufficiente preimpostare le istruzioni che desideriamo trovare già scritte scegliendo, dal menu Strumenti, Opzioni dell'Editor.

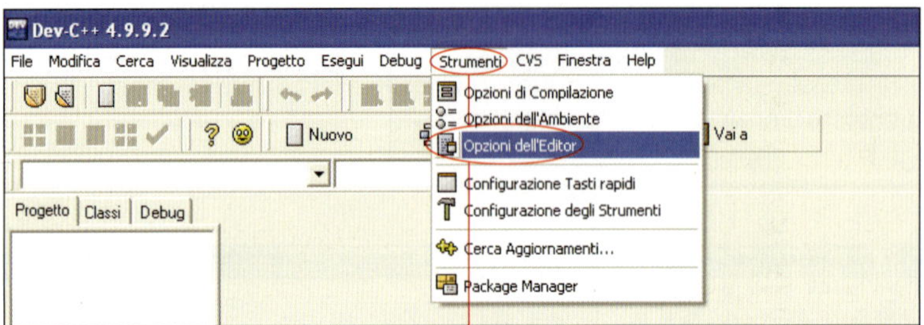

Seleziona Strumenti e, dal menu a tendina, scegli Opzioni dell'Editor

2. Nella finestra che appare selezioniamo la scheda Codice e, successivamente la scheda Sorgente Predefinito, e scriviamo, per esempio, le quattro righe mostrate nella schermata a lato, la cui funzione sarà illustrata in seguito. ▶

Seleziona la scheda Codice...
... quindi seleziona la scheda Sorgente Predefinito

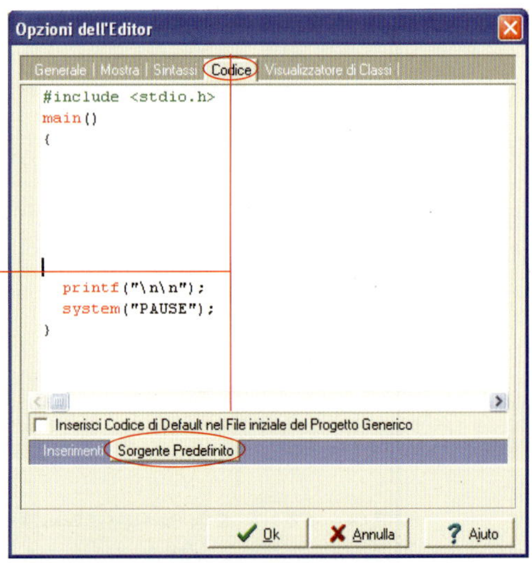

Queste righe verranno sempre scritte automaticamente in ogni nostro nuovo programma: successivamente potremo modificare questa impostazione per aggiungere anche altre istruzioni, come per esempio commenti di intestazione per la documentazione del programma.

❸ Facendo clic su OK si ritorna al menu principale, dove possiamo iniziare a scrivere il nostro primo programma: a tal fine, ci posizioniamo sul pulsante Nuovo e, nel menu a tendina che ci appare, selezioniamo la voce File Sorgente.

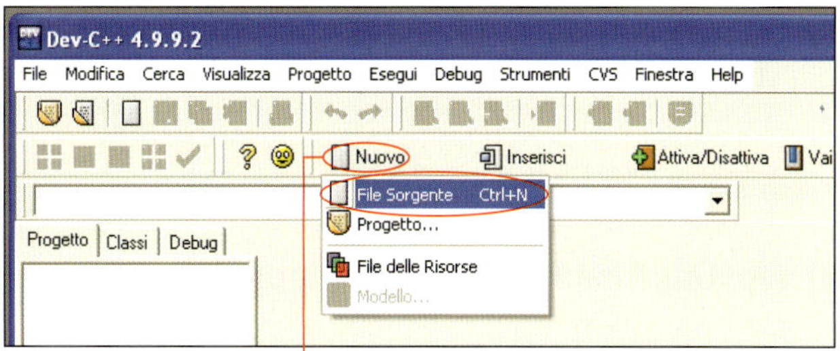

Posizionati su Nuovo e scegli File Sorgente

❹ Viene visualizzata la finestra di editor del nostro primo programma, in cui sono presenti le righe definite in precedenza nella personalizzazione. ▶

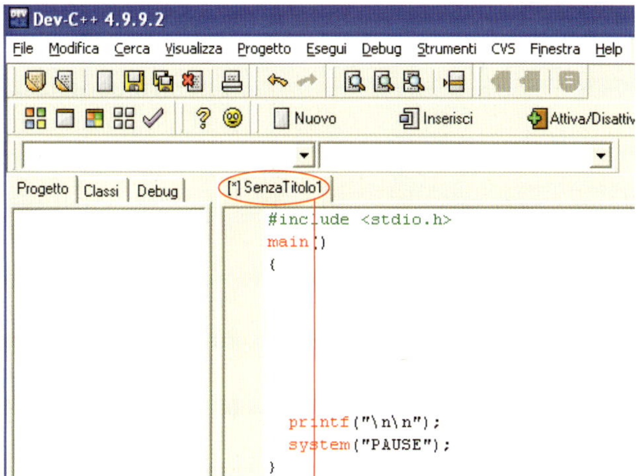

Nome del programma

Come possiamo vedere dall'immagine, il programma si chiama SenzaTitolo1: diamo allora un nome al nostro "programma" salvandolo su disco, in un file che chiameremo programma1.c.

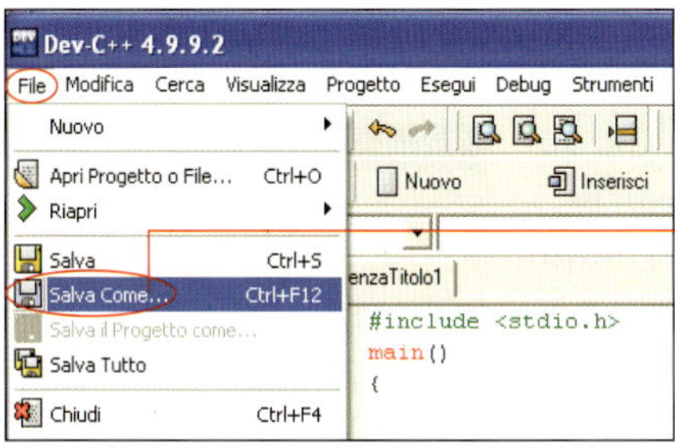

Seleziona File e, dal menu a tendina, scegli Salva Come...

❺ Per poter nominare il file, selezioniamo, dal menu File, l'opzione Salva Come... (figura a sinistra).

❻ Nella videata che appare, per poter attribuire il nome al file, è necessario, nell'ordine:

- creare una cartella su disco (per esempio, prove);
- in Nome file, rinominare il programma come programma1;
- selezionare, in Salva come, il formato C. ▶

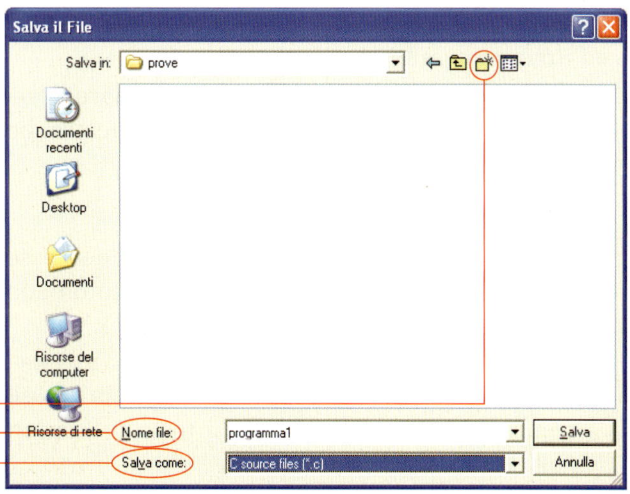

Fai clic sul pulsante Nuova cartella e chiamala prove

In Nome file scrivi il nome del programma

In Salva come seleziona il formato

❼ Modifichiamo ora il codice, scrivendo tra le righe già predisposte la seguente istruzione:

```
printf("Ciao mondo C");
```

Otteniamo così la situazione riportata nella figura a lato.

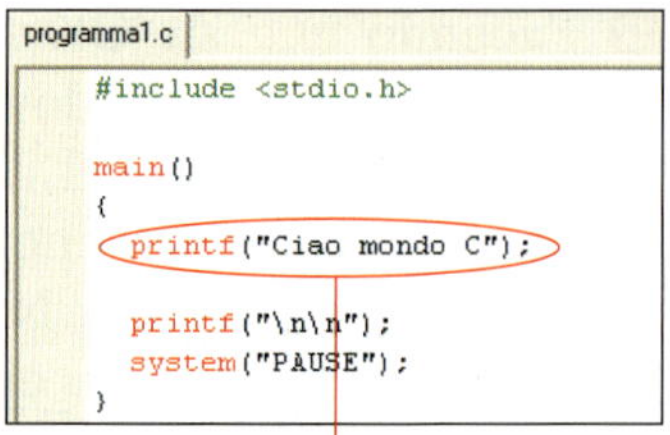

Scrivi la nuova istruzione

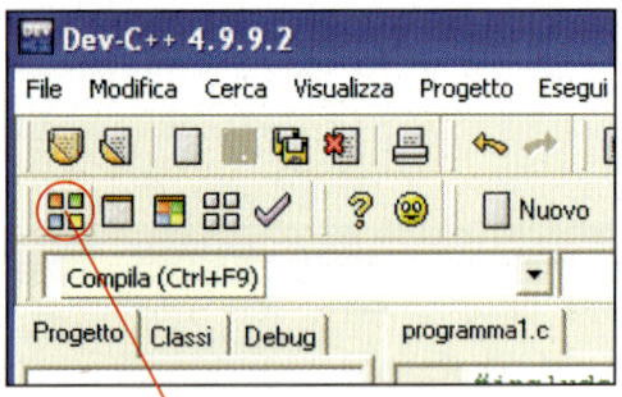

Fai clic sul pulsante che avvia la compilazione

❽ Per verificare il funzionamento del programma facciamo clic sul pulsante Compila.

Viene avviato il compilatore del programma, che trasforma il nostro codice sorgente in un formato binario, in modo che il PC lo possa comprendere ed eseguire.

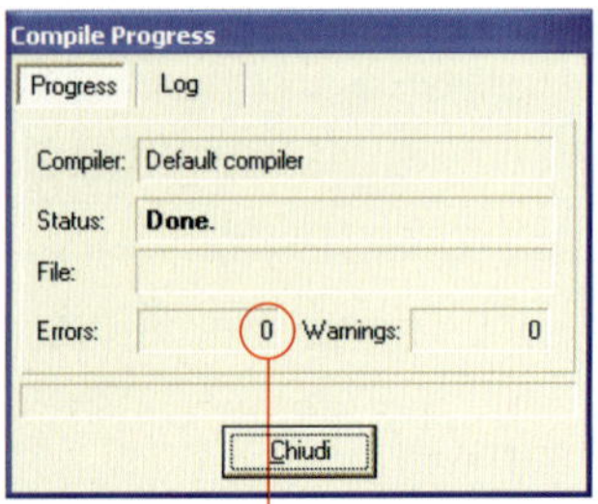

Numero di errori di compilazione

❾ Il risultato di questa operazione, che prende il nome di compilazione, ci viene presentato nella finestra a sinistra.

Possono verificarsi due possibilità:
- se il numero degli errori è pari a 0 è possibile mandare in esecuzione il programma;
- se il numero di errori è > 0 significa che abbiamo commesso qualche errore nella scrittura del codice, quindi è necessario effettuare le correzioni prima di proseguire.

◀ Quando abbiamo salvato il nostro programma sorgente, Dev-C++ ha creato sul disco un file con suffisso .c; quando abbiamo richiamato il compilatore, Dev-C++ ha scritto, sempre sul disco, un programma eseguibile con suffisso .exe, ed è proprio questo programma che abbiamo mandato in esecuzione con il tasto Esegui. ▶

❿ Nel primo caso procediamo selezionando il pulsante ◀ Esegui ▶. Otteniamo sullo schermo l'output riportato nella figura a lato, che è la nostra finestra di esecuzione e di dialogo, dove è possibile vedere il risultato di tutti i nostri programmi e dove possiamo inserire gli eventuali valori necessari alle elaborazioni. ▶

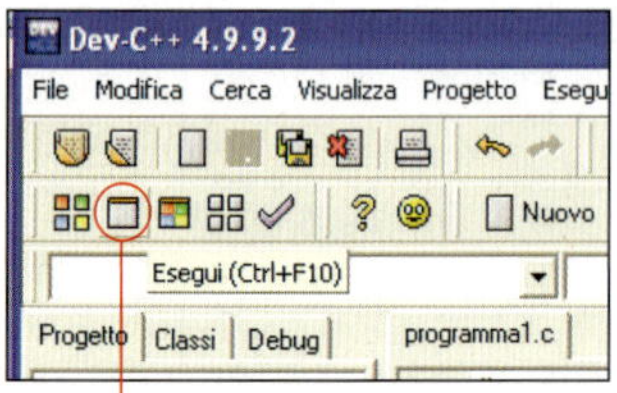

Fai clic sul pulsante Esegui

⓫ Per terminare l'esecuzione e chiudere la finestra basta premere il tasto Invio.

L'ultima istruzione di un programma deve essere un'istruzione di **system("PAUSE");** in modo che l'esecuzione non termini automaticamente, ma sia possibile visualizzare sullo schermo il risultato dell'elaborazione.
La penultima istruzione – **printf("\n\n");** – ci serve per spaziare i risultati sullo schermo andando a capo di due righe: questa istruzione lascia due righe vuote, dato che ogni comando **\n** manda a capo il testo (il funzionamento verrà descritto dettagliatamente nell'Unità 3 di questo modulo).

ESEMPIO 1 *Scrittura di un programma*

Scriviamo un programma che visualizzi sullo schermo il risultato mostrato a lato. ▶

Si devono effettuare le seguenti operazioni:

1. creare un nuovo file sorgente;
2. dargli il nome esempio01 e scrivere il codice mostrato nella figura più sotto;
3. compilarlo salvandolo in un file con il nome esempio01.c;
4. correggere gli eventuali errori e infine mandarlo in esecuzione.

> Ogni istruzione termina con `\n` per andare a capo e incolonnare gli asterischi.

programma1.c esempio01.c

```c
#include <stdio.h>

main()
{
  printf("   *\n");
  printf("  ***\n");
  printf(" *****\n");
  printf("  ***\n");
  printf("   *\n");

  printf("\n\n");
  system("PAUSE");
}
```

“Rientriamo” nell’ambiente Dev-C++

Per tornare nuovamente nell’ambiente Dev-C++ è necessario mandare in esecuzione il programma facendo clic sull’icona corrispondente che, in fase di installazione, è stata aggiunta automaticamente nel menu Programmi, come mostrato nella figura.

Dall’elenco di Programmi... ... si seleziona il gruppo Bloodshed Dev-C++... ... si manda in esecuzione Dev-C++...

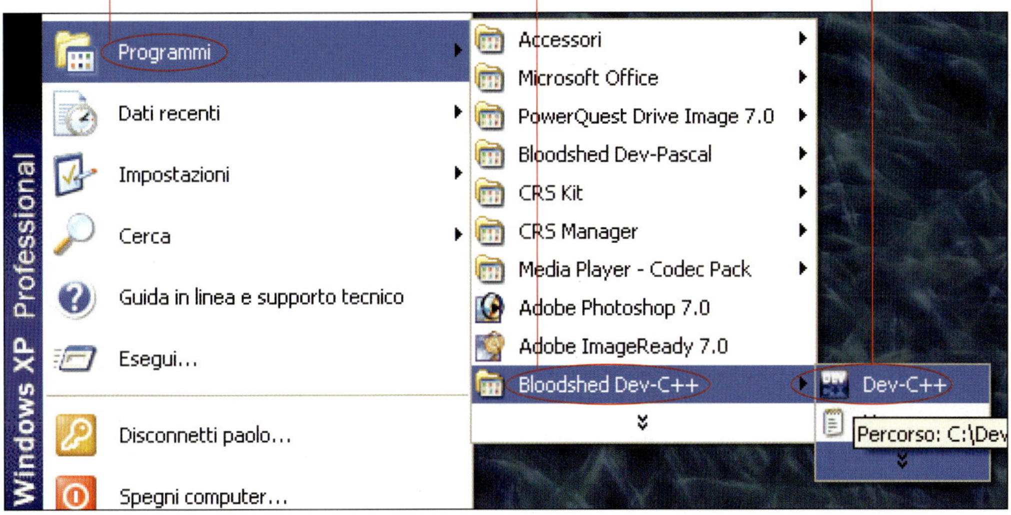

◀ Per rendere più comodo e agevole il successivo utilizzo dell'ambiente Dev-C++ si consiglia di creare un'icona di collegamento sul desktop: è sufficiente selezionare Dev-C++ con il tasto destro del mouse e nel successivo menu scegliere Crea collegamento. ▶

L'installazione dell'ambiente di lavoro viene effettuata una sola volta, al primo utilizzo del linguaggio C. Successivamente, per ritornare nell'ambiente Dev-C++, è sufficiente fare clic sull'◀ **icona di collegamento** ▶ che si consiglia di creare sul desktop, oppure agire dal menu Programmi, come abbiamo fatto ora.

Per riprendere e modificare un programma già scritto abbiamo due possibilità.
Facciamo clic sul menu File e:

- ricerchiamo nel disco il file mediante l'opzione Apri Progetto o file..., che visualizza la cartella che contiene tutti i nostri programmi;
- oppure utilizziamo la comoda opzione Riapri, che memorizza cronologicamente gli ultimi file aperti semplificandoci le operazioni di rettifica.

Con Apri Progetto o File... viene visualizzato l'elenco di file su disco

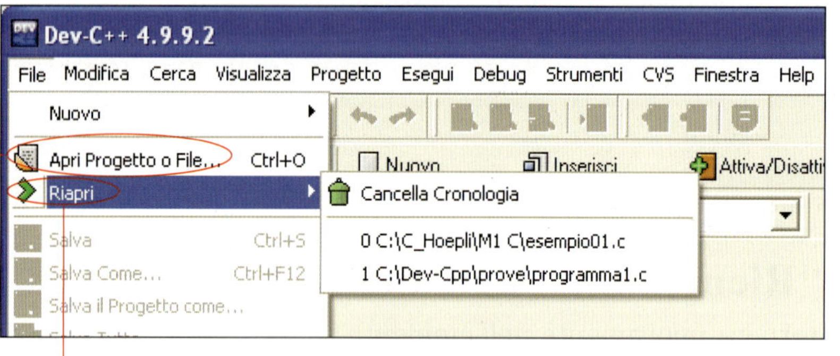

Con Riapri viene visualizzato l'elenco di file utilizzati di recente

Verifichiamo le conoscenze

Per **verificare le tue conoscenze** svolgi i seguenti test. (*Se sorgeranno dubbi in merito a qualche risposta, rileggi l'argomento a cui si riferisce l'esercizio, poi rispondi.*)

Esercizi a scelta multipla

1 L'analista:
- O scrive il programma
- O codifica un problema
- O studia il problema
- O scrive in C

2 Il codice macchina:
- O viene scritto dal produttore della macchina
- O è un linguaggio ad alto livello
- O deve essere compilato dal compilatore
- O è il risultato della compilazione

3 Il compilatore:
- O traduce il programma sorgente in linguaggio macchina
- O traduce il programma macchina in linguaggio sorgente
- O traduce il problema in programma
- O traduce l'algoritmo in linguaggio macchina

4 Il linguaggio ad alto livello:
- O è un linguaggio come il C
- O serve per i problemi di alto livello concettuale
- O è un linguaggio formale come l'italiano
- O è più completo del linguaggio naturale

5 Il linguaggio C++:
- O è un linguaggio di programmazione naturale
- O è un'evoluzione del linguaggio C
- O serviva per implementare i primi sistemi operativi
- O deriva dal linguaggio Pascal

6 Un ambiente integrato di sviluppo:
- O è un linguaggio di sviluppo
- O è sempre molto costoso
- O serve all'analista per scrivere il programma
- O agevola le operazioni del programmatore

Test vero/falso

1 Esistono molti linguaggi di programmazione. V F
2 I linguaggi di programmazione sono di diverso livello. V F
3 L'algoritmo risolve uno specifico problema. V F
4 I linguaggi di programmazione sono scritti in binario. V F
5 I linguaggi di programmazione descrivono gli algoritmi. V F
6 L'esecutore umano utilizza il linguaggio naturale. V F
7 Il linguaggio di programmazione è un linguaggio formale. V F
8 Il linguaggio orientato alla macchina è composto da istruzioni estremamente semplici. V F

Verifichiamo le competenze — *Esprimi la tua creatività*

Progetta e realizza completamente in linguaggio di programmazione il codice che risolva i problemi proposti. Le soluzioni sono nel CD-ROM, nella sottocartella M3 C.

1 Scrivi un programma che produce il seguente output sullo schermo e confronta la tua soluzione con quella presente nella cartella M3 C (esercizio01).

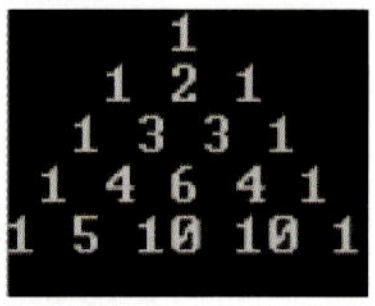

2 Scrivi un programma che produce il seguente output sullo schermo e confronta la tua soluzione con quella presente nella cartella M3 C (esercizio02).

Osservazione: per poter visualizzare la \, dato che è un carattere "riservato" del C, devi metterne 2 affiancate: `printf("  \\  ");`

3 Scrivi un programma che riproduce il tuo nome sullo schermo, come riportato nell'esempio sotto.

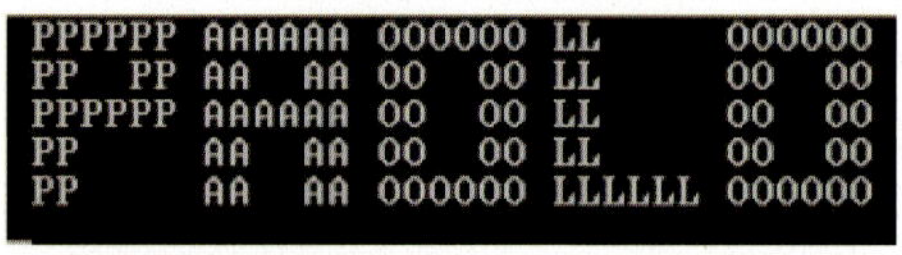

Rientra quindi nel programma e aggiungi una cornice attorno al nome.

Confronta la tua soluzione con quella presente nella cartella M3 C (esercizio03).

4 Scrivi un programma che visualizza sullo schermo il tuo numero di cellulare, dove ogni cifra è formata graficamente dal numero che rappresenta, come riportato nella figura.

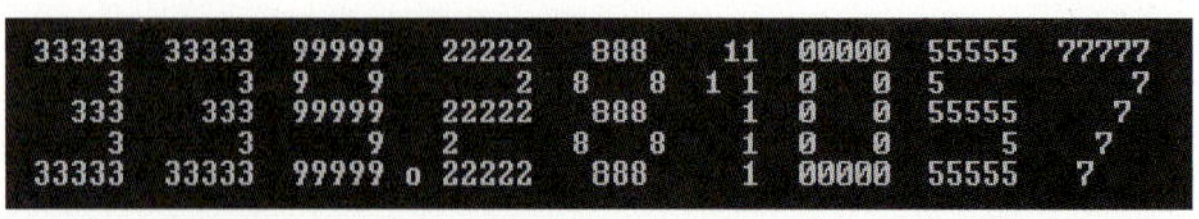

Confronta la tua soluzione con quella presente nella cartella M3 C (esercizio04).

UNITÀ DIDATTICA 2

IL PROGRAMMA E LE VARIABILI

IN QUESTA UNITÀ IMPAREREMO...

- la struttura di un programma in C
- il concetto di variabile e di costante
- i tipi di dati primitivi

■ Struttura di un programma C

Il linguaggio C richiede precise regole di scrittura, sia per quanto riguarda il programma, sia per quanto attiene alle singole istruzioni che lo compongono (regole sintattiche).
È quindi importante capire come è organizzata la struttura di un programma C che, indipendentemente dalla sua dimensione, è costituito da funzioni e da variabili. La funzione è un segmento di codice che contiene le istruzioni che specificano le operazioni che la macchina deve eseguire, mentre le variabili indicano i "contenitori" nei quali vengono memorizzati i valori usati durante l'esecuzione. I programmi che scriveremo in questo testo sono composti da un'unica funzione che chiameremo **main ()**: in ogni programma C, del resto, deve sempre essere presente una funzione con il nome **main()**, in quanto l'esecuzione del programma inizia proprio dall'esecuzione di tale funzione.

Non è obbligatorio incolonnare in modo particolare le istruzioni, in quanto gli spazi bianchi davanti alle istruzioni stesse sono ignorati dal compilatore: è comunque una buona abitudine scrivere programmi ordinati per favorire la leggibilità e la comprensione del codice (indentazione).

```c
#include <stdio.h>

main()
{
   int tempo;
   tempo=10;

   printf("\n Studio il linguaggio C da ");
   printf("%d", tempo);
   printf(" minuti");
   printf("\n ed ho gia' scritto un programma!");

   printf("\n\n");
   system("PAUSE");
}
```

- `#include <stdio.h>` → Librerie di sistema utilizzate
- `main()` → Inizio funzione **main**
- `{ … }` → Corpo della funzione **main**
- `int tempo; tempo=10;` → Sezione dichiarativa
- `printf(…); … system("PAUSE");` → Sezione esecutiva

◀ Le parentesi tonde `()` poste dopo il nome **`main`** sono il "simbolo" di riconoscimento di una funzione: tutte le funzioni dopo il nome devono avere tale notazione. Le funzioni saranno descritte in seguito in un modulo dedicato ad esse. ▶

La struttura di un programma C (vedi figura a pagina precedente) si compone di tre parti fondamentali:

1. librerie necessarie al programma: sono un insieme di righe che iniziano con la parola riservata **`#include`**: in ogni programma C la funzione ◀ **`main()`** ▶ utilizza altre funzioni che "l'aiutano a svolgere il lavoro" e che sono memorizzate in file chiamati ◀ librerie ▶. Per poterle utilizzare, è necessario indicare al compilatore in quale libreria le deve "andare a cercare" (un esempio di funzione presente nella libreria è proprio **`printf()`**, che è quella che abbiamo utilizzato per scrivere sullo schermo);
2. la parola riservata **`main()`** che, come abbiamo già detto, indica il nome della funzione principale obbligatoria: deve essere seguita dalle parentesi `()`, che stanno a indicare che è proprio una funzione;
3. il corpo del programma, racchiuso tra le parentesi graffe `{}`, dove possiamo individuare due sezioni:
   - la sezione dichiarativa, in cui viene effettuata la dichiarazione delle variabili che saranno utilizzate nel programma (vedi paragrafo successivo);
   - la sezione esecutiva, in cui vengono elencate una a una le istruzioni che devono essere eseguite, una per ogni riga, che devono terminare con `;` (punto e virgola).

◀ Le librerie sono la ricchezza di ogni linguaggio di programmazione, in quanto includono un insieme di programmi già pronti per essere utilizzati: alcune sono a corredo dell'ambiente di sviluppo, altre possono essere state scritte direttamente dal programmatore, oppure da terze parti, e aggiunte alle librerie di base. ▶

Nel linguaggio C, a differenza di altri linguaggi di programmazione, non è obbligatorio dichiarare le variabili in una "zona" particolare del programma, così come è stato indicato nell'immagine proposta: è però vivamente consigliato "raggrupparle" all'inizio del programma, in modo da ottenere un codice ordinato che faciliterà le operazioni di correzione degli eventuali errori presenti (individuati nelle operazioni di testing e debugging) e le modifiche e/o integrazioni al codice che si rendessero necessarie per migliorie o sviluppi successivi.

Che cos'è una variabile?

◀ Quando si parla di variabili, i termini creare, definire e dichiarare sono usati come sinonimi, quindi riguardano la stessa operazione, cioè quella di "predisporre un contenitore" per il nostro dato. ▶

Una variabile è un'area della memoria del calcolatore (collocata nella memoria RAM) destinata a contenere un particolare dato; viene distinta dalle altre aree per mezzo di un nome (identificatore) che il programmatore stabilisce in modo univoco.

Per utilizzare una variabile bisogna dapprima ◀ crearla ▶ mediante un'operazione che consente di:

- ◀ definire ▶ il nome (l'identificatore) che serve per poterla "richiamare";
- definirne la natura (il tipo), cioè indicare "cosa" potrà contenere.

Solo successivamente è possibile usarla, cioè assegnarle un valore, leggerlo e modificarlo. Il C, come detto precedentemente, permette di ◀ dichiarare ▶ le variabili in qualunque parte di codice, ma normalmente tutti i programmatori le raggruppano all'inizio, a partire dalla riga successiva alla parentesi graffa aperta **{**, che indica l'inizio della funzione **main()**.
Definiamo per esempio tre variabili destinate a contenere numeri interi:

```
int numero1;                    // definizione (creazione) di una variabile
int numero2;
int totale;
```

Per semplicità, analizziamo la variabile di una singola riga descrivendola nel dettaglio:

tipo di variabile	identificazione	fine istruzione
int	**numero1**	**;**

> ◀ Alle variabili si possono attribuire nomi di fantasia, ma è buona regola usare identificatori parlanti, cioè, per esempio, alla variabile che contiene il totale di più numeri è meglio dare somma come identificatore piuttosto che "Paperino"! ▶

dove:
- **int** è la parola riservata che indica il tipo di variabile;
- **numero1** è l'◀ identificatore ▶, cioè il nome del "contenitore";
- **;** è il simbolo di fine istruzione. Il C richiede che ogni istruzione termini necessariamente con un punto e virgola.

> Non si possono avere in memoria due aree con lo stesso nome, in quanto non sarebbero distinguibili tra loro e quindi il calcolatore non saprebbe da quale delle due leggere o scrivere il valore che si vuole utilizzare o memorizzare nella variabile.
> Inoltre il linguaggio C distingue le lettere minuscole da quelle maiuscole, quindi le variabili Somma e somma, per esempio, sono diverse tra loro (si dice che il linguaggio è case sensitive, cioè sensibile alle maiuscole). È buona norma, a tal proposito, scrivere gli identificatori delle variabili in minuscolo.

Assegnazione di un valore

A questo punto inseriamo un valore in ogni variabile: l'istruzione che ci permette di scrivere un dato in una variabile prende il nome di assegnazione e viene scritta nel formato che segue (ha cioè la seguente sintassi):

```
numero1=23;                     // assegnazione di un valore a una variabile
```

L'istruzione viene letta nel seguente modo, da destra verso sinistra: "*il numero 23 viene assegnato alla variabile di nome* **numero1**".

Inizializzazione

◀ È sempre consigliabile inizializzare le variabili con il valore 0 prima di utilizzarle in quanto all'atto della loro creazione potrebbero già contenere un valore indefinito, cioè potrebbero essere "sporche". ▶

Un particolare tipo di assegnazione è l'◀ inizializzazione ▶, che consiste nell'assegnare il valore 0 alla variabile, e di solito viene eseguita subito dopo la sua definizione:

```
numero2=0;          // inizializzazione di una variabile
```

Assegnazione di una variabile

A una variabile è anche possibile assegnare il valore che è presente in un'altra variabile: in questo caso, tale dato viene copiato e quindi, al termine dell'operazione, in entrambe le variabili sarà presente lo stesso valore:

```
numero2=numero1;          // assegnazione di una variabile a un'altra variabile
```

Assegnazione di un'espressione

A una variabile, inoltre, è possibile assegnare il valore risultante dall'operazione tra due (o più) numeri (o variabili), come nell'esempio che segue:

```
numero1=23-17;
totale=numero1+numero2;
```

Esistono diversi tipi di variabili, destinate a contenere tipologie differenti di dati. Quelle che utilizzeremo in questa sede sono le seguenti:

- **int**: valori numerici interi compresi tra –32768 e +32767;
- **float**: valori numerici reali in singola precisione, compresi tra 10^{-39} e 10^{-38};
- **char**: un singolo carattere dell'alfabeto (occupa un singolo byte di memoria);
- **double**: valori numerici reali in doppia precisione.

È possibile eseguire operazioni aritmetiche solo tra variabili dello stesso tipo, altrimenti il compilatore ci segnala un errore: non si possono infatti "sommare le mele con le pere"!

ESEMPIO 2 *Calcolo dell'area di un rettangolo*

Calcoliamo l'area di un rettangolo conoscendo i lati A e B. Il codice è il seguente:

```
#include <stdio.h>
main()
{
  int area;                // dichiarazione delle variabili
  int latoA;
  int latoB;
  latoA = 10;              // inizializzazione delle variabili
  latoB =  5;
  area  = latoA * latoB;   // calcolo dell'area
}
```

◀ La frase che vogliamo visualizzare sullo schermo deve essere compresa tra virgolette, cioè ha questa struttura: **"frase"**, e prende il nome di stringa. Come tutte le istruzioni termina con un punto e virgola. ▶

Mandandolo in esecuzione, però, non compare nulla sullo schermo: è quindi necessario inserire un'istruzione di "comunicazione" del risultato con l'utente.
Modifichiamo pertanto il codice inserendo la seguente istruzione dopo il calcolo dell'area, in posizione 10, dove la frase che vogliamo comunicare deve essere compresa tra **" "** (◀ virgolette ▶) e seguita dal nome della variabile che si vuole visualizzare.

La struttura di un'istruzione di output, la **printf()**, è la seguente:

```
10 printf("valore dell'area= %d",area);
```

dove:

parola chiave	inizio funzione	inizio stringa	stringa di caratteri	specifica di conversione	fine stringa	separatore	variabile	fine funzione	fine istruzione
printf	(	"	valore dell'area =	%d	"	,	area	)	;

Per poter scrivere un numero intero, assieme ai caratteri della stringa è necessario introdurre un operatore di conversione, **%d**, dove il carattere **d** sta a indicare che, nella istruzione di **printf()**, in quella posizione deve essere inserito un dato che è un numero decimale e deve essere convertito in formato opportuno per essere visualizzato sullo schermo. I formati di stampa che utilizzeremo sono:

- **%c**: per stampare un carattere;
- **%d**: per stampare un numero intero (decimale);
- **%f**: per stampare un numero reale.

L'operatore di conversione **%d** verrà analizzato nella prossima unità.

Come ultima istruzione deve essere aggiunto un comando che "ferma" l'esecuzione del programma permettendo di vedere il risultato della elaborazione sullo schermo, altrimenti, una volta eseguita l'ultima istruzione prima della parentesi graffa chiusa **}**, la finestra di colloquio con l'utente viene chiusa automaticamente.
Un'istruzione adatta a questo scopo è la seguente:

```
12 system("PAUSE");            // resta in attesa della digitazione del tasto Invio
```

Ora l'esecuzione è corretta e a video compare il seguente risultato:

```
valore dell'area= 50Premere un tasto per continuare . . .
```

Miglioriamo la presentazione del risultato a video inserendo, nella riga 11, un'istruzione che introduce delle righe vuote tra il risultato e la scritta **`Premere un tasto per continuare`** che è stata aggiunta dall'istruzione della riga 12.

```
11 printf("\n\n");            // \n manda a capo sullo schermo
```

Il risultato finale è il seguente: ▶

```
valore dell'area= 50

Premere un tasto per continuare . . .
```

Prova adesso!

• Ottenere l'output di un testo

APRI IL FILE esempio02

1. Modifica il programma in modo da ottenere l'output riportato nella figura.
2. Salva il file modificato esempio02 nella tua cartella personale.
3. Confronta la tua soluzione con quella presente nel file esercizio05.

```
-----------------------------------------------
|Programma che calcola l'area di un rettangolo|
|  valore del primo lato     = 10             |
|  valore del secondo lato = 20               |
|  calcolo dell'area= 200                     |
-----------------------------------------------
```

■ Scambiamo il contenuto di due variabili

◀ L'operazione che effettua lo scambio del contenuto tra due variabili prende il nome di swap. ▶

Tra le operazioni che vengono eseguite sulle variabili, una in particolare assume una certa importanza: questa operazione consiste nell'effettuare lo ◀ scambio del contenuto tra due variabili ▶.
Di seguito, vediamo praticamente come ciò avviene.

ESEMPIO 3 *Scambio del contenuto di due variabili*

Date due variabili di nome **`variab1`** e **`variab2`**, contenenti due valori numerici diversi, scriviamo un programma che esegue lo scambio dei numeri che tali variabili contengono.

Dobbiamo effettuare lo scambio del contenuto di due variabili.
Per esempio, avendo le due variabili **`variab1`** e **`variab2`** con una situazione come quella rappresentata nella figura:

5	100
variab1	**variab2**

si vuole ottenere:

variab1	variab2
100	5

spostando cioè il numero 100 al posto del numero 5.

◀ Spesso la soluzione immediata porta a risultati errati: non sempre bisogna fidarsi dell'intuito, ma è necessario riflettere anche sulle operazioni che sembrano ovvie e aiutarsi con esempi e grafici. ▶

Alla fine delle operazioni, la cella di memoria di nome **variab1** conterrà il numero 100, mentre la cella di memoria **variab2** dovrà contenere il numero 5. La soluzione sembra ◀ immediata ▶: si copia il contenuto della seconda variabile nella prima e quindi si copia il contenuto della prima variabile nella seconda. Per effettuare la copia eseguiamo due istruzioni di assegnazione:

```
variab1=variab2;
variab2=variab1;
```

Di fatto, compiendo tali operazioni, si verifica una situazione indesiderata: in entrambe le variabili, infatti, viene a trovarsi il valore 100, quindi il risultato è errato!
Questo accade perché, dopo la prima istruzione, si ottiene la seguente situazione:

variab1	variab2
100	100

◀ Quando si scrive un valore in una variabile viene perso il contenuto che questa conteneva precedentemente. ▶

Il valore 100 è ora presente in entrambe le variabili: si è ◀ perso ▶ cioè irrimediabilmente il valore 5, che era contenuto nella prima variabile.

◀ Con il termine strategia si indica l'idea che porta alla soluzione di un problema e in base alla quale vengono impostate ed eseguite le singole azioni necessarie per raggiungere tale scopo. La strategia è il punto centrale del lavoro di programmazione, in quanto consente di risolvere un problema e, di conseguenza, scrivere il programma. ▶

Possiamo risolvere il problema ricorrendo a un'analogia "idraulico-gastronomica".
Supponiamo di avere due bicchieri, uno colmo di acqua e uno colmo di vino, e di volerne scambiare il contenuto: come procediamo?
Non esiste di fatto soluzione, a meno di utilizzare un terzo bicchiere in cui versare il contenuto di uno dei due per potervi travasare il contenuto dell'altro.
Questa è la ◀ strategia ▶ che verrà utilizzata anche per scambiare il contenuto delle variabili.
Introduciamo pertanto una terza variabile utilizzata temporaneamente (che prende il nome di variabile temporanea) per effettuare un'operazione di salvataggio intermedio.

```
tempo=variab1;
variab1=variab2;
variab2=tempo;
```

Il programma completo è il seguente:

```
1 #include <stdio.h>
2 main()
3 {
4   int variab1, variab2, tempo;
5   variab1 =   5;                    //inizializzazione delle variabili
6   variab2 = 100;
7   printf("\nla variabile variab1 contiene %d", variab1);
8   printf("\nla variabile variab2 contiene %d", variab2);
9   tempo   = variab1;
10  variab1 = variab2;
11  variab2 = tempo;
12  printf("\nla variabile variab1 contiene ora %d", variab1);
13  printf("\nla variabile variab2 contiene ora %d", variab2);
14 }
```

Nella riga 4 abbiamo dichiarato le variabili sulla stessa riga: questo è stato possibile perché sono tutte e tre dello stesso tipo e il linguaggio C ci permette di raggrupparle, riducendo in questo modo le righe di codice di programma.

Prova adesso!

- Utilizzare le variabili
- Ottenere l'output di un testo

APRI IL FILE esempio03

1 Modifica il programma esempio03 per scambiare tra loro in modo circolare il contenuto di 3 variabili, facendo cioè in modo di mettere:
– nella seconda variabile il contenuto della prima;
– nella terza variabile il contenuto della seconda;
– nella prima variabile il contenuto della terza.

2 Confronta la tua soluzione con quella presente nel file esercizio06.

Costanti

In alcuni casi il valore che viene scritto in una variabile (per esempio il numero di telefono dell'utente) può non subire modifiche durante l'esecuzione di un certo programma; in molti altri, invece, un valore può rimanere inalterato qualsiasi programma venga eseguito: è il caso, per esempio, del numero dei nani di Biancaneve, del valore della costante di gravitazione universale g, oppure del valore di π (= 3,14).

Queste "variabili che non variano" prendono il nome di costanti.

COSTANTE

Una costante è un "oggetto" a cui sono associati un identificatore e un valore che non può essere modificato, e quindi resta fisso durante tutta l'esecuzione del programma. Dichiarare una costante significa quindi associare un identificatore a un valore.

Nel linguaggio C esistono due modi per dichiarare una costante:
- attraverso la parola chiave const;
- attraverso la direttiva al preprocessore #define.

Il risultato finale è lo stesso, ma cambia la metodologia con cui il compilatore effettua "la sostituzione" tra il simbolo e il valore nel codice eseguibile:
- nel primo caso inserisce nel codice la locazione di memoria relativa alla costante in cui sarà presente il valore associato a essa: la costante viene vista come "una variabile con un valore fisso";
- nel secondo caso il compilatore sostituirà a tutte le occorrenze dell'identificatore il valore associato senza che ci sia alcuna locazione di memoria associata alla costante e il valore sarà inserito direttamente all'interno del codice.

La definizione e la contemporanea inizializzazione della costante avvengono nelle prime istruzioni del programma (approfondiremo in seguito la possibilità di inserire la definizione anche all'interno del codice). Anche se non è obbligatorio, è buona norma utilizzare caratteri maiuscoli per definire l'identificatore di una costante, come negli esempi che seguono.

Direttiva #define

L'istruzione può anche terminare senza ; poiché non è una vera istruzione ma una direttiva per il compilatore: aggiungendo ; viene comunque accettata senza segnalazione di errore.

```
#include <stdio.h>
// direttiva #define
#define PIGRECO  3.1415;
#define NUM_NANI  7;
#define CAMBIO_EURO_LIRA  1936.27
#define FALSE 0
#define TRUE 1
#define MIASTRINGA "Ciao Mondo"
```

Non occorre indicare il tipo, poiché le costanti lo assumono automaticamente al momento della creazione: per esempio, la costante NUM_NANI è automaticamente di tipo int.

Parola chiave const

L'utilizzo delle parola chiave **const** permette di definire costanti tipizzate: in questo caso le costanti accettano solo un valore ammissibile per il tipo di dato al quale è associato.

```
#include <stdio.h>
// parola chiave const
const int MIN  = 1;
const int MAX  = 200;
const char A = 'a';
const float PI = 3.1415;

const int N23  = 23;       //numero 23 in decimale
const int N23O = 027;      //numero 23 in ottale
const int N23H = 0x17;     //numero 23 in esadecimale
```

In questo caso l'istruzione deve terminare con il `;`.

Vediamo un esempio di codice completo.

ESEMPIO 4 *Area del cerchio*

Utilizziamo entrambe le possibili tecniche di definizione delle costanti per scrivere un semplice programma che calcola l'area del cerchio. Il codice è il seguente:

```
#include <stdio.h>
#define PI 3.1415
const int RAGGIO = 10;
main()
{
  float area;
  printf ("Calcolo area del cerchio  \n");
  area =  RAGGIO * RAGGIO *PI;
  printf ("valore:\tarea = %f,PI = %f, RAGGIO= %d \n", area, PI, RAGGIO);
}
```

Il compilatore effettua la sostituzione di tutte le occorrenze delle costanti con il valore corrispondente generando un codice identico a quello che si avrebbe con la seguente scrittura:

```
#include <stdio.h>
main()
{
  float area;
  printf ("Calcolo area del cerchio  \n");
  area =  10 * 10 * 3.1415;
  printf ("valore:\tarea = %f",area);
}
```

Alla fine di questa sostituzione è come se la costante non fosse stata dichiarata: possiamo perciò affermare che il compilatore non riserva alcuna zona di memoria a una costante.

Zoom su...

TIPI DI COSTANTI

In C esistono diversi tipi di costanti, tra i quali possiamo distinguere cinque tipi fondamentali:

1. costanti intere;
2. costanti esplicitamente `long`;
3. costanti carattere;
4. costanti in virgola mobile;
5. stringhe di caratteri costanti.

Alcuni valori, che oggi sembrano immutabili, in un prossimo futuro potrebbero essere modificati o sostituiti: ricordiamo al proposito, per esempio, la messa fuori corso della Lira e l'introduzione dell'Euro, certamente non prevista (e non prevedibile) dai programmatori della fine del secolo scorso e che ha comportato, per l'adeguamento dei codici scritti senza tecniche di parametrizzazione, interventi anche radicali (come la completa riscrittura del codice).

Una modalità di programmazione particolarmente efficiente, che rende flessibile il programma, è la tecnica delle costanti manifeste, che consiste nel raggruppare e definire come costanti tutti i numeri eventualmente utilizzati nel programma, anche senza averne un'apparente necessità; in questo modo il codice delle istruzioni viene reso parametrico, cioè "libero" da numeri fissi:

```
const int   STAGIONI      =   4;
const int   DITA_X_MANO   =   5;
const int   MESI_X_ANNO   =  12;
const int   GIORNI_X_ANNO =365;
const float PIGRECO      = 3.14;
```

Questi numeri potrebbero essere impiegati all'interno del programma dalle strutture di controllo che verranno descritte in seguito senza necessariamente definirli come costanti: in tal caso prendono il nome di numeri magici e possono essere utilizzati senza commettere errori. Si può inoltre affermare che tali valori sono validi ovunque si impieghi il nostro software e per tutti gli utilizzatori. Supponiamo di dover vendere il programma a un "abitante di Venere": molto probabilmente tali valori dovranno essere personalizzati! Avendo raggruppato tutti i valori numerici all'inizio del codice, gli interventi per effettuare le rettifiche saranno limitati e circoscritti, in quanto non sarà necessario andare a cercare tutte le occorrenze dei valori all'interno del programma. Così, oltre a mantenere la leggibilità del codice, si guadagna in termini di leggibilità, come vedremo nelle unità successive.

Quando una costante non viene inserita direttamente nel codice in forma letterale tramite il suo valore, ma viene espressa attraverso un identificatore, prende anche il nome di costante simbolica.

Forma compatta per gli operatori di assegnamento

Esiste un solo operatore di assegnamento "puro": "=", dove l'operando di sinistra è una variabile mentre l'operando di destra può essere anche un'espressione.
Poiché l'associatività è da destra a sinistra, prima viene valutata l'espressione a destra dell'operando e il risultato viene assegnato alla variabile alla sinistra dell'operando: l'operatore di assegnamento ha la priorità quasi più bassa in assoluto.

Esistono inoltre gli operatori di assegnamento (operatori "misti") che rappresentano contemporaneamente l'unione dell'operatore di assegnamento puro e di un secondo operatore.

Per esempio, l'operatore "+=" rappresenta l'operatore di assegnamento puro "=" e l'operatore aritmetico "+".

L'assegnazione ha la seguente forma generale:

```
espressione1 operando= espressione2
```

che equivale a:

```
espressione1 = (espressione1) operando (espressione2)
```

Vediamo alcuni esempi.

```
x += 2;   equivale a:  x = x + 2;
y /= 3;   equivale a:  y = y / 3;
```

Questa forma permette a volte di eliminare le parentesi, ma bisogna prestare attenzione in quanto

```
x *= y + 3;  significa:  x = x * (y + 3);
e non:  x = x * y + 3;
```

Questa notazione prende anche il nome di forma compatta.

Osservazioni

Contatore

Spesso una variabile viene utilizzata per aggiornare il conteggio di un insieme di elementi che si susseguono con una frequenza prestabilita.
Per esempio, supponiamo di voler contare una per una le pecore che saltano oltre il recinto: il calcolo del numero totale avviene incrementando progressivamente una variabile di un'unità per ogni pecora che salta. Per effettuare questa operazione si utilizza una variabile che, inizializzata al valore 0, volta per volta è aggiornata con il nuovo valore, ottenuto sommando 1 al valore precedente; tale variabile prende il nome di contatore.

Accumulatore

A volte una variabile viene utilizzata per "accogliere" una sequenza di numeri: in essa vengono sommati successivamente più valori per poi effettuare operazioni sul valore finale.
Per esempio, se si vuole calcolare la media dei voti in una materia scolastica, il saldo di un conto corrente dopo un mese di movimentazioni, oppure i centimetri di pioggia caduta in un trimestre in una particolare regione sommando giornalmente le precipitazioni, si utilizza una variabile temporanea che volta per volta viene aggiornata aggiungendo (o to-

gliendo) un dato finché i dati sono terminati: tale variabile prende il nome di accumulatore (o totalizzatore), in quanto serve ad "accumulare" più valori.

Case-sensitive

Gli identificatori delle variabili e delle costanti possono essere indifferentemente maiuscoli e minuscoli?
A questo proposito è doveroso aprire una parentesi storica: i primi linguaggi di programmazione non facevano distinzione tra minuscolo e maiuscolo, quindi la scelta era ininfluente; inoltre, l'identificatore poteva essere scritto a volte maiuscolo e a volte minuscolo anche all'interno dello stesso segmento di programma e indicare la stessa cella variabile. Le notazioni `variab1`, `VARIAB1`, `Variab1` e `VaRiAb1` erano perfettamente equivalenti.
I linguaggi di nuova generazione, al contrario, distinguono il carattere minuscolo da quello maiuscolo e perciò prendono il nome di case-sensitive: il C appartiene a questa tipologia di linguaggi.

Ricordiamo inoltre una convenzione di scrittura degli identificatori:
- le costanti si indicano con caratteri MAIUSCOLI: `PIGRECO = 3.14`;
- le variabili si indicano con caratteri minuscoli: `variab1`, `variab2`;
- nelle variabili con nomi composti si scrive in maiuscolo l'iniziale delle parole successive alla prima: `contoCorrente`, `totalePagato`, `sommaDegliStipendi`.

Verifichiamo le conoscenze

Per **verificare le tue conoscenze** svolgi i seguenti test. (*Se sorgeranno dubbi in merito a qualche risposta, rileggi l'argomento a cui si riferisce l'esercizio, poi rispondi.*)

Esercizi a scelta multipla

LINGUAGGIO DI PROGRAMMAZIONE

1 Qual è il numero minimo di variabili temporanee necessarie per scambiare due dati tra di loro?
- O una
- O due
- O tre
- O dipende dal valore dei dati

2 Quale tra le seguenti assegnazioni è errata?
- O variab1=10
- O variab_1=10
- O 10=variab1
- O variab1=variab1+1

3 Quando è possibile sottrarre due variabili?
- O sempre
- O solo se la prima variabile è di tipo int
- O solo se sono entrambe dello stesso tipo
- O solo se sono entrambe numeriche

4 Quale tra le seguenti istruzioni è errata?
- O variab1=10-variab2
- O 30+variab1=variab1
- O variab1=10-variab1-10
- O variab1=10+variab2

CODIFICA C

5 Qual è il risultato di questo codice?

```
variab1=2;
variab1=variab1+10;
```

O errore; O 2; O 10; O 12

6 Qual è il contenuto delle due variabili?

```
variab1=10;
variab2=3;
variab1=variab2;
variab2=variab1;
```

O 3 10; O 3 3; O 10 10; O 10 3

7 Qual è il risultato di questo codice?

```
variab1=0;
variab1=variab1+1;
variab1=variab1+1;
variab1=variab1+1;
```

O 0; O 1; O 2; O 3

8 Qual è il contenuto di `variab1`?

```
variab1=10;
variab2=20;
variab1=variab1*2;
variab1=variab1+variab2;
```

O errore; O 40; O 20; O 10

Test vero/falso

1 Le variabili devono essere definite nella prima parte del codice. V F
2 La parola riservata `#include` permette di utilizzare comandi di librerie aggiuntive. V F
3 È obbligatorio incolonnare le istruzioni (indentare). V F
4 Per utilizzare una variabile la si deve prima creare, poi definire, quindi inizializzare. V F
5 Una stringa di caratteri è un insieme di caratteri usato nella comunicazione con l'utente. V F
6 In un programma due variabili possono avere lo stesso nome. V F
7 Con il termine "analisi" si indica l'idea che porta alla soluzione di un problema. V F
8 È possibile scrivere un valore in una variabile non inizializzata. V F

Verifichiamo le competenze

Esprimi la tua creatività

Progetta e realizza in linguaggio di programmazione il codice che risolva i problemi proposti.

1 Utilizzando una sola istruzione `printf()` visualizza sullo schermo:

```
Prove
 Tecniche di
  Programmazione
```

2 Data l'area di una circonferenza, determina il perimetro.

3 Data la misura del perimetro di un quadrato, determina l'area.

4 Date le basi e l'altezza di un trapezio, determina l'area.

5 Dato il valore di un angolo in radianti, determina la misura in gradi.

6 Avendo il saldo del conto corrente in euro, calcolalo in lire e in dollari (in base al valore odierno del cambio).

7 Dati i valori dell'ipotenusa e dei cateti di un triangolo rettangolo, calcolane il perimetro e l'area.

8 Dati i valori del lato obliquo e dell'altezza di un triangolo isoscele, calcola il perimetro e l'area del triangolo.

9 Dati 4 valori contenuti in altrettante variabili (nord-est-sud-ovest) effettua, utilizzando una sola variabile temporanea, lo scambio incrociato (nord-sud, est-ovest).

10 Determina la media di tre voti.

11 Determina il numero precedente e il successivo di un numero intero.

12 Determina i cinque numeri successivi di un numero naturale.

13 Sapendo che un corpo di massa unitaria impiega 20 secondi per raggiungere la terra, individua da quale altezza cade.

14 Esegui il calcolo della radice quadrata di un numero utilizzando il metodo degli antichi Babilonesi approssimato alla quarta operazione di calcolo.

Ogni operazione (passaggio) viene effettuata nel seguente modo:

- si definisce la radice "per eccesso" del numero considerato `eccesso1 ← num`;
- si definisce la radice "per difetto" del numero considerato `difetto1 ← 2/eccesso1`;
- si prende la media aritmetica come nuovo valore di eccesso `eccesso2 ← (difetto1+eccesso1)/2`.

Esempio con `num=2`

Passaggio 1
`eccesso1=2`
`difetto1=2/num=1`

Passaggio 2
`eccesso2=(eccesso1+difetto1)/2=1,5`
`difetto2=2/eccesso1=2/1,5=1,33333`

Passaggio 3
`eccesso3=(eccesso2+difetto2)/2=1,41665`
`difetto3=2/eccesso2=2/1,41665=1,31178`

Passaggio 4
Al quarto "passaggio" si prende il risultato come valore della radice
`eccesso4=(eccesso3+difetto3)/2=1,414215`

Utilizzando il metodo descritto, calcola la radice approssimata dei seguenti numeri: 3, 6, 24, 57, 2954, 9999.

UNITÀ DIDATTICA 3

INPUT E OUTPUT DEI DATI

IN QUESTA UNITÀ IMPAREREMO...

- a utilizzare le variabili nei programmi
- a formattare l'output numerico sullo schermo
- a effettuare l'input dei dati

■ Il colloquio con l'utente

◀ Il termine input deriva dall'inglese ed è composto dai due vocaboli *in* (dentro) e *put* (mettere) e significa "mettere dentro". In questo senso la tastiera è un classico strumento di input, cioè di immissione di dati, che dall'esterno (cioè dall'utente) vengono inseriti all'interno (cioè nel calcolatore).
Output invece è composto dai due termini inglesi *out* (fuori) e *put* (mettere) e significa "mettere fuori". E il monitor è appunto lo strumento che consente di visualizzare i dati elaborati (e contenuti) nel calcolatore. ▶

Il programma ha la possibilità di "comunicare" con l'utente tramite due modalità: di input e di output. L'◀ input ▶ (dati in ingresso) consente al programma di ricevere dati e informazioni dall'esterno allo scopo di poterli elaborare. L'◀ output ▶ (dati in uscita), invece, consiste nella comunicazione all'utente dei dati e delle informazioni così elaborati.
Tutti i programmi si basano sul seguente schema:

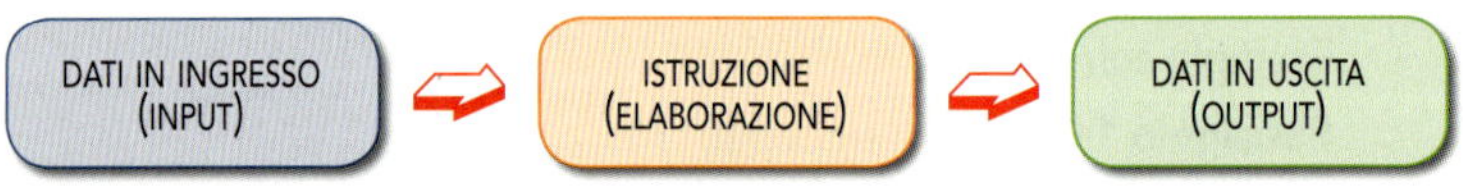

Tradotto in parole, significa che il risultato (output) è ottenuto mediante le operazioni elementari descritte nell'algoritmo ed è il prodotto della elaborazione (trasformazione) dei dati in ingresso (input).
In un PC, il più tipico dispositivo di input è la tastiera, mentre il monitor è il dispositivo di output per eccellenza.

■ L'output: la funzione printf()

La comunicazione verso l'utente avviene mediante l'istruzione, o meglio, la funzione `printf()`, che è già stata utilizzata nei programmi precedentemente scritti e, nella sua forma generale, ha la seguente struttura:

parola chiave	inizio funzione	inizio stringa	stringa di caratteri	fine stringa	fine funzione	fine istruzione
`printf`	`(`	`"`	`xxxxx`	`"`	`)`	`;`

Quella appena analizzata è la struttura "semplice", che viene usata dal programmatore quando vuole visualizzare sullo schermo una stringa di caratteri. Di seguito, vediamo un esempio in tal senso.

ESEMPIO 5 ***Scrittura di stringhe***

Mandando in esecuzione questo segmento di codice (a lato) otteniamo l'output riportato sotto. ▶

```
#include <stdio.h>
main()
{
  printf(" 44 gatti");
  printf(" in fila per 6 col resto di 2 ");
  printf("\n\n");
  printf(" 6 x 7 = 42, piu' 2 fa 44");
 }
```

```
|Programma che calcola l'area di un rettangolo|
|  valore del primo lato    = 10              |
|  valore del secondo lato  = 20              |
|  calcolo dell'area= 200                     |
```

Per poter combinare nella stessa riga anche dati numerici, sia **int** sia **float**, è necessario aggiungere le specifiche di conversione, che vengono riconosciute dal compilatore perché iniziano con il carattere riservato % e sono seguite da uno o più caratteri.

Come detto nell'Unità 2, utilizzeremo le seguenti tre specifiche, una per ogni tipo di dato:

- **%d**: per stampare un numero intero in base dieci;
- **%f**: per stampare un numero reale (float);
- **%c**: per stampare un carattere.

Zoom su...

ANSI C

L'ANSI C prevede complessivamente i seguenti identificatori:

Tipo	**Espressione**	**A video**
%c	char	singolo carattere
%d (%i)	int	intero con segno
%e (%E)	float or double	formato esponenziale
%f	float or double	reale con segno
%g (%G)	float or double	utilizza %f o %e in base alle esigenze
%o	int	valore base 8 senza segno
%p	pointer	valore di una variabile puntatore
%s	array of char	stringa (sequenza) di caratteri
%u	int	intero senza segno
%x (%X)	int	valore base 16 senza segno

Rivediamo allora la struttura completa dell'istruzione di **`printf()`**:

parola chiave	inizio funzione	inizio stringa	stringa di caratteri	specifica di conversione	fine stringa	separatore	variabile	fine funzione	fine istruzione
printf	**(**	**"**	**xxxxx**	**%X %Y...%Z**	**"**	**,**	**varX, varY... varZ**	**)**	**;**

> ◀ Lo schermo è il dispositivo di input e di output standard, di default, che non necessita di essere indicato esplicitamente in quanto è "sottinteso". ▶

Quindi, la funzione **`printf()`**, oltre che a stampare sullo ◀ schermo ▶, converte e formatta una sequenza di variabili separate da una virgola secondo le specifiche di formattazione: nel nostro esempio, la prima specifica di formattazione (**`%X`**) riguarda la prima variabile (**`varX`**), la seconda specifica di formattazione (**`%Y`**) riguarda la seconda variabile (**`varY`**) e così via, rispettando cioè l'ordine con cui sono scritte.

Vediamo ora come inserire i numeri nelle stringhe di output dell'esempio 4 usando variabili intere.

ESEMPIO 6 *Scrittura di stringhe e variabili intere*

```
 1 #include <stdio.h>
 2 main()
 3 {
 4   int gatti1,gatti2,gatti3,gatti4,gatti5;
 5   gatti1  = 44;
 6   gatti2  =  6;
 7   gatti3  =  2;
 8   gatti4  =  7;
 9   printf(" %d gatti ", gatti1);
10   printf(" in fila per %d col resto di %d ", gatti2, gatti3);
11   printf(" \n\n");
12   printf(" %d x %d = %d, piu' %d fa %d", gatti2, gatti4, 42, gatti3, gatti1);
13 }
```

Mandando questo codice in esecuzione otteniamo sullo schermo lo stesso risultato dell'esempio 4. Osservando il codice vediamo come, all'interno di ogni stringa, le variabili intere che devono essere stampate sono sostituite dalla loro specifica di conversione (in questo caso, **`%d`**): le variabili vere e proprie (che contengono il dato da visualizzare) sono elencate tutte in sequenza, a destra, al termine della stringa, separate tra loro da una virgola, rispettando l'ordine con cui devono figurare all'interno della stringa stessa.

Nell'istruzione 10, il valore contenuto nella variabile **`gatti2`** viene convertito e inserito al posto della prima specifica **`%d`** presente nella stringa, mentre il valore contenuto nella variabile **`gatti3`** viene convertito e inserito al posto della seconda specifica **`%d`** presente nella stringa.

Analoghe le corrispondenze nella istruzione 12, dove si può anche vedere come sia possibile stampare direttamente un numero, il 42, senza che venga memorizzato in una variabile.

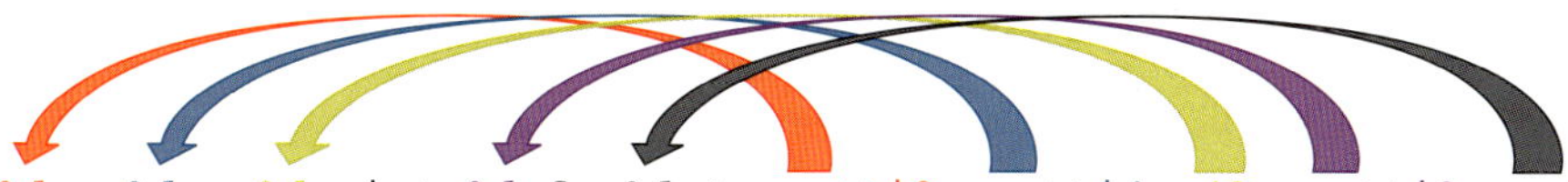

```
12 printf(" %d x %d = %d piu' %d fa %d ", gatti2, gatti4, 42, gatti3, gatti1);
```

Zoom su...

SPECIFICHE DI CONVERSIONE

Il linguaggio C mette a disposizione diverse ◀ **specifiche di conversione** ▶, che iniziano tutte con il carattere `%` e terminano con un carattere di conversione; in mezzo possiamo trovare altri caratteri, secondo il seguente ordine:

◀ Il linguaggio C contempla numerose specifiche di conversione, che si combinano con altrettanti caratteri di conversione che non vengono tuttavia descritti in questo testo, mentre sono oggetto di trattazione nei corsi specifici avanzati di programmazione. ▶

1. un segno meno (indica che l'argomento convertito viene posizionato a sinistra sullo schermo);
2. un numero (specifica l'ampiezza minima del campo e, se necessario, vengono lasciati degli spazi bianchi a sinistra – o a destra, se è stato richiesto l'allineamento a sinistra – per raggiungere l'ampiezza desiderata);
3. un punto (separa l'ampiezza del campo dal numero di decimali).

Vediamo alcuni esempi.

```
printf("\n %6d", 123);
printf("\n %-6d", 123);
```

```
   123
123
```

In questo primo esempio, entrambe le visualizzazioni occupano 6 spazi e nella prima il numero è allineato a destra, mentre nella seconda è allineato a sinistra.

Modifichiamo adesso le istruzioni portando a 8 il numero di caratteri da visualizzare.

```
printf("\n %8d", 123);
printf("\n %-8d", 123);
```

```
     123
123
```

La prima istruzione scrive il numero più a destra, lasciando 5 spazi bianchi, mentre non ci sono effetti "visivi" per la seconda istruzione, dato che gli spazi sono lasciati alla sua destra, "dopo" aver scritto il numero.

Vediamo un esempio con i numeri reali, utilizzando `%f` come specifica di conversione:

```
printf("\n %f", 12.3);
printf("\n %6.2f", 12.3);
printf("\n %-6.2f", 12.3);
printf("\n %8.2f", 12.3);
printf("\n %-8.2f", 12.3);
```

```
12.300000
 12.30
12.30
   12.30
12.30
```

Il primo numero indica il numero totale di cifre, mentre il secondo indica il numero di cifre dopo la virgola, come si può verificare dall'output sullo schermo.

Come ultimo esempio, confrontiamo la visualizzazione di numeri positivi e negativi:

```
printf("\n %8.2f", 123.45);
printf("\n %8.2f", -123.45);
printf("\n %6.2f", 12.4);
printf("\n %6.2f", -12.4);
```

```
  123.45
 -123.45
 12.40
-12.40
```

Possiamo vedere, in questo caso, come il segno meno non modifichi la formattazione dell'output.

All'interno delle stringhe di output è anche possibile aggiungere elementi di tabulazione, che prendono il nome di sequenze di escape: uno di questi elementi (**\n**) è già stato descritto nell'Unità 1 di questo Modulo e serve per mandare l'output alla riga successiva, cioè a capo. Nella tabella a lato sono indicate le sequenze di escape che utilizzeremo nei nostri programmi.

\n: new line
\t: tabulazione orizzontale
****: backslash
\': apice singolo
\": doppi apici

Per esempio, nell'output di seguito riportato, è necessario ricorrere a una sequenza di escape:

```
Leonardo Pisano, detto il "Fibonacci"
```

L'istruzione di **printf()** utilizza gli **"** come simboli riservati per delimitare la stringa di output: pertanto, per poterli visualizzare al suo interno, è necessario formattarli con due sequenze di escape **\"**:

```
printf("\n Leonardo Pisano, detto il \"Fibonacci\"  ");
```

Prova adesso!

- Usare le specifiche di conversione
- Utilizzare un carattere di conversione
- Usare le sequenze di escape

APRI IL FILE esempio05

1. Modifica il codice per ottenere sullo schermo l'output mostrato nella figura.
2. Confronta la tua soluzione con quella riportata nel file esercizio07.

```
44 gatti
in fila per 6.0 col resto di 2.00
        6.000 x
        7.000 =
       42.000 piu'  2 fa 44
```

L'input: la funzione scanf

La funzione per effettuare l'input è **scanf()**, che è l'analogo di **printf()**, ma "nella direzione opposta", offre cioè molte delle possibilità di conversione consentite da **printf()** relativamente all'acquisizione dei dati. Tale funzione presenta la seguente struttura:

parola chiave	inizio funzione	inizio stringa	specifica di conversione	fine stringa	separatore	elenco variabili	fine funzione	fine istruzione
`scanf`	`(`	`"`	`%X %Y...%Z`	`"`	`,`	`varX, varY... varZ`	`)`	`;`

Le specifiche di conversione sono quelle già descritte per la funzione **printf()**. Così, la seguente istruzione:

```
scanf("%d %f", &x,&y);
```

attende che venga fornito da tastiera un numero intero e lo assegna alla variabile **x**, quindi attende che sia comunicato da tastiera un numero reale e lo assegna alla variabile **y**.

> Davanti a ogni variabile è necessario aggiungere il carattere e ◀ & ▶: è importante mettere questo carattere perché in C riveste una funzionalità di primo piano (che non verrà però illustrata in questa sede in quanto oggetto dei corsi avanzati di informatica).

> ◀ È necessario prestare attenzione, nell'utilizzo dell'istruzione **scanf()**, alla presenza del carattere **&**, in quanto la maggior parte degli errori è dovuta alla "dimenticanza" di tale carattere davanti alle variabili: senza di esso (che indica al compilatore che deve prendere l'indirizzo della variabile), infatti, la funzione non sa dove salvare il valore letto in input e genera un errore di run-time in fase di esecuzione. ▶

Vediamo un esempio.

ESEMPIO 7 *Lettura e calcolo del prodotto*

Il seguente codice:

```
#include <stdio.h>
main()
{
  int num1, num2;
  scanf ("%d%d", &num1,&num2);
  printf("%d \n", num1*num2);
}
```

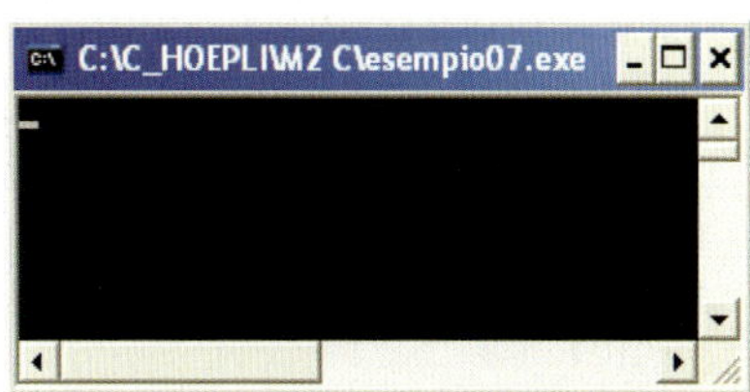

se mandato in esecuzione, produce l'output riportato a lato. Sullo schermo non viene cioè visualizzato alcunché, ed è quindi di "difficile" interpretazione per l'utente: aggiungiamo allora delle istruzioni di output per favorire il colloquio con l'utente, come riportato a lato.

```c
#include <stdio.h>
main()
{
 int num1, num2;
  printf("Programma che calcola il prodotto di due numeri");
  printf("\nInserisci il moltiplicando   : ");
  scanf ("%d", &num1);
  printf("Inserisci il moltiplicatore  : ");
  scanf ("%d", &num2);
  printf("Il prodotto calcolato e\'     : %d", num1*num2);
}
```

Ora l'output è decisamente migliore e più comprensibile: inseriamo 10 e successivamente 20 alla richiesta dei due numeri, ottenendo l'output seguente:

```
Programma che calcola il prodotto di due numeri
Inserisci il moltiplicando    : 10
Inserisci il moltiplicatore   : 20
Il prodotto calcolato e'      : 200
```

Prova adesso!

- Utilizzare `scanf`
- Utilizzare `printf`

CONVERTITORE DI TEMPERATURE

1. Scrivi un programma che chiede all'utente un numero che indica la temperatura in gradi centigradi e stampa a video l'equivalente in Fahrenheit.
2. Confronta la tua soluzione con quella riportata nel file esercizio09.

Vediamo un altro esempio.

ESEMPIO 8 *Calcolo della media*

Calcoliamo la temperatura media di un pomeriggio estivo effettuando quattro rilievi in predeterminate ore mediante un termometro centigrado.

Scriviamo un programma che determina il valore della media aritmetica.

Per effettuare il calcolo della media delle quattro temperature è necessario dapprima leggere e memorizzare il valore in altrettante variabili e quindi, successivamente, dividere il risultato per 4.

◀ Il C permette di dichiarare più variabili dello stesso tipo sulla stessa riga. ▶

Il risultato sarà sicuramente un numero con decimali, quindi definiamo le ◀ variabili ▶ come **`float`**.

```c
#include <stdio.h>
main()
{
  float tempera1,tempera2,tempera3,tempera4,media;
  printf("inserisci la prima temperatura   :");
  scanf("%f",&tempera1);
  printf("inserisci la seconda temperatura :");
  scanf("%f",&tempera2);
  printf("inserisci la terza temperatura   :");
  scanf("%f",&tempera3);
  printf("inserisci la quarta temperatura  :");
  scanf("%f",&tempera4);
  media = (tempera1+tempera2+tempera3+tempera4)/4;
  printf("la temperatura media e\' = %6.2f",media);
}
```

L'esecuzione, inserendo per esempio quattro valori a piacere per i quattro valori di temperatura richiesti, produce il seguente output: ▶

```
inserisci la prima temperatura   :15.4
inserisci la seconda temperatura :12.8
inserisci la terza temperatura   :14.2
inserisci la quarta temperatura  :15.6
la temperatura media e' =  14.50
```

Prova adesso!

- Effettuare l'input di dati
- Ottenere l'output di dati

APRI IL FILE esempio08

◀ Suggerimento: nella prima variabile si legge il valore della temperatura, nella seconda si esegue la somma parziale e infine la divisione. ▶

1. Modifica il programma utilizzando ◀ **due sole variabili** ▶ per effettuare il programma che calcola la media di quattro temperature.
2. Confronta la tua soluzione con quella riportata nel file esercizio09.

■ L'input: la funzione get

Il linguaggio C offre alcune funzioni particolarmente adatte ai casi in cui si debba effettuare l'input di un solo carattere:

- **`getch()`**: legge un carattere da tastiera senza visualizzarlo a video: si tratta di una funzione molto comoda, in quanto legge automaticamente un carattere senza bisogno del tasto Invio e può essere utilizzata al posto della **`system("PAUSE")`** per visualizzare i risultati dell'elaborazione;
- **`getche()`**: acquisisce un carattere da tastiera e lo visualizza a video; neppure questa funzione attende che venga digitato il ritorno a capo;
- **`getchar()`**: acquisisce un carattere da tastiera e lo visualizza a video; è l'unica delle tre funzioni che attende che venga digitato il ritorno a capo.

ESEMPIO 9 *Input di un carattere*

Utilizzare le tre funzioni che permettono di effettuare l'input di un singolo carattere.

```
#include <stdio.h>
main()
{
  printf("\ninserisci un carattere da tastiera e non viene visualizzato\n");
  getch();
  printf("\ninserisci un carattere da tastiera visualizzandolo senza <enter>\n");
  getche();
  printf("\ninserisci un carattere da tastiera visualizzandolo con <enter>\n");
  getchar();
  printf("\n\n termine elaborazione!");
  getch();
}
```

Prova adesso!

- Utilizzare getch ("%c",&car)
- Utilizzare getche ("%c",&car)
- Utilizzare getchar ("%c",&car)

LETTURA DI CARATTERI

1. Scrivi un programma che legge le prime tre lettere iniziali del tuo nome utilizzando per ciascuna di esse una diversa funzione.
2. Visualizzale quindi sullo schermo.
3. Confronta la tua soluzione con quella riportata nel file esercizio10.

L'input: la funzione system

Fino a ora abbiamo inserito come ultima istruzione nei nostri programmi C l'istruzione **system("PAUSE")** affinché fosse possibile visualizzare i risultati dell'elaborazione.
Vediamo nel dettaglio in che cosa consiste questa istruzione e alcune possibilità che ci permettono di migliorare la finestra di colloquio con l'utente.
L'istruzione **system** è semplicemente la modalità offerta dal C per richiamare un comando DOS: la stringa che passiamo a **system** ha lo stesso effetto di quella che si digita da console DOS (cioè al prompt dei comandi MS-DOS).
Passando la stringa **PAUSE** viene eseguito tale comando come fosse scritto in un file batch: allo stesso modo se inseriamo il nome di un programma DOS questo viene mandato in esecuzione.

Prova adesso!

- Utilizzare system

COMANDI DOS

1. Prova a eseguire i seguenti comandi:

```
system("notepad");
system("dir");
system("calc");
```

È importante sottolineare che, inserendo le chiamate a **system**, si lega il programma a una singola piattaforma e/o a singole versioni del sistema operativo, perdendo la possibilità di avere un codice multipiattaforma: per questo motivo, per esempio, è preferibile usare una funzione di **input** (**getc**, **fgets**, **gets**) al posto di una **system("pause")** al termine di un programma per non essere vincolati a sistemi win32.

ESEMPIO 10 *Colori del testo e dello sfondo*

Utilizziamo il comando **system** per inserire il titolo alla finestra di esecuzione del programma e per modificare i colori del testo e dello schermo, per esempio per scrivere il testo in giallo su sfondo verde.

```
#include <stdio.h>
main()
{
  system("TITLE COLORI");
  system("CLS");
  system("COLOR 2e");
  printf("    0 = Nero           8 = Grigio\n");
  printf("    1 = Blu scuro      9 = Blu\n");
  printf("    2 = Verde          A = Verde limone\n");
  printf("    3 = Verde acqua    B = Azzurro\n");
  printf("    4 = Bordeaux       C = Rosso\n");
  printf("    5 = Viola          D = Fucsia\n");
  printf("    6 = Verde oliva    E = Giallo\n");
  printf("    7 = Grigio chiaro  F = Bianco\n\n");

  printf("\n\n");
  system("PAUSE");
```

L'istruzione che cambia i colori è **system("COLOR 2e");** con, nell'ordine, il primo numero che modifica il colore dello sfondo **(2)** e il secondo che imposta il colore del testo **(e)**.

Prova adesso!

- Utilizzare TITLE
- Utilizzare COLOR
- Utilizzare CLS

COLORI E TITOLI

Prova ora a scrivere il tuo nome nei seguenti colori:

1 imposta il nome rosso su sfondo bianco;
2 imposta il nome bianco su sfondo rosso;
3 imposta il nome grigio chiaro su sfondo blu;
4 imposta il nome blu su sfondo grigio chiaro;
5 imposta il nome verde su sfondo bianco;
6 imposta il nome bianco su sfondo verde.

Confronta la tua soluzione con quella riportata nel file esercizio11.

Verifichiamo le conoscenze

Per **verificare le tue conoscenze** svolgi i seguenti test. (*Se sorgeranno dubbi in merito a qualche risposta, rileggi l'argomento a cui si riferisce l'esercizio, poi rispondi.*)

Esercizi a scelta multipla

LINGUAGGIO DI PROGRAMMAZIONE

1 Quale di queste istruzioni è corretta per effettuare l'input di un numero intero?

- O `scanf("%d", &numero)`
- O `scanf("%d, &numero")`
- O `scanf("%d", %numero)`
- O `scanf("%d, %numero")`

2 È possibile effettuare l'input di un numero con i decimali?

- O no
- O solo se è positivo
- O solo su una variabile reale
- O sempre

3 È possibile effettuare l'input insieme all'output?

- O sempre
- O mai
- O solo con numeri interi
- O solo con caratteri

4 È possibile effettuare l'input di due numeri in un'istruzione?

- O mai
- O sempre
- O solo se sono uguali
- O solo se sono dello stesso tipo

CODIFICA C

5 Che risultato produce questo segmento di codice?

```
num1=2;
num2=2;
printf("%d", num1+num2);
```

O errore; O 2; O 2 + 2; O 4

6 Che risultato produce questo segmento di codice?

```
num1=2;
num2=2;
scanf("%d %d", &num1,&num2);
printf("%d", num1+num2);
```

O errore; O la somma di quanto inserito
O 2; O 4 + la somma di quanto inserito

7 Che risultato produce questo segmento di codice?

```
float num1,num2;
num1=3;
num2=2;
printf("%f", num1/num2);
```

O errore; O 1.500.000; O 1.500; O 1.5

Test vero/falso

1 L'input consiste nel ricevere dati e informazioni dall'esterno allo scopo di poterli elaborare. V F
2 L'output consiste nella comunicazione all'utente dei dati e delle informazioni elaborati. V F
3 Con `\n`, dopo la scrittura di un dato, il testo viene mandato a capo su una nuova riga. V F
4 Il C permette di dichiarare più variabili dello stesso tipo sulla stessa riga. V F
5 L'istruzione `printf("%4.2f", num);` visualizza quattro cifre, di cui due decimali. V F
6 L'istruzione `printf("%6.2d", num);` visualizza sei cifre intere e due decimali. V F
7 È necessario richiamare la libreria `stdio.h` per poter utilizzare il comando `scanf()`. V F
8 La funzione `scanf("%d %f", &num,&num);` è sintatticamente errata. V F

Verifichiamo le competenze

Esprimi la tua creatività

Progetta e realizza completamente in linguaggio di programmazione il codice che risolva i problemi proposti.

1 Leggi il valore del raggio di una circonferenza e calcolane l'area e il perimetro.

2 Scrivi un programma che, data in input la misura di un angolo in gradi (G), primi (P) e secondi (S), determini la sua ampiezza espressa in secondi.

3 Scrivi un programma che chieda 10 numeri e ne stampi la somma.

4 Scrivi un programma che stampi 2*2, 2*3, 2*4, 2*5, 2*6, 2*7, 2*8.

5 Determina l'area di un trapezio leggendo in input il valore delle basi e l'altezza.

6 Determina il numero precedente e il successivo di un numero intero letto in input.

7 Determina i cinque numeri successivi di un numero naturale letto in input.

8 Leggi tre numeri corrispondenti a ore, minuti e secondi e calcolane il valore totale in secondi.

9 Dati due numeri, determina il loro prodotto in base alla regola dei segni.

10 Dato un numero, determina le sue cinque prime potenze.

11 Leggi il saldo del conto corrente in euro e calcola a quanti yen e dollari corrisponde, quindi individua la relazione tra yen e dollari.

12 Leggi i valori dell'ipotenusa e di un cateto di un triangolo rettangolo e calcola la lunghezza dell'altro cateto, il perimetro e l'area del triangolo visualizzando i risultati sullo schermo.

13 Leggi il valore del lato obliquo e dell'altezza di un triangolo isoscele e calcola il perimetro e l'area del triangolo.

14 Con 4 hg di prosciutto, 1,4 kg di pomodoro e 1200 grammi di farina si possono preparare 4 pizze margherita e 8 pizze al prosciutto: letto in input il numero di pizze da produrre, calcola il fabbisogno di ogni componente sapendo che le pizze hanno tutte lo stesso peso.

15 Scrivi un programma che calcoli l'ammontare di una bolletta telefonica a partire dal numero di scatti effettuati nel trimestre. Vengono inseriti i seguenti dati:

- il numero di scatti presenti nella bolletta precedente;
- il numero di scatti letti sul contatore;
- il costo del singolo scatto.

Per determinare il costo totale della bolletta al consumo si deve aggiungere un canone fisso il cui importo viene anch'esso fornito in input.

16 Leggi i chilometri percorsi in tre tappe parziali di un viaggio e trasforma in miglia e in iarde il cammino totale percorso sapendo che:

1 miglio = 1,609 chilometri;

1 miglio = 1760 iarde.

17 Leggi i coefficienti dell'equazione di una retta $y = mx + q$, quindi visualizza le coordinate di almeno tre punti appartenenti alla retta, oltre alle intersezioni con gli assi cartesiani (ipotizziamo che m sia sempre diverso da 0).

18 Sapendo che in un torneo di calcio all'italiana ogni squadra incontra le altre squadre in due partite, una al girone d'andata e una al girone di ritorno, calcola quante partite devono essere giocate in totale inserendo il numero di squadre da tastiera; visualizza inoltre il numero di partire giocate in casa e in trasferta.

UNITÀ DIDATTICA 4

CASTING, OPERATORI MATEMATICI E COMMENTO DEL CODICE

IN QUESTA UNITÀ IMPAREREMO...

- a commentare un programma
- a utilizzare gli operatori / e % sui numeri interi
- a effettuare il casting tra variabili di tipo diverso

Istruzioni in sequenza e commenti

La prima caratteristica di un programma C (e dei linguaggi chiamati ◀ imperativi ▶) è quella di eseguire un'istruzione di seguito all'altra, nello stesso identico ordine con cui il programmatore le ha scritte.

◀ Il linguaggio imperativo consiste nell'esecuzione sequenziale di istruzioni che essenzialmente realizzano modifiche del valore dei dati in memoria; si pensa il programma come sequenza di comandi (istruzioni). ▶

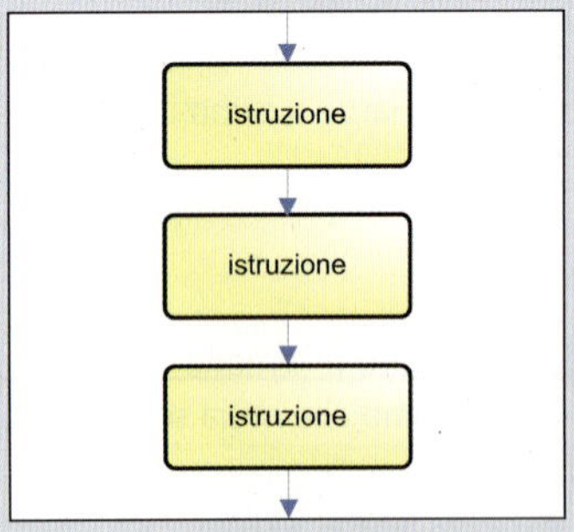

Questo schema operativo, che prende il nome di esecuzione sequenziale, è descritto graficamente dallo schema a blocchi della figura a lato.

La freccia indica il flusso di esecuzione, cioè la sequenza con cui le istruzioni vengono eseguite.

Uno specifico linguaggio di programmazione implementa un modo di pensare: il processo di computazione prende anche il nome di paradigma di computazione.

Il C rientra tra i linguaggi con paradigma imperativo.

In C l'inizio e la fine di una sequenza di istruzioni (blocco o corpo) vengono indicati mediante parentesi graffe **{ }**:

```
corpo = { dichiarazioni_variabili  lista_istruzioni}.
```

◀ È importante commentare un programma anche solo per se stessi, dato che con il passare del tempo facilmente ci si dimenticherà di come questo è stato scritto. ▶

Oltre alle dichiarazioni delle variabili e alla lista delle istruzioni, nel programma è possibile inserire delle righe con la spiegazione delle istruzioni stesse, in modo da renderlo facilmente comprensibile per poter agevolare i programmatori che in futuro dovranno magari eseguire rettifiche e integrazioni del codice: tali righe prendono il nome di ◀ commenti ▶.

In C i commenti possono essere scritti in due modalità:

- `// questa è una riga di commento singola`
- ```
  /* questa è una riga di commento
     che può andare su più righe*/
  ```

Il primo tipo di commento è introdotto da `//` e indica al compilatore di ignorare tutti i caratteri scritti da quel punto fino alla fine della riga.
Il secondo tipo di commento è introdotto da `/*` e indica al compilatore di ignorare tutto quello che è scritto da quel punto fino alla chiusura del commento `*/`, che può anche andare a capo ed essere formato da più righe.

In un programma, i commenti fanno parte della documentazione interna e sono molto importanti: chi sviluppa software generalmente deve intervenire nei programmi che ha scritto in un secondo tempo per apporre modifiche e/o integrazioni oppure per riutilizzare parte di un programma per un nuovo progetto.
È molti difficile ricordare nel tempo ogni codice scritto ed è quindi importante inserire dei commenti che, nel futuro, possono aiutare a comprendere i nostri stessi programmi.

ESEMPIO 11 *Programma "telepatico"*

Realizziamo il programma del gioco: "Ti indovino il numero pensato".
Il calcolatore chiede all'utente di pensare un numero e gli dice di effettuare mentalmente alcune operazioni matematiche: al termine indovina il risultato finale, cioè il numero che sta pensando il giocatore.

La sequenza di istruzioni da eseguire è la seguente:

1. pensa un numero;
2. raddoppialo;
3. aggiungi 12 a tale numero;
4. calcola la metà del risultato;
5. sottrai il numero pensato dal totale calcolato;
6. ti indovino ora il totale: è uguale a 6!

Nella codifica (riportata alla pagina seguente) eseguiamo la lettura del numero pensato dal giocatore nella variabile `numPensato`, e indichiamo quindi al giocatore in sequenza le operazioni che deve eseguire mediante la scrittura a video con l'istruzione `printf()`.

Contemporaneamente al giocatore, facciamo eseguire gli stessi calcoli al calcolatore in modo da verificarne la correttezza, utilizzando la variabile `numCalcolato` per memorizzarne sia i risultati intermedi sia quello finale.
  ```

```
1 #include <stdio.h>
2 main()
3 {
4 /*
5 Questo programma verifica le operazioni
6 che vengono fatte eseguire ad un giocatore
7 nel trucco del numero telepatico
8 */
9   int numPensato, numCalcolato;
10 // Leggi un numero
11   printf("Introduci il numero che hai pensato :");
12   scanf ("%d", &numPensato);          // operazione di input del numero
13 // Esegui le operazioni
14   printf("ora raddoppialo...");
15   numCalcolato =  ( numPensato * 2 );
16   printf("\nsomma al risultato 12 ... ");
17   numCalcolato =  (numCalcolato +12 );
18   printf("\ndividi il risultato per 2 ...");
19   numCalcolato =  (numCalcolato / 2  );
20   printf("\nsottrai al risultato il numero che avevi pensato..");
21   numCalcolato =  (numCalcolato - numPensato );
22 // Comunica il risultato
23   printf ("\nIn ogni caso il numero finale e\' 6 !");
24   printf ("\nIl valore ottenuto dai calcoli e\' %d", numCalcolato);
25 }
```

◀ È facile verificare che il risultato è sempre uguale alla metà del numero che facciamo aggiungere al giocatore con la somma eseguita nell'istruzione 16. ▶

La divisione tra numeri interi

Introduciamo ora una particolarità del linguaggio C che ci permette di eseguire l'operazione di divisione tra numeri interi producendo come risultato un numero intero.
Nel linguaggio C, se viene eseguita una divisione tra due numeri interi, come risultato si ottiene solo la parte intera del quoziente, mentre si ha il troncamento dell'eventuale parte decimale.

Vediamo alcuni esempi dove possiamo confrontare il risultato ottenuto utilizzando l'operatore di divisione `/` tra due numeri reali (**`float`**) con quello ottenuto nel caso in cui numeri di partenza siano di tipo **`int`**.

Divisione tra due numeri reali `float num1,num2`	Divisione tra due numeri interi `int num1,num2`
5 / 2 = 2,5	5 / 2 = 2
9 / 2 = 4,5	9 / 2 = 4
10 / 3 = 3,333	10 / 3 = 3
15 / 4 = 3,75	15 / 4 = 3
20 / 6 = 3,333	20 / 6 = 3
100 / 9 = 11,11	100 / 9 = 11
1000 / 33 = 30,30	1000 / 33 = 30

ESEMPIO 12 *Divisione tra interi*

Effettuiamo la divisione tra due numeri interi salvando il risultato prima in una variabile intera e successivamente in una variabile reale.

```
#include <stdio.h>
main()
{
  int    numero1, numero2, numero3;
  float  numero4;
// Leggi i numeri
  printf("\nIntroduci il dividendo :");
  scanf ("%d", &numero1);
  printf("Introduci il divisore  :");
  scanf ("%d", &numero2);
// Esegui i calcoli
  numero3=numero1/numero2;    // risultato nella variabile intera
  numero4=numero1/numero2;    // risultato nella variabile reale
// Comunica i risultati
  printf ("\nRisultato nella variabile intera :  %d", numero3);
  printf ("\nRisultato nella variabile reale  :%6.2f", numero4);
}
```

Se mandiamo in esecuzione il programma e inseriamo rispettivamente 10 e 3 come dividendo e divisore, otteniamo il seguente output: ▶

```
Introduci il dividendo :10
Introduci il divisore  :3

Risultato nella variabile intera :  3
Risultato nella variabile reale  :  3.00
```

Come possiamo notare, il risultato contenuto nelle due variabili è identico: in entrambi i casi, infatti, è stata troncata la parte decimale.

Il resto della divisione tra numeri interi

Un secondo operatore specifico per i numeri interi è l'operatore di **`modulo`** (**%**).
L'operatore **%** è di notevole utilità pratica in quanto fornisce il resto della divisione tra numeri interi. Vediamo alcuni esempi di esecuzione:

Resto della divisione tra interi `int num1,num2,num3`	Divisione tra interi	Verifica dei risultati
5 % 2 = 1	5 / 2 = 2	2 * 2 = 4 + 1 = 5
9 % 2 = 1	9 / 2 = 4	2 * 4 = 8 + 1 = 9
12 % 5 = 2	12 / 5 = 2	5 * 2 = 10 + 2 = 12
15 % 4 = 3	15 / 4 = 3	4 * 3 = 12 + 3 = 15
20 % 6 = 2	20 / 6 = 3	6 * 3 = 18 + 2 = 20
23 % 9 = 5	23 / 9 = 3	9 * 2 = 18 + 5 = 23

Non si può usare l'operatore di **`modulo %`** sui tipi in virgola mobile (**`float`** e **`double`**).

ESEMPIO 13 *La conta*

Un gruppo di bambini sta giocando e deve effettuare la conta per selezionare il "capitano": scrivi un programma che li possa aiutare.

```
#include <stdio.h>
main()
{
  int modulo, conta , bambini;
  // Leggi  i numeri
  printf("\nIntroduci il numero di bambini   :");
  scanf ("%d", &bambini);
  printf("\nIntroduci il numero per la conta :");
  scanf ("%d", &conta);
  // Esegui i calcoli
  modulo = conta % bambini;          // resto della divisione
  // Comunica i risultati
  printf ("\nIl bambino prescelto e' in posizione %d",  modulo);
}
```

Vedremo in seguito come questo operatore ci tornerà utile per individuare semplicemente se un numero intero è pari o dispari: basterà controllare il risultato della divisione per due del numero e, in caso di numero pari risulterà essere uguale a 0, altrimenti sarà uguale a 1.

Prova adesso!

- Utilizzare gli operatori matematici
- Inserire commenti

APRI IL FILE esempio13

1. Scrivi un programma che legge tre numeri interi nelle variabili **num1**, **num2** e **num3**.
2. Successivamente fai eseguire la divisione e il calcolo del resto in tutte le possibili combinazioni, e visualizza in modo ordinato e formattato i risultati sullo schermo.
3. Confronta la tua soluzione con quella riportata nel file esercizio12.

Casting

◀ Il casting, in informatica, consiste nell'attribuzione del tipo di dati più adatto a una data variabile per una determinata circostanza implementativa. ▶

Esiste la possibilità di convertire una variabile da un tipo in un altro: per esempio, è possibile trasformare una variabile **int** in una variabile **float**: questo tipo di operazione prende il nome di ◀ casting ▶.
Esistono due tipi di casting – la promozione automatica e la coercizione – che illustriamo di seguito.

- La promozione automatica si verifica quando si passa da una variabile "inferiore", cioè più piccola in termini di occupazione di spazio di memoria, a una più grande, e non comporta alcuna perdita di dati.

```
// Promozione da int a float
  int num1;
  float num2;
  num1 = 3;
  num2 = num1;      // promozione senza perdita di dati
  printf("%d %f", num1, num2);
```

Output del codice

```
3 3.000000
```

- La coercizione si verifica quando si passa da una variabile "superiore", cioè più grande in termini di occupazione di spazio di memoria, a una più piccola, e generalmente comporta una perdita di dati.

```
// Coercizione da float ad int
  float num1;
  int num2;
  num1 = 3.21;
  num2 = num1; // coercizione con perdita di dati
  printf("%f %d", num1, num2);
```

Output del codice

```
3.210000 3
```

Zoom su...

CASTING ESPLICITO

Il casting appena illustrato prende anche il nome di casting implicito, in quanto viene eseguito direttamente dall'istruzione di assegnazione.
È preferibile effettuare invece il casting esplicito, indicando tra parentesi il tipo di variabile di destinazione nella quale vogliamo convertire la variabile di partenza, come nei due esempi proposti a lato.

```
// Casting da float ad int
int numero;
float reale;
reale = 27.16;
numero = (int)reale; // vale 27
```

```
// Casting da int a float
int numero;
float reale;
numero = 23;
reale = (float)numero;  //vale 23.00
```

ESEMPIO 14 *Determinazione della parte intera e decimale di un numero*

Applichiamo adesso l'operazione di casting per separare la parte intera dalla parte decimale del risultato di una divisione. L'algoritmo è il seguente:

1. leggi due numeri interi;
2. esegui la divisione tra interi;
3. converti i numeri interi in reali;
4. esegui la divisione tra reali;
5. sottrai al risultato reale la parte intera ottenendo la sola parte decimale;
6. visualizza i risultati sullo schermo.

```
1 #include <stdio.h>
2 main()
3 {
4   int   numero1, numero2, numero3;
5   float numero4, numero5, numero6;
6   // Leggi  i numeri
7   printf("\nIntroduci il dividendo :");
8   scanf ("%d", &numero1);
9   printf("Introduci il divisore  :");
10  scanf ("%d", &numero2);
11  // Esegui i calcoli
12  numero3=numero1/numero2;    // risultato nella variabile intera
13  printf ("\n\nEffettuo il casting");
14  numero4=numero1;            // casting implicito: assegno un intero ad un reale
15  numero5=(int)numero2;       // casting esplicito: assegno un intero ad un reale
16  numero6=numero4/numero5;    // divisione tra reali
17  printf ("\nRisultato divisione tra reali  :%6.2f", numero6);
18  // Comunica i risultati
19  printf ("\nParte intera   della divisione :%d", numero3);
20  printf ("\nParte decimale della divisione :%4.2f", numero6-numero3);
21 }
```

L'istruzione 14 ha eseguito il casting in modo implicito, mentre l'istruzione 15 lo ha effettuato in modo esplicito: anche se il risultato è lo stesso, è bene abituarsi a effettuare sempre il casting in modo esplicito, per favorire la leggibilità del codice e le eventuali operazioni di testing e debugging del programma.

Mandando in esecuzione il programma e inserendo, come nell'esempio 9, 10 come dividendo e 3 come divisore, si ottiene il seguente output: ▶

```
Introduci il dividendo :10
Introduci il divisore  :3


Effettuo il casting
Risultato divisione tra reali  :   3.33
Parte intera   della divisione :3
Parte decimale della divisione :0.33
```

Operatori unari

In C esistono due operatori unari speciali:

- ++ incremento di uno (*autoincrement*);
- – – decremento di uno (*autodecrement*).

Non ci sono difficoltà nell'utilizzo di questi operatori utilizzandoli su singole variabili, cioè:

- `var++` equivale alla scrittura `var=var+1`;
- `var--` equivale alla scrittura `var=var-1`;

Queste operazioni possono anche essere scritte nella seguente forma:

- `++var` equivale alla scrittura `var=var+1`;
- `--var` equivale alla scrittura `var=var-1`.

Nella prima scrittura gli operatori sono postfissi (`var++` e `var--`), mentre nella seconda sono prefissi (`++var` e `-var`).

La differenza tra prefisso e postfisso è importante nelle espressioni con due variabili: nella notazione prefissa prima viene incrementata (o decrementata) la variabile e poi valutata l'espressione, mentre nella notazione postfissa prima viene valutata l'espressione e poi incrementata (o decrementata) la variabile.

> Notazione prefissa: la variabile viene modificata prima di utilizzarla.
> Notazione postfissa: la variabile viene modificata dopo averla utilizzata.

Perciò, dato:

```
  int x, y = 2;
1 x = (++y) - 1;   //prefissa
2 x = (y++) - 1;   //postfissa
```

Nella prima espressione x vale 2 mentre nella seconda espressione x vale 1.
La variabile y, invece, vale comunque 2.

Quello che segue è un esempio completo con l'output relativo.

ESEMPIO 15 *Preincremento e postincremento*

```
#include <stdio.h>
main()
{
int var1=10,var2=10,var3,var4;
    var1++;
    ++var2;
    printf ("\nPostincremento %d e preincremento %d", var1,var2);
    var1--;
    --var2;
    printf ("\nPostdecremento %d e predecremento %d", var1,var2);
    printf("\n\n");
    var3 = (++var1) - 1;
    var4 = (var2++) - 1;
    printf ("\nPreincremento  var1 %d e sottrazione %d", var1,var3);
    printf ("\nPostincremento var2 %d e sottrazione %d", var2,var4);
}
```

L'output è il seguente:

```
Postincremento 11 e preincremento 11
Postdecremento 10 e predecremento 10


Preincremento  var1 11 e sottrazione 10
Postincremento var2 11 e sottrazione 9
```

> In generale l'istruzione come "++x" risulta più efficiente di un'espressione del tipo "x = x + 1".

Calcolo della somma di frazioni

Una frazione viene di solito rappresentata con:

$$\frac{a}{b} \quad \text{con} \quad b \neq 0$$

dove:

- a è il numeratore;
- b è il denominatore.

Il denominatore b di una frazione deve essere diverso da zero, altrimenti non sono soddisfatte le condizioni di esistenza della frazione.
Noi non possiamo verificare se viene inserito un valore uguale a 0 (sarà argomento del prossimo modulo didattico) e quindi ipotizziamo che l'utente inserisca sempre valori accettabili per il denominatore.

ESEMPIO 16 *Calcolo della somma di frazioni*

La somma di due frazioni viene scritta nella forma:

$$\frac{a}{b} + \frac{c}{d} = \frac{ad + bc}{bd} \quad \text{con} \quad b \neq 0, d \neq 0$$

dove entrambi i denominatori delle singole frazioni devono essere diversi da 0.

Per calcolare l'addizione di due frazioni dobbiamo:

- conoscere i dati (dati di input) che sono:
  - il numeratore della prima frazione, che indicheremo con **`a`**;
  - il denominatore della prima frazione, che indicheremo con **`b`**;
  - il numeratore della seconda frazione, che indicheremo con **`c`**;
  - il denominatore della seconda frazione, che indicheremo con **`d`**;
- conoscere la regola;
- saper eseguire la regola;
- comunicare il risultato.

Scriviamo dapprima a parole la sequenza delle istruzioni che devono essere codificate in C:

1. leggi i quattro numeri **`a`**, **`b`**, **`c`**, **`d`**;
2. calcola **`numSomma`** e **`denSomma`** (indichiamo con **`numSomma`** e **`denSomma`** rispettivamente il numeratore e il denominatore della frazione **`Somma`**);
3. scrivi il risultato sullo schermo.

> La scrittura della sequenza delle istruzioni come quella appena scritta in un linguaggio di alto livello si rende necessaria quando i programmi aumentano di dimensione. Dal prossimo modulo, con l'introduzione di nuove istruzioni crescerà la complessità dei problemi e non sarà più possibile scrivere direttamente il codice in linguaggio di programmazione: introdurremo una tecnica di "affinamenti successivi" chiamata metodo top-down che da parte da un codice scritto in lingua italiana per arrivare, gradualmente, alla codifica in linguaggio C.

Effettuiamo ora la codifica:

```c
#include <stdio.h>
main()
{
  int a, b, c, d ;                  //dati in input
  int numSomma, denSomma  ;         //dati in output
// Leggi la prima frazione
  printf("\nIntroduci il num  della prima frazione a/b: ");
  scanf("%d",&a);
  printf("Introduci il den  della prima frazione a/b: ");
  scanf("%d",&b);
// Leggi la seconda frazione
  printf("Introduci il num della seconda frazione c/d: ");
  scanf("%d",&c);
  printf("Introduci il den della seconda frazione c/d: ");
  scanf("%d",&d);
// Esegui i calcoli
  numSomma = (a*d)+(b*c);           // calcolo il numeratore
  denSomma =  b*d;                  // calcolo il denominatore
// Comunica il risultato
  printf ("\n                             %7d ", numSomma);
  printf ("\nIl risultato della somma e\'  : ------");
  printf ("\n                             %7d", denSomma);
}
```

Una possibile esecuzione, digitando rispettivamente 2/3 e 4/5, dà il seguente output: ▶

```
Introduci il num  della prima frazione a/b: 2
Introduci il den  della prima frazione a/b: 3
Introduci il num della seconda frazione c/d: 4
Introduci il den della seconda frazione c/d: 5

                                  22
Il risultato della somma e'   : ------
                                  15
```

È consigliabile migliorare l'output sullo schermo, per esempio descrivendo sinteticamente "che cosa fa il programma" e migliorando l'output finale, come nell'esercizio che segue.

Prova adesso!

- Effettuare l'input dei dati
- Formattare l'output

APRI IL FILE esempio16

1 Modifica il programma in modo da ottenere l'output riportato a lato.

2 Confronta la tua soluzione con quella riportata nel file esercizio13.

```
Questo programma esegue la somma di due frazioni
mediante la seguente formula:
   a      c      ad + bc
  --- + --- = -------
   b      d       bd
*************************************************
Introduci il num della prima   frazione a/b: 2
Introduci il den della prima   frazione a/b: 3
Introduci il num della seconda frazione c/d: 4
Introduci il den della seconda frazione c/d: 5

*************************************************
Il risultato e' il seguente :
         2        4       22
       ----- + ----- = -------
         3        5       15
*************************************************
```

Verifichiamo le conoscenze

Per **verificare le tue conoscenze** svolgi i seguenti test. (*Se sorgeranno dubbi in merito a qualche risposta, rileggi l'argomento a cui si riferisce l'esercizio, poi rispondi.*)

Esercizi a scelta multipla

LINGUAGGIO DI PROGRAMMAZIONE

1 **Il commento su di una riga viene effettuato mediante:**

- O // all'inizio
- O // all'inizio e // alla fine
- O /* all'inizio
- O /* all'inizio e */ alla fine

2 **Il commento su più di una riga viene effettuato mediante:**

- O // all'inizio
- O // all'inizio e // alla fine
- O /* all'inizio
- O /* all'inizio e */ alla fine

3 **L'operatore / si può utilizzare tra due variabili:**

- O dello stesso tipo
- O reali
- O intere
- O numeriche

4 **L'operatore % si può utilizzare tra due variabili:**

- O dello stesso tipo
- O reali
- O intere
- O numeriche

CODIFICA C

5 **Indica il risultato del seguente segmento di codice.**

```
int a,b;
float c;
a=3;
b=6;
c=a/b;
```

O errore; O 0; O 0.5; O 1

6 **Indica il risultato del seguente segmento di codice.**

```
int a,b,c;
a=3;
b=6;
c=a/b;
```

O 0; O 0.5; O 1; O 2

7 **Indica il risultato del seguente segmento di codice.**

```
int a,b;
float c;
a=9;
b=6;
c=a/b;
```

O errore; O 1; O 1.0; O 1.5

8 **Indica il risultato del seguente segmento di codice.**

```
int a,b,c;
a=19;
b=5;
c=a%b;
```

O errore; O 4; O 3; O 1

Test vero/falso

1 Con linguaggio imperativo si intende un linguaggio dove l'esecuzione delle istruzioni è sequenziale. V F
2 Il paradigma a oggetti è uno dei possibili paradigmi di programmazione. V F
3 Con la notazione // si indica che il commento è su due righe. V F
4 Con la notazione /* inizia un commento che può andare su più righe. V F
5 I commenti in un programma sono obbligatori. V F
6 L'operatore / effettua la divisione tra numeri interi dando un risultato intero. V F
7 L'operatore % effettua la divisione tra numeri interi dando come risultato il resto. V F
8 Una variabile di tipo reale può contenere anche il risultato di divisione tra numeri interi. V F

Simulazione informatica a scelta multipla

Valuta le seguenti assegnazioni: qual è il valore finale di **var1** e **var2**?

1
```
var1=10;
var2=10;
var2 =  2+(++var1) - 1;
```
- O var1=11 var2=10
- O var1=11 var2=12
- O var1= 9 var2=12
- O var1= 9 var2=13

2
```
var1=10;
var2=10;
var2 = 10*(var1--) - 1;
```
- O var1= 9 var2= 97
- O var1= 9 var2= 98
- O var1= 9 var2= 99
- O var1= 9 var2=100

3
```
var1=10;
var2=10;
var2 = 2*(++var1) - 2*(--var1);
```
- O var1=11 var2=22
- O var1=11 var2=-2
- O var1=10 var2= 0
- O var1=10 var2=20

4
```
var1=10;
var2=10;
var2 = 2*(++var1+2) - 2*(--var1-2);
```
- O var1=10 var2=10
- O var1=10 var2=12
- O var1=12 var2=20
- O var1=12 var2=18

5
```
var1=10;
var2=10;
var2 = 2*(var1++)+ var2- 2*(--var1);
```
- O var1= 8 var2=10
- O var1= 9 var2=10
- O var1=10 var2=12
- O var1=11 var2=12

6
```
var1=10;
var2=10;
var2 =  var2*(2*(++var1)- 2*(1-var1--));
```
- O var1=9 var2=220
- O var1=9 var2=240
- O var1=10 var2=400
- O var1=10 var2=420

Verifichiamo le competenze

Esprimi la tua creatività

Progetta e realizza completamente in linguaggio di programmazione il codice che risolva i problemi proposti.

1 Scrivi un programma che legge in input un valore corrispondente a un numero di secondi e lo trasforma in ore, minuti e secondi.

2 Scrivi un programma che, leggendo due ore nel formato hh,mm, calcoli il tempo trascorso tra di esse.

3 Scrivi un programma che visualizzi il resto della divisione tra due numeri interi.

4 Scrivi un programma che legge due numeri reali, ne somma le parti intere e quelle decimali, visualizzando sullo schermo i risultati parziali e quindi il risultato totale.

5 Scrivi un programma che legge in ingresso tre voti di una materia scolastica e ne calcola la media, sia precisa che arrotondata al numero intero.

6 Scrivi un programma che legge in ingresso quattro voti di una materia scolastica e ne calcola la media, sia precisa sia arrotondata al primo numero decimale.

7 Scrivi un programma che legge in ingresso due numeri, ne effettua la moltiplicazione, quindi visualizza a schermo il numero di centinaia, decine e di unità presenti nel risultato.

8 Scrivi un programma che visualizzi l'inversa di una frazione data.

Traccia per la soluzione

- Leggi *a*, *b*.
- Calcola **`numInv`** e **`denInv`**: indica con **`numInv`** e **`denInv`** rispettivamente il numeratore e il denominatore della frazione inversa che si ottengono nel seguente modo:

  la frazione $\frac{a}{b}$ con $b \neq 0$ ha come inversa la frazione $\frac{b}{a}$ con $a \neq 0$
- Scrivi il risultato sullo schermo.

9 Scrivi un programma che calcola il prodotto di due frazioni.

Traccia per la soluzione

- Leggi *a*, *b*, *c*, *d*.
- Calcola **`numProd`** e **`denProd`**: indica con **`numProd`** e **`denProd`** rispettivamente il numeratore e il denominatore della frazione inversa che si ottengono nel seguente modo:

  $\frac{a}{b} * \frac{c}{d} = \frac{ac}{bd}$ con $b \neq 0, d \neq 0$
- Scrivi il risultato sullo schermo.

10 Scrivi un programma che calcola il quoziente di due frazioni.

Traccia per la soluzione

- Leggi *a*, *b*, *c*, *d*.
- Calcola **`numQuoz`** e **`denQuoz`**: indica con **`numQuoz`** e **`denQuoz`** rispettivamente il numeratore e il denominatore della frazione inversa che si ottengono nel seguente modo:

  $\frac{a}{b} : \frac{c}{d} = \frac{ad}{bc}$ con $b \neq 0, c \neq 0, d \neq 0$
- Scrivi il risultato sullo schermo.

MODULO 4 LA SELEZIONE

OBIETTIVI

- Conoscere l'istruzione di selezione semplice
- Conoscere l'istruzione di selezione doppia
- Conoscere le variabili di tipo bool
- Conoscere gli operatori logici (&&, ||, !)
- Comprendere il concetto di annidamento
- Conoscere la notazione per i blocchi di istruzioni
- Riconoscere quando utilizzare selezioni annidate

ATTIVITÀ

- Codificare la selezione semplice e doppia
- Utilizzare le variabili di tipo bool
- Utilizzare gli operatori logici
- Effettuare l'annidamento delle istruzioni
- Combinare più selezioni con condizioni logiche composte
- Scrivere codice complesso con blocchi di istruzioni annidate

UNITÀ DIDATTICA 1

LA SELEZIONE SEMPLICE E DOPPIA

IN QUESTA UNITÀ IMPAREREMO...

- a individuare le situazioni di selezione
- a definire le istruzioni di selezione semplice e doppia
- a concatenare le selezioni con le altre istruzioni
- a indentare il codice

Struttura della selezione semplice

Info

Nella cartella M4 C sono presenti i file degli esercizi con la dicitura APRI e i file di tutti gli esempi proposti nel Modulo 4 (questi ultimi indicati con il nome del programma seguito dal suffisso .c).

L'istruzione di selezione semplice permette di far eseguire al calcolatore alcune istruzioni solamente quando il valore di un'istruzione di test (o condizione logica) ha esito positivo (o VERO); nell'altro caso, cioè quando il risultato ha valore FALSO, non viene eseguita alcuna istruzione.

Una condizione logica è un'espressione che può assumere due soli valori: vero oppure falso (**`true`** o **`false`**), come per esempio le espressioni seguenti.

Espressione logica	Osservazioni
10 è maggiore di 20?	confronto tra due costanti numeriche
la variabile `conta` ha valore = 0?	confronto tra una variabile (`int`) e un numero
la variabile `totale` ha valore diverso da 0?	confronto tra una variabile (`int`) e un numero
la variabile `num1` è > della variabile `num2`?	confronto tra due variabili (`int`)
la variabile `finito` ha valore `VERO`?	confronto tra una variabile (`bool`) e un valore logico
la variabile `ripeti` ha valore `FALSO`?	confronto tra una variabile (`bool`) e un valore logico
la variabile `finito1` ha valore = `finito2`?	confronto tra due variabili booleane

In base al valore di una condizione logica possiamo eseguire o meno un'operazione; per esempio, *se lo studente Verdini è assente allora viene registrato il dato sul registro di classe.*

Il diagramma a blocchi dell'istruzione di selezione semplice è riportato di seguito.

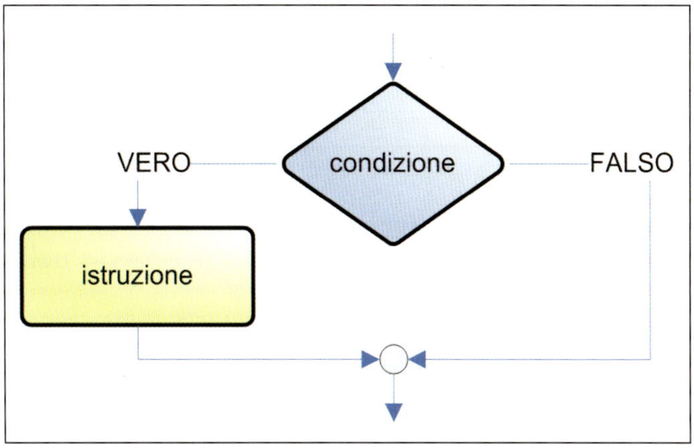

Nel blocco condizionale viene eseguito un test, cioè viene valutata un'espressione logica: se il risultato di tale operazione è VERO (cioè ha valore SÌ), l'evoluzione del programma prosegue nel ramo sinistro, dove è presente un blocco di istruzioni che devono essere eseguite; nell'altro caso, cioè se la risposta al test è negativa (NO oppure FALSO), si segue il percorso indicato dal ramo destro, cioè nessuna operazione.

I due rami si uniscono in un punto dal quale il programma prosegue in un'unica "strada", riprendendo l'esecuzione di un unico codice comune.
Si potrebbe idealmente racchiudere l'istruzione in una scatola, in modo da ottenere il diagramma seguente:

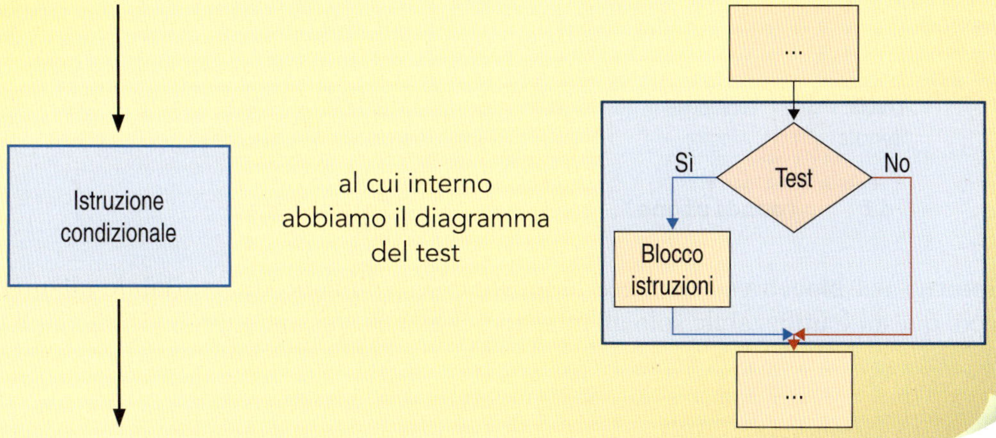

Una condizione è un'espressione del linguaggio rappresentata da due elementi messi a confronto da un operatore relazionale.

Nella tabella che segue sono riportati i principali operatori relazionali del linguaggio C.

Operatore	Significato	Esempio
>	maggiore	a > b
<	minore	a < b
>=	maggiore uguale	a >= b
<=	minore uguale	a <= b
==	uguale	a == b
!=	diverso	a != b

Nel linguaggio di progetto esistono molteplici possibilità per codificare questa istruzione; nel prosieguo della trattazione, la fase di top-down verrà espressa nella forma seguente:

se (<espressione_logica>) allora <istruzione>

La codifica in linguaggio C sottintende la parola chiave allora e, nella forma generale, è così strutturata:

```
if (condizione)
{
 istruzioni;                    //un blocco di istruzioni
}
```

Questa istruzione ci permette di inserire il concetto di blocco di istruzioni.
Un blocco di istruzioni è un insieme di istruzioni che vengono eseguite in sequenza e sono delimitate dalla coppia di parentesi graffe { e }: queste racchiudono un insieme di zero o più istruzioni.

Per semplicità, scriviamola su una sola riga, distinguendo ogni singolo elemento che la compone:

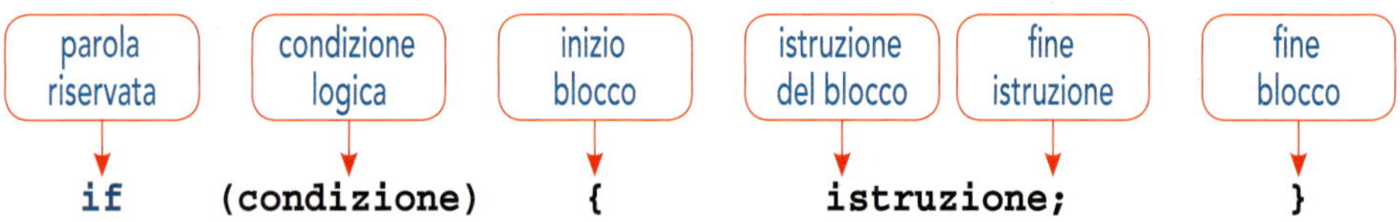

All'interno del blocco vale la legge di località: se definiamo una variabile all'interno del blocco, questa è utilizzabile solo all'interno del blocco stesso e NON è visibile al di fuori di esso.

> Nel caso in cui il blocco si riduce a una sola istruzione possiamo omettere le parentesi:
>
> ```
> if (condizione)
>   istruzione;             //una sola istruzione
> ```

Vediamo alcuni esempi di pseudocodifica e la loro traduzione nel linguaggio C.

se (hai meno di anni 18)
  allora comunica ("sei minorenne");
	if (anni < 18)
	  printf ("sei minorenne");

se (il semaforo è Rosso)
  allora (poni avanti a falso);
	if (semaforo =='R')
	  avanti = false;

se (hai finito)
  allora comunica ("termine elaborazione");
	if (finito == true)
	  printf ("termine elaborazione");

se (hai più soldi del prezzo dell'i-phone)
  allora comunica ("lo puoi acquistare";
	if (soldi >= prezzoIphone)
	  printf ("puoi acquistarlo");

se (conferma è = "S")
  allora (poni avanti a vero);
	if (conferma == 'S')
	  avanti= true;

se (l'ascensore è rotto)
  allora comunica ("prendi le scale");
	if (ascensore_rotto == true)
	  printf("prendi le scale");

Nel caso in cui debba essere eseguita più di un'istruzione si utilizza la sintassi del blocco di istruzioni.

Pseudocodice	Linguaggio C

se (num1 > num2)
 allora
  inizio
   maggiore ← num1;
   minore ← num2;
  fine
	if (num1 > num2)
	{
	  maggiore = num1;
	  minore = num2;
	}

se (scambiali == TRUE)
 allora
  inizio
   tempo ← num1;
   num1 ← num2;
   num2 ← tempo:
 fine
	if (scambiali == TRUE)
	{
	  tempo = num1;
	  num1 = num2;
	  num2 = tempo;
	}

ESEMPIO 1 *Calcolo del valore assoluto di un numero*

Scriviamo un programma che stampa a video il numero letto senza segno: se il numero è negativo lo moltiplica per –1, mentre se è positivo il numero rimane invariato.
Il diagramma di flusso e la pseudocodifica sono riportati a lato e sotto.

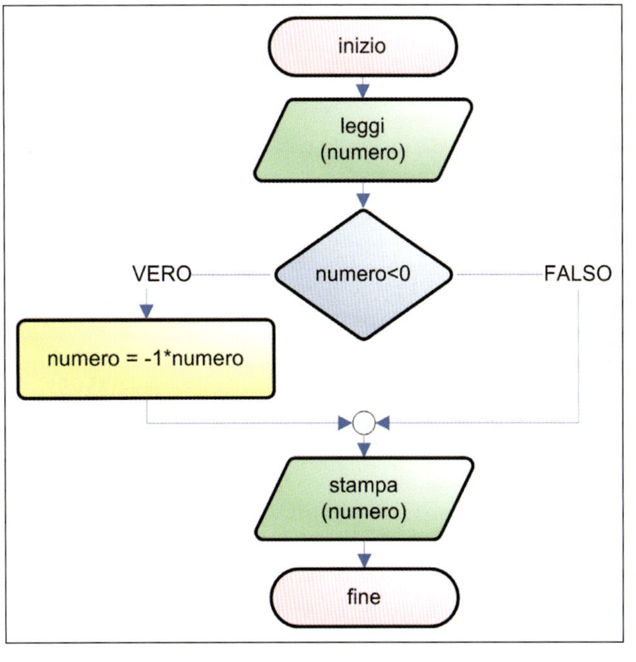


```
leggi numero
se (numero < 0)
   allora
      numero <-  (-1*numero);

scrivi numero
```

Effettuiamo ora la codifica in linguaggio C.

```
#include <stdio.h>
main()
{
// variabili locali alla funzione main
  int numero;
// leggi un numero
  printf ("Introduci il numero con segno : ");
  scanf ("%d",&numero);
  if (numero<0)          // esegui il confronto
  {
    numero=-1*numero;    // cambiagli il segno
  }
// comunica il risultato
  printf("valore assoluto del numero letto : ");
  printf("%d",numero);
}
```

◀ Quando il ramo di una istruzione **`if`** contiene una sola istruzione, possiamo scriverla senza racchiuderla all'interno dei delimitatori di blocco (**{ }**). ▶

Selezione semplice con blocco di istruzioni

Quando il ramo di un'istruzione di selezione semplice contiene più istruzioni da eseguire, esse devono obbligatoriamente essere racchiuse tra parentesi graffe.
Un caso tipico in cui viene utilizzato questo tipo di selezione è quello in cui si devono verificare le condizioni di esistenza delle frazioni. Vediamo un esempio.

ESEMPIO 2 *Lettura di una frazione*

Leggiamo una frazione *a/b* e controlliamo la condizione di esistenza del denominatore *b* (cioè *b* diverso da 0). Scriviamo direttamente il codice in linguaggio C:

```
#include <stdio.h>
main()
{
//variabili locali alla funzione main
  int a,b;
  printf("introduci il numeratore a della frazione a/b: ");
  scanf("%d",&a);
  printf("introduci il denominatore b della frazione a/b: ");
  scanf("%d",&b);
//verifica sul contenuto del denominatore b
  if (b==0)
  {
    printf("attenzione\n");
    printf("denominatore uguale a 0!");
  }
}
```

È importante guardare come sono state scritte le istruzioni: puoi notare che è stata rispettata la regola di ◀ **indentamento** ▶ per rendere facilmente comprensibile il codice: le istruzioni "interne" sono state spostate a destra di due caratteri e incolonnate tra di loro.

◀ L'indentamento è un metodo di scrittura dei programmi in cui, entrando in un nuovo blocco, il testo del programma viene scritto spostato a destra del testo che lo precede di qualche carattere bianco, in modo da evidenziare la struttura annidata dei blocchi. Questa modalità di scrittura è del tutto ininfluente sul significato del programma e viene trascurata dal compilatore, mentre è utilissima per la comprensione del programma stesso da parte del programmatore. ▶

Non esistono regole obbligatorie per indentare il codice: ogni programmatore, con l'esperienza, personalizza una propria modalità di scrittura delle istruzioni, in modo da scrivere un codice facilmente leggibile sia per sé sia per gli altri programmatori che, in seguito, eventualmente dovranno "mettere mano" al suo programma.

Prova adesso!

- Utilizzare la selezione semplice

APRI IL FILE esempio02

1. Modifica il programma aggiungendo un controllo anche sul numeratore, in modo che venga segnalata l'immissione del valore 0.
2. Confronta la tua soluzione con quella riportata nel file esercizio01.

ESEMPIO 3 *Ordinamento di tre variabili*

Leggiamo da tastiera tre numeri interi, li ordiniamo in senso crescente, quindi li visualizziamo.

Adottiamo la seguente strategia: iniziamo a effettuare i confronti prima che la lettura dei numeri venga terminata; non appena un numero è disponibile per essere analizzato viene confrontato con quelli letti precedentemente:

- effettuo la lettura di un numero e ipotizzo che questo sia il maggiore;
- effettuo la lettura del secondo numero e lo pongo come il minore;
- lo confronto con il valore massimo: se il secondo numero è maggiore, scambio i due valori tra loro, cioè il secondo numero diventa il maggiore mentre il primo viene posto come minimo;
- effettuo la lettura del terzo numero e lo pongo come valore intermedio;
- lo confronto con il valore massimo: se il terzo numero è maggiore, è il valore massimo in assoluto e scambio i due valori tra loro;
- lo confronto con il valore minimo: se il terzo numero è minore, è il valore minimo in assoluto e scambio i due valori tra loro.

Il top-down, questa volta effettuato con tre affinamenti successivi, è il seguente:

I Affinamento	II Affinamento	III Affinamento
leggi primo numero //lo elaboro	leggi num1 max ← num1	leggi num1 max ← num1
leggi secondo numero //lo elaboro	leggi num2 //confrontalo con max	leggi num2 min ← num2 se min > max allora scambiali
leggi terzo numero //lo elaboro	leggi num3 //confrontalo con max e min	leggi num3 inter ← num3 se inter > max allora scambiali se inter < min allora scambiali
comunica il risultato	comunica il risultato	comunica il risultato

La pseudocodifica è la seguente:

```
int
  num1, num2, num3, min, max, inter, tempo;  //definizione
  min ← 0; max ← 0; inter ← 0;               //inizializzazione
```

```
//leggi primo numero
input (num1);

//lo elaboro
max ← num1;

//leggi secondo numero
input (num2);

//lo elaboro
min ← num2;
if (min > max)
| tempo← min;                         //scambio tra loro i due numeri
| min   ← max;
| max   ← tempo;
└
//leggi terzo numero
  input (num3);

//lo elaboro
inter ← num3;
if (inter > max)                      //trovo il maggiore assoluto
| tempo← inter;                       //scambio tra loro i due numeri
| inter← max;
└ max   ← tempo;
if (inter < min)                      //trovo il minore assoluto
| tempo← inter;                       //scambio tra loro i due numeri
| inter← min;
| min   ← tempo;
└
//comunica il risultato
output ("i numeri in ordine crescente sono", min, inter, max);
```

Effettuiamo ora la codifica in linguaggio C.

```
#include <stdio.h>
main()
{
  int  num1,num2,num3,min,max,inter,tempo;
  printf ("\nIntroduci il primo numero ");   // leggi un numero
  scanf ("%d",&num1);
  max = num1;
  printf ("\nIntroduci il secondo numero "); // leggi un numero
  scanf ("%d",&num2);
  min=num2;
  if (min>max)            // esegui il confronto
  {
    tempo=min;            // scambiali tra loro
    min=max;
    max=tempo;
  }
  printf ("\nIntroduci il terzo numero ");   // leggi un numero
  scanf ("%d",&num3);
  inter=num3;
  if (inter>max)          // trovo il maggiore assoluto
  {
    tempo=inter;          // scambiali tra loro
    inter=max;
    max=tempo;
  }
  if (inter<min)          // trovo il minore assoluto
  {
    tempo=inter;          // scambiali tra loro
    inter=min;
    min=tempo;
  }
// comunica il risultato
  printf("\ni tre numeri ordinati sono %d %d %d",min,inter,max);
}
```

Prova adesso!

- Usare la selezione semplice
- Usare il blocco di istruzioni { }

APRI IL FILE esempio03

1 Riscrivi il programma utilizzando soltanto le variabili `min`, `max`, `inter`, `tempo`.
2 Confronta la tua soluzione con quella riportata nel file esercizio02.

Struttura della selezione doppia

L'istruzione di selezione doppia permette di far eseguire al calcolatore alternativamente alcune istruzioni in base al valore della istruzione di test (o condizione): se l'esito è positivo (VERO) si eseguono le istruzioni presenti nel ramo di sinistra, se invece è negativo, cioè quando il risultato ha valore FALSO, si eseguono le istruzioni presenti nel ramo di destra.

Il diagramma a blocchi della istruzione di selezione doppia è il seguente:

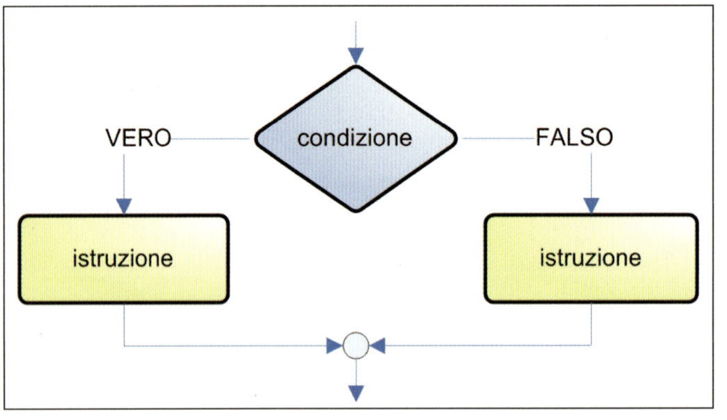

◀ Il termine binaria fa riferimento al sistema numerico binario, che è un sistema numerico posizionale in base 2, cioè che utilizza 2 simboli, tipicamente 0 e 1, invece dei 10 del sistema numerico. ▶

Il diagramma può essere così tradotto: "Se la condizione è VERA allora esegui le istruzioni di un ramo, altrimenti esegui le istruzioni dell'altro ramo". Dato che le alternative sono due, la selezione semplice prende anche il nome di selezione ◀ binaria ▶.

In base al valore della condizione si possono avere le due seguenti situazioni:

- se la condizione è VERA si eseguono le istruzioni presenti nel ramo sinistro;
- se la condizione è FALSA si eseguono le istruzioni presenti nel ramo destro.

I due percorsi si riuniscono per proseguire insieme il resto del programma.

La sintassi in linguaggio C è la seguente:

```
if (condizione)
{
  istruzione;
}
else
{
  istruzione;
}
```

Per semplicità scriviamola su una sola riga, distinguendo ogni elemento che la compone:

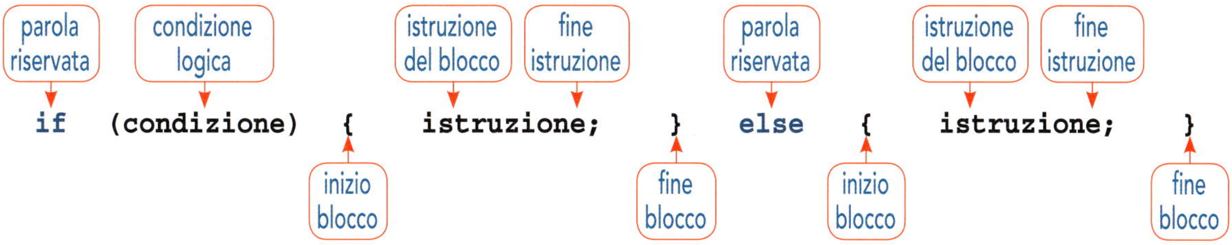

Vediamo alcuni esempi in pseudocodifica.

```
se (hai meno di anni 18)
  allora comunica ("sei minorenne");
  altrimenti comunica ("sei maggiorenne");
```

```
se (numero >0)
  allora comunica ("numero è positivo");
  altrimenti comunica ("numero è negativo");
```

```
se (hai finito)
  allora comunica ("termine elaborazione");
  altrimenti comunica ("procedi con l'elaborazione");
```

```
se (il mese ha 30 giorni)
  allora comunica ("può essere novembre aprile giugno o settembre");
  altrimenti
    se (il mese ha meno di 30 giorni")
      allora comunica ("il mese è febbraio");
      altrimenti comunica ("è uno degli altri mesi");
```

Traduciamoli in linguaggio C.

```
if (anni < 18)
  printf ("sei minorenne");
  else printf ("sei maggiorenne");
```

```
if (numero >0)
  printf ("numero è positivo");
  else printf ("numero è negativo");
```

```
if (finito=='S')
  printf ("termine elaborazione");
  else printf ("procedi con l'elaborazione");
```

```
if (giorni ==30)
  printf ("può essere novembre aprile giugno o settembre");
  else
    if (giorni <30)
      printf ("il mese è febbraio");
      else printf ("è uno degli altri mesi");
```

Non sono state inserite le parentesi graffe in quanto per ogni ramo deve essere eseguita una sola istruzione.

ESEMPIO 4 *Determinare se un numero è positivo o negativo*

Leggiamo un numero da tastiera e indichiamo se il numero è positivo o negativo.

```
#include <stdio.h>
main()
{
//variabili locali alla funzione main
  int numero;
//istruzioni della funzione main
  printf("introduci un numero");
  scanf("%d",&numero);
  printf("numero inserito: %d",numero);
  if (numero>0)                    //confrontalo con 0
    printf("\nsi tratta di un numero positivo");
  else
    printf("\nsi tratta di un numero negativo");
}
```

Come possiamo notare, non sono state inserite le parentesi graffe nelle istruzioni presenti nei due rami della selezione. È possibile usare questa notazione in quanto i due rami contengono solo una istruzione.

Prova adesso!

- Usare la selezione doppia
- Usare l'operatore >=

APRI IL FILE esempio04

1. Verifica cosa succede se viene inserito il numero 0 come valore di input.
2. Modifica quindi l'esercizio facendo in modo di elaborare anche questo caso come fosse un numero positivo.
3. Confronta la tua soluzione con quella riportata nel file esercizio03.

ESEMPIO 5 *Determinare il maggiore tra due numeri*

Leggiamo ora due numeri e individuiamo il maggiore.
Codifichiamo direttamente in linguaggio C.

```
main()
{
  int numero1,numero2;
  printf("introduci due numeri interi\n");
  scanf("%d",&numero1);            //leggi i numeri
  scanf("%d",&numero2);
  if (numero1>numero2)             //confrontali
    printf("numero maggiore: %d",numero1);
  else
    printf("numero maggiore: %d",numero2);
}
```

Prova adesso!

- Ottimizzare il codice
- Comunicare con l'utente

APRI IL FILE esempio05

1. Modifica l'esercizio scrivendo una sola volta **"numero maggiore: "**, introducendo cioè una sola istruzione comune a entrambe le alternative.
2. Aggiungi una istruzione di saluti al termine delle elaborazioni.
3. Confronta la tua soluzione con quella riportata nel file esercizio04.

Vediamo ora un esempio più complesso, dove è necessaria una fase di elaborazione prima di eseguire l'istruzione di confronto.

ESEMPIO 6 *Determinare se un numero è pari o dispari*

Per determinare se un numero è pari o dispari la matematica ci viene in aiuto ricordandoci che un numero è pari quando è divisibile per due. Utilizzando la divisione intera, tramite il casting all'intero del risultato, si ottiene il quoziente senza resto della divisione. Moltiplicando per due il quoziente della divisione e confrontandolo con il numero originale possiamo verificare la parità o meno del numero di partenza.
Per effettuare la divisione intera è sufficiente usare il casting (**int**) come illustrato dalla riga di codice seguente:

```
numeroTroncato=(int) numero/2;
```

Il codice in C completo dell'esempio è il seguente:

```
#include <stdio.h>
main()
{
//variabili locali alla funzione main
  int numeroTroncato,numero;
  printf("Introduci un numero ");                //leggi il numero
  scanf("%d",&numero);
  numeroTroncato= (int) numero/2;                //effettua la divisione intera
  numeroTroncato=numeroTroncato*2;               //moltiplica il quoziente per due
  if (numero==numeroTroncato)                    //confronta i due valori
    printf("\nIl numero %d e' pari",numero);
  else
    printf("\nIl numero %d e' dispari",numero);
}
```

Possiamo anche risolvere il problema in un secondo modo, utilizzando l'operatore di modulo (%) che, come ricordiamo, fornisce il resto della divisione tra numeri interi. Dall'analisi del resto della divisione è immediato individuare i numeri pari o dispari.

Prova adesso!

- Verificare il codice
- Usare il casting (int)
- Usare % (operatore modulo)

APRI IL FILE esempio06

1 Verifica cosa accade al programma quando viene inserito il numero 0.
2 Modifica il codice utilizzando l'operatore % (divisione con resto) al posto del casting all'intero per verificare se un numero è divisibile per due.
3 Confronta il tuo programma con quello riportato nel file esercizio05.

La selezione con blocchi di istruzioni

Blocchi annidati nella istruzione di selezione

Nell'istruzione di selezione è possibile far eseguire, all'interno di ogni ramo, anche più di un'istruzione, come nel diagramma che segue.

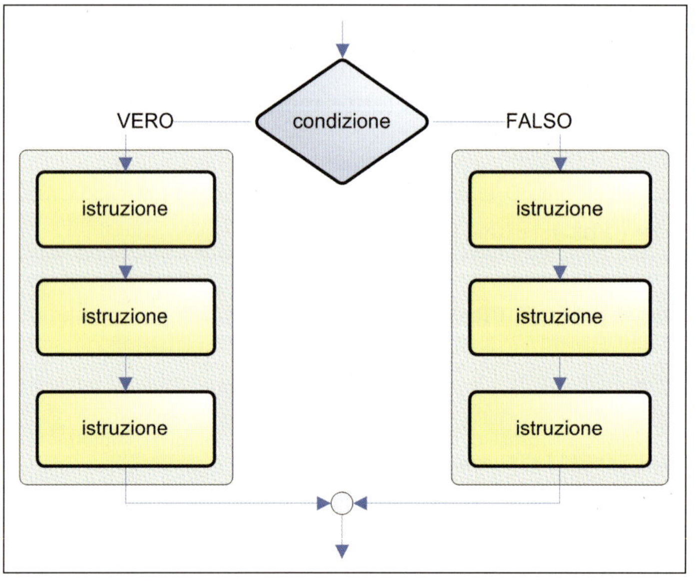

La traduzione in linguaggio C viene effettuata ricordando che, se sono presenti più istruzioni, è necessario indicare dove iniziano e dove finiscono con i simboli di blocco rappresentati dalle parentesi graffe **{...}** .

```
if (condizione)
{
  istruzione1;
  istruzione2;
  ..
  istruzione "n";
```

```
}
else
{
  istruzione1;
  istruzione2;
  ..
  istruzione "n";
}
```

ESEMPIO 7 *Ordinamento di due numeri*

Leggiamo due numeri interi e visualizziamoli sullo schermo in ordine crescente, cioè dal più piccolo al più grande.

```
#include <stdio.h>
main()
{
//variabili locali alla funzione main
  int numero1,numero2;
//istruzioni della funzione main
  printf("inserisci i numeri da ordinare\n");
  scanf("%d",&numero1);        //inserimento dei numeri da ordinare
  scanf("%d",&numero2);
  if(numero1<numero2)           //confronto sui numeri
  {                             //se condizione vera
    printf("i numeri sono gia' ordinati. \n"); //visualizzazione numeri in ordine
    printf("il piu' piccolo e' %d",numero1);   //di inserimento
    printf("\nil piu' grande e' %d",numero2);
  }
  else                          //se condizione falsa
  {                             //visualizzazione numeri in ordine invertito
    printf("i numeri sono da ordinare. \n");
    printf("il piu' piccolo e' %d",numero2);
    printf("\nil piu' grande e' %d",numero1);
  }
}
```

ESEMPIO 8 *Ordinamento di due numeri con scambio*

Leggiamo due numeri interi, quindi verifichiamo se sono in ordine crescente, in caso contrario li scambiamo. Quindi li visualizziamo.

```
#include <stdio.h>
main()
{
//  variabili locali alla funzione main
  int numero1,numero2,tempo;
// istruzioni della funzione main
  printf("inserisci i numeri da ordinare\n");
  scanf("%d",&numero1);        //inserimento dei numeri da ordinare
  scanf("%d",&numero2);
  if(numero1<numero2)           //confronto sui numeri
    printf("i numeri sono gia' ordinati. \n");
```

```
    else
    {
      printf("i numeri sono da ordinare. \n");
      tempo=numero1;            //i numeri vengono scambiati
      numero1=numero2;          //usando una variabile temporanea
      numero2=tempo;
    }
    printf("il piu' piccolo e' %d",numero1);
    printf("\nil piu' grande e' %d",numero2);
}
```

Prova adesso!

- Utilizzare un blocco di istruzioni
- Raggruppare il codice

APRI IL FILE esempio07

1. Cancella le parentesi graffe dal ramo VERO della selezione **`if`** dell'esempio07, quindi compila ed esegui il programma e osserva il risultato.
2. Cancella le parentesi graffe dal ramo **`else`** della selezione **`if`** dell'esempio08, quindi compila ed esegui il programma, poi osserva il risultato.
3. Scrivi un programma che leggendo il numero del mese e dell'anno visualizza il mese e l'anno del mese successivo.
4. Confronta la tua soluzione con quella riportata nel file esercizio06.

Zoom su...

OPERATORE TERNAIO?

In C è presente l'operatore ternario che permette di sintetizzare la scrittura delle istruzioni if-then-else. La forma generale di tale operatore è la seguente:

```
espr1 ? espr2 : espr3;
```

- se `espr1` è vera viene valutata `espr2` e l'intera espressione è uguale al valore di `espr2`:
- se `espr1` è falsa viene valutata `espr3` e l'intera espressione è uguale al valore di `espr3`.

Per esempio:

```
x = 10
y = x > 0 ? 20 : 30
```

In questo esempio, poiché `x` risulta > `0`, alla variabile `y` viene assegnato il valore 20.
Corrisponde al seguente segmento di codice:

```
x = 10
if x > 0
 y =20
else
 y =30
```

Verifichiamo le conoscenze

Per **verificare le tue conoscenze** svolgi i seguenti test. (*Se sorgeranno dubbi in merito a qualche risposta, rileggi l'argomento a cui si riferisce l'esercizio, poi rispondi.*)

Esercizi a scelta multipla

1 Che risultato dà questo codice?

```
a=3;
b=6;
c=2*a-b+2;
if(c<2)
c=1;
printf("%d",c);
```

O 1; O 2; O 3; O 6

2 Che risultato dà questo codice?

```
a=3;
b=6;
c=2*a-b*2;
if(c<0)
{
  a=2-c;
  c=2;
}
if(a>b)
printf("%d %d %d",a,b,c);
```

O 8 6; O 8 2 6; O 8 6 2; O 2 6 8

3 Che risultato dà questo codice?

```
a=3;
b=6;
c=2*a-b*2;
if(c<0)
  a=2-c;
else
  a=c-a;
printf("%d %d %",a,b,c);
```

O 8 6 –6; O 8 6 6; O –8 6 –6; O –4 6 6

4 Che risultato dà questo codice?

```
a=2;
b=4;
c=3*a-b*2;
if(c<0)
  a=2-c;
else
  a=c-a;
printf("%d %d %d",a,b,c);
```

O 2 4 –2; O –2 4 2; O –4 4 2; O 4 4 –2

5 Che risultato dà questo codice?

```
a=3;
b=7;
c=a+b%2;
if(c>6)
  c=3;
printf("%d",c);
```

O 1.5; O 3; O 4; O 6.5

6 Che risultato dà questo codice?

```
a=3;
b=7;
c=(int) b/a;
d=c-b/2;
if(d<0)
{
  a=2-c;
  c=2;
}
if(a>b)
  a=a-b;
printf("%d %d %d",a,b,c);
```

O 0 7 7; O 0 7 2; O 2 7 2; O –2 7 7

Test vero/falso

1 Il valore di una istruzione di test (o condizione) può essere VERO o FALSO. V F
2 La selezione semplice è una condizione logica. V F
3 Nel linguaggio C è obbligatorio effettuare l'indentamento delle istruzioni. V F
4 Un blocco di istruzioni deve essere sempre racchiuso tra parentesi graffe, anche se si tratta di una sola istruzione. V F
5 Nella selezione doppia vi sono due condizioni logiche. V F
6 Nella selezione semplice non è necessario mettere le graffe nel blocco del ramo **else**. V F
7 Una selezione doppia può essere ottenuta con due selezioni semplici. V F
8 La divisione intera deve essere effettuata con il casting all'intero **(int)**. V F

Verifichiamo le competenze

Utilizza le nuove istruzioni

Nei seguenti esercizi sono indicati alcuni segmenti di codice: in base ai valori assegnati alle variabili, annota i risultati visualizzati sullo schermo oppure, se necessario, individua la presenza di errori.

1 Esegui il seguente programma nelle due situazioni di input:

- a = 5 b = 6
- a = 6 b = 5

```
int a,b,c;
scanf("%d",&a);
scanf("%d",&b);
if(a<b)
  c=a-b;
else
c=b-a;
printf("%d %d %d",a,b,c);
```

2 Esegui il seguente programma nelle due situazioni di input:

- a = 13 b = 3
- a = 17 b = 5

```
int a,b,c;
scanf("%d",&a);
scanf("%d",&b);
if(((int)a/b)==0)
  a=-1*a;
if(a<b)
  c=a-b;
else
  c=b-a;
printf("%d %d %d",a,b,c);
```

3 Esegui il seguente programma nelle due situazioni di input:

- a = 3 b = –2
- a = 2 b = –1

```
int a,b,c;
scanf("%d",&a);
scanf("%d",&b);
if(a<0)
  a=-1*a;
if(a<b)
  c=a-b;
else
  c=b-a;
printf("%d %d %d",a,b,c);
```

4 Esegui il seguente programma nelle due situazioni di input:

- a = 10 b = 3
- a = 4 b = 2

```
int a,b;
scanf("%d",&a);
scanf("%d",&b);
if(a<((int)10/b))
  a=-1*b;
else
  b=-1*a;
printf("%d %d",a,b);
```

Verifichiamo le competenze

Esprimi la tua creatività

Progetta e realizza completamente in linguaggio di programmazione il codice che risolva i problemi proposti.

Utilizzo dell'istruzione di selezione semplice

1 Data l'età di una persona, determina se è maggiorenne.

2 In una serra si considera normale la temperatura di 18°, sotto i 5° si hanno danni irreparabili, tra i 5° e i 18° vi è una situazione di pericolo: scrivi un algoritmo che, letta la temperatura della serra, indichi lo stato della serra.

3 Leggi un numero e scrivilo a video solo se tale numero è pari.

Traccia per la soluzione

Utilizza la divisione intera in modo da ottenere un numero pari dal numero letto in ingresso.

Quindi confronta questo numero con il numero letto: se sono uguali, il numero letto è pari.

4 Leggi un numero e scrivilo a video solo se tale numero è divisibile per 5.

5 Scrivi un programma che legge due numeri e visualizza sullo schermo solo il maggiore di essi: nel caso siano uguali, scrive la frase "i due numeri sono uguali".

6 Leggi il valore del lato di un cubo e comunica la superficie totale e il volume solo se il valore letto è positivo.

7 Un supermercato applica uno sconto del 20% sull'importo che supera i 100 euro: scrivi un programma che, leggendo il totale della spesa, calcola l'eventuale importo scontato.

8 Allo stadio il costo del biglietto è gratis fino a 10 anni e sopra i 65, costa 5 euro fino a 18 anni e 10 euro per tutti gli altri: scrivi un programma che legge un numero intero indicante l'età dello spettatore e visualizza l'importo che deve pagare.

Utilizzo dell'istruzione di selezione doppia

9 Scrivi un programma che legge un numero intero e visualizza sullo schermo il suo triplo se è un numero dispari, il suo doppio se è un numero pari.

10 Scrivi un programma che legge due numeri e, se sono diversi, ne visualizza il valore medio, se sono uguali il numero stesso.

11 Dati tre valori che rappresentano le lunghezze dei lati di un triangolo, stabilire se si tratta di un triangolo equilatero, isoscele o scaleno.

12 Risolvi il problema di individuare se un numero è pari o dispari utilizzando l'operatore `"%"` che calcola il resto della divisione tra due numeri.

13 Scrivi un programma che legge quattro numeri da tastiera e li visualizza in ordine decrescente.

14 Un negozio effettua uno sconto del 10% se il totale speso è inferiore a 500 euro e del 20% se invece è superiore. Scrivi un programma che, inserendo il totale speso, ne calcola lo sconto e visualizza sullo schermo sia lo sconto sia l'importo da pagare.

15 Un negozio concorrente effettua uno sconto del 10% sui primi 300 euro di spesa e il 20% sul resto della spesa. Scrivi un programma che, inserendo il totale speso, ne calcola lo sconto e visualizza sullo schermo sia lo sconto sia l'importo da pagare.

16 Scrivi un programma che determina fino a quale importo conviene fare acquisti nel primo negozio e quando invece è più conveniente il secondo negozio.

17 Un terzo negozio concorrente effettua uno sconto del 50% sul secondo prodotto che compri pagando il primo a prezzo intero: naturalmente si paga a prezzo intero il prodotto più costoso. Scrivi un programma che, leggendo i prezzi di due prodotti acquistati, calcola il totale da pagare.

Verifichiamo le competenze

Esercizi di recupero

1 Leggere un numero da tastiera e dire se è pari o dispari.

2 Leggere 5 numeri: visualizzare quanti sono i numeri pari e quanti sono i numeri dispari.

3 Effettuare lo scambio dei valori di due numeri letti `num1` e `num2` se il valore del primo è maggiore del valore del secondo.

4 Leggere tre numeri e indicare se sono stati introdotti numeri uguali.

5 Leggere tre numeri da tastiera e indicare se costituiscono una terna pitagorica.

6 Leggere quattro numeri da tastiera e trovare il minore e il maggiore.

7 Scrivere un programma che calcoli la soluzione di un'equazione di II grado solo nel caso di radici complesse, visualizzando la parte reale e quella immaginaria.

8 Scrivere un programma che, lette le coordinate di due punti nel piano, stampi l'equazione della retta passante per essi.

9 Scrivere un programma che, letti tre numeri, restituisce 0 se tali numeri sono ordinati in senso crescente, 1 se sono ordinati in senso decrescente, −1 negli altri casi.

10 Dato un intervallo numerico (per esempio 10, 50), scrivere un programma che, letto un numero, restituisce 0 se tale numero è interno all'intervallo, 1 se è esterno ma superiore, −1 se esterno e inferiore.

11 Scrivere un programma che, lette le coordinate di due punti $A(x_1,y_1)$ e $B(x_2,y_2)$ nel piano cartesiano, calcoli la distanza tra essi.

12 Scrivere un programma che, lette le coordinate di due punti $A(x_1,y_1,z_1)$ e $B(x_2,y_2,z_2)$ nello spazio tridimensionale, calcoli la distanza tra essi.

13 Scrivere un programma che legga in ingresso una sequenza di cinque cifre binarie (5 cifre di valore 0 o 1), le interpreti come numero binario e ne visualizzi l'equivalente decimale.

14 Leggere due numeri *P* e *N* e verificare se sono legati tra loro dalla congettura cinese (del 500 a.C.), che dice che "*N* è primo se $2^N - 2$ è divisibile per *N*".

15 Leggere due numeri *P* ed *N* e verificare se sono legati tra loro dalla congettura di Mersenne, che dice che "*N* è primo se $N = 2^P - 1$ con *P* primo".

16 Leggere due numeri *P* ed *N* e verificare se soddisfano il piccolo teorema di Fermat, che dice che "*P* è primo se $P = 2^{2^N} + 1$", escludendo tutti i numeri *N* "scartati" da Eulero (5 <= *N* <= 16).

17 Leggere sei numeri da tastiera e individuarne il valore medio, la varianza e lo scarto quadratico medio.

18 Leggere sei numeri da tastiera e visualizzarli in ordine decrescente.

UNITÀ DIDATTICA 2

LA SELEZIONE CON GLI OPERATORI LOGICI &&, || E !

IN QUESTA UNITÀ IMPAREREMO...

- a combinare le condizioni logiche con operatori logici
- a dichiarare e utilizzare variabili di tipo bool
- a conoscere gli operatori bitwise

■ Le variabili di tipo bool

◀ Boolean (in italiano booleano o boleano) è un termine che deriva dal nome del matematico britannico George Boole, che è considerato il fondatore della logica matematica, cioè della matematica che opera solo su numeri binari (lo zero e l'uno). ▶

Come abbiamo visto nell'unità didattica precedente, la condizione logica è un'istruzione che ha come risultato solo due possibili alternative, VERO o FALSO. Nei linguaggi di programmazione è possibile definire un tipo di variabile dedicata alla memorizzazione di questo tipo di dati, cioè solo dei valori VERO e FALSO (**`true`** e **`false`**): si tratta delle variabili di tipo **`bool`** (o ◀ boolean ▶).

Il linguaggio C non possiede tra i dati primitivi le variabili booleane, ma consente di valutare il contenuto di qualunque tipo di variabile come se fosse di tipo bool, considerandolo VERO (`true`) se diverso da zero e FALSO (`false`) se uguale a zero. Inoltre è stabilito un ordinamento: `false < true`.

Quindi in C un'espressione logica è:
- `vera (true)` se assume valore diverso da 0;
- `falsa (false)` se assume valore uguale a 0.

È possibile dichiarare e utilizzare anche le variabili di tipo `bool` se si aggiunge nell'intestazione del programma il richiamo a una libreria esterna: `#include <stdbool.h>`.

ESEMPIO 9 *Utilizzo di una variabile di tipo bool (libreria stdbool.h)*

Vediamo un semplice segmento di codice dove viene definita una variabile di tipo **`bool`**, viene inizializzata e infine utilizzata in un'istruzione di selezione.

```
#include <stdio.h>
#include <stdbool.h>
main()
{
//variabili locali alla funzione main
  bool piove;
//istruzioni della funzione main
  piove=true;
  if (piove)
    printf("apri l'ombrello");
}
```

> Come detto precedentemente, il linguaggio C è case sensitive, pertanto dobbiamo fare molta attenzione alla digitazione delle parole riservate. A questo proposito, ricordiamo che sia **`true`** sia **`false`** devono essere scritti in minuscolo.

L'esecuzione di questo programma mostra la scritta **`"apri l'ombrello"`**, in quanto la condizione restituisce sempre risultato VERO, dal momento che il risultato della condizione coincide con il valore contenuto nella variabile **`piove`**. Possiamo migliorare la leggibilità del codice scrivendo la condizione nella forma seguente:

```
if (piove==true)
```

Oltre all'operatore di uguaglianza **`==`**, è anche possibile utilizzare l'operatore di diversità **`!=`**. Vediamo un esempio.

ESEMPIO 10 *Operatore di disuguaglianza*

```
#include <stdio.h>
#include <stdbool.h>
main()
{
//variabili locali alla funzione main
  bool piove;
//istruzioni della funzione main
  piove=true;
  if  (piove!=false)
    printf("apri l'ombrello");
 }
```

Il risultato è lo stesso del programma precedente. Infatti la condizione viene letta nel seguente modo: "*se piove è diverso da falso*", che equivale a dire "*se piove è uguale a vero*".

Gli operatori logici

Le operazioni possibili sulle variabili di tipo **bool** sono:

1. la negazione not (**!**);
2. il prodotto o congiunzione and (**&&**);
3. la somma o disgiunzione or (| |).

Negazione !

L'operazione di negazione esegue il cambiamento del valore della variabile, per esempio, eseguendo **x=!x** si ottiene il seguente risultato:

- se **x** aveva valore VERO, dopo l'istruzione ha valore FALSO;
- se **x** aveva valore FALSO, dopo l'istruzione ha valore VERO.

L'operatore di negazione (**!**) viene dunque utilizzato per invertire il significato della condizione.

ESEMPIO 11 *Operatore di negazione (!)*

Inseriamo l'operatore **!** nell'istruzione di controllo dell'esempio precedente. Il codice è il seguente:

```
 1 #include <stdio.h>
 2 #include <stdbool.h>
 3 main()
 4 {
 5 //variabili locali alla funzione main
 6   bool piove;
 7 //istruzioni della funzione main
 8   piove=true;
 9   if (!piove)
10     printf("non piove");
11   else
12     printf("apri l'ombrello");
13 }
```

La condizione testata è diventata "*se non piove*", cioè, più precisamente, "*se il valore della variabile* **piove** *non è uguale a* **true**".

L'istruzione presente nella riga 9 poteva anche essere scritta nella forma equivalente completa:
`if (!(piove==true))` oppure a `(piove==false)`
Naturalmente anche la scritta seguente è corretta:
`if (!(piove))`
mentre darebbe errore la sintassi:
`if !(piove)`
in quanto dopo la parola riservata `if` deve subito essere presente una parentesi tonda aperta: `(`.

Prova adesso!

- Ricorrere alle variabili di tipo `bool`
- Utilizzare l'operatore `!`

APRI IL FILE esempio11

1. Modifica il programma assegnando il valore **`false`** alla variabile **`piove`** e aggiornando di conseguenza le successive istruzioni.
   Quali altre rettifiche devono essere apportate nel codice?
2. Confronta il tuo programma con quello riportato nel file esercizio07.
3. Sostituisci l'istruzione 9 con `if (!(!(piove)))` e fai le necessarie correzioni affinché il programma funzioni correttamente.
4. Confronta il tuo programma con quello riportato nel file esercizio08.

Prodotto logico && (AND)

Il prodotto logico tra due variabili ha come risultato il valore VERO solo se entrambe le variabili hanno valore VERO. Il valore assunto da un'operazione logica elementare può essere espresso mediante una tabella di verità che riassume tutte le combinazioni dei valori di ingresso e il corrispondente valore del risultato dell'operazione logica. ▶

A	B	A && B
FALSO	FALSO	FALSO
VERO	FALSO	FALSO
FALSO	VERO	FALSO
VERO	VERO	VERO

Utilizzando l'operatore **`&&`** possiamo verificare contemporaneamente il valore di due condizioni, e solo se entrambe hanno valore VERO verrà eseguito il primo ramo, mentre in tutti gli altri casi si eseguirà il secondo ramo.

Analizziamo la situazione seguente: **`(somma>10) && (somma<20)`**, e individuiamo quando l'esito dell'espressione ha valore VERO:

- la prima condizione ha valore VERO quando **`somma`** è maggiore di 10;
- la seconda condizione ha valore VERO quando **`somma`** è minore di 20;
- entrambe sono verificate contemporaneamente per valori di **`somma`** compresi tra 10 e 20.

ESEMPIO 12 *Operatore &&*

I bambini con meno di 10 anni e gli anziani con più di 80 anni non pagano il biglietto del cinema. Scriviamo un programma che, in base all'età, indichi se si ha diritto all'ingresso gratuito.

◀ L'espressione **`(anni>10) && (anni<80)`** è diversa dall'espressione **`anni<10) && (anni>80)`**. Il valore della variabile **`anni`** deve essere verificato contemporaneamente; nel secondo caso, se un numero è minore di 10 non potrà anche essere contemporaneamente maggiore di 80: situazione impossibile che non potrà mai verificarsi. ▶

```c
#include <stdio.h>
main()
{
//variabili locali alla funzione main
  int anni;
  printf("quanti anni hai?");
  scanf("%d",&anni);
  if ((anni>10) && (anni<80))
    printf("devi pagare il biglietto");
  else
    printf("hai l'ingresso gratuito");
}
```

Prova adesso!

- Ricorrere alle variabili di tipo `bool`
- Utilizzare l'operatore `!`

APRI IL FILE esercizio09

1. Rettifica il programma utilizzando l'operatore di negazione (`!`) e aggiungendo le eventuali parentesi, dove necessarie.
2. Confronta il risultato con quello riportato nel file esercizio10.

Somma logica | | (OR)

La somma logica tra due variabili ha come risultato il valore VERO anche se solo uno dei due termini ha valore VERO. La tabella della verità è riportata a lato. L'unica situazione che dà un risultato FALSO è quando entrambe le variabili hanno valore FALSO. ▶

A	B	A || B
FALSO	FALSO	FALSO
VERO	FALSO	VERO
FALSO	VERO	VERO
VERO	VERO	VERO

Riscriviamo adesso l'esempio 9 inserendo una istruzione che utilizza l'operatore | |.

ESEMPIO 13 *Operatore | |*

◀ Sulle variabili di tipo **bool** è stabilito anche un ordine gerarchico di esecuzione: il valore VERO è definito maggiore del valore FALSO, quindi **true>false**.
Viene anche stabilita una priorità nella valutazione degli operatori: se non vengono inserite parentesi, not (**!**) precede and (**&&**), che precede or (| |). ▶

```
1 #include <stdio.h>
2 main()
3 {
4 //variabili locali alla funzione main
5   int anni;
6   printf("quanti anni hai?");
7   scanf("%d",&anni);
8   if ((anni<10) || (anni>80))
9     printf("hai l'ingresso gratuito");
10  else
11    printf("devi pagare il biglietto");
12 }
```

L'istruzione della riga 8 dà risultato VERO se una delle due componenti ha valore VERO:
- o **anni** sono inferiori a 10;
- o **anni** sono superiori a 80.

Per eseguire il ramo **else**, è necessario che entrambi i confronti diano esito negativo.

Prova adesso!

- Ricorrere alle variabili di tipo `bool`
- Utilizzare l'operatore `||`

APRI IL FILE esercizio10

1. Rettifica il programma utilizzando l'operatore di negazione (`!`).
2. Confronta il risultato con quello riportato nel file esercizio10.

Priorità degli operatori

È definita una priorità di esecuzione per gli operatori logici e relazionali, come indicato nella tabella a lato; se non vengono inserite parentesi, not (!) precede and (&&), che precede or (||). ▶

Priorità	Operatori			
Massima	!			
	>	>=	<=	<
	==	!=		
	&&			
Minima	||			

È quindi necessario introdurre nelle espressioni complesse le parentesi per garantire la corretta valutazioni delle condizioni logiche. Per esempio, nella seguente espressione:

`A||B && C` viene prima valutato `B&&D` e sul risultato viene eseguito l'`||` con `A`

`A||B && C` ora viene prima eseguito `(A||B)` e sul risultato viene eseguito l'`&& C`

naturalmente i risultati nella valutazione dell'espressione sono diversi!

Zoom su...

SHORT CUT

Valutazione a "corto circuito" (*short cut*): nella valutazione di un'espressione C, se un risultato intermedio determina a priori il risultato finale dell'espressione, il resto dell'espressione non viene valutato.
Ricordiamo che la valutazione degli operandi avviene da destra verso sinistra; per esempio, nella seguente espressione:

(3 < 0) && (X < Y)

dato che il primo operando è sempre falso non è necessario eseguire il resto dell'espressione che comunque darà risultato sempre falso.

Operatori bitwise

Il linguaggio C mette a disposizione del programmatore anche degli operatori che permettono di manipolare direttamente il singolo bit: essi prendono il nome di operatori bitwise e sono divisi in due gruppi, come precisato di seguito.

Operatori logici

1 `~` operatore unario di complemento
`&` operatore AND
`|` operatore OR
2 `^` operatore OR esclusivo

La tabella della verità dell'OR esclusivo è: ▶

A B	A^B
0 0	0
0 1	1
1 0	1
1 1	0

ESEMPIO

Vediamo un esempio analizzando i singoli bit:

C=~ A	C=A&B	C=A|B	C=A^B
A=01010010 00111111 -------------------------------- C=10101101 11000000	A=01010010 00111111 B=01100111 10011011 -------------------------------- C=01000010 00011011	A=01010010 00111111 B=01100111 10011011 -------------------------------- C=01110111 10111111	A=01010010 00111111 B=01100111 10011011 -------------------------------- C=00110110 10100100

È necessario prestare attenzione nella scrittura degli operatori in quanto i simboli **&&** e || sono diversi da **&** e | che, invece, rappresentano il "bitwise AND" e il "bitwise OR".

Operatori di traslazione sui bit

1 << *n* traslazione a sinistra (*left shift*) di *n* bit
2 >> *n* traslazione a destra (*right shift*) di *n* bit

ESEMPIO

B=A>>1	B=A>>3	B=A<<1	B=A<<3
A=01010010 00111111 -------------------------------- B=00101001 00011111	A=01010010 00111111 -------------------------------- B=00001010 01000111	A=01010010 00111111 -------------------------------- B=10100100 01111110	A=01010010 00111111 -------------------------------- B=100100 0111111000

Uno shift a sinistra equivale a una moltiplicazione per 2, mentre uno shift a destra equivale a una divisione per 2.

Zoom su...

UNSIGNED E SIGNED

Nelle operazioni di shift abbiamo posto a 0 i bit dei posti che si sono liberati: questo è vero se l'operando è privo di segno, mentre se è presente un segno il risultato può essere diverso a seconda dei compilatori. È quindi consigliabile effettuare queste operazioni solo su operandi privi di segno: il C permette di definire una variabile senza segno premettendo la parola chiave unsigned alla dichiarazione di tipo nei casi char, int, short e long:

- unsigned **char** A;
- unsigned **int** x;
- unsigned **long** y;
- unsigned **short** z;

che per default sono tutti con segno, cioè signed, che viene sottinteso.
Cambiamo quindi anche i valori rappresentabili: nel primo caso abbiamo i seguenti range:
–128..0..127 per signed char **0..255** per unsigned char

Verifichiamo le conoscenze

Per **verificare le tue conoscenze** svolgi i seguenti test. (*Se sorgeranno dubbi in merito a qualche risposta, rileggi l'argomento a cui si riferisce l'esercizio, poi rispondi.*)

Esercizi a scelta multipla

OPERAZIONI LOGICHE

1 L'istruzione `!(a && b)` restituisce `false` se:

- O **a** e **b** sono **true**
- O **a=true**, **b=false**
- O **a=false**, **b=true**
- O **a** e **b** sono **false**

2 L'istruzione `!a && b` restituisce `true` se:

- O **a** e **b** sono **true**
- O **a=true**, **b=false**
- O **a=false**, **b=true**
- O **a** e **b** sono **false**

3 L'istruzione `!a || b` restituisce `false` se:

- O **a** e **b** sono **true**
- O **a=true**, **b=false**
- O **a=false**, **b=true**
- O **a** e **b** sono **false**

4 L'istruzione `!(a || b)` restituisce `true` se:

- O **a** e **b** sono **true**
- O **a=true**, **b=false**
- O **a=false**, **b=true**
- O **a** e **b** sono **false**

5 L'istruzione `!(a || !b)` restituisce `true` se:

- O **a** e **b** sono **true**
- O **a=true**, **b=false**
- O **a=false**, **b=true**
- O **a** e **b** sono **false**

6 L'istruzione `!(!a || !b)` restituisce `true` se:

- O **a** e **b** sono **true**
- O **a=true**, **b=false**
- O **a=false**, **b=true**
- O **a** e **b** sono **false**

SIMULAZIONE INFORMATICA

7 Indica il risultato fornito a video dal codice seguente.

```
bool a,b,c;
a=false;
b=!(a);
c=!(a && b);
printf("%d",c);
```

- O 1 che significa **true**
- O 1 che significa **false**
- O 0 che significa **true**
- O 0 che significa **false**

8 Indica il risultato fornito a video dal codice seguente.

```
bool a,b,c;
a=false;
b=true;
c=(!b) || (a && b);
printf("%d",c);
```

- O 1 che significa **true**
- O 1 che significa **false**
- O 0 che significa **true**
- O 0 che significa **false**

9 Indica il risultato fornito a video dal codice seguente.

```
bool a,b,c;
a=false;
b=!(a);
c=!(a || !b);
printf("%d",c);
```

- O 1 che significa **true**
- O 1 che significa **false**
- O 0 che significa **true**
- O 0 che significa **false**

Verifichiamo le competenze

Esprimi la tua creatività

Dopo aver completato "manualmente" le tabelle della verità di ogni singola situazione, realizza in linguaggio di programmazione il codice per verificare la tua soluzione.

1 Scrivi un programma che visualizza le quattro possibili combinazioni (tabella della verità) ottenute da due variabili **bool a** e **b** con l'istruzione a **&& b**.

2 Scrivi un programma che visualizza le quattro possibili combinazioni (tabella della verità) ottenute da due variabili **bool a** e **b** con l'istruzione **a || b**.

3 Scrivi un programma che visualizza le quattro possibili combinazioni (tabella della verità) ottenute da due variabili **bool a** e **b** con l'istruzione **(!a) && b**.

4 Scrivi un programma che visualizza le quattro possibili combinazioni (tabella della verità) ottenute da due variabili **bool a** e **b** con l'istruzione **a || (!b)**.

5 Scrivi un programma che visualizza le quattro possibili combinazioni (tabella della verità) ottenute da due variabili **bool a** e **b** con l'istruzione **(!a) && (!b)**.

6 Scrivi un programma che visualizza le quattro possibili combinazioni (tabella della verità) ottenute da due variabili **bool a** e **b** con l'istruzione (!**a**) || (!**b**).

7 Scrivi un programma che visualizza le quattro possibili combinazioni (tabella della verità) ottenute da due variabili **bool a** e **b** con l'istruzione (**a && b**) || **a**.

8 Scrivi un programma che visualizza le quattro possibili combinazioni (tabella della verità) ottenute da due variabili **bool a** e **b** con l'istruzione **a &&** (**b** || **a**).

9 Valuta il risultato delle seguenti espressioni logiche con V = 5, A = 17, B = 34.

```
A<=20 || A>=40
! (B=A*2)
A<=B && A<=V
A>=B && A>=V
! (A>=B && A<=V)
! (A>=B) || !(A<=V)
```

10 In quale situazione le seguenti espressioni possono essere valutate parzialmente (*short cut*)?

```
- 22 || x
- 0 && x
x>0  && x<20
- a && b && c
- a && b || c
- a || b || c
```

11 Effettua le seguenti operazioni bitwise:

```
1 & 1 =
1 & 2 =
1 & 3 =
1 | 1 =
1 | 2 =
1 | 3 =
```

UNITÀ DIDATTICA 3

LA SELEZIONE NIDIFICATA E L'ISTRUZIONE SWITCH

IN QUESTA UNITÀ IMPAREREMO...

- a nidificare le istruzioni di selezione
- a gestire il dandling else
- l'istruzione di selezione multipla

■ Selezione nidificata

Nei rami delle istruzioni di selezione è possibile eseguire qualunque tipo di istruzione: quindi si può anche eseguire un'istruzione di selezione in modo da ottenere una selezione dentro una selezione.

Questa situazione prende il nome di selezione nidificata (o annidata) e ha un diagramma a blocchi come quello raffigurato di seguito:

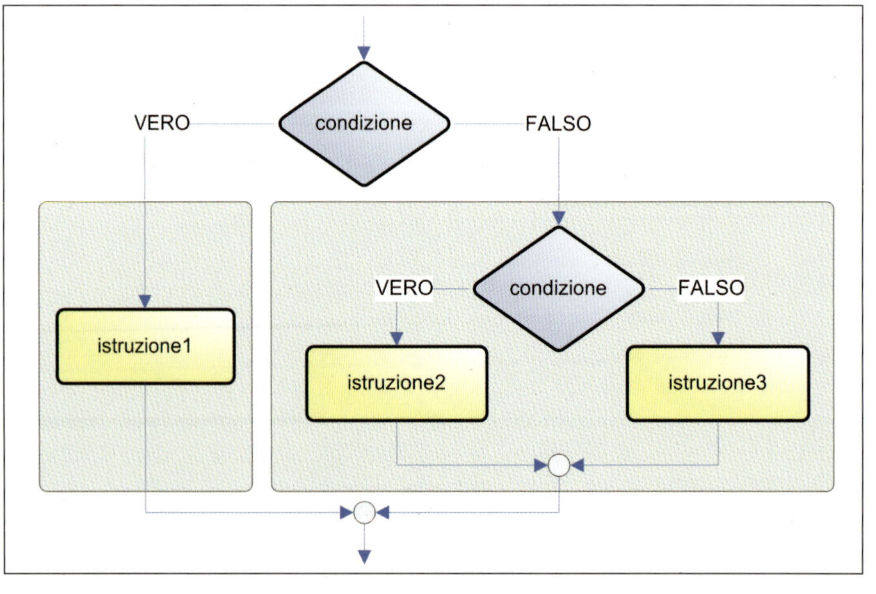

Il seguente codice rappresenta la situazione del diagramma a blocchi in linguaggio C:

```
if (condizione)
{
  istruzione1;
}
else
{
  if (condizione)
  {
    istruzione2;
  }
  else
  {
    istruzione3;
  }
}
```

In questo caso le istruzioni si trovano al secondo livello di annidamento e quindi è necessario prestare attenzione all'indentazione delle istruzioni e lasciare un numero di spazi tale da poter facilmente individuare l'inizio e la fine dell'istruzione stessa (si osservi l'incolonnamento delle parentesi).

ESEMPIO 14 *Numeri pari e dispari*

Usiamo l'operatore di resto mod `(%)` per scoprire se un numero è pari o dispari: è sufficiente poi controllare il resto della divisione per 2 (**`num % 2`**):

- se il risultato (resto) è uguale a 0 allora il numero è pari (tutti i numeri pari sono divisibili per 2);
- se il risultato (resto) è uguale a 1 è dispari.

Il diagramma a blocchi dell'algoritmo è riportato nella figura sotto.

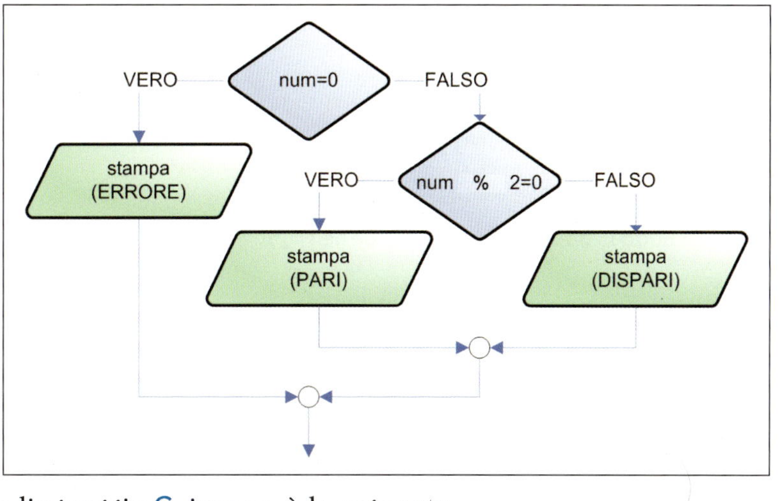

La codifica in linguaggio C, invece, è la seguente:

```c
#include <stdio.h>
main()
{
//variabili locali alla funzione main
  int numero;
//istruzioni della funzione main
  printf("inserisci un numero\n");
  scanf("%d",&numero);       //inserimento numero da verificare
  if (numero==0)             //verifica se numero valido
    printf("numero errato\n");
  else
    if ((numero % 2)==0)     //verifica sul resto della divisione per due
      printf("il numero e' pari\n");
    else
      printf("il numero e' dispari\n");
}
```

Vediamo un esempio più articolato.

ESEMPIO 15 ***Temperature "in cascata"***

Leggi un numero intero che indica il valore di temperatura (espresso in gradi Celsius) e stampa un messaggio secondo la tabella a lato.

Temperatura t	Messaggio
t > 30 t	molto caldo
20 < t < 30	caldo
10 < t < 20	ideale
0 < t < 10	freddo

La codifica direttamente in C è la seguente:

```c
#include <stdio.h>
main()
{
//variabili locali alla funzione main
  int t;
  printf("\nInserisci la temperatura odierna: ");
  scanf("%d",&t);
// elaborazione
  if (t>30)
    printf("\noggi fa troppo caldo!");
  else
   if (t>20)
    printf("\noggi fa caldo!");
   else
    if (t>10)
     printf("\noggi si sta proprio bene!");
    else
     if (t>0)
      printf("\noggi fa proprio freddo!");
     else
      printf("\noggi si gela!");
}
```

Esaminando la codifica notiamo che:

1. si tratta si tratta di un'unica istruzione **`if-else`** che si sviluppa nel ramo **`else`** con successive istruzioni **`if`**;
2. non è necessario che la seconda condizione sia composta (`t < 30`) e (`t > 20`), in quanto se si entra nel ramo **`else`** abbiamo già verificato la prima parte della condizione;
3. il ramo **`else`** si riferisce all'**`if`** più vicino.

Prova adesso!

- Istruzioni annidate
- Analisi di tutte le alternative

CREA IL FILE alcol.c

1. Leggi un numero reale e visualizza sullo schermo un messaggio secondo la tabella. ▶
2. Confronta la tua soluzione con quella riportata nel file esercizio13.

Gradi alcolici *g*	Messaggio
40 < *g*	superalcolico
20 < *g* ≤ 40	alcolico
15 < *g* ≤ 20	vino liquoroso
12 < *g* ≤ 15	vino forte
10,5 < *g* ≤ *12*	vino normale
g ≤ 10,5	vino leggero

Vediamo un ultimo esempio più articolato, dove è necessaria una fase di top-down.

ESEMPIO 16 *Equazione di secondo grado*

Leggiamo ora i tre coefficienti a, b, c di un'equazione di secondo grado $ax^2 + bx + c = 0$ e ne visualizziamo le radici.
Trovare le radici di un'equazione di secondo grado significa individuare la coppia di x_1 e x_2 che la soddisfano, cioè che sostituiti nell'equazione verificano l'uguaglianza a 0; ci serviamo della formula nota: $x_1, x_2 = -b \pm SQRT(b^2 - 4ac) / 2a$

Zoom su...

LIBRERIA MATEMATICA MATH.H

Il C non contiene funzioni matematiche predefinite. Funzioni come: **`sqrt()`**, **`pow()`**, **`exp()`**, **`log()`**, **`sin()`**, **`cos()`**, **`tan()`** sono disponibili nella libreria matematica math.h.

`double sqrt(double x)`, calcola $\sqrt{x}$
`double exp(double x)`, calcola e^x
`double pow(double x, double y)`, calcola x^y
`double log(double x)`, calcola $\log_e (x)$
`double log10(double x)`, calcola $\log_{10}(x)$
`double log2(double x)`, calcola $\log_2(x)$

Le funzioni trigonometriche operano in modalità radianti, quindi `cos(5)` restituisce il coseno dell'angolo di 5 radianti, non di 5 gradi (ricordiamo che un radiante è uguale a circa 57°, e che si ottiene da $360/2\pi$).

La soluzione immediata è la seguente:

1. leggere i tre numeri;
2. applicare la formula due volte, una con il segno + e l'altra con il segno –;
3. comunicare i risultati.

Un possibile top-down è il seguente:

I Affinamento	II Affinamento	III Affinamento
//leggi i coefficienti	leggi aa leggi bb leggi cc	leggi aa leggi bb leggi cc
//calcola le radici	//trova x_1 //trova x_2	x_1 ← (-1*bb+sqrt(bb*bb-4*aa*cc))/(2*aa) x_2 ← (-1*bb-sqrt(bb*bb-4*aa*cc))/(2*aa)
//comunica il risultato	comunica "Le radici sono" comunica i due numeri	comunica *"Le radici dell'equazione sono"* comunica (x1, x2)

La codifica in linguaggio C è:

```c
#include <stdio.h>
#include <math.h>
main()
{
//variabili locali alla funzione main
  float aa,bb,cc,x1,x2;
  printf("\nInserisci i coefficienti di una equazione di secondo grado");
  printf("\n inserisci il valore di a ");
  scanf("%f",&aa);
  printf("\n inserisci il valore di b ");
  scanf("%f",&bb);
  printf("\n inserisci il valore di c ");
  scanf("%f",&cc);
// elaborazione
  x1 =(-1*bb + sqrt(bb*bb - 4*aa*cc))/(2*aa);
  x2 =(-1*bb - sqrt(bb*bb - 4*aa*cc))/(2*aa);
  printf("\nle due radici sono : x1= %8.2f x2= %8.2f",x1,x2);
}
```

Sicuramente, in fase di collaudo il programma manifesterà i suoi errori, in quanto nella stesura dell'algoritmo non sono state applicate le regole per il controllo dei risultati; in questo caso devono essere effettuati due controlli:

1. il valore della radice deve essere reale;
2. il valore del denominatore deve essere diverso da zero.

È quindi necessario "rivedere" il top-down inserendo gli opportuni controlli:

I Affinamento	II Affinamento	III Affinamento
//leggi i coefficienti	leggi aa leggi bb leggi cc	leggi aa //coefficiente x^2 leggi bb //coefficiente x leggi cc //termine noto
//controlla i dati	//controlla il denominatore //controlla il valore sotto radice	se (aa = 0) allora comunica *"divisione per 0"* se (bb * bb - 4 * aa * cc) < 0 allora comunica "radice <0"
//calcola le radici	//trova x_1 //trova x_2	altrimenti x1←(-1*bb+sqrt(bb*bb-4aa*cc))/(2*aa) x2←(-1*bb-sqrt(bb*bb-4*aa*cc))/(2*aa)
//comunica il risultato	comunica "Le radici sono" comunica i due numeri	comunica "Le radici dell'equazione sono" comunica (x1, x2)

Il codice C è il seguente:

```
#include <stdio.h>
#include <math.h>
main()
{
/* Calcolo delle radici di una equazione di secondo grado */
 float aa,bb,cc,x1,x2;
 printf("\nInserisci i coefficienti di una equazione di secondo grado");
 printf("\n inserisci il valore di a ");
 scanf("%f",&aa);
 printf("\n inserisci il valore di b ");
 scanf("%f",&bb);
 printf("\n inserisci il valore di c ");
 scanf("%f",&cc);
// elaborazione
 if (aa==0)
  printf("\n il denominatore è uguale a 0");
  else
   if ((bb*bb - 4*aa*cc) < 0)
    printf ("il denominatore e'negativo: soluzioni non reali");
    else
    {
     x1 =(-1*bb + sqrt(bb*bb - 4*aa*cc))/(2*aa);
     x2 =(-1*bb - sqrt(bb*bb - 4*aa*cc))/(2*aa);
     printf("\nle due radici sono : x1= %8.2f x2= %8.2f",x1,x2);
    }
}
```

Osservando la soluzione appena descritta si nota che non si è tenuto conto del significato matematico derivato dai diversi valori dei coefficienti:

- il denominatore uguale a 0 da un lato non permette di eseguire la divisione, ma dall'altro implica una riduzione di grado dell'equazione $bx + c = 0$: la soluzione prima descritta è inesatta, dato che dovrebbe essere indicata l'unica soluzione $x = -c / b$;
- se anche $b = 0$ otteniamo un'equazione impossibile (o indeterminata, con $c = 0$);
- se invece è solo $b = 0$ si ha l'equazione pura $ax^2 - c = 0$;
- con $c = 0$ e $b \neq 0$ l'equazione è spuria: $ax^2 + bx = 0$ $(ax + b)x = 0$;
- se il discriminante $\Delta = 0$, le soluzioni dell'equazione sono uguali e coincidenti.

Prova adesso!

- Controllo dell'input
- Analisi di tutte le alternative

APRI IL FILE esempio16

1. Modifica il top-down:
   - aggiungi i controlli sull'input;
   - aggiungi le alternative nel caso di equazione impossibile, indeterminata, pura e spuria.
2. Codifica l'algoritmo in linguaggio C.
3. Confronta la tua soluzione con quella riportata nel file esercizio14.

In questi primi esempi abbiamo inserito un'istruzione di selezione nel ramo **`else`** dell'istruzione di selezione **`if`**: naturalmente è anche possibile eseguire un'istruzione di selezione nel ramo VERO o in entrambi, come illustrato nel diagramma di flusso che segue.

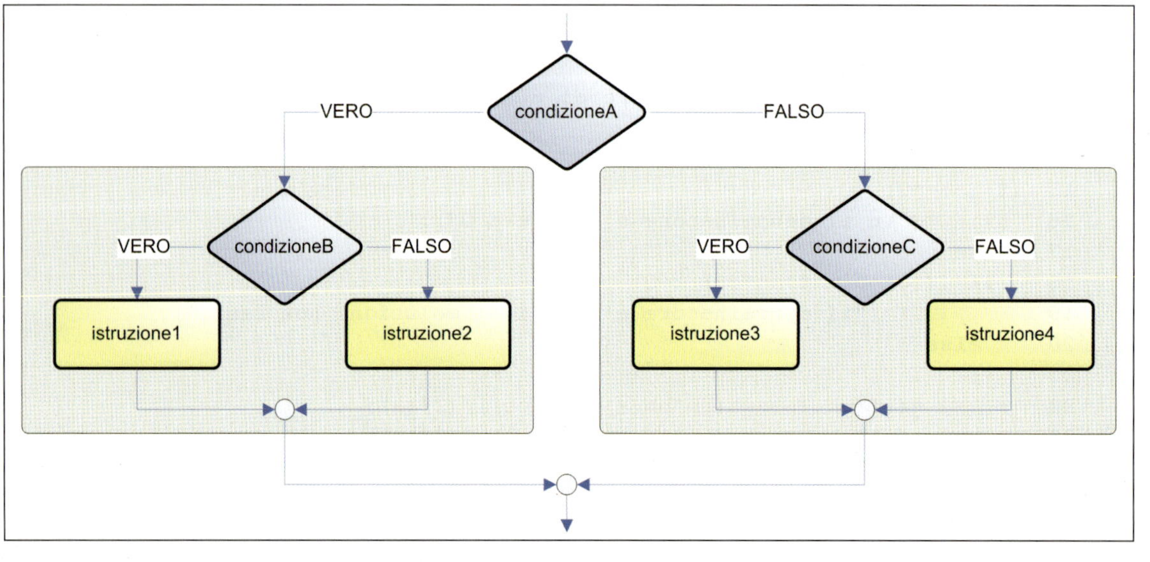

L'istruzione esterna prende il nome di selezione al primo livello, mentre quelle interne sono dette selezioni al secondo livello.

◀ Non ci sono limiti sui livelli per inserire condizioni interne: fai attenzione che più aumenta il livello e più è facile commettere errori di logica. ▶

Questa regola vale anche per le ◀ **condizioni interne** ▶, è cioè possibile ripetere lo stesso procedimento fino ad arrivare a condizioni al terzo livello, al quarto livello ecc.

Traducendo in linguaggio C anche questo esempio, si ha il codice seguente:

```
if (condizioneA)
{
   if (condizioneB)
   {
     istruzione1;
   }
   else
   {
     istruzione2;
   }
}
else
{
   if (condizioneC)
   {
     istruzione3;
   }
   else
   {
     istruzione4;
   }
}
```

Spesso si utilizza una scrittura più compatta, mettendo la parentesi { di seguito alla condizione:

```
if (condizione){
 istruzione1;
}
```

L'utilizzo delle selezioni nidificate permette di risolvere situazioni complesse. Vediamo come utilizzarle per la soluzione dei problemi.

ESEMPIO 17 *Maggiore di tre numeri*

Leggiamo tre numeri da tastiera e individuiamo il maggiore.

Descriviamo dapprima la strategia a cui ricorreremo per ottenere questo risultato: confrontiamo tra loro i primi due numeri letti, in modo da individuare il maggiore, quindi confrontiamo questo numero con il terzo identificando il maggiore dei tre. Il diagramma a blocchi è riportato nella figura a pagina seguente.

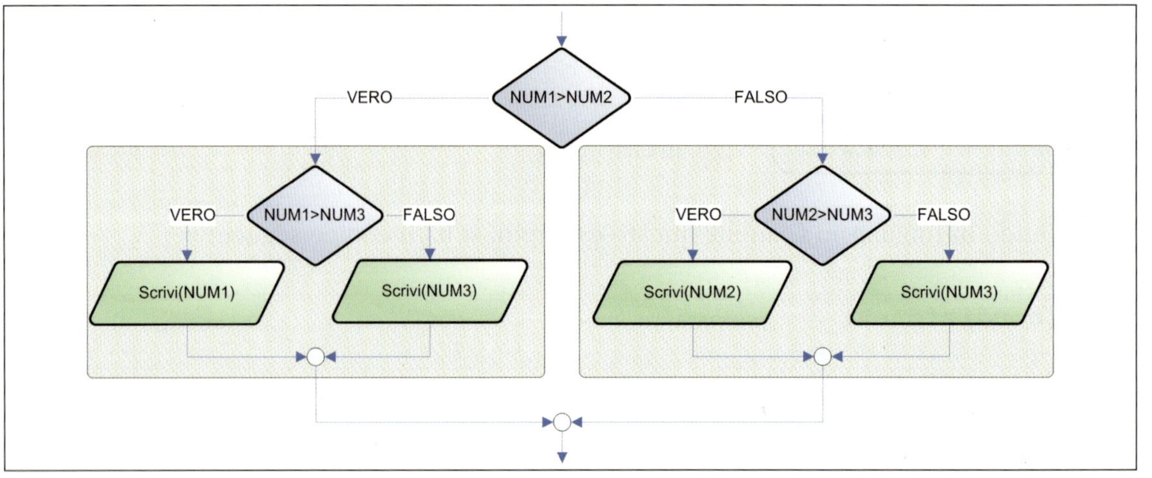

La codifica in linguaggio C, invece, è la seguente:

```
#include <stdio.h>
main()
{
//variabili locali alla funzione main
  int num1,num2,num3;
//istruzioni della funzione main
  printf("inserisci il primo numero:");
  scanf("%d",&num1);
  printf("inserisci il secondo numero:");
  scanf("%d",&num2);
  printf("inserisci il terzo numero:");
  scanf("%d",&num3);
  if(num1>num2)          //trova il maggiore tra numero1 e numero2
//il maggiore è numero1
    if(num1>num3)        //trova il maggiore tra numero1 e numero3
//il maggiore di tutti è numero1
      printf("il maggiore e' %d",num1);
    else                 //il maggiore di tutti è numero3
      printf("il maggiore e' %d",num3);
  else                   //il maggiore è numero2
    if(num2>num3)        //trova il maggiore tra numero2 e numero3
//il maggiore di tutti è numero2
      printf("il maggiore e' %d",num2);
    else                 //il maggiore di tutti è numero3
      printf("il maggiore e'%d",num3);
}
```

L'esercizio avrebbe potuto essere risolto anche senza annidare le istruzioni: sarebbe bastato memorizzare il numero maggiore ottenuto dal confronto tra i primi due numeri in una variabile temporanea e successivamente confrontare tale variabile con il terzo numero. Anche nel seguito della trattazione verranno risolti esercizi in modo non "ottimale" ma con il solo scopo di presentare un esempio di utilizzo delle nuove istruzioni descritte.

Prova adesso!

• Utilizzare la selezione nidificata

APRI IL FILE esempio15

1. Modifica il codice in modo da visualizzare i tre numeri ordinati in ordine crescente.
2. Confronta la tua soluzione con quella riportata nel file esercizio15.
3. Modifica il codice in modo da visualizzare i tre numeri ordinati in ordine decrescente.
4. Confronta la tua soluzione con quella riportata nel file esercizio16.

Dandling else

Una situazione piuttosto frequente è quella comunemente detta del "dandling else", o "else dondolante"; vediamo un segmento di codice che presenta tale problema: ▶

```
se <condizione logica 1>
  allora
    <istruzioni 1>
se <condizione logica 2>
  allora
    <istruzioni 2>
altrimenti
  <istruzioni 3>
```

Apparentemente il codice sembra privo di anomalie: sono presenti due istruzioni di selezione consecutive, di cui una è una selezione doppia; le seguenti codifiche in C sono composte dalle due istruzioni "incriminate" e sono tutte ammissibili: quindi il codice contiene delle ambiguità.

```
//codifica 1

if (<condizione 1>)
  <istruzioni 1>;

if (<condizione 2>)
  <istruzioni 2>;
else
  <istruzioni 3>;
```

```
//codifica 2

if (<condizione 1>)
  <istruzioni 1>;
  if (<condizione 2>)
    <istruzioni 2>;

else
  <istruzioni 3>;
```

```
//codifica 3

if (<condizione 1>)
  <istruzioni 1>;
  if (<condizione 2>)
    <istruzioni 2>;
  else
    <istruzioni 3>;
```

Come sono possibili tre codifiche diverse partendo dalle due istruzioni identiche?
La "sottile" differenza che genera tre codici, e quindi tre algoritmi completamente diversi, è legata a due spazi bianchi, in particolare dall'indentazione della seconda istruzione `se` e dal successivo `altrimenti`, come riportato di seguito.

```
se <condizione logica 1>
  allora
    <istruzioni 1>
se <condizione logica 2>
  allora
    <istruzioni 2>
  altrimenti
    <istruzioni 3>
```

```
se <condizione logica 1>
  allora
    <istruzioni 1>
    se <condizione logica 2>
      allora
        <istruzioni 2>
  altrimenti
    <istruzioni 3>
```

```
se <condizione logica 1>
  allora
    <istruzioni 1>
    se <condizione logica 2>
      allora
        <istruzioni 2>
      altrimenti
        <istruzioni 3>
```

Dal momento che le differenze di scrittura sono minime, l'errore nel passaggio tra top-down e codifica in C è non solo possibile, ma anche frequente!
Questa situazione è sempre verificata in fase di compilazione del codice, in quanto il compilatore ignora gli spazi bianchi e trasforma le tre codifiche in qualcosa di simile al codice a lato. ▶

```
se <condizione logica 1>
allora
<istruzioni 1>
se <condizione logica 2>
allora
<istruzioni 2>
altrimenti
<istruzioni 3>
```

Questo codice si presta a essere trasformato in ciascuna delle tre codifiche, facendo di fatto "dondolare" il ramo `else` in tre possibili posizioni. Per ovviare a tale inconveniente, i linguaggi di programmazione hanno introdotto le cosiddette "istruzioni parentetiche chiuse", cioè formalismi sintattici per descrivere univocamente dove inizia e dove termina ogni istruzione, generalmente utilizzando coppie di parentesi aperte-chiuse: `{<istruzione>}`.
Analogamente, nel linguaggio di progetto da noi definito si è introdotto un formalismo che permette di indicare dove inizia e dove finisce ogni istruzione; per semplicità di comprensione abbiamo privilegiato l'aspetto grafico-visivo, inserendo linee laterali a sinistra delle istruzioni. ▶

```
if (<condizione_logica>)
| <blocco istruzioni 1>
else
|_<blocco istruzioni 2>
```

ESEMPIO

```
if(a>0)if(b>0)printf("b positivo"); else printf("???");
```

L'istruzione **printf**`("???")` può essere la parte **else**
- del primo **if**, quindi **printf**`("a negativo");`
- del secondo **if**, quindi **printf**`("b negativo").`

Il compilatore del linguaggio C risolve l'ambiguità considerando che un **else** fa sempre riferimento all'**if** più vicino:

```
if (a>0)
  if (b>0)
    printf("b positivo");
  else
    printf("b negativo");
```

Per fare in modo che un **else** si riferisca a un **if** precedente, è necessario introdurre l'ultimo **if** in un blocco, cioè tra una coppia di parentesi **{}**, come riportato di seguito:

```
if (a>0)
{
  if (b>0)
    printf("b positivo");
}
else
  printf("a negativo");
```

Si consiglia di utilizzare sempre le parentesi nel caso di istruzioni annidate per ogni ramo delle selezioni: oltre che garantire la correttezza del codice, consentono di migliorarne la leggibilità.
Un codice chiaro e facilmente comprensibile permette di individuare più rapidamente eventuali errori di programmazione e favorisce la manutenzione in caso di modifiche e integrazioni successive.

Prova adesso!

- Istruzioni annidate
- Dandling else

APRI IL FILE esercizio17

1 Correggi il codice affinché per ogni situazione il risultato sia corretto.
2 Confronta la tua soluzione con quella riportata nel file esercizio18.

L'istruzione switch

Il costrutto **switch** consente di realizzare una selezione a più vie (selezione multipla): viene valutata un'espressione e in base al suo valore si esegue un blocco di istruzioni avente come etichetta il risultato dell'espressione.
È quindi necessario che il risultato della valutazione di un'espressione sia un numero intero. La forma generale del costrutto è:

```
switch (espressione)
{
case valore1:
 istruzioni1
 break;
  ...
case valoren:
 istruzionin
 break;
default: istruzioni-default
}
```

Nel caso in cui il valore dell'espressione non trovi alcuna corrispondenza con l'etichetta, viene eseguito il ramo **default**.

Una volta trasferito il controllo alla prima delle istruzioni che seguono l'etichetta case avente valore uguale al risultato valutato dall'espressione, le istruzioni successive vengono eseguite una per volta, anche se sono associate a un'altra etichetta case: quindi vengono valutate tutte le etichette, una di seguito all'altra.
Un'etichetta case o default quindi non spinge a uscire dallo switch: se si desidera arrestare l'esecuzione delle istruzioni all'interno del blocco switch è necessario utilizzare l'istruzione break. All'interno di un blocco switch, l'istruzione break trasferisce il controllo all'esterno del blocco, alla prima istruzione che segue lo switch.

ESEMPIO 18 *Selezione con switch*

Scriviamo un programma che legge un numero e lo trasforma in lettere se è minore di 4.

```c
#include <stdio.h>
main()
{
 int x;
 printf("digita una cifra minore di 3 : ");
 scanf("%d", &x);
 switch(x) {
 case 1:
  printf("il numero digitato e' UNO");
  break;
 case 2:
  printf("il numero digitato e' DUE");
  break;
 case 3:
  printf("il numero digitato e' TRE");
  break;
 default:
  printf("non riconosco cosa hai digitato!");
 } /*fine dell'istruzione switch-case*/
}
```

L'espressione di `switch` deve essere di tipo `char` o `int`. Tutte le etichette `case` devono essere espressioni costanti. In tutte le istruzioni `switch` singole, ogni valore associato alle etichette `case` deve essere unico, e ci può essere al più una sola etichetta default.

Prova adesso!

- Istruzione `switch`
- Utilizzo di un selettore `char`

APRI IL FILE esercizio19

1. Riscrivi l'esercizio sostituendo la cascata di `if` con l'istruzione `switch`.
2. Confronta la tua soluzione con quella riportata nel file esercizio20.

Verifichiamo le conoscenze

Per **verificare le tue conoscenze** svolgi i seguenti test.

Esercizi a scelta multipla

SELEZIONE CON I BLOCCHI

1 **Indica il risultato fornito a video dal codice seguente, assegnando prima a = 2, quindi a = 3.**

```
int a,b;
float c;
b=6;
if(a==2)
  c=a/b;
else{
  b=b*2;
  c=b/a;
}
printf("%f",c);
```

○ 0.30 3.00; ○ 0.33 6.00
○ 0.00 4.00; ○ 3.00 0.00

2 **Indica il risultato fornito a video dal codice seguente, assegnando prima a = 2, quindi a = 3.**

```
int a,b;
float c;
b=6;
if((b%a)!=0){
  a=a*2;
  c=b/a;
}
else
  c=b/a;
printf("%f",c);
```

○ 4.00 3.00; ○ 1.00 2.00
○ 2.00 3.00; ○ 3.00 2.00

SELEZIONE NIDIFICATA

3 **Indica il risultato fornito a video dal codice seguente, assegnando prima a = –3, quindi a = 1.**

```
int a,b;
b=0;
if(a!=0){
  b=b+1;
  b=a+b;
  if(b<0)
    a=a+b;
  else
    a=a+2;
}
else
  b=b*a;
printf("%d %d",a,b);
```

○ –3 1; ○ –5 2; ○ 2 2; ○ –4 0

4 **Indica dove è necessario aggiungere o togliere le parentesi graffe (aperta e chiusa) per rendere corretto questo codice.**

```
1 if((a%2)==0)
2   a=a+1;
3   a=a+b;
4 else
5   if(b<0)
6     a=a-b;
```

○ tra le istruzioni 5 e 6; dopo l'istruzione 6
○ tra le istruzioni 4 e 5; dopo l'istruzione 6
○ tra le istruzioni 1 e 2; tra le istruzioni 3 e 4
○ aggiungendo graffe il codice rimane invariato

Test vero falso

1 Nella selezione si può eseguire all'interno di ogni ramo solo un'istruzione. V F
2 Nella selezione si può eseguire all'interno di ogni ramo solo un blocco di istruzioni. V F
3 Il test in una selezione doppia deve essere composto. V F
4 Nella selezione doppia il ramo VERO può non essere eseguito. V F
5 L'istruzione if (true) è corretta ed esegue sempre e solo il ramo VERO. V F
6 L'istruzione if (true) è corretta ed esegue sempre e solo il ramo FALSO. V F

Verifichiamo le competenze

Esprimi la tua creatività

Progetta e realizza completamente in linguaggio di programmazione il codice che risolva i problemi proposti.

Utilizzo della selezione con blocchi

1 Scrivi un programma che legge in input il valore di due lati di un quadrilatero, individua se si tratta di un quadrato o di un rettangolo e ne calcola il perimetro e l'area.

2 Scrivi un programma che legge in input il valore di tre lati di un triangolo, individua se si tratta di un triangolo equilatero e ne calcola in tal caso l'area e il perimetro.

3 Scrivi un programma che legge in input il valore del raggio di una circonferenza e calcola il valore del lato di un quadrato in modo che l'area delle due figure piane sia uguale: quindi individua la figura con perimetro maggiore. Controlla l'input per individuare l'inserimento di numeri ≤ 0.

Utilizzo della selezione nidificata

4 Scrivi un programma che legge due numeri ed effettua lo scambio dei valori di due numeri letti `num1` e `num2` se il valore del primo è maggiore del valore del secondo.

5 Scrivi un programma che legge tre numeri indicando se sono stati introdotti numeri uguali.

6 Scrivi un programma che legge tre numeri da tastiera e indica se costituiscono una terna pitagorica (se $x^2 + y^2 = z^2$).

7 Scrivi un programma che legge quattro numeri da tastiera e trova il minore e il maggiore.

8 Scrivi un programma che, leggendo il valore dei lati di un triangolo, ne determini la classificazione.

Traccia per la soluzione

Prima si determina se il triangolo è equilatero: se non lo è, si verifica se è isoscele oppure scaleno.

9 Leggi un numero che corrisponde al peso in kg di patate acquistate al mercato: sapendo che ogni sacchetto può contenere al massimo 5 kg di patate e una cassetta fino a 30 kg, determina il numero di sacchetti (massimo 4) o di cassette (massimo 2) necessari per portare a casa la spesa.

10 Un supermercato effettua lo sconto in base all'importo totale della spesa. La tabella sconti è riportata di seguito.

Importo Spesa	% sconto
Spesa < 50 €	5%
Spesa < 65 €	6%
Spesa < 80 €	7%
Oltre 100 €	10%

Inserendo il prezzo totale della spesa visualizza sullo schermo l'importo dello sconto e il costo netto.

11 Il costo del biglietto di un traghetto viene calcolato operando una distinzione tra autovetture e camion, ripartendo ulteriormente i veicoli per cilindrata.

Scrivi un programma che permetta di conoscere il costo del biglietto in ogni situazione.

Autovetture	
Fino a 1000 cc	20 €
Fino a 2000 cc	30 €
Oltre	40 €

Camion	
Fino a 2000 cc	40 €
Fino a 3000 cc	50 €
Oltre	100 €

12 Scrivi un programma che leggendo 4 numeri da tastiera li ordina in senso crescente.

Suggerimento: si consiglia di individuare il maggiore e il minore non appena si sono letti i numeri, e successivamente si controllano i due numeri intermedi.

MODULO 5 L'ITERAZIONE

UD 1 Il ciclo a condizione iniziale: while ... { ... }

UD 2 Il ciclo a condizione finale: do ... while

UD 3 Il ciclo a conteggio for

OBIETTIVI

- Conoscere l'istruzione di ciclo precondizionato o a condizione di testa
- Comprendere il teorema di Jacopini-Böhm
- Comprendere l'utilità della trace table
- Conoscere l'algoritmo di Euclide per il MCD
- Conoscere l'istruzione di ciclo postcondizionato o a condizione di coda
- Conoscere la differenza tra iterazione definita e indefinita
- Conoscere l'istruzione di ciclo a conteggio

ATTIVITÀ

- Codificare programmi con il ciclo while
- Codificare programmi con il ciclo do ... while
- Generare numeri casuali
- Codificare programmi con il ciclo for
- Utilizzare la trace table per individuare errori nel codice
- Codificare l'algoritmo di Euclide per il MCD
- Codificare programmi con cicli annidati

UNITÀ DIDATTICA 1

IL CICLO A CONDIZIONE INIZIALE: WHILE ... { ... }

IN QUESTA UNITÀ IMPAREREMO...

- a conoscere l'istruzione di ciclo precondizionato o a condizione di testa
- a utilizzare la trace table per verificare i programmi
- il teorema di Jacopini-Böhm

Il ciclo a condizione iniziale: while ... { ... }

Info

Nella cartella M5 C sono presenti i file degli esercizi con la dicitura APRI e i file di tutti gli esempi proposti nel Modulo 5 (questi ultimi indicati con il nome del programma seguito dal suffisso .c).

Nella vita quotidiana ci sono delle operazioni che devono essere ripetute più volte, fino a quando non si raggiunge un determinato obiettivo.
Esempi di questo tipo di operazioni possono essere i seguenti:
- versa l'acqua nel bicchiere finché è pieno;
- aggiungi sale al risotto quanto basta;
- lava la moto finché è pulita;
- disponi i libri sulla libreria finché sono ordinati;
- mentre non piove, taglia l'erba del giardino;
- somma i numeri che leggi finché la somma è minore di 100;
- ... e via di seguito.

In queste situazioni non è peraltro possibile stabilire quante volte un'azione deve essere eseguita, ma sappiamo solamente quando deve terminare. Siamo dunque in presenza di situazioni nelle quali si deve ripetere ciclicamente, o iterare, le istruzioni sotto il controllo di un test, chiamato condizione di ingresso al ciclo.
La figura strutturale che descrive queste situazioni è riportata a lato.

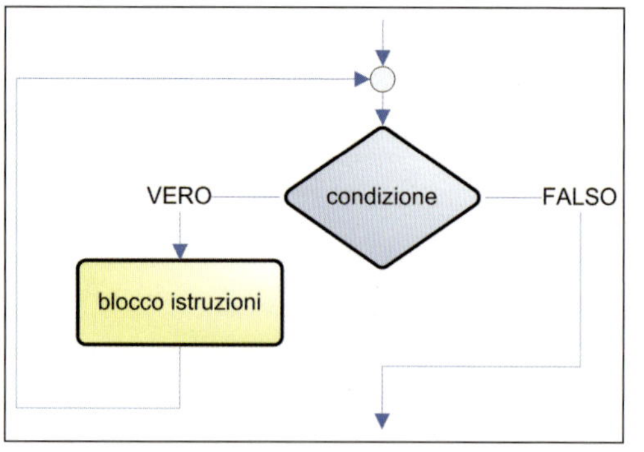

In linguaggio di programmazione viene così tradotta:

```
while <condizione di ingresso>
{<blocco di istruzioni>};
```

Distinguiamo ogni singolo elemento che la compone:

parola chiave	condizione	inizio blocco	corpo del ciclo	fine blocco	fine istruzione
while	`<condizione>`	`{`	`<istruzioni>`	`}`	`;`

> Si ricorda che la **<condizione>** deve sempre essere messa tra parentesi tonde **()**, bisogna cioè scrivere **(<condizione>)**.

Il funzionamento è semplice:

- viene valutata la condizione di ingresso, che è un'operazione di test, e quindi ha risultato VERO o FALSO;
- quando il risultato è VERO si entra nel ciclo e si esegue il blocco di istruzioni (o semplicemente un'istruzione);
- al termine dell'esecuzione del blocco si torna indietro, a ripetere il test, cioè si ripete l'esecuzione della condizione logica di ingresso:
  – se l'esito è ancora VERO si ripete il ciclo;
  – se è FALSO, si esce dall'altro ramo e si prosegue il programma con le successive istruzioni.

L'istruzione può essere letta nel seguente modo: "*mentre la condizione è verificata (cioè il test dà esito VERO) fai il blocco di istruzioni*".

Vediamo un primo esempio.

> ◀ Per come è strutturato il ciclo a condizione iniziale, il blocco di istruzioni (corpo del ciclo) potrebbe anche non essere mai eseguito neppure una volta: basta infatti che la condizione di ingresso dia subito risultato FALSO. ▶

ESEMPIO 1 ***Divisione di un numero per 2***

Letto un numero intero, dividiamolo per 2 mentre è maggiore di 2.

```c
#include <stdio.h>
main()
{
  int numero;
  printf("inserisci un numero intero: ");
  scanf ("%d",&numero);
  while(numero>2)     // condizione di ingresso del ciclo
  {
    numero=numero/2; // corpo del ciclo
  }
  printf("valore finale del numero inserito %d: ", numero);
}
```

Per verificare il corretto funzionamento di un ciclo si utilizza la tabella di traccia (o trace table): in questo caso abbiamo solamente una variabile e seguiamo come viene modificato il suo valore inserendo per esempio 60 come numero letto.

Numero istruzione	Istruzione di test	numero
6		60
7	VERO	
9		60 / 2 = 30
7	VERO	
9		30 / 2 = 15
7	VERO	
9		15 / 2 = 7
7	VERO	
9		7 / 2 = 3
7	VERO	
9		3 / 2 = 1
7	FALSO	*(si esce dal ciclo)*
11		1

◄ Il ciclo a condizione iniziale è anche detto ciclo precondizionato o a condizione di testa. ►

Si osservi che sono sempre presenti coppie di istruzioni 7 e 9 (test e divisione), in quanto l'istruzione di test permette l'ingresso al ciclo e solo se questa ha valore VERO viene eseguito il ciclo; il test quindi viene sempre eseguito prima del contenuto del ciclo: per questo prende anche il nome di ◄ ciclo a condizione iniziale ►.

In questo esempio il corpo del ciclo, cioè le istruzioni che devono essere ripetute nel ciclo, si riduce alla sola operazione di divisione: è possibile, in questo caso, scrivere questa istruzione, racchiusa tra parentesi graffe, su una sola riga:

```
7   while(numero>2)          // condizione di ingresso del ciclo
8   { numero=numero/2; }   // corpo del ciclo
```

Dato che il corpo del ciclo è una sola istruzione, potrebbe anche essere scritta senza { }:

```
8   numero=numero/2;
```

Prova adesso!

- Utilizzare il ciclo `while`
- Visualizzare la trace table

APRI IL FILE esempio01

1 Aggiungi all'interno del ciclo un'istruzione che visualizza il valore della variabile numero, visualizza cioè la trace table.

2 Confronta il risultato con quello del file esercizio01.

ESEMPIO 2 *Somma dei numeri*

Scriviamo un programma che legge un numero e calcola la somma di tutti numeri compresi tra 1 e il numero letto: per esempio, se viene inserito 4 esegue il calcolo della somma dei primi 4 numeri, cioè: 1 + 2 + 3 + 4 = 10.
La soluzione di questo esempio è più complessa, in quanto richiede di compiere più operazioni: dobbiamo eseguire una somma di un numero di addendi che al momento della scrittura del programma non è noto, ma tale numero verrà inserito dall'utente.
Dobbiamo quindi realizzare un meccanismo che continui a eseguire la somma di due numeri alla volta per tante volte quanto indicato dal numero inserito: memorizziamo ogni somma parziale in una variabile chiamata **`totale`** e in essa, alla fine, sarà presente il risultato.

Il codice in C è il seguente:

```
 1 #include <stdio.h>
 2 main()
 3 {
 4   int numero,totale,contatore; // def. delle variabili
 5   contatore=0;                 // iniz.delle variabili
 6   totale=0;
 7   printf("inserisci un numero intero : ");
 8   scanf ("%d",&numero);
 9   while(contatore<numero)     // condizione di ingresso
10   {
11     contatore=contatore+1;    // contatore++;  incrementa contatore
12     totale=totale+contatore;  // totale+=contatore; aggiorna totale
13   }
14   printf("\nla somma dei primi N numeri e\': %d", totale);
15 }
```

Il contatore viene detto variabile di controllo del ciclo.
Seguiamo la trace table inserendo 4 come numero in input.

Numero del ciclo	Numero Istruzione	contatore<numero	numero	contatore	totale
	5-6			0	0
	8		4		
	9	VERO			
1	11			1	
1	12				1
	9	VERO			
2	11			2	
2	12				3
	9	VERO			
3	11			3	
3	12				6
	9	VERO			
4	11			4	
4	12				10
	9	FALSO	*(si esce dal ciclo)*		
	14				10

Le istruzioni del ciclo sono state eseguite 4 volte, quindi il ciclo è stato ripetuto come desideravamo, in modo da effettuare le 4 somme desiderate.
Al totale è stato sommato proprio il valore del contatore in quanto assume i valori degli addendi che dobbiamo sommare, cioè 1 + 2 + 3 + 4.

Prova adesso!

- Utilizzare il ciclo `while`
- Usare un contatore a decremento
- Operatore di decremento `--`

APRI IL FILE esempio02

1. Modifica il ciclo cambiando la condizione di ingresso in questo modo:

```
while(contatore>0)
```

utilizza cioè un contatore a decremento.

2. Confronta il risultato con quello riportato nel file esercizio02 e con quello riportato nel file esercizio03, dove non è stata usata una variabile di conteggio, ma viene direttamente utilizzato il numero inserito anche come contatore.

GAUSS E LA SOMMA DEI PRIMI 100 NUMERI NATURALI

Si dice che Gauss avesse determinato in poco tempo, durante le elementari, la somma dei primi 100 numeri naturali, rispondendo alla richiesta del maestro che lo voleva tenere impegnato per un po' di tempo per potersi dedicare anche agli altri bambini.
Il piccolo Gauss osservò che la somma dei termini della successione equidistanti dal termine mediano è costante, come si può constatare dalla seguente organizzazione dei dati:

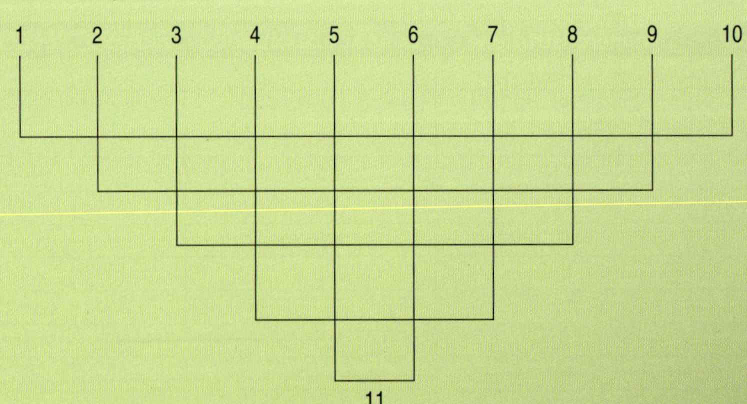

Questo disegno suggerì a Gauss la formula per ottenere direttamente la somma di n numeri:

$$S(n) = \frac{n(n+1)}{2}$$

che ancora oggi porta il suo nome.

Esempio: l'algoritmo di Euclide per il calcolo del MCD

Il Massimo Comun Divisore tra due numeri è il divisore comune a entrambi i numeri che ha valore maggiore; per determinarlo è necessario quindi:

- calcolare per ogni numero l'elenco dei divisori (dove per divisore intendiamo un numero che divide perfettamente il numero dato senza produrre resto);
- individuare nei due gruppi di divisori il numero maggiore che hanno in comune.

EUCLIDE

Euclide, matematico greco nato ad Alessandria d'Egitto intorno al 300 a.C., è famoso per la sua opera *Elementi* (in greco *Stoichéia*), dove tratta il procedimento per il calcolo del MCD in modo geometrico. Al suo nome si legano il termine geometria euclidea o elementare (comprendente la geometria piana e la geometria solida), il postulato di Euclide e i due importanti teoremi di Euclide.

◀ Il metodo di Euclide è considerato in molte enciclopedie e vocabolari come un tipico esempio di algoritmo. ▶

L'algoritmo di Euclide è il metodo con cui ◀ Euclide ▶ risolse, nel Libro 7 degli *Elementi*, il problema di come trovare il MCD tra due numeri interi positivi senza calcolare tutti i divisori. L'idea alla base del procedimento è semplice: anziché calcolare il MCD di a e b, si divide a per b, si trova il resto r e si calcola il MCD di b e r, che sono numeri più piccoli; si procede nello stesso modo fino a quando si effettua una divisione che non produce resto.
Tale divisore è il MCD ricercato.

Vediamo per esempio come determinare il MCD di	90 e 25.
Calcoliamo il primo resto dividendo:	90 e 25 → resto 15
Scambiamo tra loro i due numeri e otteniamo:	25 e 15 → resto 10
Scambiamo tra loro i due numeri e otteniamo:	15 e 10 → resto 5
Scambiamo tra loro i due numeri e otteniamo:	10 e 5 → 0

Il MCD è l'ultimo resto diverso da zero, cioè 5.
Schematicamente si procede in questo modo:

numero1	% numero2	→ resto
90	25	15
25	15	10
15	10	5
10	5	0

Vediamo altri esempi, calcolando il MCD di:

- 220 e 48: resto (220, 48) = 28, r (48, 28) = 20, r (28, 20) = 8, r (20, 8) = 4, r (8, 4) = 0 MCD = 4
- 624 e 246: resto (624, 246) = 132, r (246, 132) =114, r (132, 114) = 18, r (114, 18) = 6, r (18, 6) = 0 MCD = 6
- 1540 e 1295: resto (1540, 1295) = 245, r (1295, 245) = 70, r (245, 70) = 35, r (70, 35) = 0 MCD = 35

La codifica in linguaggio C è immediata: vediamola nell'esempio che segue.

ESEMPIO 3 *Algoritmo di Euclide*

Eseguiamo ora la trace table con i numeri 3132 e 936.

```
 1 main(){
 2   int numero1,numero2,resto,MCD;
 3   printf("\nAlgoritmo di Euclide per il calcolo del MCD.");
 4   printf("\ninserisci due numeri positivi :");
 5   scanf ("%d%d",&numero1,&numero2);
 6   while(numero2>0){              // inizio iterazione
 7     resto=numero1%numero2;       // calcolo del resto
 8     numero1=numero2;             // scambio dei numeri
 9     numero2=resto;
10   }
11   MCD=numero1;                   // assegnazione inutile, solo per chiarezza
12   printf("\nil MCD e\': %d", MCD);
13 }
```

Numero iterazione	Numero istruzione	`numero2>0`	`numero1`	`numero1`	`resto`
	5		3132	936	
	6	VERO			
1	7				324
1	8		936		
1	9			324	
	6	VERO			
2	7				288
2	8		324		
2	9			288	
	6	VERO			
3	7				36
3	8		288		
3	9			36	
	6	VERO			
4	7				0
4	8		36		
4	9			0	
		FALSO		*(si esce dal ciclo)*	
					stampa(36)

Ma che cosa succede se **`numero2`** è maggiore di **`numero1`**, oppure se vengono inseriti numeri negativi? Per verificarlo, svolgi l'esercizio proposto di seguito.

Prova adesso!

- Utilizzare il ciclo `while`
- Usare l'algoritmo di Euclide

APRI IL FILE esempio03

1. Modifica il programma controllando la correttezza di **`numero1>numero2`**.
2. Confronta la tua soluzione con quella riportata nel file esercizio04.

3 Modifica il programma controllando l'inserimento di numeri positivi.
4 Confronta la tua soluzione con quella riportata nel file esercizio05.

Teorema di Jacopini-Böhm

Con l'istruzione di iterazione si apre un "nuovo orizzonte" per la scrittura degli algoritmi; essa, come la concatenazione e la selezione, è una figura fondamentale della programmazione strutturata. Oltre a quelle citate esistono altre figure strutturali, come l'istruzione di salto; questa è stata esclusa dalla programmazione strutturata essendo la principale causa del cosiddetto "codice-spaghetti", quel codice cioè scritto in modo tanto ingarbugliato da non poter essere compreso neanche dallo stesso programmatore.
La teoria della computabilità, disciplina che studia e classifica gli algoritmi in base a canoni di complessità, cerca di definire e catalogare le regole affinché un problema generico possa essere risolto con algoritmi, e possa quindi essere definito *computabile*. Questa teoria si è posta una domanda alla quale, nel 1966, hanno dato risposta due matematici italiani, Corrado Böhm e Giuseppe Jacopini, formulando uno dei più importanti teoremi dell'informatica.

La domanda è: *Quali algoritmi sono codificabili con i tre costrutti concatenazione, selezione e iterazione*?

La risposta è la seguente:

TEOREMA DI JACOPINI-BÖHM
Con i tre costrutti fondamentali, cioè concatenazione, selezione e iterazione, è possibile codificare tutti gli algoritmi computabili.

Da questo teorema possiamo ricavare due caratteristiche dei linguaggi, note come completezza ed equipotenza.

LINGUAGGIO COMPLETO
Un linguaggio di programmazione che ammette le tre figure strutturali fondamentali permette di descrivere tutti gli algoritmi, e si definisce linguaggio completo.

Se con le tre figure fondamentali è possibile risolvere tutti gli algoritmi, ne deriva che tutti i linguaggi che le ammettono possono risolvere tutti gli algoritmi, e sono quindi equipotenti.

EQUIPOTENZA
Due linguaggi sono equipotenti se ammettono le tre figure strutturali fondamentali.

Loop infinito

L'istruzione iterativa è comunemente indicata con il termine inglese loop, cioè ciclo; è di uso comune nello slang informatico il termine "looppare" che significa "rimanere dentro un ciclo e ripetere l'iterazione".

Nella terminologia dei programmatori ricorre anche l'espressione "sono in un loop infinito", che è sinonimo di "non riesco a trovare la soluzione".
Questo termine deriva proprio dal fatto che le istruzioni iterative possono provocare una categoria di errori più gravi e insidiosi di quelli studiati finora: i cicli infiniti.

ESEMPIO 4 *Algoritmo errato con loop infinito*

Analizziamo come esempio il seguente segmento di codice, che verifica (in modo errato!) se un numero è pari o dispari; come strategia prende il numero inserito dall'utente e continua a sottrargli due, fino a raggiungere il numero 0.

```
main(){
 int numLetto;                       // numero inserito dall'utente
 numLetto =0;
 printf ("\nintrodurre il numero da verificare :");
 scanf ("%d",&numLetto);             // leggi un numero
 while (numLetto!=0)                 // decrementalo mentre è <> da 0
   numLetto = numLetto - 2;          // corpo del ciclo
 if (numLetto == 0)                  // comunica il risultato
  printf ("\nil numero e' pari");
 else
  printf ("\nil numero e' dispari");
}
```

L'algoritmo non è completamente errato: infatti, finché vengono inseriti numeri pari, il funzionamento è corretto. Eseguiamo la trace table per un numero dispari, per esempio 7. Dal momento che la condizione `(numLetto != 0)` è sempre verificata, l'iterazione continua all'infinito; quella di mandare in esecuzione un programma e non ottenere risposta è una situazione che si verifica spesso.
Il calcolatore continua a elaborare ma non succede niente e sullo schermo non compaiono i risultati: siamo in presenza di un *ciclo senza fine* o *loop infinito*.

Il debugging può essere eseguito proprio come la trace table, cioè inserendo all'interno del ciclo istruzioni di echo che visualizzino a ogni iterazione il contenuto delle variabili più significative, tra cui quella sulla quale vengono effettuati i controlli di iterazione.

Prova adesso!

- Utilizzare il ciclo `while`
- Correggere codice errato

APRI IL FILE esempio04

1. Correggi la condizione del ciclo **`while`** affinché possa funzionare correttamente.
2. Confronta la tua soluzione con quella riportata nel file esercizio06.

Verifichiamo le conoscenze

Per **verificare le tue conoscenze** svolgi i seguenti test. (*Se sorgeranno dubbi in merito a qualche risposta, rileggi l'argomento a cui si riferisce l'esercizio, poi rispondi.*)

Esercizi a scelta multipla

1 **Indica qual è l'output di questo codice inserendo rispettivamente: a = 3, b = 5.**

```
int num;
scanf("%d",&num);
while(num>3)
{
  printf(" %d",num);
  num--;
}
```

a: ○ 3; ○ 3 2 1; ○ " "; ○ 2 1
b: ○ 4 3; ○ 5 4; ○ 5 4 3 2 1; ○ " "

2 **Indica qual è l'output di questo codice inserendo rispettivamente: a = 4, b = 7, c = 0.**

```
int num;
scanf("%d",&num);
while(num<10)
{
  printf("%d",num);
  num+=2;
}
```

a: ○ 8; ○ 468; ○ 6810; ○ 46810
b: ○ 911; ○ 9; ○ 79; ○ 7911
c: ○ 02468; ○ 2468; ○ 246810; ○ 0246810

3 **Qual è l'output di questo codice?**

```
int num,dato;
num=7;
dato=2;
while(num>0)
{
  printf("%d",dato);
  dato+=num;
   num-=2;
}
```

○ 21417; ○ 29147; ○ 291417; ○ 29117

4 **Qual è l'output di questo codice?**

```
int num,dato;
num=5;
dato=2;
while(num>3)
{
  printf("%d",dato);
  dato*=num;
   num-=1;
}
```

○ 210; ○ 2104; ○ 21020; ○ 21040

Test vero/falso

1 Iterare significa ripetere ciclicamente un gruppo di istruzioni. Ⓥ Ⓕ
2 La condizione di ingresso è una condizione logica. Ⓥ Ⓕ
3 Nel ciclo a condizione iniziale il corpo viene eseguito almeno una volta. Ⓥ Ⓕ
4 Il corpo del ciclo deve essere sempre racchiuso tra **{ }**. Ⓥ Ⓕ
5 Un contatore è una variabile che viene incrementata ripetutamente di un'unità. Ⓥ Ⓕ
6 Nel ciclo a condizione iniziale se il test dà esito VERO si ripete il corpo del ciclo. Ⓥ Ⓕ
7 Nel ciclo a condizione iniziale è noto a priori il numero delle iterazioni da eseguire. Ⓥ Ⓕ
8 Un accumulatore è una variabile che viene incrementata ripetutamente di un'unità. Ⓥ Ⓕ
9 Per verificare il corretto funzionamento di un ciclo si utilizza la tabella di traccia (o trace table). Ⓥ Ⓕ
10 Con la trace table si correggono gli errori presenti nel codice. Ⓥ Ⓕ

Verifichiamo le competenze

Utilizza le nuove istruzioni

Nei seguenti esercizi sono indicati alcuni segmenti di codice: in base ai valori assegnati alle variabili, annota i risultati visualizzati sullo schermo oppure, se necessario, individua la presenza di errori.

1 Qual è l'output di questo codice?

```
int num,dato;
num=1;
dato=1;
while(num<6)
{
  if(num/2==1)
    printf(" %d",dato);
  else
    printf(" %d",dato-1);
  dato+=num;    //dato=dato+num;
  num++;        //num=num+1;
}
```

2 Qual è l'output di questo codice?

```
int num,dato;
num=1;
dato=1;
while(num<10)
{
  if(num/2==0)
    printf(" %d",dato);
  else
    printf(" %d",dato-1);
  dato=num-dato;
  num+=2;       //num=num+2;
}
```

3 Qual è l'output di questo codice?

```
int num,dato;
num=1;
dato=1;
while(num<60)
{
  if(num/2==0)
    printf(" %d",dato);
  else
    printf(" %d",dato-1);
  dato+=num;    //dato=dato+num;
  num+=dato;    //num=num+dato;
}
```

4 Correggi il codice in modo da visualizzare 13579.

```
int num,dato;
num=5;
dato=1;
while(num>0)
{
  printf(" %d",dato);
  dato+=1;      //dato=dato+1;
  num--;        //num=num-1;
}
```

5 Individua gli errori nel codice facendo in modo che visualizzi i numeri pari compresi tra 10 e 20.

```
int num,dato;
num=1;
dato=10;
while(num<12)
{
  printf(" %d",dato);
  dato++;     //dato=dato+1;
  num+=2;     //num=num+2;
}
```

6 Completa il codice in modo tale da visualizzare la potenza del 2 fino a 25.

```
int num,dato;
num=1;
dato=1;
while(num<___)
{
  printf(" %d",dato);
  dato=dato*___;
  num=num+___;
}
```

7 Correggi una sola istruzione in modo tale da visualizzare la potenza del 3 fino a 34.

```
int num,dato;
num=1;
dato=1;
while(num<90)
{
  printf("\n %d",dato);
  num=dato*3;
  dato=dato+num;
}
```

Verifichiamo le competenze

Esprimi la tua creatività

Progetta e realizza completamente in linguaggio di programmazione il codice che risolva i problemi proposti.

1 Scrivi un programma che legge un numero `num` e quindi successivamente esegue la somma di `num` numeri inseriti dall'utente.

2 Scrivi un programma che legge 10 numeri e ne stampa il massimo.

3 Scrivi un programma che legge un numero `num` e visualizza tutti i numeri pari inferiori a tale numero.

4 Scrivi un programma che esegue la somma di tutti i numeri multipli di 5 compresi tra 10 e 100.

5 Scrivi un programma che legge un numero `num` e visualizza tutti i numeri primi inferiori a tale numero.

6 Scrivi un programma che visualizza i numeri pari multipli di 8 compresi tra 10 e 100.

7 Scrivi un programma che prende in ingresso un numero `num` e calcola il doppio della somma dei primi `num` numeri.

8 Scrivi un programma che chiede in ingresso un numero finché non si inserisce un numero dispari. Quando questo avviene, il programma termina scrivendo quanti numeri pari erano stati inseriti in precedenza.

9 Scrivi un programma che legge una sequenza di numeri interi positivi terminanti con l'immissione del numero 0 e ne ricerca il valore minimo visualizzandolo sullo schermo.

10 Scrivi un programma che esegue la moltiplicazione di due numeri inseriti da un utente utilizzando il metodo delle somme successive.

11 Scrivi un programma che legge un numero `num` ed esegui il calcolo della somma dei primi `num` numeri interi positivi pari.

12 Scrivi un programma che legge un numero `num` e visualizza sullo schermo tutti i suoi fattori.

13 Scrivi un programma che legge una serie di numeri interi positivi arrestandosi quando la somma dei numeri immessi supera un valore costante letto come primo numero della sequenza.

14 Scrivi un programma che legge da tastiera una sequenza di lunghezza ignota a priori di numeri interi positivi. Il programma, a partire dal primo numero introdotto, stampa ogni volta la media di tutti i numeri introdotti. Termina quando il numero inserito è negativo.

15 Scrivi un programma che legge da tastiera una sequenza di numeri positivi e a ogni numero letto ne stampa la somma progressiva. Il programma termina quando si introduce un numero minore o uguale a zero.

16 Scrivi un programma che verifica se l'anno è bisestile: l'utente inserisce un anno e il calcolatore verifica se è bisestile. Se l'utente inserisce un numero minore di 0 il programma termina (senza ovviamente fare alcuna verifica); altrimenti, al termine della verifica, si ricomincia da capo (un anno è bisestile se è divisibile per 4 ma non per 100, oppure se è divisibile per 400).

17 Scrivi un programma che ricerca i primi tre numeri perfetti e li visualizza sullo schermo (un numero è perfetto se è uguale alla somma dei suoi divisori, per esempio il numero 6 è perfetto dato che 6 = 1 + 2 + 3).

18 Scrivi un programma che esegue il calcolo del fattoriale di un numero `num` inserito (il fattoriale di un numero si ottiene moltiplicando il numero per tutti i suoi predecessori: per esempio, il fattoriale di 5 è dato da 5*4*3*2*1 e si indica con 5!).

19 Ricerca i primi due numeri amicabili e visualizzali sullo schermo: la definizione di numero amicabile è attribuita a Fermat, e afferma che sono amicabili le coppie di numeri tali che ogni numero è la somma dei divisori dell'altro numero (per esempio 17.296 e 18.416).

UNITÀ DIDATTICA 2

IL CICLO A CONDIZIONE FINALE: DO ... WHILE

IN QUESTA UNITÀ IMPAREREMO...

- a utilizzare il costrutto a condizione finale
- a definire la struttura dell'istruzione di test
- a trasformare le istruzioni di iterazione
- a generare numeri casuali

Introduzione

Il teorema di Jacopini-Böhm ha dimostrato l'equipotenza dei linguaggi di programmazione, cioè la possibilità di descrivere ogni algoritmo computabile facendo uso esclusivamente di tre figure strutturali fondamentali:

- sequenza (o concatenazione);
- selezione (o scelta);
- iterazione (o ciclo).

L'istruzione di selezione è rappresentabile mediante due istruzioni: la selezione doppia e la selezione semplice. Per la precisione, la selezione semplice è un caso particolare di selezione doppia: è il caso, cioè, in cui in una delle due "strade" alternative possibili non viene eseguita alcuna istruzione.
Nel caso dell'iterazione sono previste alcune possibilità: la figura fondamentale riportata nel teorema è quella descritta nell'unità precedente, cioè l'iterazione precondizionata, ma anche l'iterazione postcondizionata viene considerata fondamentale.
Sostenere che entrambe le strutture sono fondamentali non è errato, in quanto esse sono intercambiabili: infatti, è sempre possibile sostituire un'istruzione postcondizionata con un'istruzione precondizionata e viceversa, quindi è sufficiente che un linguaggio ammetta anche solo una di queste figure per soddisfare i requisiti del teorema di Jacopini-Böhm.
I moderni linguaggi ammettono sempre più possibilità e quindi entrambe sono a disposizione del programmatore.

Il ciclo a condizione finale: do ... while

◀ Il ciclo a condizione finale prende anche il nome di ciclo post-condizionato o a condizione di coda. ▶

L'operazione di iterazione studiata nell'Unità 1 di questo modulo permette di eseguire ripetizioni di un segmento di codice dopo che viene effettuato un test, chiamato test di ingresso.
Un'istruzione alternativa è quella che prima esegue il contenuto del ciclo e alla fine verifica la condizione di ripetizione, che in questo caso prende il nome di ◀ condizione in uscita dal ciclo ▶:

- se la condizione è verificata, il ciclo viene ripetuto;
- se la condizione non è verificata, il ciclo termina.

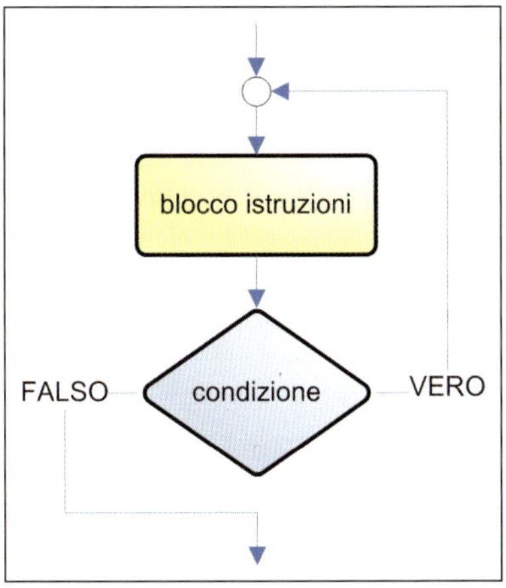

La figura strutturale che descrive questa situazione è riportata a sinistra.

In linguaggio di programmazione viene così tradotta:

```
do
   <blocco di istruzioni>
while <condizione di ripetizione>
```

◀ Per come è strutturato il ciclo a condizione finale, il blocco di istruzioni (corpo del ciclo) viene sempre eseguito almeno una volta, dato che il test sulla condizione avviene "in coda". ▶

Distinguiamo ogni singolo elemento che la compone:

parola chiave	inizio blocco	corpo del ciclo	fine blocco	parola chiave	condizione di ripetizione	fine istruzione
`do`	`{`	`<istruzioni>`	`}`	**`while`**	`<condizione>`	`;`

Il funzionamento è semplice:

- si entra nel ciclo e si esegue il blocco di istruzioni (o semplicemente un'istruzione);
- viene valutata la condizione di uscita, che è un'operazione di test, e quindi ha risultato VERO o FALSO;
- se il valore è VERO si torna indietro a ripetere il corpo del ciclo; se invece è FALSO si esce dall'altro ramo e si prosegue il programma con le successive istruzioni.

L'istruzione può essere letta nel seguente modo: *"fai il ciclo mentre la condizione è VERA, cioè quando la condizione diventa FALSA il ciclo è finito"*.

> La parola **`do`** indica l'inizio del ciclo, cioè le istruzioni che devono essere ripetute. La parola **`while`** deve essere seguita dalla condizione con cui si rimane all'interno del ciclo: **`while(<espressione_logica>)`**, quindi, entra (o rimane) in loop quando la condizione logica assume valore VERO. Nel caso in cui il corpo del ciclo sia composto da una sola istruzione non è necessario indicare l'inizio e la fine del blocco.

La tabella seguente riporta qualche "esempio classico" di condizione di uscita.

`do ... while(numero=0)`	Ripete quando **numero** vale 0, cioè esce quando il valore di **numero** è diverso da 0.
`do ... while(numero<0)`	Ripete quando **numero** è negativo, cioè esce quando il valore di **numero** diventa positivo o uguale a 0.
`do ... while(numero>0)`	Ripete quando **numero** è positivo, cioè esce quando il valore di **numero** diventa negativo o uguale a 0.
`do ... while(finito=true)`	Ripete quando **finito** è **true**, cioè esce quando il valore di **finito** diventa **false**.
`do ... while(numero!=18)`	Ripete quando **numero** è minore di 18: ne esce per qualunque altro valore.
`do ... while(scelta !='S')`	Ripete quando **scelta** è uguale a "S": ne esce per qualunque altro valore.

Vediamo un esempio.

ESEMPIO 5 *Ripetizione di un programma*

Un tipico utilizzo dell'istruzione a condizione finale è quello che permette di ripetere l'esecuzione di un programma senza doverlo mandare in esecuzione da capo: per esempio, se vogliamo ripetere un'elaborazione modificando i valori dei dati in ingresso.
In questo caso proponiamo all'utente una frase del tipo:

```
printf("vuoi inserire un nuovo numero S/N?")
```

dove S e N sono le possibili risposte attese: se l'utente inserisce S si ripete tutto il programma, se invece inserisce N si termina l'esecuzione.

Modifichiamo per esempio l'esercizio che verifica se un numero è pari o dispari (vedi Modulo 2, esempio 5) aggiungendo un ciclo che permette all'utente di ripetere l'inserimento di un numero e terminare digitando "S".

```
#include <stdio.h>
main()
{
  int numero;
  char scelta;
  do
  {
    printf("\n\ninserisci un numero intero: ");
    scanf ("%d",&numero);
    if ((numero%2)==0)
      printf("il numero %d e\' pari ", numero);
    else
      printf("il numero %d e\' dispari ", numero);
    printf("\nvuoi inserire un nuovo numero S/N? ");
    scelta=getch();                    // legge un carattere
  }
  while ((scelta=='S')||(scelta=='s'));   // S maiuscola o s minuscola
}
```

◀ È necessario controllare sia il carattere S maiuscolo sia s minuscolo in quanto il C li interpreta come caratteri diversi e si devono pertanto verificare entrambe le possibili digitazioni dell'utente: come abbiamo già avuto modo di dire, infatti, il C è case sensitive, distingue cioè tra maiuscole e minuscole. ▶

Il blocco da ripetere è costituito dalle istruzioni che iniziano alla riga 8 e terminano con l'istruzione 15.

Prova adesso!

- Utilizzare il ciclo `do ... while`
- Utilizzare `scanf("%c",&car)`

APRI IL FILE esempio05

1. Scrivi un programma che converte un carattere alla volta da minuscolo in maiuscolo finché non viene inserito il carattere 'S'. (*Suggerimento*: per la conversione in maiuscolo utilizza ◀ l'istruzione **`car=car-'a'+'A';`** ▶, che esegue operazioni sui corrispondenti valori numerici della tabella ASCII).
2. Confronta la tua soluzione con quella riportata nel file esercizio07.

◀ È possibile eseguire operazioni aritmetiche sul tipo **`char`** grazie al fatto che il C rappresenta un carattere mediante il suo codice ASCII, quindi con un numero intero compreso tra 0 e 255. ▶

Un secondo tipico utilizzo della istruzione a condizione finale è quello che permette di ripetere l'introduzione dei dati nel caso in cui l'utente effettui errori nella digitazione. Vediamo un esempio.

ESEMPIO 6 *Controllo dell'input*

Miglioriamo il programma che calcola il MCD, esaminato nell'Unità 1 di questo modulo, aggiungendo le istruzioni che permettono di verificare il corretto inserimento di numeri positivi sui quali effettuare il calcolo. Il codice C è il seguente:

```
1  main(){
2    int numero1,numero2,resto,MCD;  // def. delle variabili
3    printf("\nAlgoritmo di Euclide per il calcolo del MCD.");
4    printf("\ninserisci due numeri positivi :");
5    do                            // controllo input del numero1
6      scanf("%d",&numero1);
7    while(numero1<=0);            // ripete se numero1<=0
8    do                            // controllo input del numero2
9      scanf("%d",&numero2);
10   while(numero2<=0);            // ripete se numero2<=0
11   while(numero2>0){             // inizio iterazione
12     resto=numero1%numero2;      // calcolo del resto
13     numero1=numero2;            // scambio dei numeri
14     numero2=resto;
15   }
16   MCD=numero1;
17   printf("\nil MCD e\': %d", MCD);
18 }
```

Sia il ciclo a condizione iniziale sia quello a condizione finale consentono di risolvere gli stessi esercizi, quindi le due istruzioni sono equivalenti (o equipotenti).
La differenza fondamentale è che nel ciclo a condizione iniziale, se la condizione è subito FALSA, non si entra mai nel ciclo, che non viene eseguito neanche una volta, mentre nel ciclo a condizione finale, dato che la condizione viene controllata alla fine del ciclo, questo viene eseguito sempre almeno una volta.

Prova adesso!

- Utilizzare il ciclo `do ... while`
- Effettuare il controllo dell'input
- Ripetere l'elaborazione su richiesta

APRI IL FILE esempio06

1. Modifica l'esercizio:
   - inserendo un controllo sui numeri inseriti che devono essere diversi da 0;
   - scambiandoli tra loro se necessario per la correttezza dell'algoritmo;
   - inserendo la richiesta di ripetizione del programma;
   - inserendo righe di comunicazione con l'utente che lo aiutino e gli indichino cosa deve fare in ogni situazione che si verifica.
2. Confronta la tua soluzione con quella riportata nel file esercizio08.

Esempio: i numeri di Fibonacci

Vogliamo stampare la sequenza dei numeri di Fibonacci fino a un n-esimo termine letto in input.

FIBONACCI

Leonardo da Pisa, o Leonardo Pisano, studioso matematico del XIII secolo, figlio di messer Guglielmo Bonacci, per questo chiamato anche il Fibonacci, durante i suoi viaggi in Oriente ebbe modo di conoscere gli scritti di Al-Khwarizmi, di studiarli e diffonderli in Occidente: nelle sua traduzioni spesso semplificava il difficile nome del matematico arabo chiamandolo Algoritmo, nome ancora oggi utilizzato in suo ricordo.

La sequenza di Fibonacci è un insieme di numeri ottenuti in questo modo:
- il primo termine è 0;
- il secondo termine è 1;
- il terzo termine è ottenuto dalla somma dei due precedenti, cioè del secondo più il primo;
- il quarto termine è ottenuto dalla somma dei due precedenti, cioè del terzo più il secondo;
- ... e così via;
- il termine n-esimo è ottenuto dalla somma dei due termini che lo precedono.

La sequenza di Fibonacci dei primi 10 termini è la seguente:

0, 1, 1, 2, 3, 5, 8, 13, 21, 34

Per risolvere questo problema lo scomponiamo in due parti, o sottoproblemi (che prevedono entrambi un ciclo di controllo a condizione finale):

- nella prima parte si effettua l'acquisizione del dato da input e si esegue il controllo di ammissibilità del valore inserito;
- nella seconda si eseguono i calcoli per la generazione di tutti i termini della sequenza.

Il programma completo, con la definizione delle variabili, è il seguente:

```
#include <stdio.h>
main()
{
// visualizzazione della sequenza di Fibonacci
  int quanti,conta,fiboA,fiboB,fiboC;
// prima parte: verifica dell'input ");
  printf("\nSequenza di Fibonacci");
  printf("\ninserisci il numero di termini desiderato: " );
  do
    scanf("%d",&quanti);
  while(quanti<2);
// seconda parte: calcolo della sequenza
  fiboA=0;                // primo termine della sequenza
  fiboB=1;                // secondo termine della sequenza
  printf("%d ",fiboA);
  printf("%d ",fiboB);
  conta=2;                // inizializzo il contatore termini stampati
  do
  {
    fiboC=fiboA+fiboB;    // genero il nuovo termine della sequenza
    printf("%d ",fiboC);  // stampo il termine
    conta++;              // aggiorno il contatore termini stampati
    fiboA=fiboB;          // il penultimo termine diventa l'ultimo
    fiboB=fiboC;          // il nuovo termine diventa il penultimo
  }
  while(conta<quanti);
}
```

Prova adesso!

- Utilizzare il ciclo `do ... while`
- Usare la funzione `system("cls");`
- Effettuare il controllo dell'input

APRI IL FILE fibo1

1. Modifica il codice in modo da continuare a generare sequenze fino a che l'utente inserisce il carattere 'N' visualizzandolo sullo schermo.
2. A ogni iterazione pulisci lo schermo utilizzando la funzione **`system("cls");`**.
3. Verifica la tua soluzione con quella riportata nel file fibo2.
4. Riscrivi poi il programma utilizzando la condizione iniziale **`while`**.
5. Verifica la tua soluzione con quella riportata nel file fibo3.

Generazione numeri casuali

Nella scrittura dei programmi spesso è necessario generare numeri in un certo intervallo ma in un ordine non prefissato, cioè generare numeri "a caso" (numeri casuali).
Per esempio sono necessari i numeri casuali per effettuare simulazioni scientifiche, per testare sistemi di decisione, per realizzare nei videogiochi l'antagonista all'uomo, per estrarre i numeri nelle lotterie, nel lotto ecc.

Tutti i linguaggi di programmazione forniscono un sistema per la generazione di sequenze di numeri apparentemente casuali, che si chiamano pseudocasuali, in quanto sono generati in sequenza a partire da un numero iniziale chiamato seme: se conosciamo lo stato iniziale del generatore possiamo prevedere i numeri della sequenza dato che a parità di seme viene sempre generata la stessa sequenza.

La generazione di numeri pseudocasuali in C viene effettuata mediante due funzioni:

- l'inizializzazione del seme (in inglese *seed*), cioè del punto di partenza del generatore con l'istruzione: `srand(seed);`
- la generazione del successivo elemento nella sequenza con l'istruzione: `int rand()`.

Il seme si inizializza una sola volta, prima della prima invocazione di `rand()` e a ogni successiva chiamata di `rand()` questa restituisce un intero compreso nell'intervallo [0; `RAND MAX`], dove `RAND MAX` è una costante intera predefinita).

Zoom su...

TIME()

La funzione `time()`, che permette la lettura dell'orologio interno al sistema restituendo l'ora espressa in secondi, viene utilizzata per l'inizializzazione casuale del seme: `srand(time(NULL));`. Le funzioni `time()`, `rand()`, `srand()` e le costanti `RAND MAX`, `NULL` sono definite in `stdlib.h` che deve essere inclusa nell'intestazione del programma.

ESEMPIO 7 *Indovina il numero del calcolatore*

Il calcolatore genera casualmente un numero minore di 100 e l'utente deve indovinarlo con il minor numero di tentativi: l'unica indicazione che il calcolatore fornisce all'utente è se il numero nascosto è maggiore o minore di quello inserito come tentativo.
Il programma, dopo aver generato un numero casuale, deve "avviare" un dialogo con l'utente che, mediante l'inserimento di un numero (tentativo), cerca di indovinare il numero misterioso: per ogni tentativo il calcolatore fornisce un'indicazione d'aiuto, in modo da permettere al giocatore di avvicinarsi sempre più alla soluzione.
Quando il numero viene indovinato il programma termina visualizzando il numero di tentativi che il giocatore ha effettuato. Il top-down è il seguente:

I Affinamento	II Affinamento

genera un numero nascosto
leggi i tentativi del giocatore
 	
comunica l'esito del gioco
	nascosto ← random(100)
	fai
	  leggi tentativo
	  conta i tentativi
	  verifica se è uguale al numero nascosto
	mentre (il gioco non è terminato)
	se (è stato indovinato)
	  comunica (*"il numero è stato indovinato in tentativi"*, conta)
	altrimenti
	  comunica (*"non hai indovinato il numero"*, conta, numero)

Per ottenere un numero compreso tra 1 e 100 è sufficiente sommare 1 al resto della divisione per 100 del numero generato random: **`numero=(rand()%100)+1;`**

```
#include <stdlib.h>    // per la funzione rand & co .
main(){
  int numero,conta=0,tentativo;          // def. delle variabili
  printf ("\nGioco: indovina il numero ");
  srand (time(NULL));                    // inizializzo il seme
  numero = (rand()%100)+1;               // genero un numero tra 1 e 100
  do{
    printf("\ninserisci un numero ... :");
    scanf("%d",&tentativo);
    conta++ ;
    if (tentativo<numero)
      printf("\n... troppo piccolo ");
    if (tentativo>numero)
      printf("\n... troppo grande :");
  }while(numero!=tentativo);             // ripete se non indovinato
  printf("\nHai indovinato in %d tentativi: ", conta);
}
```

Per migliorare il programma si potrebbe introdurre un'ipotesi aggiuntiva: stabilire un numero massimo di tentativi (per esempio preimpostando una costante al valore 7): se entro tale limite il numero non viene indovinato, al giocatore viene comunicato l'insuccesso e il gioco termina. In questo modo avremo una doppia condizione di uscita dall'elaborazione: il numero viene indovinato oppure i tentativi superano il limite ammesso.

Prova adesso!

- Utilizzare il ciclo `do ... while`
- Generazione di numeri random
- Condizione di uscita doppia

APRI IL FILE esempio07

1. Definisci una costante **`#define MAX_TENTA 7`**.
2. Modifica il programma terminando l'elaborazione anche al superamento dei tentativi possibili.
3. Confronta la tua soluzione con quella riportata nel file esercizio09.

Verifichiamo le conoscenze

Per **verificare le tue conoscenze** svolgi i seguenti test. (*Se sorgeranno dubbi in merito a qualche risposta, rileggi l'argomento a cui si riferisce l'esercizio, poi rispondi.*)

Esercizi a scelta multipla

1 **Indica qual è l'output di questo codice inserendo rispettivamente: a = 3, b = –3.**

```
int num;
scanf("%d",&num);
do
{
  printf("%d",num);
  num--;
}
while(num>=1);
```

a: ○ 32; ○ 321; ○ 3210; ○ non si ferma
b: ○ –3 –2 –1; ○ –3 –4; ○ –3; ○ non si ferma

2 **Indica qual è l'output di questo codice inserendo rispettivamente: a = 3, b = 7, c = –3.**

```
int num;
scanf("%d",&num);
do
{
  printf("%d ",num);
  num=num-2;      //num-=2;
}
while(num>=1);
```

a: ○ 321; ○ 31; ○ 1; ○ non si ferma
b: ○ 7911; ○ 79; ○ 7531; ○ non si ferma
c: ○ –3; ○ –3 –1; ○ –3–5; ○ non si ferma

3 **Qual è l'output di questo codice?**

```
int num,dato;
num=7;
dato=2;
do
{
  printf("%d ",dato);
  dato+=num;     //dato=dato+num;
  num-=2;        //num=num-2;
}
while(num<0);
```

○ 0; ○ 2; ○ 4; ○ non si ferma

4 **Qual è l'output di questo codice?**

```
int num,dato;
num=4;
dato=2;
do
{
  printf("%d ",dato);
  dato*=num;     //dato=dato*num;
  num--;         //num=num-1;
}
while(num>0);
```

○ 282448; ○ 281632;
○ 24816; ○ non si ferma

Test vero/falso

1. Iterare significa ripetere ciclicamente un'istruzione. V F
2. La condizione di uscita è una condizione logica. V F
3. Nel ciclo a condizione finale il corpo viene eseguito almeno una volta. V F
4. Il corpo del ciclo deve essere sempre racchiuso tra **{ }**. V F
5. Nel ciclo a condizione finale se il test dà esito VERO si ripete il corpo del ciclo. V F
6. Nel ciclo a condizione finale è noto a priori il numero delle iterazioni da eseguire. V F
7. Un loop infinito è un ciclo in cui non si verifica mai la condizione di uscita. V F
8. "Case sensitive" indica che non fa distinzione tra maiuscole e minuscole. V F

Verifichiamo le competenze — *Utilizza le nuove istruzioni*

Nei seguenti esercizi sono indicati alcuni segmenti di codice: in base ai valori assegnati alle variabili, annota i risultati visualizzati sullo schermo oppure, se necessario, individua la presenza di errori.

1 Correggi un'istruzione nel codice in modo da visualizzare la potenza del 2 fino a 25.

```
int num,dato;
num=5;
dato=1;
do
{
  printf("%d ",dato);
  dato+=2;      //dato=dato+2;
  num--;        //num=num-1;
}
while(num>0)
```

2 Correggi un'istruzione nel codice in modo da visualizzare la potenza del 3 fino a 34.

```
int num,dato;
num=1;
dato=1;
do
{
  printf("%d ",dato);
  dato*=3;      //dato=dato*3;
  num+=dato;    //num=num+dato;
}
while(num<20)
```

3 Correggi due istruzioni nel codice in modo da visualizzare 13579.

```
int num,dato;
num=5;
dato=1;
do
{
  printf("\n%d",dato);
  dato+=num;    //dato=dato+num;
  num--;        //num=num-1;
}
while(num=0)
```

4 Correggi due istruzioni nel codice in modo da visualizzare i numeri pari compresi tra 10 e 20.

```
int num,dato;
num=0;
dato=10;
do
{
  printf("%d ",dato);
  dato+=num;    //dato=dato+num;
  num+=2;       //num=num+2;
}
while(num<20)
```

5 Qual è l'output di questo codice?

```
int num,dato;
num=2;
dato=3;
do
{
  dato--;       //dato=dato-1;
  printf("%d ",dato);
  dato*=num;    //dato=dato*num;
  num-=dato;    //num=num-dato;
}
while(num<11)
```

6 Indica qual è l'output di questo codice inserendo rispettivamente: a = 6, b = –6.

```
int num,dato;
num=1;
scanf("%d",&num);
do
{
  num--;
  printf("%d",num);
  num--;
}
while(num>1)
```

Verifichiamo le competenze

Esprimi la tua creatività

Progetta e realizza completamente in linguaggio di programmazione il codice che risolva i problemi proposti.

1 Scrivi un programma che legge una sequenza di numeri interi terminanti con uno 0 e visualizza quanti numeri sono stati inseriti.

2 Scrivi un programma che legge una sequenza di numeri interi terminanti con uno 0 e strettamente maggiori di 0 e ne ricerca il valore minimo visualizzandolo sullo schermo.

3 Scrivi un programma che legge un numero `num` e quindi successivamente esegue la somma di `num` numeri inseriti dall'utente.

4 Scrivi un programma che legge un numero `num` e visualizza tutti i numeri pari inferiori a tale numero.

5 Scrivi un programma C che legge da tastiera una sequenza di numeri interi terminante con un numero negativo e al termine stampa a video il numero dei numeri letti che sono maggiori di zero, di quelli che sono minori di zero e di quelli nulli.

6 Scrivi un programma che esegue la somma di tutti i numeri multipli di 5 compresi tra 10 e 100.

7 Scrivi un programma che effettua il conto alla rovescia a partire da un valore minore di 20 inserito dall'utente.

8 Scrivi un programma che effettua random il lancio di due dadi e visualizza i risultati.

9 Scrivi un programma che genera `num` numeri random (`num` inserito dall'utente) e visualizza quanti numeri pari e quanti numeri dispari sono stati generati.

10 Scrivi un programma che effettua la somma dei numeri inseriti dall'utente fino a raggiungere il numero 1000 e indica quanti numeri sono stati sommati.

11 Scrivi un programma che effettua il calcolo della media dei voti della pagella, inserendoli uno alla volta e chiedendo a ogni inserimento di un numero se i voti da inserire sono terminati accettando come risposta S oppure N.

12 Scrivi un programma che effettua il calcolo della media dei voti della pagella, inserendoli uno alla volta e terminando con l'inserimento del numero 0.

13 Scrivi un programma che effettua il prodotto tra due numeri utilizzando il metodo delle somme successive dopo aver controllato l'input e accettato solo valori maggiori di 0.

14 Scrivi un programma che, leggendo due numeri, sottrae il minore dal maggiore finché la loro differenza diventa inferiore a 3 unità visualizzando sullo schermo il risultato di ogni iterazione.

15 Scrivi un programma che, leggendo due numeri, ne esegue la moltiplicazione mediante somme successive visualizzando sullo schermo il risultato di ogni iterazione.

16 Scrivi un programma che, leggendo due numeri, ne esegue la divisione mediante sottrazioni successive visualizzando sullo schermo il risultato di ogni iterazione.

17 Scrivi un programma che legge un numero intero in ingresso e lo converte in numero binario mediante successiva divisione per 2.

18 Scrivi un programma che gestisce il gioco dei fiammiferi: da un insieme di N fiammiferi, a turno due giocatori ne tolgono un numero qualunque che vada da 1 a K (dove N e K sono definiti a priori, per esempio N = 21 e K = 5).
Perde chi toglie l'ultimo fiammifero.

UNITÀ DIDATTICA 3

IL CICLO A CONTEGGIO FOR

IN QUESTA UNITÀ IMPAREREMO...

- a distinguere iterazioni definite e indefinite
- a definire cicli a conteggio
- a utilizzare cicli annidati
- a trasformare istruzioni definite in istruzioni indefinite

Il ciclo a conteggio for

Nelle istruzioni di iterazione che abbiamo utilizzato fino a ora non conoscevamo mai in anticipo il numero delle volte che doveva essere ripetuto il ciclo.
L'inizio o la fine del ciclo, infatti, sono sempre stati condizionati da una variabile, il cui contenuto spesso non era noto a priori.

Esiste tuttavia un insieme di problemi caratterizzati dal fatto di avere come dato iniziale proprio il numero di volte che un compito deve essere eseguito, come nei seguenti esempi.

Fai 10 giorni di ferie.
Leggi 20 pagine.
Per 10 volte scrivi "devo studiare di +".
Attacca 30 figurine sull'album.
Invia 100 sms alla zia.
Imbianca con 3 mani la parete.
Per 210 giorni devi andare a scuola.

◀ Il ciclo a conteggio prende anche il nome di ciclo enumerativo, in quanto il suo principio di funzionamento è quello di enumerare, cioè contare, la sequenza delle ripetizioni. Questo ciclo, inoltre, viene pure detto a iterazione definita, in contrapposizione ai cicli a condizione, o indefiniti, in quanto sappiamo in anticipo, e quindi è definito, il numero delle iterazioni da fare. ▶

In tutte queste situazioni il numero delle iterazioni è noto a priori, quindi definito.

Nel linguaggio C esiste un'istruzione che permette di codificare questo tipo di ciclo: il ◀ ciclo a conteggio ▶, o

◀ Il contatore a ogni iterazione viene incrementato o decrementato di un valore costante, che viene anche chiamato passo del ciclo). ▶

ciclo **for**: il suo nome deriva dal fatto che viene realizzato mediante un ◀ contatore ▶ che, ogni volta che viene eseguito il corpo del ciclo, automaticamente viene aggiornato (incrementato o decrementato di una certa quantità).

La sua sintassi è la seguente:

```
for (inizializzazione; condizione di uscita; aggiornamento passo)
{
  istruzione1;
  istruzione2;
  ...
  istruzione"n";
}
```

Distinguiamo ogni singolo elemento che compone la sintassi:

parola chiave		inizializzazione dei contatori	condizione di uscita	aggiornamento dei contatori	
for	(	**inizializzazione;**	**condizione;**	**aggiornamento**	)

Come possiamo notare, tra le parentesi vengono inseriti i tre parametri illustrati di seguito:
- l'inizializzazione, che è effettuata prima di iniziare il ciclo vero e proprio;
- la condizione di uscita, che viene valutata a ogni ciclo; il ciclo viene ripetuto fintanto che la condizione permane vera;
- l'aggiornamento del passo: se la condizione di uscita è vera viene eseguito il blocco di istruzioni e al suo termine viene eseguito l'aggiornamento.

ESEMPIO 8 *Scriviamo un programma che ripete 10 volte la stessa frase*

In questo esempio si vuole ripetere la scritta "Salve a tutti!" per dieci volte. Per fare questo usiamo un ciclo a conteggio, dove la variabile chiamata **conta** funge da contatore, pertanto viene inizializzata a zero (**conta=0;**). La condizione di uscita è rappresentata dal confronto tra il contatore e il numero di cicli da eseguire (in questo caso dieci, quindi **conta<10**). Fintanto che la condizione risulta vera viene eseguito il ciclo **for**.
L'aggiornamento del contatore è rappresentato dall'incremento della variabile contatore a ogni ciclo (**conta++**). Il codice è il seguente:

◀ All'interno del ciclo possiamo utilizzare due istruzioni particolari, chiamate **break** e **continue**. L'istruzione **break** determina il termine del ciclo **for**, mentre l'istruzione **continue** riavvia immediatamente un nuovo ciclo dopo avere valutato la condizione di uscita. ▶

```
#include <stdio.h>
main()
{
//dichiarazione variabile contatore
  int conta;
  for (conta=0; conta<10; conta++)      //ciclo for
    printf ("Salve a tutti!\n");        //istruzione ripetuta dieci volte
}
```

Nella tabella seguente sono riportati alcuni esempi.

for (contatore; condizionatore; passo)	Osservazioni
for (conta ← 1; conta < 10; conta ← conta + 1)	esegue 9 iterazioni
for (conta ← 0; conta < 10; conta ← conta + 1)	esegue 10 iterazioni
for (conta ← 1; conta <= 10; conta ← conta + 1)	esegue 10 iterazioni
for (conta ← 0; conta <= 10; conta ← conta + 1)	esegue 11 iterazioni
for (conta ← 1; conta < 10; conta ← conta + 2)	esegue 5 iterazioni
for (conta ← 10; conta > 5; conta ← conta - 2)	esegue 3 iterazioni

Per comprendere meglio il funzionamento di questa istruzione, descriviamola con uno schema a blocchi. ▶

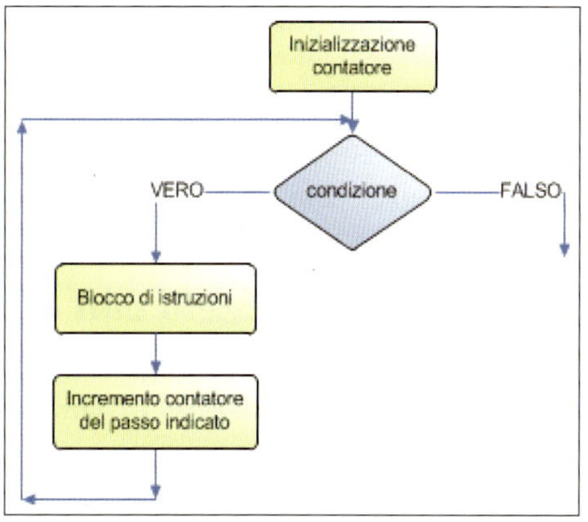

Si può osservare che questa istruzione è simile al ciclo a condizione iniziale, sia come strutturazione sia come controllo di ripetizione: nello schema sono state evidenziate le tre istruzioni che la compongono.

Zoom su...

FOR (<ESPRESSIONE1>;<ESPRESSIONE2>;<ESPRESSIONE3>)

Ciascuna delle tre espressioni può anche mancare, ma in ogni caso vanno inseriti i "**;**"e se manca il secondo elemento viene assunto il valore vero.
Per esempio, l'istruzione `for(;;)` esegue un ciclo infinito.
Quando manca una delle tre espressioni è meglio usare un'istruzione **while**.

■ Equivalenza tra ciclo for e ciclo while

Nel linguaggio C è possibile fare equivalere un ciclo **for** a un ciclo **while**. Il seguente esempio riscrive l'esempio 8 usando un ciclo **while** al posto di un ciclo **for**:

```
#include <stdio.h>
main()
{
//dichiarazione variabile contatore
  int conta;
//inizializzazione contatore
  conta=0;
  while (conta<10)                  //condizione di uscita
  {
    printf ("Salve a tutti!\n");    //istruzione ripetuta dieci volte
    conta++;                        //aggiornamento contatore
  }
}
```

In questo codice di esempio possiamo notare che l'inizializzazione del contatore avviene al di fuori del ciclo **while**.
La condizione del ciclo rispecchia quella indicata nel **for** (**conta<10**) e l'aggiornamento del contatore avviene al termine del blocco.
Possiamo usare un ciclo **for** anche per eseguire un blocco di istruzioni per infinite volte. Il seguente esempio mostra come visualizzare una frase all'infinito:

```
for (;;)
  printf ("Frase visualizzata infinite volte\n");
```

Come possiamo notare, l'istruzione **for** non contiene alcun parametro tra parentesi, non esiste alcuna variabile contatore che limiti il ciclo, quindi le istruzioni poste all'interno del **for** vengono semplicemente eseguite all'infinito.
Questo è possibile in quanto i tre parametri del **for** posti tra parentesi non sono obbligatori.

◀ Durante l'inserimento dei valori di **inizio**, **fine** e **passo** dobbiamo considerare il fatto che abbiamo dichiarato le variabili di tipo intero. Pertanto sono validi anche numeri negativi ma non decimali. ▶

ESEMPIO 9 *Conteggio con estremi variabili*

Scriviamo un programma che esegue una numerazione partendo da un valore iniziale per raggiungere un valore finale attraverso un passo di incremento.

```
#include <stdio.h>
main()
{
//dichiarazione variabile contatore
  int conta,inizio,fine,passo;
  printf("Conteggio che inizia da: \n");       //inserisci inizializzazione conteggio
  scanf("%d",&inizio);
  printf("Conteggio che finisce a: \n");       //inserisci fine conteggio
  scanf("%d",&fine);
  printf("Passo di conteggio: \n");            //inserisci passo di conteggio
  scanf("%d",&passo);
  for (conta=inizio; conta<=fine;conta+=passo)  //ciclo for
    printf ("conta: %d\n",conta);              //istruzione ripetuta
}
```

Come possiamo notare, abbiamo inserito una condizione di uscita (**conta<=fine**) che consente di visualizzare anche l'ultimo valore del contatore. In tal modo il ciclo viene ripetuto anche quando la variabile **conta** è uguale alla variabile **fine**.

Prova adesso!

- Utilizzare il ciclo for
- Modificare i parametri di conteggio

APRI IL FILE esempio09

1. Verifica i risultati del programma inserendo, come valori di inizio, fine e passo, –3, 7, 3.
2. Modifica il codice del programma in modo tale da consentire l'inserimento di un passo decimale (**float**).
3. Confronta la tua soluzione con quella riportata nel file esercizio10.

Vediamo un altro semplice esempio.

ESEMPIO 10 *Tabellina pitagorica parziale*

Scriviamo un programma che legge un numero compreso tra 1 e 10 e visualizza la corrispondente tabellina.

```
#include <stdio.h>
main()
{
//dichiarazione variabile di conteggio e tabellina
  int conta,tabellina;
  do                                  //ciclo di controllo sull'inserimento tabellina
  {                                   //compresa tra 1 e 10
    printf("inserisci la tabellina da visualizzare?");
    scanf("%d",&tabellina);
  }
  while ((tabellina<1)||(tabellina>10));
  for(conta=1;conta<=tabellina;conta++)   //ciclo di stampa
    printf("\n%d",conta*tabellina);        //dei valori della tabellina
}
```

Prova adesso!

- Utilizzare il ciclo `for`
- Modificare i parametri di conteggio

APRI IL FILE esempio10

```
inserisci la tabellina da visualizzare?7
1          7
2          14
3          21
4          28
5          35
6          42
7          49
```

1. Modifica il programma in maniera da visualizzare sullo schermo l'indice del moltiplicatore accanto al risultato.
2. Visualizza i valori su colonne separate da un tabulatore.
3. Confronta la tua soluzione con quella riportata nel file esercizio11.

Ciclo con contatore negativo

Scriviamo un programma dove l'utente inserisce una sequenza di numeri naturali che terminano con uno 0 e l'elaboratore calcola il fattoriale per ognuno di essi utilizzando un ciclo **`for`** con contatore negativo, che, cioè, a ogni iterazione viene decrementato.

Analizziamo dettagliatamente il problema. Il programma deve leggere una sequenza finita di numeri avente 0 come elemento terminale e calcolare il fattoriale di ogni numero.

TAPPO

L'elemento che termina una sequenza prende il nome di tappo: in questo esempio lo 0 è il tappo della sequenza.

Ricordiamo come è definito il fattoriale di un numero:

$$\begin{cases} n! = 1 & \text{se } n = 0 \\ n! = n * (n-1)! & \text{se } n > 0 \end{cases}$$

Poiché il numero 0 ha un comportamento diverso dagli altri numeri, esso sarà determinante per il calcolo, per l'elaborazione e per il data test.

La strategia utilizzata è la seguente:
- si effettua un ciclo di acquisizione che termina quando riceve il tappo;
- ne viene calcolato il fattoriale e visualizzato il risultato a video.

Dalla definizione di fattoriale, effettuando una simulazione manuale del calcolo, osserviamo:

5! = 5 * 4!
4! = 4 * 3!
3! = 2 * 2!
2! = 2 * 1!
1! = 1 * (0!) = 1 * 1

Sostituendo a ritroso otteniamo:

5! = 5 * 4 * 3 * 2 * 1 (=120)

Un semplice top-down è il seguente:

I Affinamento
leggi una sequenza terminante con zero per ogni numero letto   //calcola il fattoriale comunica ("il fattoriale è:", fattoriale)

Il top-down ci permette di evidenziare i due sottoproblemi che necessitano di un'istruzione iterativa: l'acquisizione della sequenza di numeri e l'elaborazione per il calcolo del fattoriale.

Non conoscendo la quantità dei numeri in ingresso, non è possibile effettuare prima l'operazione di input e successivamente l'elaborazione, poiché non si è in grado di predisporre un numero indeterminato di variabili! L'unica soluzione ammissibile consiste nell'effettuare il calcolo del fattoriale subito dopo la lettura del numero, dentro il ciclo di lettura.

II Affinamento

ripeti
  leggi un numero
  calcola il fattoriale
  comunica ("il fattoriale è:", fattoriale)
finché non viene inserito uno zero

ESEMPIO 11 *Calcolo del fattoriale di una sequenza di numeri*

```
 1 #include <stdio.h>
 2 #define TAPPO 0
 3 main()
 4 {
 5   int numero,conta,fatt=0;
 6   do{                               // ciclo esterno terminante con immissione di 0
 7     fatt=1;                         // inizializza il fattoriale
 8     printf("\ninserisci il numero : ");
 9     scanf("%d",&numero);
10     if (numero>0)
11       for(conta=numero;conta>1;conta--){
12        fatt=fatt*conta;             // calcolo del fattoriale
13       }
14       printf("il fattoriale di %4d e' %10d",numero,fatt); // stampa il fattoriale
15    }while(numero!=TAPPO);
16 }
```

Dato che il corpo del ciclo è costituito da una sola istruzione, le parentesi possono essere omesse e quindi l'istruzione di riga 11 può essere così trasformata:

```
11       for(conta=numero;conta>1;conta--)
12         fatt=fatt*conta;
```

Prova adesso!

- Ciclo `for`
- Contatore negativo

APRI IL FILE esempio11

1. Modifica il programma in modo tale da controllare ed escludere l'immissione di numeri negativi e, per non uscire dal range, sia minore di 14.
2. Confronta la tua soluzione con quella riportata nel file esercizio12.

break e continue

break

Abbiamo già visto come l'istruzione `break` può essere utilizzata per uscire da un'istruzione di selezione multipla controllata da uno `switch`: essa può inoltre essere utilizzata per uscire da qualunque blocco di codice anche appartenente a un ciclo `for`, `while` o `do-while`.

ESEMPIO 12 *Conteggio con break*

Scrivi un programma che legge un intero NUM in ingresso (compreso tra 5 e 20) ed effettua la somma dei 10 numeri successivi al numero letto, terminando l'operazione se la somma supera il numero 100.

Il codice C, dove è evidenziata l'istruzione di `break`, è il seguente:

```
include <stdio.h>
define TANTI 10
define MAX 100
ain()

  int inizio,conta,somma=0;
  do{                                   //ciclo di controllo sull'inserimento dato iniziale
    printf("inserisci il numero iniziale  compreso tra 5 e 20: "); //compresa tra 5 e 20
    scanf("%d",&inizio);
  }while ((inizio<5)||(inizio>20));
  for(conta=inizio;conta<=inizio+TANTI;conta++){
    somma+=conta;
    printf("\n contatore: %4d somma: %4d",conta,somma);          // stampa dei valori di conteggio
    if (somma>MAX)
      break;                                                      //uscita anticipata dal for
  }
```

L'esecuzione del programma, digitando 11 come input, è la seguente:

```
inserisci il numero iniziale  compreso tra 5 e 20: 11

 contatore:   11 somma:   11
 contatore:   12 somma:   23
 contatore:   13 somma:   36
 contatore:   14 somma:   50
 contatore:   15 somma:   65
 contatore:   16 somma:   81
 contatore:   17 somma:   98
 contatore:   18 somma:  116
```

Dopo 8 iterazioni viene superato 100 e quindi si esce dal ciclo.

Prova adesso!

- Ciclo `for`
- Istruzione `break`
- Costanti manifeste

APRI IL FILE esempio12

1. Modifica il programma in modo tale che l'utente possa scegliere fino a che valore di somma deve arrivare in un range, per esempio [100,300].
2. Utilizza per i valori estremi la tecnica delle costanti manifeste.
3. Confronta la tua soluzione con quella riportata nel file esercizio13.

continue

Un'istruzione `continue` può essere utilizzata solamente all'interno di un ciclo (`for`, `while` oppure `do-while`) e trasferisce il controllo alla fine del corpo del ciclo. In un ciclo `for` quella che viene valutata per prima è l'espressione-incremento e solo dopo si valuta l'espressione del ciclo mentre nel caso di cicli `while` e `do-while` si valuta l'espressione del ciclo immediatamente successivo.

Un'istruzione `continue` viene spesso utilizzata per saltare una parte del blocco di istruzioni sul quale si sta svolgendo il ciclo.

ESEMPIO 13 *Conteggio solo di numeri pari con continue*

Modifichiamo il programma precedente in modo che esegua la somma solamente se il numero di conteggio è pari.

```
#include <stdio.h>
#define TANTI 10
#define MAX 50
main()
{
  int inizio,conta,somma=0;
  do                                      //ciclo di controllo sull'inserimento dato iniziale
  {                                       //compresa tra 5 e 20
    printf("inserisci il numero iniziale compreso tra 5 e 20: ");
    scanf("%d",&inizio);
  }
  while ((inizio<5)||(inizio>20));
  for(conta=inizio;conta<=inizio+TANTI;conta++){
    if (conta%2==0)
      somma+=conta;
    else
      continue;          // salta le istruzioni successive e ritorna a valutare for
    printf("\n contatore: %4d somma: %4d",conta,somma);   // stampa dei valori di conteggio
    if (somma>MAX)
      break;             // uscita anticipata dal for
  }
}
```

In generale non è consigliato utilizzare né il comando `break` né il comando `continue` in quanto si perde la sequenzialità delle istruzioni e si introducono i salti che la programmazione strutturata ha, di fatto, escluso per migliorare la leggibilità dei codici.
Inoltre, è anche buona norma non modificare la variabile di controllo nel corpo del ciclo "forzando" il contatore per uscire anticipatamente: in queste occasioni è più opportuno utilizzare un ciclo indeterminato come `while`.

Un ciclo dentro un ciclo: cicli annidati

◀ Nei cicli annidati, come per le istruzioni, si indicano con livello di annidamento il numero di "contenitori" nei quali si trova un'istruzione: se, per esempio, un'istruzione è dentro due cicli, si dice che è al secondo livello di annidamento. ▶

Nell'esempio 10 è stata visualizzata una singola colonna della tabellina pitagorica: vogliamo ora visualizzare l'intera tabellina pitagorica 10*10, cioè composta da 10 righe e 10 colonne.

È necessario, a questo fine, utilizzare due cicli, ◀ uno dentro l'altro ▶: il primo ciclo scrive una riga, cioè la tabellina di un numero, mentre il secondo scrive nella riga successiva la tabellina del numero seguente, e così via partendo da 1 fino a 10.

ESEMPIO 14 *Tabellina pitagorica completa*

Scriviamo un programma che visualizza la tabellina pitagorica 10*10, cioè composta da 10 righe e 10 colonne.

```
1 #include <stdio.h>
2 main()
3 {
4 //dichiarazione variabile di conteggio dei due cicli
5   int riga,colonna;
6   for(riga=1;riga<=10;riga++)                    //ciclo esterno per le righe
7   {
8     printf("\n");                                //posizionamento su di una nuova riga
9     for(colonna=1;colonna<=10;colonna++)         //ciclo interno
10      printf("%d \t",riga*colonna);              //stampa riga*colonna e sposta a destra
11                                                 //di una tabulazione
12  }
13 }
```

Spieghiamo il funzionamento nel dettaglio.
L'istruzione posta alla riga 6 (ciclo esterno) fa ripetere per 10 volte il blocco alle righe 8-10 utilizzando come contatore la variabile **riga** che inizia dal valore 1 e termina al valore 10.

All'interno di questo blocco è presente un secondo ciclo (ciclo interno), definito dall'istruzione posta a riga 9, che esegue per 10 volte la visualizzazione di un numero attraverso l'istruzione di stampa posta a riga 10, cioè:

```
printf("%d \t",riga*colonna);
```

Tale istruzione visualizza il numero e quindi passa alla tabulazione orizzontale successiva (**\t**) utilizzando come contatore la variabile **colonna** (conteggio da 1 a 10):

- la prima volta che il ciclo interno viene eseguito la variabile esterna (**riga**) vale 1, quindi il prodotto **riga*colonna** produce la tabellina del numero 1;

  1*1 1*2 1*3 1*4 1*5 1*6 1*7 1*8 1*9 1*10

- la seconda volta che il ciclo interno viene eseguito la variabile esterna (**riga**) vale 2, quindi il prodotto **riga*colonna** produce la tabellina del numero 2;

  2*1 2*2 2*3 2*4 2*5 2*6 2*7 2*8 2*9 2*10

- ... si prosegue così finché il ciclo più esterno raggiunge il valore 10, visualizzando la tabellina del 10.

Prova adesso!

- Utilizzare cicli for annidati
- Usare indici di conteggio parametrici

APRI IL FILE esempio14

1. Modifica il programma in maniera da visualizzare sullo schermo la tabellina dei numeri fino a un numero inserito dall'utente.
2. Verifica l'inserimento di un valore parametrico compreso tra 1 e 20.
3. Confronta la tua soluzione con quella riportata nel file esercizio14.

Verifichiamo le conoscenze

Per **verificare le tue conoscenze** svolgi i seguenti test. (*Se sorgeranno dubbi in merito a qualche risposta, rileggi l'argomento a cui si riferisce l'esercizio, poi rispondi.*)

Esercizi a scelta multipla

1 Indica l'output del seguente segmento di codice.

```
int num,dato,conta;
num=4;
dato=2;
for(conta=1;conta<=num;conta++)
{
  printf("%d",dato);
  dato=dato+num;
  num+=1;
}
```

O 2 6 8 8; O 2 2 2 2
O ciclo infinito; O 2 6 10 14

2 Indica l'output del seguente segmento di codice.

```
int num,dato,conta;
num=6;
dato=1;
for(conta=10;conta<=num;conta++)
{
  printf("%d",conta);
  dato=dato+conta;
}
```

O 10; O 6 8 10
O 10 9 8 7 6; O nulla

3 Indica l'output del seguente segmento di codice.

```
int num,dato,conta;
num=4;
dato=10;
for(conta=0;conta<num;conta++)
{
  printf("%d ",dato);
  dato=dato-num;
}
num=num-2;
```

O 10 6 2 –2; O 10 6 4 4
O ciclo infinito; O 10 6 4 2

4 Indica l'output del seguente segmento di codice.

```
int num,dato,conta;
num=1;
dato=5;
for(conta=dato;conta>num;conta--)
{
  printf("%d",conta);
  dato=dato+conta;
}
```

O ciclo infinito; O 0
O 5 3 1 –1 –3; O 5 4 3 2

Test vero/falso

1. Iterare significa ripetere ciclicamente un gruppo di istruzioni. V F
2. Nel ciclo a conteggio il corpo del ciclo viene sempre eseguito almeno una volta. V F
3. L'indice di conteggio viene incrementato automaticamente dopo ogni esecuzione. V F
4. Il corpo del ciclo deve essere sempre racchiuso tra parentesi graffe. V F
5. I parametri dell'istruzione `for` posti tra parentesi sono obbligatori. V F
6. I cicli definiti sono quelli in cui è definito il valore del risultato. V F
7. In un ciclo a conteggio è possibile che si verifichi un loop infinito. V F
8. In un ciclo a conteggio è possibile avere passo negativo. V F
9. Un ciclo `for` equivale a un ciclo `while`. V F

Verifichiamo le competenze

Utilizza le nuove istruzioni

Nei seguenti esercizi sono indicati alcuni segmenti di codice: in base ai valori assegnati alle variabili, annota i risultati visualizzati sullo schermo oppure, se necessario, individua la presenza di errori.

1 Indica qual è l'output di questo codice inserendo rispettivamente: **num=5**, **num=-3**, **num=1**.

```
int num,conta;
scanf("%d",&num);
for(conta=1;conta<=num;conta++)
  printf("%d",num);
printf("%d",num);
```

2 Indica qual è l'output di questo codice inserendo rispettivamente: **num=2**, **num=3**, **num=0**.

```
int num,conta;
scanf("%d",&num);
for(conta=1;conta<=num;conta++)
{
  printf("%d",num);
  num++;
  conta++;
}
```

3 Che cosa visualizza in output il codice seguente?

```
int num,dato,conta;
num=5;
dato=1;
for(conta=1;conta<=num;conta++)
{
  if(conta/2==1)
    printf("%d",dato);
  else
    printf("%d",dato-1);
  dato++;
}
```

4 Che cosa visualizza in output il codice seguente?

```
int n1,n2,c1,c2;
n1=3;
n2=0;
for(c1=1; c1<=n1; c1++)
  for(c2=n2; c2<=c1; c2++)
    printf("%d",c2);
```

5 Che cosa visualizza in output il codice seguente?

```
int n1,c1,c2;
n1=3;
for(c1=0;c1<=n1;c1++)
  for(c2=n1;c2>=n1;c2--)
    printf("%d",c2);
```

6 Completa il codice seguente inserendo le istruzioni mancanti per sommare tutti i numeri pari compresi tra 10 e 20 (estremi esclusi).

```
int num,dato,conta,tot;
num=__;
dato=__;
tot=0;
for(conta=0;conta<=num;conta++)
{
  dato=dato+____;
  tot=tot+____;
  printf("%d",dato);
}
```

7 Correggi due istruzioni presenti nel seguente codice in modo da visualizzare 13579.

```
int num,dato,conta;
num=10;
dato=1;
for(=num;conta>0;conta--)
{
  printf("%d",dato);
  dato=dato+conta;
}
```

Verifichiamo le competenze

Esprimi la tua creatività

Progetta e realizza completamente in linguaggio di programmazione il codice che risolva i problemi proposti. Risolvi gli esercizi utilizzando solo il ciclo a conteggio **`for`**.

1 Leggi un numero `num` indicato dall'utente e calcola e stampa la somma di tutti i numeri compresi tra 0 e `num`.

2 Leggi da tastiera un numero `num` e tre caratteri C1, C2 e C3; visualizza `num` volte la sequenza dei tre caratteri inseriti.

3 Scrivi un programma che calcola quante volte il numero 7 compare nei numeri compresi tra 1 e 100.

4 Scrivi un programma che esegue il prodotto tra due numeri utilizzando il metodo delle somme successive dopo aver controllato l'input e accettato solo valori maggiori di 0.

5 Scrivi un programma che disegna sullo schermo 3 cornici quadrate concentriche costituite dal carattere "*" rispettivamente di lato 12, 8, e 4.

6 Scrivi un programma che visualizza sullo schermo il triangolo di Tartaglia utilizzando due cicli a conteggio innestati spaziando opportunamente le cifre in modo da disporle ben incolonnate.

7 Scrivi un programma che visualizzi i primi 100 numeri pari.

8 Generalizza l'esercizio precedente facendolo operare su *n* numeri.

9 Scrivi un programma che visualizzi i primi 100 numeri dispari a gruppi di 5.

10 Scrivi un programma che legga *n* numeri con $n<100$ e calcoli la somma dei soli numeri dispari.

11 Scrivi un programma che, dati in input *n* numeri interi e un numero *x*, determini:
- quanti numeri sono maggiori di *x*;
- quanti numeri sono minori di *x*;
- quanti numeri sono uguali a *x*.

12 Scrivi un programma che visualizzi la somma dei quadrati dei primi 12 numeri naturali successivi a 8.

13 Scrivi un programma che visualizzi quanti numeri sono positivi tra *n* numeri inseriti da tastiera.

14 Scrivi un programma che visualizzi la tavola pitagorica dei numeri dall'8 al 15.

15 Scrivi un programma che visualizzi i primi 12 multipli di un numero *n* inserito da tastiera usando un ciclo `for`.

16 Scrivi un programma che, dato un numero *n*, calcoli e visualizzi la media dei suoi divisori.

17 Scrivi un programma che, dati *n* numeri in ingresso, calcoli la somma di quelli di posto dispari (il 1° più il 3° più il 5° ecc.) e la somma di quelli di posto pari (il 2° più il 4° più il 6° ecc.). Il programma deve calcolare poi la differenza tra le due somme, visualizzando il risultato.

18 Il valore di π può essere calcolato con la serie

$$\pi = 4 - \frac{4}{3} + \frac{4}{5} - \frac{4}{7} + \frac{4}{9} - \frac{4}{11} + \ldots$$

Scrivi un programma che legge un intero N e calcola il valore di π approssimato ai primi N termini della serie.

6 MODULO

LE FUNZIONI IN C

UD 1 Le funzioni

UD 2 Visibilità ad ambienti di esecuzione

UD 3 Le funzioni ricorsive

OBIETTIVI

- Scrivere algoritmi utilizzando le funzioni
- Comprendere il meccanismo del passaggio dei parametri
- Distinguere i parametri formali e attuali
- Comprendere le differenze tra il passaggio per indirizzo e il passaggio per valore
- Comprendere le regole di visibilità
- Individuare un problema ricorsivo
- Comprendere la differenza tra ricorsione e iterazione
- Comprendere il concetto di ricorsione tail

ATTIVITÀ

- Definire una funzione
- Definire la modalità del passaggio dei parametri
- Utilizzare funzioni predefinite nei programmi
- Utilizzare funzioni personali
- Organizzare un programma con menu
- Scrivere funzioni ricorsive
- Trasformare funzioni iterative in ricorsive

UNITÀ DIDATTICA 1

LE FUNZIONI

IN QUESTA UNITÀ IMPAREREMO...

- a definire una funzione
- a definire la modalità del passaggio dei parametri
- a utilizzare funzioni predefinite nei programmi
- a utilizzare funzioni personali

Info

Nella cartella M6 C sono presenti i file degli esercizi con la dicitura APRI e i file di tutti gli esempi proposti nel Modulo 6 (questi ultimi indicati con il nome del programma seguito dal suffisso .c).

Introduzione

Finora sono stati affrontati problemi di diversa complessità procedendo nella ricerca della soluzione con il metodo top-down, cioè per *affinamenti successivi dall'alto verso il basso*: ogni problema è stato scomposto in problemi più semplici fino all'individuazione di problemi elementari, che sono stati infine risolti singolarmente. È anche capitato che all'interno di un problema fossero presenti due sottoproblemi identici; in questo caso lo stesso codice è stato riscritto due (o più) volte. Si pensi, per esempio, al segmento di codice che effettua lo scambio del contenuto di due variabili: potrebbe essere necessario eseguirlo diverse volte all'interno dello stesso programma (per esempio se si vuole individuare il maggiore tra quattro numeri). Si è anche visto che un segmento di codice risulta spesso di difficile lettura e comprensione (e, quindi, di eventuale manutenzione) se, per esempio, comprende tante operazioni semplici che possono distogliere l'attenzione dal problema principale.

I segmenti di codice che realizzano operazioni semplici o complesse, ma che già di per sé consentono di risolvere un problema piccolo o grande, possono essere visti come programmi "autonomi", di servizio, da utilizzare all'interno di altri programmi. La visione moderna di questi sottoprogrammi (così chiamati perché, pur essendo programmi veri e propri, vengono utilizzati da altri programmi di livello gerarchico superiore) è quella di componenti o atomi software, da utilizzare come "mattoni" per la costruzione di programmi più complessi.

Il primo, indiscusso vantaggio, derivante dall'uso dei sottoprogrammi si può dedurre dalle seguenti affermazioni:
- è inutile scrivere due volte lo stesso codice;
- è inutile scrivere un codice che qualcun altro ha già scritto;
- è inutile scrivere un codice che qualcun altro ha già scritto e che funziona.

Esempi di questi sottoprogrammi di utilità sono le funzioni di libreria già utilizzate in più occasioni: la funzione `sqrt()`, che estrae la radice quadrata di un numero, non è altro che un programma scritto da qualcuno e residente da qualche parte che effettua (correttamente) tale calcolo; quando è necessario effettuare tale operazione è senza dubbio più comodo utilizzare codice "già fatto" piuttosto che riscriverlo *ex novo*.
È doveroso sottolineare che questi "mattoni" lavorano in modalità parametrica, in quanto devono soddisfare situazioni sempre differenti: il calcolo della radice deve essere eseguito su variabili sempre diverse, così come il resto della divisione tra interi.
Come è stato osservato, più un codice è parametrico e più facilmente può essere riutilizzato (processo che l'ingegneria del software chiama reengineering).
Riutilizzando codice già scritto (e quindi già testato), la quantità complessiva di codice da collaudare diminuisce, consentendo un notevole risparmio di tempo nello sviluppo del software e migliorandone l'affidabilità: questi sono gli obiettivi fondamentali di ogni *software house* o singolo programmatore.

L'utilizzo delle funzioni deriva quindi dalle tre motivazioni seguenti:
- riusabilità (cioè utilizzare lo stesso codice come "mattone" per la soluzione di problemi diversi);
- astrazione (esprimere operazioni complesse in modo sintetico);
- risparmio (scrivere una sola volta codice usato più volte).

Ricordiamo la seguente struttura, che è il modello fondamentale di elaborazione:

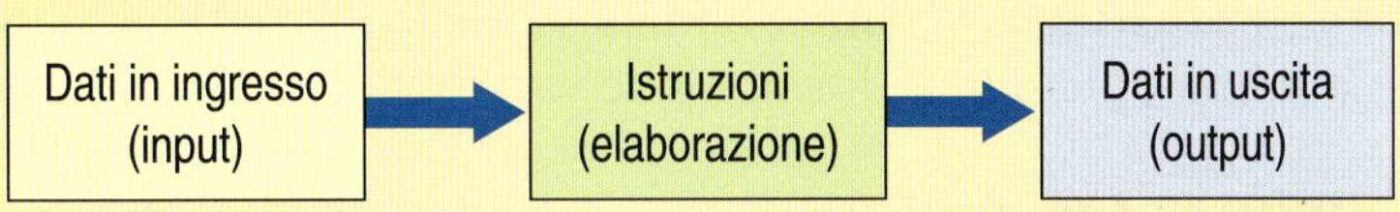

Le tre fasi sono:
- acquisizione delle informazioni (dati) iniziali;
- elaborazione;
- emissione del risultato.

Osserviamo che esiste un concetto matematico particolarmente somigliante a un "componente software" organizzato secondo tale struttura: la funzione. Una funzione matematica infatti:
- riceve dati di ingresso (informazioni) in corrispondenza degli argomenti;
- ha come corpo un'espressione, la cui valutazione fornisce un risultato;
- denota un valore in corrispondenza del suo nome (dato in uscita).

Le moderne tecniche di sviluppo di un programma richiedono che venga organizzato in funzioni: a sua volta, il programma stesso ha la struttura di una funzione e potrebbe costituire il sottoprogramma di un altro programma che lo utilizza a un livello superiore e così via.

Funzioni: definizione

L'esecuzione di una funzione avviene all'interno di un programma mediante un'istruzione che prende il nome di chiamata della funzione: come primo caso, supponiamo di voler chiamare una funzione scritta da noi, che naturalmente deve essere codificata prima di poter essere utilizzata. La codifica di una funzione avviene con la scrittura della funzione stessa, ma esistono alcune differenze rispetto alla scrittura dei programmi esaminati finora. Innanzitutto la funzione necessita di una definizione formale (come quella utilizzata per le variabili), in cui possiamo individuare la seguente struttura:

1. testata (header);
2. istruzioni, racchiuse tra parentesi graffe e costituite da due parti:
   - la parte dichiarativa (detta parte dichiarativa locale);
   - la parte esecutiva (detta corpo della funzione).

La testata è la parte più delicata, e presenta la struttura seguente:

```
tipo_restituito nome_funzione(<lista_parametri_formali>)
```

Entriamo nel dettaglio di ogni elemento:

- **`tipo_restituito`** (o tipo del risultato). Il codice, cioè le istruzioni del corpo di una funzione, esegue generiche elaborazioni allo scopo di produrre un risultato. Tale risultato si chiama parametro di ritorno di una funzione e può essere di uno dei tipi elementari definiti dal linguaggio: `int`, `real`, `char`, `bool`, `float` ecc. Il tipo del parametro di ritorno deve essere indicato come primo elemento nella testata della funzione, in analogia con quanto è necessario fare per definire le variabili;
- **`nome_funzione`** (o identificatore di funzione). A ogni funzione deve essere associato un nome, come per le variabili; per la scelta dell'identificatore valgono le stesse regole già descritte per le variabili, tra cui ricordiamo che l'identificatore deve iniziare con la lettera minuscola;
- *<lista_parametri_formali>*. È un elenco di coppie costituite da `tipo_variabile identificatore_variabile` separate da una virgola, che permettono di interfacciare la funzione al programma chiamante, fornendo le variabili che la funzione dovrà elaborare.

ESEMPIO 1 *Maggiore tra due numeri*

Vediamo un primo semplice esempio: realizziamo una funzione che determina e restituisce il valore tra due numeri. La funzione avrà:

- in ingresso due numeri interi;
- in uscita un valore intero;
- un nome significativo che ne permette l'utilizzo (per esempio `max`).

Il codice è molto semplice ed è riportato di seguito:

```
int max(int m, int n) /* header della funzione con parametri formali*/
{
 if (m >= n)
  return m;          /* valore di ritorno */
 else
  return n;          /* valore di ritorno */
}
```

È stata evidenziata l'intestazione della funzione (header) che analizziamo dettagliatamente:

tipo restituito	nome della funzione	inizio funzione	tipo del primo parametro	nome locale del parametro	separatore	tipo del secondo parametro	nome locale del parametro	fine funzione
`int`	`max`	`(`	`int`	`m`	`,`	`int`	`n`	`)`

> La testata prende anche il nome di prototipo ed è "la carta d'identità" della funzione: di essa sappiamo il nome (`max`), sappiamo che restituisce un valore intero (`int`) ricevendo dal programma che la chiama (programma chiamante) due dati di tipo intero (due parametri in ingresso). Essi verranno posti nelle variabili interne alla funzione (variabili locali) rispettivamente il primo nella variabile `m` e il secondo nella variabile `n`.

In C le funzioni vengono scritte in un qualsiasi ordine, nello stesso file del `main`: è buona norma scriverle di seguito al `main` ma è necessario elencare prima di esso, nell'intestazione, il prototipo di tutte le funzioni presenti nel file.

> Lo stesso `main` è una funzione, quindi anche per esso vale la notazione generale, cioè è possibile indicare il valore restituito e l'elenco dei parametri in ingresso.
> Nel caso in cui una funzione non riceva nulla in ingresso si mette tra parentesi la parola chiave `void` al posto dell'elenco dei parametri formali.

Vediamo il codice completo del programma che utilizza la funzione `max()`:

```
 1 #include <stdio.h>
 2 int max(int m, int n);              /*prototipo: parametri formali */
 3 int main(void)
 4 {
 5   int massimo,numero1,numero2;
 6   printf("\ninserisci due numeri interi\n");
 7   scanf ("%d%d",&numero1,&numero2);
 8   massimo=max(numero1,numero2);     /* chiamata della funzione: parametri attuali */
 9   printf("Il maggiore dei due numeri inseriti e' %d ", massimo);
10   return 0;
11 }
12 int max(int m, int n) /* header della funzione con parametri formali*/
13 {
14  if (m >= n)
15   return m;           /* valore di ritorno */
16  else
17   return n;           /* valore di ritorno */
18 }
```

Possiamo osservare come è stato aggiunto il prototipo nell'intestazione ed è stato anche "uniformato" il prototipo del `main` (riga 3) come una qualunque funzione, indicando che non riceve alcun parametro in ingresso (`void`) e restituisce un valore intero (come appare alla riga 10).
È stata evidenziata la chiamata alla funzione (riga 8) dove al posto dei parametri formali sono stati sostituiti i parametri attuali, cioè i veri nomi delle due variabili dalle quali verrà prelevato il valore da assegnare alle variabili locali `m` ed `n` della funzione `max` e sulle quali questa eseguirà le operazioni.

Zoom su...

PROTOTIPO

L'aggiunta del prototipo nell'intestazione è dovuta al fatto che il `main` utilizza una funzione che non è ancora stata definita, e quindi il compilatore ancora "non conosce".
Se scriviamo le funzioni prima del `main` non è necessario mettere il prototipo, dato che verranno utilizzate dopo la loro dichiarazione.
Apparentemente questa soluzione sembra essere la migliore, dato che ci "risparmia" la definizione del prototipo; per motivi di leggibilità e di sicurezza preferiamo scrivere il codice delle funzioni dopo la scrittura del `main`, e quindi siamo costretti ad aggiungere prima di questo la definizione del prototipo.

Vediamo come procede nel dettaglio la chiamata della funzione da parte del `main`.

Funzioni: chiamata e parametri attuali

Si è detto che le funzioni vengono utilizzate all'interno dei programmi mediante il meccanismo definito chiamata della funzione: si tratta di una particolare istruzione che permette di interfacciare il programma con la funzione, creando le corrispondenze tra i parametri di ingresso e di uscita.
Riprendiamo l'esempio precedente e confrontiamo la testata con un'istruzione di chiamata:

prototipo	`int max(int m, int n)`	// formale
chiamata	`massimo=max(numero1, numero2);`	// attuale

È possibile concepire la funzione come una "scatola chiusa" (*black box*), che permette di interagire con il resto del mondo informatico mediante un'interfaccia di ingresso (*lista parametri formali*) e un'interfaccia d'uscita (*valore di ritorno*).
Quando un programma ha bisogno dell'esecuzione di una funzione, esso indica alla funzione stessa su quali valori (o variabili) deve operare, passandole i dati in ingresso: proprio per il concetto di riutilizzo della funzione, infatti, a ogni chiamata corrispondono dati di ingresso sempre diversi (altrimenti sarebbe sufficiente una sola elaborazione).

Le variabili "passate in ingresso" dal programma chiamante alla funzione prendono il nome di parametri attuali e devono essere messe in corrispondenza biunivoca con i parametri formali: proprio durante la chiamata, mediante l'ordine di scrittura dell'elenco dei parametri viene a formarsi un'associazione tra la variabile formale e la variabile attuale.

elenco parametri formali	`( int m,`	`int n)`
	↕	↕
elenco parametri attuali	`(numero1,`	`numero2);`

La funzione associa la variabile `numero1` alla variabile `m`, la variabile `numero2` alla variabile `n`.
Le coppie `m` e `numero1`, `n` e `numero2`, come più volte detto, devono essere dello stesso tipo.

Una chiamata successiva viene poi effettuata su due variabili diverse, per esempio:

elenco parametri formali	`( int m,`	`int n)`
	↕	↕
elenco parametri attuali	`( base,`	`altezza);`

Di seguito riassumiamo i principali concetti esposti finora.

- Il progetto della funzione avviene in modo tale da definire il numero e il tipo di dati che essa deve ricevere in ingresso per poter effettuare le elaborazioni (lista parametri formali), e tale lista costituisce l'interfaccia di comunicazione tra il programma chiamante e la funzione stessa; all'atto della chiamata, quando cioè il programma principale ha bisogno di far eseguire la funzione, esso passerà alla funzione l'elenco delle variabili che in quel preciso istante contengono i dati da elaborare (lista parametri attuali) e dai quali occorre ottenere un risultato tramite le operazioni eseguite nel corpo della funzione.
- I parametri attuali devono coincidere per numero e tipo con i parametri formali e devono essere scritti rispettando l'ordine con cui sono stati definiti nel prototipo: per esempio, se il primo parametro formale è numerico e il secondo alfabetico, nella chiamata con i parametri attuali la prima variabile deve essere numerica e la seconda alfabetica, e non viceversa.
- Quando la funzione ha prodotto un risultato e termina l'esecuzione del suo codice, ritorna al programma che ne ha richiesto l'esecuzione (chiamante) un valore come "responso" dell'elaborazione: il tipo di tale "risposta" è quello indicato nella testata prima del nome della funzione stessa, e il programma chiamante può assegnare tale valore a una sua variabile interna o utilizzarlo come selettore all'interno di altre istruzioni.

Proviamo a simulare l'esecuzione di un programma che effettua una chiamata alla funzione passando due parametri: non scriviamo tutto il codice, ma soltanto le parti essenziali. (I numeri si riferiscono alle istruzioni riportate nella figura alla pagina seguente.)

1. Il programma chiamante inizia l'esecuzione delle istruzioni finché "trova" la chiamata della funzione.
2. Le successive istruzioni che vengono eseguite *non si trovano* nel programma chiamante, ma nel codice della funzione: si dice che *il programma si sospende* e il controllo passa alla funzione...
3. ... alla quale vengono passati i parametri su cui lavorare: inizia quindi l'esecuzione delle istruzioni del corpo fino a raggiungerne la fine, cioè l'istruzione `return`.
4. Con l'istruzione `return` oltre che un valore viene restituito il controllo del flusso delle istruzioni al programma chiamante...
5. ... che riprende la sua esecuzione dall'istruzione successiva e prosegue l'elaborazione...
6. ... finché trova la chiamata a una nuova funzione oppure termina.

Inizia l'esecuzione del main:

```
① int massimo,numero1,numero2;
  printf("\ninserisci due numeri interi\n");
  scanf ("%d%d",&numero1,&numero2);
② massimo=max(numero1,numero2);   → Il controllo passa alla funzione
                                    int max(int m, int n)  ③
                                    {
                                     if (m >= n)
                                      return m;
                                     else
        Il controllo ritorna al main ←  return n;          ④
⑤ printf("Il maggiore dei due numeri inseriti e' %d ", massimo);
⑥ return 0;
```

Prova adesso!

- Definizione di una funzione
- Chiamata di una funzione

CREA IL FILE prova1.c

1 Scrivi una programma che richiama una funzione con il seguente prototipo:

```
bool paridispari(int numero)
```

che determina se un numero è pari o dispari.

2 Confronta la tua soluzione con quella riportata nel file esercizio01.

Parametri: valore e riferimento

Abbiamo visto a che cosa serve una funzione, perché utilizzarla e come definirla: abbiamo anche visto un esempio di impiego in un segmento di codice che esegue una chiamata alla funzione, passando l'elenco dei parametri attuali su cui la funzione doveva operare. A questo punto una domanda è doverosa: al momento della chiamata, come avviene l'associazione tra parametri formali e parametri attuali?
In particolare, vengono copiati i valori delle variabili attuali nelle variabili definite nella lista delle variabili formali, oppure viene copiato solo l'identificatore?
In breve, se i parametri formali sono due, le variabili presenti in memoria sono quattro (due definite nel chiamante e due nel chiamato) oppure soltanto due e assumono nomi diversi nel chiamante e nel chiamato? La risposta a questa domanda è che sono possibili entrambe le situazioni descritte, che prendono il nome, rispettivamente, di passaggio dei parametri per valore (value oppure copia) e passaggio per riferimento (reference oppure indirizzo).

> La domanda su come il calcolatore gestisce le variabili in presenza di sottoprogrammi non viene posta per semplice curiosità: avere ben chiaro il funzionamento dei due meccanismi è la base indispensabile per comprendere e utilizzare correttamente le funzioni e, in futuro, la programmazione a oggetti.

Vediamo le due diverse situazioni su un semplice programma che passa due variabili a una funzione che ne effettua lo scambio se la prima è maggiore della seconda e ripete questa operazione per due volte.

ESEMPIO 2 *Passaggio dei parametri per valore*

Il programma principale è il seguente:

```
#include <stdio.h>
void scambia1(int m, int n);      /* prototipo delle funzioni*/
int main(void)
/* programma che chiama una funzione che scambia il contenuto di due variabili */
{
  int base, altezza, primo, ultimo;
  printf("\ninserisci due numeri interi\n");
  scanf ("%d%d",&base,&altezza);
  scambia1(base,altezza);          /* chiamata della funzione: parametri attuali */
  printf("\ni due numeri dopo la funzione sono %d %d", base,altezza);
  printf("\ninserisci due numeri interi\n");
  scanf ("%d%d",&primo,&ultimo);
  scambia1(primo,ultimo);          /* chiamata della funzione: parametri attuali */
  printf("\ni due numeri dopo la funzione sono %d %d", primo,ultimo);
}
```

Passaggio dei parametri per valore

Nel meccanismo che prende il nome di passaggio per valore le variabili sono duplicate, cioè il programma chiamante ha le sue variabili (con un identificatore e un valore) che sono riservate al programma principale: al momento della chiamata della funzione, i valori che tali variabili hanno in quell'istante vengono ricopiati nelle variabili indicate nell'elenco dei parametri formali della funzione.
Le istruzioni della funzione lavorano su due variabili proprie della funzione nelle quali i valori correnti sono stati copiati, proprio mediante un'operazione di assegnamento fatta automaticamente all'atto della chiamata.
Al termine della funzione, al momento cioè della chiamata dell'istruzione `return`, il calcolatore "rilascia" queste variabili dalla memoria, liberando tutto quanto era utilizzato dal sottoprogramma che, come si è detto, ha terminato l'elaborazione: unica traccia della sua esecuzione è il valore che viene assegnato proprio dall'istruzione di `return` come valore di ritorno che, in questo esempio, non è presente in quanto la funzione non ritorna nulla (è quindi una procedura, come definiremo in seguito).

```
void scambia1(int m, int n)      /* header della funzione con parametri formali*/
{
 int tempo;
 if (m >= n)
 {
   tempo=m;
   m = n;
   n = tempo;
 }
 printf("\ni due numeri dentro la funzione sono %d %d",m,n);
 return;
```

È quindi fondamentale comprendere quando utilizzare questo meccanismo: se riprendiamo il caso della funzione che scambia il contenuto tra due variabili e utilizziamo il passaggio per valore, al termine della funzione non otterremmo alcun risultato, in quanto le operazioni di scambio vengono effettuate su una copia delle variabili interne alla funzione stessa, e non sulle variabili esterne del programma chiamante.

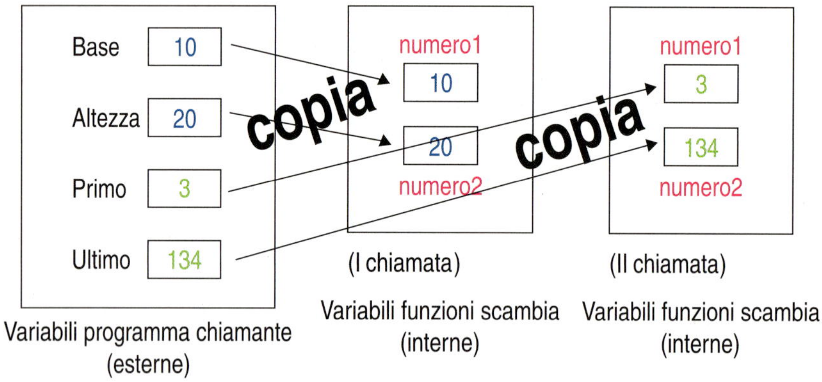

Seguiamo l'esempio numerico nella trace table: innanzitutto è fondamentale indicare una colonna per ogni parametro formale presente nella testata. La tabella è la seguente:

	Programma chiamante				Funzione scambia	
istruzione \ variabili	**base**	**altezza**	**primo**	**ultimo**	**numero1**	**numero2**
8 – lettura dati	10	20			<non presenti in memoria>	
9 – chiamata						
16 – **copia valori**					10	20
17 – corpo funzione **scambia**					20	10
26 – **return**					<non presenti in memoria>	
10 – segue chiamante					<non presenti in memoria>	
12 – lettura dati			3	134	<non presenti in memoria>	
13 – chiamata						
16 – **copia valori**					3	134
17 – corpo funzione **scambia**					134	3
26 – **return**					<non presenti in memoria>	
14 – segue chiamante					<non presenti in memoria>	

È utile a questo punto evidenziare alcuni aspetti:
- le variabili del programma chiamante non vengono mai modificate;
- si è voluto evidenziare che le variabili della funzione non esistono prima e dopo la chiamata della funzione stessa: infatti, prima dell'invocazione della funzione non viene riservato alcuno spazio in memoria da parte del calcolatore, e all'esecuzione dell'istruzione `return` tale spazio viene "rilasciato", cioè viene cancellato tutto il suo contenuto;
- le variabili interne alla funzione subiscono modifiche durante l'esecuzione del corpo della funzione: se in tale segmento di codice ci fossero istruzioni di output si potrebbero visualizzare i loro valori.

La notazione che indica la modalità del passaggio dei parametri avviene aggiungendo alle coppie tipo-identificatore, presenti nell'elenco dei parametri formali, una parola chiave che indica, per ogni variabile, la modalità adottata. Quindi, la scrittura generale della lista dei parametri è la seguente:

```
(tipo1 modo1 variabile1, tipo2 modo2 variabile2, ..., tipoN modoN variabileN)
```

Nel linguaggio C, per indicare la modalità con cui ogni parametro viene passato dal programma chiamante alla funzione si utilizzano le seguenti parole chiave riservate:

	Parola chiave nel `main`	Parola chiave nella funzione
per valore	*<nessuno>*	*<nessuno>*
per indirizzo	&	*

Quindi, se non viene messo nulla (come è stato fatto finora), la modalità del passaggio dei parametri è per valore.
Con il passaggio dei parametri che utilizza il meccanismo per valore dopo l'esecuzione della funzione non è cambiato nulla alle variabili del programma chiamante.

Passaggio dei parametri per indirizzo

Il passaggio dei parametri per indirizzo viene effettuato quando è necessario che le elaborazioni eseguite sui parametri mantengano il loro valore anche dopo il termine dell'esecuzione della funzione.
In questo caso il calcolatore non predispone la copia delle variabili formali ma "comunica" alla funzione la posizione in memoria delle variabili del programma chiamante (gli *indirizzi* di tali variabili) presenti nell'elenco dei parametri attuali, e "costringe" la funzione a operare direttamente su di esse, cioè su quelle celle di memoria.
La notazione formale per indicare l'utilizzo di questo meccanismo è la parola chiave & nel programma chiamante davanti ai parametri attuali e * nella funzione: riscriviamo le istruzioni 2, 7 e 11 del `main` mentre la funzione dovrà essere completamente riscritta.

ESEMPIO 3 *Passaggio dei parametri per indirizzo*

```
 1 #include <stdio.h>
 2 void scambia2(int *m, int *n);     /* per riferimento          */
 3 int main(void){
 4   int base, altezza, primo, ultimo;
 5   printf("\ninserisci due numeri interi\n");
 6   scanf ("%d%d",&base,&altezza);
 7   scambia2(&base,&altezza);        /* chiamata della funzione: parametri attuali */
 8   printf("\ni due numeri dopo la funzione sono %d %d", base,altezza);
 9   printf("\ninserisci due numeri interi\n");
10   scanf ("%d%d",&primo,&ultimo);
11   scambia2(&primo,&ultimo);        /* chiamata della funzione: parametri attuali */
12   printf("\ni due numeri dopo la funzione sono %d %d", primo,ultimo);
13 }
```

Davanti ai parametri formali viene aggiunto l'operatore & che restituisce l'indirizzo di memoria dell'operando cui è applicato: in questo modo alla funzione non vengono passati i valori delle variabili ma l'indirizzo di memoria in cui vengono memorizzate.

L'operatore & è già stato utilizzato nella funzione `scanf()` e ora possiamo spiegarne il significato: alla funzione `scanf()` viene passato l'indirizzo di memoria delle variabili dove essa dovrà memorizzare i dati inseriti dall'utente.

Nella funzione è necessario indicare al compilatore che non deve prendere i valori di `m` ed `n`, ma in quella variabili è contenuto l'indirizzo di memoria dove ritrovare il valore delle variabili sulle quali deve operare, e quindi mettiamo l'operatore * prima delle variabili referenziate.

Il codice della funzione è il seguente:

```
/* funzione che scambia due variabili per indirizzo                    */
void scambia2(int *m, int *n){ /* header della funzione con parametri formali*/
  int tempo;
  if (*m >= *n)
  {
    tempo=*m;
    *m = *n;
    *n = tempo;
  }
  printf("\ni due numeri dentro la funzione sono %d %d",*m,*n);
  return;
}
```

L'operatore * restituisce il valore della variabile che si trova nell'indirizzo indicato nella variabile che lo segue.

Zoom su...

PUNTATORI *

Lo studio dettagliato degli operatori & e * viene approfondito con la trattazione delle strutture dinamiche, delle quali sono gli elementi costitutivi: per ora ci limitiamo a dire che il puntatore è un nuovo tipo di variabile che contiene un nuovo tipo di dato: un indirizzo di memoria. Le variabili che contengono puntatori devono essere dichiarate come tali nel seguente modo:

*<tipo base> * <identificatore>;*

Facciamo un esempio:

```
char *perre;
int *pnum;
```

In tal modo sono state dichiarate: `perre` come puntatore a un tipo carattere e `pnum` come puntatore a un tipo intero.

Vediamo il contenuto delle diverse celle di memoria: al momento della chiamata, il calcolatore individua mediante la parola chiave * la presenza di due variabili passate per indirizzo e predispone due celle ma, a differenza di quanto avviene nel passaggio per valore, tali celle non saranno di tipo `int` (come sarebbe necessario per omogeneità con la variabile attuale), bensì di un particolare formato necessario per memorizzare l'indirizzo di memoria (che noi indicheremo come tipo indirizzo).

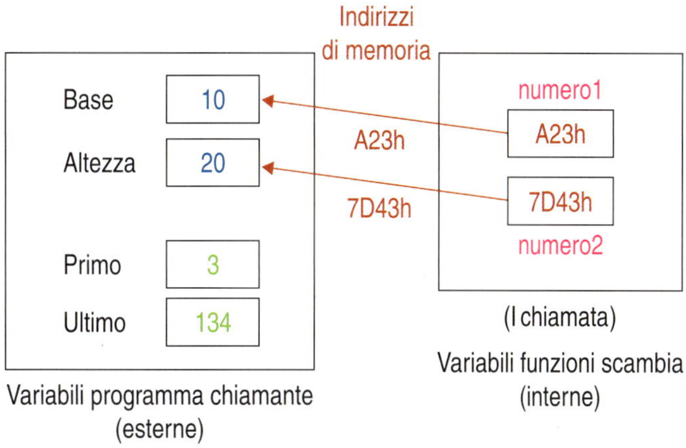

In queste variabili viene memorizzato un valore (in formato esadecimale) che è l'indirizzo di memoria delle variabili base e altezza del programma chiamante, così da indicare alla funzione dove deve andare a prendere i dati e/o a scrivere i risultati delle sue elaborazioni.

Il contenuto delle variabili indirizzo non è di alcun interesse né per il programmatore né tanto meno per l'utente finale: quindi non è necessario conoscerne il valore, in quanto esso è a uso esclusivo dell'elaboratore. Inoltre, non è detto che lo stesso programma eseguito in momenti diversi sullo stesso calcolatore assegni alle stesse variabili le stesse celle di memoria: la corrispondenza avviene in modalità dinamica in fase di runtime. Quindi, dal momento che il contenuto di una variabile indirizzo non è di alcuna utilità, esso non viene indicato; nel seguito della trattazione, le variabili di tipo indirizzo saranno indicate graficamente nel modo seguente: ▶

La freccia indica che all'interno della variabile non è presente un dato, ma il "collegamento" a un'altra variabile nella quale si deve scrivere; la punta della freccia viene posizionata proprio su tale variabile.

Vediamo come organizzare la trace table.

	Programma chiamante				Funzione scambia	
istruzione \ variabili	**base**	**altezza**	**primo**	**ultimo**	**numero1**	**numero2**
8 – lettura dati	10	20			<non presenti in memoria>	
9 – chiamata						
16 – **copia valori degli indirizzi**						
17-26 – corpo funzione **scambia**	20	10				
27 – **return**					<non presenti in memoria>	
10 – segue chiamante					<non presenti in memoria>	
12 – **lettura dati**			3	134	<non presenti in memoria>	
13 – chiamata						
16 – **copia valori degli indirizzi**						
17-26 – corpo funzione **scambia**			134	3		
27 – **return**					<non presenti in memoria>	
14 – segue chiamante					<non presenti in memoria>	

Con l'istruzione 16 avviene l'associazione tra le variabili locali della funzione e le variabili attuali: si dice che "viene passato l'indirizzo" e, infatti, nella colonna delle variabili della funzione non sono presenti valori ma collegamenti alle variabili del programma chiamante; il corpo della funzione esegue le elaborazioni direttamente su `base`, `altezza`, `primo` e `secondo`, modificando in modo permanente i valori in esse contenuti.

Funzioni e librerie

Si è detto che le funzioni hanno una particolare importanza anche in riferimento alle moderne esigenze di produzione del software perché:
- presentano una chiara distinzione tra interfaccia e struttura interna;
- costituiscono componenti software ("mattoni") riusabili e componibili.

Dalla seconda caratteristica è facile osservare che dove più funzioni sono disponibili minore è il codice che volta per volta deve essere scritto; quindi, un programmatore in fase di progettazione dell'algoritmo, dopo aver individuato le funzioni a lui necessarie, ha due possibili alternative:
- utilizzare funzioni già scritte;
- scrivere nuove funzioni specifiche.

Per utilizzare funzioni già scritte, il primo passo è quello di "scoprire" se la funzione richiesta è effettivamente disponibile, cioè se è presente all'interno del linguaggio oppure si trova in librerie disponibili in commercio: una libreria di funzioni è una "raccolta" di funzioni scritte da una software house e messa a disposizione, gratuitamente o a pagamento, all'universo dei programmatori. Generalmente, le librerie sono distribuite in file di formato eseguibile; ciò significa che non è possibile vederne il contenuto e modificarne il codice sorgente, ma soltanto utilizzarle richiamandole mediante la loro testata. Ogni linguaggio mette a disposizione molte librerie tra cui quelle matematiche, che comprendono le funzioni già esaminate (`sin`, `log`, `sqrt` ecc.) oppure quelle grafiche, che permettono la realizzazione di disegni tracciando linee e ovali colorati. Tali funzioni possono essere chiamate direttamente all'interno dei programmi senza aggiungere ulteriori indicazioni (come il nome del file o della directory che le contiene), in quanto il compilatore le "ricerca" automaticamente nei propri file a ogni chiamata effettuata nel codice. Volendo invece utilizzare librerie di "terze parti", cioè librerie acquistate o freeware, è generalmente necessario indicare all'interno del codice sorgente il nome del file in cui sono memorizzate, affinché al momento della loro chiamata possano essere invocate. Scriviamo, per esempio, il codice del programma chiamante della funzione `cubo()` già completamente definita (e posizionata in un segmento di codice "esterno"), nella libreria `mialib.h`.

ESEMPIO 4 *Chiamata di funzione di libreria*

```
#include <stdio.h>
#include <mialib.h>                  // indicazione libreria personale
int main(void)
/* programma che chiama una funzione che calcola il volume del cubo */
{
  int numeroLetto,volume=0;
  printf("\nintrodurre il lato del cubo: ");
  scanf ("%d",&numeroLetto);
  volume= cubo(numeroLetto);        /* chiamata della funzione         */
  if (volume > 0)
   printf ("\nil volume del cubo di lato %d e' %d", numeroLetto,volume);
```

```
    else
     printf ("\nil valore del lato e' errato: deve essere positivo");
  return 0;
}
```

Prova adesso!

- Definizione di una funzione
- Chiamata di una funzione

CREA UN PROGRAMMA prova2.c

1. Scrivi le due funzioni aventi il seguente prototipo:
   `void  cubo(int lato, int *vol);`
   `void  area(int lato, int *super);`
   e richiamale nel `main` di un programma che, leggendo il lato, visualizza volume e area di un cubo.
2. Confronta la tua soluzione con quella riportata nel file esercizio02.
3. Ripeti l'esercizio utilizzando due funzioni aventi il seguente prototipo:
   `int cubo(int lato);`
   `int area(int lato);`

Funzioni e procedure

In generale, i sottoprogrammi si suddividono in due famiglie: le procedure e le funzioni, le cui definizioni rigorose sono le seguenti.

PROCEDURA
È un'astrazione della nozione di istruzione: è un'istruzione non primitiva attivabile in un qualunque punto del programma in cui può comparire un'istruzione.

FUNZIONE
È l'astrazione del concetto di operatore: si può attivare durante la valutazione di una qualunque espressione e restituisce un valore.

La differenza sostanziale tra funzione e procedura è che la prima ha un parametro di ritorno mentre la seconda non ritorna alcun valore, come nell'esempio riportato di seguito:

```
1 main()
2 {
3   int numero, N=7;
4   stampa(N);                      /*procedura*/
5   numero=fattoriale(N)-10;        /*funzione*/
6 }
```

L'istruzione 4 chiama una procedura che esegue un segmento di codice e visualizza "qualcosa" sullo schermo, cioè esegue delle operazioni autonome, senza produrre un risultato da restituire al programma chiamante; diverso il discorso per l'istruzione 5 dove viene invocata la funzione fattoriale che ritorna come risultato dell'elaborazione un valore numerico.

> Formalmente in C i sottoprogrammi sono soltanto funzioni; le procedure possono essere realizzate come funzioni che non restituiscono alcun valore (`void`).

Struttura di un programma

Finora abbiamo affrontato problemi di entità piuttosto modesta: indipendentemente dalla loro complessità o difficoltà risolutiva, infatti, essi richiedevano la risoluzione di un unico quesito, cioè il programma realizzato eseguiva un'unica funzionalità.
In generale, un programma fa parte di un sistema più complesso che prende il nome di applicazione software (o *pacchetto software*), il quale svolge un insieme di attività tra loro connesse (per esempio la gestione contabile di un'azienda, la gestione dei cittadini di un comune, oppure un generico videogioco, la gestione di un sito Internet ecc.). Tali pacchetti possono includere un numero anche elevato di operazioni: basta pensare che un metodo di stima della dimensione (e quindi dei costi) di un'applicazione utilizza come unità di misura i mesi/uomo (oppure, in alcuni casi, addirittura gli anni/uomo), cioè il tempo di sviluppo che sarebbe necessario a un programmatore per realizzare l'intero sistema.
Ci si rende quindi conto che è impossibile pensare a un unico programma costituito da migliaia e migliaia di righe di codice. Un sistema software è generalmente progettato e realizzato da un team di sviluppo composto da analisti, progettisti, grafici e programmatori: l'applicazione è scomposta in sottosistemi (moduli funzionali), ognuno dei quali è suddiviso in singole unità di sviluppo. Analogamente a quanto prevede la tecnica top-down, si procede all'individuazione delle operazioni elementari (che in questo caso sono le funzionalità elementari) che il sistema deve essere in grado di eseguire.
Ciascuna di queste operazioni è un programma che può essere a sua volta costituito da un insieme di sottoprogrammi organizzati anche su più file; le possibilità offerte dall'organizzazione di un programma su più file evidenziano i vantaggi derivanti dall'articolazione del programma in funzioni, che ricordiamo di seguito:

- la riusabilità delle funzioni in più parti del modulo funzionale o del sistema generale;
- l'atomizzazione e l'incapsulamento di operazioni in modo da avere soltanto un'interfaccia di comunicazione verso il resto del sistema, senza quindi che i dettagli implementativi delle singole funzioni possano interferire con la realizzazione dell'intero programma;
- la separazione tra l'utilizzo della funzione e la sua realizzazione o manutenzione: una volta definite la funzionalità e l'interfaccia, è possibile intervenire modificando il codice senza dover agire sui programmi che utilizzano la funzione, rendendo in pratica indipendente lo sviluppo di ogni funzione dal suo impiego.

Ricapitolando, un sistema software è suddiviso in moduli, ogni modulo è organizzato in unità funzionali, ogni unità è un programma (l'*unità di programmazione* che realizziamo volta per volta), e ogni programma è organizzato in funzioni.
Abbiamo definito il programma principale come il contenitore di tutti gli altri e gli attribuiremo come nome il compito che svolge (questo nome verrà utilizzato anche per il file che lo contiene): tale programma è detto principale in quanto è il primo "segmento" che viene eseguito e in esso devono essere definiti i dati e le funzioni che utilizza (risorse). È opportuno definire una funzione che si occupi della gestione del flusso principale del programma e dell'eventuale gestione dell'interfaccia con l'utente; che preveda per esempio di offrire un elenco di opzioni di scelta (menu), di ricevere la scelta effettuata dall'utente e di interpretarla mandando in esecuzione la funzione corrispondente.

ESEMPIO 5 *Struttura di un menu*

Il `main` che realizza un menu ha generalmente una struttura di questo tipo:

```
int mostraMenu (void);            // dichiarazione delle funzioni utilizzate
void main(){                      // programma principale
  int scelta;                     // dichiarazione variabili locali
  scelta = 0;                     // inizializzazioni
  do{
    // ripulisco lo schermo
    system("CLS");
    // chiamo la funzione che crea il menù utente
    scelta = mostraMenu();
    switch (scelta){
      case 1: ...
      case 2: ...
      case 3: ...
      case 4: ...
      case 5:{
                printf ("\n\nGrazie per aver utilizzato il programma... \n\n");
              }
    }
  } while (scelta != 5);
}
```

A volte è necessario compiere alcune operazioni prima della presentazione del menu (per esempio il controllo delle autorizzazioni di accesso login) o prima del termine (logout, operazioni di chiusura, rilascio memoria e risorse ecc.).
Queste operazioni possono essere aggiunte mediante due funzioni, una posta fuori dal ciclo prima dell'accesso al menu, l'altra inserita nel ramo dell'opzione di termine.

Prova adesso!

- Definizione di una funzione
- Chiamata di una funzione
- Utilizzo di un menu

APRI IL FILE esempio05

1 Scrivi un programma che esegue il calcolo delle equazioni di secondo grado realizzando le seguenti funzioni:

```
void calcolaSol (float, float, float, float, float*, float*);
void leggiCoeff (float*, float*, float*);
float calcolaDet (float, float, float);
int mostraMenu (void);
```

richiamate da un `main` organizzato con questo menu: ▶

```
*********************************************
*   RISOLUZIONE EQUAZIONE DI 2^GRADO        *
*********************************************

*********************************************
*       Menu' utente principale             *
*********************************************
* 1 ACQUISIZIONE DEI COEFFICIENTI           *
* 2 CALCOLO DEL DETERMINANTE                *
* 3 CALCOLO DELLE SOLUZIONI                 *
* 4 NUOVA EQUAZIONE                         *
* 5 =======> USCITA                         *
*********************************************

Inserire scelta (1, 2, 3, 4  oppure 5)   :
```

2 Confronta la tua soluzione con quella riportata nel file esercizio03.

Verifichiamo le conoscenze

Per **verificare le tue conoscenze** svolgi i seguenti test. (*Se sorgeranno dubbi in merito a qualche risposta, rileggi l'argomento a cui si riferisce l'esercizio, poi rispondi.*)

Esercizi a scelta multipla

1 I sottoprogrammi hanno questo nome perché:

- O vengono utilizzati da altri programmi di livello gerarchico superiore
- O vengono utilizzati da altri programmi di livello gerarchico inferiore
- O vengono dichiarati al di sotto del programma principale
- O nessuna delle affermazioni precedenti

2 La testata di una funzione presenta la struttura seguente:

- O nome_funzione tipo_restituito (<*lista_parametri_attuali*>)
- O nome_funzione tipo_restituito (<*lista_parametri_formali*>)
- O tipo_restituito nome_funzione (<*lista_parametri_formali*>)
- O tipo_restituito nome_funzione (<*lista_parametri_attuali*>)

3 Con prototipo di un funzione si intende:

- O una versione di prova non ancora completata
- O una versione collaudata ma non ancora terminata
- O la prima riga di una funzione
- O il valore di ritorno di una funzione

4 Una procedura consiste in:

- O un sottoprogramma richiamato senza parametri
- O una funzione che ritorna il valore `0`
- O una funzione che ritorna `void`
- O una funzione con un solo parametro

5 Un parametro formale è costituito da:

- O una coppia tipo-identificatore
- O una coppia valore-tipo
- O una coppia tipo-valore
- O una coppia valore-identificatore

6 Un puntatore contiene:

- O una variabile di tipo referenziato
- O un indirizzo di memoria di una variabile
- O un indirizzo di memoria di una funzione
- O un indirizzo di memoria di un parametro

Test vero/falso

1 Il reengineering viene facilitato dalla scrittura di codice parametrico. V F
2 La funzione `main` non restituisce mai niente (`void`). V F
3 L'interfaccia di ingresso comprende la lista parametri formali. V F
4 Il passaggio per reference è sinonimo di passaggio per valore. V F
5 Nel passaggio per reference la parola chiave & deve indicare i parametri formali. V F
6 L'operatore * restituisce il valore della variabile che si trova nell'indirizzo indicato nella variabile che lo segue. V F

Verifichiamo le competenze

Utilizza le nuove istruzioni

Nei seguenti esercizi sono indicati alcuni segmenti di codice: simula mediante la trace table l'esecuzione del programma indicando cosa viene visualizzato sullo schermo.

1

```
void boh(int a,int b,int *c){
 b =*c+a;
 *c = b-a+3;
 a  = *c+b-2;
 printf("\n%d %d %d",a,b,*c);
}
int main(){
 int x,y,z;
 x =1; y = 2; z = 3;
 printf("\n%d %d %d",x,y,z);
 boh(y, x, &z);
 printf("\n%d %d %d",x,y,z);
}
```

2

```
void mah(int*a,int b,int*c){
 b =*c+*a;
 *a = *c+b-2;
 *c = b-*a+3;
 printf("\n%d %d %d ",*a,b,*c);
}
int main(){
 int x,y,z;
 x =1; y = 2; z = 3;
 printf("\n%d %d %d ",x,y,z);
 mah(&y, x, &z);
 printf("\n%d %d %d ",x,y,z);
}
```

3

```
void ALI(int *a,int b, int *c)
{
  b =*c+2**a;
  *a = *c+b-2;
  *c  = b-*a+3;
  printf("\n%d   %d   %d  ",*a,b,*c);
}
int main()
{
 int a,b,c;
 a =1; b = 2; c = 3;
 printf("\n%d   %d   %d  ",a,b,c);
 ALI(&a, b, &c);
 printf("\n%d   %d   %d  ",a,b,c);
 b=a-c;
 ALI(&c, a, &b);
 printf("\n%d   %d   %d  ",a,b,c);
}
```

4

```
void ALI(int a, int c, int *b)
{
  *b =c+2*a;
  a = c**b-2;
  c = *b-a+3;
  printf("\n%d   %d   %d  ",a,*b,c);
}
int main()
{
 int a,b,c;
 a =1; b = 2; c = 3;
 printf("\n%d   %d   %d  ",a,b,c);
 ALI(a, b, &c);
 printf("\n%d   %d   %d  ",a,b,c);
 b=a-c;
 ALI(c, a, &b);
 printf("\n%d   %d   %d  ",a,b,c);
}
```

Verifichiamo le competenze

Esprimi la tua creatività

Progetta e realizza completamente in linguaggio di programmazione il codice che risolva i problemi proposti. Risolvi gli esercizi definendo le funzioni.

1 Sia data una sequenza di numeri interi positivi diversi da zero. I valori sono letti in input da tastiera e hanno come tappo l'inserimento dello zero. Presenta un menu per l'esecuzione delle seguenti opzioni:
- calcolo del numero di coppie di numeri consecutivi uguali;
- calcolo del numero di coppie in cui il secondo numero è divisore del primo (non uguali);
- visualizzazione di un messaggio che dica quale tipo di coppie tra i due precedenti è presente in numero maggiore.

2 Realizza un convertitore di base dei sistemi di numerazione. Dopo aver letto una sequenza di numeri terminante con 0 (inserita dall'utente), il programma deve offrire all'utente la possibilità di convertire tale numero nei seguenti formati:
- binario;
- ottale;
- esadecimale;
- vigesimale;
- romano (*facoltativo*).

Per ogni opzione, visualizza a video le coppie di valori corrispondenti "affiancate".

3 Leggi *N* dati e memorizzali in un vettore `vett1` di *N* elementi; quindi, costruisci altri due vettori, `vett2` e `vett3`, di dimensioni opportune contenenti rispettivamente gli elementi di `vett1` non maggiori e maggiori di un intero `NUM` inserito dall'utente. Visualizza il vettore risultante in base alla scelta operata da un utente.

4 Scrivi un programma che riceva le temperature massime e minime di ogni giorno del mese di gennaio. Le temperature vengono inserite in due array che vengono poi visualizzati su richiesta dell'utente. Su richiesta dell'utente, viene calcolata la media tra le temperature massime e il giorno in cui si è avuta la differenza minore tra temperatura massima e minima.

5 Scrivi un programma che implementi il gioco nel quale l'utente deve indovinare un numero segreto con una quantità massima di tentativi. La funzione `generaNumero()` permette di generare casualmente un numero di 4 cifre, mentre la funzione `indovinaNumero()`:
- consente di inserire un numero;
- confronta il numero da individuare con quello inserito e visualizza il messaggio "troppo grande" "troppo piccolo";
- se il numero inserito è corretto, la funzione ritorna `VERO`, altrimenti ritorna `FALSO`.

Il programma principale controlla se i tentativi ammessi sono esauriti, se il numero segreto è stato individuato o meno, e ripropone una nuova partita.

6 Scrivi un programma che permette di calcolare l'area di un cerchio o di un quadrato. L'utente inserisce un numero, dichiarando se si tratta del raggio di un cerchio o del lato di un quadrato. Se l'utente inserisce un numero negativo viene visualizzato un errore, altrimenti il sistema calcola l'area in modo appropriato.

7 Scrivi un programma che, utilizzando le funzioni, calcola la media e la varianza di un array di numeri reali mediante le seguenti funzioni:
- `leggi()`: permette di inserire il vettore di numeri;
- `media()`: calcola e ritorna la media;
- `varianza()`: calcola e ritorna la varianza;
- `scrivi()`: visualizza il vettore, la media e la varianza.

UNITÀ DIDATTICA 2

VISIBILITÀ AD AMBIENTI DI ESECUZIONE

IN QUESTA UNITÀ IMPAREREMO...

- il concetto di visibilità delle variabili
- gli ambienti e il record di attivazione RDA
- a utilizzare variabili globali nelle funzioni

Introduzione

Le funzioni implementano il meccanismo del passaggio dei parametri come modalità per scambiarsi le informazioni. La lista dei parametri formali definisce il numero, il tipo e la modalità (valore o indirizzo) delle variabili che una funzione riceve per effettuare le elaborazioni. Questo meccanismo prende anche il nome di modalità esplicita di interfacciamento, in quanto le variabili coinvolte nelle interazioni tra programma chiamante e programma chiamato vengono elencate esplicitamente. Esiste un secondo meccanismo che consente di non indicare alcuna variabile, ma che prevede come unica modalità il passaggio per indirizzo, cioè la modifica permanente delle variabili su cui si opera: tale meccanismo prende il nome di modalità implicita basata sugli ambienti e sfrutta le cosiddette regole di visibilità (o di *scoping*) tra gli ambienti locali e globali.

Ambiente locale e globale: definizioni

È innanzitutto doveroso definire ciò che comunemente si intende per "ambiente di esecuzione".

AMBIENTE DI ESECUZIONE

Per ambiente di esecuzione si intende l'insieme delle variabili e delle costanti presenti in memoria al momento dell'esecuzione di un dato programma o sottoprogramma.

Durante l'esecuzione di un programma, l'ambiente di esecuzione non è sempre lo stesso: infatti, al caricamento del programma principale viene definita un'area di memoria che contiene le variabili e le costanti definite dal programma stesso, e alla chiamata di una funzione una nuova area di memoria viene riservata per poter contenere le nuove variabili e costanti definite dalla funzione: al termine della chiamata, quando il controllo ritorna al programma principale, questa seconda area viene rilasciata e con essa le variabili e i dati che vi sono contenuti "spariscono".

AMBIENTE LOCALE

L'insieme delle variabili e delle costanti definite da una funzione prende il nome di ambiente locale, e le variabili sono dette variabili locali.

Quindi, ogni funzione possiede un proprio ambiente locale che è costituito, oltre che dalle variabili definite dal codice della funzione stessa, anche dall'insieme delle variabili utilizzate come parametri che permettono la comunicazione con il programma chiamante.

VARIABILE GLOBALE

Una variabile che viene dichiarata al di fuori di tutte le funzioni prende il nome di variabile globale.

Le variabili globali possono essere utilizzate come se fossero variabili locali da tutte le funzioni in seguito definite: non occorre, cioè, che esse vengano ridefinite all'interno delle funzioni stesse.

AMBIENTE GLOBALE

L'insieme delle variabili locali e delle variabili globali di una funzione costituisce l'ambiente globale, cioè l'insieme di tutte le variabili (e solo quelle) che possono essere utilizzate dalla funzione stessa.

L'ambiente costituito da tutte le variabili visibili dal programma al di fuori del programma stesso prende anche il nome di ambiente non locale: è quindi possibile indicare con ambiente globale l'unione dell'ambiente locale e dell'ambiente non locale di un dato programma (o funzione).

Struttura di un programma C e ambiente di blocco

La struttura generale di un programma C consiste in:

1. una parte direttiva (con le dichiarazioni `#include`);
2. una parte dichiarativa globale che comprende:
   - dichiarazioni di costanti (con le dichiarazioni `#define ...`);
   - dichiarazioni di tipi (che vedremo nel prossimo modulo didattico);
   - dichiarazioni di variabili (variabili globali);
   - prototipi di procedure e funzioni;
3. un programma principale (il `main()`);
4. le definizioni (implementazione) di funzioni e procedure.

Come già detto, le procedure e il `main` possono essere considerati casi particolari di funzioni e abbiamo visto come la testata del programma principale, `main()`, è a tutti gli effetti la testata di una funzione il cui risultato è del tipo `void`, quindi una procedura: nella scrittura del `main` i parametri di ingresso e di uscita se non sono presenti possono essere tralasciati, in quanto sono sottointesi.
Il `main` può avere anche alcuni parametri di ingresso come ogni altra funzione: tramite questi è possibile comunicare al programma dei valori iniziali su cui effettuare le operazioni.

Questi parametri devono essere passati al programma eseguibile utilizzando la linea di comando del sistema operativo (come vedremo in seguito, dato che vengono memorizzati in una particolare struttura dati, l'array, trattata nel prossimo modulo didattico).

Il `main` può anche avere dei parametri di uscita: potrebbe infatti essere richiamato da un altro programma e quindi restituire ad esso o al sistema operativo il risultato della sua elaborazione.
Vediamo ora le regole di visibilità delle variabili definite all'interno del `main` (o di una qualunque funzione): sappiamo che le istruzioni sono raggruppate in blocchi, racchiusi tra parentesi graffe.

I blocchi possono essere paralleli o annidati, a seconda di come si struttura un programma, e possono essere combinati secondo schemi arbitrariamente complessi: all'interno dei blocchi, oltre alle istruzioni operative, è possibile anche effettuare dichiarazioni di variabili (e, come vedremo, di tipi).

Oltre all'ambiente globale e locale definiamo un terzo ambiente, l'ambiente di un blocco.

AMBIENTE DI UN BLOCCO

È l'insieme di tutti gli elementi dichiarati nella parte dichiarativa di un blocco.
Quello che viene definito all'interno del blocco è visibile solo nel blocco stesso.

I tre campi di visibilità ("scope") seguono uno schema di inclusione detto modello a contorni o modello ad ambienti, rappresentato nello schema a lato. ▶

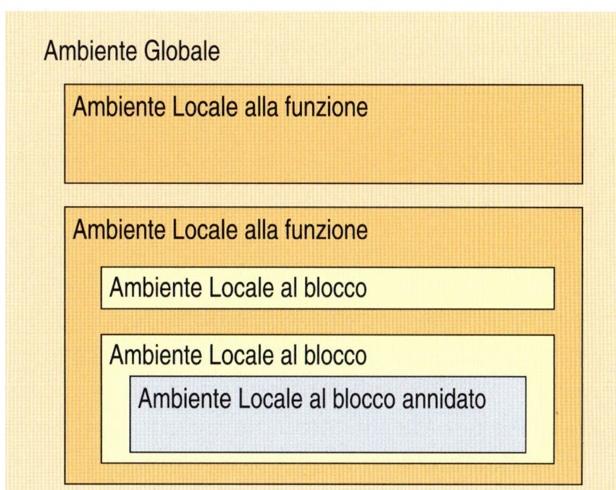

Dall'ambiente più interno si ha la visibilità di tutti gli ambienti che lo contengono, ma non viceversa.

Abbiamo quindi tre livelli di definizione di una variabile:

1. globale → che tutti possono utilizzare direttamente;
2. locale → blocchi paralleli o annidati contenuti nella funzione;
3. blocco → la possono utilizzare solo le istruzioni presenti all'interno del blocco.

Vediamo un primo esempio dove, per semplicità, sono presenti solo i primi due livelli di definizione.

programma principale
`int qui, quo, qua`

vede esclusivamente le variabili che definisce (`qui`, `quo`, `qua`), che corrispondono al suo ambiente locale e globale, e che coincidono

funzione `ALI`
`int pippo, pluto`

ambiente locale: `pippo`, `pluto`
ambiente non locale: `qui`, `quo`, `qua`
ambiente globale: `pippo`, `pluto`, `qui`, `quo`, `qua`

funzione `BABA`
`int eta, beta`

ambiente locale: `eta`, `beta`
ambiente non locale: `qui`, `quo`, `qua`
ambiente globale: `eta`, `beta`, `qui`, `quo`, `qua`

Come si può notare, la funzione `ALI` non vede le variabili della funzione `BABA` e viceversa. È quindi possibile enunciare una regola pratica: ogni programma vede le variabili dei programmi/funzioni a livello superiore nella gerarchia di attivazione (padri), ma non vede le variabili dichiarate da funzioni allo stesso grado di annidamento (fratelli).

Zoom su...

OMONIMIE

Nel definire le variabili degli ambienti locali, soprattutto nei blocchi, spesso succede di attribuire a una variabile un identificatore che è già stato assegnato a una variabile in una funzione a livello superiore, cioè nell'ambiente non locale per quella funzione, che quindi può essere utilizzata direttamente dalla funzione stessa. Ci si trova di fronte al problema dell'omonimia delle variabili: quando due variabili definite in due livelli diversi hanno lo stesso identificatore, quale delle due viene utilizzata all'interno del blocco più annidato? Il problema viene risolto in fase di esecuzione in quanto vige la seguente regola.

> Si utilizza la variabile che ha una definizione più locale, cioè quella che si trova a un più alto livello nella gerarchia di annidamento (quindi, quella definita nel blocco più interno).

Il calcolatore procede cercando la variabile nell'ambiente locale del blocco che la utilizza e, se non la trova, la cerca nell'ambiente a livello immediatamente precedente, e via di seguito fino ad arrivare al programma principale e infine nella variabili globali. Possiamo quindi affermare che ogni funzione, a qualunque livello di blocco, ha a disposizione un'unica variabile per identificatore, in quanto non può raggiungere le variabili che hanno lo stesso nome definite a un livello precedente: i problemi di ambiguità sono quindi risolti.

■ Record di attivazione RDA e durata delle variabili

Un record di attivazione (RDA) è una regione di memoria dinamica ed è “la carta d’identità” di una funzione/procedura e contiene tutti gli elementi che ne caratterizzano la sua l’esistenza, come:

- le variabili locali;
- i parametri formali;
- il valore di ritorno (solo per la funzione).

Quando un programma effettua la chiamata di una funzione/procedura (oppure anche solo entra in un blocco di istruzioni) viene creato un nuovo record d’attivazione e viene memorizzato in una parte della memoria dinamica, nell’area dati, in una sua parte che prende il nome di area stack.
Dato che l’allocazione di questo spazio di memoria avviene senza che venga fatta una richiesta specifica con un’istruzione del programma, prende anche il nome di memoria automatica.

Zoom su...

PROGRAMMI E MEMORIA

A ciascun programma utente viene assegnata una porzione di memoria divisa in due parti:

- l’area del codice: contiene il codice del programma;
- l’area dati contiene:
  - le variabili statiche;
  - l’area heap: disponibile per allocazioni dinamiche (come vedremo in seguito);
  - l’area stack: contiene i record di attivazione delle procedure/funzioni.

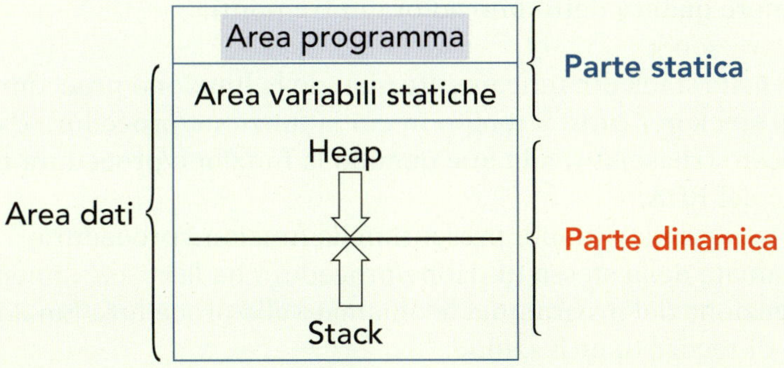

L’occupazione totale in memoria di un programma è nota al momento del suo caricamento in quanto:

- è nota la dimensione dell’area del programma, che è composto dal numero di righe del codice;
- è nota la dimensione dell’area delle variabili statiche, definite globali nel programma;
- è stabilita la dimensione della componente dinamica dell’area dati, suddivisa in heap + stack.

Non è invece stabilita né la dimensione della heap né quella dello stack: hanno però un limite superiore entro il quale non possono crescere in quanto la loro somma ha un valore prefissato:

- la dimensione della heap varia a seconda della richiesta di variabili dinamiche (che vedremo in seguito);
- lo stack aumenta ogni volta che viene aggiunto un RDA e decresce quando termina la funzione/procedura corrispondente che ne provoca il rilascio.

Ricordiamo che lo stack (o pila) è una struttura dati con accesso LIFO (*Last In First Out*, ovvero ultimo entrato, primo servito), come per esempio una pila di piatti da lavare (si inizia con quello posto sopra), una pila di pratiche da svolgere ecc.

> Le pile sono anche delle strutture dati e la loro definizione e gestione viene studiata nell'ambito delle strutture dinamiche.

Il sistema operativo gestisce in memoria la pila dei record di attivazione: per ogni chiamata di funzione/procedura viene creato un nuovo RDA in cima alla pila, al termine della chiamata della funzione l'RDA viene rimosso dalla pila.

> Anche gli ambienti locali dei blocchi simili agli RDA vengono allocati/deallocati sulla pila.

In altri termini l'inserimento di ciascun record di attivazione è tale che il primo record di attivazione presente nello stack è relativo all'ultima funzione (o procedura) chiamata e in corso di esecuzione.

Possiamo riassumere quanto detto fino ad ora in tre punti.

1. Il record di attivazione:
   - viene creato nello stack dinamicamente quando la funzione/procedura viene invocata;
   - rimane nello stack per tutto il tempo in cui la funzione/procedura è in esecuzione;
   - viene deallocato (rilasciato) alla fine quando la funzione/procedura termina.
2. La dimensione del RDA:
   - dipende dal numero di variabili presenti nella funzione/procedura;
   - per ogni chiamata della stessa funzione/procedura ha la stessa dimensione fissa.
3. Durante l'esecuzione del programma le chiamate alle procedure/funzioni danno luogo a una sequenza di record di attivazione:
   - allocati secondo l'ordine delle chiamate;
   - deallocati in ordine inverso.

All'esecuzione dell'istruzione `return`, o in ogni caso al termine di ogni funzione/procedura, l'RDA corrispondente viene "spilato" dallo stack e viene ripristinato lo stato precedente: il programma chiamante riprende l'esecuzione da dove si era sospeso e ritrova il suo "mondo" come lo aveva lasciato, cioè ritrova le informazioni (variabili locali ecc.) contenute nell'RDA al momento della sospensione. Inoltre, dall'RDA viene letto l'indirizzo di ritorno (che è l'indirizzo della successiva istruzione della funzione chiamante che deve essere eseguita al termine della funzione) e viene copiato nel program counter.

Zoom su...

STRUTTURA DELL'RDA

Nel record di attivazione sono presenti anche i dati che permettono al programma chiamante di riprendere l'esecuzione dall'istruzione successiva a quella in cui si era sospeso, cioè dalla chiamata al sottoprogramma.
Sono necessarie due informazioni:

- l'indirizzo di ritorno: l'indirizzo della prossima istruzione che deve eseguire il programma chiamante al termine del sottoprogramma;
- il link dinamico: l'indirizzo di memoria del record di attivazione del chiamante per poter ripristinare l'ambiente del chiamante al termine del sottoprogramma.

Inoltre le funzioni devono ritornare un valore al programma chiamante e quindi è necessario memorizzare in un cella di memoria il risultato della funzione in cui viene inserito il valore che sarà copiato al programma chiamante prima di rilasciare l'RDA.

Uno schema completo del record di attivazione di attivazione è il seguente:

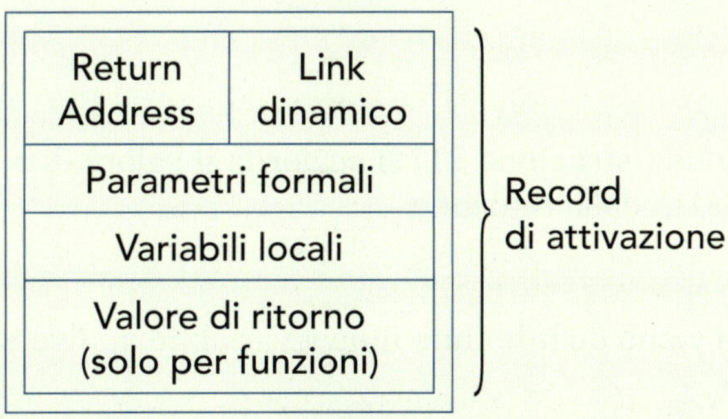

Nella realtà, gli RDA dei blocchi inline sono meno complessi degli RDA delle funzioni/procedure: non entriamo nel dettaglio in quanto per la nostra trattazione interessa esclusivamente l'aspetto che riguarda le regole di visibilità delle variabili.

Seguiamo l'evoluzione della pila per il programma sotto riportato.

ESEMPIO 6 ***Seguiamo la pila!***

```
#include <stdio.h>
int funz(int);
int g =10;          /* variabile globale (statica)                */
main()
{
  int x, y, z;
  x = 11;
  y = 22;           /* blocco principale                          */
  z = funz(x);      /* prima chiamata di funz                     */
  {
```

```
11     int x = 33;     /* uscita da funz e ingresso nel blocco annidato*/
12     y = funz(x);    /* seconda chiamata di funz                      */
13     z = y;          /* uscita da funz e nuova istruzione             */
14   }
15   ...               /* fine blocco interno                           */
16 }
17 int funz(int n)
18 {
19  int a;
20  a = 2*n+g;
21 return a;
22 }
```

Nell'header viene definita una variabile globale (istruzione 3):

g=10

Il main definisce tre variabili e due di esse vengono inizializzate; la pila all'istruzione 8 è:

x=11
y=22
z=?
g=10

Alla prima chiamata delle funzione (istruzione 9 e 17) si aggiunge in pila un nuovo RDA con la variabile n (passata per valore) e a, locale alla funzione:

n=11
a=?
---
x=11
y=22
z=?
g=10

Alla fine della funzione (istruzione 21) si aggiorna il valore di z e viene rimosso dalla pila l'RDA della funzione:

x=11
y=22
z=32
g=10

Nel blocco annidato viene definita una nuova variabile x, diversa da quella esterna:

x=33
---
x=11
y=22
z=32
g=10

Viene nuovamente chiamata la funzione (istruzione 12 e 17), si aggiunge in pila un nuovo RDA:

n=33
a=?
---
x=33
---
x=11
y=22
z=22
g=10

Alla fine della funzione (istruzione 21) la variabile n viene rilasciata rimuovendo l'ultimo RDA e si aggiorna il valore di y e successivamente di z con l'istruzione 13:

x=33
---
x=11
y=76
z=76
g=10

Si esce dal blocco interno e la variabile x viene rilasciata:

x=11
y=76
z=76
g=10

Possiamo ora fare alcune osservazioni su un'altra proprietà delle variabili: la durata.

DURATA DI UNA VARIABILE

La durata di una variabile prende in considerazione il momento di "creazione" (allocazione) della variabile stessa in fase di esecuzione e il suo momento di "distruzione" (deallocazione).

In base a questa caratteristica esistono due tipi di variabili:

1. variabili fisse o statiche;
2. variabili automatiche.

Le variabili statiche sono le variabili globali, cioè quelle variabili dichiarate nella parte dichiarativa globale, e hanno la caratteristica che il loro valore è mantenuto anche all'esterno del loro campo di visibilità.
Rimangono allocate in memoria indipendentemente dalla vita degli ambienti di funzione o di blocco che le utilizzano e trattengono i valori assunti durante l'esecuzione del programma.

> Se la variabile viene definita all'interno di una funzione rimane permanente anche al termine della sua esecuzione: a una successiva attivazione della funzione mantiene il valore che aveva precedentemente, ma risulta visibile solo dentro la funzione, poiché è stata dichiarata locale.
> Per esempio: `f(void) { static int x; ... }`

Tutte le altre variabili sono automatiche (o locali automatiche) e vengono create ogni volta che si entra nel loro ambito di visibilità e distrutte ogni volta che se ne esce: i loro valori non vengono mantenuti in memoria all'esterno del proprio ambito di visibilità, in quanto viene rimosso il corrispondente RDA.

Prova adesso!

- Record di attivazione
- Trace table

APRI IL FILE esempio07

1. Segui come nell'esempio l'evoluzione della pila per il programma disegnando i diversi RDA.
2. Individua mediante la trace table i valori dell'RDA finale (variabili `g`, `x`, `y`, `z`).
3. Modifica il programma in modo che visualizzi sullo schermo i tutti gli RDA.
4. Confronta la tua soluzione con quella riportata nel file esercizio04.

Verifichiamo le conoscenze

Per **verificare le tue conoscenze** svolgi i seguenti esercizi. (*Se sorgeranno dubbi in merito a qualche risposta, rileggi l'argomento a cui si riferisce l'esercizio, poi rispondi.*)

Esercizi a scelta multipla

1 Un parametro formale è costituito da:
- O una coppia tipo-identificatore
- O una coppia valore-tipo
- O una coppia tipo-valore
- O una coppia valore-identificatore

2 In un programma sono individuabili i seguenti ambienti:
- O totale
- O locale
- O globale
- O parametrico
- O di blocco

3 In caso di omonimia viene utilizzata:
- O la variabile del `main`
- O la variabile globale
- O la variabile più locale
- O viene segnalato un errore

4 Che cosa significa LIFO?
- O Last Input First Output
- O Last In First Out
- O Last Input Final Output
- O Last In Final Output

5 Una variabile automatica è:
- O statica
- O fissa
- O dinamica
- O globale

6 Nel record di arrivazione non è presente:
- O Return Address
- O Link dinamico
- O Parametri formali
- O Variabili globali
- O Variabili locali
- O Valori di ritorno

Test vero/falso

1 Le regole di scoping riguardano il passaggio dei parametri. V F
2 Nel passaggio per reference la parola chiave `&` deve indicare i parametri formali. V F
3 L'acronimo RDA sta per record di attivazione. V F
4 L'area di memoria dedicata alla memorizzazione dei record di attivazione è l'area stack. V F
5 La dimensione dell'area stack è definita a priori nel linguaggio C. V F
6 Una variabile fissa è una variabile dinamica. V F
7 Ogni funzione ha un suo ambiente di esecuzione. V F
8 L'insieme delle variabili e delle costanti definite da una funzione prende il nome di ambiente locale. V F
9 Una variabile che viene dichiarata al di fuori di tutte le funzioni prende il nome di variabile globale. V F
10 Una variabile automatica è inizializzata automaticamente. V F

Verifichiamo le competenze

Utilizza le nuove istruzioni

Nei seguenti esercizi sono indicati alcuni segmenti di codice: simula mediante la trace table l'esecuzione del programma indicando cosa viene visualizzato sullo schermo.

1

```
int qui,quo,qua;
void ALI(int ladri, int *ladroni)
{
  ladri =*ladroni-qua+qui;
  qui   =(ladri-*ladroni);
  qua   = qui+ladri;
}
void BABA(int ladroni, int *ladri)
{
  int qui =1;
  *ladri=ladroni+ qua - qui;
  qui = (*ladri + ladroni);
  printf("\n%d   %d   %d  ",qui,quo,qua);
}
int main()
{
 qui =3; quo = 2; qua = 1;
 printf("\n%d   %d   %d  ",qui,quo,qua);
 ALI(qui, &quo);
 printf("\n%d   %d   %d  ",qui,quo,qua);
 BABA(quo, &qua);
 printf("\n%d   %d   %d  ",qui,quo,qua);
}
```

2

```
int qui,quo,qua;
void ALI(int ladri, int *ladroni)
{
  ladri =*ladroni-qua+qui;
  qui   =(ladri-*ladroni);
  qua   = qui+ladri;
}
void BABA(int ladroni, int *ladri)
{
  int qui =1;
  *ladri=ladroni+ qua - qui;
  qui = (*ladri + ladroni);
  printf("\n%d   %d   %d  ",qui,quo,qua);
}
int main()
{
 qui =3; quo = 2; qua = 1;
 printf("\n%d   %d   %d  ",qui,quo,qua);
 ALI(qui, &quo);
 printf("\n%d   %d   %d  ",qui,quo,qua);
 BABA(quo, &qua);
 printf("\n%d   %d   %d  ",qui,quo,qua);
}
```

3

```
int qui,quo,qua;
void ALI(int *ladri, int ladroni)
{
  int qua =1;
  *ladri =ladroni-qua+2;
  quo    =(*ladri-ladroni)* 2;
}
void BABA(int *ladroni, int ladri)
{
  int quo =3;
  *ladroni =ladri - qua + qui;
  quo = (ladri + *ladroni) * 2;
}
int main()
{
 qui =3; quo = 2; qua = 1;
 printf("\n%d   %d   %d  ",qui,quo,qua);
 ALI(&qui, quo);
 printf("\n%d   %d   %d  ",qui,quo,qua);
 BABA(&quo, qua);
 printf("\n%d   %d   %d  ",qui,quo,qua);
 ALI(&qui, qua);
 printf("\n%d   %d   %d  ",qui,quo,qua);
}
```

4

```
int qui,quo,qua;
void ALI(int ladri, int *ladroni)
{
  int qua =1;
  ladri =*ladroni-qua+qui;
  qui   =(ladri-*ladroni);
}
void BABA(int ladroni, int *ladri)
{
  int qui =2;
  *ladri=ladroni - qua + qui;
  quo = (*ladri + ladroni);
}
int main()
{
 qui =3; quo = 2; qua = 1;
 printf("\n%d   %d   %d  ",qui,quo,qua);
 ALI(qui, &quo);
 printf("\n%d   %d   %d  ",qui,quo,qua);
 BABA(quo, &qua);
 printf("\n%d   %d   %d  ",qui,quo,qua);
 ALI(qui, &qua);
 printf("\n%d   %d   %d  ",qui,quo,qua);
 BABA(qua, &qui);
 printf("\n%d   %d   %d  ",qui,quo,qua);
}
```

UNITÀ DIDATTICA 3

LE FUNZIONI RICORSIVE

IN QUESTA UNITÀ IMPAREREMO...

- a individuare un problema ricorsivo
- a definire una funzione ricorsiva
- a seguire i record di attivazione delle chiamate ricorsive
- a scrivere ricorsivamente una funzione iterativa

Introduzione

Fino a questo punto della trattazione si è visto, in diverse occasioni, che immaginazione e creatività sono spesso sufficienti a risolvere problemi complessi, e come il loro ruolo sia spesso fondamentale nella progettazione di un algoritmo. Fantasia e inventiva richiamano concetti di natura più strettamente artistica che matematica, ma già nel 1973 il professor D.E. Knuth intitolava il suo libro *The Art of Computer Programming* (il quale, nonostante sia un po' datato e di non facile lettura per un principiante, ancora oggi è il principale punto di riferimento per lo studio degli algoritmi), precorrendo la definizione attuale della disciplina della scrittura degli algoritmi: sempre più spesso, infatti, oggi si parla di *arte della programmazione*.

Accade però, anche nelle arti visive e musicali, che immaginazione e creatività spesso richiedono fondamenti tecnici e conoscenze teoriche approfondite che consentano di sfruttare al meglio le possibilità offerte dalle diverse discipline.

Il progetto di un algoritmo, nonostante resti una disciplina di carattere ingegneristico, deve servirsi delle tecniche generali sviluppate e messe a punto in anni di ricerca informatica, tecniche che, se usate in modo opportuno, consentono di:

- guidare alla soluzione del problema;
- realizzare soluzioni semplici per problemi altresì complessi;
- ottenere algoritmi efficienti e corretti;
- produrre software di facile manutenzione.

Una delle tecniche avanzate che permette di conseguire, nella soluzione di particolari problemi, i risultati appena elencati è la tecnica ricorsiva.

La ricorsione

Il termine ricorsione è spesso utilizzato in matematica ogni volta che si definisce qualcosa facendo riferimento (cioè "ricorrendo") alla definizione stessa.
Apparentemente, utilizzare un'entità non ancora definita per definire se stessa può sembrare un controsenso, ma tale formalismo ha profonde radici storiche: questo concetto era già noto ai matematici indiani, i quali utilizzarono le relazioni di ricorrenza fin dai primi secoli d.C. per definire sequenze di numeri e funzioni; lo stesso concetto viene poi utilizzato come tecnica di dimostrazione chiamata "dimostrazione per induzione".
È possibile indicare come prima citazione di un concetto ricorsivo il quinto assioma enunciato da Giuseppe Peano nel 1899 per la definizione dei numeri naturali:

- 1 è un numero naturale: caso base;
- se N è un numero naturale allora anche succ(N) è un numero naturale: caso induttivo.

Cioè, ciascun numero naturale può essere ottenuto ripetendo un numero finito di volte l'applicazione della definizione sopra esposta.

La definizione matematica ricorsiva più nota è sicuramente quella del fattoriale di un numero:

$$\begin{cases} 0! = 1 & \text{caso base} \\ n! = n * (n-1)! \text{ per } n > 0 & \text{caso induttivo} \end{cases}$$

Il fattoriale di un generico numero n può essere ottenuto dal fattoriale del numero che precede il numero in questione, e così via finché si giunge al numero 0, di cui è noto il valore del fattoriale. Per esempio:

$$4! = 4 * (3!) = 4 * 3 * (2!) = 4 * 3 * 2 * (1!) = 4 * 3 * 2 * 1 * (0!) = 4 * 3 * 2 * 1 * 1$$

Zoom su...

RICORSIONE NEL QUOTIDIANO

Un semplice esempio di ricorsione e la seguente filastrocca:

C'era una volta un bambino
seduto sul lettino
che disse alla sua nonna
raccontami una storia
e la nonna incominciò:
  C'era una volta un bambino
  seduto sul lettino
  che disse alla sua nonna
  raccontami una storia
  e la nonna incominciò:
    C'era una volta un bambino
    seduto sul lettino
    che disse alla sua nonna
    raccontami una storia
    e la nonna incominciò:
      ...

Naturalmente non termina mai, perché ogni nonna racconterà all'infinito la stessa filastrocca dentro la filastrocca, cioè dentro la filastrocca viene raccontata la filastrocca stessa!

Nella geometria frattale un semplice esempio di disegno ricorsivo è il triangolo di Sierpinski. ▶

Un esempio pratico di ricorsione si vede in televisione quando è presente in video una televisione che trasmette lo stesso programma, e questa viene ripresa dalla telecamera: nel televisore si vede un televisore che ha all'interno un altro televisore e così via.

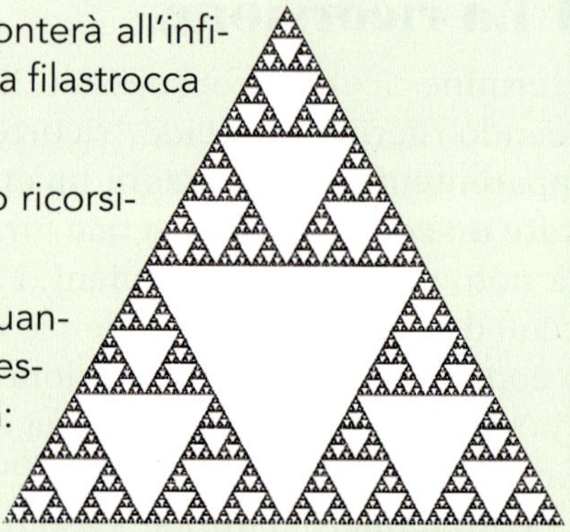

In quasi tutti i linguaggi di programmazione evoluti è ammessa la possibilità di definire funzioni/procedure ricorsive: nel corpo di una funzione viene inserita un'istruzione che è una chiamata alla funzione stessa.

Ciò può avvenire:
- direttamente: il corpo di F contiene una chiamata a F stessa;
- indirettamente: F contiene una chiamata a G che a sua volta contiene una chiamata a F: in questo caso si parla di *mutua ricorsione* o di ricorsione indiretta. Esistono tipi di ricorsione ancora più generali ma, per la loro complessità, esulano dalla nostra trattazione.

Vediamo come si realizza correttamente una funzione ricorsiva, evitando il pericolo di scrivere una funzione che... non termina mai!

Schema concettuale della funzione ricorsiva

FUNZIONE RICORSIVA

Una funzione matematica è definita ricorsivamente quando nella sua definizione compare un riferimento a se stessa. In informatica una funzione si dice ricorsiva quando al suo interno è presente una chiamata a se stessa.

Una formulazione di questo tipo può però sollevare la seguente domanda: se una funzione richiama se stessa, la funzione chiamata ripeterà la chiamata a se stessa e via di seguito fino all'infinito: quindi l'elaborazione non finisce mai?
In effetti potrebbe sembrare l'innesco di una iterazione infinita, come nel caso della televisione sopra riportato. Ma la funzione ricorsiva, proprio per escludere questa possibilità, deve avere una struttura che ne garantisca prima o poi il termine, cioè la fine della ricorsione.
Possiamo quindi definire lo schema di una funzione ricorsiva costituito da due elementi distinti:
- la condizione di terminazione (o *uscita non ricorsiva*);
- il passo ricorsivo (o *iterazione ricorsiva di avvicinamento*).

A una prima analisi, lo schema di una funzione ricorsiva è costituito da un'istruzione di selezione.

```
se (<condizione di terminazione>)
| istruzione finale                          //fine ricorsione
altrimenti
| passo di avvicinamento
|_chiamata ricorsiva a se stessa
```

Come prima istruzione occorre sempre accertare se si è verificata la condizione di terminazione, e solo successivamente procedere alla chiamata ricorsiva; tale chiamata deve essere effettuata dopo l'esecuzione di un'istruzione scritta in modo tale da "avvicinarsi" alla condizione di terminazione.
Riprendiamo l'esempio del fattoriale precedentemente introdotto: la condizione di uscita viene verificata quando il valore del numero n è lo 0 in quanto, dalla definizione, è noto il valore di 0!, e quindi non è necessario eseguire ulteriori operazioni ricorsive.
Il passo ricorsivo deve essere effettuato quando n è maggiore di 0: in questo caso la definizione ci indica proprio come tale passo deve essere effettuato in quanto, per conoscere il fattoriale di $n!$, è necessario conoscere il fattoriale di $(n - 1)$ e moltiplicarlo per n.
Richiameremo la funzione fattoriale passando come parametro proprio $(n - 1)$: tale passo avvicina alla condizione di uscita $(n = 0)$.

```
funzione fattoriale(intero n)                                   // 1
se (n == 0)                                                     // 2
| n ← 1;                       //fine ricorsione                // 3
altrimenti
| m ← (n - 1);                 //passo di avvicinamento         // 4
|_fattoriale ← n * fattoriale(m); //chiamata ricorsiva          // 5
```

Il ramo ricorsivo è stato scritto in due istruzioni esclusivamente per chiarezza di esposizione, ma può essere scritto anche in una sola istruzione:

```
fattoriale ← n * fattoriale(n - 1);
```

Eseguiamo la trace table per comprendere il meccanismo di funzionamento della chiamata. Ipotizziamo che questa funzione venga richiamata da un programma principale con l'istruzione:

```
output ("il fattoriale di 4 è", fattoriale(4));
```

Nella tabella seguente aggiungiamo una colonna con un contatore che viene incrementato ogni volta che richiamiamo la stessa funzione ricorsiva.

Istruzioni	chiamata	n	m	fattoriale
1 – chiamata della funzione principale	1	4		fattoriale(4)
I ITERAZIONE				
2 – test di uscita = 0				
4 – passo di avvicinamento			3	
5 – chiamata ricorsiva	2	3		4 * fattoriale(3)

II ITERAZIONE				
2 – test di uscita = 0				
4 – passo di avvicinamento			2	
5 – chiamata ricorsiva	3	2		`3 * fattoriale(2)`
III ITERAZIONE				
2 – test di uscita = 0				
4 – passo di avvicinamento			1	
5 – chiamata ricorsiva	4	1		`2 * fattoriale(1)`
IV ITERAZIONE				
2 – test di uscita = 0				
4 – passo di avvicinamento			0	
5 – chiamata ricorsiva	5	0		`1 * fattoriale(0)`
V ITERAZIONE				
2 – test di uscita = 0				
3 – <USCITA DALLA FUNZIONE>		1		1

Dalla trace table otteniamo un risultato apparentemente errato: il valore finale della funzione `fattoriale` è uguale a 1, che è l'ultimo valore assegnato nella V chiamata ricorsiva. Per comprendere esattamente il funzionamento del meccanismo ricorsivo è necessario seguire nella memoria del calcolatore che cosa avviene nei record di attivazione alla chiamata ricorsiva della funzione `fattoriale`.

Si è detto che, nel record di attivazione della funzione, vengono riservate nella memoria RAM le aree necessarie a contenere le variabili che costituiscono l'ambiente locale della funzione stessa; la nostra funzione fattoriale ha tre variabili nell'ambiente locale (`n`, `m` e `fattoriale`), ma poiché viene richiamata 5 volte avrà 5 record di attivazione, ciascuno con le tre variabili dell'ambiente locale: ci saranno quindi 5 variabili di nome *n*, 5 variabili di nome *m* e 5 variabili di nome `fattoriale`!

Vediamo graficamente come vengono gestite. Alla prima chiamata viene generato il primo record di attivazione, così composto: ▶

```
n ← 4
m ← 3
fattoriali ← 4 * ???
```

Mentre le prime due variabili contengono un valore, nella variabile `fattoriale` nell'istruzione 7 viene assegnato il risultato di un prodotto "che non è possibile eseguire", in quanto è dato da 4 * il fattoriale di (4 – 1), che non è ancora stato calcolato! Poiché il calcolo del `fattoriale` di (4 – 1) avviene mediante la chiamata della funzione fattoriale, l'elaborazione viene sospesa per la chiamata della funzione con la generazione del nuovo record di attivazione, riportato a lato. ▶

```
n ← 4
m ← 3
fattoriali ← 4 * ???
```

Analogamente alla situazione precedente, i valori delle variabili sono quelli riportati nella figura che segue. La chiamata della funzione con (3 – 1), poi con (2 – 1) e infine con (1 – 1) genera altri tre record di attivazione. Nella memoria del calcolatore i record di attivazione vengono organizzati in una struttura chiamata pila, dove ogni record viene posizionato "sopra" il record precedente (impilaggio), come in una "pila di libri". La situazione finale dopo le cinque chiamate ricorsive è quella riportata nella figura a pagina seguente.

```
n ← 0
fattoriale ← 1
//V chiamata
```
```
n ← 1
m ← 0
fattoriale  ← 1 * ???
//IV chiamata
```
```
n ← 2
m ← 1
fattoriale  ← 2 * ???
//III chiamata
```
```
n ← 3
m ← 2
fattoriale  ← 3 * ???
//II chiamata
```
```
n ← 4
m ← 3
fattoriale  ← 4 * ???
//I chiamata
```

Durante la V chiamata viene eseguito il ramo di uscita, quindi si assegna il valore 1 alla variabile fattoriale ed essa viene "ritornata" al programma chiamante, che è proprio la VI chiamata ricorsiva; il programma chiamante riprende il controllo eseguendo l'istruzione che si è sospesa e a tale istruzione viene ritornato il valore 1: l'istruzione è quella che ha invocato la funzione `fattoriale(1)` dove ora è stato prodotto il valore che potrà completare la moltiplicazione `fattoriale ← 1 * ???`.
A questo punto la funzione termina e ritorna al programma chiamante il valore generato (cioè `1 * 1`). Il controllo giunge alla III chiamata, dove ora è possibile risolvere `fattoriale←2 * 1`.
Il controllo giunge alla II chiamata, dove ora è possibile risolvere `fattoriale←3 * 2`.
La prima chiamata esegue infine `fattoriale← 4 * 6` e ritorna al programma chiamante il risultato di tale operazione, cioè il numero 24.

La generazione del risultato avviene quindi solamente alla fine dell'eliminazione ("spilaggio") del record di attivazione dalla pila, in quanto il risultato utile comincia a essere generato soltanto quando viene eseguito il ramo non ricorsivo.
Le chiamate ricorsive decompongono via via il problema, ma non calcolano nulla: il risultato comincia a essere sintetizzato solo dopo che si sono aperte tutte le chiamate, "a ritroso", mentre le chiamate si chiudono con l'istruzione di ritorno (`return`).

PROCESSO COMPUTAZIONALE RICORSIVO

Viene definito processo computazionale effettivamente ricorsivo il procedimento in cui il risultato viene sintetizzato a partire dalla fine, in quanto è prima necessario arrivare al caso "banale": il caso "banale" fornisce il valore di partenza (per la costruzione del risultato) e da esso si sintetizzano, "a ritroso", i successivi risultati parziali, fino alla chiamata iniziale.

La funzione fattoriale potrebbe anche essere riscritta nel modo seguente, spostando il passo di avvicinamento al di fuori dell'istruzione di selezione.

```
funzione fattoriale(intero n)
m ← (n - 1);                      //passo di avvicinamento
se (m == 0)
| n ← 1;                          //fine ricorsione
altrimenti
|_ fattoriale ← n * fattoriale(m)  //chiamata ricorsiva
```

Se la funzione è complessa si rischia di perdere leggibilità: nei prossimi esempi verrà sempre riportata la struttura con lo schema precedentemente proposto, eventualmente utilizzando anche la notazione sintetica dove passo di avvicinamento e chiamata ricorsiva sono eseguite in un'unica istruzione, come riportato nella seguente pseudocodifica.

```
                        //funzione fattoriale(intero n)
int fattoriale(intero n)                                          // 1
if (n == 0)                                                       // 2
| return 1              //fine ricorsione                         // 3
else                    //avvicinamento e chiamata ricorsiva
|_return (n * fattoriale(n - 1));                                 // 4
```

Questa scrittura è identica alla definizione matematica di fattoriale, che ricordiamo:

$$\begin{cases} n! \leftarrow 1 & \text{per } n = 0 \\ n! \leftarrow n * (n-1)! & \text{per } n > 0 \end{cases}$$

Prima di proseguire è necessario enunciare una definizione che riguarda la modalità operativa effettuata senza ricorsione, cioè il caso in cui il risultato viene generato "in avanti" mediante accumulo tramite le operazioni iterative.

PROCESSO COMPUTAZIONALE ITERATIVO

Viene definito processo computazionale iterativo il procedimento in cui a ogni passo è disponibile un risultato parziale, quindi dopo k passi si ha a disposizione il risultato parziale relativo al caso k-esimo.

ESEMPIO 7 *Algoritmo di Euclide*

Il problema del calcolo del Massimo Comun Divisore è già stato risolto mediante l'algoritmo di Euclide in forma iterativa: ora lo codifichiamo mediante una funzione ricorsiva.
L'algoritmo che calcola il MCD prevede la divisione dei due numeri m ed n: se la divisione ha resto 0 il secondo numero è il divisore, altrimenti si ripete la divisione tra n e il resto r della divisione precedente. Cioè:

$$\text{MCD}(m, n) = \text{MCD}(n, r), \text{ per esempio: } \text{MCD}(27, 15) = \text{MCD}(15, 12) = \text{MCD}(12, 3) = 3$$

Per la scrittura del codice ricorsivo seguiamo alcune semplici regole:

1. individuazione del caso base, con definizione della soluzione e della condizione di terminazione (chiusura della ricorsione);
2. scrittura di un generico passo intermedio che "si avvicina" al caso base mantenendo i termini dello stesso problema, ma riducendolo in un caso più semplice;
   - il caso base è ottenuto dalla divisione tra i due termini m/n e l'individuazione del resto;
   - la chiusura della ricorsione si ottiene quando tale resto r ha valore 0;
   - il passo generico si ottiene sostituendo al primo termine il secondo termine e al secondo termine il resto della divisione, e richiamando la funzione su tali operandi.

Il top-down è immediato, ed è praticamente identico alla pseudocodifica:

I Affinamento	II Affinamento
//si leggono in input due parametri	`funzione MCD (int m, n)`
//passo ricorsivo	`resto ← (resto divisione tra m ed n)`
//condizione di uscita	`se (resto = 0)` `│ MCD ← n;`
//chiamata ricorsiva	`altrimenti` `└MCD ← MCD (n, resto)`

La codifica nel linguaggio C è la seguente:

```
1 int MCD(int m, int n)
2 {
3  int resto;                   // variabile temporanea
4  resto=m%n;                   // passo di avvicinamento
5  if (resto==0)                // condizione di uscita
6    return n;
7  else
8   return MCD (n, resto);  // chiamata ricorsiva
9 }
```

Effettuiamo la trace table, per esempio con $m = 33$ ed $n = 21$:

Istruzioni	chiamata ricorsiva	resto	2	resto	MCD
1 – chiamata della funzione principale	1	33	21		
I ITERAZIONE					
4 – passo di avvicinamento				12	
5 – test di uscita = 0					
8 – chiamata ricorsiva	2	21	12		
II ITERAZIONE					
4 – passo di avvicinamento				9	
5 – test di uscita = 0					
8 – chiamata ricorsiva	3	12	9		
III ITERAZIONE					
4 – passo di avvicinamento				3	
5 – test di uscita = 0					
8 – chiamata ricorsiva	4	9	3		
IV ITERAZIONE					
4 – passo di avvicinamento				0	
2 – test di uscita = 0					
6 – <USCITA DALLA FUNZIONE>					3

Il funzionamento è diverso rispetto a quello dell'algoritmo precedente poiché la terminazione avviene quando viene trovato un valore (resto = 0) che è direttamente collegato al numero ricercato (MCD): quindi non è necessaria la "ricostruzione" a ritroso del valore. Inoltre, l'unica chiamata che "ritorna" un valore è quella che passa per il ramo VERO del test: le altre chiamate servono unicamente per mandare "in avanti" un sottoproblema con due valori di un caso più semplice.

La codifica potrebbe anche essere fatta "spostando" l'operazione di avvicinamento nel passo ricorsivo, eliminando la variabile temporanea `resto`:

```
int MCD(int m,int n)
{
 if((m%n)==0)
  return n;
 else
  return MCD(n,m%n);
}
```

Prova adesso!

- Funzioni ricorsive
- Controllo input
- Fibonacci ricorsivo

APRI IL FILE esempio08

1. Modifica il codice inserendo i controlli nella funzione ricorsiva su un possibile input di valori = 0 e di valori `m<n`.
2. Confronta la tua soluzione con quella riportata nel file esercizio05.
3. Quindi scrivi un programma che calcoli l'ennesimo termine della successione di Fibonacci.
4. Confronta la tua soluzione con quella riportata nel file esercizio06.

Da iterazione a ricorsione "tail"

Lo schema di strutturazione della funzione descritta evidenzia che essa è "effettivamente ricorsiva": il risultato infatti comincia a formarsi solo al termine della ricorsione. Ma questa non è l'unica possibile scrittura di una funzione ricorsiva: quando si traduce una funzione iterativa in una ricorsiva, si verifica la cosiddetta ricorsione apparente o ricorsione tail (*ricorsione in coda*).

Questo avviene quando la soluzione, pur essendo sintatticamente ricorsiva, dà luogo a un processo computazionale iterativo, dove il risultato viene sintetizzato in avanti; in tal caso, ogni passo decompone e calcola, poi porta in avanti il nuovo risultato parziale. Quando le chiamate si chiudono non si fa altro che riportare indietro, fino al principale, il risultato ottenuto, senza effettuare altri calcoli.

Vediamo come è possibile ottenere la funzione fattoriale in formato tail partendo dalla seguente codifica iterativa.

ESEMPIO 8 *Fattoriale iterativo*

```
int fattoriale (int n)     //fattoriale iterativo
{
  int fat=1;
  int itera=1;
  while (itera<=n)
  {
        fat=fat*itera;     // fat*=itera
        itera++;
  }
  return fat;
}
```

Si osservi che la principale differenza rispetto alla funzione ricorsiva è costituita dall'istruzione che, a ogni passo, accumula il risultato. La variabile `fat` accumula risultati intermedi: se `n = 3`, inizialmente `fat = 1`; poi, al primo ciclo, `fat = 1`, al secondo ciclo `fat` assume il valore `2`, mentre all'ultimo ciclo `itera` vale `3` e fat assume il valore `6`.
Ricapitolando:
- al primo passo `fat` accumula il fattoriale di `1`;
- al secondo passo `fat` accumula il fattoriale di `2`;
- al passo *i*-esimo `fat` accumula il fattoriale di `itera`.

La principale differenza rispetto alla versione ricorsiva è che a ogni passo viene accumulato un risultato intermedio.

ESEMPIO 9 *Fattoriale tail-ricorsivo*

Possiamo riscrivere questo processo computazionale iterativo tramite una funzione ricorsiva semplicemente applicando le seguenti regole:

1. si utilizza una variabile, detta accumulatore, destinata a esprimere in ogni istante la soluzione corrente;
2. si imposta la ricorsione identificando quell'operazione di modifica dell'accumulatore che lo porta a esprimere, dal valore relativo al passo k, il valore relativo al passo $k + 1$, secondo un semplice meccanismo:
   - il corpo del ciclo rimane *immutato*;
   - il ciclo diventa un `if` con, in fondo, la chiamata ricorsiva.

Naturalmente, potrebbe essere necessario aggiungere nuovi parametri nell'intestazione della funzione ricorsiva, per "portare avanti" le variabili di stato.

I Affinamento	II Affinamento
while (condizione) <corpo del ciclo>	if condizione <corpo del ciclo> <chiamata ricorsiva>

L'applicazione di questo meccanismo consente di ottenere la seguente scrittura:

```
int fattoriale (int n, int fat, int itera) //fattoriale ricorsivo tail
{
  if (itera<=n)
  {
    fat=fat*itera;                    // fat*=itera
    itera++;
    return fattoriale(n,fat,itera);   //iterazione ricorsiva
  }
  return fat;                         //uscita dalla funzione
}
```

La soluzione ricorsiva ottenuta per il fattoriale è sintatticamente ricorsiva, ma dà luogo a un processo computazionale iterativo: infatti, il risultato viene sintetizzato in avanti (come è facilmente verificabile dalla trace table) e ogni passo:
- decompone;
- calcola;
- porta in avanti il nuovo risultato parziale.

Quando le chiamate si chiudono, come già detto, non si fa altro che riportare indietro fino al programma chiamante il risultato generato nel livello più interno della chiamata ricorsiva.

RICORSIONE TAIL

Si definisce ricorsione tail (ricorsione in coda) una ricorsione che realizza un processo computazionale iterativo, cioè una ricorsione apparente in cui:

- la chiamata ricorsiva è sempre l'ultima istruzione;
- i calcoli sono eseguiti prima della chiamata ricorsiva;
- il risultato viene generato "in avanti";
- la chiamata serve solo per proseguire la computazione.

Prova adesso!

- Funzioni ricorsive

APRI IL FILE esempio10

1. Scrivi il programma ricorsivo all'indietro (non tail) che calcola il fattoriale di un numero.
2. Confronta la tua soluzione con quella riportata nel file esercizio07.

Verifichiamo le competenze

Utilizza le nuove istruzioni

Nei seguenti esercizi sono indicate alcune funzioni ricorsive che eseguono operazioni mediante la loro definizione induttiva: per ciascuna di esse simula il funzionamento mediante la trace table individuando l'operazione implementata.

1

```
int mistero1(int x, int y)
{
  int prec;
  if (y == 0)
    return x;
  else {
    prec = mistero1 (x, --y);
    return ++prec;
  }
```

2

```
int mistero2(int x, int y)
{
  if (y == 0)
    return 0;
  else
    return (mistero1(x, mistero2(x, --y)));
}
```

3

```
int mistero3(int x, int y)
{
  if (y == 0)
    return 1;
  else
    return (mistero2(x, mistero3(x, --y)));
}
```

4

```
void mistero4(long n)
{
  printf("%d", n % 10);
  if (n / 10 != 0)
    mistero4(n / 10);
}
```

5

```
int mistero5 (int n)
{
  if (n == 0)
    return 0;
  if (n == 1)
    return 1;
  return mistero5 (n-1) + mistero5 (n-2);
}
```

6

```
int mistero6(int x, int y)
{
  if (x < 0)
    return mistero6(x+y, y);
  else if (x < y)
    return x;
  else
    return mistero6(x-y, y);
}
```

Verifichiamo le competenze

Esprimi la tua creatività

Progetta e realizza completamente in linguaggio di programmazione il codice che risolva i problemi proposti.

1 Scrivi una funzione ricorsiva che calcola l'operazione di somma sfruttando la seguente definizione induttiva:

```
somma(x,y) = x                      se y = 0
somma(x,y) = 1 + (somma(x, y-1))    se y > 0
```

2 Scrivi una funzione ricorsiva che calcola l'operazione di prodotto sfruttando la seguente definizione induttiva:

```
prodotto(x,y) = 0                             se y = 0
prodotto(x,y) = somma(x, prodotto(x, y-1))    se y > 0
```

3 Scrivi una funzione ricorsiva che calcola l'operazione di elevamento a potenza sfruttando la seguente definizione induttiva:

```
esponente(x,y) = 1                                se y = 0
esponente(x,y) = prodotto(x, esponente(x, y-1))   se y > 0
```

4 Scrivi un programma che legge un numero intero positivo e stampane le cifre al contrario, utilizzando una funzione ricorsiva.

5 Scrivi una funzione ricorsiva che legge una sequenza di caratteri con un punto centrale e determina se è palindroma.

6 Scrivi una funzione ricorsiva per effettuare il calcolo del coefficiente binomiale e rappresentarlo per $n = 10$.

7 Calcola le disposizioni semplici di n elementi (per esempio di 4 caratteri A, B, C, D) sapendo che senza ripetizioni le possibili combinazioni sono 24 casi, ottenuti dalla formula $n!/(n-k)!$, dove n = numero degli oggetti e k = numero dei posti.

8 Calcola le disposizioni con ripetizione di n elementi (per esempio di tre caratteri 1, X, 2) in tre posizioni, quindi con ripetizione dello stesso carattere nelle diverse posizioni: le possibili combinazioni sono 27 casi, ottenuti dalla formula nk dove n = numero degli oggetti e k = numero dei posti. (Nota bene: per i tre caratteri 1, X, 2 e $k = 13$ posizioni si avranno 1.594.323 allineamenti possibili!)

9 Visualizza le combinazioni semplici, per esempio di cinque colori (R, V, B, G, M), in tre posizioni: il numero di allineamenti è ottenuto dalla formula del coefficiente binomiale (nell'esempio in oggetto i casi possibili sono dieci).

10 Scrivi un programma che calcola e stampa il valore della funzione sin(x) calcolato mediante il suo sviluppo in serie:

$$\sin(x) = x - \frac{x^3}{3!} + \frac{x^5}{5!} - \frac{x^7}{7!} + \ldots$$

Si inserisce da tastiera la precisione desiderata e una volta raggiunto il programma termina.

11 Leggi due numeri n ed m ed effettua la moltiplicazione tra due numeri interi utilizzando solo somma, sottrazione, moltiplicazione per 2 e divisione per 2.

12 Leggi un numero ed effettuane la scomposizione in fattori primi. Calcola il prodotto tra due numeri con l'algoritmo del contadino russo.

7 STRUTTURE DI DATI E FILE

MODULO

UD 1 Array monodimensionali: i vettori

UD 2 Array n-dimensionali: le matrici

UD 3 Dati strutturati: le stringhe

UD 4 Dati strutturati: i record

UD 5 I file

OBIETTIVI

- Riconoscere dati omogenei
- Definire array monodimensionali
- Definire array bidimensionali quadrati
- Ricercare le simmetrie in una matrice quadrata
- Comprendere il concetto di struttura
- Definire una stringa
- Organizzare tipi di dati complessi
- Definire tipi strutturati annidati
- Il concetto di archivio
- Le tipologie di acceso ai dati
- Le caratteristiche degli archivi

ATTIVITÀ

- Scrivere e leggere dati da un vettore
- Ricercare un elemento in un vettore
- Scrivere e leggere dati da una matrice quadrata
- Utilizzare array a due dimensioni
- Elaborare le matrici con simmetrie
- Manipolare record di tipi semplici
- Operare con le stringhe
- Convertire stringhe in numeri
- Ricercare sottostringhe
- Definire e utilizzare i file di testo
- Definire e utilizzare i file binari

UNITÀ DIDATTICA 1

ARRAY MONODIMENSIONALI: I VETTORI

IN QUESTA UNITÀ IMPAREREMO...

- a riconoscere dati omogenei
- a definire array monodimensionali
- a scrivere e leggere dati da un vettore
- a ricercare un elemento in un vettore

Info

Nella cartella M7 C sono presenti i file degli esercizi con la dicitura APRI e i file di tutti gli esempi proposti nel Modulo 7 (questi ultimi indicati con il nome del programma seguito dal suffisso .c).

La struttura di un programma C

Riprendiamo lo schema fondamentale descritto in precedenza per rappresentare la struttura di un programma (o di un algoritmo) che permette di risolvere un qualsiasi problema:

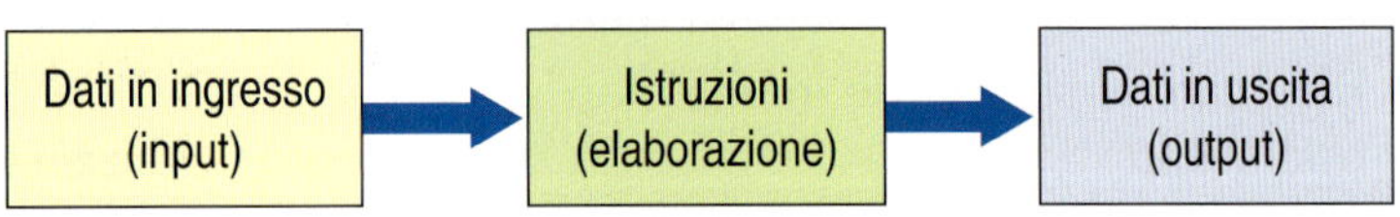

Si è più volte osservato che entrambe le componenti, cioè dati e istruzioni, hanno pari importanza nel processo di definizione dell'algoritmo; anzi, spesso la corretta individuazione dei dati necessari ed essenziali e la loro definizione più appropriata influisce in maniera determinante sull'algoritmo.
Con l'aumentare della quantità di dati da elaborare è fondamentale utilizzare metodologie e strumenti che ne permettano una gestione agevole: è necessario organizzare i dati semplici utilizzati finora in strutture particolari che semplifichino la loro gestione, cioè la memorizzazione e l'elaborazione.
Vediamo un esempio in cui tale necessità risulta evidente.

L'importanza dei dati è stata sottolineata anche dal prof. Niklaus Wirth, "inventore" dei linguaggi di programmazione Pascal, Modula-2 e Oberon, che nel 1976 intitolò il libro, che ancora oggi è un riferimento per gli studenti di informatica, *Algoritmi + Strutture di Dati = Programmi.*

ESEMPIO 1 *Lettura da tastiera di 20 numeri e loro stampa a video in ordine inverso*

Apparentemente, il problema non presenta alcuna difficoltà né di comprensione né di individuazione della strategia risolutiva, in quanto utilizza due istruzioni elementari:
- lettura di un numero (input);
- visualizzazione di un numero (output).

Per la precisione, il problema non prevede alcuna fase di elaborazione, ma solo una fase di input e una di output: l'unica particolarità è che i numeri letti devono essere visualizzati in ordine inverso, cioè l'ultimo numero che è stato inserito deve essere scritto per primo, il penultimo per secondo e così via. Questo problema può essere risolto in modo elementare memorizzando i dati letti in apposite variabili durante la fase di lettura e, al termine di questa, effettuando la visualizzazione.

Un semplice top-down è quello a lato: ▶

I Affinamento	II Affinamento
//leggi i numeri	per 20 volte leggi (numero) memorizzalo
//visualizzali sullo schermo	per 20 volte comunica (numero)

La strategia risolutiva si limita a:
- definire tante variabili quanti sono i numeri da inserire;
- memorizzare in tali variabili, in modo ordinato, i numeri letti;
- invertire tale ordine prima di stampare i numeri.

Iniziando la pseudocodifica, ci si accorge che per la lettura e la visualizzazione non è possibile utilizzare un'istruzione iterativa, in quanto non si è in grado, all'interno di un ciclo, di indicare al calcolatore un nome "variabile" per la "variabile".

Si dovrebbe cioè tradurre un'istruzione di questo tipo:

```
per 20 volte fai
  leggi un numero
  metti il primo nella prima variabile, il secondo nella seconda,
  il terzo nella terza ...
```

Oppure:

```
per conta da 1 a 20
  leggi un numero
  metti il numero nella "conta-esima variabile"
```

In quest'ultimo caso, il termine "conta-esima" indica la 1ª, la 2ª , la *n*-esima variabile, che cambia nome al cambiare della variabile conta di conteggio del ciclo.

Entrambe le scritture non trovano soluzione nella pseudocodifica; l'unica soluzione possibile è la seguente, dove sono indicati chiaramente i 20 nomi delle variabili:

```
int
num1, num2, num3, num4, ..., num20 = 0; //definizione di 20 variabili
```

```
//leggi i 20 numeri
input (num1);
input (num2);
input (num3);
```

```
input (num4);
input (num5);
input (num6);
...
...
...
input (num20);
//visualizza i numeri in ordine inverso
input (num20);
input (num19);
input (num18);
input (num17);
input (num16);
input (num15);
...
...
...
output (num1);
```

Analizziamo i difetti di tale soluzione, dal momento che non è riscontrabile alcun pregio:

- elevato numero di dichiarazioni di variabili dello stesso tipo;
- scrittura ripetuta della medesima istruzione (sia per l'input sia per l'output);
- assoluta mancanza di flessibilità; per poter modificare il numero di variabili è necessario:
  - modificare la definizione con aggiunta delle nuove variabili;
  - inserire nuove istruzioni di lettura;
  - inserire nuove istruzioni di scrittura.

Questi inconvenienti sono dovuti al fatto che in ogni cella di memoria è memorizzato un solo dato e, anche se i dati fanno parte di uno stesso gruppo, non possono essere messi in relazione tra loro con gli strumenti visti finora, cioè i dati semplici.

STRUTTURAZIONE DEI DATI

Tutti i linguaggi di programmazione prevedono la possibilità di organizzare i dati attraverso un meccanismo chiamato strutturazione dei dati (o organizzazione per tipi di dati strutturati).

Array monodimensionali: vettori

La situazione descritta nell'esempio precedente, per quanto riguarda i dati, può essere così riassunta:

- si deve leggere un insieme di dati (nel caso in oggetto, 20) in un particolare ordine;
- i dati devono essere tra loro omogenei;
- i dati appartengono "logicamente" a un gruppo, cioè sono legati tra loro e hanno il medesimo significato (in questo caso sono una *sequenza di numeri interi*).

ARRAY

Per soddisfare la nostra esigenza organizzativa è possibile utilizzare un particolare tipo di dato strutturato: l'array. Letteralmente, array significa qualcosa di simile a "disposizione ordinata di elementi di natura omogenea".

L'array è uno strumento, o meglio un oggetto, che permette di aggregare dati omogenei per poterli facilmente elaborare, cioè memorizzare, ritrovare e manipolare.
Idealmente, l'array è costituito da tante variabili semplici "affiancate" tra loro, con una caratteristica comune: devono essere tutte dello stesso tipo, cioè tutte variabili numeriche, oppure booleane, oppure carattere. Infatti, non è possibile aggregare mediante l'array variabili di tipo diverso.
Il primo caso di array che verrà descritto e utilizzato prende il nome di vettore: è il caso più semplice, in cui gli elementi sono ordinati secondo una sola dimensione.
Un vettore può essere immaginato come una "cassettiera" composta da un insieme *definito* di cassetti, in quantità diverse a seconda delle necessità: il programmatore "costruisce" il proprio vettore in base alle dimensioni dello specifico problema da risolvere. ▶

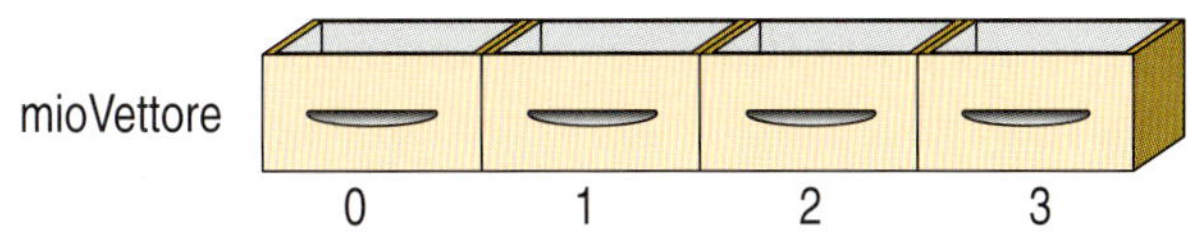

Ogni "cassetto" corrisponde a una variabile, e viene individuato in base alla sua posizione all'interno del vettore: il primo "cassetto" ha posizione 0, il secondo posizione 1 ecc.
Il numero intero che indica la posizione dell'elemento nel vettore si chiama indice: esso è il numero d'ordine che individua univocamente l'elemento.
Ogni posizione all'interno del vettore prende anche il nome di cella.

Un array è una collezione finita di *N* variabili dello stesso tipo, ognuna identificata da un indice: ogni variabile prende il nome di elemento e occupa una cella del vettore. Il numero di elementi dell'array è detto lunghezza (o dimensione) dell'array.

Spesso il termine *cella* viene usato come sinonimo di *elemento*: per essere precisi, la cella è il *contenitore*, mentre l'elemento è il *contenuto* che può essere un dato semplice di qualsiasi tipo (numerico, carattere, booleano) oppure, come si vedrà in seguito, anche un tipo di dato complesso (infatti, ogni elemento potrebbe essere a sua volta un vettore).

Come per le variabili semplici, anche per le variabili strutturate è necessario un identificatore che ne permetta l'utilizzo: a ogni variabile viene quindi associato un nome, la cui scelta rispetta le convenzioni adottate per i nomi delle variabili semplici.
Per esempio, un array di dimensione quattro con nome `mioVettore` può essere rappresentato come nella figura seguente.

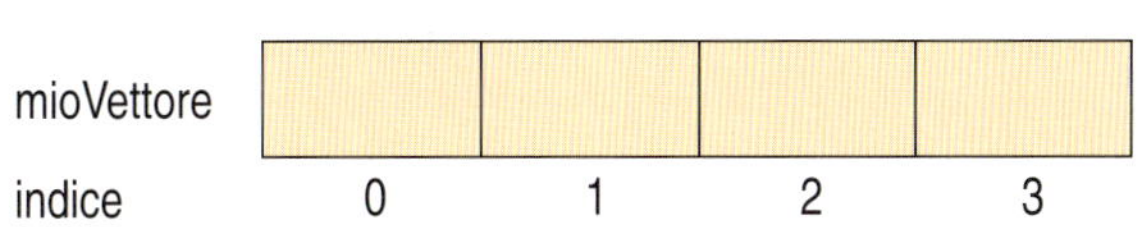

In generale non è detto che il valore iniziale del vettore debba necessariamente essere 0, cioè che la prima cella debba corrispondere alla posizione 0 del vettore; in alcuni linguaggi la prima posizione viene individuata dall'indice 1, e in questo caso l'ultimo elemento di un vettore di *N* elementi ha indice *N*: quindi, l'indice assume i valori interi compresi tra 1 e *N*.
In tal caso, il vettore dell'esempio precedente sarebbe rappresentato così:

mioVettore				
indice	1	2	3	4

In altri linguaggi è invece possibile definire la posizione iniziale (e, di conseguenza, quella finale). Per esempio, la prima posizione potrebbe essere la cella con indice 8, e quindi si avrebbe:

mioVettore				
indice	8	9	10	11

In questa unità didattica saranno utilizzati vettori tradizionali del linguaggio C, cioè vettori in cui la posizione della prima cella è 0 e dell'ultima cella è $n - 1$. Tale scelta è stata compiuta per facilitare la comprensione di un argomento piuttosto complesso e non compromettere la generalità della spiegazione, in quanto il passaggio alle altre situazioni può essere eseguito parametrizzando gli estremi del vettore con l'utilizzo di due variabili (per esempio `INIZ` e `FINE`) in cui indicare il valore della prima e dell'ultima posizione. Per esempio, il vettore precedente di 4 posizioni con inizio dalla cella 8 sarebbe indicato nel modo seguente:

```
INIZ = 8
FINE = INIZ + (4 - 1)      //8 + 4 - 1 = 11
```

Dichiarazione di variabili di tipo vettore

Per poter utilizzare una variabile di tipo array vanno indicati tre elementi:
- la natura delle variabili che dovrà contenere (cioè, il loro tipo);
- il numero delle variabili, quindi delle celle del vettore (la dimensione);
- il nome che sarà associato all'array (l'identificatore).

La dichiarazione del vettore usato è la seguente:

```
int mioVettore[4]; //dichiara un vettore di 4 elementi, ciascuno di tipo intero
```

L'operatore che indica l'array è costituito dalla coppia di parentesi `[]`.
Al momento della dichiarazione vengono riservate (allocate) 4 locazioni di memoria consecutive, ciascuna contenente una variabile di tipo intero: è quindi necessario indicare il numero delle celle con un valore costante, in quanto al momento della compilazione tale valore deve essere noto.

Alcuni linguaggi permettono di definire la dimensione in fase di esecuzione, cioè in runtime: tali linguaggi hanno una gestione particolarmente complessa della memoria RAM in grado di offrire il cosiddetto dimensionamento dinamico degli array.

È comunque possibile sostituire al numero una costante; invece che indicare esplicitamente il numero all'interno delle parentesi, lo si assegna a una costante:

```
int celle = 4;                  //valore costante
int mioVettore[celle];          //definizione del vettore
```

Questa scrittura rende flessibile l'utilizzo del vettore eliminando il "numero magico", come si è già visto nell'utilizzo delle costanti manifeste. Gli array che necessitano di essere definiti con il valore costante prendono anche il nome di array statici.

Manipolazione di vettori

Definito il vettore con le sue celle, si procede con le operazioni di manipolazione dei dati, ossia:

- l'inserimento di un elemento in una cella;
- la lettura del contenuto di una cella.

L'inserimento di un valore in una cella avviene mediante un'istruzione di assegnazione con cui si indica in quale posizione del vettore si vuole memorizzare il valore. Per esempio, con l'istruzione riportata di seguito il valore 4 viene inserito nella posizione numero 2 del vettore (cioè nella locazione di memoria corrispondente al secondo elemento del vettore):

```
mioVettore[1] = 4;
```

La scrittura `mioVettore[1]` denota l'elemento del vettore `mioVettore` di indice 1 e l'assegnazione precedente può essere letta da destra verso sinistra come "il valore 4 viene assegnato alla cella di posizione 1 dell'array `mioVettore`" oppure, più sinteticamente, "assegno 4 alla posizione 1 di `mioVettore`".

Completiamo l'esempio inserendo altri valori nelle altre celle:

```
mioVettore[0] = 2;
mioVettore[2] = 6;
mioVettore[3] = 8;
```

Graficamente, la situazione è: ▶

mioVettore	2	4	6	8
indice	0	1	2	3

La posizione in cui viene scritto il valore (che, come si è detto, prende il nome di *indice*) deve essere un numero intero compreso tra 0 e la dimensione –1 del vettore: analogamente a quanto visto per la definizione, per indicare la posizione può essere utilizzata come indice una variabile di tipo intero. Per esempio, è possibile scrivere:

```
int indice=0,celle=4;
int mioVettore[celle];  // definizione del vettore
mioVettore[indice] = 2; // assegno 2 in posizione 0
indice ++;              // indice vale 1
mioVettore[indice] = 4; // assegno 4 in posizione 1
indice ++;              // indice vale 2
mioVettore[indice] = 6; // assegno 6 in posizione 2
indice ++;              // indice vale 3
mioVettore[indice] = 8; // assegno 8 in posizione 3
```

Invece della variabile con nome `indice` può essere usata una qualunque variabile numerica: osservando il segmento di codice risulta però evidente che l'incremento della variabile `indice` può essere effettuato all'interno di un ciclo a conteggio, dove gli estremi che determinano l'intervallo di conteggio sono proprio i due valori "estremi" del vettore:

```
int indice;
for(indice=0;indice<4;indice++)
   mioVettore[indice]= (2+indice*2);
```

Zoom su...

ESEMPIO DI LEGAME TRA INDICE E DATI

Per ottenere nelle celle lo stesso valore del codice precedente si è trovata la relazione con cui ottenere la sequenza di numeri pari a partire dal valore 2 e l'indice 2 + indice * 2:

- con indice = 0 si ha 2 + 0 * 2 = 2
- con indice = 1 si ha 2 + 1 * 2 = 4
- con indice = 2 si ha 2 + 2 * 2 = 6
- con indice = 3 si ha 2 + 3 * 2 = 8

Dato che il vettore deve avere un numero definito di elementi, l'istruzione iterativa che si presta maggiormente alla manipolazione dei vettori è il ciclo a conteggio che, d'altra parte, è anche l'unica istruzione iterativa definita.

Come per le variabili, anche per i vettori è necessario effettuare un'istruzione di inizializzazione per cancellare il contenuto delle celle che potrebbero contenere valori indeterminati: vediamo, per esempio, una possibile codifica utilizzando una costante per definire la dimensione del vettore:

```
int main(void)
{
  int indice=0,celle=4;
  int mioVettore[celle];                    // definizione del vettore
  for(indice=0;indice<4;indice++)
     mioVettore[indice]= 0;                 // inizializzazione
  return 0;
}
```

Per leggere il contenuto di una cella di un vettore si esegue un'operazione formalmente simile, cioè si individua mediante l'indice la cella di cui si vuole leggere il contenuto, con l'istruzione seguente:

```
printf(" %d ",mioVettore[1]);
```

Viene visualizzato il numero 4, che è il contenuto della variabile di posizione 2 del vettore. Se si vuole visualizzare l'intero contenuto del vettore si utilizza un ciclo:

```
for (indice=0; indice<4; indice++)
  printf(" %d ",mioVettore[indice]);
```

Poiché ogni elemento di un vettore può essere indirizzato singolarmente attraverso un indice, definiamo gli array come strutture dati ad accesso casuale.

ESEMPIO 2 *Lancio dei dadi*

Effettuare il lancio ripetuto di un dado per un numero di volte stabilito dall'utente, quindi calcolare le frequenze delle uscite di ogni valore e visualizzare sullo schermo (arrotondate alla cifra intera).

Analisi

Analizziamo il problema per individuare i sottoproblemi che lo compongono:
- effettuare la lettura di un numero intero;
- eseguire la generazione di un valore compreso tra 1 e 6;
- elaborare e comunicare il risultato.

Strategia risolutiva

- Si legge in input il `numeroVolte` che dovrà essere lanciato il dado;
- per `numeroVolte` si richiama la funzione random per simulare il lancio del dado e si memorizza il valore uscito;
- si sommano i valori uguali e si calcola la frequenza $F_1 = \frac{uscite\_iesime}{numeroLanci} * 100$;
- si visualizza la frequenza delle ripetizioni.

A questo punto ci si deve porre due domande:

1 a quale valore si deve dimensionare il vettore per contenere tutti i risultati dei lanci?

2 è proprio necessario memorizzare il risultato di tutti i lanci?

La risposta alla seconda domanda si ottiene effettuando una rilettura del testo del problema: viene richiesto soltanto di visualizzare la percentuale e non di memorizzare il valore di tutti i lanci!
Quindi anche la prima domanda perde di interesse perché è sufficiente effettuare il conteggio della frequenza di un valore (una faccia del dado); di conseguenza, il vettore necessario deve avere una dimensione pari al numero delle alternative (nel caso del dado sono sei, come il numero delle facce).

L'algoritmo risolutivo di un problema, come è stato più volte affermato, deve essere il più possibile aderente alle specifiche del problema, senza rendere la soluzione inutilmente più complessa di quanto venga richiesto. Si tenga presente che la soluzione migliore è sempre la più semplice!
È opportuno dedicare molto tempo alla fase di analisi per entrare nei dettagli delle specifiche del problema o delle richieste del cliente che spesso possono sembrare semplici o chiare, ma nella maggior parte dei casi meritano un approfondimento che permette di ottenere indicazioni per affrontare al meglio la soluzione del problema.

Il top-down è il seguente:

I Affinamento	II Affinamento
leggi numeroLanci	leggi numeroLanci
per numeroLanci fai genera valore random tra 1 e 6 aggiorna il corrispondente contatore	per numeroLanci fai genera unLancio random tra 1 e 6 nel caso che un Lancio sia 1: aggiorna contatore degli 1 2: aggiorna contatore dei 2 . . . 6: aggiorna contatore dei 6
calcola la frequenza di ogni numero	calcola la frequenza di ogni numero
comunica la statistica dei valori usciti	comunica la statistica dei valori usciti

La codifica in C è la seguente:

```
#include <stdio.h>
int main(void)
{
  int numeroLanci = 0;    // numero di lanci inserito dall'utente
  int unLancio = 0;       // contiene il singolo lancio
  int facce = 6;          // possibili valori del dado: costante simbolica
  int conta = 0;          // variabile di conteggio per i cicli
  int lanciFatti[facce]; // vettore dei totali (da 0 a 5)
  float frequenze[facce];// vettore delle frequenze
  srand((unsigned)time(NULL)); // inizializza il seme
//inizializzazione vettore
  for (conta = 0; conta < facce; conta++)
    lanciFatti[conta] = 0;
 //leggi i numeri
  printf ("\nintrodurre il numero dei lanci :" );
  scanf  (" %d",&numeroLanci);
//lancia un dado ripetutamente
  for (conta=0; conta < numeroLanci; conta ++){
    unLancio = (rand()%6);          // genero un numero random tra 0 e 5
    switch (unLancio){              // aggiornamento dei totali
    case 0: lanciFatti[0]++;
     break;
    case 1: lanciFatti[1]++;
     break;
    case 2: lanciFatti[2]++;
     break;
    case 3: lanciFatti[3]++;
     break;
    case 4: lanciFatti[4]++;
     break;
    case 5: lanciFatti[5]++;
     break;}
  }
//calcola la frequenza di ogni numero
  for (conta =0; conta < facce; conta ++)
    frequenze[conta] = (float)lanciFatti[conta] / numeroLanci;
//visualizza i risultati
  for (conta = 0; conta < facce; conta++)
     printf(" %1.2f ",frequenze[conta]);
  return 0;
}
```

La generazione del numero casuale avviene definendo il seme della sequenza con l'istruzione 10 e richiamando la funzione `rand()` all'interno del ciclo (linea 19): i valori generati sono compresi tra 0 e 5, cioè 6 possibili come le facce del dado.

Nell'istruzione 36 viene effettuato casting esplicito perché il rapporto tra numeri interi genera un numero intero: dato che il risultato desiderato è sicuramente inferiore a 1 è necessario trasformare uno dei due operatori del prodotto in un numero float.

Si poteva risolvere anche senza l'utilizzo dell'istruzione switch ma andando a scrivere direttamente nel vettore il totale incrementato sulla base del numero generato:

```
lanciFatti[(rand()%6)]++;        // valori casuali tra 0 e 5
```

Prova adesso!

- Utilizzo di vettori
- Formattazione dell'output
- Vettori paralleli

APRI IL FILE esempio02

1. Sostituisci l'istruzione di **`switch`** con quella appena scritta.
2. Aggiungi inoltre la visualizzazione della quantità di numeri estratti per ciascun valore del dato, visualizzandoli in colonna sullo schermo come nella schermata seguente.

```
Introdurre il numero di lanci desiderato:1000

Valori dado:     1     2     3     4     5     6
 estrazioni:   167   144   174   166   174   175
 frequenze :  0.17  0.14  0.17  0.17  0.17  0.17
```

3. Confronta la tua soluzione con quella riportata nel file esercizio01.

Nell'esempio sono stati utilizzati due vettori identici e nelle celle corrispondenti sono stati inseriti dati in relazione tra loro: la posizione N-esima del vettore `lanciFatti[]` contiene il numero delle uscite del numero N, e la posizione N-esima del vettore `frequenze[]` contiene la frequenza relativa di tale numero: due vettori che hanno una relazione biunivoca tra le celle corrispondenti si dicono vettori paralleli.

Vediamo un secondo esempio.

ESEMPIO 3 *Ribaltamento di un insieme di numeri*

Inserire in un vettore un insieme di numeri da tastiera e visualizzarli sullo schermo; successivamente visualizzarli in ordine inverso, dall'ultimo inserito al primo inserito.

Analisi

La soluzione di questo esempio è immediata e il problema può essere scomposto in tre semplici sottoproblemi:

- inserimento dei dati;
- visualizzazione dei dati inseriti;
- visualizzazione dei dati inseriti in ordine inverso.

Riportiamoli in un semplice top-down:

I Affinamento	II Affinamento
//inserisci 10 elementi in un vettore	per 10 volte fai leggi un numero memorizzalo
//visualizza il contenuto del vettore	per 10 volte fai visualizza il contenuto di una cella
//visualizza il contenuto del vettore "a rovescio"	per 10 volte fai visualizza il contenuto di una cella partendo dalla fine

Sono stati utilizzati cicli a conteggio in quanto il numero di elementi (e quindi di operazioni) è determinato, ed è la dimensione stessa del vettore.
Una possibile pseudocodifica è la seguente:

```
#include <stdio.h>
int main(void)
{
  int mioVet[10];          // vettore di 10 elementi
  int conta,dato,numero;
  numero=0;
  printf ("\n Inserisci %d numeri :",10);
// inserisci i dati nel vettore
  for (conta=0; conta<10; conta ++)
     scanf("%d", &mioVet[conta]);
// visualizza il vettore generato
  for (conta=10-1; conta>=0; conta--)
      printf(" %d", mioVet[conta]);
  return 0;
}
```

Prova adesso!

- Utilizzo di vettori
- Controllo dell'input
- Utilizzo di funzioni

APRI IL FILE esempio03

1. Modifica il programma rendendolo parametrico con l'introduzione di una variabile

```
int numDati= 12;    // dimensione del problema
```

2. Controlla il valore inserito limitando il range di validità a 10-100.
3. Scrivi inoltre una funzione per visualizzare sullo schermo il vettore.
4. Confronta la tua soluzione con quella riportata nel file esercizio02.

Vediamo un terzo esempio più articolato.

ESEMPIO 4 *Ribaltamento del contenuto di un vettore*

Generare in modo casuale un insieme di 12 valori interi compresi tra 10 e 100, memorizzarli in un vettore e visualizzarli sullo schermo; successivamente, ribaltare il contenuto del vettore e visualizzarlo sullo schermo.
La soluzione immediata consiste nello scambiare tra loro due elementi alla volta, cioè nel porre l'ultimo elemento nella prima cella e viceversa, il penultimo nella seconda e così via. Inserendo questi scambi in un ciclo a conteggio si ottiene la soluzione desiderata.

> Bisogna prestare attenzione al fatto che il numero degli scambi deve essere pari alla metà della dimensione del vettore, in quanto a ogni operazione effettuiamo un doppio scambio e quindi quando siamo arrivati al centro il vettore risulta completamente ribaltato.
> Se proseguiamo con gli scambi fino alla fine del vettore questo... ritorna come prima!

Analisi

Si individuano i sottoproblemi seguenti:
- generazione dei numeri casuali e caricamento del vettore;
- visualizzazione dei dati presenti nel vettore;
- elaborazione, cioè ribaltamento;
- visualizzazione dei dati presenti nel vettore.

Riportiamoli in un semplice top-down:

I Affinamento	II Affinamento
//genera casualmente 12 numeri e memorizzali in un vettore	per 12 volte fai numero =RANDOM(90)+10 memorizzalo
//visualizza il contenuto del vettore	per 12 volte fai visualizza il contenuto di una cella
//ribalta il contenuto del vettore	per 6 volte fai scambia tra loro due numeri
//visualizza il contenuto del vettore	per 12 volte fai visualizza il contenuto di una cella

Come per l'esempio precedente sono stati utilizzati cicli a conteggio in quanto il numero di elementi (e quindi di operazioni) è determinato ed è la dimensione stessa del vettore.
Una possibile codifica in linguaggio di programmazione è la seguente:

```
#include <stdio.h>
int main(void)
{
  int max           = 90;             // valore massimo del numero da generare
  int conta,tempo;
  int numeri[12];                     // vettore numeri da ribaltare
  srand((unsigned)time(NULL));        // inizializza il seme
// estrai i valori e riempi il vettore
  for (conta=0; conta<12; conta ++)
    numeri[conta]=(rand()%max+10);    // valori casuali tra 10 e max+10
  printf ("\n Numeri generati       :");
// visualizza il vettore generato
```

```
13    for (conta=0; conta < 12; conta ++)
14      printf("%3d",numeri[conta]);
15  // ribalta il vettore
16    for (conta=0; conta< 6; conta ++)
17    {
18      tempo= numeri[conta];              // scambiali tra loro due alla volta
19      numeri[conta]=numeri[12-1-conta];
20      numeri[12-1-conta]=tempo;
21    }
22  // visualizza i risultati
23    printf ("\n Vettore ribaltato     :");
24    for (conta=0; conta < 12; conta ++)
25      printf("%3d",numeri[conta]);
26    return 0;
27  }
```

Ricordiamo che in un vettore di 12 elementi l'ultima cella è quella della posizione 11, dato che la prima è la cella 0: quindi nell'istruzione 19 individuiamo l'ultima posizione con la formula (12-1-conta), in modo da avere:

- posizione iniziale (conta) 0 1 2 3 ...
- posizione finale (12-1-conta) 12 - 1 - 0 = 11 12 - 1 - 1 = 10 12 - 1 - 2 = 9 12 - 1 - 3 = 8

Per esempio:

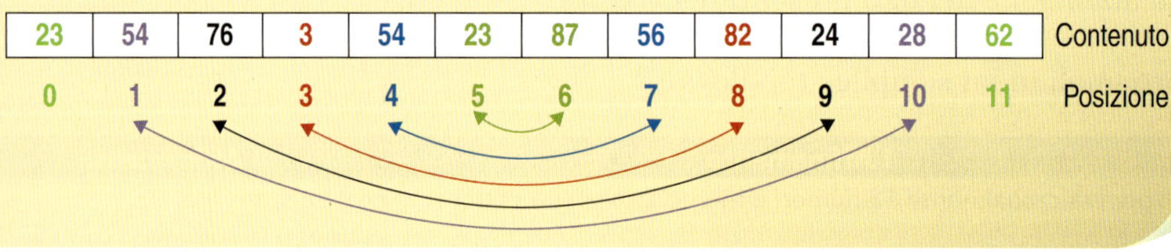

Prova adesso!

- Utilizzo di vettori
- Controllo dell'input
- Utilizzo di funzioni

APRI IL FILE esempio04

1. Modifica il programma rendendolo parametrico con l'introduzione di una variabile

```
int numPosizioni = 12;      // dimensione del problema
```

2. Scrivi, inoltre, due funzioni, una per effettuare lo scambio nel vettore e una per visualizzare sullo schermo il vettore stesso.
3. Confronta la tua soluzione con quella riportata nel file esercizio03.

Anche gli array possono essere passati come parametro a una funzione: il passaggio di un array a una funzione avviene sempre per indirizzo e mai per valore. Quando si passa un array, infatti, si passa l'indirizzo (il puntatore) del primo elemento dell'array stesso.

Definizioni sui vettori

Gli array hanno un'importanza fondamentale nella programmazione imperativa; riassumiamo quindi le loro principali caratteristiche e riportiamo le definizioni finora incontrate in questa unità didattica:

- gli array sono tipi di dato strutturati;
- sono composti da elementi omogenei (tutti dello stesso tipo);
- sono allocati consecutivamente in memoria RAM;
- gli array a un'unica dimensione prendono il nome di vettori;
- ogni elemento è identificato all'interno del vettore da un numero d'ordine detto indice dell'elemento;
- è possibile riempire o leggere una sola posizione alla volta;
- il numero di elementi del vettore è detto lunghezza (o dimensione fisica) dell'array;
- il vettore si dice statico se il numero degli elementi deve essere noto a priori al momento della compilazione (*compiler time*) e non può essere modificato;
- il vettore si dice dinamico se il numero degli elementi viene definito al momento dell'esecuzione (*runtime*) e può essere modificato in qualsiasi momento;
- per dimensione logica di un vettore si intende il numero di celle di un vettore effettivamente utilizzate.

Aggiungiamo altre osservazioni e definizioni sui vettori:

- l'espressione caricare un vettore indica l'insieme delle operazioni effettuate (oppure da effettuare) per riempire gli elementi di un vettore;
- partizionare un vettore rispetto a un elemento x significa fare in modo che l'array risulti diviso in due parti, non necessariamente uguali, in modo tale che tutti gli elementi a sinistra di x siano minori o al limite uguali a x, mentre tutti gli elementi a destra siano sempre maggiori di x;
- per k-esimo minimo di un vettore si intende l'elemento che come valore si collocherebbe al k-esimo posto tra gli elementi di tale vettore, ordinato in senso crescente;
- per bordi dell'array si intendono i valori esterni del vettore, cioè il primo e l'ultimo elemento;
- un sottovettore è una sequenza di elementi consecutivi del vettore;
- si dice zero del vettore un indice k tale che `vett[k] = 0`;
- in un vettore vett di interi, chiamiamo spessore del vettore la differenza tra il massimo e il minimo del vettore.

Per i vettori sono definite anche alcune operazioni, che derivano dall'algebra delle matrici:

- shift a destra o sinistra è l'operazione che sposta di un posizione tutti gli elementi (shift completo) o un parte di essi (shift parziale). È possibile che si verifichi la perdita di un dato;
- la rotazione è l'operazione di shift completo con cui l'elemento che "esce" dal vettore viene posizionato nella cella che si è liberata;
- la somma di due vettori di uguali dimensioni è un nuovo vettore dove ogni elemento è ottenuto dalla somma degli elementi aventi lo stesso indice;
- il prodotto per una costante è un nuovo vettore dove ogni elemento è ottenuto dalla somma degli elementi del vettore moltiplicato per la costante;
- il prodotto tra due vettori di uguali dimensioni è un numero ottenuto dalla somma dei prodotti degli elementi aventi lo stesso indice (prodotto tra righe e colonne).

Verifichiamo le conoscenze

Per verificare le tue conoscenze svolgi i seguenti esercizi senza utilizzare il calcolatore. (*Se sorgeranno dubbi in merito a qualche risposta, esegui la trace table per individuare il risultato.*)

Simulazione informatica

1 In riferimento al vettore `int vet [5];` di figura | 3 | –2 | 6 | 5 | 2 | 1 | indica il risultato della seguente istruzione:

```
vet[1]-vet[4]+vet[2]
```

2 In riferimento al vettore `int vet [5];` di figura | 3 | –2 | 6 | 5 | 2 | 1 | indica il risultato della seguente istruzione:

```
vet[2]-vet[5]+vet[3]
```

3 Quale risultato produce il seguente codice di un vettore dapprima inizializzato con tutti 0 oppure con tutti 1?

```
for(x=0;x<5;x++)
{
  vet[x]=x-2;
  vet[x+1]=vet[x];
}
for(x=0;x<5;x++)
  printf("%3d",vet[x]);
```

4 Quale risultato produce il seguente codice di un vettore dapprima inizializzato con tutti 0 oppure con tutti 1?

```
for(x=0;x<5;x++)
{
  vet[x]+=x*2;
  vet[x+1]=vet[x]+x;
}
for(x=0;x<5;x++)
  printf("%3d",vet[x]);
```

5 Quale risultato produce il seguente codice di un vettore dapprima inizializzato con tutti 0 oppure con tutti 1?

```
for(x=0;x<5;x++)
{
  vet[x]+=(x-1)*2;
  vet[x+1]-=vet[x]+x;
}
for(x=0;x<5;x++)
  printf("%3d",vet[x]);
```

6 Quale risultato produce il seguente codice di un vettore dapprima inizializzato con tutti 0, tutti 1 oppure con tutti 2?

```
for(x=0;x<5;x++)
{
  vet[x]+=(x-1)*2+1;
  vet[x+1]-=vet[x]*x;
}
for(x=0;x<5;x++)
  printf("%3d",vet[x]+vet[x+1]);
```

Verifichiamo le competenze — *Esprimi la tua creatività*

Progetta e realizza completamente in linguaggio di programmazione il codice che risolva i problemi proposti. Risolvi gli esercizi utilizzando, dove possibile, dei sottoprogrammi.

1 Genera casualmente *N* numeri e visualizza il loro quadrato.

2 Genera casualmente 10 numeri, memorizzali in un array ed effettua lo scambio tra il massimo e minimo elemento (supponendo che i valori dell'array siano tutti distinti tra loro).

3 Leggi da tastiera 10 interi e visualizzali in sequenza senza stampare uno stesso numero due volte. Per esempio:
- valori dell'array: 15, 3, 5, 3, 11, 5, 15, 5, 15, 11;
- valori stampati: 15, 3, 5, 11.

4 Leggi *N* numeri e visualizzali a rovescio.

5 Genera casualmente *N* numeri, scegli casualmente un elemento del vettore e quindi effettua la partizione dell'array rispetto a quell'elemento (cioè elabora il vettore in modo tale che tutti gli elementi a sinistra dell'elemento scelto siano minori o, al limite, uguali, mentre tutti gli elementi a destra siano sempre maggiori).

6 Dato un vettore `vet1` di *N* interi, costruisci altri due vettori `vet2`, `vet3` di dimensioni opportune, contenenti rispettivamente gli elementi di `vet1` non maggiori e maggiori di un intero dato X.

7 Leggi *N* numeri, inseriscili in un vettore e individua gli elementi duplicati visualizzandoli sullo schermo.

8 L'utente inserisce in un array un certo numero *N* di interi e successivamente un numero `NUM`: l'elaboratore controlla se esso è presente nell'array e se il numero è presente si visualizza la posizione in cui è stato trovato.

9 L'utente inserisce due array composti da numeri interi e ordinati in senso crescente. Le lunghezze dei due array possono essere differenti. L'elaboratore crea un terzo array ordinato, utilizzando i due array inseriti dall'utente. Infine, quest'ultimo array viene visualizzato.

10 Riordina gli elementi di un vettore di *N* numeri interi generati casualmente con range (–20, +20) in modo che tutti i valori negativi stiano nella parte sinistra del vettore e tutti i valori non negativi stiano nella parte destra del vettore, senza utilizzare un array di supporto.

11 L'utente inserisce un array di numeri reali non negativi (un numero negativo indica la fine della fase di inserimento). L'elaboratore calcola la seguente formula: $v[i] \leftarrow (v[i-1] + v[i] + v[i+1]) / 3$ e visualizza l'array così filtrato.

12 Scrivi un programma che, acquisiti due vettori di *N* numeri interi da input, `vet1` e `vet2`, stampi in output la differenza `vet1` – `vet2`, cioè gli elementi di `vet1` che non sono in `vet2`.

13 In un array di 10 elementi sono memorizzati, ordinati, i 10 migliori tempi ottenuti dagli atleti in una gara di discesa libera.

Si riceve poi come dato d'ingresso il tempo ottenuto da un nuovo concorrente: verifica la sua appartenenza tra i 10 migliori risultati e, in caso affermativo, inseriscilo nella corretta posizione all'interno del vettore.

14 Si ricevono come dati d'ingresso due valori interi positivi minori di 100. Memorizza in due array le rappresentazioni dei numeri in base 2.

Effettua poi la somma dei due numeri mediante la rappresentazione binaria e memorizza il risultato (sempre rappresentato in binario) in un terzo array.

15 Progetta un programma che prende in ingresso *N* numeri interi e ne calcola la media e la varianza. Le formule per il calcolo di media e varianza sono:

$$\bar{x}\ \frac{\sum_{i=1}^{n} a_i}{n}; \qquad \text{var} = \frac{\sum_{i=1}^{n} (a_i - \bar{x}^2)}{n-1}$$

dove n è il numero di valori inseriti, a_i è l'i-esimo valore inserito e $\bar{x}$ è la media di tali valori.

16 In un array vengono memorizzati i numeri di gara dei piloti che hanno portato a termine la prima prova di una gara di rally e, successivamente, in un secondo array vengono memorizzati i numeri di gara dei piloti che hanno portato a termine la seconda prova della stessa gara. Il programma deve ricevere in input i valori da inserire nei due array e in un secondo tempo inserire in tre nuovi array i numeri di gara dei piloti che

- hanno portato a termine entrambe le prove;
- hanno portato a termine la prima prova ma non la seconda;
- hanno portato a termine la seconda prova ma non la prima.

17 La serie "buffa" di interi è così definita: gli elementi di posizione 1, 2 e 3 valgono tutti e tre 1, e in generale l'elemento di posizione i (con $i \geq 4$) è uguale alla somma degli elementi di posizione $(i - 1)$ e $(i - 3)$.

A partire da questa definizione si ricava, per esempio, che i numeri della serie buffa di posizione da 1 a 9 sono 1, 1, 1, 2, 3, 4, 6, 9, 13.

Scrivi un programma che, generando casualmente un numero N, generi l'N-esimo elemento della serie buffa.

18 Nell'array `Ore_Studio` sono memorizzate le ore passate a studiare da uno studente per ogni giorno del mese (generate casualmente con valori 0-4). Calcola e visualizza il numero totale di ore passate a studiare nel corso del mese, il giorno (o i giorni) in cui lo studente ha studiato per un numero maggiore di ore e il numero di giorni in cui non ha aperto libro.

19 In un array di 12 elementi sono memorizzate le presenze mensili in un albergo nel corso dell'anno. Calcola:

- la media di presenze nel corso dell'intero anno;
- il numero totale di presenze nei mesi estivi (6, 7, 8);
- il mese in cui si è registrato il numero massimo di presenze;
- il mese in cui si è registrato il numero minimo;
- la media delle presenze escludendo i mesi estivi.

20 Dato un polinomio di ordine n e il grado di derivazione m, stampa il polinomio risultante. Per esempio:

2	–1	1	3	4	–3	0	6	–3	1
$2x^9$	$-x^8$	$+x^7$	$+3x^6$	$+4x^5$	$-3x^4$	$+0$	$+6x^2$	$-3x$	$+1$

per $m = 2$ si ottiene la sua derivata seconda:

		144	56	42	90	80	–36	0	12
		$144x^7$	$-56x^6$	$+42x^5$	$+90x^4$	$+80x^3$	$-36x^3$	$+0$	$+12$

UNITÀ DIDATTICA 2

ARRAY N-DIMENSIONALI: LE MATRICI

IN QUESTA UNITÀ IMPAREREMO...

- a utilizzare array a due dimensioni, chiamati anche matrici in analogia con le matrici studiate in matematica

Array a due dimensioni

Abbiamo definito con il termine array un particolare tipo di dato strutturato che permette di aggregare dati omogenei per poterli facilmente elaborare, cioè memorizzare, ritrovare e manipolare. In particolare, abbiamo analizzato gli array monodimensionali, composti da elementiomogenei (tutti dello stesso tipo) ognuno dei quali è identificato all'interno dell'array da un numero d'ordine detto indice dell'elemento.
Gli array in realtà possono avere più di una dimensione: è possibile definire strutture dati complesse (gli array multidimensionali) dove a ogni dimensione viene associato un indice e quindi un elemento viene individuato da un insieme di valori, uno per ogni dimensione. Tra gli array multidimensionali particolare importanza assumono gli array a due dimensioni, che prendono il nome di matrici (o array bidimensionali).

Il termine matrice, così come vettore, è proprio del linguaggio matematico: si definisce matrice a n righe ed m colonne, o più brevemente matrice di tipo (n, m), una tabella formata da n*m numeri interi, reali o complessi, disposti su n linee orizzontali (righe) ed m linee verticali (colonne). Questi n*m numeri si dicono elementi (o componenti) della matrice.
Se n = 1 si dice che è una matrice riga; se m = 1 si dice che è una matrice colonna: entrambe sono anche chiamate vettori.

L'organizzazione di dati in una matrice può essere vista come la classica "battaglia navale" (o come la tabellina pitagorica), cioè con una struttura "righe*colonne" del tipo: ▶ dove ogni elemento viene individuato mediante una coppia di valori: le coordinate.

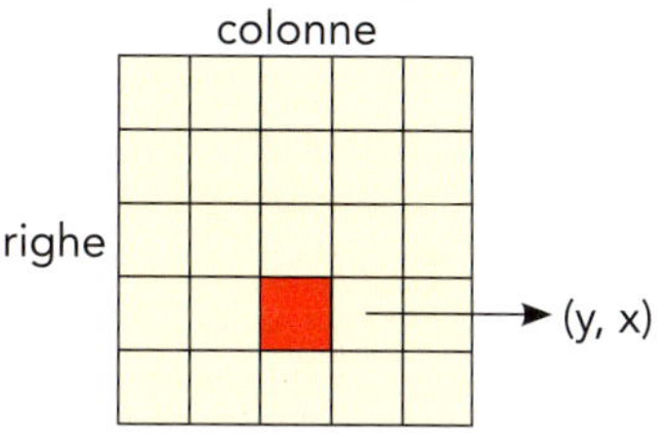

◀ L'indice di riga (la n) è il valore che indica la riga a cui appartiene l'elemento, cioè la sua posizione verticale, mentre l'indice di colonna (la m) è il valore che indica la colonna a cui appartiene l'elemento, cioè la sua posizione orizzontale: una generica cella ha quindi una coppia di coordinate (n, m). ▶

Analogamente ai vettori, le coordinate mantengono il nome di indici: il primo elemento della coppia prende il nome di ◀ indice di riga ▶, il secondo di ◀ indice di colonna ▶.

La matrice ha pertanto due dimensioni: nel caso generale le dimensioni sono diverse e quindi si parla di matrice rettangolare (n*m): ogni dimensione della matrice prende anche il nome di ordine.
Un caso particolare è quello in cui le due dimensioni sono uguali e prende il nome di matrice quadrata di ordine n.
Rappresentiamo una matrice 3*5 (n = 3, m = 5), quindi con 3 righe e 5 colonne.

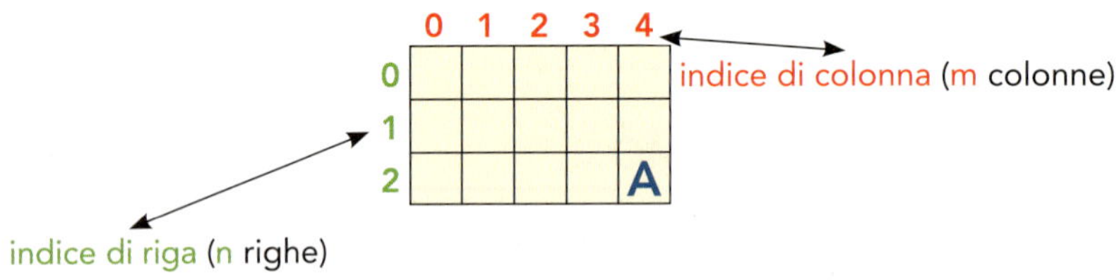

L'elemento A appartiene alla riga 2 e alla colonna 4: le sue coordinate sono A (2, 4).

Dichiarazione di matrici

Analogamente a quanto abbiamo visto per i vettori, tre sono gli elementi che caratterizzano una variabile di tipo array:
- tipo, cioè la natura delle variabili che dovrà contenere;
- dimensione, cioè il numero di celle di cui è costituita;
- identificatore, cioè il nome univoco con cui verrà utilizzata nel programma.

Nel caso delle matrici, dato che sono array bidimensionali, le dimensioni da indicare sono due:
- n: numero delle righe;
- m: numero delle colonne.

La notazione usata per un array bidimensionale, simile alla dichiarazione del vettore, è:
```
int miaMatrice[3][5]; //dichiara una matrice 3 righe e 5 colonne
                      //di tipo intero.
```

In questa notazione:
- la prima parentesi indica il numero di righe (n);
- la seconda parentesi indica il numero di colonne (m);
- il numero delle celle è dato dal prodotto n × m: in questo caso vengono definite 15 celle.

Analogamente a quanto detto per i vettori, per rendere parametrica la matrice è buona norma definire le dimensioni mediante due variabili, come nell'esempio che segue.

```
int numRighe   = 3;                       // numero di righe della matrice
int numColonne= 5;                        // numero di colonne
int miaMatrice[numRighe][numColonne]; // matrice 3 x 5
```

Tali variabili verranno utilizzate anche nelle operazioni di manipolazione negli estremi dei cicli, come vedremo in seguito.

Abbiamo visto che il linguaggio C utilizza come primo indice per gli array il numero 0: avremo la stessa regola anche per le matrici, quindi la matrice che abbiamo appena dichiarato avrà i seguenti indici:

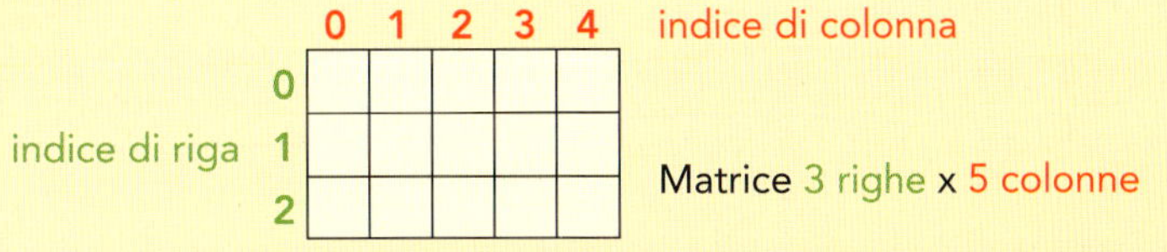

Per esempio, in una matrice di numeri reali composta da 4 righe e 6 colonne, per un totale di 24 elementi, ogni elemento avrà le seguenti coordinate:

float livelli[4][6];	livelli[0][0];	livelli[0][1];	livelli[0][2];	livelli[0][3];	livelli[0][4];	livelli[0][5];
	livelli[1][0];	livelli[1][1];	livelli[1][2];	livelli[1][3];	livelli[1][4];	livelli[1][5];
	livelli[2][0];	livelli[2][1];	livelli[2][2];	livelli[2][3];	livelli[2][4];	livelli[2][5];
	livelli[3][0];	livelli[3][1];	livelli[3][2];	livelli[3][3];	livelli[3][4];	livelli[3][5];

È necessario prestare attenzione alla corretta individuazione delle celle della matrice perché spesso ci si "dimentica" che partendo da 0 gli estremi devono essere diminuiti di una unità quando manipoliamo dei dati, come vedremo in dettaglio nel paragrafo che segue.

Manipolazione di matrici

Le operazioni di manipolazione dei dati nella matrice, analogamente al vettore, sono:
- l'inserimento di un elemento in una cella;
- la lettura del contenuto di una cella.

La cella viene individuata mediante una coppia di coordinate; scrivere un numero nella cella delle coordinate (1, 2) con:

```
miaMatrice[1][2]=numero;
```

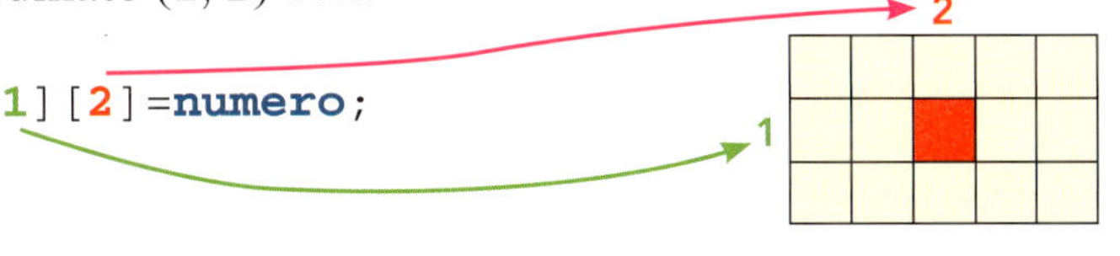

scrivere un numero nella cella delle coordinate (2, 0) con:

```
miaMatrice[2][0]=numero;
```

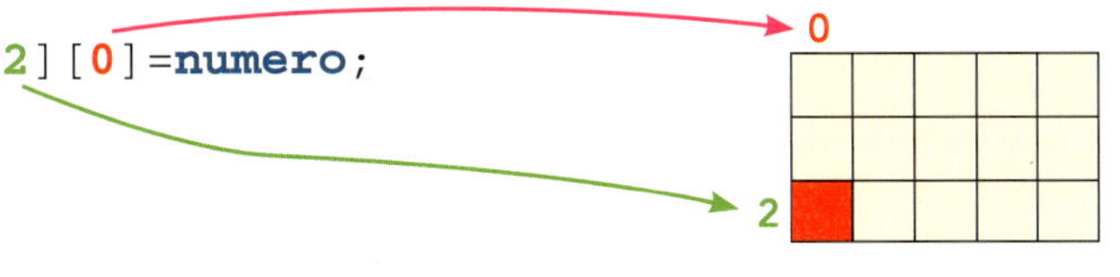

scrivere un numero nella cella delle coordinate (0, 2) con:

```
miaMatrice[0][2]=numero;
```

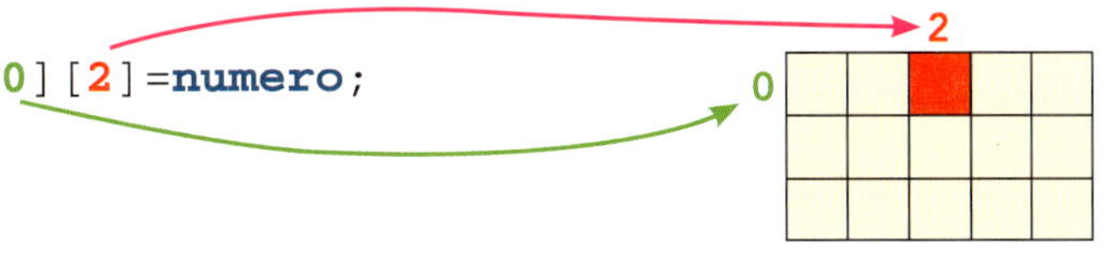

Scriviamo ora un numero (per esempio 7) in tutte le celle di una riga, per esempio nella seconda: le celle sono 5, pari al numero delle colonne, quindi è necessario effettuare 5 istruzioni di assegnamento:

```
miaMatrice[1][0]=7;
miaMatrice[1][1]=7;
miaMatrice[1][2]=7;
miaMatrice[1][3]=7;
miaMatrice[1][4]=7;
```

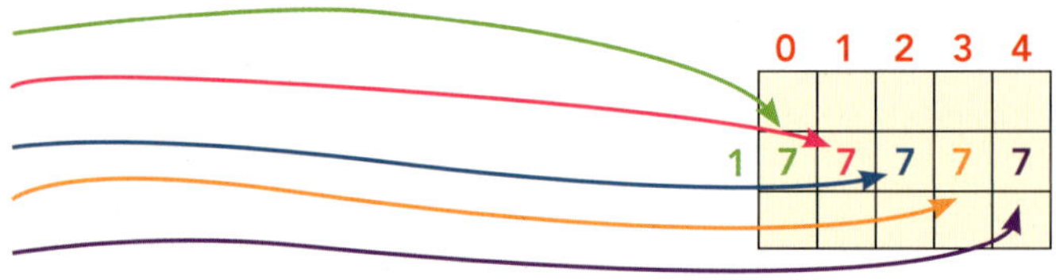

Si può sfruttare un ciclo a conteggio in quanto le dimensioni della matrice sono note a priori e sono statiche:

```
for (colonna=0; colonna<5; colonna ++)      // . in tutta la riga di indice 1
    miaMatrice[1][colonna]=7;               // scrive 7  (è la seconda riga!)
```

Per scrivere una riga l'indice di riga rimane costante, mentre l'indice di colonna varia da 0 al valore della seconda dimensione –1 della matrice, cioè la larghezza (in questo caso sfruttiamo la diseguaglianza <): è comodo adottare una notazione con variabili parlanti per cercare di ridurre le probabilità di errore come nell'esempio seguente, dove riempiamo la quarta colonna:

```
//  in tutta la colonna di indice 3 (la quarta colonna) scrive 7
 for (riga=0; riga<numRighe; riga ++)
     miaMatrice[riga][3]=7;
```

In questo caso rimane fisso l'indice di colonna e varia da 1 a 3 l'indice di riga.
Ciò equivale alle seguenti operazioni:

```
miaMatrice[0][3]=7;
miaMatrice[1][3]=7;
miaMatrice[2][3]=7;
```

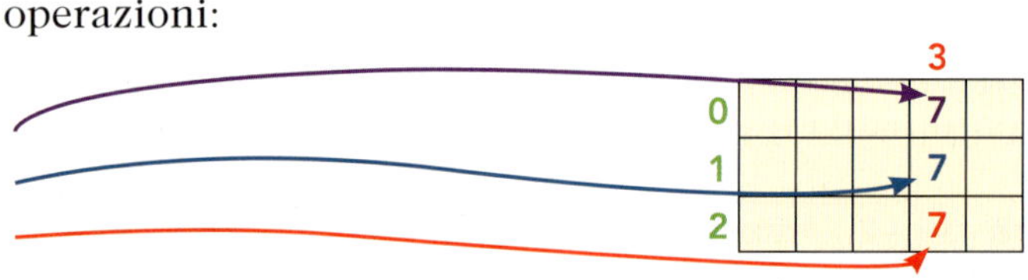

> Come per i vettori, bisogna prestare attenzione agli indici in quanto sia la numerazione delle righe sia quella delle colonne inizia da 0. Facilmente si cade nell'errore di "cercare di scrivere" al di fuori della matrice.

Riempimento e stampa del contenuto di una matrice

Esistono molteplici possibilità per effettuare il riempimento o la visualizzazione dei dati contenuti in una matrice. Le due tecniche più utilizzate sono:

1. riempimento per righe;
2. riempimento per colonne.

ESEMPIO 5 *Riempimento di una matrice per righe*

Riempire una matrice per righe significa scrivere nelle celle della matrice una riga alla volta, cioè riempiendo dapprima la riga 0, quindi la 1 e via di seguito fino all'ultima.
Utilizziamo un contatore numero e scriviamo all'interno delle celle tale contatore, che indica il numero di operazione con cui viene riempita tale cella (l'ordine cronologico).

Riempiamo la prima riga.

```
miaMatrice[0][0]=1;
miaMatrice[0][1]=2;
miaMatrice[0][2]=3;
miaMatrice[0][3]=4;
miaMatrice[0][4]=5;
```

0	1	2	3	4	5

Il codice del ciclo a conteggio è:

```
for(colo=0;colo<numColo;colo++)
{
  numero++;
  miaMatrice[0][colo]=numero;
}
```

Riempiamo la seconda riga.

```
miaMatrice[1][0]=6;
miaMatrice[1][1]=7;
miaMatrice[1][2]=8;
miaMatrice[1][3]=9;
miaMatrice[1][4]=10;
```

	1	2	3	4	5
1	6	7	8	9	10

Il codice del ciclo a conteggio è:

```
for(colo=0;colo<numColo;colo++)
{
  numero++;
  miaMatrice[1][colo]=numero;
}
```

Riempiamo la terza riga.

```
miaMatrice[2][0]=11;
miaMatrice[2][1]=12;
miaMatrice[2][2]=13;
miaMatrice[2][3]=14;
miaMatrice[2][4]=15;
```

	1	2	3	4	5
	6	7	8	9	10
2	11	12	13	14	15

Il codice del ciclo a conteggio è:

```
for(colo=0;colo<numColo;colo++)
{
  numero++;
  miaMatrice[2][colo]=numero;
}
```

Osserviamo come sono strutturati i tre cicli: l'unica differenza che si nota è il valore dell'indice di riga che vale 0 nel primo, 1 nel secondo e 2 nel terzo. Si può utilizzare un ciclo a conteggio anche per questo indice, facendolo variare proprio da 0 al numero di righe–1 e, a ogni iterazione, viene riempita la riga avente per coordinata proprio il valore dell'indice.
Il codice completo è il seguente:

```
#include <stdio.h>
int main(void)
{
  int numRighe   = 3;                        // numero di righe della matrice
  int numColo    = 5;                        // numero di colonne
  int miaMatrice[numRighe][numColo];         // matrice 3 x 5
  int dato,numero, riga, colo;
  numero=0;
  for (riga=0; riga<numRighe; riga ++)
  {
    printf ("\n");
    for (colo=0; colo<numColo; colo ++)
    miaMatrice[riga][colo]= ++numero;        // pre-incrementa numero e assegna
  }
  return 0;
}
```

Prova adesso!

- Definizione di una matrice
- Operazioni sulle matrici
- Riempimento per righe

APRI IL FILE esempio05

1. Aggiungi le istruzioni per visualizzare sullo schermo la matrice.
2. Confronta il codice con quello presente nel file esercizio04.

ESEMPIO 6 *Riempimento di una matrice per colonne*

Effettuare il riempimento di una matrice per colonne significa scrivere nelle celle della matrice una colonna alla volta, cioè riempiendo dapprima la colonna 1, quindi la colonna 2 e via di seguito fino all'ultima. Il procedimento è molto simile a quello dell'esempio precedente, e il codice del programma si ottiene scambiando tra loro le due istruzioni `for` di riga 9 e riga 12.

```
 8 // riempi la matrice per colonne
 9   for (colo=0; colo<numColo; colo ++)
10   {
11     printf ("\n");
12     for (riga=0; riga<numRighe; riga ++)
13       miaMatrice[riga][colo]= ++numero;      // pre-incrementa numero e assegna
14   }
15
```

Prova adesso!

- Definizione di una matrice
- Operazioni sulle matrici
- Riempimento per colonne

APRI IL FILE esempio06

1. Modifica il codice per effettuare un riempimento della matrice per colonne e visualizza la matrice sullo schermo.
2. Confronta il codice con quello presente nel file esercizio05.

Anche la visualizzazione degli elementi di una matrice può essere fatta per righe oppure per colonne: in ogni caso, il risultato finale è lo stesso! Quindi, dovendo risolvere problemi generici, la modalità di riempimento e di visualizzazione viene lasciata come libera scelta al programmatore. Inoltre, non c'è differenza nel vedere la matrice righe × colonne o colonne × righe: basta ruotare di 90 gradi la matrice e "guardarla" da un altro punto di vista; tutte le elaborazioni non cambiano i risultati, che devono sempre essere gli stessi.

Matrice quadrata

Abbiamo detto che una matrice quadrata può essere vista come un caso particolare di una matrice rettangolare, in cui gli indici hanno lo stesso valore. Quindi, anche per tali matrici valgono le regole precedentemente enunciate.

Dall'algebra delle matrici ricordiamo alcune definizioni e particolarità delle matrici quadrate:

- elementi principali: elementi con indici uguali: `mat[0,0], mat[1,1], mat[2,2], ... mat[n-1,n-1]`;
- diagonale principale: insieme degli elementi principali della matrice;
- diagonale secondaria: elementi con indici `mat[0,n-1], mat[1,n-2], ... mat[n-1,0]`;
- cornice *n*-esima: elementi interni distanti *n* celle dal bordo.

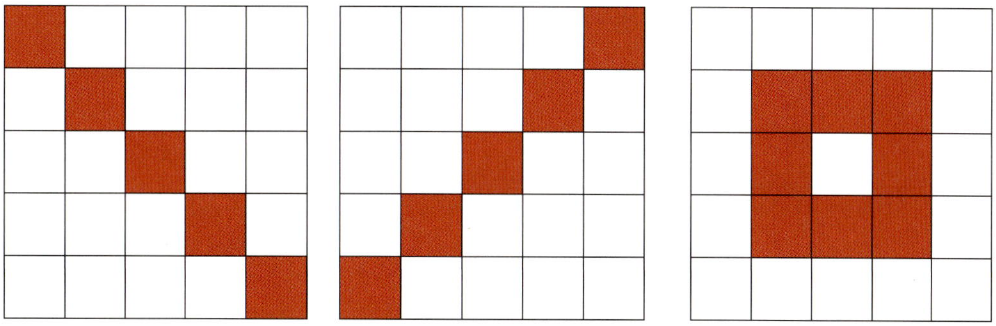

Diagonale principale — Diagonale secondaria — Cornice n = 1

A seconda dei valori degli elementi, una matrice si definisce:

- diagonale: se gli elementi della `matrice[x,y] = 0` quando `x <> y`;
- scalare: se è una matrice diagonale con tutti i valori uguali;
- unitaria: se è una matrice scalare con valori tutti uguali a 1;
- simmetrica: se per ogni `x,y` vale `matrice[x,y] = matrice[x,y]`;
- nulla: tutti gli elementi sono uguali a 0;
- singolare: se il determinante è uguale a 0;
- triangolare superiore: se tutti gli elementi al di sotto della diagonale principale sono nulli;
- triangolare inferiore: se tutti gli elementi al di sopra della diagonale principale sono nulli.

1	0	0	0	0
0	4	0	0	0
0	0	2	0	0
0	0	0	7	0
0	0	0	0	9

Diagonale

3				
	3			
		3		
			3	
				3

Scalare (ordine = 3)

1				
	1			
		1		
			1	
				1

Unitaria

1	3	5	7	9
3	0	0	8	1
5	0	0	2	0
7	8	2	3	0
9	1	0	0	4

Simmetrica

0	0	0	0	0
0	0	0	0	0
0	0	0	0	0
0	0	0	0	0
0	0	0	0	0

Nulla

Vediamo un esempio utilizzando una matrice quadrata n*n.

ESEMPIO 7 *Determinante di una matrice quadrata*

Prendiamo un esempio di sistema di equazioni di primo grado dal libro di matematica e riempiamo una matrice quadrata con i coefficienti di tale sistema calcolando il determinante.

```
#include <stdio.h>
int main(void)
{
  int dimMat   = 2;      // numero di righe/colonne della matrice
  int miaMat[dimMat][dimMat];
  int delta,numero, riga, colo;
```

```
  numero=0;
// riempi la matrice per righe
  printf ("\nintrodurre un coefficiente per riga :\n" );
  for (riga=0; riga<dimMat; riga ++)
    for (colo=0; colo<dimMat; colo ++)
        scanf("%d",&(miaMat[riga][colo]));
// calcola il determinante
  delta=miaMat[0][0]*miaMat[1][1]-miaMat[0][1]*miaMat[1][0];
// visualizza il risultato
  printf ("\nil determinante è uguale a  %d ", delta );
  return 0;
}
```

Prova adesso!

- Definizione di una matrice quadrata
- Colloquio con l'utente
- Formattazione dell'output

APRI IL FILE esempio07

1. Aggiungi al codice le indicazioni per l'utente al fine di semplificare l'inserimento dei dati.
2. Visualizza quindi la matrice sullo schermo in modo grafico.
3. Confronta il codice con quello presente nel file **esercizio06**.

Un tipico esempio di matrice quadrata è la tabellina pitagorica, dove ogni cella contiene il prodotto delle sue coordinate.

ESEMPIO 8 *Tabellina pitagorica*

Scriviamo un programma che riempie la tabellina pitagorica di dimensione 10 × 10. Definiamo e riempiamo per righe una matrice quadrata di 10 righe e 10 colonne e quindi la visualizziamo sullo schermo.

```
#include <stdio.h>
int main(void)
{
  int dimMat  = 10;  //  ordine della matrice
  int miaMat[dimMat][dimMat];
  int delta,numero, riga, colo;
  numero=0;
// riempi la matrice per righe
  for (riga=0; riga<dimMat; riga ++)
    for (colo=0; colo<dimMat; colo ++)
          miaMat[riga][colo]=(riga+1)*(colo+1);
// visualizza la matrice
  for (riga=0; riga<dimMat; riga ++)
  {
    printf ("\n |");
    for (colo=0; colo<dimMat; colo ++)
      printf ("%3d", miaMat[riga][colo]);
    printf ("|");
  }
  return 0;
}
```

Prova adesso!

- Definizione di una matrice quadrata
- Colloquio con l'utente
- Estrazione di dati da una matrice

APRI IL FILE esempio08

1. Modifica il codice leggendo in input un numero intero $M < N$ (dove n è l'ordine della matrice) e visualizza sullo schermo solo la m-esima *cornice*.
2. Confronta il codice con quello presente nel file esercizio07.

Passaggio a sottoprogrammi

Il passaggio di array a sottoprogrammi viene sempre fatto per riferimento: quindi il sottoprogramma accede all'array con la possibilità di modificarne il contenuto e per questo motivo è necessario particolare attenzione durante l'accesso agli elementi dell'array.
Per gli array pluridimensionali è necessario indicare tra parentesi quadre tutte le dimensioni dell'array eccetto la prima. Quindi:

1. per un array monodimensionale la dichiarazione dell'array come parametro viene fatta così:

```
void funzioneA(int numeri[], ...)
{
   ...
}
```

2. nel caso di array pluridimensionali, o più comunemente bidimensionali, la dichiarazione deve essere fatta come segue:

```
void funzioneB(int livelli[][6], ...)
   {
   ...
   }
```

È buona norma passare sempre, mediante ulteriori parametri, il numero di elementi dell'array monodimensionale, o il numero di righe e di colonne in array bidimensionali, come mostrato nei seguenti segmenti di codice:

```
void funzioneA(int numeri[], int num_elem)
{
...
}

void funzioneB(int livelli[][6], int num_righe, int num_colonne)
{
...
}
```

ESEMPIO 9 *Funzioni e vettori*

Riempiamo un vettore di numeri e successivamente li visualizziamo definendo due funzioni.

```
#define DIM 5
void leggiVet(double vet[], int dim){
  int x;
  for (x = 0; x < dim; x++){
    printf("Inserire l'elemento di indice %d: ", x);
    scanf("%lg", &vet[x]);
  }
}
void stampaVet(double vet[], int dim){
  int x;
  printf("Indice Elemento\n");
  for (x = 0; x < dim; x++)
    printf("%6d %8g\n", x, vet[x]);
}
void main(){
  double mioVettore[DIM];
  leggiVet(mioVettore, DIM);
  stampaVet(mioVettore, DIM);
}
```

ESEMPIO 10 *Funzioni e matrici*

Riempiamo una matrice di numeri e successivamente li visualizziamo definendo due funzioni.

```
#define DIMX 4
#define DIMY 2
void leggiMat(double mat[][DIMY], int dimX, int dimY){
  int x,y;
  for (y = 0; y < dimY; y++)
    for (x = 0; x < dimX; x++) {
      printf("Inserire l'elemento di indici x: %d y:%d: ", x,y);
      scanf("%lg", &mat[x][y]);
    }
}
void stampaMat(double mat[][DIMY], int dimX, int dimY){
  int x,y;
  for (y = 0; y < dimY; y++){
    printf("\n\n");
    for (x = 0; x < dimX; x++)
      printf("%6lg ", mat[x][y]);
  }
}
void main(){
  double mioMat[DIMX][DIMY];
  leggiMat(mioMat, DIMX,DIMY);
  stampaMat(mioMat, DIMX,DIMY);
}
```

Prova adesso!

- Definizione di una matrice quadrata
- Colloquio con l'utente
- Passaggio a sottoprogrammi

APRI IL FILE esempio08

1. Modifica il codice introducendo due sottoprogrammi.
2. Confronta il codice con quello presente nel file esercizio08.

Verifichiamo le competenze

Esprimi la tua creatività

Progetta e realizza completamente in linguaggio di programmazione il codice che risolva i problemi proposti. Risolvi gli esercizi utilizzando, dove possibile, dei sottoprogrammi.

1 L'utente inserisce una matrice $N \times M$ composta da numeri interi. Il programma scambia le righe pari con quelle dispari. Le dimensioni della matrice vengono scelte dall'utente tra i valori massimi fissati all'interno del programma (10×20).

2 Scrivi un programma che legge da tastiera due matrici A e B di $N \times N$ e calcola la somma C = A + B e il prodotto D = A * B, visualizzando le matrici ottenute.

3 Scrivi un programma che legge una matrice A ($M \times P$) e una matrice B ($P \times N$) e calcolare la matrice C prodotto delle due matrici. La matrice C è di dimensione $M \times N$.

4 Data una matrice con *N* coppie di numeri interi, individua se sono punti di una funzione:

- pari: diagramma simmetrico rispetto all'asse delle ordinate $f(-x) = f(x)$
- dispari: diagramma simmetrico rispetto all'origine delle ordinate $f(-x) = -f(x)$

5 Data una matrice di *N* * *M* interi (*N* righe, *M* colonne):

```
int MAT[N,M] = {3,5,7,9,0,7,2,2,8,9,3,2,8,2,2,2,4,5};
```

scrivi un programma che acquisisca da input due interi, `RIGA` e `COLONNA`, e calcoli la somma di tutti gli elementi della sottomatrice ottenuta da `MAT` eliminando la riga e la colonna indicate da `RIGA` e `COLONNA` rispettivamente (cioè la somma di tutti gli elementi di `MAT` a eccezione di quelli appartenenti alla riga `RIGA` oppure alla colonna `COLONNA`).

6 Supponi di avere in memoria una matrice rettangolare $M \times N$ di numeri interi indicanti l'altezza di alcune persone. Qual è la persona più alta: la più bassa tra le più alte di ogni riga, oppure la più alta tra le più basse di ogni colonna?

7 Realizza un programma che, partendo da un array che contiene i dati personali dei calciatori di una squadra di calcio, permetta di calcolare:

- il totale dei goal segnati dalla squadra, specificando:
  - i goal segnati dagli attaccanti (numero di maglia da 7 a 11);
  - i goal segnati dai centrocampisti (numero di maglia da 4 a 6);
  - i goal segnati dai difensori (numero di maglia da 1 a 3);
- il totale dei goal subiti dalla squadra.

Il programma inoltre visualizza i dati personali di tutti i giocatori e per ognuno di essi memorizza:

- il numero di maglia;
- il numero di goal segnati (subiti, se è un portiere).

8 Dato il quadrato magico seguente, in cui la somma di righe, colonne e diagonali è uguale a 15, trovane uno diverso:

4 9 2

3 5 7

8 1 6

9 Leggi i tempi di 30 concorrenti per due manche di una gara di sci. Dopo la prima manche i concorrenti scendono in ordine inverso rispetto ai tempi ottenuti: leggi i tempi della seconda manche e calcola il tempo totale, quindi visualizza il podio finale (posizione, nome e tempo totale in formato MM.SS.).

10 Data una matrice quadrata di ordine *N*, verifica se la matrice è diagonale, ricordando che una matrice si dice diagonale se $A[i,j] = 0$ quando $i <> j$.

11 Leggi un numero N come ordine di una matrice quadrata: successivamente, inserisci i dati interi con il metodo riga × colonna. Il programma verifica se tale matrice è simmetrica rispetto alla diagonale principale e successivamente la visualizza.

12 Scrivi un programma che legge da tastiera due matrici A e B di dimensione $N \times N$ e calcola la somma C = A + B e il prodotto D = AB, visualizzando le matrici ottenute: l'ordine della matrice viene letto come primo dato.

13 Scrivi un programma che legge da tastiera due matrici A e B di dimensione $N \times N$ e calcola la matrice C = A'BA, dove A' è la matrice trasposta.

14 Visualizza una matrice secondo le seguenti disposizioni:

a) Matrice a spirale

1	2	3	4	5	6	7	8
28	29	30	31	32	33	34	9
27	48	49	50	51	52	35	10
26	47	60	61	62	53	36	11
25	46	59	64	63	54	37	12
24	45	58	57	56	55	38	13
23	44	43	42	41	40	39	14
22	21	20	19	18	17	16	15

b) Matrice traslata

1	2	3	4	5	6	7	8
2	3	4	5	6	7	8	9
3	4	5	6	7	8	9	10
4	5	6	7	8	9	10	11
5	6	7	8	9	10	11	12
6	7	8	9	10	11	12	13
7	8	9	10	11	12	13	14
8	9	10	11	12	13	14	15

15 Visualizza una matrice secondo le seguenti disposizioni:

a) Matrice per diagonali

1	2	3	4	5	6	7	8
2	1	2	3	4	5	6	7
3	2	1	2	3	4	5	6
4	3	2	1	2	3	4	5
5	4	3	2	1	2	3	4
6	5	4	3	2	1	2	3
7	6	5	4	3	2	1	2
8	7	6	5	4	3	2	1

b) Matrice a zigzag

1	2	3	4	5	6	7	8
16	15	14	13	12	11	10	9
17	18	19	20	21	22	23	24
32	31	30	29	28	27	26	25
33	34	35	36	37	38	39	40
48	47	46	45	44	43	42	41
49	50	51	52	53	54	55	56
64	63	62	61	60	59	58	57

16 Visualizza una matrice secondo le seguenti disposizioni:

a) Matrice piramide azteca

1	1	1	1	1	1	1	1	1	1
1	1	1	1	1	1	1	1	1	1
1	1	3	3	3	3	3	3	1	1
1	1	3	3	3	3	3	3	1	1
1	1	3	3	5	5	3	3	1	1
1	1	3	3	5	5	3	3	1	1
1	1	3	3	3	3	3	3	1	1
1	1	3	3	3	3	3	3	1	1
1	1	1	1	1	1	1	1	1	1
1	1	1	1	1	1	1	1	1	1

b) Matrice a doppi gradini

1	1	1	1	1	1	1	1	1	1
1	2	2	2	2	2	2	2	2	1
1	2	3	3	3	3	3	3	2	1
1	2	3	4	4	4	4	3	2	1
1	2	3	4	5	5	4	3	2	1
1	2	3	4	5	5	4	3	2	1
1	2	3	4	4	4	4	3	2	1
1	2	3	3	3	3	3	3	2	1
1	2	2	2	2	2	2	2	2	1
1	1	1	1	1	1	1	1	1	1

UNITÀ DIDATTICA 3

DATI STRUTTURATI: LE STRINGHE

IN QUESTA UNITÀ IMPAREREMO...

- a definire una stringa
- a operare con le stringhe
- a ricercare sottostringhe
- a convertire stringhe in numeri

Introduzione

Si è detto che l'array è una struttura di tipo sequenziale in quanto rispecchia fedelmente l'organizzazione della memoria dell'elaboratore: infatti, essa è costituita da un insieme contiguo di elementi dello stesso tipo, così come la memoria RAM è costituita da celle (elementi) fisicamente adiacenti.
Un'altra struttura di dati sequenziale è la stringa: essa consiste in una sequenza finita di caratteri che generalmente viene racchiusa tra virgolette o apici (" ").
In questa trattazione le stringhe sono già state utilizzate molte volte, anche se non sono state definite esplicitamente: tutte le operazioni di comunicazione con l'utente, eseguite con l'istruzione di output, sono state accompagnate da messaggi racchiusi tra virgolette, che sono stringhe a tutti gli effetti. Per esempio, la scritta "inserisci un numero intero" è una stringa, come è una stringa la singola parola "spaghetti".
Esaminiamo innanzitutto alcune definizioni.

STRINGA

Consideriamo stringa la sequenza di caratteri del tipo $c_1\ c_2\ c_3\ c_4\ c...\ c_n$.
La stringa deve essere costituita da un numero finito di caratteri, che prende il nome di lunghezza della stringa (nel caso precedente, la lunghezza è n).
Se la stringa non è composta da alcun carattere essa si dice vuota e ha lunghezza uguale a zero.
Ogni carattere assume nella stringa una posizione d'ordine che, come nel caso dei vettori, si chiama indice della stringa. Una stringa può includere caratteri alfanumerici ('a'...'z' 'A'...'Z' '0'...'9'), caratteri speciali come +, –, $ e altri.

Per consentire al programmatore una più efficiente manipolazione delle stringhe il C consente di interpretare una sequenza di caratteri come una singola unità, mettendo a disposizione l'apposita libreria standard, la string.h, contenente tutte le funzioni di utilità di frequente utilizzo.

> La caratteristica rilevante è che a indicare il termine della sequenza di caratteri c'è un *carattere terminatore*: **'\0'**.
> Dato che in C una stringa è un array di caratteri si possono utilizzare tutte le istruzioni viste per gli array e la presenza del terminatore offre ulteriori vantaggi per la sua interpretazione ed elaborazione.

Operare con le stringhe

Definizione di una stringa

Si consideri la seguente dichiarazione di un array di caratteri di 20 elementi:

```
char parola [20];              //dichiarazione di una stringa
```

Per accedere a ogni carattere della parola è possibile accedere a ogni elemento dell'array singolarmente, quindi:

```
printf("%c", parola[4]);       //visualizza il 5° elemento/carattere
```

È inoltre possibile manipolare l'intero array come un'unica entità purché esista un carattere terminatore '\0' in uno dei suoi elementi: questo carattere può essere inserito manualmente dal programmatore oppure automaticamente dalle funzioni di manipolazione della stringa.

> Dovendo contenere il terminatore, è importante ricordarsi di dimensionare opportunamente l'array (generalmente si utilizza l'espressione DIM+1 dove DIM è la lunghezza della stringa desiderata). Per esempio, se un algoritmo prevede che si debbano gestire vocaboli "di al più 20 caratteri" è necessario dichiarare un array di 21 elementi.

```
#define DIM 20
char parola[DIM+1];
```

Inizializzazione di una stringa

Possiamo inizializzare una variabile stringa con l'assegnazione diretta di una stringa letterale:

```
char stringa2[] = "paolo";
char stringa2[6] = "paolo";
```

`stringa2` è un array statico di 6 caratteri: 'p', 'a', 'o', 'l', 'o', '\0' e lo stesso risultato si ottiene con la seguente classica inizializzazione di un vettore:

```
char stringa2 [] = {'p', 'a', 'o', 'l', 'o', '\0'};
```

Ingresso/uscita di stringhe

Per visualizzare il contenuto di una stringa si deve utilizzare la specifica di formato `%s`:

```
printf("%s\n", stringa1);
printf("%s\n", stringa2);
```

Con questa istruzione vengono stampati tutti i caratteri fino al primo `'\0'`.

Analoga specifica di formato si deve utilizzare per l'input:

```
char stringa3[20];
scanf("%s", stringa3);
```

La funzione **`scanf()`** opera sulle stringhe nel seguente modo:

- vengono letti i caratteri dalla tastiera e inseriti nel vettore finché viene incontrato il primo carattere di spaziatura (spazio, tabulazione, interlinea ecc.);
- al posto della spaziatura viene inserito il terminatore di stringa `'\0'`;
- il vettore deve avere una dimensione tale da contenere tutti i caratteri compreso il terminatore.

Manipolazione di una stringa

Nella libreria `string.h` sono disponibili molte funzioni per la manipolazione delle stringhe, che realizzano operazioni di frequente utilizzo.
Una funzione "comoda" è per esempio la funzione `int strlen(char[])` che restituisce il numero di caratteri presenti nella stringa ricevuta in ingresso come parametro, e ci risparmia di "contare" il numero di caratteri dal primo fino al carattere terminatore.

Vediamo un esempio.

ESEMPIO 11 *Sostituzione di caratteri*

Leggiamo un nome da input e sostituiamo i caratteri di posto pari con un "-":

```
#include <stdio.h>
#include <string.h>
#define DIM 10
int main(){
// definizione delle variabili
  int x;
  char stringa1[DIM+1];
// acquisizione della stringa
  printf("inserisci il tuo nome:" );
  scanf("%s",stringa1);             // l'utente inserisce il proprio nome
// elaborazione e comunicazione dei risultati
  printf("il nome %s e'lungo %d caratteri  \n",stringa1,strlen(stringa1));
  printf("prima : %s \n",stringa1);
  for(x=1;x<strlen(stringa1);x=x+2) // sostituisco i caratteri di posto pari
    stringa1[x] = '-';
  printf("dopo  : %s \n",stringa1); // visualizzo la stringa finale
  return 0;
}
```

Una possibile esecuzione dà il seguente output: ▶

```
inserisci il tuo nome: Giovanni
prima : Giovanni
dopo  : G-o-a-n-
```

Prova adesso!

- Utilizzo delle stringhe
- Funzioni di libreria <string.h>

APRI IL FILE esempio11

1. Modifica il codice trasformando le lettere di posto dispari in maiuscolo e quelle di posto pari in minuscolo utilizzando le seguenti due funzioni di libreria:

```
int tolower(int c);
int toupper(int c);
```

2. Confronta il codice con quello presente nel file esercizio09.

Zoom su...

ELABORAZIONE DEL SINGOLO CARATTERE

Nella libreria ctype.h sono presenti molteplici funzioni per elaborare il singolo carattere, tra cui:

```
int isdigit(int c); cifra
int isxdigit(int c); cifra esadecimale
int isalpha(int c); lettera alfabetica (minuscola o maiuscola)
int isalnum(int c); cifra o lettera alfabetica
int islower(int c); lettera alfabetica minuscola
int isupper(int c); lettera alfabetica maiuscola
int isspace(int c); carattere di spazio bianco
```

Ciascuna di queste funzioni restituisce vero (valore intero 1) se il carattere è tra quelli indicati, altrimenti restituisce falso (valore intero 0).

Prova adesso!

- Utilizzo funzioni di ctype.c

CREA UN PROGRAMMA provaS1.C

1. Scrivi un programma che legge un carattere e lo passa come parametro a tutte le funzioni della libreria ctype.h visualizzando il risultato.
2. Confronta il codice con quello presente nel file esercizio10.

È anche possibile effettuare manipolazioni che coinvolgono l'intera stringa utilizzando funzioni presenti nella libreria <stdlib.h>.

ESEMPIO 12 *Conversione da stringa a numeri*

Sono presenti in libreria le funzioni che effettuano la conversione da cifre in valori interi e in virgola mobile (`atoi`, `atol`, `atof`).
Naturalmente la stringa deve contenere un numero valido, altrimenti il risultato della conversione è indefinito.

La funzione che converte in intero è

```
int atoi(const char *str);
```

dove `*str` sta a indicare che si aspetta una stringa e non un singolo carattere. In questi tre casi dà i seguenti risultati:

```
atoi("123")          restituisce l'intero 123
atoi("123.45")       restituisce l'intero 123 (".45" viene ignorato)
atoi(" 123.45")      restituisce l'intero 123 (" " e ".45" ignorati)
```

mentre

```
int atof(const char *str);
```

in questi tre casi dà i seguenti risultati:

```
atoi("123 ")         restituisce l'intero 123.00(" " ignorato)
atoi("123.45 ")      restituisce l'intero 123.45(" " ignorato)
atoi(" 123.45 ")     restituisce l'intero 123.45(" " ignorato)
```

Copia di stringhe

Non è possibile scrivere:

```
a = "prova";
```

perché `a` indica l'inizio dell'array che è un indirizzo (tipo puntatore) mentre "`prova`" è una stringa costante. È necessario utilizzare un'apposita funzione, `strcopy (a,"prova")` che ha la seguente sintassi:

```
char *strcpy(char *dest, const char *src);
```

dove con `*src` indichiamo la stringa sorgente e con `*dest` indichiamo la stringa destinazione. Un secondo metodo è quello di utilizzare la funzione di concatenazione

```
char *strcat(char *dest, const char *src);
```

che accoda la stringa `src` a quella nel vettore `dest`: è necessario che la dimensione della stringa `dest` sia sufficientemente grande per contenere la somma dei caratteri.

Posso inoltre confrontare due stringhe con la funzione

```
int strcmp(char[],char[])
```

che restituisce 0 se il loro contenuto è identico. Vediamo un esempio che utilizza queste funzioni.

ESEMPIO 13 *Copia e confronto di stringhe*

Confrontiamo due stringhe e visualizziamo la loro concatenazione.

```c
#include <stdio.h>
#include <stdlib.h>
#include <string.h>
#define DIM 10
int main()
{
  int esito;
  char stringa1[DIM]="Giuseppe",stringa2[DIM]="Verdi";
  char destinaz[DIM*2];                    // stringa con dimensione doppia
  strcpy(destinaz, stringa1);              // copio la stringa1 in destinaz
  printf("sorgente : %s \n",stringa1);  // visualizzo la stringa finale
  printf("destinaz : %s \n",destinaz);  // visualizzo la stringa finale
  esito=strcmp(destinaz, stringa1);       // confronto stringa1 e destinaz
  if (esito==0)
    printf("le due stringhe %s e %s sono uguali \n",stringa1, destinaz);
  strcat(destinaz, stringa2);
  printf("sorgente : %s \n",stringa1);  // visualizzo la stringa iniziale
  printf("destinaz : %s \n",destinaz);  // visualizzo la stringa finale
  return 0;
}
```

La funzione `strcmp` può essere anche impiegata per effettuare l'ordinamento tra stringhe:

restituisce un valore < 0 se s1 < s2

restituisce un valore > 0 se s1 > s2

Passando come terzo parametro un valore intero, è possibile indicare alla funzione fino a quale carattere effettuare il confronto.

Per esempio: ▶

```c
char stringa1[DIM]="Giuseppe",stringa2[DIM]="Giuseppina";
printf("%d\n", strcmp(stringa2, stringa1));     // ritorna 1
printf("%d\n", strncmp(stringa1, stringa2, 5)); // ritorna 0
printf("%d\n", strncmp(stringa1, stringa2, 8)); // ritorna -1
```

Prova adesso!

- Definizione di funzione
- Manipolazione di stringhe

CREA UN PROGRAMMA provaS2.C

1. Scrivi una funzione che estrae una sottostringa da una stringa lunga `quanti` partendo da una posizione iniziale `inizio`:

   `void substr(char* dest,char* source, int inizio, int quanti)`

2. Confronta il codice con quello presente nel file esercizio11.

Ricerca in una stringa

Un problema classico è la ricerca di una parola in una stringa (oppure in una sequenza qualsiasi di caratteri). Per esempio, nella stringa "Alì Baba e i quaranta ladroni" ricerchiamo la parola "ara", che si trova all'interno della parola "quaranta".

Un semplice algoritmo effettua il confronto per singoli caratteri: preso il primo carattere della parola da ricercare ("a"), lo si confronta con i caratteri della frase finché non si trova un carattere uguale, quindi si verifica se il secondo ("r") e il terzo ("a") carattere sono uguali ai due che seguono quello individuato all'interno della frase.

Quanto descritto equivale a prendere le due stringhe e "far scorrere" la parola cercata dall'inizio alla fine della frase, fino a individuare una "a" in posizione 5: ▶

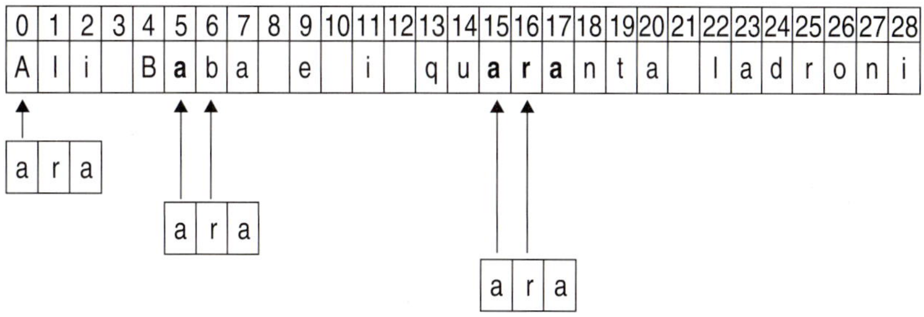

Si confronta ora la "r" con il carattere in posizione 6, ma il "matching" fallisce e si deve ricominciare il confronto per individuare il primo carattere, cioè la "a": questo confronto riparte dalla lettera in posizione 6 (e non in posizione 7), in quanto tale lettera potrebbe essere l'inizio della parola desiderata; si procede così fino alla posizione 15, dove i tre confronti hanno successo.

ESEMPIO 14 *Ricerca di una parola in una stringa*

Una possibile codifica è la seguente:

```
#define true  1
#define false 0
int main(){
  char frase[40]="ali baba e i quaranta ladroni",parola[4]="ara";
  int trovata=false,conta=0,posFrase=-1,lungaParola,lungaFrase;
  lungaParola=strlen(parola);
  lungaFrase=strlen(frase);
  do{                          //trova il carattere iniziale
    posFrase++;
    if(frase[posFrase]==parola[0]){
      trovata=true;
      conta=1;
      //confronta i caratteri della parola
      while((conta<lungaParola)&&(trovata)){
        if(frase[posFrase+conta]!=parola[conta])
          trovata=false;
        else
          conta++;
      }
    }
  }while((posFrase<(lungaFrase-lungaParola))&&(!trovata));
  if (trovata)
    printf("la parola %s e' stata trovata in posizione %d ",parola,posFrase);
  else
    printf("la parola %s non e' presente in %s",parola,frase);
  return 0;
}
```

Verifichiamo le competenze — *Esprimi la tua creatività*

Progetta e realizza completamente in linguaggio di programmazione il codice che risolva i problemi proposti. Risolvi gli esercizi utilizzando, dove possibile, dei sottoprogrammi.

1 Scrivi un'implementazione della funzione di libreria su stringhe che ritornano la sua lunghezza.

2 Scrivi un programma che, lette due stringhe di caratteri indicanti il nome e il cognome di una persona, le riscriva con le sole iniziali maiuscole.

3 Scrivi un programma che, data una stringa di *N* caratteri, la inverta (per esempio: "Paolo" diventa "oloaP").

4 Scrivi una versione ricorsiva dell'esercizio precedente.

5 Scrivi un programma che legge un numero compreso tra zero e cento in cifre e scrive il valore in lettere (per esempio, letto 21, scritto ventuno).

6 Scrivi un programma che legge una frase (massimo 80 caratteri) e calcola la frequenza delle vocali presenti, indicando la più frequente e la meno frequente.

7 Scrivi un programma che legge un numero e lo visualizza, trasformandolo in caratteri e separando le migliaia con il punto.

8 Scrivi un programma che legge una frase (massimo 80 caratteri) e sostituisce una parola presente in tale frase con un'altra, entrambe digitate dall'utente.

9 Scrivi un programma che legge una frase (massimo 80 caratteri) e scambia due parole presenti in tale frase (per esempio, in "se vado al mare non vado in montagna" scambiare "mare" con "montagna").

10 Scrivi un programma che verifica la correttezza di una codifica binaria di 8 bit con codice di parità pari (la somma dei bit con valore 1 deve essere pari). Per esempio, 11001010 = corretto, 11000100 = errato.

11 Scrivi un programma che legge una frase (massimo 80 caratteri) e toglie gli spazi bianchi (per esempio, "w la pappa col pomodoro" diventa "wlapappacolpomodoro").

12 Scrivi un programma che legge una frase (massimo 80 caratteri) e toglie gli spazi bianchi in eccesso, lasciando cioè solo uno spazio bianco come separatore tra le parole (per esempio, "quel gran genio del mio amico" diventa "quel gran genio del mio amico").

13 Scrivi un programma che legge una frase e inserisce un carattere suggerito dall'utente come carattere separatore tra le parole (per esempio, "ti regolerebbe il minimo" con separatore "-" diventa "ti-regolerebbe-il-minimo").

14 Scrivi un programma che verifica se una frase è palindroma (senza considerare gli spazi bianchi).

15 Scrivi un programma che legge una parola e la traduce in alfabeto farfallino (per esempio, "panino" diventa "pafanifinofo", "cavillo" diventa "cafavifillofo").

16 Scrivi un programma che legge da tastiera quattro stringhe che rappresentano interi, le converte in interi, le somma e stampa la somma.

17 Scrivi un programma che legge una data nel formato "11/09/2001" e la converte nel formato "11 settembre 2001".

18 Scrivi una funzione con la seguente interfaccia `void scambia(char s[]),` che scambi il primo carattere della stringa s con l'ultimo.

19 Scrivi una funzione con la seguente interfaccia: `void concat(char s1[], char s2[], char s3[]),` che ponga nella stringa s3 la concatenazione delle stringhe s1 e s2. Per esempio: se s1="inter", s2="faccia", al ritorno dalla chiamata a `concat()` si deve avere s3="interfaccia".

20 Scrivi una funzione con la seguente interfaccia `int VocaliDispari(char str[])` che restituisce 1 se il numero di vocali presenti nella stringa è dispari, 0 altrimenti.

UNITÀ DIDATTICA 4

DATI STRUTTURATI: I RECORD

IN QUESTA UNITÀ IMPAREREMO...

- a definire una struttura
- a manipolare record di tipi semplici
- a organizzare tipi di dati complessi
- a definire tipi strutturati annidati

I record

L'array è un esempio di struttura dati: utilizza tipi di dati semplici, come `int`, `char` o `double` e li organizza in un array lineare di elementi. La caratteristica dei dati dell'array è che devono essere tutti dello stesso tipo, cioè omogenei.

Generalmente è però necessario poter gestire insiemi di dati di tipo diverso. Si consideri a titolo d'esempio l'informazione relativa al *nominativo*, *anni*, *classe* e *sezione*: nominativo, classe e sezione richiedono una stringa, l'età, invece, richiede un intero.

Una struttura dati eterogenea prende il nome di record (o *registrazione*), è una struttura sequenziale composta in quanto è costituita da elementi di vario tipo detti campi, a loro volta composti da strutture più semplici: nel linguaggio C viene definita con la parola riservata `struct`.

> Il concetto di record è fondamentale per l'informatica, in quanto su di esso si basano tutte le tecniche di organizzazione e memorizzazione dei dati (file di record e database), che costituiscono l'elemento essenziale dei sistemi informatici.

Partendo dalle definizioni di dato e di informazione presenti nel vocabolario della lingua italiana, possiamo precisare il concetto di record.

DATO
Il dato è ciò che è immediatamente presente alla conoscenza, prima di ogni elaborazione; (in informatica) elemento di informazione costituito da simboli e che deve essere elaborato.

INFORMAZIONE
Notizia, dato o elemento che consente di avere conoscenza più o meno esatta di fatti, situazioni, modi di essere.

RECORD
Il record è la struttura fondamentale per organizzare e memorizzare i dati nei sistemi informatici in modo tale che possano successivamente essere elaborati.

Definizione di una struct

Ogni linguaggio che permette la definizione del tipo di dato record distingue la creazione di un elemento in due fasi:

- definizione della struttura;
- dichiarazione della variabile.

La definizione della struttura (chiamata anche *costruttore di tipo record*) consente di definire i tipi e le dimensioni dei diversi campi e di assegnare gli identificatori.

Definiamo per esempio la struttura di un record che ci permette di organizzare i dati anagrafici degli studenti; come identificatore della struttura indichiamo un sostantivo singolare (che segue tutte le regole degli identificatori) che inizia con s_: ▶

```
#include <stdio.h>
#include <stdbool.h>
main()
{
struct s_alunno {
  char cognome [20];
  char nome [20];
  int classe;
  char sezione;
  char sesso;
  bool ripetente;
  float mediaVoti;
};
```

Anche gli identificatori dei singoli campi devono rispettare tutte le regole degli identificatori.

Naturalmente, in questo esempio non sono stati riportati tutti i dati necessari alla definizione completa di un alunno ma soltanto alcuni di essi, scelti di tipo diverso per poter essere utilizzati come esempio nel seguito della trattazione.

Dopo aver definito la struttura del record, è possibile definire le variabili di questo tipo che si intendono utilizzare nel programma mediante la notazione classica di definizione delle variabili, e cioè:

Definiamo ora due variabili del tipo della struttura appena introdotta:

```

struct s_alunno mario,giovanni;

```

Le variabili si chiamano `mario` e `giovanni` sono del tipo `struct s_alunno` definito precedentemente.

È anche possibile creare un'istanza e inizializzarla in fase di definizione della struttura.

Per esempio con la seguente notazione: ▶

```
//definizione e contestuale inizializzazione
struct s_docente
{
  char cognome[20];
  char nome [20];
  int  eta;
  char materia[20];

}ciro={"Rossi","Mario",35,"informatica"};
```

vengono definite la struttura, una variabile e vengono inizializzati i suoi campi.

Operazioni sui record

La prima operazione da effettuare sui record è l'accesso ai singoli campi, necessario sia per effettuare la scrittura di un'informazione, sia per recuperare le informazioni che sono memorizzate nei campi.

La scrittura delle informazioni in un record può essere effettuata in due modi:

- accedendo singolarmente ai diversi campi;
- copiando l'intero record in un altro di tipo equivalente.

Per scrivere all'interno del campo di un record si utilizza la notazione postfissa mediante l'operatore unario `dot`, cioè punto (`.`).

ESEMPIO 15 *Assegnazione di valori a un record*

Per esempio, scriviamo i dati nei campi del record `mario` di tipo alunno:

```
//assegnazione valori ai campi di un record
strcpy(mario.cognome,"Rossi");   // per assegnare una stringa
strcpy(mario.nome,"Mario");      // per assegnare una stringa
mario.classe=3;
mario.sezione='C';
mario.sezione='M';
mario.ripetente=false;
mario.mediaVoti=6.3;
```

e successivamente li visualizziamo:

```
//visualizzazione del contenuto
printf(" cognome    : %s\n", mario.cognome);
printf(" nome       : %s\n", mario.nome);
printf(" classe     : %d\n", mario.classe);
printf(" sezione    : %c\n", mario.sezione);
printf(" sesso      : %c\n", mario.sesso);
if (mario.ripetente==0)
  printf(" ripetente  : NO\n");
else
  printf(" ripetente  : SI\n");
printf(" media Voti : %3.1f\n", mario.mediaVoti);
```

```
cognome     : Rossi
nome        : Mario
classe      : 3
sezione     : M
sesso       :
ripetente   : NO
media Voti  : 6.3
```

> Si noti che non bisogna utilizzare il nome della struttura `s_alunno`, ma il nome della variabile, anche perché ci possono essere più variabili con la stessa struttura.

È anche possibile definire strutture composte, cioè strutture dove un campo è a sua volta una struttura. In questo caso per scrivere e leggere i valori si utilizzano i nomi di ogni struttura separati da punti fino a quando non si arriva al campo finale della struttura più interna.

ESEMPIO 16 *Record di record*

Definiamo la struttura di dati da utilizzare per memorizzare le informazioni sugli "animali domestici", dove oltre al nome e al tipo aggiungiamo la data di nascita, composta da tre campi separati organizzati in una sottostruttura (giorno, mese, anno).

```
main()
{
struct s_animale {         // struttura esterna
  char nome [20];
  char tipo [20];
  float peso;
  struct s_data{           // struttura annidata
    int giorno;
    char mese[12];
    int anno;
   }dataNascita;           // nel record il campo si chiama dataNascita
} animale1,animale2 ;      // definisco due variabili
```

Scriviamo e leggiamo i dati in ogni record, dove indichiamo, per i campi annidati, il percorso completo partendo dalla variabile fino ad arrivare alla struttura più interna.

```
//assegnazione valori ai campi di un record
strcpy(animale1.nome,"Pippo");  // per assegnare una stringa
strcpy(animale1.tipo,"cane");   // per assegnare una stringa
animale1.peso=6.5;
// record di record
animale1.dataNascita.giorno=11;                       // campo annidato
strcpy(animale1.dataNascita.mese,"febbraio");         // campo annidato
animale1.dataNascita.anno=2013;                       // campo annidato
//visualizzazione del contenuto
printf(" nome  : %s\n", animale1.nome);
printf(" tipo  : %s\n", animale1.tipo);
printf(" voto  : %3.1f\n", animale1.peso);
printf(" data  : %d-", animale1.dataNascita.giorno);
printf("%s-", animale1.dataNascita.mese);
printf("%d", animale1.dataNascita.anno);
```

Sullo schermo si visualizza quanto riportato nell'immagine: ▶

```
nome  : Pippo
tipo  : cane
voto  : 6.5
data  : 11-febbraio-2013
```

■ Le tabelle: vettori di strutture

I record che abbiamo imparato a definire sono gli elementi fondamentali per la realizzazione di strutture dati più complesse, come le tabelle e i database.
Un database è un sistema che permette la memorizzazione e la gestione di una grossa quantità di dati, organizzati in tabelle a loro volta costituite da un insieme di record.

Defininiamo la tabella come un vettore di record.

TABELLA

La tabella è una variabile strutturata costituita da un insieme finito di elementi (record). Il tracciato record di una tabella è la struttura dei record che essa contiene.

La tabella seguente registra i voti delle interrogazioni: ▶

	Materia	Alunno	Voto	Data		
0	Matematica	Verdi Giuseppe	7	20	Marzo	2011
1	Italiano	Rossi Paolo	5	12	Aprile	2012
2	Inglese	Gialli Arturo	4	21	Aprile	2012
3	Italiano	Azzurri Ciro	8	21	Maggio	2012
4	Matematica	Neri Armando	7.5	20	Marzo	2011
5	Informatica	Rossi Mario	6.5	11	Febbraio	2012
...						

In ogni riga della tabella memorizziamo i dati di una interrogazione di un singolo alunno (registrazione) mentre ogni colonna individua un singolo campo del record.
Codifichiamo in linguaggio C questa tabella.

ESEMPIO 17 *Interrogazione in classe*

Definiamo un vettore per inserire i dati per le interrogazioni, supponendo di avere 30 alunni in classe, e definendo la data come struttura composta da tre campi (giorno, mese, anno). La struttura completa è la seguente: ▶

```
#include <stdio.h>
#include <stdbool.h>
main()
{
struct s_interrogazione { // struttura esterna
  char materia [20];
  char alunno  [20];
  float voto;
  struct s_data{           // struttura annidata
    int giorno;
    char mese[12];
    int anno;
   }data;          // nel record il campo si chiama data
}classeIIIA[30]; // definisco un vettore di 30 interrogazioni
```

Ora inseriamo i dati nell'elemento di posizione 5, cioè in `classeIIIA[5]`:

```
strcpy(classeIIIA[5].materia,"Informatica");      // per assegnare una stringa
strcpy(classeIIIA[5].alunno,"Rossi Mario");       // per assegnare una stringa
classeIIIA[5].voto=6.5;
classeIIIA[5].data.giorno=11;
strcpy(classeIIIA[5].data.mese,"febbraio");       // stringa in un record di record
classeIIIA[5].data.anno=2013;                     // record di record
printf(" Alunno   : %s\n", classeIIIA[5].alunno); // visualizzazione del contenuto
printf(" Materia  : %s\n", classeIIIA[5].materia);
printf(" voto     : %3.1f\n", classeIIIA[5].voto);
printf(" data     : %d-", classeIIIA[5].data.giorno);
printf("%s-", classeIIIA[5].data.mese);
printf("%d",  classeIIIA[5].data.anno);
```

```
Alunno    : Rossi Mario
Materia   : Informatica
voto      : 6.5
data      : 11-febbraio-2013
```

Prova adesso!

- Definizione di una tabella
- Definizione di record annidati
- Scrittura dati in un record

CREA UN PROGRAMMA provaR1.C

1. Definisci la struttura dati per memorizzare le prenotazioni (massimo 33) per un ristorante, dove ogni prenotazione è composta da una data, il numero di tavolo e un insieme di portate (massimo 20), ciascuna con un proprio costo, accompagnate da un massimo di 10 bevande.
2. Si vogliono memorizzare tutte le prenotazioni.
3. Confronta il codice con quello presente nel file esercizio14.

La definizione typedef

Con la dichiarazione di strutture (`struct`) possiamo gestire insiemi di dati non omogenei: il linguaggio C offre all'utente la possibilità di definire mediante le `struct` nuovi tipi di dati, non presenti nel linguaggio, da affiancare a quelli fondamentali (`int`, `float`, `lon` ecc.).

Vediamo un primo esempio dove "estendiamo" i tipi base aggiungendo i numeri complessi, per evitare di dover scrivere ogni volta che si dichiara una variabile:

```
struct s_complesso
```

Con la clausola `typedef` è possibile definire un nuovo tipo:

```
typedef struct s_complesso complesso;
```

Da questo momento nel programma possiamo definire e utilizzare variabili complesse come utilizziamo normalmente le variabili dei tipi base.

Vediamo un esempio.

ESEMPIO 18 *typedef di numeri complessi*

La definizione di tipo è la seguente:

```
#include <stdio.h>
#include <math.h>
struct s_complesso
{
  float reale;
  float immaginaria;
};
typedef struct s_complesso complesso;
```

Se la scriviamo nell'intestazione è visibile a tutte le funzioni che verranno definite in seguito:

```
float moduloXY(complesso z){                  // parametro il numero complesso
  return sqrt(pow(z.reale,2)+pow(z.immaginaria,2));
}
int main()
{
   float x,y,modulo;
   complesso a;
   printf("\ninserisci la parte reale       x: ");
   scanf ("%f",&a.reale);                     // input sul numero complesso
   printf("inserisci la parte immaginaria y: ");
   scanf ("%f",&a.immaginaria);               // input sul numero complesso
   modulo =moduloXY(a);                       // chiamata della funzione
   printf("\n il numero %4.2f+j%4.2f ",a.reale,a.immaginaria);
   printf("\n ha come modulo %4.2f",modulo);
}
```

La dichiarazione del tipo mediante la `typedef` viene generalmente fatta sempre parallelamente alla dichiarazione della `struct` per poterne sfruttare la comodità di essere visibile e utilizzabile da tutto il programma.

Prova adesso!

- Definizione con `typedef`
- Utilizzo di record

APRI IL FILE esempio18

1. **Completa** il programma inserendo le funzioni che eseguono la lettura e la visualizzazione di un numero complesso.
2. Quindi scrivi tre funzioni, rispettivamente per la somma, il prodotto e il rapporto tra numeri complessi.
3. Confronta il codice con quello presente nel file esercizio15.

Verifichiamo le competenze

Esprimi la tua creatività

Progetta e realizza completamente in linguaggio di programmazione il codice che risolva i problemi proposti. Risolvi gli esercizi utilizzando, dove possibile, dei sottoprogrammi.

1 Definisci la struttura dati per effettuare le prenotazioni dei biglietti di uno stadio di calcio, dove tutti i posti sono numerati con un codice parlante del tipo AZSN123 (A = anello, Z = zona, S = settore, N = orientamento,123 = posto).

2 Progetta un programma di gestione delle schedine del *Totocalcio* che, partendo da un array di dimensione prefissata che contiene in ogni cella il codice della giocata, la data della giocata e la colonna con i tredici segni, effettui la copia in un altro vettore solo delle giocate relative all'anno e al mese richiesto dall'utente.

3 Definisci una struttura per gestire i pianeti del sistema solare, contenente per esempio i seguenti dati: *nome del pianeta, diametro equatoriale in km, numero di lune, durata dell'orbita attorno al sole in anni, durata della rotazione attorno all'asse in ore, posizione e distanza dal sole* ecc.

4 Progetta una struttura per definire le figure geometriche utilizzando la definizione del loro tipo {triangolo, rettangolo, quadrato, cerchio} . Quindi, scrivi un programma in grado di calcolare l'area e il perimetro di tali figure.

5 Implementa un programma che, dato un vettore di studenti (il tipo Studente conterrà nome, cognome e i voti *scritto, orale e pratica* di ogni quadrimestre), individui e ritorni il nome dello studente più bravo nelle diverse materie e con media generale più alta.

6 Definisci la struttura dati per effettuare la prenotazione di *N* posti (su richiesta di un utente) nello stesso scompartimento di un treno con *M* vagoni di *X* scompartimenti, ciascuno con 6 oppure 8 posti, a seconda della classe.

7 Definisci la struttura dati per la prenotazione di una settimana di vacanza in un albergo di 5 piani in un mese del periodo estivo per una famiglia di *N* persone: le camere sono di tre tipologie, con fasce di prezzo diverse a seconda della tipologia e del numero di persone ospitate.

8 Realizza un programma che gestisca una rubrica telefonica personale; ogni contatto della rubrica deve contenere i seguenti campi: *Nome* (obbligatorio), *Cognome* (obbligatorio), *Numero di telefono* (obbligatorio), *E-mail* (facoltativo), *DataNascita* (facoltativo), organizzati in diverse sezioni secondo la lettera iniziale del cognome.

9 Scrivi un programma che permette di inserire un certo numero di offerte di fornitori e che contenga i seguenti dati:

- codice fornitore (numero intero);
- ragione sociale e/o nome fornitore (stringa);
- indirizzo completo;
- partita IVA e/o codice fiscale;
- importo offerta in euro (numero float);
- data offerta e validità.

Quando l'utente inserisce 0 come codice fornitore, l'inserimento ha termine. Il programma cerca e visualizza l'offerta migliore (la più economica).

10 Scrivi un programma che effettui le operazioni di somma e prodotto tra numeri complessi. Leggi i valori e visualizza a video i risultati. Per esempio, si inserisca 23,5 + 3,4 j e 13,5 – 1,2 j.

UNITÀ DIDATTICA 5

I FILE

IN QUESTA UNITÀ IMPAREREMO...

- il concetto di archivio
- le caratteristiche degli archivi
- le diverse tipologie di file
- a definire e utilizzare i file

Introduzione agli archivi

Quando spediamo un sms con il nostro cellulare consultiamo la nostra rubrica telefonica per ricercare il numero di telefono dei nostri amici: questo è un esempio di archivio di dati. La maggior parte dei programmi ha la necessità di recuperare e memorizzare informazioni, in modo tale da mantenere i dati anche a calcolatore spento, così da potere accedere ad esse anche a distanza di giorni.

I dati devono quindi essere memorizzati utilizzando particolari supporti hardware che prendono il nome di memorie di massa (o memorie permanenti), sulle quali tutto quello che viene memorizzato prende il nome generico di file: gli stessi programmi, sia in linguaggio di sorgente sia sotto forma di eseguibile, sono memorizzati in file; altri esempi "noti" di file sono una canzone in formato mp3, un documento di testo, una fotografia o un video digitale.

Per poter gestire efficacemente questa grande *massa* di dati è necessario apprendere le tecniche per *organizzarli* e *memorizzarli* secondo una logica che renda la *ricerca* e la *consultazione* il più efficiente possibile.

ARCHIVIO DI DATI

Un archivio di dati, per essere considerato ben organizzato, deve contenere dati tra loro omogenei ossia tutte le informazioni devono avere le stesse caratteristiche.

Caratteristiche fondamentali

Analizziamo le tre caratteristiche fondamentali di un archivio di dati:

- la permanenza;
- la razionalità;
- la sistematicità.

Con permanenza si intende la capacità di memorizzare l'informazione nel tempo, in modo che possa essere disponibile all'utente successivamente alla sua creazione e mantenga lo stesso valore di quando è stata archiviata. Solo l'intervento umano deve modificare e cancellare l'informazione quando questa non è più di interesse per nessuno.
La razionalità di archiviazione richiede che le informazioni siano organizzate all'interno di un archivio in modo tale da garantire un loro reperimento rapido e senza errori.
La sistematicità richiede l'omogeneità delle informazioni: le informazioni appartenenti a uno stesso archivio devono essere strutturalmente uguali tra loro.

Definizioni

Riprendiamo la nostra agenda presente nel telefono cellulare: generalmente a ogni nominativo (nome e cognome) abbiamo associato il numero di telefono e, dove possibile, l'indirizzo e-mail: abbiamo quindi "quattro" dati per ogni contatto.
Ogni contatto è un record e ogni record è composto da un numero variabile di campi (in inglese *field*, nel nostro caso quattro) che contengono ciascuno un'informazione.

RECORD

Un record o registrazione è una struttura di dati composta da un insieme finito di elementi eterogenei detti campi, che sono tra loro logicamente connessi.
L'articolazione dei campi all'interno del record prende il nome di tracciato record, il quale informa sui dati registrati, sul loro tipo e sulle loro dimensioni e occupazioni di memoria.

ARCHIVIO

L'archivio è una struttura dati astratta costituita da un insieme di record che rappresentano oggetti omogenei.

Quando un record viene inserito in un archivio generalmente viene posizionato "in coda" agli altri, cioè viene scritto "dopo" l'ultimo elemento presente nell'archivio. Ogni elemento all'interno di un archivio viene numerato progressivamente secondo la posizione che assume: questo valore prende il nome di indirizzo logico e può essere utilizzato per ritrovare i record nell'archivio.

INDIRIZZO LOGICO

L'indirizzo logico di un record è la posizione che questo assume all'interno di un archivio.

L'indirizzo logico di un record in un archivio può variare nell'arco della sua "vita": infatti, se vengono eliminati fisicamente dei record che lo precedono, questo "scala" di posizioni e quindi il suo indirizzo logico cambia.

Vediamo graficamente come può essere costituito il nostro archivio:

campi

indirizzo logico

	Cognome	Nome	Telefono	e-mail
1	Rossi	Carlo	031.525545	Rossic@ttt.it
2	Rossi	Gino	339.453245	rossiG@ttt.it
3	Bianchi	Elisabetta	337.542345	betta98@ali.it
4	Neri	Giovanni	333.444555	gione8@baba.it

record

che ha il seguente tracciato record:

cognome	alfanumerico	(30)
nome	alfanumerico	(20)
telefono	alfanumerico	(20)
e-mail	alfanumerico	(30)

Organizzazione degli archivi

Gli archivi memorizzati su memoria di massa prendono il nome di file.

FILE

Un file è un insieme di registrazioni omogenee, memorizzate in modo permanente su memoria di massa: è una struttura fisica di memoria in cui è possibile memorizzare informazioni sotto forma di sequenza di byte (file di byte) o sequenza di record (file di record).

La *sequenza di record* è la struttura più idonea per memorizzare un archivio.

Un archivio di dati è sempre implementato mediante uno o più file, ma un file non è sempre un archivio (si pensi agli oggetti multimediali, come musica, foto, filmati ecc.).

ORGANIZZAZIONE DI UN ARCHIVIO

Per organizzazione (o implementazione) di un archivio si intende sia il modo in cui l'archivio è rappresentato sul supporto fisico di memoria, sia il modo in cui viene elaborato.

L'organizzazione pertanto si divide in:

- fisica, ossia relativa al supporto fisico di memoria che contiene l'archivio di dati;
- logica, ossia relativa alla modalità con cui viene elaborato l'archivio di dati.

L'aspetto fisico dell'organizzazione di un archivio riguarda la macchina, mentre l'aspetto logico riguarda il lavoro del programmatore.

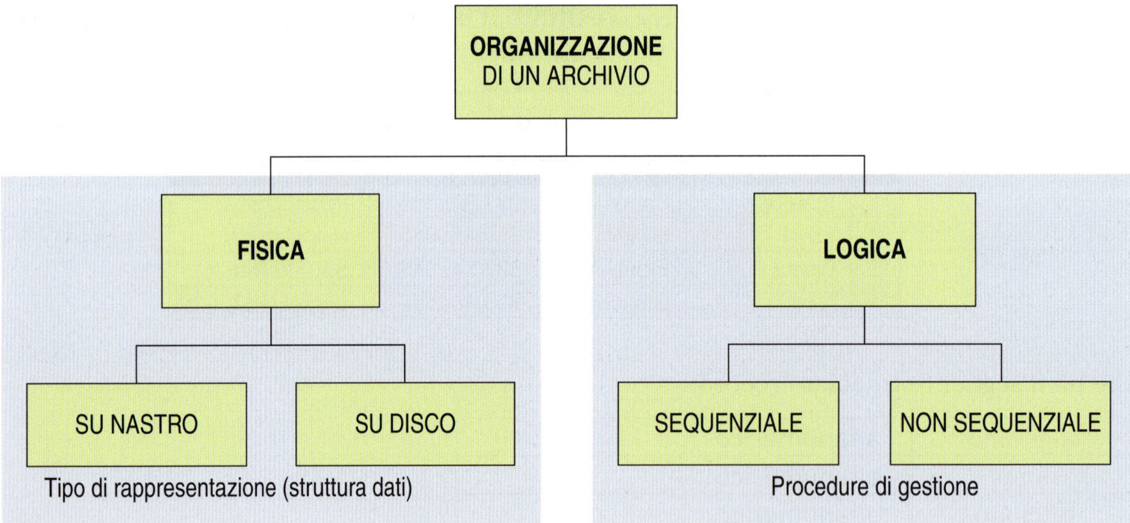

Per quanto riguarda l'organizzazione fisica dei dati si devono includere nella classificazione anche i nuovi dispositivi di memorizzazione quali le memorie USB, che non sono né nastri né dischi: per le loro caratteristiche operative (organizzazione e modalità di accesso) si classificano tra i dischi.

Vediamo come è possibile organizzare logicamente i dati in base al tipo di supporto fisico.

1. Supporti ad accesso sequenziale, tipo i nastri magnetici: per accedere a un particolare record è necessario scorrere tutto il file record per record; la registrazione e il reperimento di un record possono avvenire solo in modo consecutivo al record precedentemente registrato o esaminato. In questi dispositivi l'unica organizzazione logica possibile è sequenziale, quindi organizzazione logica e organizzazione fisica coincidono.
2. Supporti ad accesso diretto (random), come i dischi e le pen drive USB: è possibile memorizzare i dati in modo sequenziale ed è possibile accedere al loro recupero sia sequenzialmente sia in modo diretto; un'informazione contenuta in un archivio può essere recuperata senza dover far scorrere tutte quelle che la precedono (pensiamo a un archivio anagrafico dove un nominativo può essere ritrovato direttamente senza dover far scorrere tutti i record che lo precedono).

Record logici e record fisici

Parlando di record sino ad ora si è inteso "un insieme di informazioni relative a un'entità logica" e questa definizione coincide con quella di record logico, ossia con la descrizione di come l'analista o il programmatore organizza le proprie informazioni in campi.
Questo ha una lunghezza in byte che è pari alla somma della dimensione dei campi che costituiscono il record stesso: sulla memoria di massa dove risiede il file, i record logici sono raggruppati in blocchi o record fisici (di lunghezza prefissata dal tipo di sistema).

RECORD FISICO

Il record fisico rappresenta l'insieme dei byte (blocco) che possono essere letti o scritti in memoria di massa con una singola operazione di lettura o scrittura.

Riprendiamo il nostro tracciato record della rubrica telefonica: ogni elemento viene gestito dal programmatore come un insieme di quattro campi di complessivi 100 byte di lunghezza.
Fisicamente viene posto dal file system all'interno di un blocco di dimensione fissa da lui stesso stabilita e salvato su disco all'interno di un file.
Quando un record è memorizzato all'interno di un file su una memoria di massa viene individuato tramite un indirizzo fisico, che non ha alcuna relazione con l'indirizzo logico e corrisponde all'indirizzo del blocco nel quale è memorizzato.

Vediamo un esempio di come lo stesso file viene visto dal programmatore e dal file system. Supponiamo di avere un record di due campi con il seguente tracciato record:

```
cognome    char (7)
anni       char (2)
```

- il programmatore vedrà un insieme di record composto da due campi (nome di 7 caratteri ed età di 2);
- il file system vedrà dei blocchi (record fisici) di 18 caratteri.

	Record logico									Record logico									Record logico									
....	R	O	S	S	I			5	7	B	I	A	N	C	H	I	4	2	V	E	R	D	I			2	4	....
	Record fisico																		Record fisico									

FATTORE DI BLOCCO
Si chiama fattore di blocco il numero di record logici contenuti un blocco.

In questo esempio il fattore di blocco è pari a 2.

Generalità sui file in C

Nel linguaggio C la gestione dei file e la gestione più generale dell'I/O sono strettamente connesse: con I/O, cioè input/output, si intende l'insieme delle operazioni di ingresso e di uscita, ossia lo scambio di informazioni tra il programma e le unità periferiche del calcolatore.
Abbiamo visto che le operazioni di input/output vengono svolte mediante chiamate a funzioni definite nella libreria standard e contenute nel file `stdio.h`, in quanto nel linguaggio non sono presenti operazioni specifiche.
Per come sono state scritte, queste funzioni rendono possibile la lettura/scrittura in modo indipendente dalle caratteristiche proprie dei dispositivi di input/output; in particolare, le stesse funzioni possono essere utilizzate sia per leggere un valore dalla tastiera sia per leggere un valore da un dispositivo di memoria di massa in quanto si basano sul concetto di stream.

Flusso o stream

Uno stream è un flusso sequenziale di byte, che può essere immaginato come un canale tra la sorgente di una certa informazione e la sua destinazione. I flussi sono classificati in:
- flusso di input: è il flusso dei dati nella direzione di chi riceve l'informazione;
- flusso di output: è il punto dei dati che devono essere comunicati, cioè inviati verso un dispositivo destinazione.

Ogni periferica e/o dispositivo è quindi gestito allo stesso modo: questo ci permette di "astrarre" ogni operazione di I/O come se fossero tutti stream identici, senza quindi prestare attenzione alle caratteristiche hardware.

STREAM

Dal punto di vista tecnico uno stream è un'implementazione software in grado di gestire le informazioni relative all'interazione a basso livello con la periferica associata, in modo che il programma sia indifferente al tipo di periferica.

Le stesse funzioni possono essere utilizzate sia per leggere un valore dalla tastiera sia per leggere un valore da un dispositivo di memoria di massa; così anche per la scrittura le stesse operazioni possono essere utilizzate sia per la visualizzazione sullo schermo sia per scrivere un valore su un disco o una stampante.

Il C associa a ogni dispositivo fisico questo dispositivo logico (stream) e, dato che tutti i flussi logici si comportano allo stesso modo, si possono utilizzare le stesse funzioni primitive per la loro gestione.

I tipi di flussi sono due, ovvero flussi binari e di testo:
- un flusso binario è formato da una sequenza di byte con una corrispondenza uno a uno con i byte presenti sul dispositivo fisico, e può essere utilizzato per ogni tipo di dato;
- un flusso di testo è una sequenza di caratteri generalmente suddivisa in linee terminate da un carattere di newline (\n), generalmente usato per file di testo.

Questo carattere viene interpretato come comando diverso a seconda del dispositivo fisico; per esempio, sullo schermo corrisponde al posizionamento su una nuova riga mentre su una stampante esegue un ritorno a capo e salto a una nuova linea della testina.

I file di testo possono essere scritti anche da un normale editor di testi in quanto contengono caratteri ASCII mentre i file binari devono essere scritti da un programma C che converte i dati in binario.

Definizione, apertura e chiusura

Un file, cioè uno stream, è quindi un qualsiasi dispositivo, un disco fisso, un terminale oppure una stampante; per associare un flusso a un file è necessario effettuare un'operazione di apertura così come per eliminare l'associazione tra flusso e file è necessaria un'operazione di chiusura che effettua anche la scrittura sul dispositivo fisico.

Ogni flusso ha associata una struttura dati particolare, cioè un record, chiamata FILE contenente i seguenti campi:

- modalità di utilizzo del file (lettura, scrittura o lettura e scrittura);
- posizione corrente su file (indicante il prossimo byte da leggere o scrivere su file);
- un indicatore di errore di lettura/scrittura;
- un indicatore di EOF(end-of-file), che segnala il raggiungimento della fine del file; esso è definito in <stdio.h> come una costante simbolica uguale a –1.

Dati	Marcatore di fine file
	EOF

La specifica variabile FILE viene indirizzata mediante una variabile particolare che contiene l'indirizzo di dove risiede in memoria (un puntatore, indicato con *, come abbiamo già visto per i parametri passati per indirizzo) che viene restituito al programma ogni volta che si esegue un'operazione di apertura di quel file: quindi per poter leggere e scrivere i file è necessario utilizzare le variabili di tipo puntatore a file, dichiarate nel seguente modo:

```
FILE *puntaFile;
```

L'associazione al file avviene in fase di apertura del file. Scopo del puntatore al file è quello di identificare uno specifico file su disco e viene usato dal flusso associato per svolgere in modo corretto le operazioni di input/output.

Apertura, chiusura e fine file

fopen( )

La funzione che effettua l'apertura di un file è `fopen()` e ha il seguente prototipo:

```
FILE *fopen(char nomeFile[],char modalità[])
```

dove:

- `nomeFile` è una stringa di caratteri che indica il nome del file da aprire;
- `modalità` indica il modo in cui il file deve essere aperto tra quelli riportati nella tabella.

Modalità	Descrizione
r	Apre un file di testo in lettura
w	Crea un file di testo in scrittura
a	Apre un file di testo in modalità append
rb	Apre un file binario in lettura
wb	Crea un file binario in scrittura
ab	Apre un file binario in modalità append
r+	Apre un file di testo in lettura/scrittura
w+	Crea un file di testo in lettura/scrittura
a+	Crea o apre un file di testo in modalità append per lettura/scrittura
rb+	Apre un file binario in lettura/scrittura
wb+	Crea un file binario in lettura/scrittura
ab+	Crea o apre un file binario in modalità append per lettura/scrittura

Il valore restituito da fopen() è un puntatore a file da usare in tutte le successive operazioni sul file che, nel caso di apertura fallita, assume valore NULL: in caso di fallimento dell'apertura, il programma non può proseguire e si deve terminare l'elaborazione mediante la chiamata della procedura exit().

Per esempio, per aprire in scrittura il file "prova" la procedura corretta è la seguente:

```
FILE *puntaFile;
puntaFile = fopen("prova","w");
if (puntaFile == NULL)
{
 printf("Impossibile aprire il file" );
 exit(1) ;
}
```

È sempre necessario assicurarsi che la chiamata a fopen() sia stata eseguita con successo prima di accedere a un file testando il valore contenuto nel puntatore.

fclose( )

La funzione che effettua la chiusura di un file è fclose() e ha il seguente prototipo:

```
int fclose(FILE *puntaFile)
```

dove *puntaFile è il puntatore restituito dalla funzione fopen().
Prima della chiusura tutti i buffer vengono svuotati e il valore restituito da fclose() indica il risultato dell'operazione, in quanto vale:

- 0 se tutto è andato bene;
- EOF in caso di errore (–1).

Come per la fopen() è opportuno verificare anche il buon fine della fclose().

feof( )

È presente anche una funzione che verifica il raggiungimento della fine del file, feof(), che restituisce un valore logico vero, cioè il numero 1, nel caso in cui venga raggiunta la fine del file e 0 in tutti gli altri casi; il prototipo della feof() è identico a quello della fclose():

```
int feof(FILE *puntaFile)
```

dove *puntaFile è il puntatore restituito dalla funzione fopen().

ferror( )

È inoltre presente una funzione che verifica se si è commesso un qualche errore sul file: in tale caso restituisce un valore logico vero, cioè il numero 1, e 0 in tutti gli altri casi; il prototipo di questa funzione, denominata ferror(), è identico a quello della feof():

```
int ferror(FILE *puntaFile)
```

dove *puntaFile è il puntatore restituito dalla funzione fopen().

Lettura e scrittura sequenziale

Sono possibili quattro modi per eseguire le operazioni di lettura e scrittura in modo sequenziale:

- carattere per carattere;
- per linee di testo (usuale per i file di testo);
- precisando il formato;
- a blocchi.

Vedremo almeno due esempi per tutte e quattro queste modalità.

Input/output a caratteri singoli: fgetc( ) e fputc( )

Le funzioni `fgetc()` e `fputc()` sono analoghe a `getchar()` e `putchar()`, ma hanno un parametro in più che indica il file su cui va effettuata l'operazione:

- `int fgetc(FILE *fp)` legge un carattere dal file `fp`, restituendo un intero;
- `int fputc(int c,FILE *fp)` scrive un carattere sul file `fp`, restituendo un intero.

La funzione `fgetc()` restituisce il successivo carattere del file associato a `fp` (descrittore di file aperto in lettura): restituisce EOF in caso di errore o fine file.
La funzione `fputc()` scrive il carattere `c` sul file associato a `fp` (descrittore di file aperto in scrittura): restituisce il carattere scritto oppure EOF, in caso di errore.

Confrontiamo queste operazioni con le operazioni sullo standard input/output:

- `int getchar(void)`: legge un carattere dallo standard input e restituisce un intero;
- `int fgetc(FILE *fp)`: legge un carattere da un file e restituisce un intero;
- `int putchar(int c)`: scrive un carattere sullo standard output;
- `int fputc(int c,FILE *fp)`: scrive un carattere su un file.

Vediamo due esempi.

ESEMPIO 19 ***Programma che legge e mostra a video il file "nomi.txt"***

Leggiamo carattere per carattere un file di testo e visualizziamolo sullo schermo.

```
#include <stdlib.h>
#include <stdio.h>
int main()
{
 FILE *puntaFile;
 char c;
 puntaFile = fopen("nomi.txt","r");  // apre file lettura, modalità testo
 if (puntaFile!= NULL)               // verifica eventuali errori di apertura
 {
   c = fgetc(puntaFile);             // legge un carattere
   while (c != EOF)                  // verifica il raggiungimento di EOF
   {
     putchar(c);                     // visualizza il carattere letto sullo schermo
     c = fgetc(puntaFile);           // legge un carattere
   }
   fclose(puntaFile);                //chiude il file
 }
```

```c
else
 printf("Il file non puo'essere aperto\n");
return 0;
}
```

Come output abbiamo il contenuto del file `nomi.txt`: ▶

```
Adamo ed Eva
Romeo e Giulietta
Tristano e Isotta
Lancillotto e Ginevra
```

ESEMPIO 20 *Copia di un file*

Scriviamo un programma che copia carattere per carattere il contenuto di un file in un secondo file con i nomi dei file (di lunghezza massima MAX caratteri) inseriti dall'utente.

```c
1 #include <stdlib.h>
2 #include <stdio.h>
3 #define MAX 50         /*lunghezza massima del nome di un file*/
4 int main(void)
5 {
6   char word[MAX+1];  /* conterrà nome file letto da input */
7   int c;
8   FILE *in, *out;
9   printf("Nome del file sorgente: ");
10  scanf("%s", word);
11  if ((in = fopen(word,"r")) == NULL) /*il file non esiste*/
12  {
13    printf("%s : file inesistente\n",word);
14    system("PAUSE");
15    exit(-1);                      /*termina il programma*/
16  }
17  printf("Nome del file destinazione: ");
18  scanf("%s", word);
19  out = fopen(word,"a");
20  while ((c = fgetc(in)) != EOF) /*c contiene carattere letto da in*/
21    fputc(c,out);                /*c e' scritto in out */
22  fclose(in);                    /* chiusura dei file */
23  fclose(out);
24  printf("\n\n");
25 return 0;
```

Chiudiamo sempre i file al termine del loro utilizzo, come nelle istruzioni 22 e 23.

Prova adesso!

- Lettura file a singoli caratteri
- Scrittura file a singoli caratteri

CREA UN PROGRAMMA prova F1.c

1. Scrivi un programma che legge il file `numeri.txt` composto da una sequenza di numeri di una cifra separati da uno spazio bianco.
2. Quindi scrivi due file, `pari.txt` e `dispari.txt`, nei quali inserisci i numeri che hai letto a seconda del loro valore pari o dispari.
3. Confronta la tua soluzione con quella riportata nel file esercizio16.

Input/output righe: fgets( ) e fputs( )

Analogamente alle `gets()` e `puts()`, le funzioni `fgets()` e `fputs()` hanno un parametro in più che indica il file su cui va effettuata l'operazione e servono per leggere/scrivere una riga per volta:

- `char fgets(char *buffer,int num,FILE *fp)`: legge una linea dal file lunga al massimo num–1 caratteri e la inserisce nel buffer;
- `int fputs(int c, FILE *fp)`: scrive un carattere su un file, restituendo un intero.

Queste funzioni possono anche essere scritte senza la `f` iniziale, cioè `gets()` e `puts()`.

Di seguito sono riportati due esempi.

ESEMPIO 21 *Programma che scrive nomi nel file "nomi.txt"*

Scriviamo un programma che legge un certo numero di NOMI lunghi al massimo 80 caratteri e li scrive su un file.

```
#include <stdlib.h>
#include <stdio.h>
#define MAXSTR 81                          /* lunghezza massima riga di input */
#define NOMI   4                           /* numero di parole da scrivere */
int main()
{
 FILE *puntaFile;
 char buffer[MAXSTR];
 int x;
 puntaFile = fopen("nomi.txt", "w"); /* file scrittura, modalità testo */
 if ( puntaFile != NULL )
 {
  for (x = 0; x< NOMI; x++)
  {
   printf ("inserisci il nome  : " ) ;
   scanf  ("%s",  buffer);
   fputs (buffer, puntaFile);          /* scriviamo il nome */
   fputc ((int) '\n', puntaFile);      /* aggiungiamo il ritorno a capo */
  }
 fclose(puntaFile);
 }
 else
  printf("Il file non puo essere aperto\n");
  system("PAUSE");
 return 0;
}
```

Come al solito riportiamo lo schermo in un'esecuzione: ▶

```
inserisci il nome   : Alice
inserisci il nome   : Mario
inserisci il nome   : Giovanni
inserisci il nome   : Filippo
```

È stata messa la direttiva `#define MAXSTR 81` in quanto lo schermo è di 80 caratteri; inoltre, c'è bisogno di un carattere in più, nel quale memorizzare il carattere di terminazione riga `\n`.

ESEMPIO 22 *Programma legge e mostra a video il file "nomi.txt"*

Scriviamo un programma che legge il file di nomi che abbiamo appena scritto.

```
#include <stdlib.h>
#include <stdio.h>
#define MAXSTR 81   /* lunghezza massima riga di input */
int main()
{
  FILE *pFile;
  char buffer[MAXSTR];
  pFile = fopen("nomi.txt","r"); /* file aperto in lettura    */
  if(pFile!= NULL)
  {
    while (fgets(buffer,MAXSTR,pFile)!= NULL) /* leggi una parola */
      printf("%s",buffer);                    /* visualizzala     */
    fclose(pFile);
  }
  else
    printf("Il file non puo essere aperto\n");
  system("PAUSE");
  return 0;
}
```

Prova adesso!

- Lettura file a parole
- Scrittura file a parole

CREA IL PROGRAMMA prova F2.c

1. Scrivi un programma che legge il file `nomi.txt` e scrive un file `NOMI2.TXT` dove tutti i nomi sono stati trasformati in caratteri maiuscoli.
2. Confronta la tua soluzione con quella riportata nel file esercizio17.

Input/output formattati: fscanf( ) e fprintf( )

Queste funzioni sono identiche a `scanf()` e `printf()`, ma hanno come primo argomento il file `pointer` relativo al file su cui operare. Utilizzando le primitive `fscanf()` e `fprintf()` è possibile scrivere su un file sequenze di elementi formattati secondo le specifiche indicate dalle specifiche di conversione, come per l'output sullo schermo, che per le operazioni su file prende anche il nome di `stringa_di_controllo`. Il loro prototipo è:

```
int fscanf(FILE *pf,char stringa_di_controllo,variabili);
int fprintf(FILE *pf,char stringa_di_controllo,variabili);
```

Queste funzioni restituiscono il numero di elementi effettivamente letti/scritti oppure 0 se errore. Possono quindi scrivere più variabili con una singola istruzione, e ogni variabile viene scritta utilizzando la modalità indicata dalla stringa di controllo.
Un esempio di istruzione completa di scrittura è il seguente:

```
fprintf(pFile, "%d %f\t",a, x);
```

che scrive su file due variabili, una decimale e una reale, e successivamente una tabulazione.

È noto che quando un programma C viene eseguito vengono aperti tre file e forniti i relativi puntatori (dichiarati in `stdio.h`) che hanno nome:

- `stdin` (standard input): per default associato alla tastiera;
- `stdout` (standard output): per default associato allo schermo;
- `stderr` (standard error): per default associato allo schermo.

Si tratta delle periferiche standard su cui il programma effettua le operazioni di I/O. Nella tabella sono elencate le istruzioni per istanziare le funzioni che operano sui file per effettuare I/O sulle periferiche di default e il loro equivalente nel caso in cui tali periferiche siano assimilate a comuni file.

Istruzione	Equivalente
`c = getchar();`	`c = getc(stdin);`
`putchar('c');`	`putc('c',stdout);`
`printf("word");`	`fprintf(stdout,"word");`
`printf("n=%d",n);`	`fprintf(stdout,"n=%d",n);`
`scanf("%d", &n );`	`fscanf(stdin, "%d", &n );`

Molti sistemi operativi permettono di eseguire un programma ridirigendo standard input (generalmente con <), standard output (generalmente con >) e anche la ridirezione dello standard error (per esempio con `2>` o con `>&`): il programma esegue le operazioni di input/output riferendosi esclusivamente ai descrittori `stdin`, `stdout`, `stderr` e non è consapevole di eventuali ridirezioni.

ESEMPIO 23 *Lettura da tastiera e scrittura su file*

Scriviamo un programma che legge un insieme di numeri scelto dall'utente e li memorizza nel file `numeri2.txt`.

```
#include <stdio.h>
#include <stdlib.h>
void main (void){
 int num,a;
 FILE *pFile ;
 printf(" Quanti numeri vuoi inserire ? ");
 scanf ("%d",&num) ;
 pFile = fopen ("numeri2.txt","w");     // apri il file
 if (pFile){                            // se non ci sono errori
   for(;num;num--){
      printf("Inserisci un numero: ");  // scrivi sullo schermo
      scanf ("%d", &a );                // leggi un numero
      fprintf(pFile, "%d\t",a);         // scrivilo su file
   }
   fclose (pFile);                      // chiudi il file
 }
 else
   printf (" Errore durante l'apertura del file. ");
 system("PAUSE");
}
```

Una possibile esecuzione è la seguente: ▶

```
 Quanti numeri vuoi inserire ? 4
Inserisci un numero : 10
Inserisci un numero : 20
Inserisci un numero : 30
Inserisci un numero : 40
```

ESEMPIO 24 *Lettura di numeri da file*

Scriviamo un programma che legge il file di numeri che abbiamo appena scritto.

```
#include <stdio.h>
void main (void)
{
  int num, a;
  FILE *pFile;
  pFile = fopen("numeri2.txt","r");
  if (pFile)
  {
    while (!feof(pFile))
    {
      fscanf(pFile,"%d\t",&a);
      printf("%d\n",a);
    }
    fclose(pFile);
  }
  else
    printf("Errore durante l'apertura del file.");
}
```

Mandandolo in esecuzione otteniamo: ▶

```
10
20
30
40
```

ESEMPIO 25 *Programma che esegue la copia di un file di testo*

Scriviamo ora un programma che esegua la copia di un file di testo. Il programma legge carattere per carattere il contenuto del file `in.txt` e lo ricopia nel file `out.txt`.

```
#include <stdio.h>
void main (void)
{
  FILE *in;
  FILE *out;
  char car;
  int letti,scritti;
  scritti=1;
  in = fopen("in.txt","r");
  out = fopen("out.txt","w");
  if (in == NULL || out == NULL)
    printf("Impossibile aprire un file");
  else
  {
    letti = fscanf(in,"%c",&car);  // letti vale 0 se si è letto un carattere
    // il ciclo termina se viene raggiunta la fine di in.txt oppure
    // si verifica un errore di lettura/scrittura
    while (letti>0 && scritti>0)
    {
      scritti = fprintf(out,"%c",car);//scritti vale 0 se si è scritto un carattere
      letti = fscanf(in,"%c",&car);
    }
    //si verifica se si è usciti dal ciclo a causa di un errore
    if (ferror(in) == 1 || ferror(out) == 1) //almeno un errore
      printf("Errore di i/o");
    if (fclose(in) == EOF || fclose(out) == EOF) //non si chiude il file
      printf("Errore di chiusura file");
  }
}
```

Prova adesso!

- Lettura file formattati
- Scrittura file formattati

CREA IL PROGRAMMA prova F3.c

1. Scrivi un programma organizzato in funzioni che riempia un file, ne visualizzi il contenuto, lo copi in un altro file e visualizzi anche il contenuto di quest'ultimo.
2. Confronta la tua soluzione con quella riportata nel file esercizio18.

Input/output a blocchi: fread () e fwrite ()

Un'ulteriore possibilità è quella di accedere in lettura o scrittura ai dati di un file operando su un intero blocco di dati, sia testuali sia binari, di qualsiasi dimensione, costituito da un numero a piacere di unità elementari.
Le funzioni utilizzate sono `fread()` e `fwrite()`, i cui prototipi sono riportati di seguito:

```
int fread(void punt,int dim_elem,int numero_elem,FILE *pf);
int fwrite(void punt,int dim_elem,int numero_elem,FILE *pf);
```

La funzione `fread()` legge un blocco contenente un numero di elementi indicato dal parametro `numero_elem`, dove `dim_elem` indica il numero di byte di ciascun elemento, `*pf` è il puntatore al file a cui fa riferimento e li copia in memoria a partire dall'indirizzo indicato dal puntatore `punt`: la funzione restituisce il numero di elementi effettivamente letti e può anche essere inferiore al numero di elementi richiesti o perché c'è stato un errore in lettura o perché si è arrivati alla fine del file.
La funzione `fwrite()` scrive un blocco di `numero_elem`, ciascuno di `dim_elem` byte, sul file cui fa riferimento il puntatore `*pf` prelevandoli dalla memoria a partire dall'indirizzo indicato dal puntatore `punt`. La funzione restituisce il numero di elementi effettivamente scritti: se tale numero è inferiore al numero di elementi richiesti, c'è stato un errore in scrittura.
Con queste due funzioni è comodo utilizzare la funzione `sizeof(x)` che ritorna come parametro il numero di byte che è la dimensione della variabile x.
Un classico segmento di codice è il seguente.

```
//lettura/scrittura variabili che non siano vettori:
  int var;
  fread(&var,sizeof(var),1,idMioFile);

//lettura/scrittura variabili vettori:
//a)Il nome della variabile, per leggere/scrivere tutto il vettore in un colpo solo:
  int vet[10];
  fread(vet,sizeof(vet),1,idMioFile);
//b)Il nome del tipo, per leggere/scrivere solo una cella del vettore:
  int vet[10], x = 0;
  fread(&vet[x],sizeof(int),1,idMioFile);
```

Vediamo alcuni semplici programmi di esempio che utilizzano file binari.

ESEMPIO 26 *Scrittura e successiva lettura di numeri interi su file*

Utilizziamo la funzione `fwrite()` ma scriviamo su file un elemento alla volta, cioè facendo in modo che il blocco di dati si riduca a un singolo numero intero; indichiamo come costante NUMNUMERI "il numero dei numeri" da scrivere.

```c
#include <stdlib.h>
#include <stdio.h>
#define NUMNUMERI 4 /* numero di numeri da scrivere nel file */
int main( )
{
  FILE *pFile;
  int i,num;
  pFile=fopen("numeri.dat","wb");    // apre il file binario in scrittura
  if (pFile){                        // se non ci sono errori
    for (i=0;i<NUMNUMERI;i++){       // ciclo di inserimento dei numeri
      printf("Inserisci un nuovo numero : ");
      scanf ("%d",&num);
      fwrite(&num,sizeof(int),1,pFile);
    }
    fclose(pFile);
  }
  else
    exit(1);
  pFile=fopen("numeri.dat","rb");     // apre il file binario lettura
  if(pFile){
    printf("\n\nNel file ho letto i seguenti valori:\n");
    for(i=0;i<NUMNUMERI;i++){        // ciclo di caricamento dei numeri
      fread (&num,sizeof(int),1,pFile) ;
      printf ("%d\n",num) ;
    }
    fclose(pFile);
  }
  else
    exit(1);
}
```

Un'esecuzione è la seguente: ▶

```
Inserisci un nuovo numero : 11
Inserisci un nuovo numero : 22
Inserisci un nuovo numero : 33
Inserisci un nuovo numero : 44


Nel file ho letto i seguenti valori:
11
22
33
44
```

Aprendo il file di dati (che hanno estensione `.dat`) dopo le operazioni di scrittura, il possibile contenuto è questo: è ® \ , che è praticamente incomprensibile, in quanto i dati numerici sono memorizzati in binario; da notare, invece, i caratteri particolari tra un dato e il successivo, che delimitano un campo dall'altro.
È uso comune utilizzare i suffissi dei file in modo opportuno per avere immediatamente un'indicazione del tipo di dati che contengono: così come si è usato il suffisso `.txt` per i file di testo, per tutti i file tipizzati sarà utilizzato il suffisso `.dat`.

ESEMPIO 27 *Scrittura e successiva lettura di record su file*

Scriviamo un programma che inserisca un generico numero di alunni con il loro numero di debiti formativi.
Utilizziamo il numero di matricola per individuare univocamente gli alunni: con la funzione `fwrite()` scriviamo un singolo elemento, cioè un record alunno, su file (la costante manifesta ci indica il numero totale dei record da elaborare).

```c
#include <stdlib.h>
#include <stdio.h>
#define NUMRECORD 2           /* numero di record da scrivere nel file */
struct s_alunno{
  unsigned int matricola;
  char cognome[20];
  unsigned int materie;
};
typedef struct s_alunno alunno;
```

Il programma principale inizialmente apre il file in scrittura, legge i dati dei due record, li memorizza e chiude il file.

```c
int main()
{
  FILE *puntaFile;
  int x, num;
  alunno elemento;
  puntaFile = fopen ("alunni.dat","wb");          // apro il file in scrittura
  if (puntaFile){                                 // se non ci sono errori
    for (x=0;x<NUMRECORD;x++){                    // scrivo NUMRECORD alunni
      printf (" Inserisci la matricola : ");
      scanf  ("%u" , &elemento.matricola);
      printf (" Inserisci il cognome    : ");
      scanf  ("%s",  elemento.cognome);
      printf (" Inserisci il numero dei debiti : " );
      scanf  ("%u", &elemento.materie);
      fwrite (&elemento, sizeof(elemento),1,puntaFile); //scrivo un record
    }
    fclose (puntaFile);
  }
  else
    exit(1);  // si è verificato un errore
```

Successivamente si apre il file in lettura, si leggono i due record e si visualizzano.

```c
  puntaFile = fopen("alunni.dat","rb");           // apro il file in lettura
  if (puntaFile){                                 // se non ci sono errori
    for (x=0;x<NUMRECORD;x++){                    // leggo NUMRECORD alunni
      fread (&elemento, sizeof(elemento),1,puntaFile);
      printf ("\nMatricola : %ld ", elemento.matricola);
      printf ("\n  Cognome : %s \t ", elemento.cognome);
      printf ("\n  Debiti  : %d  \n", elemento.materie);
    }
    fclose(puntaFile);
  }
  else
    exit(1);  // si è verificato un errore
}
```

Nella schermata si ottiene il seguente risultato: ▶

```
 Inserisci la matricola : 1
 Inserisci il cognome    : Rossi
 Inserisci il numero dei debiti : 2
 Inserisci la matricola : 2
 Inserisci il cognome    : Verdi
 Inserisci il numero dei debiti : 4

Matricola : 1
  Cognome : Rossi
  Debiti  : 2

Matricola : 2
  Cognome : Verdi
  Debiti  : 4
```

Prova adesso!

- Scrittura file a blocchi
- Lettura file a blocchi

CREA IL PROGRAMMA prova F3.c

1. Scrivi un programma che, dopo aver inserito un generico numero di alunni con il loro numero di debiti formativi, li visualizzi utilizzando un vettore.
2. Nel vettore `vet` vengono inseriti `NUMRECORD` elementi della dimensione di `ele` letti da `puntaFile`.
3. L'operazione per "leggere correttamente" un blocco (in quanto fa tutto lei da sola!) è la seguente:

```
fread(vet,sizeof(ele),NUMRECORD,puntaFile);
```

4. Confronta la tua soluzione con quella riportata nel file esercizio19.

Accesso diretto (o casuale)

Con i file formattati è anche possibile effettuare l'accesso in modo diretto (o random). Utilizzando la funzione `fseek()` è possibile accedere direttamente a un'informazione in quanto permette di posizionare il puntatore al file in una posizione desiderata.
La sintassi completa è:

```
int fseek(FILE *fp, long spiazzamento, int origine);
```

La nuova posizione, misurata in byte, è ottenuta aggiungendo un numero di byte indicato da spiazzamento a partire dalla posizione specificata dal parametro origine, che può assumere uno dei seguenti valori:

- `SEEK_SET`, indica lo spiazzamento relativo all'inizio del file (vale 0);
- `SEEK_CUR`, indica lo spiazzamento relativo alla posizione attuale (vale 1);
- `SEEK_END`, indica lo spiazzamento relativo alla fine del file (vale 2).

`fseek` ha un valore di ritorno intero che ha valore:

- 0 se l'operazione di posizionamento ha avuto successo;
- diverso da 0 se si è verificata una condizione di errore.

Due esempi di chiamata sono riportati di seguito:

```
esito = fseek(idMioFile, sizeof(elemento),SEEK_END);
esito = fseek(idMioFile, 0L,0);
```

La prima si posiziona alla fine del file, la seconda all'inizio.

> Al posto di `SEEK_SET`, `SEEK_CUR` e `SEEK_END` è possibile scrivere direttamente il loro valore intero, come nell'istruzione precedente, in quanto i tre parametri non sono altro che costanti presenti nella libreria `stdio.h`.

Esiste anche un'esplicita funzione che riposiziona all'inizio del file un puntatore associato a uno stream, è la funzione rewind:

```
void rewind(FILE *FILE);
```

Esiste anche una funzione che ritorna il valore corrente dell'indicatore di posizione del file associato a stream; la sua sintassi è semplicemente:

```
long ftell(FILE *FILE);
```

Una semplice funzione che visualizza il contenuto di un file utilizzando la seek è la seguente: ▶

```
void visualizza(FILE *file){
  int ch;
  fseek(file,0L,0);                  // posiziono all'inizio
  while((ch=getc(file))!=EOF)        // leggo un carattere
    printf("%c",ch);                 // lo visualizzo
}
```

Un file ad accesso casuale è costituito da record di lunghezza fissa e quindi si può accedere ad esso in modo diretto con due operazioni specifiche descritte di seguito.

1 La lettura viene effettuata con la funzione fread che legge da un file un numero specificato di oggetti di una certa ampiezza e li memorizza in un vettore; come parametro di ritorno restituisce il numero di oggetti letti (che possono essere in numero inferiore di quelli richiesti se il file termina).
La sintassi è la seguente:

```
int fread (void *buffer, int dimensione, int quanti, FILE *fp);
```

dove:
- *buffer è il puntatore alla memoria dove andranno archiviati i dati da leggere;
- dimensione è la lunghezza del singolo dato;
- quanti è il numero dei dati;
- *fp è il file dal quale leggere.

2 La scrittura viene effettuata con la funzione fwrite che scrive su un file un numero specificato di oggetti di una certa ampiezza, prelevandoli da un vettore, e restituisce come parametro di ritorno il numero di oggetti scritti.
La sintassi è la seguente:

```
int fwrite (void *buf, int dimensione, int quanti, FILE *fp);
```

dove:
- *buf è il puntatore alla regione di memoria dove prelevare i dati da scrivere;
- dimensione è la lunghezza del singolo dato;
- quanti è il numero dei dati;
- *fp è il file su cui scrivere.

Vediamo un primo semplice esempio dove leggiamo da un file di testo un carattere alla volta, lo convertiamo in maiuscolo e quindi lo scriviamo sullo stesso file; per visualizzarlo utilizziamo la funzione visualizza precedentemente definita.

ESEMPIO 28 *Conversione di un file in maiuscolo*

```
#include <ctype.h>
#include <stdio.h>
void visualizza(FILE *file);
main(){
  int ch;FILE *file ;
  file = fopen("poesia.txt","r+");            // apri il file
  visualizza(file);
  while((ch=getc(file))!=EOF)                 // leggo un carattere
    if(islower(ch)){                          // funzione presente in ctype.h
      fseek(file, ftell(file)-1, SEEK_SET);   // sposto indietro di 1 char
      putc(toupper(ch), file);                // scrivo un carattere
      fseek(file, 0, SEEK_CUR);               // riposiziono per la lettura
    }
  visualizza(file);
  fclose(file);                               // chiudo il file
}
```

In un secondo esempio leggiamo direttamente un numero intero in una posizione desiderata dall'utente (indirizzo logico) da un file binario di numeri (quello generato con l'esempio 26). Come buffer usiamo un vettore di una posizione e otteniamo la dimensione del dato da leggere con la funzione `sizeof()` che moltiplichiamo per la posizione desiderata inserita.

ESEMPIO 29 *Accesso casuale a un file formattato*

```
#include <stdio.h>
int main(){
  int errore,numeriLetti,x,numeri[1]; long posiz;
  FILE *pFile;
  pFile = fopen("numeri.dat","rb");    // file binario di numeri interi
  printf(" Che posizione vuoi leggere direttamente?");
  scanf ("%d",&posiz);                 // indirizzo logico del numero
  if (pFile){                          // se il file è stato aperto
    errore = fseek(pFile,posiz*sizeof(int),SEEK_SET);
    if (errore)                        // se l'elemento è esterno al file
      printf("errore valore non trovato!");
    else {
      numeriLetti = fread(numeri,sizeof(int),1,pFile);  // legge il numero
      printf("\nIl numero in posizione %d e' %d",posiz,numeri[0]);
    }
    fclose(pFile);                     // chiusura del file
  }
  else
    printf("Errore durante l'apertura del file.");
}
```

Prova adesso!

- Lettura con accesso diretto
- Scrittura con accesso diretto

APRI IL FILE esempio28

1. Modifica il codice affinché l'utente inserisca la posizione e la quantità di numeri da leggere.
2. Aggiungi il codice per visualizzare i numeri letti.
3. Confronta la tua soluzione con quella riportata nel file esercizio20.

Verifichiamo le competenze

Esprimi la tua creatività

Progetta e realizza completamente in linguaggio di programmazione il codice che risolva i problemi proposti.

1 Progetta un algoritmo per la sostituzione, in un file di interi, di ogni valore pari con l'intero di valore uguale alla sua metà.

2 Scrivi una funzione parametrica in grado di modificare un file di testo di nome `<miofile>` letto da disco in modo tale che, se l'ultimo elemento della linea è una virgola, la linea successiva venga eliminata.

3 Scrivi un programma che prende in input il nome di un file e una parola chiave e produce in output un file composto dalle sole righe che contengono la parola chiave.

4 Scrivi un programma che prende in input il nome di un file ed effettua la copia dello stesso in un secondo file, in cui i nomi dei due file sono letti in input.

5 **Fusione naturale**

Scrivi una funzione parametrica in grado di fondere due file di interi ordinati in senso crescente in un nuovo file, leggendo i tre nomi da input. Le eventuali ripetizioni devono essere eliminate. Quindi, visualizza sullo schermo i 20 numeri di valore maggiore in ordine descrescente.

6 **Copia di un file di testo**

Scrivi un programma che esegue la copia di un file di testo. Il programma legge carattere per carattere il contenuto del file "in.txt" e lo ricopia nel file "out.txt".

7 **Eliminazione dei tag HTML**

Scrivi un programma che prende in input il nome di un file di testo contenente una pagina HTML, elimina i tag presenti e salva il testo in un altro file. I tag scartati vengono visualizzati sul monitor.

8 **Modifica dei tag HTML**

Scrivi un programma che prende in input il nome di un file di testo contenente una pagina HTML e scrive i tag in modo più leggibile, cioè un comando sotto l'altro con i simboli < e > allineati a sinistra.

9 **Ribaltamento di un file**

Scrivi un programma che prende in input il nome di un file e modifica il file in modo che ogni riga risulti scritta al contrario. Naturalmente due esecuzioni di questo programma in cascata non modificano il file originale!

10 **Conteggio di parole e caratteri**

Scrivi la seguente funzione: `int contaparole(<idfile>,<parole>)` che effettua il conteggio delle linee, delle parole e i caratteri nel file il cui nome è ricevuto come primo argomento. Il risultato del conteggio e il numero di righe e di caratteri vengono visualizzati a video.

Le 20 parole con maggiore frequenza sono restituite nella struttura `<parole>`, che consiste in un array di 20 record con due campi `<parola>` e `<ripetizione>`.

NB: Si assuma che una parola sia una qualsiasi sequenza di caratteri diversa da uno spazio bianco ' ', '\n' o '\t', racchiusa tra una coppia di spazi bianchi o tra uno spazio bianco e la fine file.

11 **Ordinamento di un file**

Scrivi un programma che genera un numero random (compreso tra 100 e 200) di numeri interi e li salva su un file. Quindi vengono ripresi da una funzione che li ordina in due nuovi file, una volta in modo crescente e l'altra in modo decrescente.

12 **Media di numeri**

In un programma realizza due funzioni, la prima delle quali che crea un file in modalità testo e inserisce nel file valori interi acquisiti da tastiera, fino a un massimo di 30; la seconda che legge i dati da tale file e ne calcola la media stampandola a video e "appendendola" a un altro file di testo. Dopo un certo numero di esecuzioni della prima e seconda funzione, verifica che nel file contenente le medie sia presente un numero di valori pari al numero di esecuzioni della coppia di programmi.

13 Ricerca di parole nascoste

Scrivi un programma che legge da un file di testo con nome inserito da tastiera e verifica se in esso è presente la parola `bomba`, le cui lettere possono eventualmente essere inframmezzate da altre lettere. Una volta individuata la parola, il programma restituisce la posizione dei singoli caratteri che la costituiscono. Nel caso di più ripetizioni queste devono essere cancellate, sostituendo ogni singolo carattere con una "X".

Esempio: `aehBstOMjjdksjdBkkkA<EOF>`: questa è una bomba, quindi risposta 4-7-8-17-21

`aehBstMOjjdksjdABkkk<EOF>` (questa no...): risposta 0

`aehBstOMjdBkAksBOiutrMBasAc<EOF>`: questa è una bomba, quindi risposta 4-7-8-11-13

`aehBstOMjdBkAksXXiutrXXasXc<EOF>`: modifica del file sostituendo le X

Infine, modifica il programma per permettere la ricerca di una parola inserita dall'utente.

14 Labirinto

In memoria RAM è presente un labirinto con una struttura dati organizzata a matrice di numeri; realizza due funzioni, rispettivamente per salvare e ripristinare tale labirinto su un file. Ogni record deve essere composto da una coppia di coordinate (ingresso e uscita) e dai numeri che identificano il percorso (muri, corridoi, incroci ecc.).

15 Amici e amiche

Dato un file di testo amici.txt, le cui righe rappresentano ciascuna i dati di una persona secondo il seguente formato (tracciato record):

- cognome: al più 30 caratteri;
- uno o più spazi;
- nome: al più 30 caratteri;
- uno o più spazi;
- sesso: un carattere ('M' o 'F');
- uno o più spazi;
- anno di nascita.

Scrivi un programma che legge riga per riga i dati dal file e li pone in un array di persone.
Quindi, scrivi due nuovi file `maschi.txt` e `femmine.txt` contenenti i record relativi ad amici/amiche disposti in ordine di età.

MODULO 8
ALGORITMI CLASSICI SU VETTORI

OBIETTIVI

- Classificare gli algoritmi di ordinamento
- Conoscere la strategia degli algoritmi classici ingenui
- Classificare gli algoritmi di ordinamento
- Classificare gli algoritmi di ricerca
- Scegliere l'algoritmo adeguato alla situazione

ATTIVITÀ

- Codificare l'algoritmo insert-sort
- Codificare l'algoritmo sele-sort
- Codificare l'algoritmo bubble-sort
- Codificare l'algoritmo di ricerca sequenziale
- Codificare l'algoritmo di ricerca dicotomica iterativo
- Codificare l'algoritmo di ricerca dicotomica ricorsivo
- Codificare l'algoritmo quicksort

UNITÀ DIDATTICA 1

ORDINAMENTO: METODI INGENUI

IN QUESTA UNITÀ IMPAREREMO...

- a classificare gli algoritmi di ordinamento
- a codificare gli algoritmi di ordinamento ingenui

Info

Nella cartella M8 C sono presenti i file degli esercizi con la dicitura APRI e i file di tutti gli esempi proposti nel Modulo 8 (questi ultimi indicati con il nome del programma seguito dal suffisso .c).

Introduzione

I vettori consentono di introdurre due tra i principali problemi dell'informatica:

- la ricerca,
- l'ordinamento.

RICERCARE/ORDINARE

Ricercare un elemento in un vettore significa individuare la posizione (l'indice) che questo assume all'interno del vettore (se è presente).

Ordinare significa disporre un insieme di oggetti omogenei secondo un criterio che stabilisca la modalità di disposizione degli elementi nell'insieme stesso.

In informatica i criteri che regolano l'ordinamento degli elementi sono due:

- ordinamento per valore crescente (*senso crescente*): ogni elemento della sequenza precede (cioè *viene prima di*) ogni altro elemento di valore maggiore rispetto a esso;
- ordinamento per valore decrescente (*senso decrescente*): ogni elemento della sequenza segue (cioè *viene dopo*) ogni altro elemento che ha valore minore rispetto a esso.

Gli algoritmi disponibili per la risoluzione di questo problema sono alcune centinaia, e i ricercatori insistono nello studio di nuove soluzioni per migliorare e ottimizzare l'elaborazione. Senza entrare nei particolari, una possibile classificazione degli algoritmi di ordinamento li suddivide in due grandi famiglie: algoritmi che ordinano *dati presenti in memoria centrale* (o che possono essere interamente contenuti in essa) e algoritmi che operano su grosse strutture e organizzazioni di *dati su memoria di massa* (come gli archivi anagrafici dei Comuni).

Si definiscono internal sorting gli algoritmi che operano su dati interamente contenuti in memoria centrale; si dicono invece external sorting gli algoritmi che operano su dati contenuti in memoria di massa.

In questa unità didattica verranno descritti alcuni algoritmi del primo tipo che operano su array, in particolare su vettori: all'interno di questa tipologia è possibile effettuare ulteriori classificazioni in base a diverse caratteristiche operative.
La prima differenza è tra algoritmi che operano direttamente sulla struttura di dati che contiene gli elementi da ordinare e quelli che utilizzano una seconda struttura di "appoggio".

Si definiscono in sito gli algoritmi che operano direttamente sul vettore originale, mentre si dicono non in sito gli algoritmi che producono un nuovo vettore ordinato lasciando inalterato il vettore d'origine.

È immediato osservare che gli algoritmi di ordinamento in sito, ordinando *direttamente* la struttura desiderata, utilizzano minori risorse: in particolare, essi occupano meno spazio in memoria, in quanto non saranno presenti vettori duplicati.

Un ulteriore criterio di classificazione si basa sulla "natura strategica" dell'algoritmo; anche in questo caso sono stati individuati due gruppi in base al diverso grado di "difficoltà progettuale".

- Metodi ingenui: sono algoritmi che operano mediante tecniche elementari, applicando direttamente la definizione di ordinamento e tecniche che ricalcano quelle della "vita quotidiana"; si suddividono in tre sottoclassi in base al meccanismo utilizzato per effettuare l'ordinamento:
  - algoritmi per inserimento;
  - algoritmi per selezione;
  - algoritmi per scambio.
- Metodi avanzati: sono algoritmi che migliorano le prestazioni dei metodi ingenui, a scapito però della leggibilità del codice; sono algoritmi di difficile comprensione che generalmente sfruttano tecniche di tipo ricorsivo e devono essere utilizzati unicamente quando la dimensione e le caratteristiche del problema lo rendano necessario.

Le funzioni che effettuano il riempimento di un vettore con numeri casuali e visualizzano il suo contenuto sono codificate di seguito.

```
#include <stdio.h>
#include <stdbool.h>
//funzioni comuni a tutti gli algoritmi
void riempi(int vet[], int num, int max)
{
  int conta;
  srand((unsigned)time(NULL));          // inizializza il seme
// estrai i valori e riempi il vettore
  for (conta=0; conta<num; conta ++)
    vet[conta]=(rand()%max+1);          // valori casuali tra 1 e max
}

void visualizza(int vet[], int num)
{
  int conta;
  for (conta=0; conta<num; conta ++)
    printf ("%4d",vet[conta]);          // visualizza vettore
}
```

Ordinamento per inserimento

Il primo algoritmo che esamineremo è quello per inserimento oppure inserzione (*insert-sort*). Si basa sul meccanismo naturale che si attiva quando si inseriscono nuovi elementi in un elenco già ordinato: per esempio, supponiamo di avere una libreria con una collezione di giornalini a fumetti aventi sulla costa il numero progressivo dell'album e di voler inserire nuovi volumi, oppure di giocare a carte, ricevere dal mazziere una carta alla volta e volerla collocare nella giusta posizione della "mano". In entrambi i casi possiamo individuare il medesimo algoritmo risolutivo.
Per ogni elemento dovremo quindi:

- individuare la posizione che deve occupare rispetto a quelli già presenti;
- predisporre un posto libero per poterlo inserire;
- effettuare l'inserimento.

Utilizziamo questa strategia per disporre in un vettore, in ordine crescente, i seguenti numeri: 20, 33, 17, 8, 13, 40, 2, 37.
Il primo valore (20) viene posizionato nella prima cella:

20							

Procediamo poi con il numero 33, che trova collocazione di seguito a 20:

20	33						

In questo caso l'inserimento non ha richiesto alcuna operazione preventiva.
Il numero 17 deve invece essere posizionato prima di tutti gli altri, quindi è necessario effettuare lo spostamento a destra di una posizione di tutti i numeri inseriti per "creare un buco":

	20	33					

Solo ora è possibile effettuare l'inserimento: ▶

17	20	33					

Per il numero 8 si procede come per il 17, ▶

8	17	20	33				

mentre per il 13 è necessario predisporre uno spazio intermedio tra l'8 e il 17 e quindi effettuare l'inserimento: ▶

8		17	20	33			

8	13	17	20	33			

Il numero successivo (40) non richiede spostamenti, dato che è il maggiore:

8	13	17	20	33	40		

Il 2 richiede, invece, lo spostamento di tutti gli altri valori:

2	8	13	17	20	33	40	

Infine, il 37 si posiziona prima del 40, ottenendo così il vettore ordinato:

2	8	13	17	20	33	37	40

Riportiamo a lato le diverse situazioni raggruppate, in cui evidenziamo le celle che hanno dovuto subire lo spostamento verso destra. ▶

20							
20	33						
17	20	33					
8	17	20	33				
8	13	17	20	33			
8	13	17	20	33	40		
2	8	13	17	20	33	40	
2	8	13	17	20	33	37	40

Possiamo descrivere l'algoritmo risolutivo mediante i seguenti passi:
- confrontare l'elemento da inserire con quello presente in ultima posizione;
- cominciare a spostare gli elementi verso destra finché non si trova la posizione in cui inserire il nuovo elemento: in tal modo viene creato un "buco", che viene spostato da destra a sinistra fino a raggiungere la posizione corretta;
- inserire il nuovo elemento in quella posizione.

La pseudocodifica è riportata di seguito. Il top-down è il seguente:

I Affinamento	II Affinamento
//si generano NUM numeri 10 RANDOM uno alla volta	per num fai leggi un numero
//si inseriscono al loro posto nel vettore	mentre trovi nel vettore un valore superiore al numero letto sposta tale elemento a destra di una posizione inserisci il numero letto nella posizione trovata
//si visualizza il risultato	per tanti fai comunica (vettore[numero])

ESEMPIO 1 *Algoritmo di insert-sort*

La codifica in C è quella riportata di seguito, dove è stata scritta una funzione shiftR che "genera il buco", cioè sposta a destra tutti gli elementi del vettore di una posizione a partire dal fondo (fine) fino ad arrivare alla posizione in cui andrà inserito il nuovo numero (buco).

```
void shiftR(int vet[], int buco, int fine){
  int x;                    // fine contiene ultima pos del vettore
  for (x=fine-1;x>=buco;x--)  // sposta a destra dalla fine a buco
    vet[x+1]=vet[x];        // crea il posto libero in buco
}
```

L'algoritmo di insert-sort si riduce alla scansione del vettore (per trovare la posizione nella quale inserire il nuovo numero) e alla chiamata della funzione shifR che genera il posto in posizione dove:

```
void insertSort(int vet[], int dim, int dainserire){
  int dove=0;
  while((vet[dove]<dainserire)&&(dove<dim)) //corrente è il numero da inserire
    dove++;                 // dove è la posizione del nuovo numero
  shiftR(vet,dove,dim);     // faccio il "buco"
  vet[dove]=dainserire;     // inserisco il nuovo elemento
}
```

Il `main()` completo del segmento di codice che genera un numero casuale alla volta è:

```
int main (){
  int tanti,nuovo;
  int numPosiz      = 10;                  // dimensione del problema
  int massimo       = 100;                 // valore massimo del numero da generare
  int numeri[numPosiz];                    // vettore dei dati
  for (tanti=0;tanti<numPosiz;tanti++)     // inizializza vettore
    numeri[tanti]=0;
  srand((unsigned)time(NULL));             // inizializza il seme
  for (tanti=0;tanti<numPosiz;tanti++){
    nuovo=(rand()%massimo+1);              // valori casuali tra 1 e massimo
    insertSort(numeri,tanti,nuovo);        // inseriscilo
    visualizza(numeri,tanti+1);            // visualizza parziali
  }
  return 0;
}
```

Una possibile esecuzione è la seguente: ▶

```
55
55  89
15  55  89
15  18  55  89
15  18  55  69  89
15  18  55  69  84  89
15  18  37  55  69  84  89
15  16  18  37  55  69  84  89
 5  15  16  18  37  55  69  84  89
 5  11  15  16  18  37  55  69  84  89
```

■ Ordinamento per selezione

La strategia utilizzata nella tecnica per selezione consiste nel ricercare l'elemento di valore minore tra gli elementi presenti nel vettore da ordinare: questo elemento verrà posizionato nella prima cella del vettore che risulterà infine ordinato; quindi, si ripete lo stesso procedimento, cioè si ritorna a selezionare il nuovo numero minore tra quelli rimasti, che sarà il secondo valore nel vettore ordinato, e via di seguito fino alla fine del vettore.
Riprendiamo il caso precedente applicando questa tecnica: il primo elemento viene posizionato nella prima cella e, ricercando il valore minore, si trova il 2:

20	33	17	8	13	40	**2**	37

Spostiamo quindi il numero 2 nella prima cella, scambiandolo con il numero presente in quella posizione (20):

2	33	17	8	13	40	**20**	37

Ripetiamo la stessa operazione nel sottovettore che inizia da 33; si trova il numero 8, che viene scambiato con il 33:

2	**8**	17	**33**	13	40	20	37

Procedendo, il numero 13 viene scambiato con il 17:

2	**8**	**13**	33	**17**	40	20	37

Quindi il 17 viene scambiato con il 33:

2	**8**	**13**	**17**	**33**	40	20	37

Il numero 20 viene poi scambiato con il 33: ▶

2	8	13	17	20	40	33	37

Il numero 33 viene quindi scambiato con il 40: ▶

2	8	13	17	20	33	40	37

Infine, il numero 37 viene scambiato con il 40: ▶

2	8	13	17	20	33	37	40

> Possiamo notare che anche in questo caso sono stati effettuati molti scambi inutili, cioè necessari soltanto a liberare lo spazio per il numero trovato, e il numero che in origine occupava tale posizione non viene analizzato, ma semplicemente spostato.

Vediamo di seguito un possibile top-down.

I Affinamento	II Affinamento	III Affinamento
riempi il vettore casualmente	riempi il vettore casualmente	riempi il vettore casualmente
	per tanti fai trova il minore	per tanti fai per tanti fai confrontali e individua il minore
ordinalo per selezione	mettilo nella posizione corrente	metti il minore nella posizione corrente
visualizza il risultato	per tanti fai comunica (vettore[numero])	per tanti fai comunica (vettore[numero])

ESEMPIO 2 *Algoritmo di sele-sort*

Una possibile codifica dell'algoritmo di sele-sort è la seguente:

```
void seleSort(int vet[], int tanti)
{
  int x, y, i_min;
  int temp;
  for (x = 0; x < tanti-1; x++) {    // ricerca del minimo in [i..n-1]
    i_min = x;                       // pongo il primo come minimo
    for (y = x+1; y < tanti; y++)    // scorro tutto il vettore
      if (vet[y] < vet[i_min])       // se trovo un elemento minore
        i_min = y;                   // è il nuovo minimo
    if (x != i_min) {                // se il min non è l'elemento corrente
      temp = vet[i_min];             // scambia [i_min] e l'elemento corrente
      vet[i_min] = vet[x];
      vet[x] = temp;
    }
    visualizza(vet,tanti);           // visualizza un passo di ordinamento
  }
}
```

Una esecuzione dà i seguenti risultati, dove si vede che a ogni iterazione viene messo al posto giusto il valore minore presente nel vettore ancora da ordinare, alla destra dei valori già "messi a posto".

```
17  25  88  11  86  60  15  75  81  38
11  25  88  17  86  60  15  75  81  38
11  15  88  17  86  60  25  75  81  38
11  15  17  88  86  60  25  75  81  38
11  15  17  25  86  60  88  75  81  38
11  15  17  25  38  60  88  75  81  86
11  15  17  25  38  60  88  75  81  86
11  15  17  25  38  60  75  88  81  86
11  15  17  25  38  60  75  81  88  86
11  15  17  25  38  60  75  81  86  88
```

Osserviamo che il ciclo esterno termina con il penultimo elemento, mentre il ciclo interno con l'ultimo; analogamente all'algoritmo di insert-sort, la struttura portante è costituita da due cicli:

- il ciclo interno è quello che esegue le operazioni di confronto e, in questo caso, trova il valore minore del vettore;
- il ciclo esterno serve a far ripetere tale operazione per tutti gli elementi del vettore.

Il numero di confronti che vengono eseguiti, con buona approssimazione, è uguale a $n * n = n^2$.

L'algoritmo di sele-sort viene chiamato anche algoritmo per minimi successivi.

Prova adesso!

- Algoritmo di sele-sort
- Ordinamento crescente

APRI IL FILE esempio02

1. Modifica il codice in modo che venga messo per primo in posizione finale il numero più grande (ordinamento decrescente). Fai in modo che vengano visualizzati solo gli elementi che volta per volta vengono confrontati, visualizzando solo alla fine il vettore ordinato.
2. Confronta il codice con quello presente nel file esercizio01.

Ordinamento per scambio (a bolle)

L'algoritmo più famoso, anche perché è tra i più utilizzati per la sua semplicità, si chiama ordinamento a bolle, dall'inglese bubble-sort, così chiamato perché nella sua esecuzione assomiglia al movimento delle bolle di diversa dimensione immerse in un contenitore pieno d'acqua che si spostano verso l'alto o il basso a seconda del loro peso.
Analogo "destino" è riservato ai numeri del vettore: l'algoritmo confronta a due a due gli elementi adiacenti e li scambia tra loro se il primo elemento è maggiore ("più pesante") del secondo, spostando verso l'alto (prime posizioni) i più piccoli (i più "leggeri") e verso il basso (ultime posizioni) i più grandi (i più "pesanti").

Vediamo graficamente una simulazione, disponendo il vettore verticalmente.

1	20
2	35
3	18
4	8
5	14
6	40
7	5
8	37

Partiamo dalla prima posizione e confrontiamo due alla volta gli elementi consecutivi finché si verifica che il primo è più grande del secondo (posizioni 2 e 3 contenenti 35 e18): si esegue lo scambio dei due numeri.

20
18
35
8
14
40
5
37

Successivamente si prosegue il confronto e un nuovo scambio è necessario tra il 35 e l'8 nelle posizioni 3 e 4.

20
18
8
35
14
40
5
37

Di seguito è necessario operare gli scambi su altre coppie: (35, 14), (40, 5) e (40, 37).

20	20	20
18	18	18
8	8	8
14	14	14
35	14	14
40	5	5
5	40	37
37	37	40

Avviciniamo le colonne in modo da seguire "visivamente" il movimento dei "numeri bolle".

1	20	20	20	20	20	20
2	35	18	18	18	18	18
3	18	35	8	8	8	8
4	8	8	35	14	14	14
5	14	14	14	35	35	40
6	40	40	40	40	5	5
7	5	5	5	5	40	37
8	37	37	37	37	37	40

È possibile vedere come i numeri pesanti (35 e 40) si spostano velocemente verso il fondo: il numero 40, che è il più grande tra tutti i numeri presenti nel vettore, viene posizionato nella sua destinazione finale (ultima cella del vettore).

Anche i numeri "leggeri" si spostano, ma più lentamente: infatti il 18, l'8, il 14, il 5 e il 37 sono "saliti verso l'alto", ma di una sola posizione!

Procediamo ora a un secondo passaggio completo facendo scorrere il vettore dalla prima posizione:

1	20	18	18	18	18
2	18	20	8	8	8
3	8	8	20	14	14
4	14	14	14	20	20
5	35	35	35	35	5
6	5	5	5	5	35
7	37	37	37	37	37
8	40	40	40	40	40

Di nuovo i numeri pesanti (20 e 35) si spostano verso il fondo: il numero 20 ferma la sua discesa quando incontra un numero maggiore di lui, appunto il 35, che inizia la discesa fino alla sua posizione definitiva.

I numeri "leggeri" si spostano sempre lentamente verso l'alto: infatti l'8, il 18, il 14 e il 5 continuano la loro ascesa, sempre di una posizione alla volta.

Nuova iterazione (la terza) e nuovi spostamenti:

1	18	8	8	8	8
2	8	18	14	14	14
3	14	14	18	18	18
4	20	20	20	20	5
5	5	5	5	5	20
6	35	35	35	35	35
7	37	37	37	37	37
8	40	40	40	40	40

In questa iterazione:
- il 18 si muove dalla sua posizione per raggiungere il numero 20;
- il numero 18 ferma la sua discesa e la comincia il numero 20, che si posiziona prima del 35;
- i numeri "leggeri" si spostano lentamente verso l'alto: infatti l'8, il 14 e il 5 continuano la loro ascesa, sempre di una posizione alla volta.

Nelle iterazioni successive si verificano nuovi spostamenti.

1	8	8
2	14	14
3	18	5
4	5	18
5	20	20
6	35	35
7	37	37
8	40	40

In questa iterazione si muovono solo due numeri: il 18, che dalla sua posizione si sposta e raggiunge la cella n. 4, e il 5, che continua a salire di una posizione alla volta.

1	8	8
2	14	5
3	5	14
4	18	18
5	20	20
6	35	35
7	37	37
8	40	40

Anche in questa iterazione si muovono solamente due numeri: il 14,che si muove di una posizione, e il 5, che continua a salire di una posizione alla volta.

1	8	5
2	5	8
3	14	14
4	18	18
5	20	20
6	35	35
7	37	37
8	40	40

Con un solo ultimo scambio si esaurisce la successiva iterazione: ora il vettore è completamente ordinato.

Possiamo formulare alcune osservazioni:

- a ogni iterazione i numeri "leggeri" che non sono in posizione ordinata si spostano verso l'alto di una sola posizione: quindi, nell'ipotesi in cui il più piccolo si trovasse nell'ultima cella di un vettore di n posizioni, è necessario effettuare n iterazioni;
- a ogni iterazione solamente il numero di "peso" maggiore viene spostato fino alla sua definitiva posizione: infatti ogni numero pesante in discesa "si ferma" quando incontra un numero più pesante di lui, che inizia esso stesso a muoversi verso il basso.

Per realizzare il nostro algoritmo occorrono due cicli:

- un ciclo interno che si occupa degli scambi tra tutte le coppie (n – 1) degli elementi in modo da portare il più pesante nella sua posizione definitiva;
- un ciclo esterno che ripete questo procedimento per ogni elemento nel vettore.

L'algoritmo di bubble-sort rientra in una famiglia di algoritmi chiamati "algoritmi di ordinamento per scambio", in quanto il procedimento consiste in un insieme di operazioni di scambio di posto tra elementi presenti in un vettore a seconda dell'esito del confronto tra le coppie di elementi stessi.

ESEMPIO 3 *Algoritmo di bubble-sort*

Una prima codifica dell'algoritmo di bubble-sort è la seguente:

```
void bubbleSort(int vet[], int tanti)
{
  int x, y, temp;
  for (x=0; x<tanti-1; x++) {     // ripeti per tutti i numeri
    for (y=0; y<tanti-1; y++)     // li confronto tutti a coppie
      if (vet[y]>vet[y+1]) {      // se ne trovo uno maggiore
        temp = vet[y];            // li scambio tra loro
        vet[y] = vet[y+1];
        vet[y+1] = temp;
      } /* fine scambio */
    visualizza(vet,tanti);        // visualizza un passo di ordinamento
  }     /* fine cicli esterni */
}
```

```
24  42  93  74  97  38  77   9  49  60
24  42  74  93  38  77   9  49  60  97
24  42  74  38  77   9  49  60  93  97
24  42  38  74   9  49  60  77  93  97
24  38  42   9  49  60  74  77  93  97
24  38   9  42  49  60  74  77  93  97
24   9  38  42  49  60  74  77  93  97
 9  24  38  42  49  60  74  77  93  97
 9  24  38  42  49  60  74  77  93  97
 9  24  38  42  49  60  74  77  93  97
```

Una esecuzione dà i seguenti risultati, dove si vede che ad ogni iterazione viene messo al posto giusto il valore maggiore (più pesante) alla destra del vettore. ▶

Osserviamo che il nostro algoritmo può essere migliorato in quanto esegue tante operazioni inutili. Abbiamo detto che a ogni iterazione interna il numero più pesante raggiunge la sua posizione definitiva, in fondo al vettore:

- con la prima iterazione si posiziona il più grande nell'ultima posizione;
- con la seconda si sistema il penultimo;
- con la terza il terzultimo;
- … e così via.

Dato che con ogni ciclo viene "sistemato" un elemento che non verrà più spostato è inutile che i successivi cicli facciano il confronto tra le coppie di numeri che hanno raggiunto già la loro posizione definitiva: ogni successivo ciclo può quindi fermarsi prima del limite superiore ed effettuare a ogni nuova iterazione un controllo in meno del ciclo precedente. Per realizzare questo meccanismo basta modificare l'estremo del ciclo interno diminuendolo a ogni iterazione di una unità:

- il primo ciclo termina con il penultimo confronto, cioè `(tanti-1)-1` (9 confronti);
- il secondo ciclo termina con un confronto in meno, cioè 8 confronti `(tanti-1)-2`;
- il terzo ciclo termina con un confronto in meno, cioè 7 confronti `(tanti-1)-3`;
- l'ennesimo ciclo esegue `(tanti-1)-` *n* confronti.

Ci serve pertanto un contatore che a ogni iterazione aumenti di 1 il suo valore: a tale scopo abbiamo a disposizione il contatore del ciclo esterno, `x`, che "fa proprio al caso nostro"! Quindi scriviamo il ciclo interno in questa forma:

```
for (x=0; x<tanti-1; x++){      // ripeti per tutto i numeri
   for (y=0; y<tanti-1-x; y++) // li confronto tutti a coppie (-x)
```

Prova adesso!

- Algoritmo di bubble-sort
- Visualizzazione trace-table

APRI IL FILE esempio03

1. Modifica il programma per apportarvi la miglioria appena descritta.
2. Confronta il codice con quello presente nel file esercizio02.
3. Modifica il programma facendo in modo di visualizzare solo gli elementi che di volta in volta vengono confrontati: il vettore ordinato viene visualizzato solo alla fine.
4. Confronta il codice con quello presente nel file esercizio03.

Ordinamento con sentinella

Negli esempi precedenti tutte le istruzioni vengono eseguite senza mai verificare lo stato del vettore: per esempio, anche se partiamo da un vettore già ordinato, l'algoritmo effettua ugualmente tutti i controlli, eseguendo tante istruzioni inutili. Per ovviare a questo inconveniente, è sufficiente utilizzare una variabile che "tiene memoria" degli scambi eventualmente avvenuti durante un'iterazione: quando si riesce a eseguire un'intera iterazione senza che avvenga alcuno scambio significa che i numeri sono al loro posto nel vettore, cioè ordinati.

ESEMPIO 4 *Bubble-sort con sentinella*

Quanto affermato sopra, lo verifichiamo nell'esempio che segue.

```
21 void bubbleSort(int vet[], int tanti)
22 {
23   int  y,temp;
24   bool scambi=false;
25   do{                          // ripeti finché ci sono scambi
26     scambi=false;              // inizializzo sentinella
27     for (y=0; y<tanti-1; y++)  // li confronto tutti a coppie (-x)
28       if (vet[y]>vet[y+1]){    // se ne trovo uno maggiore
29         temp = vet[y];         // li scambio tra loro
30         vet[y] = vet[y+1];
31         vet[y+1] = temp;
32         scambi=true;           // cambio valore alla sentinella
33       } /* fine scambio */
34     visualizza(vet,tanti);     // visualizza un passo di ordinamento
35   }while(scambi==true);        /* fine cicli esterno */
36 }
```

Se, alla fine dell'iterazione la variabile scambi ha valore false, si può terminare l'esecuzione del ciclo esterno in quanto tutti i numeri sono al loro posto.
Possiamo quindi sostituire il ciclo esterno con un ciclo a condizione finale che utilizza proprio un test su questa variabile come condizione di uscita (istruzione 35).

Una esecuzione dà i risultati (figura a lato) dove si vede che si è ridotto il numero di iterazioni in quanto, alla prima iterazione senza scambi (quando cioè il vettore è ordinato), il programma termina. ▶

10	41	34	39	6	81	81	39	11	38
10	34	39	6	41	81	39	11	38	81
10	34	6	39	41	39	11	38	81	81
10	6	34	39	39	11	38	41	81	81
6	10	34	39	11	38	39	41	81	81
6	10	34	11	38	39	39	41	81	81
6	10	11	34	38	39	39	41	81	81
6	10	11	34	38	39	39	41	81	81

Prova adesso!

- Algoritmo di shake-sort

APRI IL FILE esempio04

1. Modifica il programma alternando il controllo del vettore una volta dal basso verso l'altro e la volta successiva dall'alto verso il basso (shake-sort).
2. Controlla il codice con quello presente nel file esercizio04.

Verifichiamo le competenze

Esprimi la tua creatività

Progetta e realizza completamente in linguaggio di programmazione il codice che risolva i problemi proposti. Risolvi gli esercizi utilizzando ove possibile dei sottoprogrammi.

1 Effettua l'algoritmo di insert-sort su un vettore disordinato già presente in memoria senza utilizzare un vettore d'appoggio (ordinamento in sito).

2 Riempi in modalità random un vettore di 20 elementi con numeri compresi tra 1 e 100, quindi effettua l'ordinamento mediante l'algoritmo di insert-sort utilizzando un vettore d'appoggio (ordinamento non in sito).

3 Effettua l'algoritmo di sele-sort su un vettore disordinato già presente in memoria senza utilizzare un vettore d'appoggio (ordinamento in sito).

4 Effettua l'ordinamento di un vettore mediante un algoritmo "per enumerazione": conoscendo il valore massimo degli elementi presenti in un vettore, esegui un ciclo a conteggio con tale valore come estremo superiore e, a ogni iterazione, verifica se il valore corrente dell'indice è presente nel vettore da ordinare; in tal caso copialo in un nuovo vettore.

5 Effettua l'ordinamento di un vettore (con elementi tutti diversi) mediante un algoritmo counting-sort: conoscendo il valore massimo degli elementi presenti in un vettore, per ogni elemento calcola quanti altri elementi presenti nel vettore hanno valore minore; posiziona quindi l'elemento corrente in un nuovo vettore dopo aver lasciato tanti spazi vuoti quanti sono gli elementi calcolati in precedenza.

6 Effettua la variante del counting-sort nel caso in cui siano presenti elementi di uguale valore. Effettua lo studio della complessità di calcolo nel caso migliore, medio e peggiore.

7 Realizza un programma che riempia casualmente un vettore per *n* volte per ciascuna delle seguenti dimensioni:
- 20 elementi;
- 50 elementi;
- 100 elementi;
- 500 elementi;
- 1000 elementi.

Utilizza tutti gli algoritmi di ordinamento conosciuti e crea una tabella che permetta di effettuare la comparazione dei tempi di elaborazione di tali algoritmi, calcolando la media dei tempi di elaborazione sulle *n* volte che viene generato il vettore della medesima dimensione.

Produci infine una tabella con la media generale dei tempi in modo da ottenere un unico indice che classifichi gli algoritmi indipendentemente dalla dimensione del problema.

8 Scrivi un programma che effettua l'ordinamento di un vettore mediante un algoritmo "per enumerazione": conoscendo il valore massimo degli elementi presenti in un vettore, esegui un ciclo a conteggio con tale valore come estremo superiore e, a ogni iterazione, verifica se il valore corrente dell'indice è presente nel vettore da ordinare; in tal caso copialo in un nuovo vettore.

9 Scrivi un programma che effettua l'ordinamento di un vettore (con elementi tutti diversi) mediante un algoritmo counting-sort: conoscendo il valore massimo degli elementi presenti in un vettore, per ogni elemento calcola quanti altri elementi presenti nel vettore hanno valore minore; posiziona quindi l'elemento corrente in un nuovo vettore dopo aver lasciato tanti spazi vuoti quanti sono gli elementi calcolati in precedenza.

UNITÀ DIDATTICA 2

LA RICERCA SEQUENZIALE E BINARIA

IN QUESTA UNITÀ IMPAREREMO...

- l'algoritmo di ricerca sequenziale
- l'algoritmo di ricerca dicotomica

Ricerca sequenziale (o lineare)

Ricercare un elemento in un vettore significa individuare la posizione (l'indice) che questo assume all'interno del vettore (se è presente).
Vediamo un esempio di ricerca: se riempiamo un vettore di n elementi ed effettuiamo la scansione completa di ogni sua cella per individuare per esempio l'elemento con valore massimo, eseguiamo un tipo di elaborazione che prende il nome di scansione (oppure elaborazione) sequenziale.
Scriviamo ora un programma che ricerca all'interno di un vettore la presenza di un valore richiesto dall'utente: l'algoritmo che realizziamo prende il nome di algoritmo di ricerca sequenziale.
Vediamone un'implementazione considerando le tre situazioni possibili:

- l'elemento ricercato non è presente nel vettore;
- l'elemento è presente una sola volta;
- l'elemento è presente più volte nel vettore.

In questo esempio ci limiteremo a verificare l'esistenza di un elemento, quindi ricerchiamo la prima occorrenza e ne visualizziamo la sua posizione.

ESEMPIO 5 *Algoritmo di ricerca sequenziale*

Strategia risolutiva

- Si legge il numero di cui si vuole effettuare la ricerca.
- Si inizia il confronto con la variabile memorizzata nella prima posizione del vettore e si prosegue fino a:
  – trovare il numero ricercato, oppure
  – esaurire il vettore senza aver trovato il numero.

Dovendo ricercare solo la prima occorrenza del numero, non è necessario scorrere il vettore fino alla fine in ogni ricerca: quando il numero viene individuato i confronti vengono sospesi in quanto superflui. Questa osservazione ci suggerisce di utilizzare un flag e un ciclo a condizione finale (o iniziale) invece di un ciclo a conteggio, che ci obbligherebbe in ogni situazione a eventuali elaborazioni inutili.
Ipotizzando un vettore di 30 elementi, il top-down è il seguente:

I Affinamento	II Affinamento
//leggi i 30 numeri e memorizzali in un vettore	per 30 volte fai genera un numero memorizzalo
//leggi il numero da ricercare	leggi un numero
//cercalo nel vettore	ripeti confronta per trovare il numero nel vettore memorizza la posizione finché lo trovi o è finito il vettore
//comunica il risultato della ricerca	comunica l'esito: la sua posizione o l'inesistenza

Dal momento che non è necessario un ulteriore affinamento, lo codifichiamo in C:

```
#include <stdio.h>
#include <stdbool.h>
void main(void){
  int conta         =  0;
  int numPosizioni = 30;          // dimensione del problema
  int max           = 10;          // valore massimo del numero da generare
  int cerca         =  0;          // numero da cercare
  bool trovato      = false;       // flag che memorizza esito ricerca
  int numeri[numPosizioni];        // vettore da elaborare
    srand((unsigned)time(NULL));     // inizializza il seme
  for (conta=0; conta<numPosizioni; conta ++) // riempie il vettore
    numeri[conta]=(rand()%max+1);  // valori casuali tra 1 e max
  printf("\nInserisci il numero desiderato:" );
  scanf ("%d",&cerca);
//inizia la scansione lineare
  do
    if (numeri[conta]==cerca)
      trovato=true;                // flag che indica la presenza del numero
    else
      conta++;                     // incrementa la posizione
  while ((conta<numPosizioni)&&(trovato==false));
//visualizza i risultati
  if (trovato==false)
    printf("\n il numero %d non e' presente nel vettore",cerca);
  else
    printf("\n il numero %d e' presente nel vettore in posizione %d", cerca,conta);
}
```

Prova adesso!

• Ricerca sequenziale

APRI IL FILE esempio05

1. Modifica il programma ricercando tutte le occorrenze del numero desiderato e visualizzando a video tutte le posizioni in cui questo è presente.
2. Confronta la tua soluzione con quella riportata nel file esercizio05.

Zoom su...

CALCOLO DEL NUMERO DI OPERAZIONI

Lo studio del numero di operazioni compiute da un algoritmo è detto analisi degli algoritmi: si cerca cioè di prevedere le risorse di tempo e di memoria che l'algoritmo richiede, così da classificare gli algoritmi stessi secondo classi e ordini di computabilità (cui accenneremo nel prossimo paragrafo).
Il calcolo rigoroso del numero medio di confronti per una ricerca sequenziale su un insieme di n elementi è $C_n = \frac{1+2+...+n}{n} = \frac{n(n+1)}{2n} = \frac{n+1}{2}$ nel caso di ricerca con successo e $C_n^{max} = n$ nel caso di ricerca con fallimento (cioè nel caso di elemento non presente).
La ricerca seriale non richiede alcuna particolare disposizione dei dati nel vettore; vediamo un caso particolare in cui tali dati sono ordinati (per esempio, in ordine crescente).
Applicando l'algoritmo sopra descritto è possibile introdurre una miglioria utile qualora il numero da ricercare non sia presente nel vettore: effettuando nel ciclo il confronto tra il numero cercato e un numero superiore a esso, possiamo essere certi che i numeri successivi saranno sempre di valore maggiore, dato che sono in ordine crescente; quindi è possibile interrompere l'elaborazione e dichiarare l'insuccesso della ricerca.

Modifichiamo ora l'algoritmo precedente: l'unica differenza consiste nel fatto che in questo caso i valori nel vettore sono in ordine crescente, quindi il confronto con gli elementi può terminare non appena viene individuato nel vettore numeri un valore maggiore di quello che si cerca.
L'unica da modificare è l'istruzione 23:

```
23  while (((conta<numPosizioni)&&(trovato==false))||(numeri[conta]>cerca));
```

Alla quale è stato aggiunto il controllo (numeri[conta]>cerca) nella condizione di uscita.
Riorganizziamo ora il codice inserendo la chiamata ad una funzione di ordinamento (per esempio il bubble-sort).

ESEMPIO 6 *Algoritmo di ricerca sequenziale in vettore ordinato*

Riportiamo di seguito solo il programma principale tralasciando le funzioni di servizio: il codice completo è nel file esempio06.

```
int main(void){
  int numPosizioni = 20;          // dimensione del problema
  int max          = 10;          // valore massimo del numero da generare
  int cerca        =  0;          // numero da cercare
  bool trovato     = false;       // flag che memorizza esito ricerca
  int conta        =  0;
  int numeri[numPosizioni];       // vettore da elaborare
  riempi(numeri,numPosizioni,max);
  bubbleSort(numeri,numPosizioni);
  printf("\nInserisci il numero da ricercare : " );
  scanf ("%d",&cerca);
  conta =0;
  do                               //inizia la scansione lineare
    if (numeri[conta]==cerca)
      trovato=true;                // flag che indica la presenza del numero
    else
      conta++;                     // incrementa la posizione
  while (((conta<numPosizioni)&&(trovato==false))||(numeri[conta]>cerca));
  if (trovato==false)
    printf("\n il numero %d non è presente nel vettore",cerca);
  else
    printf("\n il numero %d è presente in posizione %d", cerca,conta);
  return 0;
}
```

Generalmente questo algoritmo non viene utilizzato in quanto, non apportando alcuna miglioria computazionale, risulta "inutile" e non sfrutta le possibilità offerte dal fatto che il vettore è ordinato; in tale situazione, quindi, la ricerca viene eseguita con l'algoritmo di ricerca binaria descritto di seguito.

■ Ricerca binaria (o logaritmica)

Riconsideriamo il vettore con i dati ordinati: la disposizione dei dati ci suggerisce un algoritmo che sfrutti proprio questa particolarità per effettuare la ricerca. Confrontiamo il numero da trovare con l'elemento centrale del vettore di n elementi: in tal modo possiamo ridurre la ricerca a un sottovettore di dimensione $n/2$, in quanto ci troveremo in una delle seguenti situazioni:

1. il numero è minore dell'elemento centrale `vettore[n/2]`;
2. il numero è maggiore dell'elemento centrale `vettore[n/2]`;
3. il numero è uguale all'elemento centrale `vettore[n/2]` (caso particolare).

Poiché i numeri nel vettore sono ordinati, nel primo caso il numero dovrà essere ricercato nella prima metà del vettore e nel secondo caso nell'altra metà. Trascuriamo il caso particolare (che è il caso migliore), in quanto l'algoritmo deve essere scritto considerando sempre il caso peggiore. La stessa operazione viene reiterata sul sottovettore considerato, effettuando il confronto con il nuovo elemento centrale e via di seguito; in tal modo, con ogni confronto si continua a dimezzare il vettore finché esso si riduce a dimensione unitaria. Questo algoritmo rientra in una particolare famiglia di algoritmi che sfruttano la strategia del *divide et impera* e riducono la complessità dell'algoritmo effettuando la suddivisione progressiva della dimensione del problema in due parti, cioè applicando la riduzione dicotomica (dal greco *dikha*, "in due", e *temnein*, "tagliare"): ogni iterazione infatti dimezza il numero di elementi che devono essere confrontati, mentre con la ricerca sequenziale si diminuiva solamente di un elemento! Partendo dalla tabella che segue, effettuiamo un semplice calcolo.

Problema	Dimensione naturale *n*
passo 1	$n/2$
passo 2	$n/4$
passo 3	$n/8$
passo 4	$n/16$
...	
passo X	$n/(2^x)$

Quindi, il numero di passi x da effettuare in un problema di dimensione naturale n è:

$$x = \log_2 n$$

Questo algoritmo rientra nella classe di complessità logaritmica e spesso viene denominato algoritmo di ricerca logaritmica (o dicotomica).
Descriviamo dunque l'algoritmo. Etichettiamo con `inizio` e `fine`, rispettivamente, la prima e l'ultima posizione del vettore, indicate in modalità parametrica per poter utilizzare il ciclo iterativo a partire dal primo confronto; con `medio` indichiamo la variabile che conterrà il valore intero della posizione centrale ottenuto dalla divisione tra numeri interi. Quindi:

- individuiamo la posizione dell'elemento centrale `medio = (inizio + fine)/2;`
- effettuiamo il confronto `(numero = vettore[medio])` con i tre casi:
  1. se è vero termina la ricerca, ponendo per esempio `(trovato ← TRUE);`
  2. se `(numero < vettore[medio])` riduciamo il vettore alla prima metà spostando l'estremo superiore proprio a metà del vettore, cioè sostituendo `fine` con `medio`;
  3. se `(numero > vettore[medio])` riduciamo il vettore alla seconda metà spostando l'estremo inferiore proprio a metà del vettore, cioè sostituendo `inizio` con `medio`;
- ripetiamo questa operazione finché i due estremi `inizio` e `fine`, convergendo, diventano uguali, con l'eventuale fallimento della ricerca se il numero non è presente nel vettore.

Il top-down è riportato di seguito.

I Affinamento	II Affinamento

definizione interfaccia
 	
cercalo nella prima metà
oppure
cercalo nella seconda metà
	`int binaria (int vet, int inizio, int fine, int numero)`
	`  mentre (non è finito il vettore)`
	`    medio <= (inizio + fine)/2;`
	`    se (numero>vet[medio])`
	`      è nella seconda metà = aggiorno inizio`
	`    altrimenti`
	`      se (numero<vet[medio])`
	`        è nella prima metà = aggiorno la fine`
	`      altrimenti`
	`        ritorna (trovato in posizione medio)`
	`ritorna (non trovato);`

ESEMPIO 7 *Algoritmo di ricerca binaria (dicotomica)*

La codifica della funzione è riportata di seguito, dove per migliorare la leggibilità, sono state introdotte due variabili che memorizzare gli estremi del vettore man mano che viene dimezzato.

```
int ricercaBinaria(int vet[], int inizio, int fine, int numero)
{
  int estrInf=inizio;              // estremo inferiore del vettore
  int estrSup=fine-1;              // estremo superiore del vettore
  int medio;
  while (estrInf <= estrSup)       // il vettore non è finito
  {
    medio=(estrInf + estrSup)/2;   // nuovo valore centrale
    if(numero>vet[medio])          // se il numero è maggiore
      estrInf = medio+1;           // sarà nella parte di destra
    else
      if(numero<vet[medio])        // se il numero è minore
        estrSup = medio-1;         // allora è a sinistra
      else
        return (medio);            // altrimento l'ho trovato
  }
 return -1;                        // il numero non è presente
}
```

Come esempio, rappresentiamo graficamente un vettore di 15 numeri, dove l'elemento da ricercare è il numero 25. Dopo la prima iterazione i valori delle variabili sono:

`inizio` ← 1, `fine` ← 15, `medio` ← 8.

Valori	1	3	6	7	10	12	15	**21**	23	25	45	55	76	89	90
Indice	1	2	3	4	5	6	7	8	9	10	11	12	13	14	15
	Inizio							Medio							Fine

Il confronto `vettore[8] = 25` dà esito negativo, quindi il numero si troverà nella seconda metà, perciò `inizio` ← 9, `fine` ← 15, `medio` ← 12.

Valori	1	3	6	7	10	12	15	21	23	25	45	**55**	76	89	90
Indice	1	2	3	4	5	6	7	8	9	10	11	12	13	14	15
									Inizio			Medio			Fine

Il confronto `vettore[12] = 25` dà esito negativo, quindi il numero si trova nella prima metà, perciò `inizio` ← 9, `fine` ← 11, `medio` ← 10.

Valori	1	3	6	7	10	12	15	21	23	**25**	45	55	76	89	90
Indice	1	2	3	4	5	6	7	8	9	10	11	12	13	14	15
									Inizio	Medio	Fine				

Il confronto `vettore[10] = 25` dà esito favorevole, quindi la ricerca si conclude.

ESEMPIO 8 *Algoritmo ricorsivo di ricerca binaria*

Proprio per come è stato progettato, cioè sfruttando una tecnica "divide et impera" di riduzione del problema in un sottoproblema simile, l'algoritmo di ricerca binaria si presta particolarmente a una versione ricorsiva. Il top-down è il seguente.

I Affinamento	II Affinamento
definizione interfaccia	int binariaRic(int vet[],int inizio,int fine,int numero)
	se non trovato
condizione uscita non trovata	ritorna non trovato
	altrimenti
condizione uscita trovata	medio = (inizio + fine) / 2
	se (numero = vettore[medio])
	ritorna medio; //trovato
è nella seconda metà	altrimenti
//passo ricorsivo	se (numero>vettore[medio]) // è seconda metà
è nella prima metà	binariaRic (medio+1, fine, numero)
//passo ricorsivo	altrimenti //trovato // è nella prima metà
	binariaRic (inizio, medio-1, numero)

La codifica in linguaggio C è immediata:

```c
int binariaRic (int vet[], int inizio, int fine, int numero) {
  int medio;
  if (inizio>fine)
    return -1;                  // il numero non e' presente
  else {
    medio=(inizio + fine) / 2;
    if (numero==vet[medio])
      return medio;             //trovato il numero in pos. medio
    else
      if (numero>vet[medio])    // nella metà superiore
        return binariaRic(vet, medio+1, fine, numero);
      else                      // nella metà inferiore
        return binariaRic(vet, inizio, medio-1, numero);
  }
}
```

Prova adesso!

• Ricerca dicotomica

APRI IL FILE esempio08

1. Modifica il programma facendo inserire manualmente i numeri dall'utente ed eliminando eventuali numeri doppi con l'algoritmi di insert-sort.
2. Esegui la ricerca del numero chiesto dall'utente in modo sia iterativo sia ricorsivo.
3. Confronta la tua soluzione con quella riportata nel file esercizio06.

Verifichiamo le competenze

Esprimi la tua creatività

Progetta e realizza completamente in linguaggio di programmazione il codice che risolva i problemi proposti. Risolvi gli esercizi utilizzando sempre dei sottoprogrammi.

1 Ricerca seriale con miglioria

Leggi un insieme di numeri interi e inseriscilo in un array. L'insieme sarà chiuso dal numero zero. Successivamente, trova il numero massimo, il numero minimo e la loro posizione con meno di 2 (n – 1) confronti (precisamente con 3 /2 [n – 2] confronti).

2 Punto fisso

Data una sequenza ordinata di n interi distinti, sia positivi che negativi, $a_1 < a_2 < \ldots < a_n$, un punto fisso è un indice i tale che $a_i = i$. Progetta un algoritmo che risolva il problema della ricerca di un punto fisso in tempo O(log n), cioè utilizzando una funzione il cui andamento approssima quello logaritmico.
Suggerimento: è sufficiente simulare la ricerca binaria, distinguendo i seguenti tre casi:

- se $a_{n/2} = n/2$ restituisci TRUE;
- se $a_{n/2} < n/2$ prosegui a destra, ovvero sugli elementi $a_{n/2} + 1, \ldots, a_n$.
  In questo caso, dato che gli elementi sono in ordine crescente possiamo dire che $a_{n/2} - 1 < n/2 - 1$: in questo modo si può dimostrare facilmente che $a_i < i$ per ogni $i < n/2$.
- se $a_{n/2} > n/2$ prosegui a sinistra, ovvero sugli elementi $a_1, \ldots, a_{n/2} - 1$.
  In questo caso, dato che gli elementi sono in ordine crescente possiamo dire che $a_{n/2} + 1 > n/2 + 1$: analogamente al caso precedente si può dimostrare facilmente che $a_i > i$ per ogni $i > n/2$.

3 Persone e identità

Utilizzando l'algoritmo di ricerca binaria, scrivi un programma che, utilizzando le funzioni, permetta di:

- inserire i dati della carta d'identità di alcune persone;
- dato un cognome, cercare se corrisponde a una persona nel vettore: in caso positivo, visualizzare la posizione nel vettore e tutti i dati personali.

Si assume che le carte d'identità siano inserite già ordinate per cognome. In caso di cognome duplicato, la ricerca si fermerà alla prima occorrenza trovata.

4 Logaritmi

Carica in un vettore i logaritmi naturali dei numeri interi da 1 a 10. Successivamente, dato un numero intero in input, controlla che sia compreso tra 1 e 10; in caso affermativo restituisci il logaritmo. Dato il logaritmo, controlla se è minore o uguale a log(10); in caso affermativo, cerca il corrispondente valore intero con approssimazione all'intero più vicino.

5 Animali per nome

Carica in un vettore i nomi di 30 animali. Successivamente, ricerca e genera singoli vettori costituiti da nomi con la stessa iniziale. Visualizza i nomi degli animali eventualmente ripetuti, indicando quante volte sono presenti; infine, ricerca il nome più lungo e quello più corto e visualizzarli sullo schermo.

UNITÀ DIDATTICA 3

UN ALGORITMO EVOLUTO: IL QUICKSORT

IN QUESTA UNITÀ IMPAREREMO...

- a codificare l'algoritmo di ordinamento quicksort

Introduzione

Gli algoritmi di ordinamento "ingenui" che abbiamo descritto sfruttano tecniche "copiate" dalla vita quotidiana dove ogni operazione che viene effettuata (ordinamenti parziali) avvicina anche visivamente alla soluzione finale e la loro codifica risulta facilmente comprensibile. Tali algoritmi presentano inoltre un'elevata complessità di calcolo (generalmente, n^2) e risultano quindi poco efficienti in caso di problemi di dimensioni notevoli (si pensi all'ordinamento alfabetico dei nominativi degli abitanti di un Comune come Milano).

L'algoritmo di cui tratta questa Unità, il quicksort, presenta un miglioramento nell'efficienza, a scapito però della semplicità della strategia e della conseguente codifica: rientra nella categoria degli algoritmi evoluti, che sono generalmente implementati con funzioni ricorsive, ottenuti dallo studio e dalla ricerca di abili ed esperti programmatori.

Quicksort

L'algoritmo quicksort è un ordinamento ricorsivo proposto da Hoare nel 1962 ed è forse l'algoritmo più usato e studiato, e sul quale le modifiche apportate successivamente non hanno determinato migliorie sostanziali. Tra i pregi di questo algoritmo possiamo ricordare che:

- è abbastanza facile da implementare;
- è generalmente ben utilizzato in tutte le situazioni;
- è un ordinamento in sito, quindi non richiede alcun vettore temporaneo;
- ha una buona efficienza (dipendente dall'elemento scelto come pivot).

L'unico difetto (se di difetto si può parlare) è che si tratta di un algoritmo ricorsivo e la sua implementazione non ricorsiva è abbastanza complessa.

Il principio di funzionamento su cui si basa è abbastanza semplice: si definisce un elemento (chiamato perno oppure pivot) in riferimento al quale vengono spostati nella parte sinistra del vettore tutti gli elementi di valore inferiore e in quella destra tutti gli elementi di valore superiore; si individua così una posizione chiamata *di pivot*, che definisce due sottovettori:

- sottovettore di sinistra: contiene tutti gli elementi con valore inferiore al perno;
- sottovettore di destra: contiene tutti gli elementi con valore superiore al perno.

A questo punto i due sottovettori vengono ordinati nello stesso modo, cioè individuando in ciascuno di essi un nuovo perno, spostando gli elementi e ricercando un successivo punto di pivot, e via di seguito fino a ottenere sottovettori di dimensione unitaria; quindi l'algoritmo termina, in quanto il vettore è completamente ordinato.
Dividendo il vettore in due parti, l'algoritmo rientra nella famiglia degli algoritmi di *divide et impera* (dove a ogni divisione il problema viene "ridotto", ma rimane sempre simile a se stesso) e quindi si presta all'implementazione ricorsiva.

Divide: il vettore di partenza `vet[p..r]` è ripartito (e risistemato) in due sottoarray non vuoti `vet1[p..q]` e `vet2[q+1..r]`, in modo che ogni elemento del primo sia minore o uguale a ogni elemento del secondo. L'indice `q` viene calcolato dalla procedura di partizionamento.

Impera: i due sottoarray `vet1[p..q]` e `vet2[q+1..r]` sono ordinati, ricorsivamente.

I Affinamento	II Affinamento

`quickSort(vet[p,r])`	`quick(p,r)`
	`partizionamento in due sottoarray`
	`quick(p,q)`
	`quick(q+1,r)`

Il punto cruciale dell'algoritmo è la strategia con cui si esegue la partizione per individuare il nuovo elemento di `pivot`.

1 Il vettore deve essere risistemato in modo che siano soddisfatte le seguenti condizioni:
  - sia `perno` il valore della cella selezionata come pivot corrente, cioè: `perno ← vet[pivotCorrente]` e inizio la ricerca di `pivotFuturo`;
  - tutti gli elementi nel sottovettore di sinistra del `pivotFuturo` devono avere valore minore o uguale a `perno`;
  - tutti gli elementi nel sottovettore di destra del `pivotFuturo` devono avere valore maggiore o uguale a `perno`.

2 Il `pivotFuturo` deve essere individuato nella posizione più centrale possibile, in modo da dividere perfettamente in due parti ogni vettore (è dimostrato che in questo caso si ottiene la massima efficienza).

Risolviamo il sottoproblema 1 sul seguente vettore di 8 elementi, dopo aver posto come `pivotCorrente` la posizione 4 contenente il numero 53, che diviene il `perno`.

41	68	11	53	97	23	94	66
sx →			4				← dx

La strategia per individuare la posizione di "spartizione" (`pivotFuturo`) del vettore è la seguente:

- si individua un numero maggiore del `perno` che si trova a sinistra nel vettore;
- si individua un numero minore del `perno` che si trova a destra nel vettore;
- si scambiano i due numeri tra loro;
- si esegue questa operazione di "scambio a coppie" finché si individua una posizione tale per cui tutti gli elementi a sinistra sono inferiori a `perno`, e tutti gli elementi a destra sono superiori a `perno`.

Operativamente si procede nel modo seguente: con due indici scorriamo il vettore da sinistra (sx) verso destra e confrontiamo ogni elemento alla ricerca di un numero maggiore (uguale) a 53; analogamente, procediamo da destra (dx) verso sinistra alla ricerca di un elemento con valore minore (o uguale) a 53.

Individuata la coppia di elementi, questi vengono scambiati di posto così che il minore venga posto nel sottovettore sinistro e il maggiore nel sottovettore destro. ▶

41	68	11	53	87	23	94	66
	sx		4		dx		

Da sx viene individuato il secondo elemento (che contiene 88 > 53) e da dx il sesto elemento (che contiene 23 < 53); effettuiamo lo scambio ottenendo: ▶

41	23	11	53	87	68	94	66
	sx		4		dx		

Proseguendo i confronti da sx, non si incontrano altri elementi con valore superiore al `perno` fino alla posizione sx = 5; anche da dx non si incontrano elementi con valore inferiore al perno fino alla posizione dx = 4. Il fatto che dx < sx, cioè che si incrocino, ci garantisce che tutti gli elementi a destra di dx hanno valore superiore e tutti gli elementi a sinistra di sx hanno valore inferiore: siamo dunque in presenza della condizione di uscita e la posizione di dx sarà il nuovo valore di pivot, cioè il `pivotFuturo`.

Si divide ora il vettore in due sottovettori, quello di sinistra e quello di destra, ciascuno con la coppia di indici sx e dx: osserviamo che gli elementi del primo vettore sono tutti inferiori rispetto agli elementi del secondo vettore. ▶

41	23	11	53
sx	2		dx

87	68	94	66
sx	6		dx

Prendiamo come valore del `perno` il 23 nel primo sottovettore: a sx = 1, il primo valore 41 è subito maggiore di 23, così come spostandoci da destra il primo valore minore di 23 è in posizione dx = 3 (11). Effettuiamo quindi lo scambio. ▶

11	23	41	53
sx	2	dx	

Procedendo, non ci sono altri scambi da effettuare dato che dx < sx; si individua quindi 2 come `pivotFuturo`.

Analizziamo ora il sottovettore di destra, assumendo come `perno` l'elemento che vale 68: ▶

87	68	94	66
sx	6		dx

Analogamente, il primo valore di sx = 5 (87) è subito maggiore di 68, così come il primo valore di dx = 8 (66) è minore di 68: effettuiamo lo scambio. ▶

66	68	94	87
sx	6		dx

Procedendo, non ci sono altri scambi da effettuare e si individua 6 come `pivotFuturo`.
Come riportato nella figura a lato, ogni sottovettore genera due "minivettori": ▶

11	23	41	53	66	68	94	87
sx	dx	sx	dx	sx	dx	sx	dx
1	2	3	4	5	6	7	8

Prendiamo come perno il primo elemento di ognuno dei quattro "minivettori": solo nell'ultimo si esegue lo scambio e il `pivotFuturo` di ciascuno di essi è proprio il primo elemento. Abbiamo ora otto vettori:

11	23	41	53	66	68	87	94
1	2	3	4	5	6	7	8

Ogni vettore è costituito da un solo elemento, quindi l'algoritmo termina: tutti gli elementi si trovano nella posizione corretta, perciò il vettore di partenza ora è ordinato.
Un discorso complesso andrebbe fatto sul criterio di individuazione del valore da utilizzare come perno a ogni iterazione: si è detto che l'algoritmo è tanto più efficiente quanto più l'elemento scelto partiziona perfettamente il vettore; l'unico metodo che garantisce questa situazione è quello che analizza tutti gli elementi per trovare quello centrale. In questo modo, però, *l'algoritmo che individua tale elemento diventa più complesso dell'algoritmo di ordinamento nella sua totalità*! Una possibile alternativa è quella di generare "a caso" l'elemento di perno tramite la funzione di generazione `random()`.
La scelta più semplice è quella del primo elemento del sottovettore oppure dell'elemento centrale (come nel nostro esempio): in questo modo, naturalmente, non individueremo l'elemento ottimale, ma tali operazioni sono semplici da realizzare e non introducono elaborazioni aggiuntive; inoltre, se il vettore è "ben disordinato" e di grosse dimensioni ($n > 100$) si ottiene comunque un buon rendimento. Eseguiamo la codifica.

I Affinamento

```
void quicksort(int inf, int sup);
 se (inf > sup)
   partiziona il  vettore




   trova il pivotFuturo

//chiamate ricorsive sulle due parti
quicksort(inf, pivotFuturo);
quicksort(pivotFuturo, sup);
```

II Affinamento

```
void quicksort(int inf, int sup);
 se (fine>inizio)
   pivot <= valore di (inizio+fine)/2
   mentre sx e dx non si incrociano
     trova elemento vet[dx]<pivot
     trova elemento vet[sx]>pivot
     se necessario scambiali tra loro

   trova il pivotFuturo

//chiamate ricorsive
quicksort(inf, pivotFuturo);
quicksort(pivotFuturo, fine);
```

Per effettuare le due ricerche utilizziamo due cicli a condizione iniziale:

```
    while (vet[sx]<pivot)
      sx++;                  // trova elemento > di pivot
    while (vet[dx]>pivot)
      dx--;                  // trova elemento < di pivot
```

Prima di effettuare lo scambio va eseguito il controllo sui valori che hanno "raggiunto" tali indici: è necessario verificare che dx non sia minore di sx, in quanto tale situazione, come detto precedentemente, è quella di vettore ordinato e, quindi, non richiede scambi.
Il codice completo è il seguente:

```
void quickSort(int vet[], int inf, int sup){
  int sx,dx;
  int pivot;
  sx=inf;
  dx=sup;
  pivot=vet[(inf+sup)/2];           // calcolo il perno
// partiziona in due il vettore
  while (sx<=dx){                   // mentre non si incrociano
    while (vet[sx]<pivot)
      sx++;                         // trova elemento > di pivot
    while (vet[dx]>pivot)
      dx--;                         // trova elemento < di pivot
    if (sx<dx)
      scambia(vet,sx,dx);           // scambiali
    if (sx<=dx){                    // se sx = dx
      sx++;                         // aggiorna gli estremi
      dx--;
    }
  }
// chiamata ricorsiva
  if (inf<dx)
    quickSort(vet,inf,dx);          // ricorsione parte sinistra
  if (sx<sup)
    quickSort(vet,sx,sup);          // ricorsione parte destra
}
```

L'algoritmo qui codificato non è esattamente quello ideato da Hoare, ma una versione più semplice: la versione originale colloca l'elemento di pivot nella posizione che esso assumerà definitivamente nel vettore ordinato durante ogni iterazione, mentre questa implementazione lo dispone in una qualunque posizione nelle due partizioni e soltanto le successive chiamate ricorsive lo collocano nella posizione finale. Quella qui presentata è un'implementazione semplificata che comunque mantiene la strategia originale.

Anche l'analisi della complessità computazionale dell'algoritmo di `quicksort` non è agevole: si tratta comunque di un algoritmo della famiglia "divide et impera", e con alcuni passaggi si ottiene che la complessità è $n \log n$; la notazione esatta è $T(n) = O(n \log n)$.

Prova adesso!

- Algoritmi di quicksort
- Trace table

APRI IL FILE esempio08

1. Modifica il programma inserendo le istruzione che permettano di seguire la sequenza degli scambi nel vettore durante l'esecuzione dell'algoritmo.
2. Controlla il codice con quello presente nel file esercizio07.

MODULO

9 PUNTATORI E LISTE SEMPLICI

UD 1 Puntatori

UD 2 Allocazione dinamica della memoria

UD 3 Le liste

UD 4 Pile e code

OBIETTIVI

- Concetto di allocazione dinamica e statica della memoria
- Modalità di classificazione dei tipi di dati
- I tipi di dati derivati
- Il tipo di dato puntatore
- Concetto di Tipo di Dato Astratto (TDA)
- Modalità di astrazione e organizzazione modulare
- Concetto di lista lineare
- Tecniche di implementazione delle liste lineari
- Concetto di pila e coda
- Primitive di gestione di una pila
- Primitive di gestione di una coda
- Conoscere i vantaggi dell'astrazione mediante l'uso di tipi di dato

ATTIVITÀ

- Definire dinamicamente le variabili
- Operare con i puntatori
- Gestire la memoria dinamica
- Utilizzare i tipi di dati derivati
- Definire liste semplici a puntatore
- Codificare le primitive per la gestione delle liste lineari
- Implementare i vari tipi di liste lineari
- Riconoscere situazioni adeguate all'utilizzo di liste lineari
- Realizzare pile e code staticamente e dinamicamente
- Definire le funzioni primitive per queste strutture
- Riconoscere le situazioni di utilizzo e l'implementazione di pile e code

UNITÀ DIDATTICA 1

PUNTATORI

IN QUESTA UNITÀ IMPAREREMO...

- a conoscere i puntatori
- a utilizzare gli operatori di indirizzo (&) e di deferenziazione

I puntatori

Info

Nella cartella M9 C sono presenti i file degli esercizi con la dicitura APRI e i file di tutti gli esempi proposti nel Modulo 9 (questi ultimi indicati con il nome del programma seguito dal suffisso .c).

Sappiamo che una *variabile* è un'area di memoria a cui viene dato un nome; con la dichiarazione:

```
int num;
```

facciamo in modo di riservare un'area di memoria che viene individuata dal nome `num` per memorizzare un dato di tipo `integer` e successivamente possiamo accedere al valore memorizzato mediante il suo nome.

Se in seguito eseguiamo questa istruzione:

```
num = 20;
```

il calcolatore memorizza il valore 20 in un'area di memoria identificata dal nome `num`. Naturalmente il calcolatore non ha "scritto nella propria memoria" il nome simbolico della variabile ma per individuare la posizione della variabile nella propria memoria assegna a ogni posizione (locazione) un numero univoco, chiamato *indirizzo* della locazione di memoria. Quindi una generica variabile è caratterizzata da quattro elementi:

nome: `num`
tipo: `int`
valore: 20
indirizzo: A010

A00E	. . .
A010	**20**
A012	. . .

Per conoscere l'indirizzo di una variabile nel linguaggio C si utilizza l'operatore indirizzo `&`.

Con la scritta:

```
&num
```

applichiamo l'operatore indirizzo "&" alla variabile num e l'operazione

```
printf("%p",&num)
```

fa apparire sullo schermo l'indirizzo della locazione di memoria dove è memorizzata la variabile num che, per esempio, visualizza l'indirizzo in formato esadecimale **0×A010** (in decimale 40986).

> L'indirizzo della locazione di memoria dove viene memorizzato il valore della nostra variabile non è sempre lo stesso: come descriveremo in seguito, la regione di memoria associata ad ogni programma fa parte di una regione di memoria RAM che si chiama heap e viene associata dinamicamente al processo all'atto del suo caricamento in memoria: quindi ad ogni esecuzione di un programma le variabili molto probabilmente avranno sempre un indirizzo diverso.

Il linguaggio C ha tra i suoi tipi standard le variabili il tipo puntatore: in questa variabile è possibile memorizzare l'*indirizzo* di una locazione di memoria: un puntatore, cioè, contiene l'indirizzo di una variabile.
Dato che il puntatore è un tipo standard come l'int, il char ecc., per utilizzare una variabile di tipo puntatore è sufficiente (e necessario) dichiararla.

Con la scrittura:

```
int *pi;
```

effettuiamo la dichiarazione di una variabile puntatore a un intero che, naturalmente, avrà una sua collocazione tra le locazioni di memoria come tutte le altre variabili.

A00E	. . .	
A010	20	**num**
A012	. . .	
	. . .	
A200	?	**pi**
A202	. . .	

> Abbiamo già utilizzato gli operatori & e * nel passaggio dei parametri alle funzioni.

Quindi una variabile puntatore può essere inizializzata usando l'operatore & di indirizzo:

```
int *pi, num; //dich. congiunta variabile punta_intero e intero
num = 20;
pi  = &num;    //contiene l'indirizzo della variabile num
```

Dopo aver eseguito il segmento di codice la situazione è la seguente: nella cella A200 (con nome simbolico pi) viene memorizzato l'indirizzo di memoria della variabile num, cioè A010. ▶

A00E	. . .	
A010	20	**num**
A012	. . .	
	. . .	
A200	A010	**pi**
A202	. . .	

Ora la variabile pi punta alla variabile num e graficamente si rappresenta con:

All'atto della sua creazione il contenuto del puntatore ha valore "imprevedibile": è quindi opportuno inizializzarlo a un valore "vuoto" con la seguente istruzione:

```
int *pa = NULL;    //  puntatore pa inizializzato a NULL
```

Attenzione: il valore `NULL` è diverso dal valore 0, così come il valore `void` di ritorno delle funzioni è anch'esso diverso dallo 0.

■ Operatore di deferenziazione "*"

L'operatore `*` ha inoltre la seguente capacità: se viene applicato a una variabile puntatore restituisce il valore memorizzato nella variabile a cui punta.
Quindi, avendo una variabile puntatore `pi` si ha che:

- `pi` memorizza l'indirizzo di una variabile (punta a una variabile);
- `*pi` restituisce il valore memorizzato nella variabile a cui punta `pi`.

OPERATORE
L'operatore * viene chiamato operatore di deferenziazione (o deferenziamento).

Vediamo graficamente le tre situazioni tipiche, eseguendole in sequenza:

A nella variabile `pi` viene messo l'indirizzo della variabile a

pi = &a

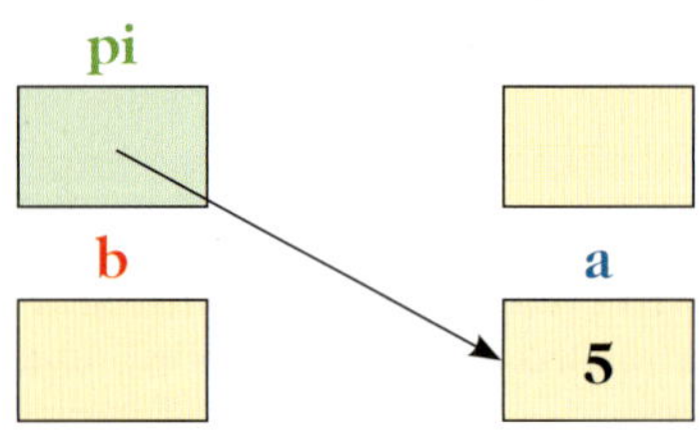

B nella variabile b viene messo il valore della variabile indirizzata da `pi`

b = *pi

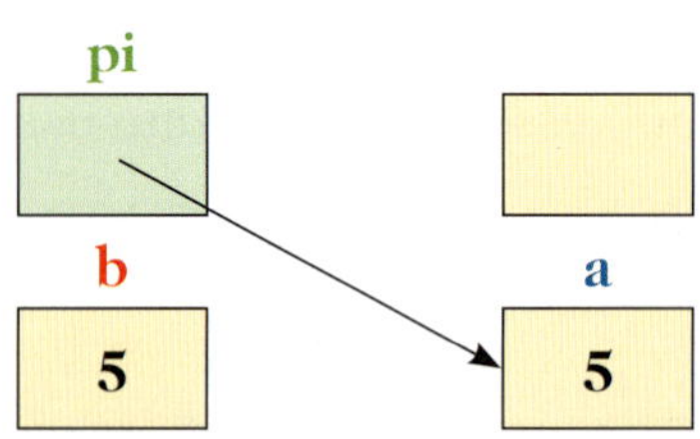

C nella variabile indirizzata da `pi` viene il valore 9

*pi = 9

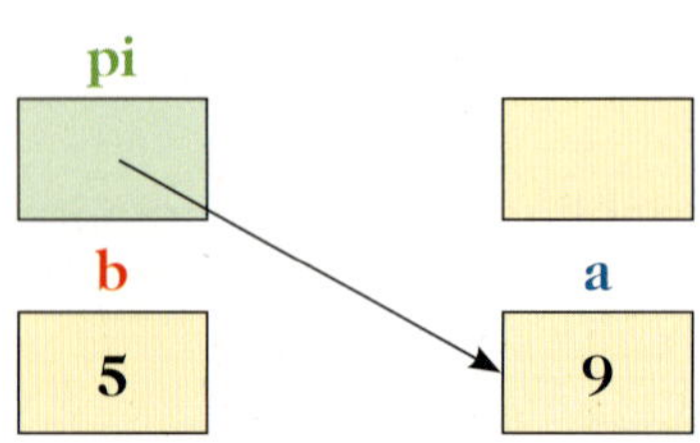

Quindi:
- &a è un puntatore, cioè un indirizzo di memoria;
- *pi è un valore intero, cioè il valore presente nella cella di memoria indirizzata da pi, e come intero posso operare su di esso con le operazioni su numeri interi, per esempio *pi = *pi +1.

Vediamo un primo esempio di utilizzo dell'operatore di deferenziazione *.

ESEMPIO 1 *Operatori di * e &*

```
int *pi;     // dichiarazione di un puntatore a intero
int n1,n2;   // dichiarazione di variabili intere
n1 = 2;      // inizializzo una variabile intera
pi = &n1;    // pi punta a n1
n2 = *pi;    // assegna a n2 il valore della var puntata da pi
             // (n2 vale 2 come n1 )
*pi = 5;     // assegna 5 alla variabile puntata da pi, ovvero a n1
```

Se pi è di tipo int, il risultato della deferenziazione *pi naturalmente è di tipo int.

> Bisogna prestare attenzione a non confondere i due utilizzi dell'operatore "*":
> - "*" in una dichiarazione serve per dichiarare una variabile di tipo puntatore;
> - "*" in un'espressione è l'operatore di deferenziazione.

Prova adesso!

- Implementazione di una coda con vettori

CREA UN PROGRAMMA provaPunta

1. Scrivi un segmento di codice che:
   - inizializzi una variabile intera (per esempio a 2);
   - salvi il suo indirizzo in un puntatore;
   - copi il valore deferenziato in una seconda variabile;
   - visualizzi il contenuto delle variabili e del puntatore.
2. Confronta il codice con quello presente nel file esercizio01.

Gli operatori di deferenziazione "*" e di indirizzo "&" hanno priorità più elevata degli operatori binari e sono uno l'inverso dell'altro:
- dalla dichiarazione int num; la scrittura *&num è un'altra formulazione per la variabile num ed equivale a fare valore(indirizzo(num)) che è sempre num;
- dalla dichiarazione int *pi; se effettuiamo &*pi questo ha valore uguale a pi. Mentre pi è una variabile &*pi non lo è, e non può essere usato a sinistra di un'assegnazione "=" in quanto darebbe risultati indeterminati: può invece essere visualizzato.

Vediamo un secondo esempio di queste due situazioni.

ESEMPIO 2 *Combinazione di * e &*

```
1 int main()
2 {
3   int num=7,*pi; // dic. var. intera e punta _intero
4   pi = &num;       //al puntatore assegno l'indirizzo
5 // modalità di visualizzazione dell'indirizzo della variabile num
6   printf("indirizzo di num  = %p\n", &num);
7   printf("valore di punta   = %p\n", pi);
8   printf("valore di &*punta = %p\n", &*pi);
9   putchar('\n');
10 // modalità visualizzazione del valore della variabile num
11   printf("valore di num    = %d\n", num);
12   printf("valore di *punta = %d\n", *pi);
13   printf("valore di *&num  = %d\n", *&num);
14   return 0;
15 }
```

Un'esecuzione del programma fornisce il seguente output: ▶

```
indirizzo di num   = 0022FF74
valore di punta    = 0022FF74
valore di &*punta  = 0022FF74

valore di num    = 7
valore di *punta = 7
valore di *&num  = 7
```

L'istruzione 4 fa assegnare alla variabile di tipo puntatore `pi` l'indirizzo della variabile `num`. Come è possibile vedere dal risultato, le tre istruzioni 6, 7 e 8 visualizzano lo stesso valore, cioè l'indirizzo di memoria nel quale è contenuto il nostro numero 7. L'istruzione 8 significa:

> *"visualizza l'indirizzo del dato memorizzato all'indirizzo contenuto nel puntatore punta"*

Le istruzioni 11, 12 e 13, invece, visualizzano proprio il dato. L'istruzione 13 significa:

> *"visualizza il dato memorizzato all'indirizzo contenuto nell'indirizzo della variabile num"*

Per migliorare l'output possiamo formattare i puntatori visualizzando il loro contenuto in formato esadecimale con l'istruzione 0x%X.

Prova adesso!

• Visualizzazione di indirizzi

APRI IL FILE esempio02

1. Aggiungi le istruzioni per visualizzare sullo schermo il valore esadecimale.
2. Confronta il codice con quello presente nel file esercizio01.

Facciamo un ultimo esempio: effettuiamo lo scambio del contenuto di due variabili utilizzando i puntatori.

ESEMPIO 3 *Scambio tra due variabili*

```
main()
{
//scambio tramite i valori
int n1 = 10, n2 = 20, temp;
  temp = n1;
  n1 = n2;
  n2 = temp;
  printf("\n n1= %d n2= %d",n1,n2);
// scambio tramite i puntatori
int *pn1, *pn2;
  pn1 = &n1;          // *pn1 diventa un alias per n1
  pn2 = &n2;          // *pn2 diventa un alias per n2
  temp = *pn1;
  *pn1 = *pn2;
  *pn2 = temp;
  printf("\n n1= %d n2= %d",n1,n2);
}
```

■ Funzione sizeof ()

Il linguaggio C ha nella sua libreria la funzione `sizeof()` che restituisce il numero di byte di occupazione in memoria di una variabile: questa funzione è quindi applicabile anche al tipo puntatore.

Vediamo un esempio dove creiamo tre puntatori a variabili di tipo diverso e visualizziamo le rispettive occupazioni di memoria.

ESEMPIO 4 *La funzione sizeof()*

Il codice C è il seguente:

```
int main ()
  char *pchar;
  int *pint;
  double *pdouble;
// visulizza le dimensioni dei puntatori
  printf("sizeof(pchar)  = %d, sizeof(pint)  = %d, sizeof(pdouble)  = %d\n",
         sizeof(pchar), sizeof(pint), sizeof(pdouble));
  printf("sizeof(char *) = %d, sizeof(int *) = %d, sizeof(double *) = %d\n\n",
         sizeof(char *), sizeof(int *), sizeof(double *));
// visulizza le dimensioni delle variabili
  printf("sizeof(*pchar) = %d, sizeof(*pint) = %d, sizeof(*pdouble) = %d\n",
         sizeof(*pchar), sizeof(*pint), sizeof(*pdouble));
  printf("sizeof(char)   = %d, sizeof(int)   = %d, sizeof(double)   = %d\n",
         sizeof(char), sizeof(int), sizeof(double));
  return 0;
}
```

Mandando in esecuzione il programma otteniamo il seguente output:

```
sizeof(pchar)  = 4,  sizeof(pint)  = 4,  sizeof(pdouble)  = 4
sizeof(char *) = 4,  sizeof(int *) = 4,  sizeof(double *) = 4

sizeof(*pchar) = 1,  sizeof(*pint) = 4,  sizeof(*pdouble) = 8
sizeof(char)   = 1,  sizeof(int)   = 4,  sizeof(double)   = 8
```

Possiamo osservare che i puntatori hanno tutti la medesima dimensione (4 byte), anche se puntano a variabili di tipo diverso: questo risultato era prevedibile, in quanto devono tutti contenere un indirizzo di memoria, indipendentemente dal tipo di variabile che puntano. È però opportuno evidenziare il fatto che nonostante i puntatori abbiano la stessa dimensione non possono essere "scambiati" tra loro: ogni puntatore punta a un particolare tipo, e può essere utilizzato solo per variabili dello stesso tipo.

Prova adesso!

- Funzione `sizeof()`
- Manipolazione di puntatori

APRI IL FILE esercizio02

1. Manda in esecuzione il programma e osserva i risultati.
2. Aggiungi le istruzioni per visualizzare il contenuto delle variabili.
3. Scambia tra loro i puntatori alle variabili e manda in esecuzione il programma eliminando le situazioni di errore.
4. Confronta il codice con quello presente nel file esercizio03.

Operazioni con i puntatori

Le operazioni che possono essere fatte sul tipo puntatore prendono il nome di aritmetica dei puntatori. Con queste operazioni è possibile effettuare gli accessi a strutture di dati omogenei conservati in posizioni contigue della memoria in modo semplice e diretto: vedremo un esempio del loro utilizzo sugli array.

Somma di un intero a un puntatore

Con l'operazione di somma di un **intero** a un **puntatore** effettuiamo un'operazione tra due tipi diversi: lo scopo è quello di ottenere il posizionamento del puntatore all'elemento successivo di memoria. Vediamo un esempio dove sommiamo a pa (puntatore a `int`) il numero 1 con il relativo output:

```
int *pa;
pa  = malloc(sizeof(int));  // allocazione intero
printf("indirizzo: 0x%x\n", pa);
pa++;            // punta alla cella int successiva
printf("indirizzo: 0x%x\n", pa);
```

```
indirizzo: 0x3e2468
indirizzo: 0x3e246c
```

In generale se pa è un puntatore a un certo tipo il suo valore è un certo indirizzo, eseguendo p+num viene aggiunto num volte l'indirizzo necessario per accedere correttamente alla posizione di una variabile del tipo di partenza num posizioni più avanti nella memoria.

Questa operazione ha "senso" solo per la manipolazione diretta degli array, in quanto gli elementi sono memorizzati sequenzialmente: se p (puntatore a intero) contiene l'indirizzo della prima cella di un array di interi, p+1 produce l'indirizzo della seconda cella, p+2 l'indirizzo della terza e via dicendo.

L'aritmetica dei puntatori permette di recuperare i dati da un array con una notazione alternativa rispetto a quella tradizionale che si basa sull'indice: l'istruzione *(v1+i) *equivale a* v1[i] dato che con *v1 indichiamo l'indirizzo di base del vettore che è anche l'indirizzo del primo elemento v1[0].

Sottrazione di un intero a un puntatore

È l'operazione opposta alla somma; il valore nel puntatore è l'indirizzo di num posizioni precedenti a quella iniziale all'interno della memoria:

```
int *pi;
pi  = malloc(sizeof(int));  // allocazione intero
printf("indirizzo: 0x%x\n", pi);
pi=pi-2;            // punta a due interi precedenti
printf("indirizzo: 0x%x\n", pi);
```

```
indirizzo: 0x3e24d0
indirizzo: 0x3e24c8
```

Operatore di differenza tra due puntatori

Per eseguire la differenza tra due puntatori è necessario che i due operandi siano *puntatori allo stesso tipo*: come risultato si ottiene la differenza di elementi del tipo base che sono "interposti" tra i due indirizzi.
Viene cioè effettuata la *differenza* aritmetica tra gli indirizzi *diviso* per il numero di byte di occupazione di memoria del tipo base.

Anche l'operazione di differenza fra puntatori è significativa solo se i due operandi contengono gli indirizzi di due celle del medesimo array e se il tipo base dell'array coincide con quello dei due puntatori. In questo caso, infatti, la differenza fra i due puntatori corrisponde al numero di celle dell'array che separano la cella puntata del puntatore di valore minore da quella del puntatore di valore maggiore:

```
int *p1,*p2,diff;
p1  = malloc(sizeof(int));  // allocazione intero
printf("indirizzo: 0x%x\n", p1);
p1=p1+3;            // punta a 3 interi successivi
printf("indirizzo: 0x%x\n", p1);
p2=p1-2;            // punta a due interi precedenti
printf("indirizzo: 0x%x\n", p2);
diff=p1-p2;         // interi di "distanza" tra i puntatori
printf("int di differenza: %d\n", diff);
```

```
indirizzo: 0x3e2468
indirizzo: 0x3e2474
indirizzo: 0x3e246c
int di differenza: 2
```

Verifichiamo le conoscenze

Per **verificare le tue conoscenze** svolgi i seguenti esercizi senza utilizzare il calcolatore. (*Se sorgeranno dubbi in merito a qualche risposta, esegui la trace table per individuare il risultato.*)

Simulazione informatica

```
int main()
{
 int n1, n2, *p, *q;
 n1  = 5;
 n2  = 10;
 p  = &n1;
 q  = &n2;
 n1  = n1 + *q;
 *q = n1 + n2;
 n1  = n1 + *q;
 q  = p;
 *p = n1 + n1;
 printf("n1=%d n2=%d *p=%d *q=%d",n1,n2,*p,*q);
 return 0;
}
```

```
int main()
{
 int *p,**q;
 int n1= 5, n2= 10;
 q   = &p;
 p   = &n1;
 *p  = 11;
 **q = 22;
 *q  = &n2;
 n2  = n1 - *p;
 n1  = n1+n2;
 *p  = 33+n1-n2;
 printf("n1=%d n2=%d *p=%d **q=%d\n",n1,n2,*p,**q);
 return 0;
}
```

Verifichiamo le competenze

Esprimi la tua creatività

Progetta e realizza completamente in linguaggio di programmazione il codice che risolva i problemi proposti.

1 Scrivi una funzione che ruoti il contenuto di tre variabili tramite l'indirizzo delle celle di memoria.

2 Scrivi un programma che visualizzi le dimensioni di memoria espresso in numero di byte di ogni tipo semplice.

3 Leggi tre numeri interi inseriti dall'utente e memorizzali in un record in memoria statica. Quindi trasferiscili in altrettante variabili dinamiche.

4 Leggi tre numeri interi inseriti dall'utente e memorizzali in tre celle in memoria dinamica. Quindi trasferiscili in un vettore statico e rilascia lo spazio nella memoria heap.

5 Scrivi un programma che legga cinque numeri interi e li memorizzi in altrettante variabili dinamiche. Quindi individua i numeri dispari e sostituiscili con nuovi numeri letti dalla tastiera, finché tutti i numeri contenuti nelle variabili saranno pari.

6 Prova a saturare la memoria heap: verifica il numero di variabili dinamiche che possono essere contenute in una memoria heap in queste situazioni:
- definendo puntatori a variabili di tipo int;
- definendo puntatori a variabili di tipo double.

7 Prova a saturare la memoria heap: verifica il numero di variabili dinamiche che possono essere contenute in una memoria heap in queste situazioni:
- definendo puntatori a variabili di tipo char;
- definendo puntatori a variabili di tipo float.

8 Leggi cinque numeri interi e memorizzali in altrettante variabili dinamiche, quindi ordinali con un algoritmo a piacere utilizzando i rispettivi puntatori.

9 Scrivi un programma che inserisca i dati in un vettore utilizzando esclusivamente l'algebra dei puntatori.

10 Scrivi un programma che inserisca e legga i dati presenti in un vettore visualizzando alternativamente quelli in posizione pari e quelli in posizione dispari utilizzando esclusivamente l'algebra dei puntatori.

11 Scrivi un programma che effettui l'ordinamento di un vettore con l'algoritmo di bubble-sort utilizzando esclusivamente l'algebra dei puntatori.

12 Scrivi un programma che effettui l'ordinamento di un vettore con l'algoritmo di shake-sort utilizzando esclusivamente l'algebra dei puntatori.

13 Scrivi un programma che effettui l'ordinamento di un vettore per sele-sort utilizzando esclusivamente l'algebra dei puntatori.

14 Definisci un array di 10 numeri interi.

15 Definisci e inizializza un puntatore in modo tale che la differenza tra questo e il puntatore al vettore dia come risultato il numero 6. Visualizzane i due indirizzi.

UNITÀ DIDATTICA 2

ALLOCAZIONE DINAMICA DELLA MEMORIA

IN QUESTA UNITÀ IMPAREREMO...

- ad allocare dinamicamente variabili semplici
- ad allocare dinamicamente variabili strutturate
- a liberare la memoria

Allocazione dinamica della memoria

I puntatori giocano un ruolo fondamentale nella programmazione in quanto offrono la possibilità di avere l'allocazione dinamica della memoria e quindi di realizzare programmi in grado di gestire quantità di dati variabili, non necessariamente noti in fase di compiled-time.

Fino ad ora abbiamo visto che nei programmi le variabili sono sempre definite staticamente e, nel caso di array, è necessario conoscere le loro dimensioni indicando valori costanti che vengono mantenuti tali per tutta l'esecuzione del programma.

Questo è un limite perché esistono situazioni in cui non è possibile conoscere la quantità di dati da elaborare a priori; tale dato si conosce solo in fase di esecuzione del programma (run-time), come nel semplice esempio riportato di seguito.

Situazione

Si effettui la lettura da tastiera di un insieme di numeri terminanti con uno 0 e si esegua la loro stampa a video in ordine inverso (senza l'utilizzo dei file).

Soluzione

Il problema non presenta apparentemente alcuna difficoltà, né di comprensione né di individuazione della strategia risolutiva, in quanto prevede due operazioni elementari:

- lettura di un numero (input);
- visualizzazione di un numero (output).

Per essere precisi, in questo problema non viene richiesta alcuna fase di elaborazione, ma esclusivamente una fase di input e una di output: l'unica "particolarità" è che i numeri letti devono essere visualizzati in ordine inverso, cioè deve essere scritto per primo l'ultimo numero inserito, per secondo il penultimo e così via.
Purtroppo, non è noto il "numero dei numeri da leggere", in quanto la sequenza termina quando viene inserito il valore 0, che fa da "tappo".

La soluzione di questo problema, per poter essere elementare, deve prevedere la memorizzazione dei dati letti in apposite variabili durante la fase di lettura e, al termine di questa, la loro visualizzazione.
Un semplice top-down è il seguente:

I Affinamento	II Affinamento

`//leggi` *i numeri*	`per` *tutti i numeri* `fai`
	`leggi(numero)`
	memorizzalo

`//visualizza` *sullo schermo*	`per` *tutti i numeri* `fai` `comunica(numero)` *a partire dall'ultimo*

Purtroppo, non sapendo quanti sono i numeri, la soluzione impone alcune scelte dato che prima di iniziare l'esecuzione del programma è necessario definire tante variabili (per esempio, la dimensione di un vettore) quanti sono i numeri da inserire per poterli memorizzare, effettuarne l'"inversione" dell'ordine con cui sono stati letti e quindi procedere alla loro stampa a video.

Le possibili soluzioni sono:
- dimensionare un vettore con un valore molto elevato (per esempio 10.000), sperando che sia sufficiente per tutte le possibili istanze del problema;
- limitare il numero massimo di numeri da leggere, ponendo così un limite al funzionamento del programma;
- effettuare elaborazioni parziali, cioè a gruppi di numeri: per esempio, dimensionare a 100 il vettore ed effettuare l'inversione di 100 numeri alla volta.

Tutte le soluzioni proposte non soddisfano però completamente le specifiche del problema, per cui la soluzione deve essere ulteriormente ricercata in quanto l'algoritmo risolutivo deve sempre soddisfare completamente ogni possibile richiesta.

Il "nocciolo del problema" non è certo quello di invertire una sequenza di numeri, ma quello di elaborare un insieme indefinito di variabili (o di dati).

Il fatto che il numero di variabili necessarie non sia noto a priori comporta la possibilità di poter avere una gestione flessibile della memoria, cioè di predisporre le variabili al momento della loro effettiva necessità, senza essere obbligati alla loro dichiarazione preventiva: si passa da un concetto di allocazione statica, cioè prima dell'avvio del programma, a quello di allocazione dinamica della memoria.

ALLOCAZIONE STATICA E DINAMICA

L'allocazione statica della memoria consiste nella definizione delle variabili prima dell'inizio dell'esecuzione del programma (dichiarazione statica, cioè in compiled-time), in cui:
- l'esistenza deve essere prevista e dichiarata a priori;
- il loro nome deve essere deciso a priori.

L'allocazione dinamica della memoria consiste nella definizione delle variabili "al volo" al momento del fabbisogno (cioè in fase di run-time): il programma può richiedere al sistema di allocare il quantitativo di memoria specificato in fase di esecuzione e, se tale richiesta ha successo, il sistema restituisce l'indirizzo del primo byte di tale quantitativo.
Per fare ciò il programma richiama una o più funzioni di libreria, che "inoltrano la richiesta" al sistema operativo il quale, a sua volta, verifica la disponibilità di spazio nella sezione di memoria RAM denominata heap.

Zoom su...

PROGRAMMI E MEMORIA

A ciascun programma utente viene assegnata una porzione di memoria divisa in due parti:
- l'area del codice, che contiene il codice del programma;
- l'area dati, che contiene:
  - le variabili statiche;
  - l'area heap, disponibile per allocazioni dinamiche (come vedremo in seguito);
  - l'area stack, che contiene i record di attivazione delle procedure/funzioni.

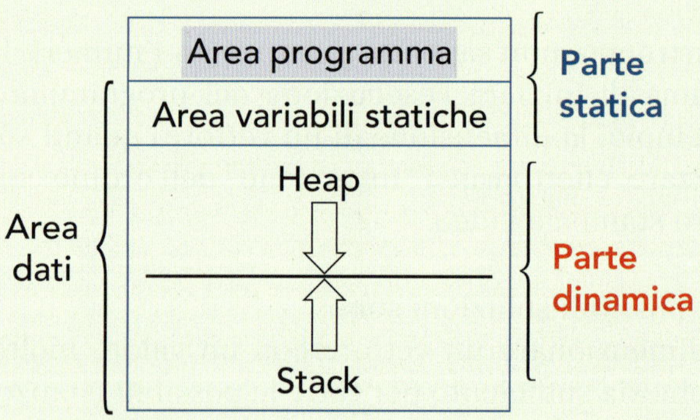

L'occupazione totale in memoria di un programma è nota al momento del suo caricamento in quanto:
- è nota la dimensione dell'area del programma, che è composta dal numero di righe del codice;
- è nota la dimensione dell'area delle variabili statiche, definite globali nel programma;
- è stabilita la dimensione della componente dinamica dell'area dati, suddivisa in heap + stack.

Non è invece stabilita né la dimensione della heap né quella dello stack: hanno però un limite superiore entro il quale non possono crescere in quanto la loro somma ha un valore prefissato:
- la dimensione della heap varia a seconda della richiesta di variabili dinamiche (che vedremo in seguito);
- lo stack aumenta ogni volta che viene aggiunto un RDA e decresce quando termina la funzione/procedura corrispondente che ne provoca il rilascio.

Le variabili dinamiche vengono create al "momento del bisogno" (allocazione), durante l'esecuzione del programma, all'interno della memoria heap che però, come si è visto, ha una dimensione finita (generalmente dell'ordine di qualche decina di kilobyte), che costituisce il limite massimo delle strutture dinamiche utilizzabili. Il numero delle variabili dinamiche sarà perciò finito, e senza le dovute accortezze potremmo "incappare" in problemi di saturazione di memoria (situazione di *out of memory* o *memory overflow*).
Il primo accorgimento che deve essere adottato da ogni buon programmatore consiste nel non sprecare spazio di memoria, soprattutto in quelle situazioni in cui, dopo un certo numero di istruzioni, una o più variabili dinamiche non sono più utilizzate dal programma e occupano inutilmente spazio nella heap: tutti i linguaggi mettono a disposizione un meccanismo apposito per "liberare" tale spazio dalla memoria (deallocazione).

GESTIONE DELLA HEAP

È possibile gestire direttamente il ciclo di vita di una porzione della memoria heap.
Per mezzo del meccanismo di allocazione e deallocazione dinamica:
- il programma può richiedere al sistema di "riservare" il quantitativo di memoria specificato;
- se tale richiesta ha successo, il sistema restituisce l'indirizzo del primo byte di tale zona;
- la memoria così ottenuta rimane allocata fino a quando il processo termina oppure fino a quando il programma comunica esplicitamente al sistema che essa può essere rilasciata e resa nuovamente disponibile.

Il termine heap (che in inglese significa cumulo, mucchio) indica uno spazio di memoria gestito in maniera dinamica, in cui ogni variabile viene cioè "impilata" e non inserita in memoria nella tradizionale modalità random: nella memoria heap le variabili dinamiche sono memorizzate in maniera sequenziale in base all'ordine cronologico di allocazione, con la particolarità che l'accesso agli elementi avviene in modo diretto, tramite l'indirizzo contenuto in un puntatore.

Qualora occorra allocare nuova memoria durante l'esecuzione del programma, quando serve si usa una funzione di libreria che ne effettua la richiesta al sistema operativo: `malloc()`.

La funzione `malloc()`:
- chiede al sistema di allocare un'area di memoria della dimensione specificata come parametro;
- restituisce l'indirizzo generico dell'area di memoria allocata (*), `void` se non è riuscito ad allocarla.

La struttura sintattica completa dell'istruzione è la seguente:

```
void* malloc(dimensione);
```

Questa funzione chiede al sistema di allocare in un'area di memoria una grande `dimensione` di byte e restituisce l'indirizzo dell'area di memoria allocata (◀ NULL ▶ se, per qualche motivo, l'allocazione non è stata possibile).

◀ La costante NULL è una costante definita in `<stdlib.h>` di tipo `void`* (quindi compatibile con tutti i tipi puntatore) e indica un puntatore che non punta a nulla: non può essere deferenziato e tipicamente ha valore 0. ▶

malloc() restituisce un puro indirizzo, ossia un puntatore "senza tipo": per assegnarlo a uno specifico puntatore occorre un cast esplicito; è sempre opportuno controllare il risultato di malloc() prima di usare la memoria fornita per verificare il buon fine della procedura.

```
p = malloc(10));
if (p == NULL) {
  printf("Non ho abbastanza memoria per l'allocazione\n");
  exit(1);
}
```

Vediamo due esempi di chiamata:

```
// Allocaz.dinamica di 10 byte per memorizzare numeri reali
float *pf;
pf = (float*) malloc(10);

// Allocaz.dinamica di 6 interi "liberi" dal tipo di HW
int *pi;
pi = (int*) malloc(6*sizeof(int));
```

Per svincolare i programmi dalle modalità con cui macchine diverse rappresentano i numeri è più opportuno utilizzare la seconda notazione, dove sizeof() individua la dimensione della singola variabile.

Una volta definita l'area di memoria, questa può essere usata secondo due diverse modalità:
- direttamente tramite la notazione a puntatore (*p);
- tramite la notazione ad array ([ ]).

Vediamolo in un esempio.

ESEMPIO 6 *Utilizzo di malloc()*

```
main()
{ // accesso mediante puntatore
  int *pi, num1, num2, x;
  pi  = (int*) malloc(sizeof(int));
  *pi = 33;
  num1= 66;
  num2=*pi+num1;
  printf(" valore variabili:*p1=%d, num1=%d, *p1=%d \n",*pi,num1,num2);
  // accesso mediante notazione di array[]
  int *p5i;
  p5i=(int*)malloc(5*sizeof(int));
  p5i[0]=1;p5i[1]=3;p5i[2]=5;p5i[3]=7;
  *(p5i+4) = -11;
  for (x=0;x<5;x++)
    printf("\n numero %d =%d",x,*(p5i+x));
}
```

Il risultato della seconda definizione fatta con l'istruzione 11 è quello di definire 5 variabili intere a partire da un dato indirizzo di memoria che viene memorizzato nel puntatore `p5i` che corrisponde alla prima cella, cioè l'elemento di posto [0] di un array di 5 elementi.

Con l'istruzione 12 scriviamo quindi nelle 4 celle come in un normale vettore di interi.

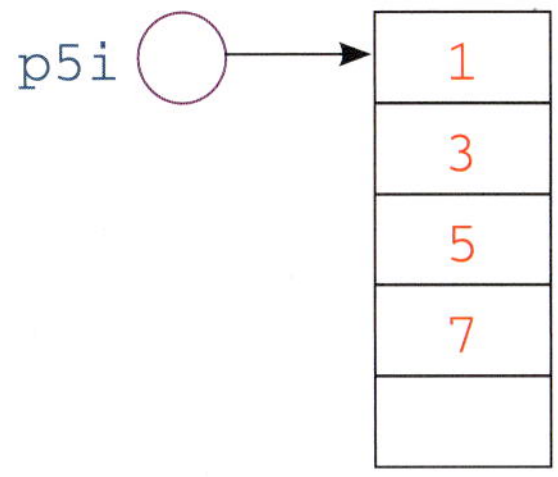

L'istruzione 13 scrive direttamente nell'indirizzo ottenuto sommando 4 posizioni interne a partire dall'indirizzo iniziale `p5i`: equivale alla quinta cella del vettore, e il risultato finale è il seguente:

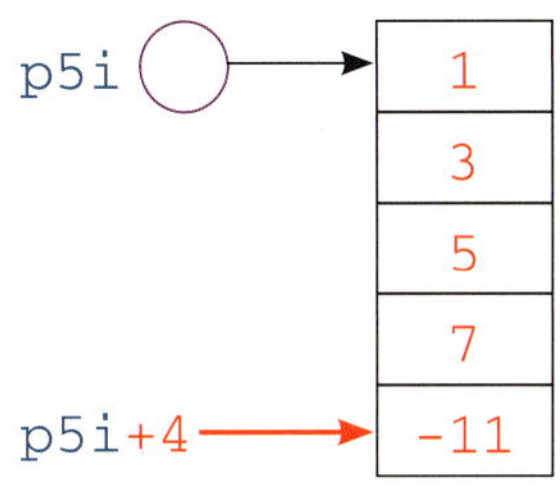

> Il linguaggio C non esegue alcun controllo se stiamo scrivendo all'interno dell'area di memoria che abbiamo dichiarato oppure se stiamo "uscendo" dal vettore: è doveroso prestare attenzione per non eccedere dalle dimensioni dell'area allocata dinamicamente.

Vediamo un esempio più articolato.

ESEMPIO 7 *Creazione di un array dinamico*

Creiamo un array dinamico passando come parametro la dimensione desiderata:

```
main()
{ // accesso mediante puntatore
  int *pi, num1, num2, dim, x;
  printf("Inserisci il numero di elementi da sommare: ");
  scanf ("%d",&dim);
  pi=(int*)malloc(dim*sizeof(int));  // alloco dim numeri interi
  for(x=0;x<dim;x++)
  {
    printf ("\ninserisci il numero %d :", x+1);
    scanf  ("%d",&pi[x]); // inserisco i numeri a partire da &pi[0]
  }
  for (x=0;x<dim;x++)      // li visualizzo direttamente con *(pi+offset)
    printf("\n numero %d =%d",x+1,*(pi+x));
}
```

In questo caso la dimensione del vettore non è nota ma letta in fase di run-time.
Allo stesso modo si potrebbe aggiungere una variabile alla volta, ma mano che viene letto un numero da tastiera, per poi memorizzarlo nella heap.

Prova adesso!

- Creazione dinamica di un array
- Verifica allocazione di memoria

APRI IL FILE esempio07

1. Modifica il programma inserendo il controllo per verificare se è stata allocata correttamente la memoria richiesta.
2. Confronta il codice con quello presente nel file esercizio05.

Zoom su...

CALLOC()

Oltre alla funzione `malloc()` è presente anche una seconda funzione per allocare spazio in memoria, la funzione `calloc(n, size);`.
`calloc` alloca uno spazio per salvare un numero `n` di elementi della dimensione specificata da `size` e inoltre inizializza ogni byte di tale blocco di memoria a zero a differenza della `malloc()` che non inizializza la memoria.

Deallocazione della memoria

Il tempo di vita di un'area dati dinamica non è legato a quello della funzione che l'ha allocata: se la funzione termina, l'area dati "sopravvive" e quindi può essere utilizzata da altre funzioni; questa particolarità viene quindi sfruttata per "condividere" dati tra funzioni differenti. L'ultimo che la utilizza alla fine ... la distrugge.
I linguaggi di programmazione hanno due modalità di rilascio della memoria dinamica:
- modalità manuale, gestita dal programmatore;
- modalità automatica (o garbage collection), descritta nel prossimo paragrafo.

La modalità manuale consiste nel rendere nuovamente disponibile lo spazio di memoria heap quando il dato non serve più, utilizzando procedure (o funzioni) specifiche che liberano la memoria in modo che sia utilizzabile per successive allocazioni.
Il modello di gestione della memoria dinamica del C richiede che l'utente si faccia esplicitamente carico anche della deallocazione della memoria mediante la funzione di libreria `free()`: per liberare tale area di memoria basta passare a questa funzione il puntatore all'area che è stata richiesta con `malloc()` come parametro.

```
free (<puntatore>)
```

L'effetto di questa funzione è "liberare" la memoria allocata dinamicamente e occupata dalla variabile referenziata dal <puntatore>.
Non è necessario specificare la dimensione del blocco da deallocare, perché *il sistema la conosce già dalla* `malloc()` *precedente*.

La modalità manuale è un approccio molto pericoloso: molti errori sono causati proprio da un'errata deallocazione della memoria, con il rischio di avere puntatori che puntano ad aree di memoria non più esistenti (*dangling reference*), come nel seguente esempio:

```
int *miaFunzione(void){
  int *p;                    /* puntatore a intero (definizione)     */
  int num =100;
  ...
  p=(int *)malloc(sizeof(int)); /* allocazione della memoria         */
  ...
  *p=69;                     /* impiego dell'area allocata           */
  ...
  free(p);                   /* deallocazione memoria                */
  *p=20;                     /* ERRORE - DANGLING REFERENCE          */
/* l'area di memoria puntata da p non e' piu' disponibile !          */
  free(num);                 /* deallocazione memoria                */
  ...
  p=NULL;                    /* CORRETTO: inizializzo il puntatore   */
return &num                  /* ERRORE - DANGLING REFERENCE          */
/* l'area di memoria puntata da num non e' piu' disponibile !        */
}
```

ESEMPIO 8 *Errore di deallocazione*

Vediamo un secondo esempio dove invece viene perso il collegamento ad una variabile:

```
 1 main()
 2 {
 3   int *pa;
 4   int *pb;
 5   pa  = malloc(sizeof(int)); // allocazione dinamica della I cella intera
 6   *pa = 222;                 // assegno a *pa un valore
 7   pb  = pa;                  // pa e pb PUNTANO ALLA STESSA CELLA DI MEMORIA
 8   free(pb);                  // deallocazione di *pb, E QUINDI ANCHE DI *pa
 9   pa  = malloc(sizeof(int)); // allocazione dinamica della I cella intera
10   *pa = 777;                 // ora *pa ha di nuovo un valore significativo
11   pb  = malloc(sizeof(int)); // allocazione dinamica della II cella intera
12   *pb = *pa;                 // le celle contengono lo stesso valore
13   pb  = malloc(sizeof(int)); // ERRORE: allocazione dinamica della III cella intera
14 }                            // con perdita del riferimento alla II cella
```

In questo esempio perdiamo il riferimento a una cella di memoria: seguiamo il contenuto della heap.
Le prime 7 istruzioni creano una variabile di tipo `int`, vi scrivono il numero 222 e ad essa collegano entrambi i puntatori.

L'istruzione 8 rilascia la memoria, quindi i due puntatori puntano a **NULL**:

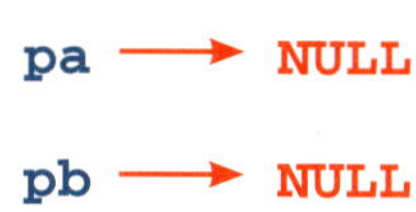

Con le istruzioni da 9 a 12 vengono allocate due variabili intere e nella prima si scrive il numero 777, che successivamente viene copiato anche nella seconda.

Con l'ultima istruzione si crea una nuova variabile referenziata da `pb` che, però, contemporaneamente perde il collegamento alla variabile che puntava in precedenza, ottenendo la seguente situazione: ▶

La cella di memoria 0X3E24C8 è irrecuperabile: per il sistema operativo risulta allocata ma, di fatto, è irraggiungibile! ▶

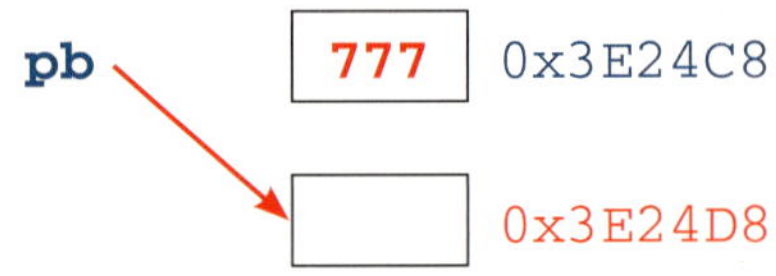

Gestione dinamica con il Garbage Collector

La frammentazione della memoria dinamica è simile alla frammentazione che si verifica nel disco rigido a causa del successivo alternarsi di scrittura e lettura di elementi aventi dimensioni diverse: con il tempo è possibile che si vengano a creare molte aree libere di piccole dimensioni, quindi difficilmente utilizzabili, intervallate da aree occupate da elementi referenziati e utilizzati. Nel caso del disco fisso, il sistema mette a disposizione programmi di utilità per effettuare il *defrag* (come *utilità di deframmentazione dischi* di Windows), che compatta lo spazio utilizzato spostando e riordinando i file su disco.
Nel caso della memoria dinamica tale operazione viene svolta dalle routine di garbage collection, le quali svolgono due importanti funzioni:

1. si occupano della riorganizzazione della heap: quando vi è molta frammentazione, tutte le variabili referenziate sono spostate in aree adiacenti, in modo che le aree libere possano essere compattate: ciò avviene automaticamente, senza l'intervento del programmatore;
2. individuano le aree di memoria "perse", cioè le variabili dinamiche che non hanno più alcun puntatore che le referenzia e che quindi contengono dati non più recuperabili, e le rilasciano analogamente a quanto viene eseguito dalla funzione `free()`.

Il vantaggio di un gestore automatico della memoria si traduce in una semplificazione dell'attività di programmazione e nell'eliminazione degli errori dovuti alla gestione dei puntatori.

GARBAGE COLLECTOR

Il Garbage Collector (che in inglese significa "raccoglitore di spazzatura") è un programma (o meglio un processo) che si occupa di recuperare le porzioni di memoria heap inutilizzate per metterle a disposizione del programma, effettuando il compattamento delle aree libere e alleggerendo la memoria occupata delle variabili non più utilizzate.

Puntatori e array

In C c'è uno stretto legame tra puntatori e array: nella dichiarazione di un array si sta di fatto dichiarando un puntatore al primo elemento dell'array, come già visto nella precedente unità:

`int vet[5];` equivale a `int*p5i`

Infatti vet equivale a &vet[0] e lo verifichiamo con il codice seguente:

```
int vet[5];          // dichiaro un puntatore e alloco 5 spazi interi
printf("\n %p %p",vet,&vet[0] );              // indirizzo prima cella
int *p5i;                                     // dichiaro un puntatore
printf("\n %p %p",p5i,&p5i[0] );              // indirizzo prima cella
```

Un'esecuzione ci permette di verificare l'identità delle due notazioni: ▶

```
0022FF40 0022FF40
003E24C8 003E24C8
```

L'unica differenza tra vet e una variabile puntatore è che il nome dell'array è un *puntatore costante*: non si modifica la posizione a cui punta, altrimenti si perde una parte dell'array. Il nome di un array è un *puntatore costante* al primo elemento dell'array:

vet equivale a &vet[0]
*vet equivale a vet[0]

L'accesso agli array mediante indici è equivalente a quello ottenuto dall'aritmetica dei puntatori, ossia:

vet+x equivale a &vet[x]
*(vet+x) equivale a vet[x]

Quando si scrive un'espressione come vet[x] questa viene convertita in un'espressione a puntatori che restituisce il valore dell'elemento appropriato.
Più precisamente, vet[x] equivale a *(vet+x) ossia il valore a cui punta vet+x.
In modo analogo *(vet+1) è uguale a vet[1] e così via.

Poter sommare un numero a un puntatore può offrire molte possibilità, ma comporta anche molti rischi: è necessario conoscere esattamente che cosa è presente in memoria, il tipo di dato e quanti byte sono occupati (sappiamo che un int in generale occupa 2 byte mentre un float 4 byte).
Quindi sommare 1 a un puntatore ad array significa farlo passare al successivo elemento: è sufficiente ricordare che l'aritmetica dei puntatori si basa su unità del tipo di dati trattato.
È possibile utilizzare gli operatori di incremento e decremento (++ e --) con i puntatori, ma non con il nome dell'array perché quello è un puntatore costante e non può essere modificato.

ESEMPIO 9 *Equivalenza tra vettori e puntatori*

Confrontiamo le operazioni eseguite su vettori e su celle di memoria definite con i puntatori:

```
main()
{
  int *p5i;                          // dichiaro un puntatore
  p5i=(int*)malloc(5*sizeof(int));   // alloco 5 interi
  int vet[5];          // dichiaro un puntatore e alloco 5 spazi interi
  int x;
```

```
  for (x=0;x<5;x++){ // assegno valori alle celle di memoria
    p5i[x]=x;
    vet[x]=x*10;
  }
  printf("\n Valori in memoria" );                    // recupero dei dati:
  printf("\n  heap vettore heap vettore ");
  for (x=0;x<5;x++){
    printf("\n %4d %4d",p5i[x],vet[x]);               // a) notazione vettore
    printf("   %4d %4d",*(p5i+x),*(vet+x));           // b) notazione puntatori
  }
  printf("\n Indirizzi  ");                           // recupero indirizzi
  printf("\n vettore                heap ");
  for (x=0;x<5;x++){
   printf("\n %p %p",vet+x,&vet[x] );                 // a) notazione vettore
   printf("   %p %p",p5i+x,&p5i[x] );                 // b) notazione puntatori
  }
}
```

Mandandolo in esecuzione, verifichiamo che le due scritture sono equivalenti, cioè: ▶

```
Valori in memoria
 heap vettore heap vettore
    0    0       0    0
    1   10       1   10
    2   20       2   20
    3   30       3   30
    4   40       4   40
Indirizzi
vettore                heap
0022FF40 0022FF40      003E24C8 003E24C8
0022FF44 0022FF44      003E24CC 003E24CC
0022FF48 0022FF48      003E24D0 003E24D0
0022FF4C 0022FF4C      003E24D4 003E24D4
0022FF50 0022FF50      003E24D8 003E24D8
```

Un array ottenuto per allocazione dinamica è "dinamico" poiché *le sue dimensioni possono essere decise in fase di run-time* e non dal programmatore, ma questo *non significa* che l'array possa essere "espanso" in un secondo tempo: una volta allocato, l'array ha dimensione *fissa*. Nella prossima unità vedremo come definire strutture dati espandibili dinamicamente secondo necessità: sono le *liste* e gli *alberi*.

Prova adesso!

- Puntatore ad array
- Algebra dei puntatori

CREA UN PROGRAMMA provaVet

1. Scrivi un programma che, letto un numero che indica quanti numeri devono essere memorizzati, definisca dinamicamente un vettore e poi lo riempia di numeri letti da tastiera.
2. Realizza quindi una funzione che crei il vettore e lo passi al programma principale per esempio con la chiamata `int * vet = (int *) vetAlloc(numeri,sizeof(int));`.
3. Confronta il codice con quello presente nel file esercizio06.

Zoom su...

COPIA DI UN ARRAY

Il fatto che dichiarare un array significhi in realtà dichiarare un puntatore spiega i problemi che si incontrano nella copia tra array. Per esempio per la seguente dichiarazione:

```
int vet1[10], vet1 [10];
```

se eseguiamo l'istruzione

```
vet1 = vet2;
```

ora `vet1` punterà al primo elemento dell'array di `vet2`.
Quindi non ho una copia ma due array che condividono gli stessi elementi e la zona di memoria puntata da `vet1` prima dell'assegnamento viene persa.

Matrici dinamiche

Una matrice può essere rappresentata come un vettore di vettori, come nell'esempio riportato nella figura a lato.
Ogni elemento di un vettore è a sua volta un vettore che rappresenta le righe della matrice colonne.
Per costruire una matrice dinamica di `r` righe e `c` colonne basterà eseguire le seguenti due operazioni:

1. allocare dinamicamente un vettore di `r` puntatori, un puntatore per ogni riga;
2. per ogni riga allocare un vettore di `c` elementi del tipo base per ogni riga, in modo da formare `c` colonne.

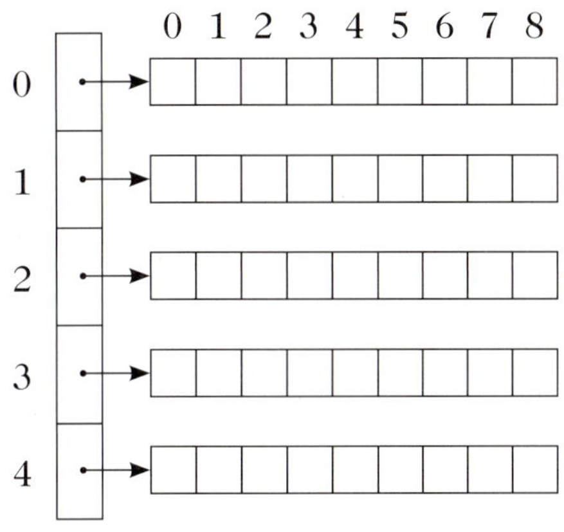

Un array di vettori può essere definito con notazioni diverse:
se abbiamo due modalità per definire un vettore: `int vet[]`
`int *vet`

un vettore di vettori può essere scritto in quattro modi: `int (vet[])[]`
`int (*vet)[]`
oppure: `int *(vet[])`
`int *(*vet)`

La forma più utilizzata è l'ultima (`**array`) anche se a volte viene utilizzata anche la prima (`array[][]`).

ESEMPIO 10 ***Definizione di una matrice dinamica***

Vediamo un segmento di codice che definisce e inizializza dinamicamente una matrice:

```
main()
{
  int **matrice, righe, colonne, x,y;
  righe=3;      // 3 righe
```

```
colonne =5;  //  5 colonne
// alloco il vettore delle righe: ogni elemento è un puntatore
matrice =(int**) malloc(righe*sizeof (int *));
// per  ogni riga  alloco le colonne composte da interi
for (x=0;x<righe;x++)
  matrice[x]=(int*)calloc(colonne,sizeof(int));
// scrivo nelle celle delle matriche per riga
  for (y=0;y<righe;y++)              // per ogni riga
   for (x=0;x<colonne;x++)           // per ogni colonna
        *(matrice[y]+x)=(y+1)*(x+1);
}
```

Prova adesso!

• Array dinamici

APRI IL FILE esempio10

1. Scrivi il segmento di codice che visualizzi tutti gli indirizzi delle celle di memoria e il corrispondente contenuto.
2. Disalloca quindi tutte le celle di memoria, procedendo a ritroso, cioè disallocando prima le righe e solo al termine le colonne.
3. Confronta il codice con quello presente nel file esercizio07.

Stringhe dinamiche

Dato che le stringhe sono sostanzialmente dei vettori, è possibile memorizzare una stringa in un array di caratteri dinamico. Nella seguente istruzione:

```
char* stringa = malloc(80*sizeof(char));
```

definiamo un buffer di 80 caratteri e, come per tutti gli array dinamici, non possiamo inizializzare l'array contestualmente alla sua creazione.
L'assegnazione viene fatta, per esempio, nel modo seguente:

```
stringa[0]='a';
stringa[1]='l';
stringa[2]='i';
```

L'assegnazione può essere fatta anche direttamente con una seconda stringa:

```
stringa = "alibaba";
```

Con questa assegnazione abbiamo assegnato a `stringa`, di tipo `char*`, la stringa costante `"alibaba"`, di tipo `char*` costante.
Ora stringa punta al primo carattere della stringa costante `"alibaba"`.
L'istruzione `stringa [0] = 'z';` non dà errore di compilazione.
Da però errore in esecuzione poiché stiamo cercando di cambiare un carattere dichiarato costante.

Puntatori a strutture

Anche le strutture dati, come quella definita di seguito:

```
1 typedef struct s_alunno {      // struttura dati alunno
2   char cognome[50];
3   char nome[20];
4   char classe;
5   char sezione;
6 }alunno;
7
```

possono essere allocate dinamicamente.
Vediamo di seguito come indicare correttamente i parametri in un segmento di codice che richiama una funzione che elabora una struttura dati dinamica.

```
8 //prototipo di una funzione con parametro un puntatore
9 void leggi(alunno *punta);
10 ...
11
12 main(){
13   alunno *puntaRossiMario;
14   puntaRossiMario =(alunno *) malloc(sizeof(alunno));
15   ...
16   leggi(&puntaRossiMario);    //chiamata della funzione passando l'indirizz
17   ...
18 }
```

L'istruzione 9 mostra il prototipo di una funzione a cui viene passato un puntatore a un dato di tipo `alunno` e nel `main` viene definito un puntatore e allocato in memoria lo spazio della dimensione di un record con l'istruzione 13.
Per agevolare il programmatore nelle elaborazioni che riguardano strutture dati dinamiche, per esempio per passare a una funzione un riferimento a una struttura, il linguaggio C mette a disposizione uno speciale operatore: l'operatore -> (il trattino seguito dal simbolo di maggiore).

```
20 void leggi(alunno *puntaRossiMario){ // definizione della funzione
21   ...
22   gets(puntaRossiMario->cognome);     //accesso ai campi con operatore ->
23   gets(puntaRossiMario->nome);
24   ...
25   ...
26   gets((*puntaRossiMario).cognome);   //accesso ai campi con operatore .
27   gets((*puntaRossiMario).nome);
28   ...
29
30 }
```

Nelle istruzioni 22 e 23 viene utilizzato l'operatore -> per accedere ai campi del record: una scrittura alternativa più lunga sarebbe stata quella classica con la dot notation, come indicato nelle istruzioni 26 e 27, ma poco usata nelle strutture dinamiche.

Verifichiamo le competenze

Esprimi la tua creatività

Progetta e realizza completamente in linguaggio di programmazione il codice che risolva i problemi proposti. Risolvi gli esercizi utilizzando ove possibile dei sottoprogrammi.

1 Crea un array di float di dimensione specificata dall'utente.

2 Calcola la media degli elementi di una sequenza di valori double inseriti dall'utente. La fine della sequenza è identificata dal numero 0.0. Utilizza vettori dinamici.

3 Scrivi un programma che dichiari due array di 10 elementi ciascuno, e stampali a video contigui se le celle di memoria dei due array sono contigue in memoria. Stampa inoltre il nome dell'array che tra i due ha l'indirizzo più corto.

4 Scrivi un programma che crei un array di 10 interi, li riempia con numeri casuali e stampa le coppie indirizzo-valore per ogni cella dell'array. Manda in esecuzione due volte il programma e verifica se le celle di memoria allocate sono le stesse oppure cambiano.

5 Leggi i dati anagrafici dell'utente e memorizzali in un record in memoria dinamica. Quindi trasferiscili in una variabile statica rilasciando lo spazio nella memoria heap.

6 Satura la memoria heap: verifica il numero di variabili dinamiche che possono essere contenute in una memoria heap in queste situazioni:
- definendo puntatori a variabili di tipo char;
- definendo puntatori a variabili di tipo string contenenti la frase "w la pasta ai capperi".

7 Leggi dieci numeri interi e memorizzali in un vettore. Effettua quindi l'ordinamento in senso crescente mediante l'algoritmo di bubble-sort nei due modi seguenti:
- scambiando il contenuto delle variabili dinamiche;
- scambiando il contenuto dei due puntatori.

8 Leggi dieci numeri interi e memorizzali in altrettante variabili dinamiche, contenute in un vettore di puntatori a variabili dinamiche intere. Effettua quindi la separazione tra numeri pari e numeri dispari nei modi seguenti:
- scambiando il contenuto delle variabili dinamiche;
- scambiando il contenuto dei due puntatori.

9 Calcola la trasposta di una matrice di interi allocata dinamicamente. Struttura il programma a funzioni.

10 Scrivi una funzione che, dato un intero, allochi e restituisca una stringa di caratteri della dimensione specificata.

11 Leggi i dati anagrafici dell'utente e memorizzali in un record in memoria dinamica. Quindi trasferiscili in una variabile statica rilasciando lo spazio nella memoria heap.

12 Memorizza i dati anagrafici degli alunni della tua classe in due vettori di variabili dinamiche: il primo contenente i maschi e il secondo le femmine. Genera quindi un unico vettore composto da tutti gli alunni, ordinandolo nei modi indicati di seguito:
- cognome e nome;
- anno di nascita;
- media voti pagella I quadrimestre.

UNITÀ DIDATTICA 3

LE LISTE

IN QUESTA UNITÀ IMPAREREMO...

- i vantaggi dell'astrazione mediante l'uso di tipi di dato
- a definire liste semplici a puntatore
- a implementare i vari tipi di liste lineari

Introduzione alle strutture dati astratte

Prima di affrontare lo studio delle diverse strutture dati costituite da variabili referenziate è opportuno introdurre alcune definizioni fondamentali.
Abbiamo visto le diverse classificazioni dei dati: una di queste consiste nell'organizzare i tipi di dato, sia scalari sia strutturati, in primitivi e definiti dal programmatore:

- i tipi di dato primitivi (o predefiniti) sono quelli che ogni elaboratore è intrinsecamente capace di trattare: tra gli scalari ricordiamo i numeri naturali, interi, reali e i caratteri;
- tra i dati strutturati possiamo citare array, stringhe di caratteri e strutture definite dal programmatore, anch'esse elaborabili e manipolabili mediante le istruzioni primitive disponibili nel linguaggio di programmazione.

L'introduzione delle strutture di dati definite dal programmatore si è resa necessaria per soddisfare le esigenze di elaborazione richieste dall'aumento esponenziale della quantità di dati da elaborare nell'informatica moderna; contemporaneamente, a fianco della strutturazione dei dati, si rende necessario, se non fondamentale, utilizzare metodologie e strumenti che permettano una semplice e agevole gestione dei dati, cioè delle operazioni di memorizzazione ed elaborazione dei dati stessi.

La produzione di software, cioè lo sviluppo di un'applicazione, come è noto può essere considerata come costituita da due macrofasi: progettazione e realizzazione. Particolare importanza riveste la fase di progettazione, in cui non rientrano solo l'analisi del problema e la definizione della strategia risolutiva, ma deve essere inclusa anche la progettazione dell'or-

ganizzazione dei dati, che può essere a sua volta scomposta in due fasi che hanno lo scopo di ottenere la corretta progettazione degli archivi:
- definizione della logica, o della struttura astratta → *indipendente dall'elaboratore;*
- progettazione della struttura interna → *dipendente dal linguaggio e dall'elaboratore.*

La definizione della struttura logica dell'archivio di dati avviene durante la fase di analisi del problema, contemporaneamente alla definizione delle operazioni che possono essere fatte: prende il nome di struttura astratta in quanto è assolutamente indipendente dalle successive realizzazioni, cioè viene definita senza tenere conto né dei linguaggi che saranno poi utilizzati dai programmatori per la sua implementazione né da quali macchine (hardware) o reti sarà costituito il sistema informativo: le operazioni che dovranno essere effettuate su tali archivi sono definite ad alto livello, senza che il progettista si preoccupi di come si realizzerà il codice del programma e di chi produrrà quest'ultimo.
L'insieme della definizione logica dei dati e delle operazioni su di essi prende il nome di tipo di dato astratto (TDA).

TIPO DI DATO ASTRATTO

In generale, un tipo di dati astratto (TDA o ADT) è l'insieme costituito da una struttura di dati e dalle operazioni definite su di essa.

Solo nella fase di programmazione vengono definiti i segmenti di codice (programmi, funzioni, metodi ecc.) e si progetta la struttura interna dei dati, cioè si individua quale tipologia di dati, tra le possibili strutture elementari offerte dallo specifico linguaggio di programmazione, meglio si presta a rappresentare il TDA definito in sede di progettazione dell'archivio.

È importante definire nuovi tipi perché ciò consente di progettare al nostro livello di astrazione, cioè quello umano, e non a quello della macchina (hardware, o livello di astrazione di macchina virtuale): il mondo reale è fatto di giorni, temperature, colori, stringhe... non di bit, interi, char e quant'altro! Già avere la possibilità di operare su "stringhe", "matrici", "vettori" è ben diverso che operare su singoli caratteri o cifre isolate.

La creazione di strutture astratte consente di prescindere dalla rappresentazione concreta: anche se temperature, colori o altro alla fine saranno tutti rappresentati con valori interi, concettualmente sono diversi e un tipo di dato astratto (TDA) consente di definire una categoria concettuale e le sue proprietà, dato che oltre al tipo definisce anche le operazioni possibili su di esso:
- con la definizione di tipo si stabilisce implicitamente il range dei valori che ogni elemento della struttura può assumere (cioè il dominio di appartenenza dei dati);
- con l'insieme delle operazioni ammissibili su elementi di quel tipo si definiscono le funzioni (che calcolano i valori che tali elementi possono assumere nel dominio) e i predicati (che calcolano proprietà vere o false che questi elementi hanno nel dominio di definizione).

Come esempio si potrebbe definire un TDA denominato `contatore`, in cui:
- la definizione di tipo corrisponde a un tipo semplice, in quanto si riduce a un solo elemento (una sola variabile semplice);

- l'insieme delle operazioni specifiche su questo elemento è costituito da:
  - una funzione che permette di resettare il contatore a zero;
  - una funzione che permette di incrementare il contatore di un passo predefinito (per esempio, unitario).

Zoom su...

TDA

Un TDA specifico potrebbe permettere di trattare i colori utilizzando il loro nome ("rosso", "verde", "bianco" ecc.), anziché indicandoli tramite una rappresentazione numerica (1, 2 o 3); un TDA per la gestione delle date potrebbe permettere di "chiamare" i giorni della settimana con il loro nome e di definire le funzioni festivo(<giorno>) o feriale(<giorno>), per stabilire se il giorno è feriale o festivo, oppure di definire una funzione che sottrae due date e restituisce il numero di giorni che intercorrono tra esse ecc.

A volte il progettista privilegia una particolare struttura fisica perché "assomiglia formalmente" alla struttura logica, commettendo l'errore di non tenere in considerazione le operazioni che su di essa devono essere eseguite, quindi l'insieme di funzioni/procedure/metodi che necessariamente dovranno essere implementati.

Spesso è difficile individuare la struttura fisica che permette di implementare in modo efficiente le operazioni necessarie, in quanto a volte una struttura si adatta meglio ad alcune operazioni e un'altra ad altre. Tra tutte le strutture disponibili, è consigliabile scegliere:

- quella che globalmente offre le migliori prestazioni;
- quella che offre prestazioni migliori rispetto alle operazioni eseguite più di frequente;
- quella più flessibile, cioè che maggiormente si presta a modifiche e integrazioni;
- quella più facile da implementare e mantenere.

Il tipo primitivo puntatore permette di realizzare una molteplicità di tipi di dato astratti: liste, alberi, grafi e code, di fondamentale importanza per l'informatica (sia teorica sia pratica).

Liste concatenate

Il problema da risolvere è quello di definire una struttura dati che sia "effettivamente dinamica", cioè che permetta la modifica in fase di esecuzione (o run-time) del numero degli elementi che la costituiscono e che, contemporaneamente, mantenga un numero di puntatori statici costante e indipendente dal numero di elementi dinamici aggiunti.

Apparentemente questo problema sembra privo di soluzione, in quanto ogni variabile dinamica richiede una variabile di tipo puntatore che la indirizzi in modo da permetterne l'utilizzo: dovrebbero esserci tante variabili quanti sono i puntatori, quindi se le variabili sono in numero non noto anche il numero dei puntatori non può essere noto a priori.

La soluzione ci viene suggerita dalla seguente analogia "ferroviaria": una locomotiva conosce a priori il numero di vagoni cui verrà collegata? E anche se li conosce, deve avere un numero di ganci uguali al numero di vagoni, per poterli trascinare tutti e costituire il treno completo?

La risposta è naturalmente negativa in entrambi i casi, in quanto il locomotore non conosce il numero dei vagoni che gli verranno collegati e, soprattutto, è dotato di un unico gancio, a cui è possibile collegare un unico vagone: per poter aggiungere un secondo vagone è necessario disporre di un gancio libero che, come sappiamo, è presente sul vagone che viene collegato.

Il risultato è quello della figura che segue, che ci ripresenta la situazione di partenza: abbiamo un gancio libero, a cui possiamo collegare un solo altro vagone.

La stessa situazione si ripropone aggiungendo un secondo vagone e così via, rendendo quindi teoricamente infinito il numero di vagoni collegabili a un unico locomotore.

Definiamo la corrispondenza con la struttura dati dinamica: il "locomotore informatico" è il puntatore statico, mentre il "vagone" è un record in cui un campo è un puntatore, al quale sarà possibile collegare altri record (al limite, in numero infinito).

Descriviamo una struttura dati che simuli l'esempio del treno:

```
struct s_vagone
{
  int info;                    // campo informazione
  struct s_vagone *gancio;     // campo  per il collegamento
};
typedef struct s_vagone vagone;
typedef vagone *gancio;        // puntatore ad un vagone
```

Il record appena definito è costituito da un unico campo info, contenente un'informazione numerica; in tutta la trattazione teorica verranno presi in considerazione record simili a questo senza timore di perdere di generalità, in quanto si vuole focalizzare l'attenzione sul problema, già di sua natura complesso, della manipolazione dei puntatori senza introdurre elementi di "dispersione della concentrazione".

Quando un record viene collegato al puntatore quest'ultimo viene sì "occupato", ma la funzione `malloc(vagone)` che ha creato il record con un campo puntatore automaticamente mette a disposizione un nuovo puntatore libero: in questo modo non è necessario conoscere a priori il numero di record per definire i puntatori necessari alla gestione della lista, perché "provvede" a questo la stessa istruzione `malloc(vagone)`.

Vediamo come creare due vagoni e collegarli tra loro, iniziando dalla definizione delle variabili statiche:

```
22 // definizione delle variabili statiche e loro inizializzazione
23   int tempo;
24   gancio pLocomotore;          /* puntatore al primo elemento della lista */
25   gancio pCarrozza;            /* puntatore al vagone che verrà allocato  */
26   tempo=0;                     /* inizializzazione variabile intera */
27   pLocomotore= NULL;           /* inizializzazione dei puntatori     */
28   pCarrozza  = NULL;
```

Sono state definite tre variabili, `pLocomotore`, `pCarrozza` e `tempo` che sono memorizzate nella memoria statica e inizializzate a zero.

La situazione della memoria dopo l'esecuzione dell'istruzione 28 è illustrata nella figura a lato. ▶

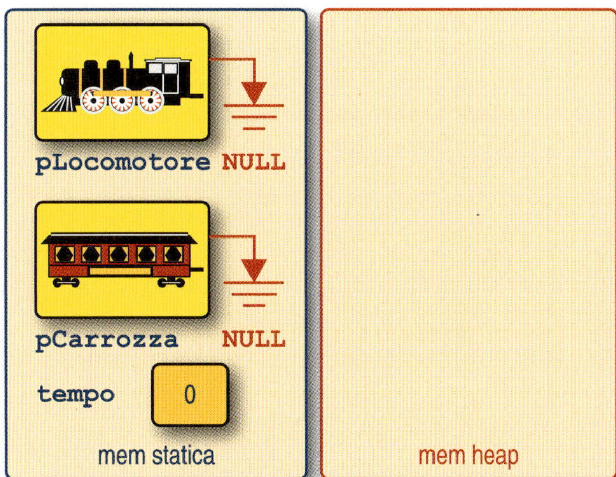

- pLocomotore è di tipo gancio, quindi è un puntatore e non una struttura;
- la zona di memoria per ogni elemento della lista (non per ogni variabile di tipo gancio) deve essere allocata esplicitamente con `malloc()`.

Il passo successivo è quello di creare dopo la prima variabile di tipo dinamico un "vagone" e di collegarlo al "locomotore": nel campo info viene scritto, a titolo informativo, un numero che indica la posizione della carrozza all'interno del convoglio.

Seguiamo passo passo la costruzione di un treno con due "vagoni".

```
29 // creazione del primo vagone e collegamento al locomotore
30   pCarrozza = malloc(sizeof(vagone));   /* allocazione primo elemento */
31   pCarrozza->info = 1;                  /* dati nel primo elemento    */
32   pCarrozza->gancio = NULL;             /* gancio nel primo elemento  */
33   pLocomotore=pCarrozza;                /* collego il locomotore      */
```

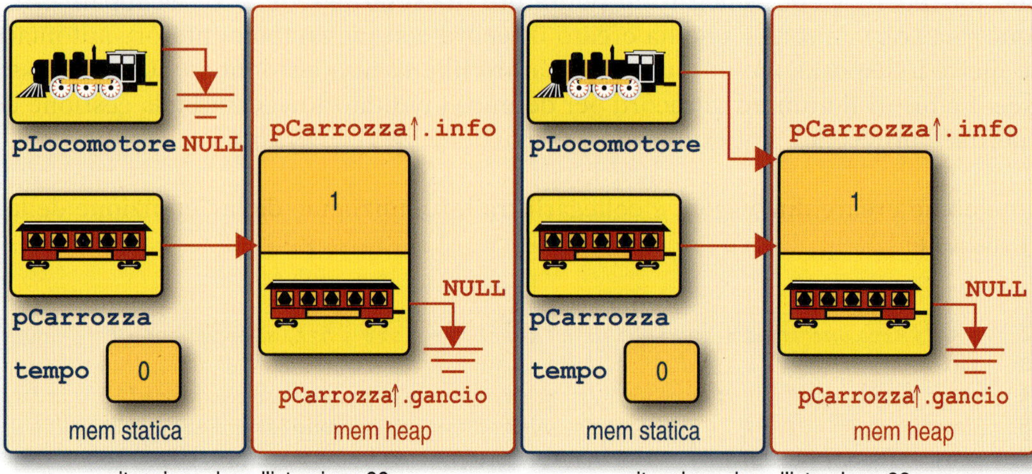

situazione dopo l'istruzione 32   situazione dopo l'istruzione 33

Per aggiungere un nuovo vagone dapprima si crea nella memoria heap una nuova variabile referenziata dal puntatore statico `pCarrozza`, utilizzando l'istruzione `malloc()`, quindi vengono inizializzati i due campi del record e successivamente si collega "il vagone al resto del treno", cioè il secondo elemento alla lista.

```
// creazione del secondo vagone
  pCarrozza = malloc(sizeof(vagone));          /* allocazione secondo elemento */
  pCarrozza->info = 2;                         /* dati nel secondo elemento    */
  pCarrozza->gancio = NULL;                    /* gancio nel secondo elemento  */
```

Le prime operazioni sono identiche a quelle viste per la creazione del primo vagone ma le istruzioni che realizzano il collegamento del vagone al resto del treno non sono immediate!
La situazione delle variabili a questo punto della costruzione è schematizzata nella figura a destra, nella quale i disegni del locomotore e dei vagoni sono stati sostituiti con le variabili puntatore.

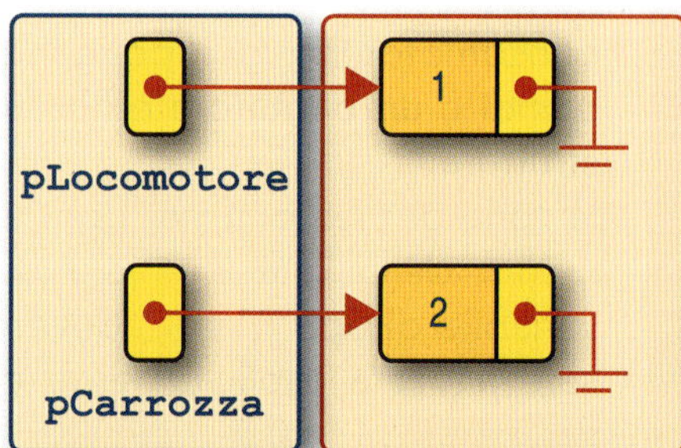

Questa simbologia viene comunemente utilizzata per rappresentare le liste a puntatore e sarà adottata nel prosieguo della trattazione: viene sempre "bordata" in blu la memoria statica e in rosso quella dinamica.

L'inserimento di un nuovo elemento può essere effettuato in due posizioni, che vedremo nel prossimo paragrafo.

■ Inserimento di un elemento in testa a una lista

Inserire un nuovo elemento in testa alla lista significa posizionarlo come primo elemento, cioè collegarlo al puntatore di testa `pLocomotore`: tale operazione non può esaurirsi in una sola istruzione, in quanto si potrebbe perdere il "resto del treno".

Le operazioni da eseguire sono:
A creare un nuovo vagone;
B collegare il nuovo vagone al resto del "convoglio";
C staccare il locomotore e collegarlo al nuovo convoglio.

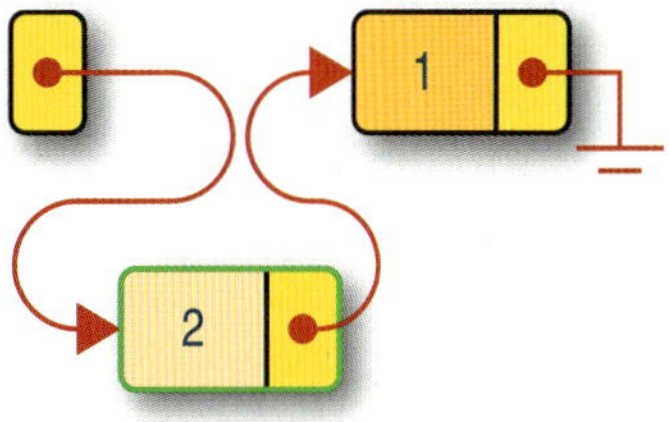

inserimento in testa

Se non viene rispettato l'ordine di questa sequenza, per esempio scambiando la fase b e la fase c, si perde il collegamento al vagone di testa preesistente.

Dopo aver creato un nuovo vagone lo colleghiamo al resto del "convoglio".

L'istruzione che effettua il collegamento è la seguente:

```
pCarrozza->gancio = pLocomotore;
```

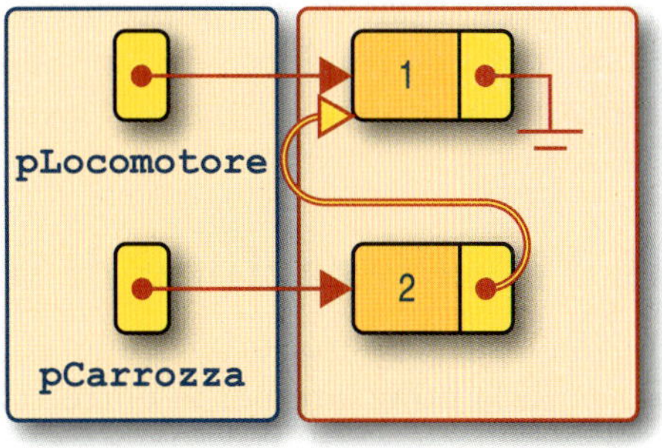

L'indirizzo del primo elemento è contenuto nel puntatore `pLocomotore`, quindi assegno al gancio del secondo vagone l'indirizzo del primo vagone.

In questa situazione il vagone di testa preesistente viene puntato da due puntatori, quindi è possibile scollegare uno dei due puntatori senza perderne l'indirizzamento.

Con l'istruzione :

```
pLocomotore=pCarrozza;
```

distacco il locomotore dalla "vecchia testa", cioè il primo vagone, e lo collego alla "nuova testa", cioè il secondo vagone", attuando il collegamento al nuovo convoglio.
In questa situazione il nuovo vagone viene puntato da due puntatori, quindi è possibile liberare il puntatore `pCarrozza` per referenziare nuovi vagoni.

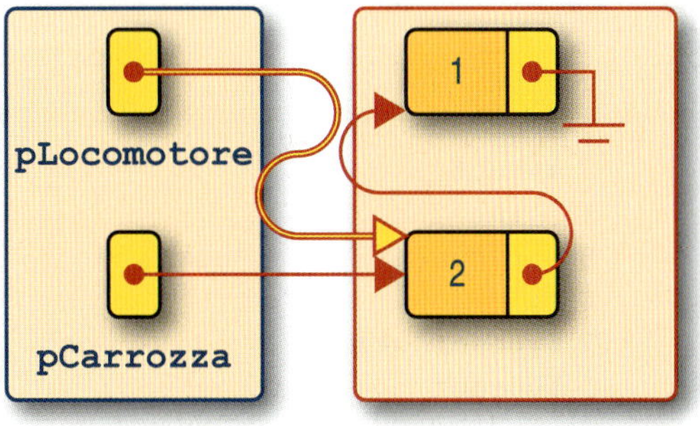

La situazione finale è quella riportata nella figura che segue, che è identica alla precedente, ma con i due "vagoni" allineati:

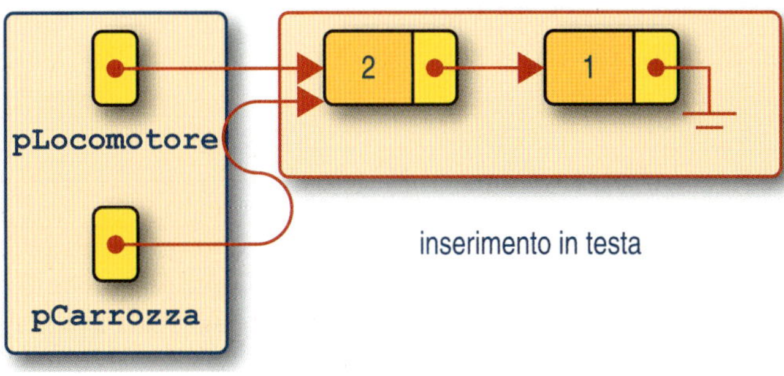

inserimento in testa

Implementazione errata

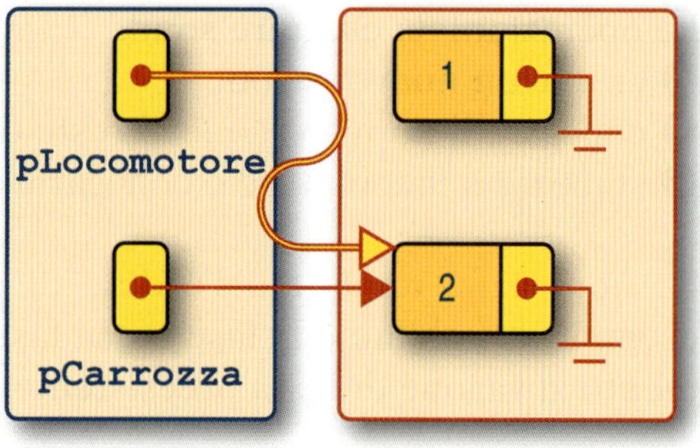

Scambiamo tra loro le due operazioni b e c, e vediamo cosa succede.
Distacco del locomotore dalla testa e suo collegamento al nuovo convoglio:

```
pLocomotore =pCarrozza;
```

Collegamento del nuovo vagone al resto del "convoglio":

```
pCarrozza->gancio = pLocomotore;
```

In questa situazione è impossibile collegare il primo vagone preesistente, in quanto si è perso ogni riferimento ad esso: tale riferimento non è perciò recuperabile e rimane perso nella heap, pronto per essere "risucchiato" dal Garbage Collector (se esiste!).

Visualizzazione di una lista

Prima di procedere scriviamo una funzione che visualizzi il contenuto della lista in modo da poterla utilizzare per la correttezza del codice che scriveremo.

Ridefiniamo anche la struttura dati in modo da attribuire i nomi classici che vengono usati nella letteratura delle liste a puntatori.

ESEMPIO 11 ***Definizione e visualizzazione di una lista***

```
#include <stdio.h>
#include <stdlib.h>
struct s_nodo{
  int info;                    // campo informazione
  struct s_nodo *next;         // campo per il collegamento
};
typedef struct s_nodo nodo;    // nodo della lista
typedef nodo *puntaNodo;       // puntatore ad un elemento
void stampaLista(puntaNodo lista)
{
  while (lista != NULL) {
    printf("%4d ", lista->info);
    lista = lista->next;
  }
};    /* stampaLista */
```

Il codice che inserisce quattro nodi è il seguente:

```
main(){
// definizione delle variabili statiche e loro inizializzazione
  int x;
  puntaNodo pTesta;     /* puntatore al primo elemento della lista    */
  puntaNodo pNodo;      /* puntatore ad un generico nodo              */
  pTesta= NULL;         /* inizializzazione dei puntatori             */
  pNodo = NULL;
```

```
// creazione di una lista di testa
  for (x=0; x<3; x++){
    pNodo = malloc(sizeof(nodo));    /* allocazione nuovo elemento     */
    pNodo->info = x+1;               /* scrivo le informazioni         */
    pNodo->next = pTesta;            /* collego all'ultimo inserito    */
    pTesta=pNodo;                    /* collego il locomotore          */
  }
  printf("\n\n Visualizzo la lista\n");
  stampaLista(pTesta);               /* visualizza la lista            */
}
```

e lo copiamo in una funzione `creaListaTesta()` da utilizzare nei successivi esercizi.

Prova adesso!

- Scorrimento lista di testa e di coda
- Funzioni ricorsive

APRI IL FILE esempio11

1. Scrivi la funzione `puntaNodo creaListaTesta(int quanti)`.
2. Scrivi due funzioni ricorsive che visualizzino una la lista a partire dal primo elemento e l'altra dall'ultimo.
3. Confronta il codice con quello presente nel file esercizio08.

Inserimento in coda a una lista

Inserire un nuovo elemento in coda alla lista significa posizionarlo come ultimo elemento, cioè alla fine della lista, nella posizione "più lontana" dal puntatore di testa `pTesta`.
Questa operazione non presenta particolari difficoltà qualora nella lista sia presente un solo elemento; ciò in quanto il puntatore dell'unico elemento presente nella lista, che è `pTesta`, viene fatto puntare al nuovo elemento, referenziato da `pNodo`, mentre risulta molto onerosa nel caso in cui la lista contenga un numero non precisato di elementi.
Generalmente la lista contiene un numero indeterminato di elementi, proprio per la sua natura dinamica. Per poter collegare un elemento in coda, quindi dopo l'ultimo elemento presente, è necessario individuare l'indirizzo di memoria dell'ultimo elemento e scrivere nel suo puntatore l'indirizzo del nuovo nodo da collegare in coda, che diventerà il "nuovo ultimo" elemento.
Il primo passo consiste dunque nell'individuare l'ultimo record presente nella lista, che è caratterizzato dal fatto di essere l'unico ad avere il valore NULL nel puntatore.
Per fare questo possiamo seguire due strade, che nel seguito illustriamo dettagliatamente

Scorrere la lista per individuare l'ultimo elemento

La lista viene percorsa a partire dalla testa fino a raggiungere la coda: non conoscendo il numero di elementi, è necessario utilizzare un ciclo a condizione iniziale, come quello impostato nella tabella che segue.

I Affinamento	II Affinamento
Analizza il primo elemento	`pCorrente` ← *primo elemento della lista*
Trova l'ultimo elemento della lista	<u>`mentre`</u> *il puntatore è diverso da* `NULL` *passa ad analizzare il successivo elemento*
Collega il nuovo elemento	*Copia nel puntatore l'indirizzo del nuovo elemento*

Questo è un tipico esempio di come sia "delicato" l'utilizzo delle liste a puntatori e di come sia facile commettere errori: per ridurre al minimo tale eventualità è consigliabile utilizzare disegni e modelli grafici del problema prima di stendere la codifica, verificando sempre le condizioni estreme di funzionamento (analogamente a quanto si fa nella progettazione dei cicli).

Riprendiamo il disegno della lista e procediamo con il progetto del codice "a ritroso", cioè a partire dal risultato ricerchiamo il modo di ottenerlo. Il nuovo elemento deve essere collegato all'elemento con valore pari a 30, il cui indirizzo è contenuto nel puntatore dell'elemento precedente, denominato P20: è quindi il valore contenuto in P20 che dovrà essere presente in un puntatore che chiamiamo ultimo al termine del ciclo.
A questo puntatore colleghiamo il nuovo elemento:

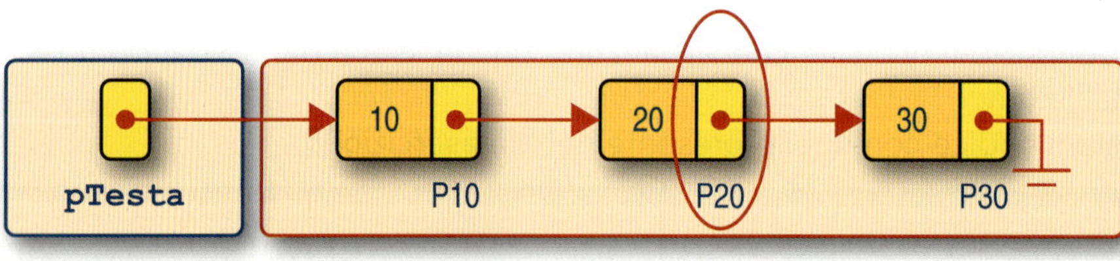

Scriviamo una funzione che riceva in ingresso il puntatore di testa della lista e il dato da inserire.

ESEMPIO 12 *Inserimento di un elemento in coda*

```
void inserisciCodaLista(puntaNodo *lista, int dato){
  puntaNodo ultimo;                    /* puntatore usato per la scansione   */
  puntaNodo pNodo;                     /* puntatore di servizio temporaneo   */
/* creazione del nuovo record  */
  pNodo = malloc(sizeof(nodo));
  pNodo->info = dato;
  pNodo->next = NULL;                  /* NULL perchè sarà l'ultimo in lista */
/* scansione della lista per trovare l'ultimo*/
  if (*lista == NULL)
    *lista = pNodo;
  else {
    ultimo = *lista;
    while (ultimo->next!= NULL)
      ultimo = ultimo->next;
/* concatenazione del nuovo record in coda alla lista */
    ultimo->next = pNodo;
  }
}  /* fine inserisciCodaLista */
```

Scriviamo un segmento di codice che inserisca i tre dati e quindi li visualizzi:

```
main(){
// definizione delle variabili statiche e loro inizializzazione
  int x;
  puntaNodo pTesta;        /* puntatore al primo elemento della lista   */
  puntaNodo pNodo;         /* puntatore ad un generico nodo             */
  pTesta= NULL;            /* inizializzazione dei puntatori            */
  pNodo = NULL;
// creazione di una lista di coda
  inserisciCodaLista(&pTesta,10);    /* aggiungo un elemento in coda  */
  inserisciCodaLista(&pTesta,20);    /* aggiungo un elemento in coda  */
  inserisciCodaLista(&pTesta,30);    /* aggiungo un elemento in coda  */
  printf("\n\n Visualizzo la lista ricorsivamente \n");
  stampaListaRicorsiva(pTesta);      /* visualizza la lista ricorsiva */
  printf("\n\n Visualizzo la lista ricorsivamente ed invertita\n");
  stampaListaInvertita(pTesta);      /* visualizza la lista ricorsiva */
}
```

Mandando il programma in esecuzione otteniamo il seguente output: ▶

```
Visualizzo la lista ricorsivamente
 10   20   30

Visualizzo la lista ricorsivamente ed invertita
 30   20   10
```

Prova adesso!

- Inserimento in testa in una lista
- Inserimento in coda in una lista

APRI IL FILE esempio12

1. Scrivi una funzione che inserisca un elemento in testa alla lista.
2. Alterna nel main l'inserimento di un elemento in coda a uno in testa a seconda del valore pari o dispari dei numeri naturali a partire da 1 fino a *N* con *N* inserito dall'utente.
3. Confronta il codice con quello presente nel file esercizio10.

Memorizzare in un puntatore di supporto (dummy) l'indirizzo dell'ultimo elemento

Una soluzione alternativa ci viene suggerita proprio dall'esempio appena commentato, osservando il contenuto del puntatore statico `ultimo` al termine dell'inserimento del nuovo elemento: in esso si trova sempre l'indirizzo dell'ultimo elemento inserito, cioè dell'ultimo elemento della lista. Per inserire un nuovo elemento alla lista è necessario conoscere proprio questo indirizzo, in quanto un nuovo elemento dovrà essere connesso a questo.
L'idea è quindi di mantenere memorizzato nella memoria statica un puntatore che "ricordi" l'indirizzo dell'ultimo elemento inserito (e che chiameremo `pUltimo`): al momento dell'inserimento di un nuovo elemento in coda non sarà più necessario scorrere l'intera lista per individuare l'indirizzo dell'ultimo elemento, in quanto... è già disponibile nel puntatore `pUltimo`.

Questo puntatore è anche chiamato *elemento sentinella* (dummy).

Prova adesso!

- Inserimento in coda in una lista con dummy

APRI IL FILE esempio12

1. Modifica il codice scrivendo il programma che effettua l'inserimento in coda di *N* elementi utilizzando l'elemento sentinella.
2. Confronta il codice con quello presente nel file esercizio11.

Liste semplici: definizioni

Le liste rappresentano una struttura dati flessibile ed efficiente per la gestione delle informazioni: prima di proseguire con la trattazione, introduciamo alcune definizioni.

LISTA SEMPLICE

Una lista semplice è una sequenza di elementi aventi le seguenti caratteristiche:
- tutti gli elementi sono omogenei, ossia appartengono allo stesso tipo;
- in ogni elemento è presente un solo campo di tipo puntatore;
- ogni elemento è contraddistinto da una posizione.

In base alla posizione di ciascun elemento nella lista è possibile individuare le relazioni di precedenza e successione tra gli elementi.
Tra tutti gli elementi, due hanno particolare interesse:
- elemento di testa: occupa la prima posizione della lista;
- elemento di coda: occupa l'ultima posizione della lista.

Tranne quelli di testa e di coda, gli altri elementi della lista sono definiti:
- elemento predecessore, che occupa la posizione precedente a un certo elemento;
- elemento successore, che occupa la posizione successiva a un certo elemento.

Come è evidente, il primo elemento della lista non ha predecessore e l'ultimo elemento non ha successore.

Esistono alcuni casi particolari, che andiamo a definire di seguito.

STATO DI UNA LISTA SEMPLICE

- Una lista si dice vuota se non contiene alcun elemento.
- Una lista si dice unitaria se è costituita da un solo elemento: in questo caso l'elemento di testa e l'elemento di coda coincidono.
- Una lista si dice ordinata se per tutti gli elementi vale una regola di inserimento basata sul valore di un determinato campo dell'elemento stesso.

Operazioni primitive sulle liste

Sulle liste semplici possono essere eseguite alcune operazioni fondamentali che, combinate tra loro, soddisfano la quasi totalità delle esigenze di manipolazione della struttura stessa. Abbiamo già accennato alle operazioni di inserimento di un elemento in testa o in coda a una lista; oltre a queste, possono essere utili operazioni di inserimento all'interno di una lista in una particolare posizione (in caso di liste ordinate) oppure operazioni di eliminazione di un particolare elemento ecc.

Ogni programmatore che deve operare sulle liste può definirsi una propria libreria di funzioni (oppure ne può ricercare una già pronta, magari in Internet), in modo da poter programmare con tecnica modulare. Pochi linguaggi (LISP, Prolog) annoverano il tipo `lista` fra quelli predefiniti; per gli altri, l'`ADT lista` deve essere costruito rispettando le seguenti specifiche:

- la struttura deve essere composta da altre strutture dati, tipicamente vettori o puntatori;
- le primitive devono essere implementate mediante funzioni scritte nel linguaggio di programmazione specifico.

Nella tabella in basso è indicata buona parte delle funzioni più utili, per non dire indispensabili, che si possono eseguire sulle liste, considerate operazioni primitive.
Utilizzeremo la seguente definizione di struttura:

```
struct s_nodo{
  int info;                // campo informazione
  struct s_nodo *next;     // campo per il collegamento
};
typedef struct s_nodo nodo; // nodo della lista
typedef nodo *puntaNodo;    // puntatore ad un elemento
```

mentre i parametri formali indicati sono:

- `lista`: è una variabile statica di tipo puntatore usata nei passaggi per valore;
- `plista`, `plista1`, `plista2`, `pelem`: sono puntatori statici della lista usati nei passaggi per indirizzo;
- `elem`: è una variabile del tipo informazione (per noi intero) contenuto nel nodo.

Le operazioni primitive costituiscono un insieme minimo completo di funzioni per operare sulle liste; non comprendono operatori di modifica, ma semplicemente operatori di analisi, che agiscono sulla lista di partenza individuando un particolare elemento o una particolare situazione:

Prototipo della funzione	Effetto
void initLista(puntaNodo *plista)	Inizializza * plista alla lista vuota
bool listaVuota(puntaNodo plista)	Verifica se la lista è vuota
void inserisciTestaLista(puntaNodo *plista, int elem)	Inserisce in testa ▼

Prototipo della funzione	Effetto
void cancellaPrimoLista(puntaNodo *plista)	Cancella primo elemento
void restoLista(puntaNodo *plista)	Restituisce la lista a partire dal secondo nodo
void togliElementoLista(puntaNodo * plista, int elem)	Cancella la prima occorrenza di un elemento
void cancellaLista(puntaNodo * plista)	Cancella tutta la lista
void testaLista(puntaNodo plista, int *pelem)	Elemento in testa
void stampaLista(puntaNodo lista)	Stampa a video gli elementi della lista

Altre operazioni possono essere eseguite facendo riferimento alle primitive appena elencate:

Prototipo della funzione	Effetto
void inserisciCodaLista(puntaNodo *plista, int elem)	Inserisce in coda
void copiaLista(puntaNodo plista1, TipoLista * plista2)	Restituisce una copia della lista lis
puntaNodo esisteInLista(puntaNodo plista, int elem)	Restituisce indirizzo se l'elemento elem compare nella lista, altrimenti NULL
void trovaElementoLista(puntaNodo * plista, int elem)	Aggiorna * plista alla sottolista che ha elem come primo elemento
void togliElementoLista(puntaNodo * plista, int elem)	Cancella la prima occorrenza di un elemento
void togliTuttiLista(puntaNodo * plista, int elem)	Cancella tutte le occorrenze di un elemento
void invertiLista(puntaNodo * plista)	Inverte la lista

Nel caso di liste ordinate, dove cioè è necessario mantenere un ordinamento crescente (o decrescente) delle informazioni memorizzate, possiamo scrivere quattro funzioni specifiche:

void inserisciInListaOrd(puntaNodo * plista, int elem)	Inserisce in lista ordinata
bool esteInListaOrd(puntaNodo plista, int elem)	Restituisce TRUE se l'elemento elem compare nella lista ordinata lis, FALSE altrimenti
void trovaElementoListaOrd(puntaNodo * plista, int elem)	Aggiorna *plis alla sottolista che ha elem come primo elemento
void cancellaElementoListaOrd(puntaNodo * plista, int elem)	Cancella un elemento dalla lista ordinata
void togliElementoLista(puntaNodo * plista, int elem)	Cancella la prima occorrenza di un elemento
void togliTuttiLista(puntaNodo * plista, int elem)	Cancella tutte le occorrenze di un elemento
void invertiLista(puntaNodo * plista)	Inverte la lista

Mentre le funzioni che hanno come parametri solamente `lista` e `plista` sono universali, cioè possono essere utilizzate indipendentemente dalla tipologia del record che costituisce l'elemento della lista e quindi una volta scritte sono sempre valide, quelle in cui figura il parametro `elemento` devono essere riscritte (o modificate) per ogni problema, in quanto sono legate alla definizione del singolo elemento della lista.

ESEMPIO 13 *Implementazione di sei funzioni primitive e una non primitiva*

Come esempio di programmazione con le liste, eseguiremo la codifica di alcune funzioni primitive che saranno utili per le successive implementazioni di funzioni NON primitive, in quanto queste utilizzeranno le prime come "mattoni software" (questo concetto sarà poi alla base della programmazione a oggetti).

Procediamo con la codifica delle seguenti primitive:
- `iniziaLista(*plista)`: crea una nuova lista;
- `listaVuota(lista)`: restituisce TRUE se la lista data è vuota, FALSE altrimenti;
- `inserisciTestaLista(lista,elemento)`: inserisce l'elemento passato in testa alla lista;
- `testa(lista,*pelemento)`: restituisce in *pelem il primo elemento della lista data;
- `cancellaPrimoLista(*plista)`: cancella il primo elemento della lista;
- `ultimoLista()`: restituisce il puntatore all'ultimo elemento della lista.

La prima funzione implementata è la funzione `iniziaLista()` che costruisce una nuova lista vuota:

```
/* inizializza *plista alla lista vuota */
void initLista(puntaNodo *plista){
  *plista = NULL;
} /* fine initLista */
```

La seconda primitiva verifica se una lista è vuota oppure contiene elementi e restituisce un valore logico in base al controllo del puntatore che riceve in ingresso:
- se lista ha valore NULL la lista è vuota, e la funzione restituisce TRUE;
- se lista ha un valore diverso da NULL la lista non è vuota, e la funzione restituisce FALSE.

```
/* Restituisce TRUE se lista è vuota */
bool listaVuota(puntaNodo lista){
  return (lista == NULL);
}  /* fine listaVuota */
```

La terza funzione `inserisciTestaLista(lista,elemento)` inserisce l'elemento passato come parametro in testa alla lista, e una sua possibile codifica può essere la seguente:

```
void inserisciTestaLista(puntaNodo *plista, int elemento){
  puntaNodo tempo;
  tempo = malloc(sizeof(nodo));  /* alloca spazio in memoria          */
  tempo->info = elemento;        /* aggiorna il campo informazione    */
  tempo->next = *plista;         /* gli collega la lista precedente   */
  *plista = tempo;               /* diviene la nuova testa della lista */
}  /* fine inserisciTestaLista */
```

La funzione `testaLista ()` è una funzione primitiva che restituisce il contenuto dell'elemento di testa della lista: se la lista è vuota questa funzione non deve ritornare nulla. Una sua possibile codifica può essere la seguente:

```
/* Restituisce in *pelemento l'elemento in testa alla lista */
void testaLista(puntaNodo lista, int *pelemento){
  if (lista != NULL)
    *pelemento = lista->info;
}  /* fine testaLista */
```

La funzione `ultimoLista ()` restituisce il puntatore all'ultimo elemento della lista:

```
/* Aggiorna *plista con il puntatore all'ultimo elemento della lista */
void ultimoLista(puntaNodo *plista){
  if(*plista != NULL)
    while ((*plista)->next != NULL){
      printf("\n%4d  %p", (*plista)->info,(*plista)->next);
     *plista = (*plista)->next;
     }
}  /* fine ultimoLista */
```

L'ultima funzione `cancellaPrimoLista ()` è una funzione primitiva che cancella il primo elemento dalla lista:

```
/* rimuove l'elemento in testa alla lista *plista e libera la memoria*/
void cancellaPrimoLista(puntaNodo *plista){
  puntaNodo tempo;
  if (*plista != NULL){
    tempo = *plista;              /* salva indirizzo del primo elemento    */
    *plista = (*plista)->next;    /* aggiorno la testa al secondo elemento */
    free(tempo);                  /* libero la memoria                     */
  }
}  /* fine cancellaPrimoLista */
```

Codifichiamo ora la funzione append: sappiamo che questa non è una funzione primitiva e non esegue un'operazione di analisi del contenuto o della struttura della lista data, ma implica la costruzione di una nuova lista.

> Dato che non avviene la duplicazione delle liste di partenza, ma una modifica dei dati (o meglio, dei collegamenti al loro interno), alla fine dell'esecuzione della funzione le liste di partenza "perdono di significato", in quanto viene formata un'unica lista "destinazione" che le contiene entrambe.

Il risultato della funzione è un puntatore a una lista che comprende tutti gli elementi delle liste di partenza, cioè gli elementi di `lista1` accodati agli elementi di `lista2`.

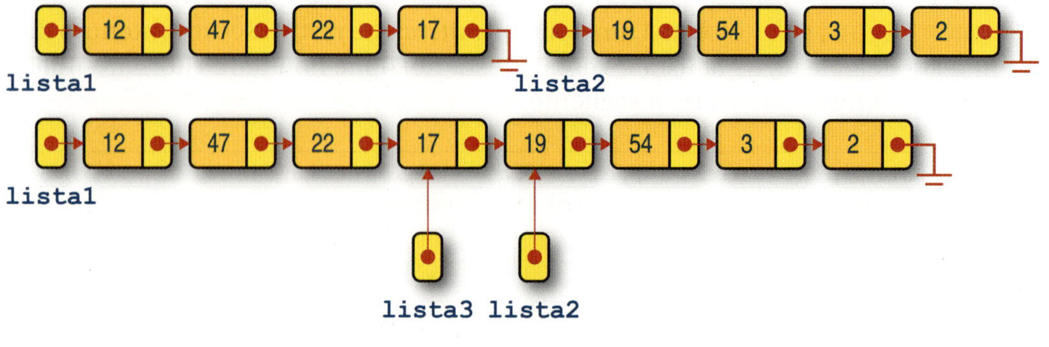

Possiamo osservare che se al posto della `lista2` avessimo un singolo elemento le operazioni da eseguire sono le stesse, in quanto basta spostare un solo puntatore.
Quindi una volta individuato il puntatore all'ultimo elemento basta sostituire al suo campo `next` l'indirizzo del primo elemento della seconda lista: diamo a questa funzione il nome `aggiungiElemento()`.

Il codice è il seguente e, utilizzando una funzione già definita, si riduce a poche righe:

```
/* accoda alla lista 1 la lista 2*/
void aggiungiElemento(puntaNodo *plista1, puntaNodo plista2){
  puntaNodo last;
  last=*plista1;
  ultimoLista(&last);          // richiama una funzione primitiva
  last->next=plista2;
 } /* fine accoda la liste */
```

L'introduzione di una funzione che richiama un'altra funzione può sembrare superflua, soprattutto per funzioni che eseguono operazioni semplici (atomiche), ma abituarsi a questa filosofia porta da una parte al miglioramento della leggibilità del codice e dall'altra a un aumento della flessibilità e della correttezza, che sono caratteristiche tipiche della programmazione a oggetti (OOP, *Object Oriented Programming*).

Prova adesso!

- Inserimento nodi in una lista
- Ricerca elementi in una lista
- Visualizzazione di una lista

APRI IL FILE esempio13

1. Fai inserire *N* elementi in una lista da un utente.
2. Quindi una funzione che elimini da una lista tutte le occorrenze di un numero inserito da un utente.
3. Visualizza la lista prima e dopo l'elaborazione.
4. Confronta il codice con quello presente nel file esercizio12.

Verifichiamo le competenze

Esprimi la tua creatività

Progetta e realizza completamente in linguaggio di programmazione il codice che risolva i problemi proposti.

1 Codifica le seguenti funzioni primitive per una lista semplice:
- `svuotaLista(lista);`
- `primoLista(lista) → lista2;`
- `ultimoLista(lista) → lista2;`
- `scriviLista(lista) → lista2;`

2 Codifica le seguenti funzioni NON primitive per una lista semplice:
- `inLista(lista,posizione) → booleano;`
- `trovaInLista(lista,elemento) → posizione;`
- `conta(lista) → num;`
- `ribalta(lista) → lista1;`
- `duplica(lista) → lista1;`
- `succLista(lista,posizione) → posizione;`
- `togliLista(lista,posizione) → lista;`

3 Codifica le seguenti funzioni NON primitive per una lista semplice:
- `dimensioneLista(elemento) → numero;`
- `fineLista(lista, posizione) → booleano;`
- `scambiaLista(lista,posizione) → booleano;`

4 Codifica le funzioni di scansione sequenziale in una lista semplice per la ricerca di un elemento con chiave specificata che soddisfi le seguenti specifiche:
- nel caso peggiore, cioè l'elemento non è presente, scandisca l'intera lista e restituisca valore 0;
- nel caso in cui sia presente un solo elemento, ne restituisca la posizione in un puntatore temporaneo;
- nel caso ci siano più elementi, indichi in un contatore il numero di ripetizioni.

5 Progetta e implementa una soluzione ricorsiva dell'esercizio precedente.

6 Scrivi il codice per risolvere i seguenti problemi:
- creare una lista composta solo da numeri positivi;
- calcolare il minimo e il massimo dei valori numerici presenti nella lista;
- creare una lista di stringhe;
- costruire l'acronimo con le parole presenti nella lista;
- data una parola, verificare se questa è presente nella lista data, anche in modo parziale.

```
Esempio lista : anna → paola → maria → giovanni
Input: ola          Output: VERO
Input: paola        Output: VERO
```

7 Realizza (come non primitiva) la funzione mergeList che, date due liste A e B ordinate, le fonda in un'unica lista priva di ripetizioni.

8 Realizza una versione iterativa di mergeList (aumentare l'efficienza tenendo conto che nell'analisi del successivo elemento di B si può ripartire dall'ultimo elemento di A analizzato).

9 Leggi da terminale alcuni nomi (al massimo di 30 caratteri) e inseriscili in una lista ordinata alfabeticamente. Stampa la lista ottenuta.

10 Progetta e implementa una funzione sublist che, dato un intero positivo *n* e una lista *l*, restituisca una lista che rappresenti la sottolista di quella data a partire dall'*n*-esimo elemento.

11 Costruisci in memoria centrale una lista che memorizzi in modo ordinato crescente *N* numeri interi letti da tastiera in modo disordinato.

12 Progetta e implementa una funzione reverse che prenda in input una lista e ne realizzi una seconda contenente gli elementi in ordine "ribaltato", cioè dall'ultimo al primo.

13 Data una lista semplice contenente dei numeri interi elimina gli elementi il cui valore si discosta (positivamente o negativamente) dalla media di tutti gli elementi presenti di un valore specificabile dall'utente. Visualizza a schermo la lista risultante.

14 Data una lista semplice contenente dei numeri interi, genera due liste ordinate in senso crescente, una costituita dai numeri pari e l'altra dai numeri dispari. Visualizza a schermo la lista risultante.

15 Data una lista semplice contenente dei numeri interi (range 0-99), crea una nuova lista contenente gli stessi numeri espressi in codifica binaria, tale che ogni elemento della nuova lista contenga una singola cifra binaria. Usa il numero 2 come elemento separatore, come indicato nel disegno.
Visualizza a schermo la lista risultante.

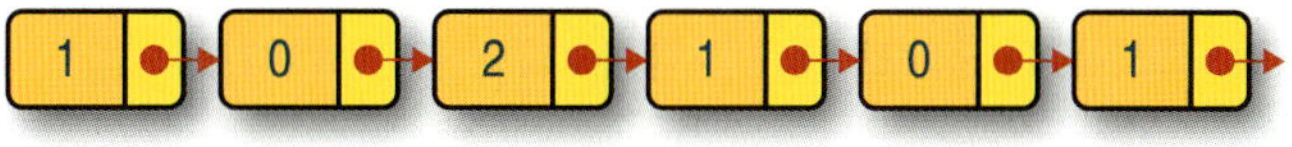

16 Realizza il gioco "FILO DI PAROLE" in cui vari giocatori si succedono inserendo una parola che inizi con l'ultima sillaba della parola precedente. Vince il giocatore che riesce a inserire una parola che termini con una sillaba uguale a una qualsiasi delle sillabe inserite fino a quel momento. Il computer deve effettuare tutti i controlli e decretare il vincitore.

17 Un'agenda cartacea contiene i dati relativi agli appuntamenti giornalieri di uno studio legale. Ciascun appuntamento è caratterizzato dal cognome della persona da incontrare (al più di 20 caratteri) e dall'ora dell'appuntamento (numero intero da 7 a 20). Realizza un programma che:

- realizzi una lista che memorizzi, in modo ordinato in base ai cognomi, i nominativi delle persone che saranno ricevute e l'ora prevista;
- letto un cognome a terminale, utilizzi la lista per andare a visualizzare a quale ora tale persona sarà ricevuta o un opportuno messaggio se non è previsto alcun appuntamento;
- stampi a video l'elenco dei nominativi (uno per linea) contenuti nella lista, ciascuno preceduto dall'ora del proprio appuntamento.

UNITÀ DIDATTICA 4

PILE E CODE

IN QUESTA UNITÀ IMPAREREMO...

- a realizzare pile staticamente e dinamicamente
- a realizzare code staticamente e dinamicamente
- a definire le funzioni primitive per queste strutture

Liste con accesso limitato: pile e code

Un tipo di dato astratto pila e coda può essere considerato come un caso particolare di lista semplice, chiamata comunemente "lista ad accesso limitato": tale denominazione deriva dal fatto che queste strutture dinamiche vengono implementate utilizzando liste semplici a puntatori, ma riducendo volutamente il set di istruzioni disponibili sotto forma di funzioni primitive. A seconda delle limitazioni imposte è possibile individuare due tipi differenti di liste ad accesso limitato: le pile e le code.
Le pile (anche denominate stack) sono caratterizzate dal fatto di consentire l'accesso a un solo estremo della lista: solo da quell'estremo è possibile inserire o estrarre elementi, senza poter quindi scorrere la lista.
Le code (anche denominate queue) sono suddivise in due tipi:

- coda semplice: l'inserimento di un elemento può avvenire solo da un'estremità e l'estrazione solo dall'estremità opposta;
- coda doppia: inserzione ed estrazione di un elemento possono avvenire a entrambi gli estremi della lista.

In entrambi i casi *non* è possibile togliere o inserire elementi in posizioni intermedie.

Queste strutture dati sono particolarmente utili per rappresentare situazioni di notevole importanza nell'ambito dei problemi informatici, e sono fondamentali per la gestione dei processi da parte del software di base: lo stack di attivazione delle funzioni, la gestione dei processi, lo spooler di stampa, l'allocazione delle risorse sono solo alcune delle funzionalità in cui la struttura dati viene gestita mediante code e pile.

Pila o stack

Si è detto che una struttura dati di tipo stack è una lista nella quale è consentito accedere solo all'elemento che si trova a un'estremità della lista stessa. Lo stack viene rappresentato graficamente come nel disegno sottostante, cioè con "sviluppo in verticale", motivo per cui prende anche il nome di catasta: l'analogia che meglio lo rappresenta è il gioco infantile degli anelli impilati nel piolo.

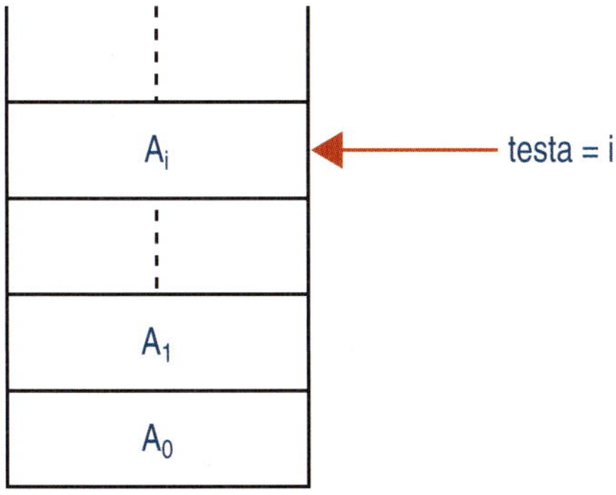

pila (o stack)

anelli nel piolo

L'estremo accessibile dello stack è quello superiore, che prende il nome di testa dello stack: solo da questo estremo è possibile interagire con lo stack, inserendo o togliendo un elemento per volta.

- L'operazione di inserimento di un elemento sulla testa dello stack prende il nome di impilaggio, e nella letteratura informatica viene indicata con il termine push (dal verbo inglese *to push*, che significa "spingere"); viene sempre realizzata con una funzione che ne porta il nome.
- L'operazione di estrazione di un elemento sulla testa dello stack prende il nome di spilaggio, e nella letteratura informatica viene indicata con il termine pop (dal verbo inglese *to pop off*, che significa "togliere il tappo"); viene sempre realizzata con una funzione che ne porta il nome.

OPERAZIONI SULLO STACK

La sintassi delle due operazioni fondamentali per operare su uno stack è la seguente:

- `push(testa,elemento)`: inserisce un nuovo elemento in testa allo stack;
- `pop(testa)`: estrae l'ultimo elemento inserito nello stack.

L'operazione di pop può essere eseguita solo se lo stack contiene almeno un elemento: la funzione che la implementa deve quindi verificare prima la presenza di un elemento, in modo da non generare una situazione di errore, e solo successivamente può procedere togliendo ("spilando") l'ultimo elemento presente sulla pila.

Questa modalità operativa fa sì che l'elemento che viene estratto dalla lista sia necessariamente l'ultimo che è stato inserito, e costituisce una particolarità propria dello stack: prende il nome di modalità LIFO (Last In First Out): viene estratto per primo l'ultimo elemento inserito nello stack.

Ricordiamo che la modalità di gestione LIFO viene applicata a tutte le possibili operazioni nidificate e nella ricorsione, per cui la gestione dei dati mediante una struttura di tipo stack è alla base della soluzione di moltissimi problemi.
Possiamo ora dare una definizione completa di stack.

STACK

Una pila (o stack) è una struttura dati lineare omogenea, di dimensione variabile, in cui è possibile aggiungere e togliere elementi solo a un'estremità, chiamata testa, attraverso la quale si implementa il meccanismo di gestione LIFO (Last In First Out), che implica che l'ultimo elemento inserito sia anche il primo a essere estratto.

Le funzioni che completano il set di operazioni effettuabili su una pila sono le seguenti, che vanno ad aggiungersi alle due operazioni fondamentali definite in precedenza:

Operazioni primitive	Descrizione
`creaPila() → testa`	Crea una pila vuota
`pilaVuota(testa) → booleano`	Verifica se una pila è vuota: in tal caso restituisce TRUE, in tutti gli altri casi FALSE
`leggiPila(testa) → elemento`	Legge l'elemento di testa della pila, senza estrarlo
`pilaPiena(testa) → booleano`	Verifica se una pila è piena, cioè contiene almeno un elemento: in tal caso restituisce TRUE, altrimenti FALSE
`pop(testa) → testa`	Estrae l'elemento di testa della pila, senza leggerlo
`push(testa,elemento) → testa`	Inserisce un elemento in cima alla pila, cioè nella posizione di testa

Realizzazione di uno stack

Si è detto che lo stack è una struttura dati lineare omogenea, quindi conterrà dati unicamente di un certo tipo: dovremmo perciò parlare di stack di interi, di stringhe ecc.
La realizzazione di una struttura di tipo stack può essere fatta con variabili sia statiche, utilizzando un vettore, sia dinamiche, mediante una lista.

Realizzazione statica mediante vettori

La tecnica più semplice (quindi usata più di frequente) per realizzare uno stack consiste nell'utilizzare un array di record e un cursore (un indice intero, detto stack pointer), in cui viene memorizzata la posizione che sarà occupata dalla testa dello stack nell'array dopo un eventuale inserimento. Naturalmente il vettore deve essere dimensionato staticamente, quindi questo tipo di implementazione ha tutti i difetti e (soprattutto) i limiti delle strutture statiche e deve essere gestito anche il caso di tentativo di inserire un nodo in una pila già piena (in un certo senso verifica che la pila non sia piena).

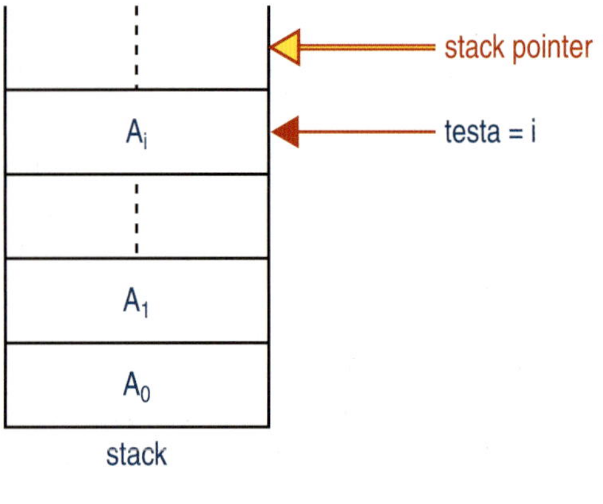

Lo stack pointer è il valore dell'indice della prima posizione libera nel vettore "al di sopra" dell'elemento di testa dello stack quindi, seppure implicitamente, indica il numero degli elementi presenti nello stack.

Prova adesso!

• Stack mediante vettori

CREA UN PROGRAMMA pila

1. Realizza un'organizzazione a stack utilizzando i vettori, realizzando un menu che richiami le operazioni fondamentali sulla pila:
   - crea la pila;
   - inserisci nodo nella pila (PUSH);
   - preleva nodo dalla pila (POP);
   - stampa pila.
2. Confronta la tua soluzione con quella presente nel file esercizio13.

Realizzazione dinamica mediante liste

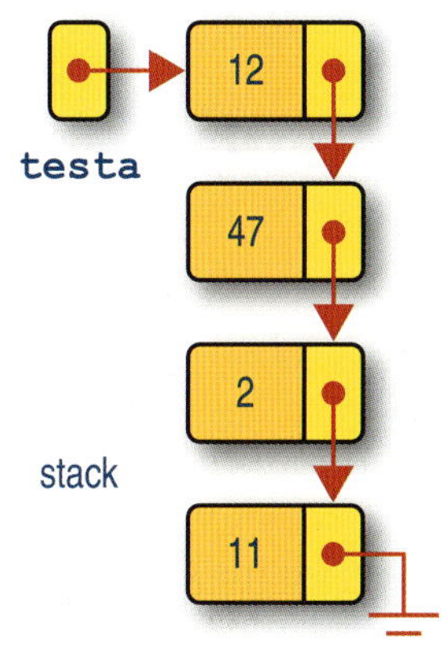

Aiutiamoci con una figura, per comprendere come può essere realizzata una pila mediante variabili di tipo puntatore.
Nella pila schematizzata a destra sono stati memorizzati, nell'ordine, i numeri 11, 2, 47, 12: il numero 11 è stato inserito per primo e il numero 12 per ultimo, quindi è l'elemento di testa della pila.
A quest'ultimo elemento viene "collegato" un puntatore, chiamato appunto `testa`, che contiene l'indirizzo della memoria heap in cui è memorizzato l'elemento di testa.
Ogni record della lista è formato da due campi: uno adatto a contenere l'informazione da memorizzare (in questo caso di tipo intero), l'altro (di tipo puntatore a un record dello stesso tipo) che serve a contenere l'indirizzo del record inserito in precedenza.
Il campo puntatore del primo record inserito (quello contenente il valore 11 nel campo informazione) contiene il "solito" indirizzo convenzionale `NULL`, che significa che non ci sono altri elementi collegati e quindi siamo "in fondo alla pila".

Per la realizzazione di una pila a puntatori come quella riportata sopra, occorre procedere come indicato di seguito.

1. Definire un record strutturato con due campi, uno di tipo adatto all'informazione da memorizzare, l'altro di tipo puntatore alla struttura stessa.
2. Dichiarare una variabile statica di tipo puntatore a un valore del tipo dell'informazione (detta puntatore di testa), tramite la quale accedere all'ultimo record inserito.
3. Definire le funzioni primitive per la gestione delle pile, che sono:
   - push, che inserisce un elemento in testa alla pila;
   - top, che accede all'elemento di testa alla pila (l'ultimo inserito) senza estrarlo;
   - pop, che, se la pila non è vuota, estrae (cioè cancella) l'elemento di testa;
   - pilaVuota, che verifica che la pila sia vuota.

Come esercizio vediamo la realizzazione della pila riportata nella figura precedente definendo tutte le funzioni necessarie per la sua costruzione.

ESEMPIO 15 *Funzioni primitive per la gestione di una pila*

Definiamo, innanzitutto, la struttura adatta a memorizzare dati di tipo intero:

```
struct s_nodo{
  int info;                  // campo informazione
  struct s_nodo *next;       // campo per il collegamento
};
typedef struct s_nodo nodo;  // nodo della pila
typedef nodo *puntaNodo;     // puntatore ad un elemento
```

La struttura sopra riportata è la stessa utilizza nella gestione delle liste semplici.

Creazione di una lista vuota

La creazione di una pila vuota consiste nell'inizializzazione di un puntatore a `NULL` come riportato nella seguente funzione:

```
void crea (nodo** pprecedente){
  (*pprecedente) = NULL;
  printf ("\n\tLa pila e' stata creata \n\t");
return;
}
```

Il puntatore al nodo viene passato per indirizzo, così come nelle successive funzioni.

Inserimento di un elemento in uno stack mediante la funzione push()

L'inserimento di un elemento in testa alla pila richiede l'esecuzione delle seguenti operazioni:

- allocare dinamicamente un nuovo record, mediante l'istruzione `malloc`;
- memorizzare l'elemento da inserire nel campo informazione del record appena allocato;
- aggiornare le variabili di tipo puntatore della lista, eseguendo i seguenti passaggi:
  - memorizzare nel puntatore `pNuovo` del nuovo record l'indirizzo del record di testa della pila;
  - modificare il contenuto della variabile `pTesta` copiandovi l'indirizzo del nuovo elemento inserito, cioè quello memorizzato in `pNuovo`.

```
void push (nodo **pprecedente, int elemento){
 nodo* pNuovo;
 pNuovo = (nodo*) malloc (sizeof(nodo));  // creazione del nuovo nodo
   if (pNuovo != NULL){
   pNuovo->info = elemento;
   pNuovo->next = *pprecedente;
   *pprecedente = pNuovo;      //aggiornamento del puntatore della testa
  }
 else
  printf ("\n\tErrore nell'allocazione di memoria!\n\n\t");
return;
}
```

Seguiamo l'esecuzione delle istruzioni di questa funzione, effettuando per esempio una chiamata per inserire il primo elemento nella pila, partendo cioè da una situazione di pila vuota con il puntatore `pTesta` a `NULL` come nella figura che segue

Effettuiamo per esempio una chiamata `push(&pTesta,11)`.

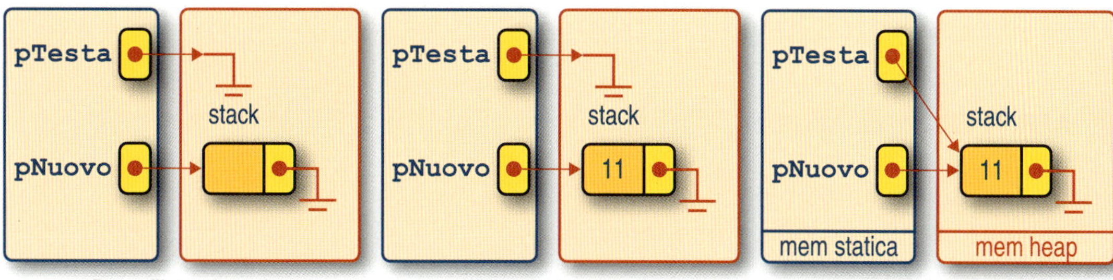

Dopo l'istruzione 3 — Dopo l'istruzione 5 — Dopo le istruzioni 6 e 7

Aggiungiamo ora un nuovo elemento sulla pila, con la seguente chiamata: `push(&pTesta,2)`.
Procedendo in questo modo si ottiene una pila completa.

Estrazione di un elemento dallo stack mediante la funzione pop()

L'estrazione di un elemento dalla testa alla pila richiede l'esecuzione delle seguenti operazioni:

- collegare l'elemento di testa a un puntatore temporaneo;
- aggiornare il puntatore di testa con l'indirizzo dell'elemento successivo presente nella pila;
- liberare lo spazio inutilizzato, deallocando dalla heap l'elemento da eliminare.

Dato che la funzione di estrazione `pop` modifica il valore del puntatore alla testa della pila, è conveniente definire, per implementarla, una procedura avente come parametro un puntatore nel quale verrà passato l'indirizzo di testa della pila:

```
void pop (nodo** pprecedente){
 nodo* pTempo = NULL;                     // variabile temporanea
 if(*pprecedente != NULL){
  pTempo = *pprecedente;                  // salvo indirizzo ultimo elemento
  if ((*pprecedente)->next != NULL)
   *pprecedente = (*pprecedente)->next;// aggiorno la testa
  else
   *pprecedente = NULL;
  free(pTempo);                           // dealloco lo spazio
 }
 else
  printf ("\n\t Attenzione: la PILA è vuota \n\n\t");
return;
}
```

Il contenuto dell'elemento di testa viene irrimediabilmente perduto quindi, nel caso si voglia salvare il valore dell'informazione in esso presente, quest'ultimo deve essere copiato in una variabile, prima di eliminare il record dalla pila: è quindi necessario definire una funzione top, che legge il dato e viene invocata prima della funzione top.

Prova adesso!

- Funzione che svuota una pila
- Funzione per stampare il contenuto di una pila
- Funzione che verifica se una pila è vuota

APRI IL FILE esempio15

1 Scrivi le seguenti funzioni per operare su una pila:

```
int svuotaPila (nodo *precedente)
int testPilaVuota (nodo* precedente)
void stampaPila (nodo* precedente)
```

2 Realizza quindi un menu per provare tutte le funzioni.

3 Confronta il codice con quello presente nel file esercizio14.

Code (queue)

La gestione di una coda presenta dei punti in comune con la gestione della pila e le funzioni che verranno illustrate trovano corrispondenze con quelle appena descritte.
Si è detto che una struttura dati di tipo coda è una lista cui si può accedere da entrambe le estremità, ma per ogni estremità è ammessa una sola operazione. In particolare:

- si possono inserire elementi solo alla fine della coda (accodamento, o enqueue);
- si possono estrarre elementi solo dalla testa della coda (eliminazione dalla coda, o dequeue).

La coda viene rappresentata graficamente come nel disegno che segue, cioè come una struttura a "sviluppo in orizzontale":

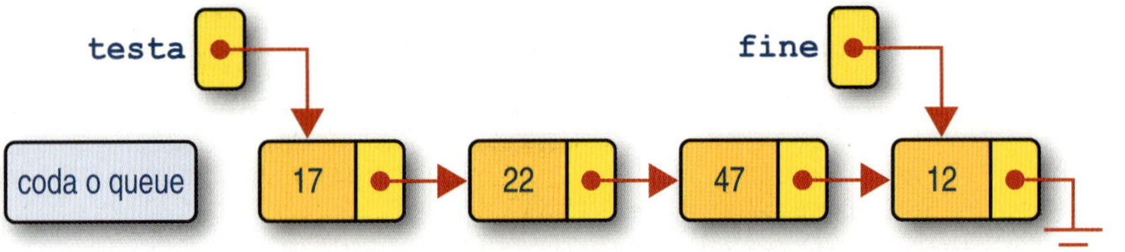

La tipologia di problemi che possono essere risolti può essere individuata anche in base al nome di questa struttura: code al casello autostradale, code al supermercato, code di attesa per l'uso di una periferica (per esempio, una stampante), code al semaforo, dati in attesa di elaborazione, richiesta in attesa di risposta...

INCODA E OUTCODA

Le due operazioni fondamentali per operare su una coda sono:

- `inCoda(fine, elemento)`, che inserisce un nuovo elemento in fondo alla coda;
- `outCoda(testa)`, che estrae il primo elemento inserito nella coda.

La funzione outCoda può essere eseguita solo se la coda non è vuota, quindi nella sua implementazione si deve prima verificare la presenza di almeno un elemento, in modo da non ritrovarsi in situazioni di errore.

La modalità operativa FIFO (First In First Out, che in inglese significa "esce per primo il primo elemento inserito") fa sì che l'elemento che viene estratto dalla lista sia necessariamente il primo che è stato inserito, caratteristica peculiare delle code. Possiamo ora dare una definizione completa di coda.

CODA

Una coda (o queue) è una struttura dati lineare e omogenea con dimensione variabile in cui è possibile aggiungere elementi solo a un estremo, chiamato fine, ed estrarre elementi solo dall'estremo opposto, chiamato testa. Questa struttura implementa il meccanismo di gestione denominato FIFO (First In First Out), in cui il primo elemento inserito è anche il primo a essere estratto.

Operazioni primitive	Descrizione
`creaCoda(testa,fine) → booleano`	Crea una coda vuota
`codaVuota(testa) → booleano`	Verifica se una coda è vuota: in tal caso restituisce TRUE, in tutti gli altri casi FALSE
`leggiCoda(testa) → elemento`	Legge l'elemento di testa della coda, senza estrarlo
`codaPiena(testa) → booleano`	Verifica se una coda è piena, cioè contiene almeno un elemento: in tal caso restituisce TRUE, altrimenti FALSE
`inCoda(fine, elemento) → fine`	Inserisce un elemento alla fine della coda, cioè nell'ultima posizione
`outCoda(testa) → testa`	Estrae l'elemento di testa della coda, senza leggerlo, e liberando la memoria

Se confrontiamo questa tabella con quella già vista precedentemente per la pila ci accorgiamo che praticamente dobbiamo scrivere le stesse funzioni primitive.

Realizzazione di una coda

Si è detto che una coda è una struttura dati lineare e omogenea e che, quindi conterrà dati unicamente di un certo tipo: dovremmo parlare di coda di interi, di stringhe, di record ecc. Una struttura di tipo coda può essere implementata utilizzando sia variabili statiche, cioè mediante un vettore, sia variabili dinamiche, cioè mediante una lista.

Realizzazione statica mediante vettori

La soluzione più semplice per realizzare una coda consiste nell'utilizzare un array, più alcune variabili ausiliarie per tenere conto della posizione occupata dagli elementi di testa e di coda della struttura: si potrebbe anche evitare di togliere fisicamente gli elementi quando vengono estratti, in quanto è sufficiente avere l'accortezza di spostare il valore dell'indice della testa e non considerare le celle che lo precedono. Gli inconvenienti di questa soluzione implementativa sono:

- l'impossibilità di un'occupazione ottimale della memoria, in quanto deve essere definita staticamente la dimensione del vettore che deve contenere l'intera coda;
- la possibilità di incappare in una situazione di saturazione (*overflow*) a causa dell'inserimento di troppi elementi.

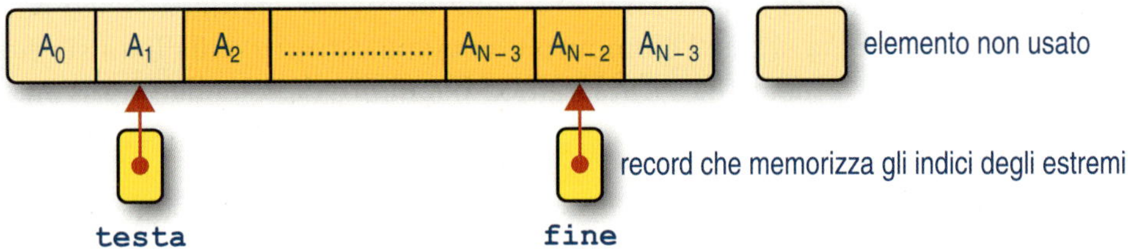

Una soluzione (seppure parziale) consiste nel "recuperare" gli elementi eliminati: questo, però, comporta un notevole dispendio di elaborazione, in quanto è necessario "far scorrere" (cioè, effettuare uno *shift*) di tutti gli elementi del vettore.

Prova adesso!

- Implementazione di una coda con vettori

CREA UN PROGRAMMA coda

1. Realizza un'organizzazione a queue utilizzando i vettori, realizzando un menu che richiami le operazioni fondamentali sulla pila:
   - crea la coda;
   - inserisci nodo nella coda;
   - preleva nodo dalla coda;
   - stampa coda.
2. Confronta la tua soluzione con quella presente nel file esercizio15.

Realizzazione dinamica mediante liste

È possibile realizzare una coda mediante una lista a puntatori. Nella coda schematizzata nella figura che segue sono stati memorizzati, nell'ordine, i numeri 12, 47, 22 e 17.
Il numero 12 è stato inserito per primo, il numero 17 per ultimo: questi due elementi devono essere puntati direttamente da due variabili statiche:

- la prima la chiameremo `testa` e conterrà l'indirizzo a cui "collegarsi" per poter aggiungere nuovi elementi (ultimo entrato);
- la seconda, detta fine, conterrà l'indirizzo dell'elemento "pronto per abbandonare la coda", cioè il primo entrato (e l'unico!) che può essere tolto.

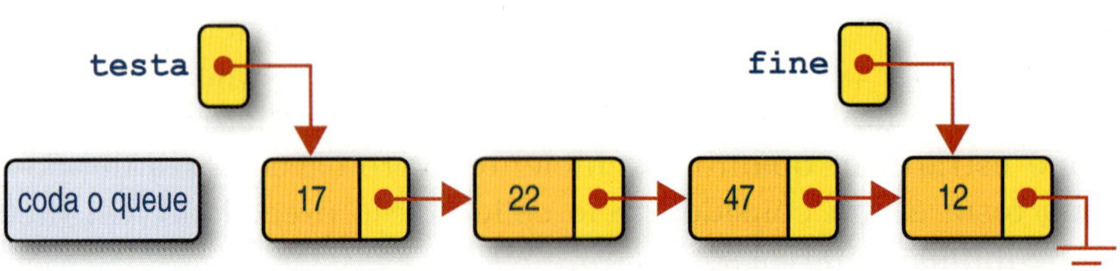

Ogni record è formato da due campi, uno di tipo adatto a contenere l'informazione da memorizzare (in questo caso di tipo intero), l'altro di tipo puntatore a un record dello stesso tipo, cioè adatto a contenere l'indirizzo del record precedentemente inserito. Il campo puntatore dell'ultimo record inserito, che contiene il valore 12 nel campo `info`, contiene il "solito" indirizzo convenzionale `NULL`, che sta a significare che non ci sono altri elementi collegati e quindi siamo "alla fine della coda".

Per la realizzazione di una coda a puntatori come quella riportata sopra occorre:

1. definire un record strutturato con due campi, uno di tipo adatto all'informazione da memorizzare e l'altro di tipo puntatore alla struttura stessa;
2. dichiarare due puntatori statici al tipo definito nel passo precedente (il puntatore di testa e quello di coda), tramite i quali si può accedere al primo e all'ultimo record inserito;
3. definire le funzioni primitive per la gestione delle code che sono:
   - `inCoda`, che inserisce un elemento in fondo alla coda;
   - `top`, che accede all'elemento in testa alla coda (il primo inserito) senza cancellarlo;
   - `outCoda` che, qualora la coda non sia vuota, estrae (cioè, cancella) l'elemento in testa alla coda;
   - `codaVuota`, che verifica se la coda è vuota.

Vediamo nel dettaglio, come esercizio, la realizzazione della coda riportata nella figura precedente definendo le funzioni necessarie alla sua costruzione.

ESEMPIO 16 *Funzioni primitive per la gestione di una coda*

Definiamo innanzitutto la struttura dati adatta a memorizzare dati di tipo intero:

```
struct s_nodo{
  int info;                  // campo informazione
  struct s_nodo *pnext;      // campo per il collegamento
};
typedef struct s_nodo nodo;  // nodo della coda
typedef nodo *puntaNodo;     // puntatore ad un elemento
```

> La struttura sopra riportata è la stessa utilizzata nella gestione delle pile.

Creazione di una coda vuota

La creazione di una coda vuota consiste nell'inizializzazione di due a `NULL` come riportato nella seguente funzione:

```
void crea (nodo** ppTesta, nodo **ppFine){
  *ppTesta = NULL;  //puntatore al primo elemento inserito
  *ppFine  = NULL;  //puntatore all'ultimo elemento inserito
return;
}
```

Con le seguenti chiamate creiamo una coda vuota come quella rappresentata nella figura a lato:

```
nodo *pTesta;
nodo *pFine;
```

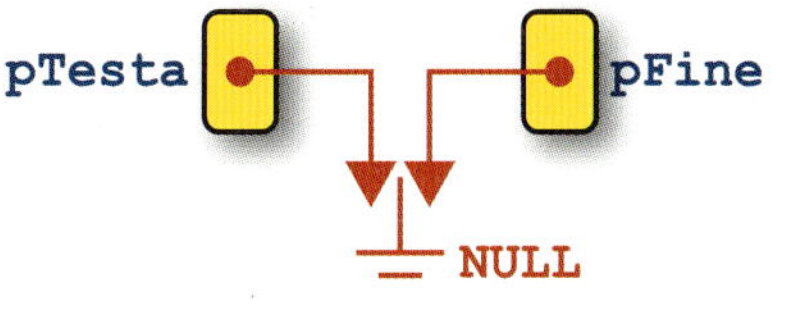

La creazione di una coda mediante una struttura dinamica a lista permette due opzioni di implementazione:

- inserimento in testa, cioè l'ultimo nodo inserito rimane quello più vicino alla testa della lista;

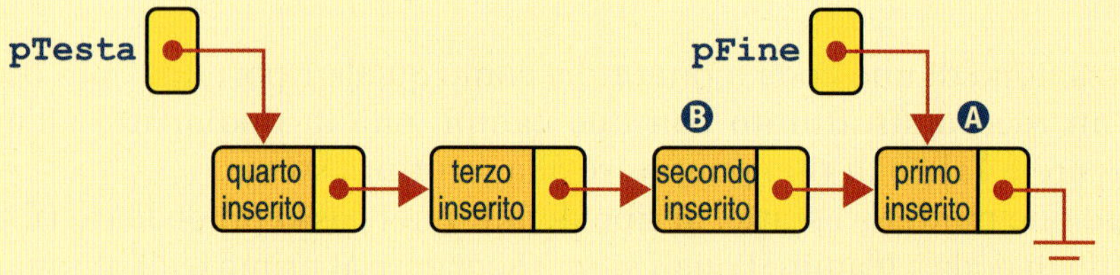

- inserimento in coda, cioè l'ultimo nodo inserito rimane quello più lontano dalla testa della lista.

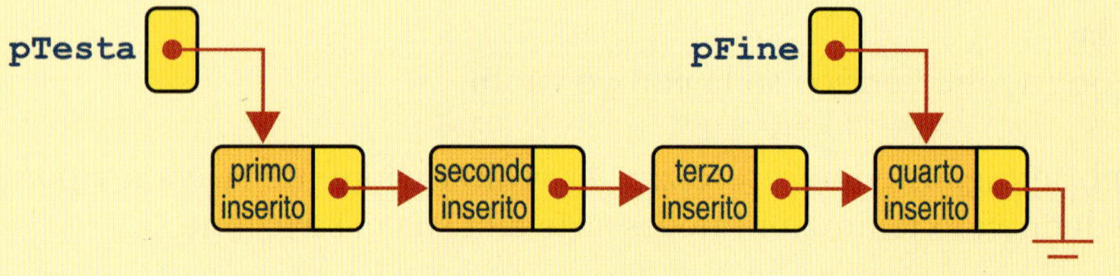

Concettualmente, data la natura LIFO della coda, sembrerebbe più indicato utilizzare il primo metodo, in quanto i nuovi elementi risultano "accodati" a quelli già presenti nella coda, proprio nella "natura" della coda.
Operativamente risulta invece più conveniente la seconda implementazione, in quanto nella prima struttura se eliminiamo il record A, che è l'unico che può essere tolto dalla LIFO in quanto è il primo entrato, si cancella il record referenziato dal puntatore `pFine` e questo si troverebbe ad avere un valore non significativo, che "dovrebbe" essere aggiornato con l'indirizzo dell'elemento contrassegnato con B, che diventerebbe il nuovo "primo della coda" (quindi il prossimo elemento da estrarre).
In `pFine` andrebbe dunque inserito il valore dell'indirizzo B, cioè del record che è stato inserito per secondo, il cui campo puntatore referenzia però un indirizzo che non ha più alcun significato: per eseguire questa operazione è necessario risalire tutta la coda a partire dall'inizio (in questo caso, da `pTesta`) fino a trovare l'elemento il cui puntatore contiene un indirizzo non significativo, soluzione non "comoda" che comporta molteplici operazioni inutili.
Con la seconda implementazione, invece, l'inserimento di un nodo avviene dopo `pFine`, che contiene proprio l'indirizzo del penultimo nodo, e l'eliminazione avviene "spostando" in avanti di un nodo la `pTesta`, operazione che viene eseguita direttamente aggiornando un solo puntatore.

Inserimento di un elemento in una coda mediante la funzione inCoda()

L'inserimento di un elemento in fondo alla coda richiede le seguenti operazioni:

- allocare dinamicamente un nuovo record `pNuovo`;
- memorizzare l'elemento nel campo informazione del record appena allocato;

- aggiornare le variabili di tipo puntatore, seguendo i passaggi indicati:
  – scrivere nel campo puntatore del nuovo record l'indirizzo del record di testa della coda, in modo da "agganciargli" la coda presente in memoria (istruzione 11);
  – scrivere nella variabile ppfine il valore dell'indirizzo del record appena creato, che sarà adesso l'ultimo elemento della coda (istruzione 12);
  – nel caso in cui l'elemento sia il primo inserito, modificare il contenuto della variabile `pptesta`, copiando in esso l'indirizzo del nuovo elemento inserito dato che nel caso di un solo elemento presente nella coda primo e ultimo coincidono (istruzione 15)!

> Dato che la funzione di inserimento inCoda modifica il valore di entrambi i puntatori, li passiamo per indirizzo come parametri della funzione.

Vediamo un'implementazione di quanto appena descritto:

```
 1 void inCoda (nodo **pptesta, nodo **ppfine, int elemento){
 2   nodo* pNuovo;        // punta al nuovo nodo
 3   nodo* pTempo;        // punta ad un nodo di servizio
 4   nodo* pCorrente;     // punta ad un nodo di servizio
 5   pNuovo=(nodo*)malloc(sizeof(nodo));  //creo un nuovo nodo
 6
 7   if (pNuovo != NULL) {
 8     pNuovo->info = elemento;              // inizializzo il nuovo nodo
 9     pNuovo->pnext = NULL;
10 // aggancio del record come fine della coda
11     if (*ppfine != NULL)
12       (*ppfine)->pnext = pNuovo;       // non è il primo nodo della coda
13     *ppfine = pNuovo;
14 //se è il primo elemento testa e coda coincidono
15     if (*pptesta == NULL)
16       *pptesta = *ppfine;
17   }
18   else
19     printf ("\n\tErrore di allocazione del nodo!\n\t");
20 return;
21 }
```

Seguiamo l'esecuzione delle istruzioni di questa funzione, effettuando per esempio una chiamata per inserire il primo elemento nella coda, partendo cioè da una situazione di coda vuota con il puntatore `pTesta` e `pFine` a `NULL` come nella figura che segue.
Effettuiamo la seguente chiamata: `inCoda(pTesta, pFine,17)`.

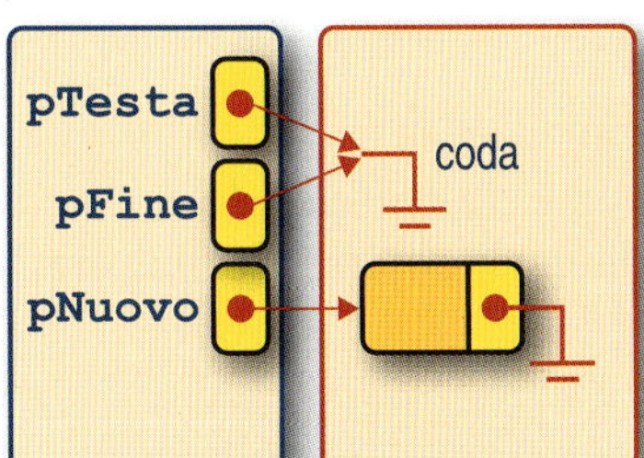

Dopo l'istruzione 5

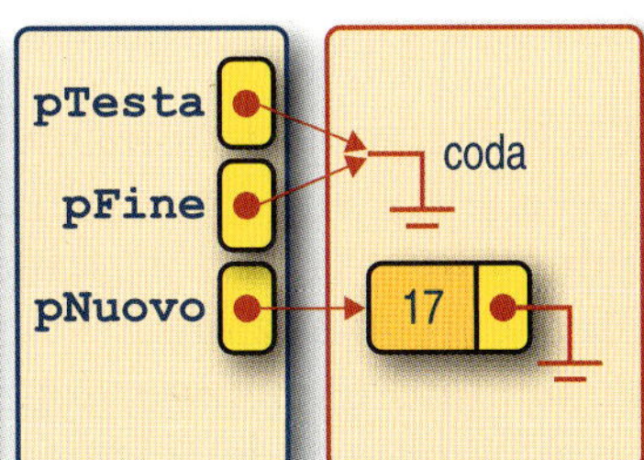

Dopo le istruzioni 8 e 9

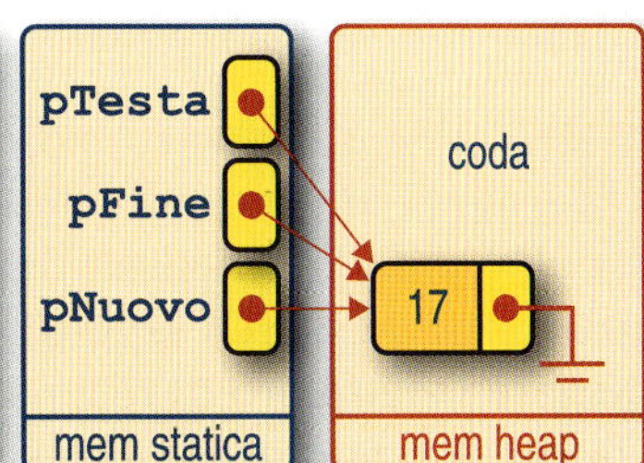

Dopo le istruzioni 12 e 15

Aggiungiamo ora un nuovo elemento alla coda, eseguendo la seguente chiamata: `inCoda(pTesta, pFine,22)`.
In questo caso non viene eseguita l'istruzione 15, in quanto il puntatore `pTesta` contiene già l'indirizzo di un elemento.

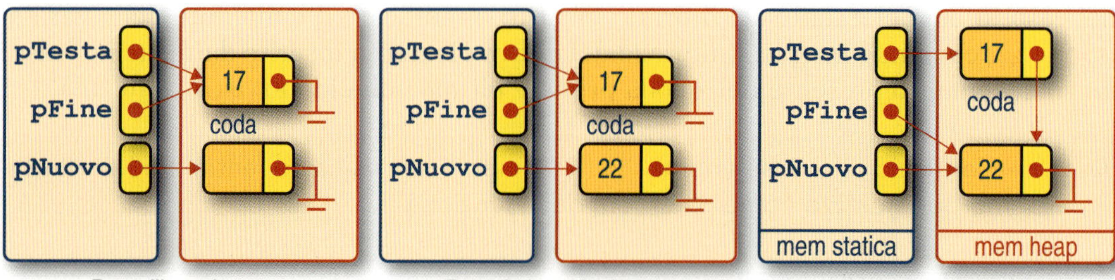

Dopo l'istruzione 5 — Dopo le istruzioni 8 e 9 — Dopo l'istruzione 12

Continuando si ottiene la coda completa, aggiungendo, nell'ordine 47, e per ultimo 12.

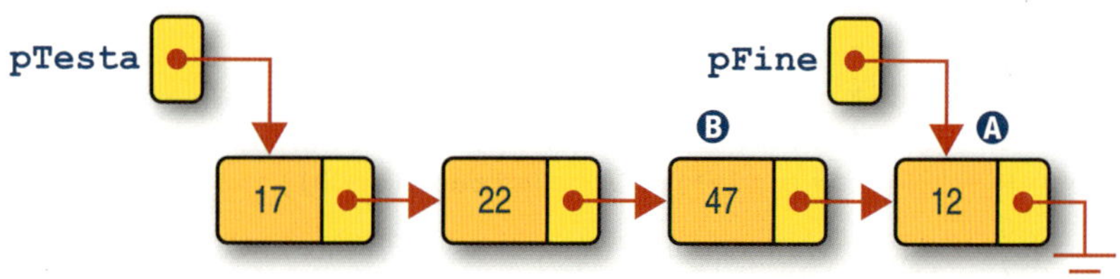

Prova adesso!

- Coda con inserimento in testa
- Inserimento di un elemento
- Visualizzazione di una coda

CREA UN PROGRAMMA codadiTesta

1. Realizza un'organizzazione a coda di testa, realizzando la funzione `inCoda` che inserisce il nuovo elemento come testa della lista.
2. Scrivi una funzione che permetta di visualizzare la coda creata, come nell'esempio della figura:

```
        -------------------------------------------------------
(Last In) [pTesta]-> 5 -> 4 -> 3 -> 2 -> 1 -> NULL
                                          [pFine]
        -------------------------------------------------------
```

3. Confronta la tua soluzione con quella presente nel file esercizio16.

Estrazione di un elemento dalla coda mediante la funzione outCoda

L'estrazione di un elemento dalla coda, come si è detto, può essere effettuata solo dall'estremità della coda indirizzata dal puntatore `pTesta` e richiede particolare attenzione, in quanto devono essere eseguite le seguenti operazioni:

- collegare l'elemento di testa a un puntatore temporaneo;
- aggiornare il puntatore di testa con l'indirizzo dell'elemento che lo segue nella coda;
- liberare lo spazio in memoria, deallocando dalla heap l'elemento da eliminare.

Una possibile codifica è la seguente:

```
1 void outCoda (nodo** pptesta, nodo** ppultimo){
2   nodo* ptempo;
3   ptempo = NULL;
4   ptempo = *pptesta;     // salvo l'indirizzo del nodo che poi rilascio
5 //aggiornamento della testa della coda e liberazione spazio allocato per nodo
6   if(*pptesta != *ppultimo){
7    *pptesta= (*pptesta)->pnext;
8    free(ptempo);
9   }
10  else{                  // se è presente un solo elemento la coda si svuota
11   free(ptempo);         // dealloco lo spazio
12   *pptesta = NULL;      // azzero i puntatori
13   *ppultimo = NULL;
14  }
15 return;
16 }
```

Il contenuto dell'elemento estratto viene irrimediabilmente perduto quindi, nel caso si voglia salvare il valore contenuto nel suo campo informazione, quest'ultimo deve essere copiato in una variabile prima di eliminare il record dalla coda, così come si era visto nel caso dello stack. Visualizziamo graficamente l'esecuzione delle istruzioni appena codificate:

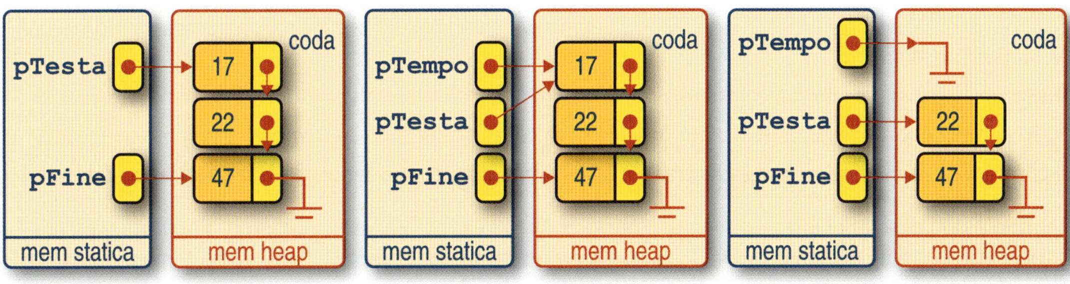

Situazione iniziale — Dopo l'istruzione 7 — Dopo l'istruzione 8

Prova adesso!

- Coda con inserimento in testa
- Estrazione di un elemento
- Visualizzazione di una coda

1 Realizza un'organizzazione a coda di testa, creando la funzione outCoda che toglie l'ultimo elemento presente nella coda stessa.

2 Scrivi una funzione che permetta di visualizzare la coda creata, come nella figura:

```
           ------------------------------------------------
[pTesta]-> 5 -> 4 -> 3 -> 2 -> 1 -> NULL
       (Last In)             [pFine] (First Out)
           ------------------------------------------------
       L'elemento prelevato dalla testa della coda e'   1

       L'elemento prelevato dalla testa della coda e'   2
           --------------------------------
[pTesta]-> 5 -> 4 -> 3 -> NULL
       (Last In)      [pFine] (First Out)
           --------------------------------
```

3 Confronta la tua soluzione con quella presente nel file esercizio17.

Verifichiamo le competenze

Esprimi la tua creatività

Progetta e realizza completamente in linguaggio di programmazione il codice che risolva i problemi proposti.

1 Leggi una stringa e utilizzando una struttura di tipo pila riconosci se è palindroma.
(N.B. Una parola o frase è palindroma quando può essere letta in entrambi i sensi, come per esempio ossesso, anna, alla, itopinonavevanonipoti ecc.).

2 Scrivi un programma che legga un testo costituito da un numero indefinito di righe (ciascuna composta da 80 caratteri) una alla volta, inserisca ciascuna riga in uno stack e poi vuoti lo stack trasferendo le righe una per una in un secondo stack. Lo stack sarà poi vuotato, trasferendo le righe in uscita nello stesso ordine nel quale sono state lette. Il programma di prova verifica anche che le funzioni testa e pop richiamate su uno stack vuoto producano un'eccezione.

3 Risolvi l'esercizio precedente utilizzando una struttura statica, facendo attenzione al fatto che un numero eccessivo di operazioni di push porta all'overflow dello stack. Scrivi il codice che gestisce questa evenienza, segnalando all'utente questa situazione.

4 Scrivi un programma che legga una frase contenente una sequenza indeterminata di nomi di animali, separati tra loro da uno o più caratteri bianchi e terminante con la parola tappo "zoo". Quindi visualizza la sequenza a rovescio, cioè iniziando dalla parola "zoo".

5 Scrivi un programma che, mentre legge una sequenza di numeri, li inserisca in una coda, osservando le seguenti regole:
- ogni numero dispari che viene letto viene scomposto in fattori primi, che vengono inseriti nella coda;
- ogni numero pari che viene letto viene inserito nella coda togliendone contemporaneamente due.

Il programma termina quando la lista contiene solo numeri dispari, che vengono visualizzati sullo schermo.

6 L'ufficio guasti di un'azienda riceve un certo numero di richieste di intervento al giorno, che devono essere soddisfatte in ordine di data di arrivo. Realizza un programma che consenta all'operatore di memorizzare tali richieste secondo l'ordine di arrivo, archiviando i dati necessari per il tecnico che dovrà eseguire l'intervento.

7 La definizione ricorsiva di *stringa parenteticamente corretta* è la seguente.

> La stringa vuota è parenteticamente corretta.
> Se P1, P2 e P3 sono stringhe parenteticamente corrette, anche P1(P2)P3 lo è.

Alcuni esempi sono i seguenti:

ab(c(de)) è **corretta**

ab(a(b)c(de)) è **corretta**

ab(ax)((b)cx(de)) è **corretta**

a(ax)(c non è corretta

a)b(e non è corretta

Scrivi un programma che, ricevendo in ingresso una stringa, verifichi se è parenteticamente corretta.

8 Implementa il riconoscimento di stringhe parenteticamente corrette con i tre tipi diversi di parentesi utilizzate nei linguaggi C e Java: Tonde ( ), Quadre [ ] e Graffe { }. Ciascun tipo di parentesi racchiude costrutti che possono essere nidificati: a ogni parentesi aperta deve corrispondere una parentesi chiusa dello stesso tipo.
Scrivi un programma che verifichi che le parentesi siano disposte in modo corretto.

MODULO 10 ALBERI E GRAFI

UD 1 Alberi generici

UD 2 Alberi binari e di ricerca

UD 3 Grafi

OBIETTIVI

- Conoscere le definizioni e le caratteristiche di un albero
- Conoscere le definizioni degli alberi binari e le loro caratteristiche
- Acquisire le tecniche di realizzazione degli alberi
- Conoscere il bilanciamento totale e in altezza
- Conoscere le definizioni e la terminologia dei grafi
- Acquisire le tecniche di memorizzazione di un grafo
- Conoscere i problemi classici sui grafi
- Definizioni di grafi intrattabili e indecidibili

ATTIVITÀ

- Saper distinguere gli alberi di ricerca da quelli ordinati
- Saper effettuare visite agli alberi
- Sfruttare la ricorsività degli alberi
- Utilizzare gli alberi per modellizzare i problemi
- Definire fisicamente gli alberi binari
- Saper sfruttare la caratteristica ricorsiva degli alberi
- Utilizzare gli alberi binari negli algoritmi di ricerca
- Utilizzare i grafi per modellizzare i problemi
- Distinguere le diverse topografie di grafo
- Effettuare visite e operazioni di ricerca nei grafi
- Analizzare la complessità di calcolo dei problemi sui grafi

UNITÀ DIDATTICA 1

ALBERI GENERICI

IN QUESTA UNITÀ IMPAREREMO...

- la definizione e le caratteristiche di un albero
- il concetto di albero orientato e ordinato
- le tecniche di realizzazione degli alberi
- gli algoritmi di visita in ampiezza e in altezza

Info

Nella cartella M10 C sono presenti i file degli esercizi con la dicitura APRI e i file di tutti gli esempi proposti nel Modulo 10 (questi ultimi indicati con il nome del programma seguito dal suffisso .c).

Introduzione

Oltre alle strutture di tipo lista (semplici o multiple) appena viste, che permettono di rappresentare legami tra gli elementi del tipo antecedente-successore, primo, *i*-esimo, ultimo ecc., per modellizzare correttamente le strutture dati reali si rendono necessari nuovi "contenitori" che permettano di descrivere, tra i dati, relazioni più complesse, generalmente di tipo *non lineare*. La struttura generale che comprende tutte le possibili tipologie di organizzazione dei dati prende il nome di grafo e viene di solito rappresentata con una schematizzazione simile a quella illustrata nella figura a fianco, cioè con un insieme di vertici (detti anche nodi) connessi tra loro mediante archi (o spigoli).

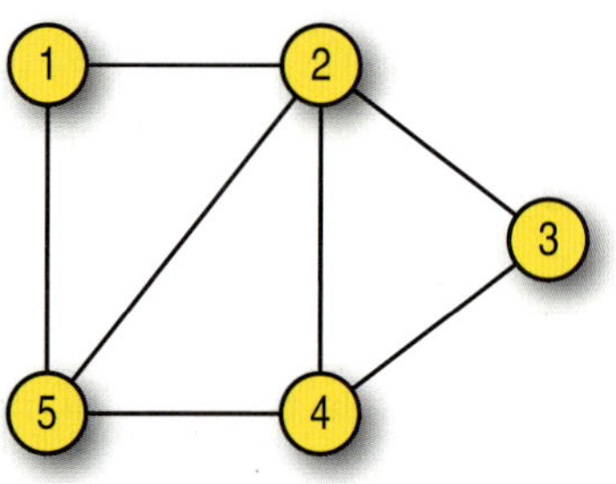

In base alla modalità e alle caratteristiche delle connessioni, è possibile individuare diverse sottofamiglie di grafi: una di queste consente di rappresentare dati tra i quali intercorrono relazioni di tipo gerarchico e prende il nome di albero. Organizzazioni di dati di tipo gerarchico sono presenti nella vita quotidiana: di seguito ne riportiamo alcuni esempi.

- Alberi genealogici: rappresentano l'insieme degli antenati organizzati per ordine cronologico di nascita. Sono usati anche per la definizione del *pedigree* degli animali di razza pura. Un esempio è riportato nella pagina seguente.

- Alberi di classificazione: permettono la classificazione dei dati a livello di dettaglio. Un esempio possono essere le classificazioni all'interno del mondo animale, vegetale, minerale, che prevedono l'aggiunta di sottogruppi per ogni sottolivello di specificazione; inoltre, anche un libro è suddiviso gerarchicamente in capitoli, paragrafi, periodi.
- Organigrammi: sono diagrammi che descrivono i legami tra le diverse posizioni all'interno di un'azienda (generalmente organizzata in direzione, reparti ecc.), oppure le gerarchie presenti in un esercito (che è organizzato in corpi d'armata, divisioni, battaglioni, compagnie, plotoni ecc.).
- Albero di decisione: un esempio è la rappresentazione a livello astratto di un algoritmo di ordinamento per confronto, in cui i confronti eseguiti dall'algoritmo sulla sequenza di ingresso costituiscono i vertici intermedi mentre quelli terminali (foglie) rappresentano le permutazioni operate sulla sequenza di ingresso, che corrispondono a un particolare ordinamento intermedio dei dati in ingresso, cioè al risultato di un'esecuzione completa dell'algoritmo di ordinamento. Un esempio di albero di decisione è riportato a lato. ▶

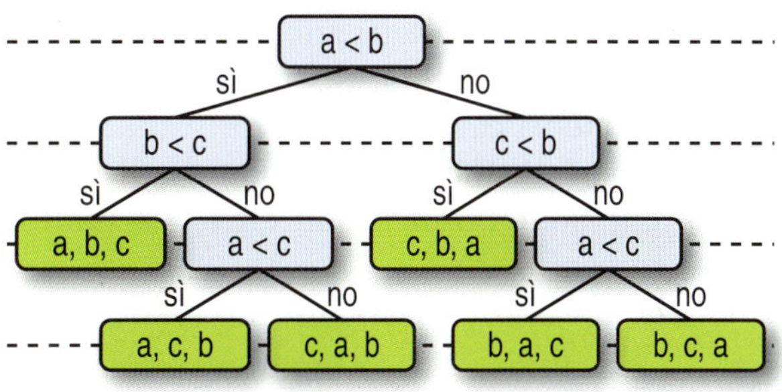

- Strutture ricorsive: sono contenitori che ne contengono altri. Un esempio è un file system, che è composto da directory che contengono a loro volta directory e/o file su diversi livelli.

Abbiamo detto che un albero è un particolare tipo di grafo, ma prima di affrontare lo studio di tutte le sue caratteristiche è necessario definirne le tre particolarità principali, che permettono di distinguere gli alberi all'interno della grande famiglia dei grafi.

- Le connessioni tra i vertici *non sono orientate*, cioè l'arco che unisce due vertici non possiede alcun particolare verso, quindi può essere percorso in entrambe le direzioni.
- Tutti i vertici sono raggiungibili attraverso un percorso che prende il nome di cammino, cioè tra ogni coppia di vertici esiste sempre una connessione: si dice che l'albero è connesso.
- Non sono presenti anelli o percorsi chiusi (cicli): si dice che l'albero è aciclico.

La definizione di albero in termini di teoria dei grafi è la seguente.

ALBERO (1)

Un albero è un grafo non orientato, connesso e aciclico, in cui:
- i vertici sono chiamati nodi;
- gli archi sono chiamati rami.

Da questa definizione possiamo dedurre che un albero, essendo un grafo connesso, possiede sempre uno e un solo cammino tra due nodi distinti e che questo cammino è semplice: inoltre, dato che non sono presenti cicli, i nodi intermedi che eventualmente vengono "attraversati" vengono "toccati" una sola volta.

Come si è appena visto, l'albero è un caso particolare di grafo: sarebbe quindi "cronologicamente" corretto affrontare prima lo studio dei grafi e poi passare allo studio degli alberi. Si è preferito anticipare la trattazione degli alberi in quanto questi ultimi si prestano maggiormente a essere studiati subito dopo le liste e trovano maggiori possibilità di utilizzo nell'informatica elementare.

Due gruppi di definizioni

Anche gli alberi hanno una loro classificazione. In prima analisi, possiamo suddividerli in due grandi famiglie:
- gli alberi liberi;
- gli alberi radicati.

Il termine albero libero sta a indicare che non vi è un nodo "privilegiato o particolare" rispetto agli altri, cioè non è previsto alcun orientamento degli archi, detti anche rami.
In un albero radicato si distinguono invece i seguenti elementi caratteristici:
- un nodo particolare, denominato radice;
- nodi che sono connessi ad altri due nodi, detti nodi interni;
- nodi connessi a un solo altro nodo, detti foglie.

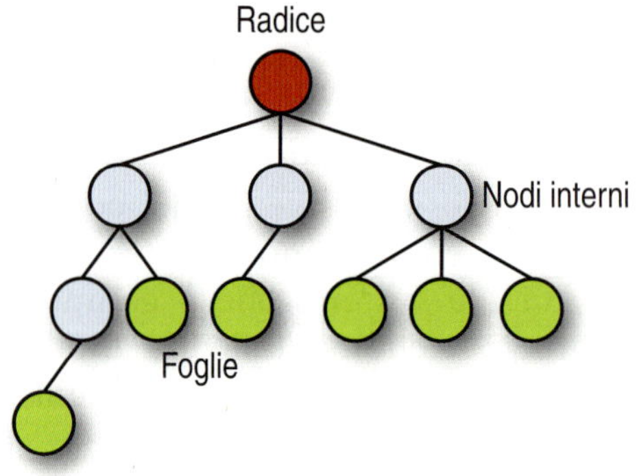

Alla luce di quanto appena enunciato, possiamo formulare una nuova definizione di albero, esprimendola in termini ricorsivi.

ALBERO RADICATO

Un albero radicato (non vuoto) può essere:
- un nodo isolato;
- una radice connessa a uno o più alberi: ogni albero è connesso alla radice mediante un solo arco.

Dalla semplicità della definizione ricorsiva si può intuire che gli algoritmi per la manipolazione degli alberi saranno anch'essi di natura ricorsiva, e saranno descritti nel seguito della trattazione.

Con riferimento all'albero genealogico sono state introdotte alcune terminologie, che evidenziano la natura gerarchica dell'albero e vengono comunemente impiegate per tutti i tipi di alberi:

- genitore, padre;
- figlio;
- fratello;
- antenato;
- discendente.

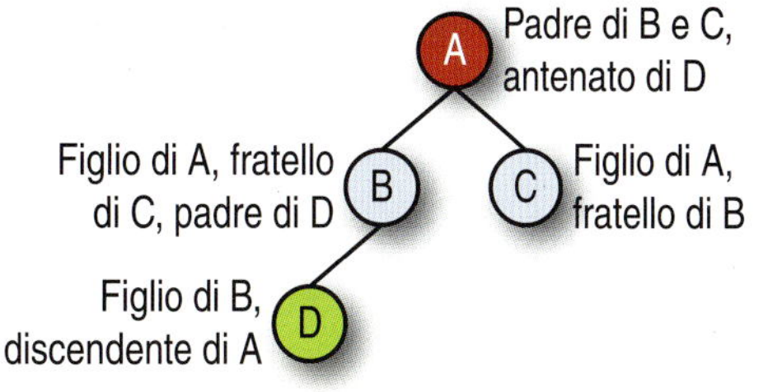

Naturalmente un nodo può essere chiamato in modo diverso a seconda della relazione di parentela che si sta analizzando: per esempio un padre può anche essere un figlio e un fratello.

Le seguenti definizioni spiegano la terminologia appena introdotta.

ALCUNE DEFINIZIONI

- Si dicono fratelli due nodi che hanno lo stesso padre.
- Per grado del nodo X si intende il numero di figli collegati al nodo X.
- Un nodo che non ha figli si dice nodo esterno (o foglia).
- Un nodo che ha uno o più figli si dice nodo interno (o nodo di diramazione).
- Il nodo A si dice antenato del nodo C se A coincide con C o è un antenato del padre di C.
- Un nodo C è un discendente di A quando A è un antenato di C.
- Un albero vuoto è un insieme di nodi senza rami.

È anche possibile dare una nuova definizione di albero.

ALBERO (2)

Un albero è un insieme T (anche vuoto) di nodi che godono delle seguenti proprietà:
- se T non è vuoto uno dei suoi nodi è speciale, non ha padre e viene denominato radice;
- ciascun nodo X, a esclusione della radice, ha uno e un solo padre W, e si dice che X è figlio di W.

Un secondo gruppo di definizioni è utile per poter effettuare "operazioni sugli alberi". Possiamo considerare che in un albero i dati siano contenuti nei nodi e che un nodo sia individuato dalla sua posizione, come descritto di seguito.

- Livello di un nodo: è la lunghezza del percorso che intercorre tra la radice e il nodo, che equivale al numero di archi "attraversati" partendo dalla radice, che quindi si trova al livello zero.
- Il livello di un nodo è anche definito ricorsivamente come segue:
  - il livello della radice è zero;
  - il livello di ogni nodo è il livello del padre più uno.
- La profondità di un nodo X è la lunghezza del cammino dalla radice R a X.
- Il ramo di una foglia Y è un particolare percorso dalla radice R alla foglia Y.

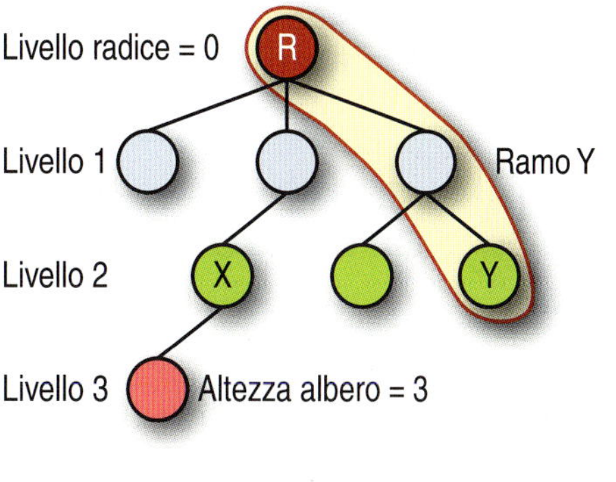

- La profondità massima alla quale si trova un nodo è l'altezza dell'albero, cioè la lunghezza del ramo più lungo espressa in numero di nodi.

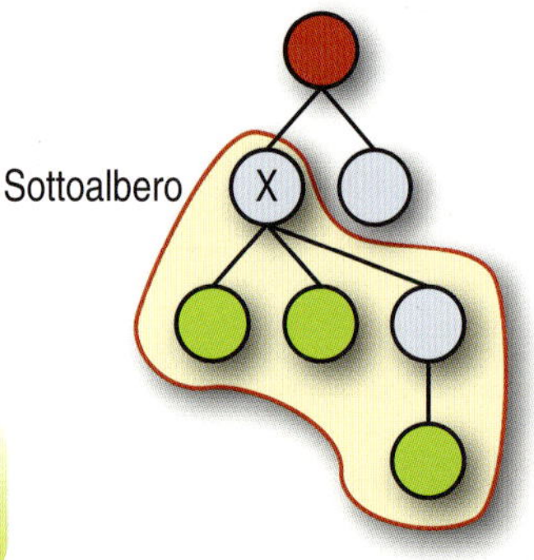

Dalla definizione ricorsiva dell'albero e dal concetto di discendente è possibile definire il concetto di sottoalbero.

SOTTOALBERO RADICATO IN X

Il sottoalbero radicato in X è l'albero indotto dai discendenti del nodo X e radicato in X stesso.

Nella figura è evidenziato il nodo X che diventa la radice del sottoalbero: tutti i nodi discendenti da X costituiscono i componenti del sottoalbero (che comprende il nodo X stesso e gli archi di connessione da esso uscenti).

> Naturalmente in un albero è possibile individuare tanti sottoalberi quanti sono i nodi dell'albero stesso.

Diamo un'ultima definizione alternativa.

SOTTOALBERO (2)

Un albero T o è vuoto oppure consiste in un nodo R e in un insieme di sottoalberi (detti sottoalberi di T) non vuoti, le radici dei quali sono i figli di R.

Si è detto che il grado (o rango) di un nodo è il numero dei suoi sottoalberi, quindi:
- la foglia non è altro che un nodo con grado zero;
- se il massimo grado dei nodi di un albero è k, l'albero è detto k-ario.

Alberi orientati, ordinati e k-ari

Con l'introduzione dei termini radice, padre e discendente è automaticamente definito il concetto di orientamento dell'albero: si può cioè predicare l'attributo di predecessore e successore su ogni nodo, orientando gli archi con frecce in modo da definire una direzione di attraversamento dell'arco stesso.
In un albero, però, tutti gli archi possono essere orientati dalla radice verso le foglie, oppure in senso contrario.

ALBERO ORIENTATO

In un albero orientato tutti gli archi hanno lo stesso verso di orientamento, come risulta dalla figura a lato. ▶

Alberi orientati

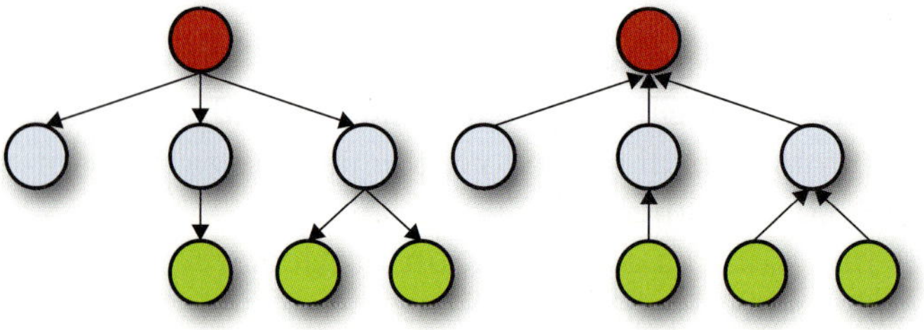

Quanto appena enunciato potrebbe sembrare in contrapposizione con la prima definizione di albero, in quanto si è detto che un albero è "un grafo non orientato, connesso e aciclico" ma, come vedremo nel dettaglio durante la trattazione generale dei grafi, il concetto di orientamento di un grafo è riferito al singolo arco e non alla struttura completa ed è legato al concetto di adiacenza tra due nodi: in un grafo orientato, A può essere adiacente a B, ma può non essere vero il contrario. Nel caso degli alberi, l'orientamento serve a indicare esclusivamente il senso di percorrenza dei rami, al fine di stabilire un ordinamento.

In un albero ordinato è presente un doppio tipo di ordinamento:

- la radice è unica, quindi è definito un ordinamento verticale dalla radice verso i figli;
- per ogni nodo esiste un ordinamento tra i figli, chiamato ordinamento orizzontale.

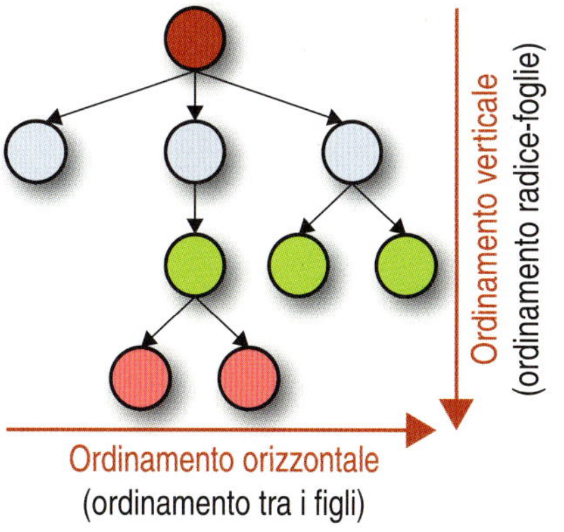

È possibile assegnare a ogni nodo figlio una numerazione (etichetta): i numeri assegnati dovranno essere interi positivi distinti da 1 fino a K. Il numero 1 viene sempre assegnato al primo figlio di sinistra, K all'ultimo figlio di destra di ciascun nodo.
Individuato il nodo avente il maggior numero di figli, l'albero prende il nome dal massimo valore di K, cioè:

- un albero con al massimo *quattro* figli prende il nome di albero quaternario;
- un albero con massimo *tre* figli prende il nome di albero ternario;
- un albero con massimo *due* figli prende il nome di albero binario;
- un generico albero con *K* figli prende il nome di albero k-ario.

Non necessariamente ogni nodo dovrà possedere K figli: per esempio, potrebbe verificarsi una situazione come quella riportata nella figura sottostante. In questo esempio di albero ternario alcuni nodi non hanno figli: i figli mancanti sono indicati in rosso. I figli presenti mantengono la numerazione in base alla posizione e non cronologicamente in ordine orizzontale di presenza: si può infatti osservare che il figlio del secondo figlio della radice è indicato come numero 2 mentre mancano gli altri due figli, il primo (numero 1) e il terzo (numero 3), i due figli del terzo figlio sono invece indicati con il numero 2 e il numero 3.

Nella figura di esempio sono assenti:

- tutti i figli del figlio numero 1 della radice;
- i figli numero 1 e 3 del figlio numero 2 della radice;
- il figlio numero 1 del figlio numero 3 della radice;
- ecc.

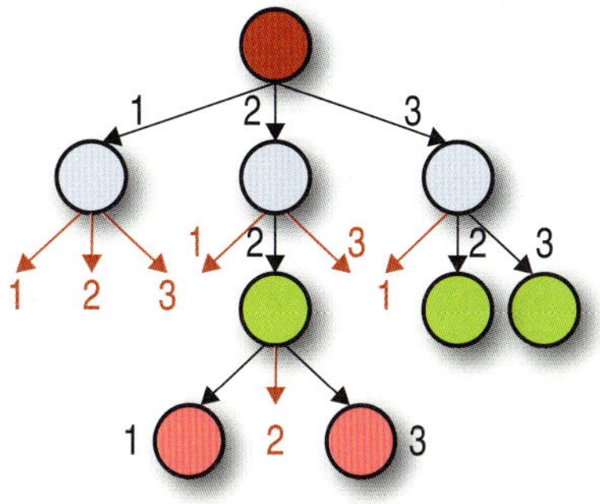

ALBERO POSIZIONALE

Un albero si dice posizionale se i figli dei nodi sono tutti etichettati con interi positivi distinti: se in un nodo nessun figlio è etichettato con un generico valore i significa che l'*i*-esimo figlio del nodo è assente.

Possiamo a questo punto formulare la corretta definizione di albero k-ario e albero k-ario completo.

ALBERO K-ARIO E ALBERO K-ARIO COMPLETO

Un albero k-ario è un albero posizionale in cui tutti i figli di ogni nodo con etichetta più grande di k sono assenti.

Un albero k-ario completo è un albero k-ario in cui tutte le foglie hanno la stessa profondità e tutti i nodi interni hanno grado k.

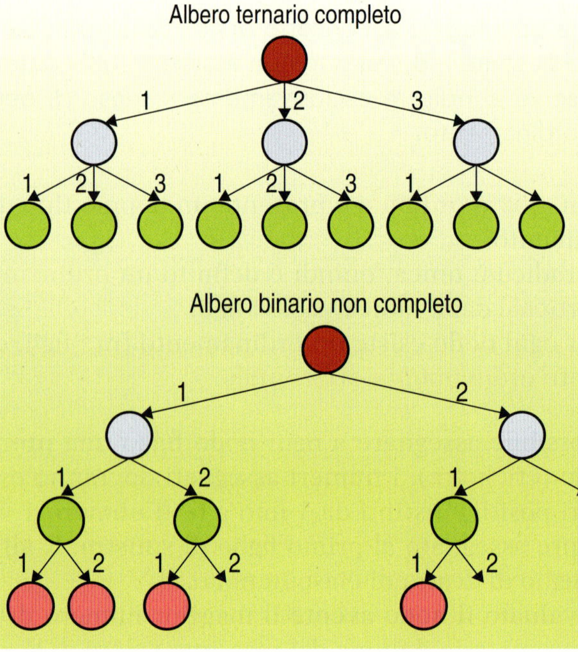

ESEMPIO

In un albero k-ario completo di altezza h si calcolino:

1 il numero delle foglie;

2 il numero dei nodi interni.

Soluzione

Ricordando che le foglie sono i nodi dell'ultimo livello, cioè quelle senza figli e a livello k, e che in un albero completo ogni nodo ha sempre tutti e k i figli, si ha che:

- la radice ha k figli a profondità 1;
- ognuno dei figli ha k figli a profondità 2, per un totale di k * k, cioè k^2, foglie.

Quindi:

1 il numero delle foglie a profondità h è k^h;

2 il numero di nodi interni è dato dalla somma dei figli a ogni livello, cioè $1 + k + k^2 + \ldots + k^{h-1}$; con alcuni passaggi algebrici si ottiene il risultato $(k^h - 1)/(k - 1)$.

Nel caso degli alberi ternari e binari si è soliti non indicare esplicitamente nel disegno il numero di "etichetta" di ciascun figlio di ogni nodo in quanto, dato l'esiguo numero, basta la rappresentazione grafica per stabilire la presenza o l'assenza di qualche figlio.
Tra gli alberi k-ari rivestono particolare importanza gli alberi binari, nei quali ogni nodo può avere al massimo due figli; l'argomento sarà trattato approfonditamente più avanti.

TDA albero

Anche la struttura dati albero può essere considerata un tipo di dato astratto (TDA), quindi si possono definire le possibili operazioni su di essa.

Ricordiamo in cosa consiste un Tipo di Dato Astratto (TDA).
- Definizione di tipo: si definisce implicitamente il range dei valori che ogni elemento della struttura può assumere (cioè il *dominio di variabilità*).
- Insieme delle operazioni: si definiscono le funzioni, che calcolano i valori che gli elementi della struttura possono assumere nel dominio, e i predicati, che calcolano le proprietà vere o false che gli elementi della struttura assumono nel dominio di definizione.

È possibile raggruppare le operazioni “per tipologia”.

1 Predicati, per sapere “dove siamo” mentre analizziamo un nodo:
- `èInterno(nodo)` → `bool`: `TRUE` se il nodo è interno, `FALSE` negli altri casi;
- `èEsterno(nodo)` → `bool`: `TRUE` se il nodo è una foglia, `FALSE` negli altri casi;
- `èRadice(nodo)` → `bool`: `TRUE` se il nodo è la radice, `FALSE` negli altri casi.

2 Funzioni per accedere ai nodi:
- `radice(nodo)` → `albero`: restituisce la posizione della radice dell’albero;
- `padre(nodo)` → `nodo`: restituisce il padre del nodo passato come parametro;
- `fratelli(nodo)` → `nodo`: individua i fratelli del nodo, uno alla volta;
- `figli(nodo)` → `nodo`: individua i figli del nodo, uno alla volta.

3 Metodi per costruire un albero:
- `creaAlbero()` → `albero`: crea un albero vuoto;
- `alberoVuoto(albero)` → `bool`: restituisce `TRUE` se l’albero è vuoto;
- `insRadice(albero,nodo)` → `albero`: inserisce la radice in un albero vuoto;
- `insFiglio(nodo1,nodo2)`: inserisce il figlio `nodo2` al padre `nodo1` passato come parametro;
- `insFratello(nodo1,nodo2)`: inserisce un fratello `nodo2` al nodo `nodo1`.
- `svuotaAlbero(albero)` → `albero`: elimina tutti i nodi che derivano dalla radice `albero`, restituendo un albero vuoto;
- `svuotaSottoAlbero(nodo)` → `nodo`: elimina tutti i figli del nodo `nodo`.

4 Metodi generici:
- `numFigli(nodo)` → `int`: restituisce il numero dei figli del nodo `nodo`;
- `numFratelli(nodo)` → `int`: restituisce il numero dei fratelli del nodo `nodo`;
- `numFoglie(nodo)` → `int`: restituisce il numero delle foglie di un sottoalbero;
- `altezza(nodo)` → `int`: restituisce l’altezza del sottoalbero avente per radice `nodo`;
- `livello(nodo)` → `int`: restituisce il livello a cui si trova il nodo `nodo`.

5 Metodi per alberi ordinati:
- `primoFiglio(nodo)` → `nodo`: restituisce il primo figlio del nodo `nodo`;
- `primoNodoSX(albero,int)` → `nodo`: restituisce il primo nodo di sinistra di un dato livello dell’albero avente come radice il nodo `albero`;
- `primoNodoDX(albero,int)` → `nodo`: restituisce il primo nodo di destra di un dato livello dell’albero avente come radice il nodo `albero`;
- `fratelloSX(nodo)` → `nodo`: restituisce il primo fratello di sinistra del nodo `nodo`;
- `fratelloDX(nodo)` → `nodo`: restituisce il primo fratello di destra del nodo `nodo`.

Le funzioni fratelli(nodo) e figli(nodo) dovrebbero individuare più elementi, quindi dovrebbero essere funzioni che restituiscono più valori: invece, per come sono state progettate, restituiscono un solo valore alla volta. È possibile dunque, utilizzando queste due funzioni, "scandire" tutti gli elementi dell'albero e restituire il valore NIL una volta terminata l'esplorazione; per effettuare tale scansione, ciascuna funzione viene chiamata all'interno di un ciclo. Questi tipi di funzioni prendono il nome di iteratori.

ITERATORE

Un iteratore (iterator) è un'astrazione dell'operazione di scansione dei componenti di un contenitore che, a partire da un elemento dell'insieme, ne restituisce il successivo in ordine cronologico.
Un iteratore mantiene nel suo stato la nozione di *elemento corrente.*

Albero e nodo sono i riferimenti rispettivamente alla radice e al singolo nodo dell'albero; le funzioni definite per i sottoalberi sono naturalmente applicabili alla radice, quindi utilizzabili anche per operare sull'intero albero. Per esempio, la funzione numFoglie(nodo) → int, se si passa come nodo la radice dell'albero, effettua il conteggio di tutte le foglie dell'albero.

ESEMPIO

Applicare all'albero illustrato nella figura tutte le funzioni indicate, riportandone il risultato.

```
radice(e) → a
padre(g) → d
fratelli(b) → c,d
figli(d) → f,g,h
èInterno(c) → TRUE
èEsterno(c) → FALSE
èRadice(c) → FALSE
numFigli(d) → 3
numFratelli(d) → 2
numFoglie(a) → 5
altezza(a) → 2
livello(e) → 2
primoFiglio(d) → f
primoNodoSX(1) → b
primoNodoDX(2) → h
fratelloSX(f) → NIL
fratelloDX(f) → g
```

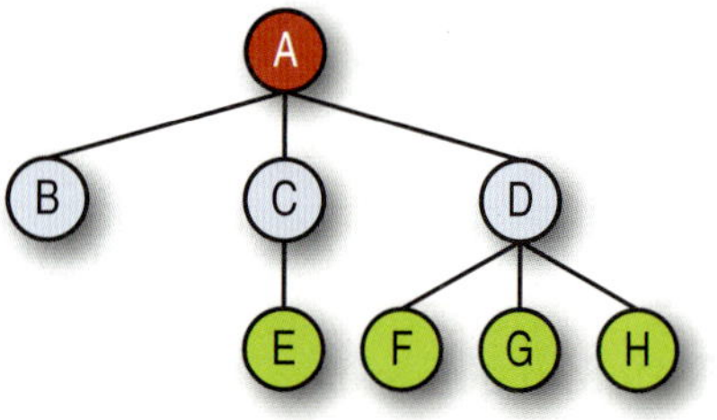

Albero T

Attraversamento o visita: generalità

Con riferimento a una struttura di tipo albero, oltre alle operazioni già viste (che permettono di accedere a un singolo nodo per recuperarne l'informazione contenuta) viene indicato con il termine visita (o attraversamento) una procedura che permette di esaminare tutti i nodi dell'albero stesso. Esistono due grandi categorie di visite, elencate di seguito.

- **In ampiezza** (detta anche BFS, *Breadth-First Search*, cioè "ricerca a ventaglio"): vengono visitati i livelli, uno dopo l'altro, partendo dalla radice (livello 0) o dal livello più elevato, stampando poi il contenuto di tutti i nodi dell'albero.
- **In profondità** (DFS, *Depth-First Search*, "ricerca a scandaglio"): vengono visitati i rami uno dopo l'altro, andando "in profondità" fino alle foglie o risalendo verso la radice, stampando poi il contenuto dei nodi.

La visita in ampiezza viene anche chiamata visita per livello e seppure applicata allo stesso albero può produrre risultati diversi, a seconda dell'ordine di attraversamento scelto. Le quattro possibili combinazioni, in riferimento all'albero illustrato nella figura seguente, sono:

1. alto-basso sinistra-destra: `a b c d e f g h`
2. basso-alto sinistra-destra: `e f g h b c d a`
3. alto-basso destra-sinistra: `a d c b h g f e`
4. basso-alto destra-sinistra: `h g f e d c b a`

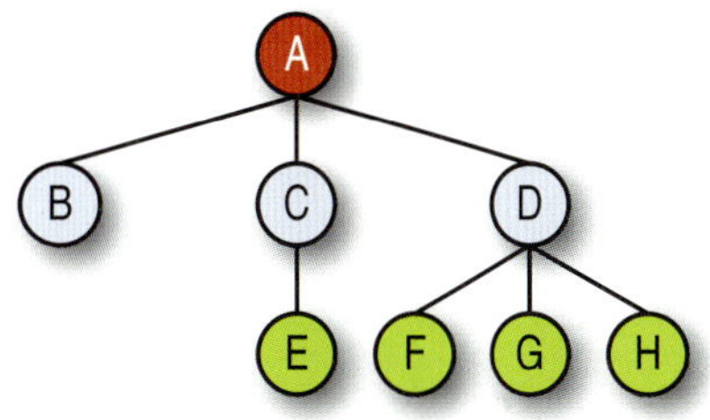

Albero T

Di queste combinazioni vengono generalmente utilizzate le prime due.

> È possibile anche effettuare una visita parziale dell'albero: nel caso di visita per livelli si effettua la visita di un solo livello specifico e non di tutta la struttura dati.

La visita in profondità è una modalità di visita che viene eseguita quasi esclusivamente sugli alberi binari e prevede tre varianti, denominate rispettivamente:

1. visita in ordine *anticipato* o in preordine (preorder);
2. visita in ordine *posticipato* o in postordine (postorder);
3. visita in ordine *simmetrico* o in ordine (inorder).

Tali modalità saranno studiate dettagliatamente nel seguito della trattazione.

> I prefissi *pre* e *post* sono riferiti alla radice e indicano l'ordine di visita dei due figli di ogni "nodo binario":
> - pre: prima la radice e poi i figli;
> - post: prima i figli e poi la radice.
>
> Il terzo caso è un caso intermedio, in cui prima si visita un figlio, poi la radice e infine l'altro figlio.

ESEMPIO

Si codifichi la funzione che esegue la visita completa di un albero generico e, in base ai risultati visualizzati, classificare l'algoritmo realizzato secondo i criteri di visita appena definiti

Soluzione

Non essendo specificata la tipologia di visita, ne realizziamo una a noi comoda per poi provare "a ritroso" a classificarla secondo l'elenco precedente. Utilizzeremo le primitive

già definite e codificheremo l'attraversamento dell'albero ad alto livello, in quanto non conosciamo i dettagli implementativi dell'albero, cioè il tipo di dato utilizzato per la sua rappresentazione: potrebbe essere una lista multipla, un insieme di vettori o altro.
Non è necessario conoscere il numero di livelli da visitare e non è noto il numero dei figli per ogni nodo: una prima idea può essere quella di considerare ogni figlio della radice come un sottoalbero, come illustra chiaramente la figura che segue.

//visita della radice A

//I sottoalbero di A: nodi B, E
//II sottoalbero di A: nodi C, F, G, L
//III sottoalbero di A: nodi D, H, I

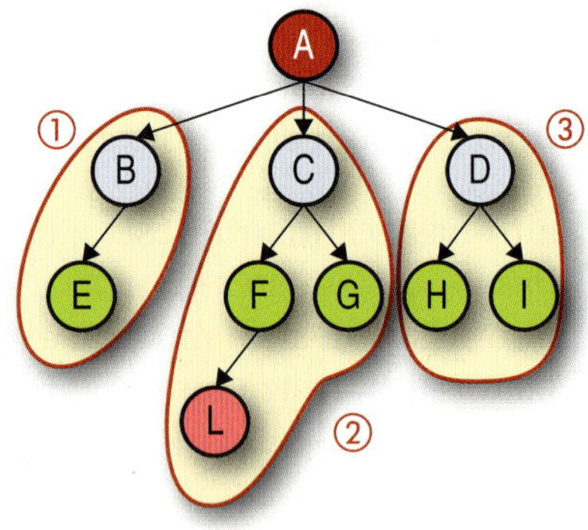

Per effettuare la scansione di ogni sottoalbero si può ripetere il ragionamento precedente; considerare quindi ogni sottoalbero come un nuovo albero e ripetere ricorsivamente la procedura appena definita.
Un primo esempio di affinamento è riportato di seguito.

I Affinamento	II Affinamento
funzione **visita**(radice) *//stampa la radice*	funzione **visita**(radice) stampa(radice)
//visita tutti i figli della radice	se ci sono figli per tutti i fratelli *//analizza il sottoalbero*

Si può utilizzare la funzione `numFigli(x)` per determinare se il nodo è una foglia, nel qual caso l'analisi del sottoalbero termina, e inserire la funzione `figli(x)` in un apposito ciclo, per effettuare la scansione di tutti i figli del nodo corrente, divenuto radice del sottoalbero.
La pseudocodifica di quanto appena detto è riportata di seguito:

```
funzione visita(nodoCor)          //parametro:radice del sottoalbero
   //stampa contenuto di nodoCor
   se(numFigli(nodoCor)>0)        //se nodoCor non è una foglia
      mentre figli(nodoCor) ≠ NIL
         figlio ← figli(nodoCor)  //prossimo figlio di nodoCor
         visita(figlio)           //chiamata per visita sotto albero
```

Ricordiamo che la funzione `figli(x)` è un iteratore e ha memoria, cioè parte dal primo figlio e, dopo averlo analizzato, si posiziona sul figlio successivo, al termine di ogni chiamata.
Proviamo a costruire la trace-table, analizzando l'albero del disegno.

Istruzione	nodoCor	Visual. schermo	figlio	Ricorsione
1 – **visita**(A)	**A**			0
2 – stampa		**A**		0
3 – numFigli(A)>0 **V**				0
4 e 5 – iteratore sui figli di A			**B,C,D,NIL**	0
6 – chiamata sul primo figlio di A				**entra 1**
- 1 – **visita**(B)	**B**			1
- 2 – stampa		**B**		1
- 3 – numFigli(B)>0 **V**				1
- 4+5 – iteratore sui figli di B			**E,NIL**	1
- - 6 – chiamata sul primo figlio di B				**entra 2**
- - 1 – **visita**(E)	**E**			2
- - 2 – stampa		**E**		2
- - 3 – numFigli(E)>0 F				**esci 2**
- 4+5 – iteratore sui figli di B			**E,NIL**	**esci 1**
4+5 – iteratore sui figli di A			**B,C,D,NIL**	0
- 6 – chiamata sul secondo figlio di A	**C**			**entra 1**
- 1 – **visita**(C)				1
- 2 – stampa		**C**		1
- 3 – numFigli(C)>0 **V**				1
- 4+5 – iteratore sui figli di C			**F,G,NIL**	1
- - 6 – chiamata sul primo figlio di C				**entra 2**
- - 1 – **visita**(F)	**F**			2
- - 2 – stampa		**F**		2
- - 3 – numFigli(F)>0 **V**				2
- - - 4+5 – iteratore sui figli di F			**L,NIL**	2
- - - 6 – chiamata sul primo figlio di F				**entra 3**
- - - 1 – **visita**(L)	**L**			3
- - - 2 – stampa		**L**		3
- - - 3 – numFigli(L)>0 F				**esci 3**
- - 4+5 – iteratore sui figli di F			**L,NIL**	**esci 2**
- 4+5 – iteratore sui figli di C			**F,G,NIL**	1
- - 6 – chiamata sul secondo figlio di C				**entra 2**
- - 1 – **visita**(G)	**G**			2
- - 2 – stampa		**G**		2
- - 3 – numFigli(G)>0 F				**esci 2**
- 4+5 – iteratore sui figli di C			**F,G,NIL**	**esci 1**
4+5 – iteratore sui figli di A			**B,C,D,NIL**	0
- 6 – chiamata sul terzo figlio di A				1
- 1 – **visita**(D)	**D**			1
- 2 – stampa		**D**		1
- 3 – numFigli(D)>0 **V**				1
- 4+5 – iteratore sui figli di D			**H,I,NIL**	1
- - 6 – chiamata sul primo figlio di D				**entra 2**
- - 1 – **visita**(H)	**H**			2
- - 2 – stampa		**H**		2
- - 3 – numFigli(D)>0 F				**esci 2**

Istruzione	nodoCor	Visual. schermo	figlio	Ricorsione
- 4+5 – iteratore sui figli di D			H,I,NIL	1
- - 6 – chiamata sul secondo figlio di D				**entra 2**
- - 1 – **visita**(I)	I			2
- - 2 – stampa contenuto di nodoCor		I		2
- - 3 – numFigli(I)>0 F				**esci 2**
- 4 e 5 – iteratore sui figli di D			H,I,NIL	**esci 1**
4 e 5 – iteratore sui figli di A			B,C,D,NIL	**esci 0**

Il risultato sullo schermo è il seguente: A-B-E-C-F-L-G D-H-I. Osservando il disegno dell'albero si può notare come ogni nodo preceda sempre tutti i suoi figli: questa visita è stata quindi effettuata in ordine anticipato, o preorder (in un albero k-ario generico).

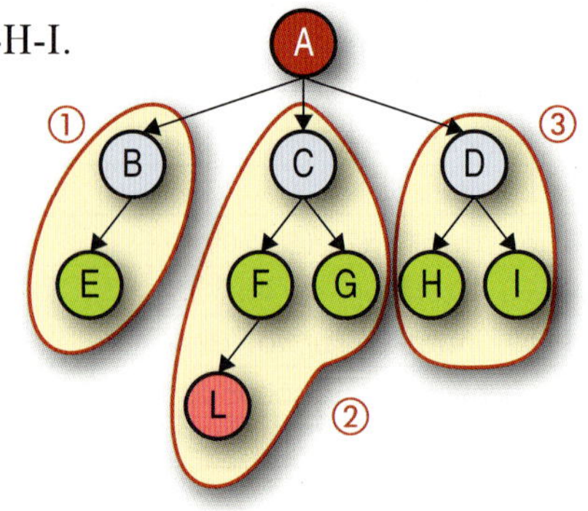

Memorizzazione degli alberi

Possiamo gestire gli alberi in memoria centrale con diverse modalità, a seconda della struttura dati scelta "per ospitarle": dato che l'albero è una struttura dinamica, è ovviamente preferibile usare un tipo di dato dinamico in quanto, con strutture dati statiche, si sarebbe costretti ad allocare anticipatamente lo spazio necessario per memorizzare tutti i possibili elementi della struttura, compresi quelli non presenti. Per esempio, il risultato dell'esercizio precedente ci suggerisce che gli alberi possono essere memorizzati in una struttura sequenziale, nella quale i nodi vengono inseriti seguendo un determinato criterio di attraversamento; in questo caso sarà necessario predisporre un vettore di record di lunghezza variabile, ciascuno contenente i seguenti tre campi:
- info: valore associato al nodo (è il campo informazione);
- NrF: numero di figli del nodo rappresentato dal record;
- NrN: numero totale di nodi nel sottoalbero avente come radice il nodo rappresentato dal record.

Di seguito è schematizzato un modo per rappresentare l'albero precedentemente esaminato.

Informazione	A	B	E	C	F	L	G	D	H	I
Numero figli	3	1	0	2	1	0	0	2	0	0
Numero nodi	10	2	1	4	2	1	1	3	1	1
Posizione	*1*	*2*	*3*	*4*	*5*	*6*	*7*	*8*	*9*	*10*

Per individuare i figli del nodo A si procede come indicato di seguito.
- Si legge il numero dei figli, in questo caso 3.
- Si assegnano le 3 posizioni, con il seguente criterio:
  – la posizione del figlio 1 deve seguire quella della radice, che è 1, quindi 1 + 1 = 2;
  – la posizione del figlio 2 deve essere maggiore della posizione del figlio 1 di una quantità pari al numero di nodi del sottoalbero avente figlio1 come radice (che in questo caso è 2), quindi 2 + 2 = 4;

– la posizione del figlio 3 deve essere maggiore della posizione del figlio 2 di una quantità pari al numero di nodi del sottoalbero avente figlio2 con radice (che in questo caso è 4), quindi 4 + 4 = 8.

Questa struttura è molto rigida e può essere utilizzata solo se non vengono effettuate frequenti modifiche alla struttura dell'albero: infatti la modifica di un nodo comporta l'aggiornamento pressoché totale di tutti i nodi! Diventa più semplice in situazioni particolari, per esempio quando viene applicata agli alberi binari: in questo caso, è possibile rappresentare l'albero utilizzando tre vettori paralleli, uno per la radice (vettore dei padri) e gli altri due per il figlio destro e il figlio sinistro, come vedremo in un esempio più avanti.

La struttura che si presta meglio alla memorizzazione degli alberi è comunque quella che utilizza i puntatori, in tre diverse realizzazioni:

- utilizzando liste per memorizzare i figli;
- utilizzando elementi con puntatori al padre, al primo figlio e al fratello;
- utilizzando elementi con puntatori al padre, al figlio destro e al figlio sinistro (alberi binari).

Memorizzazione utilizzando liste di figli

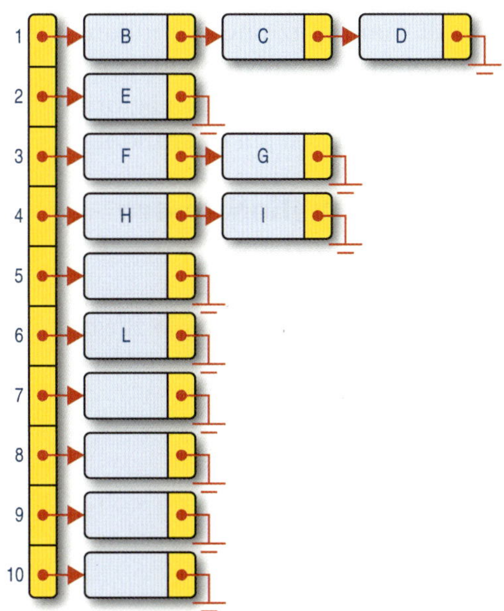

Figura A

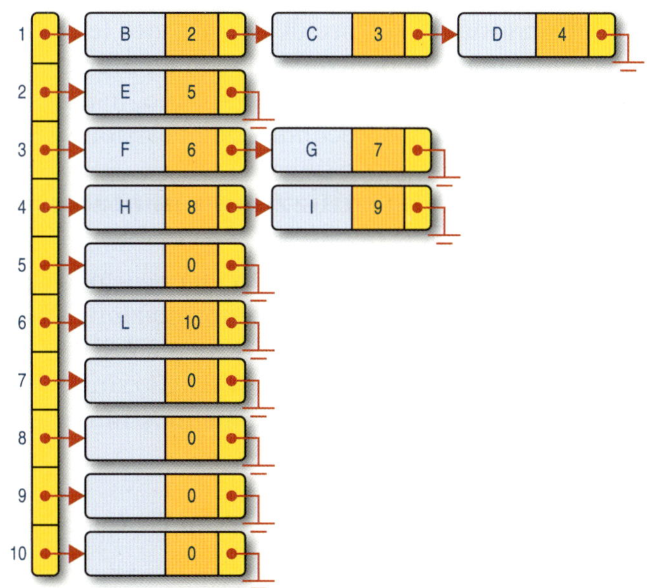

Figura B

La rappresentazione che prevede l'utilizzo di liste per memorizzare la posizione dei figli richiede la presenza in ogni record di un campo ulteriore, come si può vedere nella figura A, riportata sopra.

Qualora sia necessario memorizzare la posizione di ciascun nodo dell'albero, questa struttura deve essere modificata come indicato nella figura B.

È comunque complesso, anche con questa modalità di memorizzazione, effettuare modifiche all'albero, in quanto ciò comporta l'introduzione di nuove liste e quindi l'adeguamento della dimensione del vettore di puntatori che ne memorizza l'inizio.

Memorizzazione utilizzando puntatori padre/primofiglio/fratello

In questa implementazione il record che memorizza ciascun nodo dell'albero contiene tre puntatori, in cui si tiene traccia dei collegamenti al padre, al primo figlio del nodo e al suo primo fratello di destra, come si può vedere dal disegno a lato.

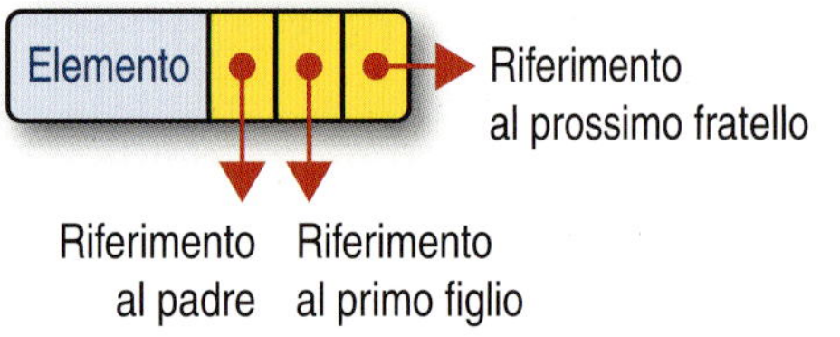

Si crea quindi il reticolo di collegamenti rappresentato nella figura seguente:

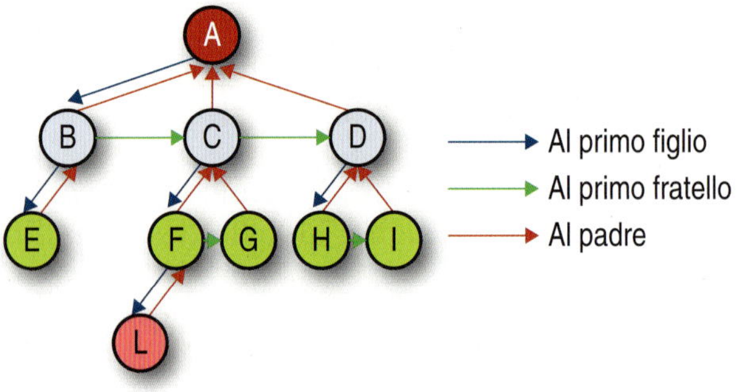

Questa struttura consente di gestire tutte le operazioni di manutenzione dell'albero, cioè l'inserimento di un nuovo nodo, come pure la ricerca e l'eliminazione di elementi; anche in questo caso le difficoltà non mancano, in quanto devono comunque essere aggiornati da tre a otto puntatori, a seconda della posizione dell'elemento su cui si sta operando.

Memorizzazione utilizzando puntatori figlioDestro/figlioSinistro (alberi binari)

Nel caso degli alberi binari, dato che ogni nodo può avere al massimo due figli, per la memorizzazione dell'albero è possibile utilizzare record aventi solamente due puntatori, uno per collegare il padre al proprio figlio sinistro e un altro che referenzia il figlio destro, come mostrato nella figura a lato. ▶

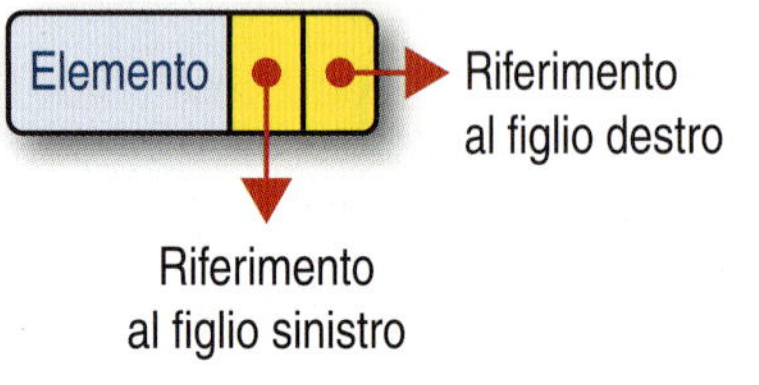

La figura sottostante illustra un esempio di albero binario e la sua rappresentazione utilizzando questa modalità.

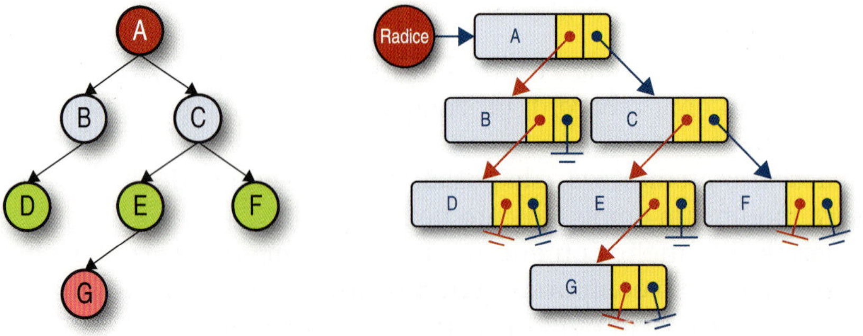

Un nodo può essere ben rappresentato da una struttura avente tre componenti:

```
struct s_nodoA{                          /* il nodo dell'albero */
  int info;                              /* campo informazione  */
  struct s_nodoA *destro;                /* figlio di destra    */
  struct s_nodoA *sinistro;              /* figlio di sinistra  */
};
typedef struct s_nodoA nodoAlbero;       /* nodo dell'albero    */
```

La dichiarazione di un nodo è ricorsiva ed è corretta, in quanto non è possibile dichiarare una struttura che contenga un'istanza di se stessa, ma

`struct s_nodo  *destro;`

dichiara che `destro` è un puntatore a un oggetto `s_nodo`, non esso stesso un `s_nodo`.

Zoom su...

MEMORIZZAZIONE DI UN ALBERO

Con questo tipo di implementazione è possibile muoversi nell'albero esclusivamente dal padre verso i figli, cioè dall'alto al basso: per soddisfare esigenze particolari, viene utilizzata una seconda modalità di implementazione, che prevede l'introduzione di un terzo puntatore che permette di risalire da ogni figlio al relativo padre.

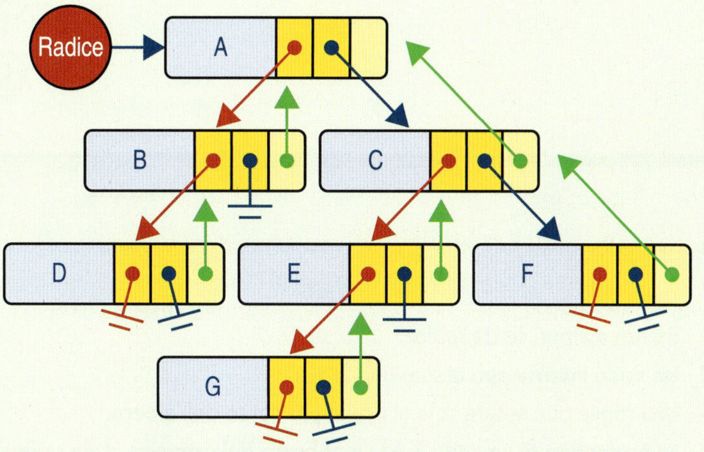

Di seguito sono riassunte le principali modalità di rappresentazione in memoria degli alberi.

- Strutture statiche:
  - vettore dei padri;
  - vettore dei padri e vettore dei figli destro e sinistro (alberi binari).
- Strutture dinamiche:
  - liste dei figli;
  - puntatori a padre/primoFiglio/fratello;
  - puntatori figlioDestro/figlioSinistro (alberi binari);
  - puntatori padre/figlioDestro/figlioSinistro (alberi binari).

Verifichiamo le conoscenze

Simulazione informatica

1 **Prendendo in considerazione l'albero rappresentato nella figura, indica:**

a. la radice dell'albero
b. le foglie dell'albero
c. la profondità massima dell'albero
d. il padre del nodo H
e. i figli del nodo H

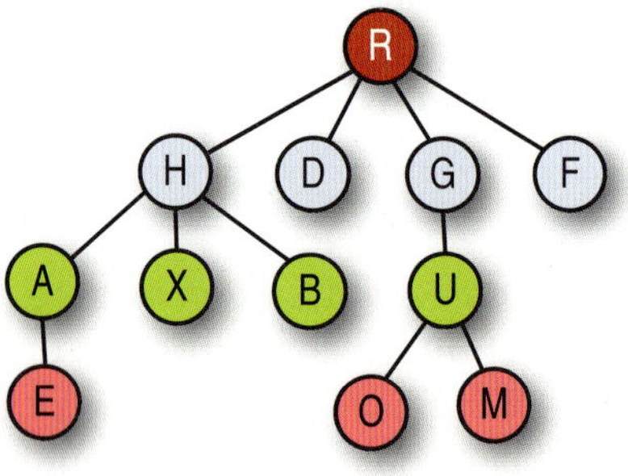

2 **Prendendo in considerazione l'albero nella figura, indica la visita per livelli:**

a. alto-basso sinistra-destra
b. basso-alto sinistra-destra
c. alto-basso destra-sinistra
d. basso-alto destra-sinistra

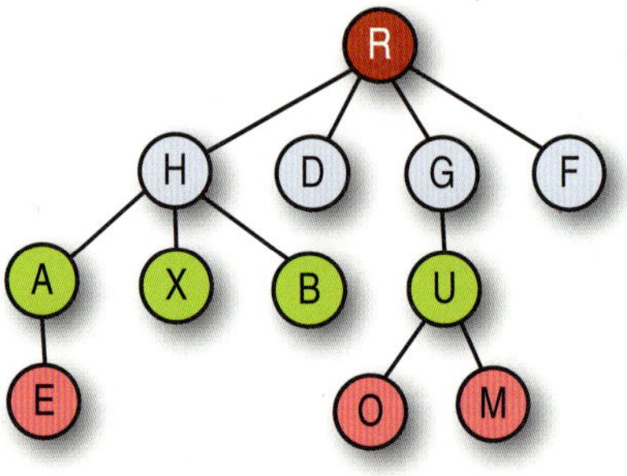

Test vero/falso

1. Esistono alberi senza radice. V F
2. Un nodo interno può essere una foglia. V F
3. Una foglia può essere solo al livello più basso dell'albero. V F
4. La profondità di un nodo X è la lunghezza del cammino dalla radice R a X. V F
5. La profondità di un albero è la lunghezza del cammino massimo per raggiungere le foglie. V F
6. Un albero per essere ordinato deve avere un doppio tipo di ordinamento. V F
7. Nella visita in ordine posticipato prima si visita la radice e dopo (post) i figli. V F
8. Un albero è binario se ogni nodo ha due figli. V F
9. La rappresentazione in memoria degli alberi mediante vettore di padri è una struttura dinamica. V F
10. La rappresentazione in memoria degli alberi mediante lista dei figli è una struttura dinamica. V F

Verifichiamo le competenze

Esprimi la tua creatività

1 Realizza una funzione che, dopo aver letto una sequenza di elementi da una tabella (massimo 100 nodi), costruisca un albero generico k-ario (con k < 5) a puntatori, utilizzando l'implementazione con liste dei figli.

2 Realizza una funzione che, dopo aver letto una sequenza di elementi da una tabella (massimo 100 nodi), costruisca un albero generico k-ario (con k < 5), utilizzando l'implementazione con puntatori padre/primofiglio/fratello.

3 Realizza una funzione che, dopo aver letto una sequenza di elementi da una tabella (massimo 100 nodi), costruisca un albero generico k-ario (con k < 5), utilizzando l'implementazione con puntatori figlio1/figlio2/figlio3/figlio4 (come quella utilizzata per la rappresentazione degli alberi binari).

4 Realizza una funzione che, dopo aver visitato un albero generico, crei e visualizzi sullo schermo il campo id_nodo di ciascun nodo. L'id di un nodo si calcola mediante la seguente espressione:

`id_nodo = id_padre + posizione_figlio`

Per la radice `id_nodo = 0`.

5 Realizza una funzione che, dopo aver letto una sequenza di elementi da una tabella di nodi e, dopo aver calcolato il valore id_nodo di ciascun nodo utilizzando la formula indicata nell'esercizio precedente, costruisca l'albero nella memoria dinamica.

6 Realizza due funzioni per calcolare il numero di figli e il numero dei fratelli di un nodo, sapendo che:

- `numFigli(nodo) ← int` deve restituire il numero dei figli;
- `numFratelli(nodo) ← int` deve restituire il numero dei fratelli del nodo passato come parametro.

7 Realizza una funzione ricorsiva `altezza(nodo) ← int` per calcolare l'altezza di un albero, sapendo che il valore da essa restituito deve corrispondere all'altezza del sottoalbero.
Formulane quindi una versione iterativa.

8 Realizza una funzione ricorsiva `livello(nodo) ← int` per individuare un nodo in un albero, sapendo che il valore da essa restituito deve corrispondere al livello in cui è presente il nodo.
Formulane quindi una versione iterativa.

9 Realizza una funzione ricorsiva che conti il numero totale di foglie presenti in un albero.
La funzione si chiama `contaFoglie(nodo) → int` e restituisce il numero totale delle foglie.
Formulane quindi una versione iterativa

10 Realizza una funzione ricorsiva che conti il numero totale dei nodi intermedi presenti in un albero/sottoalbero. La funzione si chiama `contaNodi (nodo) → int` e restituisce il numero totale delle foglie.
Formulane quindi una versione iterativa.

11 Dato un albero ordinato, non necessariamente binario, calcolane l'ampiezza, ossia il massimo numero di nodi sullo stesso livello.

12 Realizza una funzione ricorsiva che esegua la visita di albero in modo non ricorsivo esclusivamente di un generico livello dato come parametro di input. La funzione si chiama `visitaUnLivello(int)` e visualizza i nodi di quel livello. Formulane quindi una versione iterativa.

13 Realizza una funzione ricorsiva che esegua la visita simmetrica in un albero quaternario. La funzione si chiama `visitaSimmQuadTree(nodo)` e visualizza per ogni nodo dapprima i primi due figli partendo da sinistra, quindi la radice e per ultimo i rimanenti due figli, come nella figura che segue.

Si ottiene il seguente risultato:

F-G-B-H-C-A-D-I-L-E-M

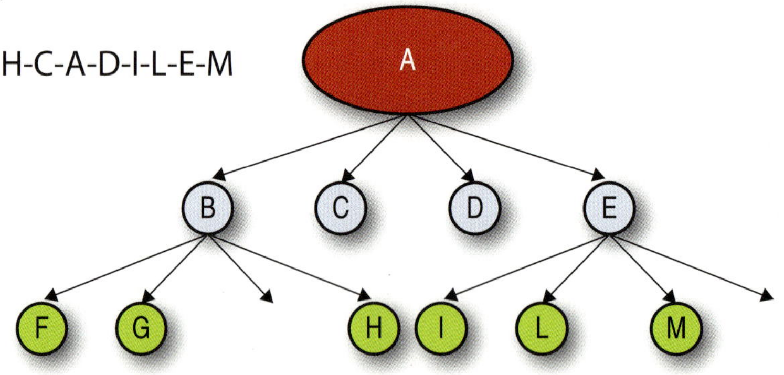

14 Il bar della scuola prepara ogni giorno olte 500 panini, utilizzando le seguenti ricette:

- A. PA Little: 1 panino, 30 g di prosciutto, 1 sottiletta, 10 g di maionese;
- B. PB Medium: 1 panino, 30 g di prosciutto, 1 sottiletta, 20 g di maionese;
- C. PC Large: 1 panino, 40 g di prosciutto, 1 sottiletta, 30 g di salsa tonnata;
- D. PD Maximum: 1 panino, 50 g di prosciutto, 2 sottilette, 40 g di salsa tonnata, 2 foglie di lattuga.

Sia la maionese sia la salsa tonnata sono prodotte con antiche ricette "segrete", in cui figurano i seguenti ingredienti:

- per 100 g di maionese: 2 uova, 40 g di olio, 1 limone, 5 g di sale
- per 100 g di salsa tonnata: 80 g di maionese, 15 g di tonno, 5 g di olio, 10 g di capperi.

Si vuole:

1. individuare la struttura dati adeguata per rappresentare la situazione;
2. calcolare i fabbisogni giornalieri delle materie prime nei seguenti due casi di produzione:

- a. 200 PA, 150 PB, 100 PC, 50 PD;
- b. 150 PA, 150 PB, 100 Pc, 100 PD.

UNITÀ DIDATTICA 2

ALBERI BINARI E DI RICERCA

IN QUESTA UNITÀ IMPAREREMO...

- a definire fisicamente gli alberi binari
- a distinguere gli alberi binari di ricerca da quelli ordinati
- a effettuare gli attraversamenti degli alberi
- a utilizzare gli alberi binari negli algoritmi di ricerca

■ Definizioni

Tra tutti gli alberi k-ari, particolare importanza hanno gli alberi binari, che sono alberi in cui ogni nodo può avere al massimo due figli (che prendono il nome di figlio sinistro e figlio destro): questi, per la natura ricorsiva dell'albero, divengono le radici di due sottoalberi, chiamati rispettivamente sottoalbero sinistro e sottoalbero destro.

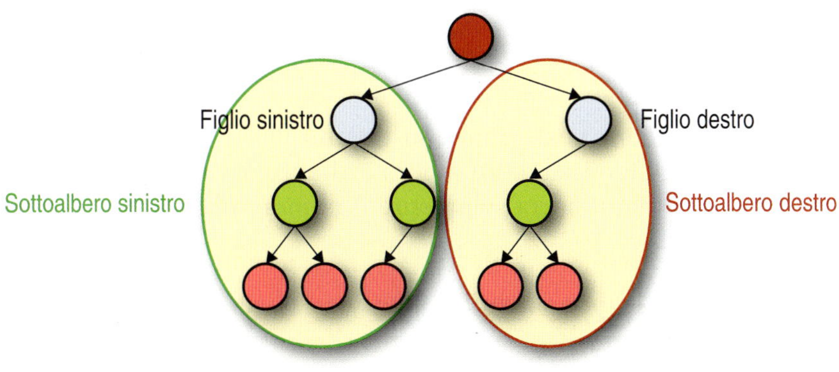

A sua volta ciascun sottoalbero ha una radice con al massimo due figli, che prendono il nome di figlio sinistro e figlio destro del sottoalbero sinistro e figlio sinistro e figlio destro del sottoalbero destro: ognuno di questi figli diviene a sua volta radice di un sotto-sotto-albero, generando le seguenti strutture:

- sotto-sottoalbero sinistro del sottoalbero sinistro;
- sotto-sottoalbero destro del sottoalbero sinistro;
- sotto-sottoalbero sinistro del sottoalbero destro;
- sotto-sottoalbero destro del sottoalbero destro.

Si potrebbe procedere fino alle foglie, iterando questo procedimento, ma generalmente negli alberi binari ci si ferma al primo livello e viene data la seguente definizione.

ALBERO BINARIO (1)

Un albero binario è una struttura definita su un insieme finito di nodi che:
- o non contiene alcun nodo, e in tal caso prende il nome di albero vuoto (o nullo);
- oppure è composto dai seguenti tre insiemi disgiunti di nodi:
  - un nodo denominato radice;
  - un albero binario, chiamato sottoalbero sinistro;
  - un albero binario, chiamato sottoalbero destro.

Oltre alla situazione estrema di albero binario vuoto, che non contiene alcun nodo (viene denotato graficamente con `NIL`), sono possibili due situazioni intermedie:
- albero binario con il solo sottoalbero sinistro, quando viene a mancare il figlio destro;
- albero binario con il solo sottoalbero destro, quando viene a mancare il figlio sinistro.

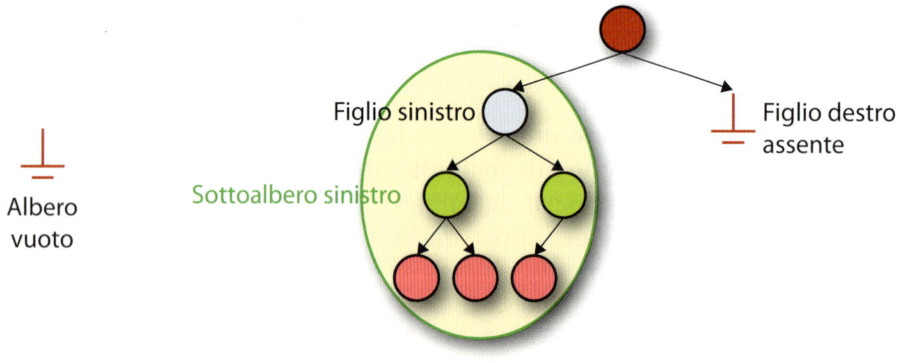

Un albero binario è un albero posizionale, in quanto viene fatta la distinzione tra figlio destro e figlio sinistro (a differenza di un albero ordinato, in cui non interessa quale sia il figlio a sinistra o a destra ma importa solamente il numero dei figli presi in base all'ordine stabilito, senza etichettarli).

ALBERO BINARIO (2)

Un albero binario, quindi:
- è un albero posizionale con nodi al massimo di grado due;
- non è un albero necessariamente ordinato.

È comunque possibile avere anche alberi binari ordinati, in cui la disposizione degli elementi segue le due regole del doppio ordinamento verticale (alto basso) e orizzontale (sinistra-destra).

Esistono anche alberi ordinati con al più due figli, che non possono essere considerati binari in quanto non posizionali.

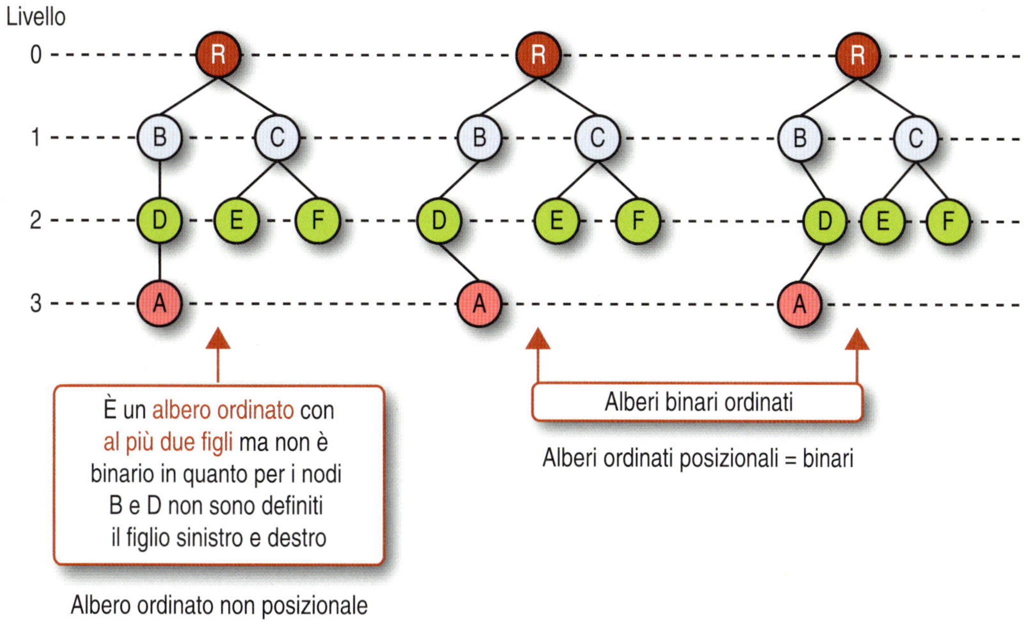

Un albero binario può essere rappresentato utilizzando la notazione (As, p, Ad), nella quale:
- As e Ad sono, rispettivamente, il sottoalbero sinistro e destro;
- p è il padre.

In tale albero sono presenti solo nodi con due figli (detti nodi interni) o nodi senza figli (detti nodi esterni).

Teorema – Un albero binario con n nodi interni ha $n + 1$ nodi esterni.
Dimostrazione – Indichiamo con r il numero di rami dell'albero, con n il numero dei nodi e con s il numero di nodi esterni: poiché da ciascun nodo interno escono due rami risulta che $r = 2n$. D'altra parte in ogni nodo, sia interno sia esterno (eccetto la radice), entra un ramo, perciò vale anche $r = n + s - 1$. Dalle due uguaglianze si ricava $s = n + 1$.

ESEMPIO

In un albero binario completo di altezza h, si calcolino:
1. il numero delle foglie;
2. il numero dei nodi interni.

Soluzione
Applicando le formule prima ricavate, si ottiene quanto segue:
1. il numero delle foglie a profondità h è 2^h;
2. il numero di nodi interni è $2^h - 1$.

Alberi bilanciati e AVL

Con il termine bilanciamento si intende una particolare proprietà degli alberi che si riferisce alla disposizione dei nodi all'interno dei sottoalberi e alla relativa altezza.

ALBERO BILANCIATO (1)

Se possiamo fare in modo di ripartire i discendenti di ogni nodo di un albero in modo tale che il suo sottoalbero sinistro contenga lo stesso numero di nodi del suo sottoalbero destro, l'albero si dice perfettamente bilanciato.

In un albero di questo tipo in ogni livello sono presenti il numero di nodi indicato nella tabella a lato. ▶

L'ultimo valore si riferisce al caso in cui nell'ultimo livello manchi un elemento.

Indicando con n il numero dei nodi di un generico livello e con h l'altezza dell'albero, si ricava facilmente la seguente relazione:

Livello	Numero nodi
0	1
1	2
2	4
3	8
4	16
...	...
h	2^h o $2^h - 1$

$$h = \log_2 n$$

Dato che i nodi totali di un albero sono $n_{TOT} = n_{ESTERNI} + (n - 1)_{INTERNI}$, per calcolare il livello h dell'albero si può procedere nel seguente modo:

sostituendo e raggruppando	$(2^h + 2^h) - 1 = 2^h + 2^h - 1 = n_{TOT}$
separando le variabili	$2^{h+1} = n_{TOT} + 1$
facendo il logaritmo di entrambi i log	$\log(2^{h+1}) = \log(n_{TOT} + 1)$
eseguendo il logaritmo a sinistra	$h + 1 = \log(n_{TOT} + 1)$
spostando l'unità a destra	$h = \log(n_{TOT} + 1) - 1$
l'ordine di grandezza è	$h = O(\log(n_{TOT}))$

ALBERO BILANCIATO (2)

Un albero binario si dice perfettamente bilanciato se in ogni suo sottoalbero il numero dei nodi differisce al massimo di una unità.

Si è detto che le foglie sono i nodi che non hanno figli, ma per essere corretti si dovrebbe dire che sono nodi aventi entrambi i figli nulli in quanto, essendo elementi di un albero binario, dovrebbero anch'essi avere due figli. Spesso le foglie vengono rappresentate graficamente con il simbolo ⏚, come nella figura riportata nella pagina seguente in alto; nel resto della trattazione tale particolare segno grafico sarà sottinteso, quindi i collegamenti a "massa" saranno omessi.

Consideriamo la seguente situazione di esempio.

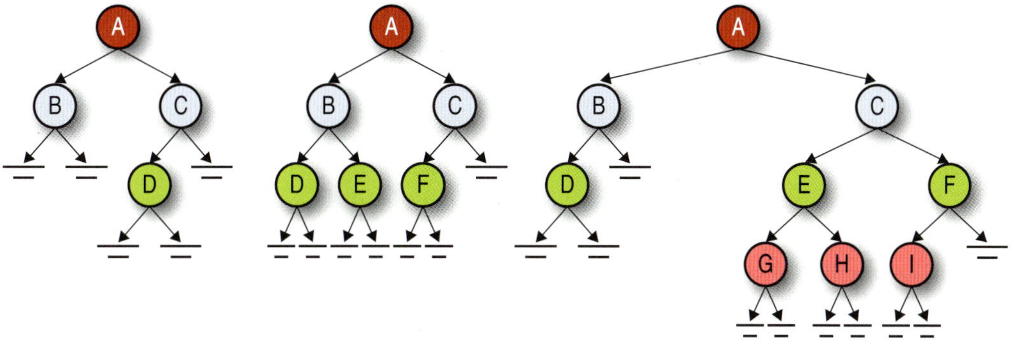

I primi due alberi sono perfettamente bilanciati, il terzo no.
Anche visivamente è immediato riconoscere gli alberi perfettamente bilanciati.

ALBERO BINARIO BILANCIATO

Un albero binario è perfettamente bilanciato se al più un solo nodo esterno si trova su un diverso livello rispetto agli altri nodi esterni, ma adiacente ad essi (l'altezza dei due livelli differisce al massimo di una unità).

È difficile che questa condizione sia soddisfatta, soprattutto se negli alberi sono presenti elementi che riflettono qualche modalità di ordinamento tra i dati, come vedremo in seguito. Una condizione meno "stringente" è quella che consente di definire gli alberi solamente bilanciati (senza il termine *perfettamente*), che si riferisce all'altezza dei sottoalberi.

ALBERO ESTESO BILANCIATO

Un albero binario esteso si dice bilanciato se le altezze dei sottoalberi destro e sinistro di ciascun nodo differiscono al più di uno.

Un albero che soddisfa la condizione appena enunciata prende anche il nome di albero bilanciato in altezza o albero AVL; l'acronimo AVL deriva dalle iniziali di coloro che nel 1962 hanno introdotto questo tipo di albero, i due matematici russi AdelsonVelskii e Landis.
I tre alberi della figura appena presa in esame, pur non essendo completamente bilanciati, risultano essere bilanciati in altezza, mentre non sono bilanciati in altezza gli alberi riportati nella figura che segue:

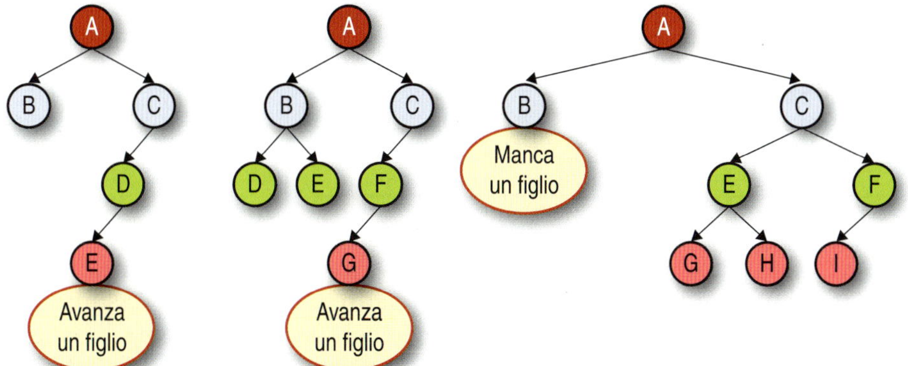

Un albero perfettamente bilanciato è naturalmente anche un albero bilanciato in altezza, ma non è in genere vero il contrario.

> Gli alberi AVL sono uno dei primi esempi di alberi bilanciati gestibili con algoritmi dalle prestazioni accettabili. Vi sono numerosi tipi di alberi bilanciati, oltre agli AVL: alberi 2-3, 2-3-4, Red-Black, Splay, B-alberi ecc.; tali tipologie, tuttavia, necessitano di algoritmi di gestione, implementazione e manutenzione molto complessi, e vengono utilizzati solo in applicazioni specifiche, che sfruttano le particolari caratteristiche che li differenziano e specificano. Tali alberi non possono essere utilizzati in applicazioni *general purpose*, cioè generiche e "di tutti i giorni".

Implementazione di alberi binari

Per l'implementazione degli alberi binari si possono usare sia i metodi già descritti a proposito degli alberi generici (in quanto un albero binario è un caso particolare di un albero generico), sia metodi specifici, che sfruttano la caratteristica di ciascun nodo di avere solo due figli. Tra questi ultimi possiamo individuare due tipologie di strutture:

1. statiche:
   - 3 vettori;
   - heap;
2. dinamiche:
   - strutture a 3 puntatori, puntatore al padre, al figlio sinistro e al figlio destro;
   - strutture a 2 puntatori, che non utilizzano il puntatore al padre.

Vediamo nel dettaglio le strutture statiche, in quanto le implementazioni con strutture dinamiche sono già state discusse quando abbiamo parlato degli alberi generici.

Implementazione statica mediante tre vettori

Il metodo che utilizza tre vettori (chiamato anche *metodo dei vettori paralleli*) permette di memorizzare le connessioni tra i nodi, nel seguente modo:

- in un vettore vengono memorizzati i dati (l'informazione);
- gli altri due vettori servono per memorizzare le posizioni rispettivamente del figlio sinistro e del figlio destro di ciascun elemento del primo vetttore (detto vettore centrale).

Vediamo, per esempio, come memorizzare l'albero riportato nella figura a lato. ▶
I dati contenuti nei nodi vengono inseriti in un vettore, ottenendo la situazione che segue:

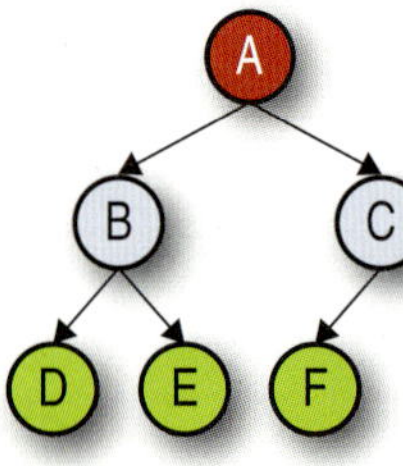

A	B	C	D	E	F		
1	**2**	**3**	**4**	**5**	**6**	**7**	**8**

In altri due vettori inseriamo i collegamenti tra il padre e la posizione assunta dai suoi due figli nel vettore, ottenendo la seguente situazione (con 0 viene indicata l'assenza di figlio, cioè il collegamento a `NIL`):

Padre	Figlio sx	Posizione	Figlio dx	Posizione
A	B	2	C	3
B	D	4	E	5
C	F	6	–	0
D	–	0	–	0
E	–	0	–	0
F	–	0	–	0

Generalmente, i tre vettori vengono rappresentati graficamente adiacenti l'uno all'altro, come mostrato nella tabella seguente.

Figlio sx	Padre	Figlio dx
2	A	3
4	B	5
5	C	0
0	D	0
0	E	0
0	F	0

Vediamo un secondo esempio, più articolato.
Rappresentiamo graficamente i tre vettori "paralleli" vicini tra di loro, con al centro la colonna che contiene l'informazione, a sinistra il link al figlio sinistro e a destra il link al figlio destro.
La posizione 10 è libera per un inserimento futuro.

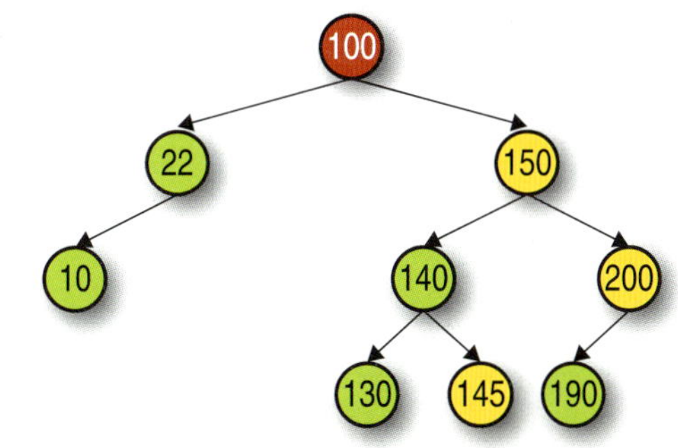

	Sx	Info	Dx
1	2	100	3
2	4	22	0
3	5	150	6
4	0	10	0
5	7	140	8
6	9	200	0
7	0	130	0
8	0	145	0
9	0	190	0
10	0	0	0

Il principale limite di questa rappresentazione è che, essendo statica, deve essere definita a priori (cioè in *compiled-time*) la dimensione dei vettori. Come vantaggio si ha che si individuano facilmente:
- i nodi interni: hanno almeno un collegamento con valore diverso da 0;
- le foglie: hanno entrambi i collegamenti con valore 0;
- il numero dei nodi: basta contare gli elementi con un valore diverso da 0 nel campo info.

Implementazione statica con il metodo heap

Un'importante tecnica di implementazione degli alberi binari è quella che utilizza la regole che rendono un vettore in formato heap: si tratta di una particolare disposizione dei dati in un vettore già utilizzata nell'algoritmo di ordinamento Heapsort codificato da Williams

nel 1964 e perfezionato da Floyd (descritto nel volume di Paolo Camagni, *Algoritmi e basi della programmazione*, Hoepli, 2006, p. 506).
Di seguito riportiamo la definizione di disposizione degli elementi in un vettore che prende il nome di "struttura dati heap".

FORMATO HEAP

Una struttura dati si dice in formato heap quando ogni elemento in posizione x risulta essere maggiore degli elementi in posizione 2x e 2x + 1.

Per esempio, il vettore riportato nella figura seguente è in formato heap. Infatti:

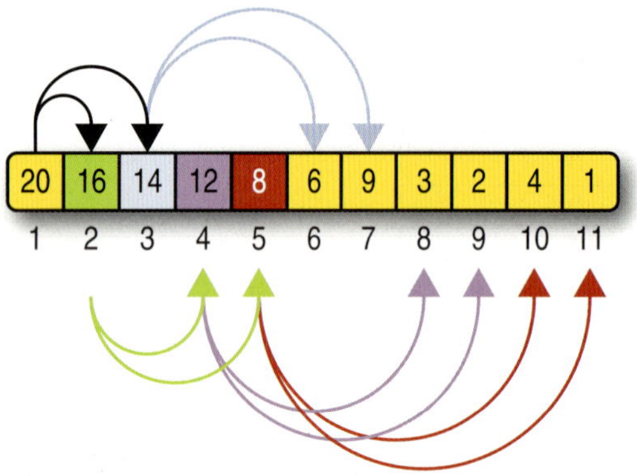


```
vet[1]>vet[2*1]        20>16
vet[1]>vet[2*1+1]      20>14

vet[2]>vet[2*2]        16>12
vet[2]>vet[2*2+1]      16> 8

vet[3]>vet[3*2]        14> 6
vet[3]>vet[3*2+1]      14> 9

vet[4]>vet[4*2]        12> 3
vet[4]>vet[4*2+1]      12> 2

vet[5]>vet[5*2]         8> 4
vet[5]>vet[5*2+1]       8> 1
```

I colori riprendono i colori delle frecce della figura.

Si osservi che:
- la verifica della condizione di ordinamento heap termina in corrispondenza dell'elemento *n*/2 (dove *n* è il numero totale di elementi del vettore), in quanto per gli elementi successivi non esiste il termine x * 2 di confronto;
- gli elementi del vettore NON sono necessariamente ordinati in senso crescente.

Questa rappresentazione degli alberi si basa sull'idea di rappresentare il legame tra l'elemento di posizione x e i due elementi di posizione 2x e 2x + 1, dove:
- l'elemento di posizione x contiene l'informazione di un nodo;
- l'elemento di posizione 2x contiene l'informazione del figlio sinistro del nodo x;
- l'elemento di posizione 2x + 1 contiene l'informazione del figlio destro del nodo x.

Questo metodo, applicato alla situazione illustrata sopra, porta alla costruzione del seguente vettore, che chiameremo `AlbBin`.

100	22	150	10	0	140	200	0	0	0	0	130	145	190	0
1	2	3	4	5	6	7	8	9	10	11	12	13	14	15

In questo vettore:
- la radice dell'albero è l'elemento `AlbBin[1]`;
- l'indice del padre del nodo di posizione i è i/2;
- l'indice del figlio sinistro del nodo di posizione i è 2 * i;
- l'indice del figlio destro del nodo di posizione i è 2 * i +1.

Il vantaggio di questa implementazione è legato alla riduzione dello spazio di occupazione di memoria, in quanto è sufficiente utilizzare un unico vettore contenente i campi informazione di ciascun nodo; in caso di alberi molto sbilanciati, però, si spreca memoria, in quanto devono comunque essere riservati i "posti" per tutti gli elementi occupanti i nodi interni, anche se non sono presenti.

Questo tipo di rappresentazione viene quindi utilizzato generalmente in due situazioni:
- alberi binari quasi completi;
- alberi binari quasi completi parzialmente ordinati, cioè gli alberi heap.

ALBERO BINARIO QUASI COMPLETO

Un albero binario quasi completo è un albero binario in cui tutti i livelli sono completamente riempiti tranne eventualmente l'ultimo, che può essere parzialmente pieno partendo da sinistra verso destra.

In questo caso tutte le celle del vettore conterranno un valore, dato che nessuno dei nodi interni è vuoto, ed eventualmente le celle vuote saranno concentrate all'estrema destra del vettore.

ALBERO HEAP

Un albero binario quasi completo è un albero heap se il valore di ogni nodo figlio (successore) è minore o uguale a quello del suo nodo padre (predecessore).

L'esempio precedente non rientra in nessuno di questi due casi, mentre i due alberi illustrati di seguito sono entrambi quasi completi (il secondo, in particolare, è di tipo heap).

> Perché un albero binario quasi completo sia un heap deve valere la seguente Proprietà dell'ordimento parziale dell'heap: il valore di un nodo figlio (successore) è minore o uguale a quello del nodo padre (predecessore).

Albero binario quasi completo

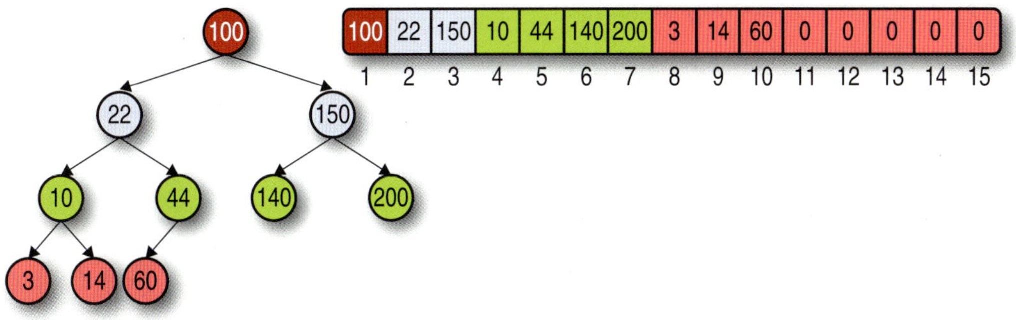

Albero binario quasi completo di tipo heap

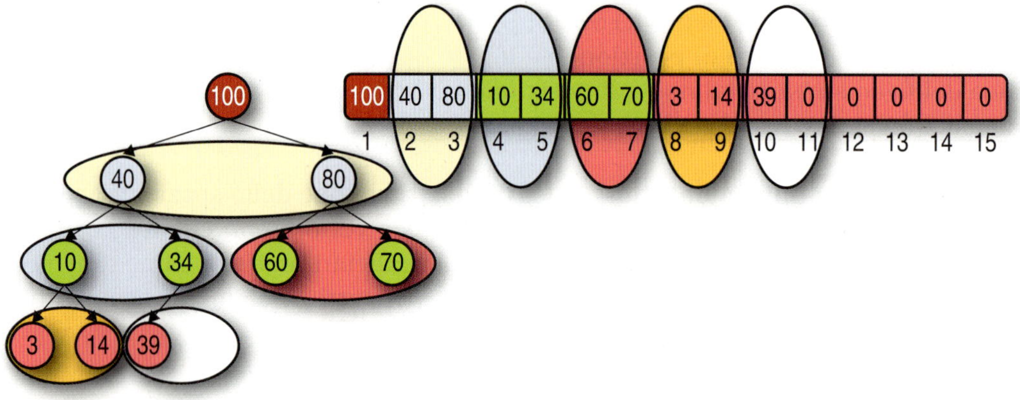

La radice ha, in quest'ultimo caso, il valore maggiore di tutti gli altri elementi presenti nell'albero, ma i nodi interni non sono tutti ordinati in senso decrescente.

Muoversi in un albero binario: visite

Come abbiamo già visto nel caso degli alberi generici, anche un albero binario può essere considerato un tipo di dato astratto (TDA), quindi anche per questo tipo di struttura dati è possibile definire un sottoinsieme di operazioni primitive. I metodi specifici per alberi binari sono elencati di seguito.

- `figlioSX(nodo)` → `nodo`: restituisce il figlio di sinistra del nodo `nodo`.
- `figlioDX(nodo)` → `nodo`: restituisce il figlio di destra del nodo `nodo`.
- `sinistroVuoto(nodo)` → `booleano`: restituisce `True` se il figlio di sinistra è vuoto.
- `destroVuoto(nodo)` → `booleano`: restituisce `True` se il figlio di destra è vuoto.
- `creaAlberoBin(nodo1,nodo2)` → `radice`: costruisce un nuovo albero binario avente come radice il nodo `radice`, come figlio sinistro `nodo1` e come figlio destro `nodo2`.

Molto importanti sono le visite in profondità, cioè quelle che attraversano l'albero dalla radice alle foglie o viceversa, in quanto nel caso degli alberi binari assumono una particolare formulazione:

- visita in ordine anticipato o in preordine: si visita prima la radice, quindi il figlio sinistro e per ultimo il figlio destro;
- visita in ordine posticipato o in postordine: si visita prima il figlio sinistro, quindi il figlio destro e per ultima la radice;
- visita in ordine simmetrico o in ordine: si visita prima il figlio sinistro, quindi la radice e per ultimo il figlio destro.

Nella trattazione che segue ricaveremo gli algoritmi ricorsivi che eseguono queste visite, facendo riferimento all'albero rappresentato nella figura a lato. ▶

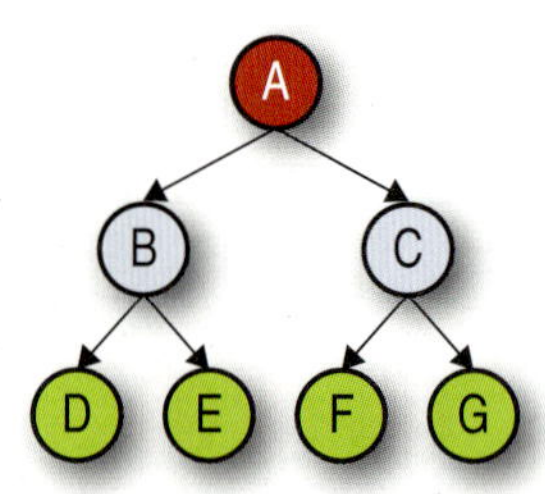

Visita in ordine anticipato (in preordine)

L'impostazione generale dell'algoritmo, partendo dalla radice A, è la seguente:

1 visita della radice (nodo A);
2 visita del sottoalbero di sinistra (quello avente per radice il nodo B);
3 visita del sottoalbero di destra (quello avente per radice il nodo C).

La visita del punto 2, cioè del sottoalbero di sinistra (che ha per radice il nodo B), è a sua volta una visita in preordine a un albero binario, che quindi avviene come segue:

- 2.1 visita della radice del sottoalbero (nodo B);
- 2.2 visita del sottoalbero di sinistra del sottoalbero (quello avente per radice il nodo D);
- 2.3 visita del sottoalbero di destra del sottoalbero (quello avente per radice il nodo E).

Questa sequenza di operazioni è naturalmente è identica a quella da seguire per visitare il sottoalbero di destra avente per radice il nodo C, al punto 3 nella visita dell'albero:

- 3.1 visita della radice del sottoalbero (nodo C);
- 3.2 visita del sottoalbero di sinistra del sottoalbero (quello avente per radice il nodo F);
- 3.3 visita del sottoalbero di destra del sottoalbero (quello avente per radice il nodo G).

Questo procedimento si ripete finché si giunge a una foglia, nel qual caso le tre operazioni necessarie per la visita si riducono a una (la sola visita della foglia).

Quindi la descrizione completa della visita dell'albero dell'esempio è la seguente:

1 visita della radice (nodo A);
2 visita del sottoalbero di sinistra (quello avente per radice il nodo B):
- 2.1 visita della radice del sottoalbero (nodo B);
- 2.2 visita del sottoalbero di sinistra del sottoalbero (quello avente per radice il nodo D);
- 2.3 visita del sottoalbero di destra del sottoalbero (quello avente per radice il nodo E);

3 visita del sottoalbero di destra (quello avente per radice il nodo C):
- 3.1 visita della radice del sottoalbero (nodo C);
- 3.2 visita del sottoalbero di sinistra del sottoalbero (quello avente per radice il nodo F);
- 3.3 visita del sottoalbero di destra del sottoalbero (quello avente per radice il nodo G).

La rappresentazione grafica del percorso seguito durante la visita (A-B-D-E-C-F-G) è riportata a lato. ▶

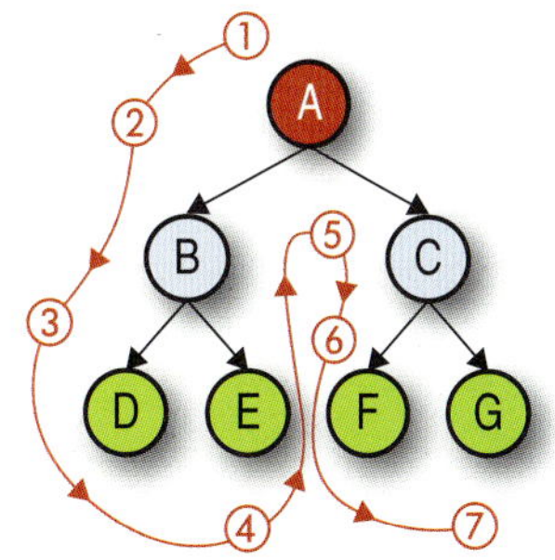

La pseudocodifica dell'algoritmo appena elaborato è la seguente:

```
funzione preOrdine(nodo)
  se è presente il nodo
     stampa il contenuto
     preOrdine(figlio_sinistro)
     preOrdine(figlio_destro)
```

Come risulta dal listato che segue, la codifica corrispondente in linguaggio di programmazione non è molto diversa:

```
void preOrdine(nodo pNodo){          /* Visita Preordine                 */
  if (pNodo != NULL) {
    printf("%d ",pNodo->info);       /* analizza la radice               */
    preOrdine(pNodo->sinistro);      /* analizza il sottoalbero sinistro */
    preOrdine(pNodo->destro);        /* analizza il sottoalbero destro   */
  }
}
```

Visita in ordine posticipato (in postordine)

Questa visita è simile a quella in ordine anticipato, ma in questo caso vengono scambiate tra loro le posizioni delle istruzioni, cioè la visita della radice deve avvenire dopo la visita dei due figli: quindi l'istruzione al punto 1 della descrizione precedente viene eseguita dopo i punti 2 e 3, come è indicato nell'elenco che segue:

1. visita del sottoalbero di sinistra (quello avente per radice il nodo B);
2. visita del sottoalbero di destra (quello avente per radice il nodo C);
3. visita della radice (nodo A).

Lo stesso procedimento viene applicato ricorsivamente ai sottoalberi, ottenendo la seguente situazione:

1. visita del sottoalbero di sinistra (quello avente per radice il nodo B):
   - 1.1 visita del sottoalbero di sinistra del sottoalbero (quello avente per radice il nodo D);
   - 1.2 visita del sottoalbero di destra del sottoalbero (quello avente per radice il nodo E);
   - 1.3 visita della radice del sottoalbero (nodo B);
2. visita del sottoalbero di destra (quello avente per radice il nodo C):
   - 2.1 visita del sottoalbero di sinistra del sottoalbero (quello avente per radice il nodo F);
   - 2.2 visita del sottoalbero di destra del sottoalbero (quello avente per radice il nodo G);
   - 2.3 visita della radice del sottoalbero (nodo C);
3. visita della radice (nodo A).

La rappresentazione grafica del percorso seguito durante la visita (D-E-B-F-G-C-A) è riportata a lato.

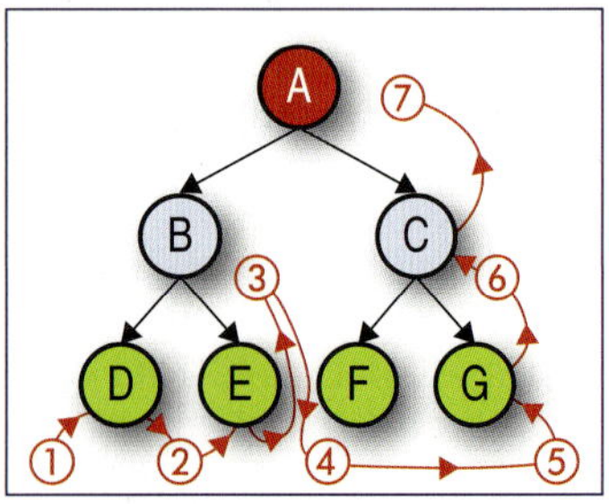

La pseudocodifica dell'algoritmo appena elaborato è la seguente:

```
funzione postOrdine(nodo)
  se è presente il nodo
    postOrdine (figlio_sinistro)
    postOrdine (figlio_destro)
    stampa il contenuto
```

La codifica corrispondente in linguaggio di programmazione non è molto diversa:

```
void postOrdine(nodo pNodo){         /* Visita Postordine                */
  if (pNodo != NULL) {
    postOrdine(pNodo->sinistro);     /* analizza il sottoalbero sinistro */
    postOrdine(pNodo->destro);       /* analizza il sottoalbero destro   */
    printf("%d ",pNodo->info);       /* analizza la radice               */
  }
}
```

Visita in ordine simmetrico (in ordine)

Analogamente a quanto visto nei casi precedenti, si ottiene la visita simmetrica, in cui la radice viene visitata "in mezzo ai due figli":

1. visita del sottoalbero di sinistra (quello avente per radice il nodo B);
2. visita della radice (nodo A);
3. visita del sottoalbero di destra (quello avente per radice il nodo C).

Applicando ricorsivamente questa procedura, otteniamo questo algoritmo:

1. visita del sottoalbero di sinistra (quello avente per radice il nodo B):
   - 1.1 visita del sottoalbero di sinistra del sottoalbero (quello avente per radice il nodo D);
   - 1.2 visita del sottoalbero di destra del sottoalbero (quello avente per radice il nodo E);
   - 1.3 visita della radice del sottoalbero (nodo B);
2. visita della radice (nodo A);
3. visita del sottoalbero di destra (quello avente per radice il nodo C):
   - 3.1 visita del sottoalbero di sinistra del sottoalbero (quello avente per radice il nodo F);
   - 3.2 visita del sottoalbero di destra del sottoalbero (quello avente per radice il nodo G);
   - 3.3 visita della radice del sottoalbero (nodo C).

La rappresentazione grafica del percorso seguito durante la visita (D-B-E-A-F-C-G) è riportata a lato. ▶

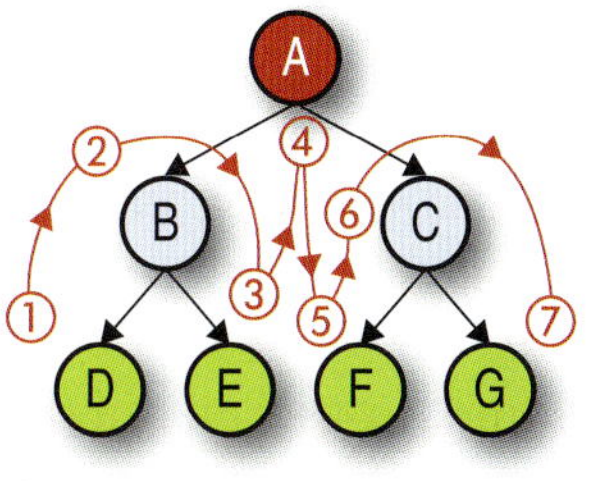

La pseudocodifica dell'algoritmo appena elaborato è la seguente:

```
funzione inOrdine(nodo)
  se è presente il nodo
    inOrdine (figlio_sinistro)
    stampa il contenuto
    inOrdine (figlio_destro)
```

La codifica corrispondente in linguaggio di programmazione non è molto diversa:

```
void inOrdine(nodo pNodo){         /* Visita in Ordine              */
  if (pNodo != NULL) {
    inOrdine(pNodo->sinistro);    /* analizza il sottoalbero sinistro */
    printf("%d ",pNodo->info);    /* analizza la radice             */
    inOrdine(pNodo->destro);      /* analizza il sottoalbero destro   */
  }
}
```

Questa visita viene detta anche simmetrica in quanto in un albero perfettamente bilanciato la radice si trova esattamente al centro della sequenza dei dati che costituisce il risultato della visita, così come tutti i nodi dell'albero si trovano al centro dei rispettivi sottoalberi, in maniera del tutto simmetrica.

Un suggerimento/trucco per ottenere rapidamente la sequenza di dati risultante dalla visita simmetrica a partire dalla rappresentazione grafica dell'albero è quello di "appiattire" tutti i nodi verso il basso e leggerli da sinistra a destra, come mostrato nella figura.

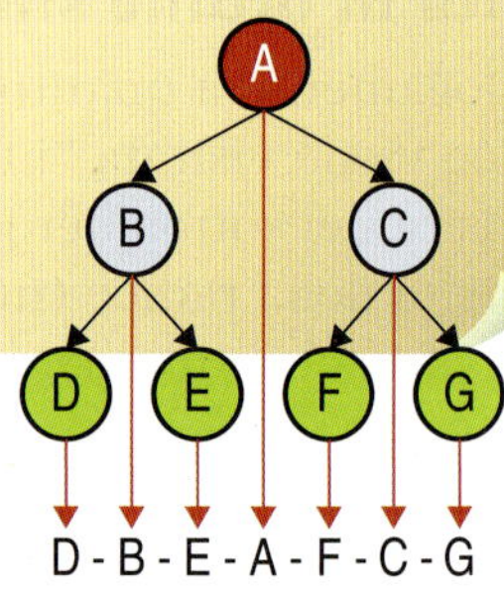

ESEMPIO 1 *Visite a un albero binario*

Scriviamo un programma che visiti il seguente albero binario utilizzando le funzioni prima descritte.

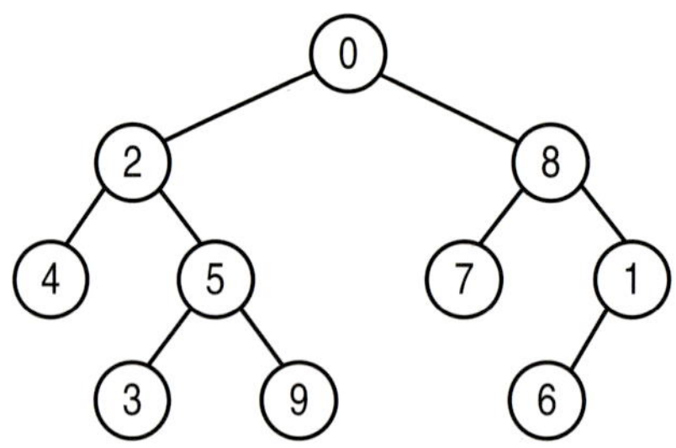

L'albero è memorizzato nel file albero.dat e utilizziamo una funzione `leggiAlbero (nomefile)->root` che preleva i dati dal file e costruisce l'albero binario partendo dalla radice.

Scriviamo il programma principale che si riduce alla chiamata delle singole funzioni:

```
int main (void){
  pAlbero radice;
  char nomefile[128];
  int elemento;
  printf("\nInserisci il nome dell'albero tra quelli disponibili:");
  printf("\n albero1.dat");
  printf("\n albero2.dat");
  printf("\n albero3.dat\n\n");
  scanf("%s", nomefile);
  radice = LeggiAlbero(nomefile);                  // carica l'albero da file
  printf("\n Visita in preordine : ");
  preOrdine(radice);
  printf("\n Visita in ordine     : ");
  inOrdine(radice);
  printf("\n Visita in postordine: ");
  postOrdine(radice);
  deallocaAlbero(radice);                          // rilascia la memoria
  return 0;
}
```

Conclude il main la funzione che dealloca dalla memoria lo spazio riservato ai nodi; una sua semplice codifica è la seguente:

```
void deallocaAlbero(pAlbero pNodo){
  if (pNodo != NULL) {
    deallocaAlbero(pNodo->sinistro);
    deallocaAlbero(pNodo->destro);
    free(pNodo);
  }
}
```

Una sua esecuzione digitando albero1.dat è la seguente:

```
Visita in preordine : 0 2 4 5 3 9 8 7 1 6
Visita in ordine    : 4 2 3 5 9 0 7 8 6 1
Visita in postordine: 4 3 9 5 2 7 6 1 8 0
```

Prova adesso!

- Altezza di un albero binario
- Visita per livelli

APRI IL FILE esempio01

1. Scrivi una funzione che calcoli l'altezza dell'albero.
2. Successivamente utilizza questa funzione per effettuare la visita per livelli.
3. Controlla il codice con quello presente nel file esercizio01.

ESEMPIO

Utilizzare un albero binario per rappresentare un'espressione algebrica con parentesi, del tipo:

$$(a - b) * (c + d)$$

e applicare i tre diversi algoritmi di visita all'albero binario ottenuto, confrontando i risultati.

Soluzione

Le notazioni algebriche che figurano nell'espressione vengono memorizzate nell'albero secondo le seguenti regole:

- i nodi interni contengono gli operatori;
- le foglie contengono gli operandi;
- ogni nodo-operatore viene "applicato" ai suoi due figli.

L'espressione algebrica $(a - b) * (c + d)$ viene rappresentata dunque con l'albero illustrato a lato.

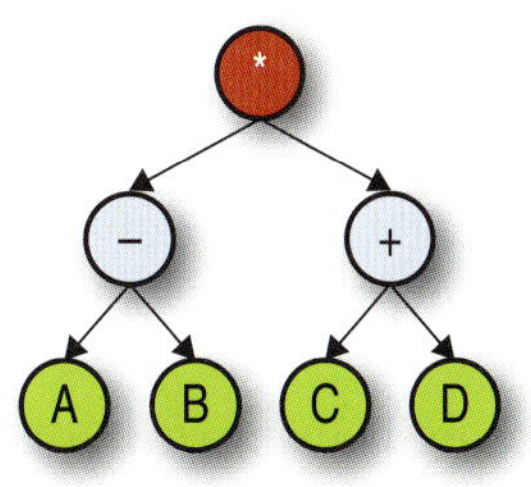

L'esecuzione dei tre algoritmi di visita che conosciamo produce i risultati riportati nella tabella che segue, che vengono definiti, rispettivamente, notazione prefissa, postfissa e infissa.

Algoritmo di visita	Notazione risultante	Descrizione
in ordine anticipato	prefissa, o polacca diretta: * – *a b* + *c d*	gli operatori vengono elencati prima degli operandi
in ordine differito	postfissa, o polacca inversa: *a b* – *c d* + *	gli operatori vengono elencati dopo gli operandi
in ordine simmetrico	infissa: *a* – *b* * *c* + *d*	operandi e operatori vengono elencati in accordo alla notazione normalmente adottata in matematica

Solo nel terzo caso sono veramente necessarie le parentesi per rispettare le precedenze degli operatori, quindi il vantaggio dell'utilizzo delle notazioni polacca diretta e polacca inversa consiste nel descrivere correttamente l'ordine di esecuzione delle operazioni in un'espressione senza bisogno delle parentesi.

Alberi binari di ricerca

Molte applicazioni richiedono l'effettuazione su un insieme dinamico di dati solamente di alcune semplici operazioni, che possono essere limitate a quelle che figurano nel seguente elenco:

- inserimento di un elemento;
- cancellazione di un elemento;
- ricerca di un elemento;
- determinazione del massimo/minimo tra più elementi memorizzati;
- ricerca del predecessore, cioè del primo elemento di valore maggiore di un elemento dato;
- ricerca del successore, cioè del primo elemento di valore minore di un elemento dato.

Le strutture dati più adatte a soddisfare queste esigenze sono particolari tipi di alberi binari, che prendono il nome di alberi binari di ricerca (o alberi di ricerca binaria): queste strutture dati consentono, dato un insieme di elementi totalmente ordinati, di eseguire le operazioni sopra descritte in un tempo limitato, dipendente dall'altezza dell'albero.

ALBERO BINARIO DI RICERCA

Un albero binario di ricerca è un albero binario le cui chiavi soddisfano la seguente proprietà, detta proprietà dell'albero binario di ricerca: in ogni nodo, il sottoalbero di sinistra contiene sempre valori più piccoli di quello di destra.

Tale proprietà, in termini operativi, può essere tradotta come segue.

Preso un generico nodo x dell'albero, deve essere soddisfatta la seguente coppia di condizioni:

1. tutti i nodi del suo sottoalbero di sinistra devono avere valore inferiore a x;
2. tutti i nodi del suo sottoalbero di destra devono avere valore superiore a x.

Le figure riportate di seguito sono esempi di alberi binari di ricerca.

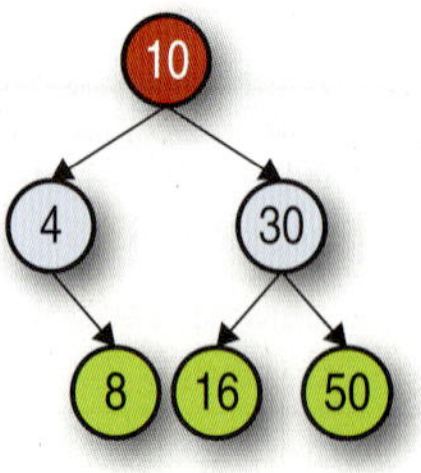

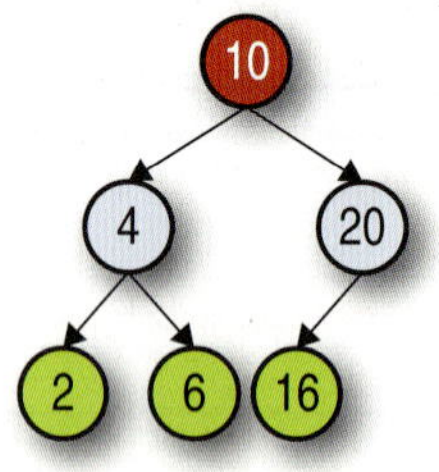

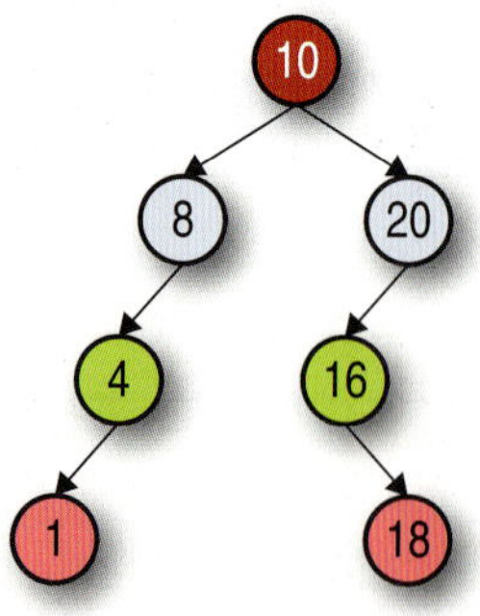

L'ordinamento delle chiavi è quindi da sinistra a destra e, se viene effettuata su ciascun albero una visita ricorsiva in ordine simmetrico, si ottiene quanto segue:

- primo albero: 4 – 8 – 10 – 16 – 30 – 50
- secondo albero: 2 – 4 – 6 – 10 – 16 – 20
- terzo albero: 1 – 4 – 8 – 10 –16 –18 – 20

Tale risultato non è altro che la visualizzazione ordinata delle chiavi in senso crescente. Dalla proprietà dell'albero binario definita in precedenza si ricava il metodo per effettuare la ricerca nell'albero di un elemento y: basta confrontare la chiave y ricercata con il generico nodo x.

Quale che sia il nodo x scelto, ci si può trovare sempre in una di queste tre situazioni:

1. x e y coincidono: la ricerca termina con successo;
2. se x e y non coincidono, la ricerca prosegue su uno solo dei sottoalberi, in base al seguente criterio:
   - se y è maggiore del valore del nodo x, si cerca nel sottoalbero di sinistra;
   - se y è minore del valore del nodo x, si cerca nel sottoalbero di destra.

Dato che tutti i nodi del sottoalbero destro contengono chiavi maggiori di x e quelli del sottoalbero sinistro chiavi minori di x, è infatti possibile sapere in quale sottoalbero bisogna proseguire la ricerca.

> La ricerca potrebbe anche non avere successo, nel caso in cui la chiave ricercata non sia presente nell'albero: a tale situazione si perviene quando si analizza tutto il sottoalbero fino alle foglie senza trovare nessuna chiave che verifica la condizione di uguaglianza.

Possiamo scrivere un semplice algoritmo che realizza la ricerca che, naturalmente, avrà natura ricorsiva:

```
funzione ricerca(nodo,chiave)                                         //1
  if (nodo == NIL) or (chiave == nodo.info)//fine albero o nodo trovato //2
    return nodo                                                        //3

  if (chiave < nodo.info)                                              //4
    return ricerca(nodo.linkSX, chiave)   //ricerca nel sottoalbero sx //5
  else
    return ricerca(nodo.linkDX, chiave)   //ricerca nel sottoalbero dx //6
```

Questo codice non richiede spiegazioni: la condizione di uscita è la stessa sia che venga trovato il nodo sia che l'elemento non sia presente, cioè restituisce un puntatore al programma chiamante che dovrà effettuare un test per individuare in quale delle due situazioni si trova.

> È possibile scrivere qualsiasi procedura ricorsiva anche in forma non ricorsiva (e viceversa): la forma ricorsiva è spesso più elegante e compatta, ma non sempre è la più efficiente. Come esercizio, riscriviamo in forma non ricorsiva la funzione precedente, che effettua la ricerca in un albero binario:

```
funzione ricercaIterativa(nodo,chiave)                          //1
  while (nodo <> NIL) and (chiave <> nodo.info                  //2
    if (chiave < nodo.info)                                     //3
      nodo chiave ← nodo.linkSX          //sottoalbero sx       //4
    else
      nodo ← nodo.linkDX                 //sottoalbero dx       //5
return nodo                                                     //6
```

È doveroso soffermarsi ad analizzare la procedura per effettuare una stima del tempo di calcolo impiegato per portare a termine la ricerca: la funzione appena vista esplora l'albero in discesa, a partire dalla radice, e nel caso peggiore arriva fino alle foglie, cioè ai nodi esterni: quindi il tempo impiegato per effettuare la ricerca è proporzionale alla lunghezza del cammino percorso, ossia dipende dall'altezza dell'albero.

In particolare:
- per un albero binario completo: $T(n) = O(\log n)$;
- per un albero degenere: $T(n) = O(n)$.

Il termine albero degenere si riferisce alla situazione peggiore in cui possono essere disposti gli elementi nell'albero, cioè al caso in cui tutti gli elementi sono posizionati in uno stesso sottoalbero, a tutti i livelli, come illustrato nella figura.

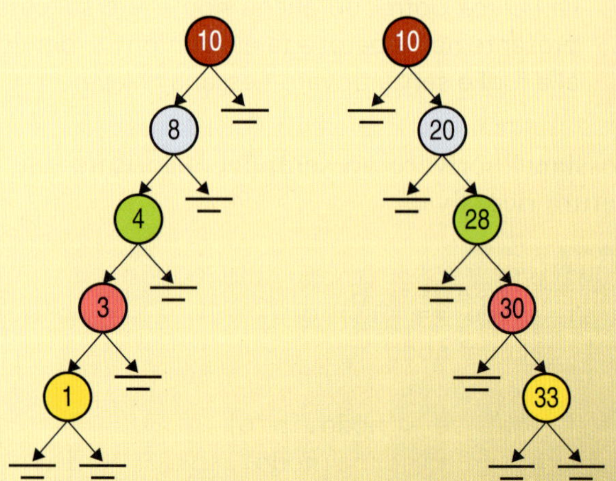

In questo caso si dice che l'albero *degenera in una lista*.

Il caso ottimale che minimizza i tempi di esecuzione della ricerca è quello in cui il sottoalbero di sinistra ha lo stesso numero di nodi di quello di destra (o la differenza è di un solo elemento) oppure, come è stato dimostrato in precedenza, l'albero soddisfa le condizioni AVL, cioè è bilanciato in altezza; tuttavia, anche quest'ultima condizione, pur essendo più blanda, spesso è di difficile realizzazione, soprattutto se gli alberi subiscono molte operazioni di inserimento o cancellazione di elementi.

Dopo l'inserimento di un nodo con valore 40 ci si può trovare in una delle situazioni illustrate nella figura alla pagina seguente.

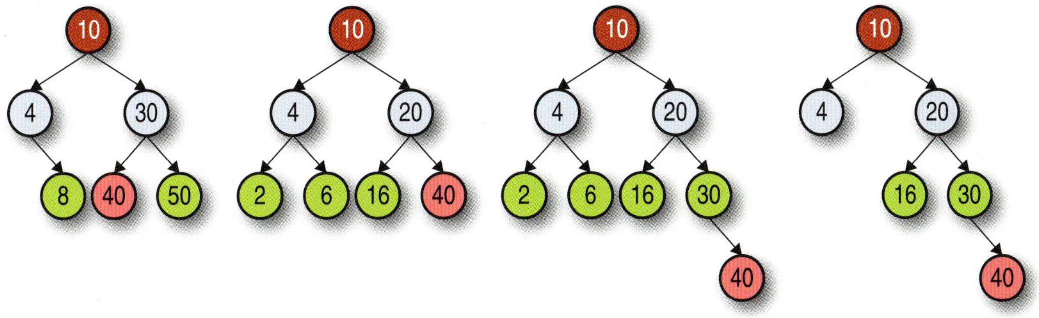

Nei primi tre casi, l'inserimento del nuovo elemento non modifica la tipologia dell'albero, cioè non ne altera il bilanciamento in altezza, mentre nel quarto albero l'altezza del sottoalbero di sinistra diventa inferiore a quella del sottoalbero di destra di ben 2 livelli!
In questa situazione è necessario "riorganizzare" l'albero per ripristinarne il bilanciamento: le operazioni necessarie per ricreare le condizioni di bilanciamento sono dette *rotazioni* e, sebbene modifichino la struttura dell'albero, devono soddisfare l'importante proprietà di non alterare l'ordine delle sue chiavi.
Sono soluzioni generalmente complesse: possono essere rotazioni semplici e/o doppie e agiscono direttamente sulla struttura, "spostando rami e sottoalberi".
Una soluzione possibile per risolvere il caso dell'esempio sopra riportato consiste nel ruotare la radice a sinistra di una posizione, "promuovendo" come nuova radice il nodo di valore 20:

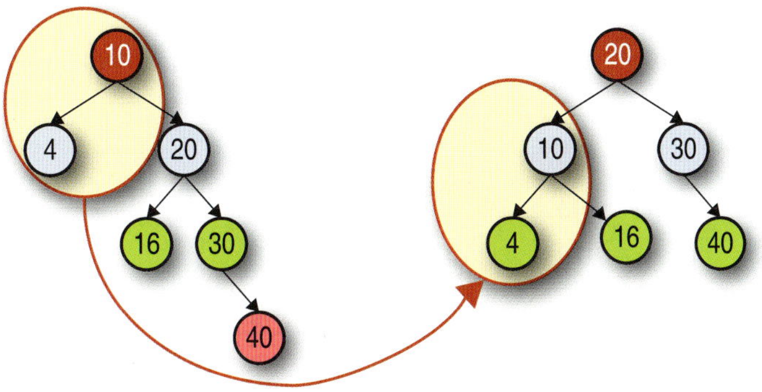

L'albero, a questo punto, è di nuovo bilanciato ma, senza entrare nei particolari, è evidente la complessità di tale operazione: non solo è necessario individuare il tipo di spostamento da effettuare per ripristinare il bilanciamento, ma anche la posizione in cui attuarlo. Inoltre, non si può escludere che un'operazione di questo tipo possa causare un nuovo sbilanciamento "dalla parte opposta", cioè nel sottoalbero nel quale si aggiunge il ramo.

Lo studio degli algoritmi che permettono il bilanciamento degli alberi binari di ricerca viene lasciato come approfondimento, mentre nel successivo esempio viene esposto il metodo del fattore di bilanciamento di un nodo, introdotto dai russi Adelson-Velski e Landis (AVL), che serve a determinare a priori quando un inserimento/rimozione crea sbilanciamenti nella struttura.

FATTORE DI BILANCIAMENTO DI UN NODO E ALBERO BILANCIATO

- Il fattore di bilanciamento di un nodo è la differenza tra l'altezza del suo sottoalbero destro e quella del suo sottoalbero sinistro.
- Un albero bilanciato (e quindi anche un albero AVL) è un albero binario di ricerca i cui nodi hanno fattori di bilanciamento 0, 1 oppure –1.

Questa nuova definizione di albero AVL ci suggerisce un metodo operativo per verificare "immediatamente e a priori" la situazione di un albero dopo l'inserimento di un nuovo nodo, che viene descritto nell'esempio che segue.

ESEMPIO

Dato un albero AVL, verificare, prima di effettuare fisicamente l'operazione, se l'inserimento di un nuovo elemento influisce negativamente sull'ordinamento dei nodi.

Soluzione

la procedura che ci permette di non effettuare ogni volta il calcolo delle altezze dei sottoalberi consiste nel memorizzare in ogni nodo un valore che chiameremo *indice di bilanciamento*, aggiungendo a ogni record un campo di tipo intero inizializzato al valore 0 (che è il valore che indica il bilanciamento perfetto); durante la costruzione dell'albero il valore dei nodi già presenti viene aggiornato nel seguente modo:

- sottraendo 1 se il nodo viene inserito in maniera da far aumentare l'altezza del sottoalbero sinistro;
- aggiungendo 1 se il nodo viene inserito in maniera da far aumentare l'altezza del sottoalbero destro.

Vediamo nel dettaglio la costruzione dell'albero riportato nella figura seguente:

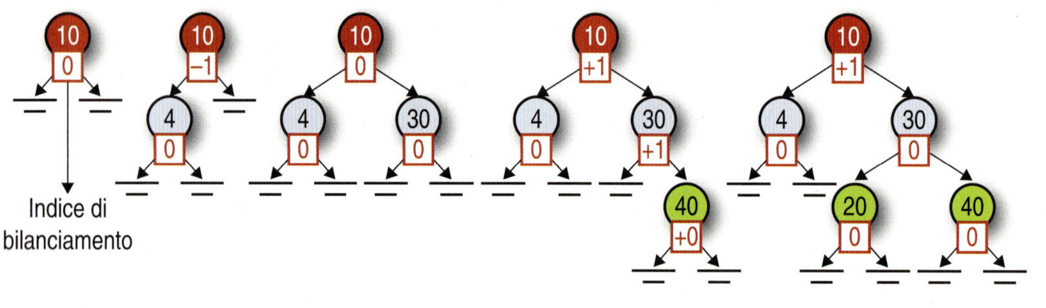

1. Si assegna alla radice l'indice di bilanciamento 0, in quanto i due sottoalberi hanno la stessa altezza.
2. Quando si inserisce il primo nodo a sinistra (quello di valore 4), l'indice della radice deve essere aggiornato a –1, che significa che l'albero è sbilanciato di un livello dalla parte sinistra.
3. Quando si inserisce il primo nodo a destra (quello di valore 30), all'indice della radice deve essere sommato 1: tale indice ritorna quindi a 0, significando che l'albero è di nuovo bilanciato in altezza.
4. L'inserimento del nodo di valore 40 a destra sbilancia di nuovo l'albero: ora l'indice di bilanciamento vale +1 sia nella radice (che ha valore 10) sia nel nodo intermedio di valore 30.

5 L'inserimento a sinistra di un nuovo nodo (quello di valore 20) riporta a 0 l'indice di bilanciamento del nodo di valore 30, ma non quello della radice (quindi dell'albero completo).

Se si parte da questa situazione per inserire un nuovo elemento nell'albero possiamo "prevedere" immediatamente che cosa può succedere:

1 siccome la radice ha indice di bilanciamento pari a +1, non ci sono problemi se si inserisce il nuovo nodo in una qualsiasi posizione del sottoalbero di sinistra;

2 se invece si deve inserire un elemento nel sottoalbero di destra, il valore dell'indice di bilanciamento della radice ci mette in guardia sul fatto che questo possa provocare uno sbilanciamento: è quindi necessario verificare nel sottoalbero se l'inserimento del nodo modifica un qualunque altro indice di bilanciamento di un elemento del sottoalbero; ciò in quanto una variazione dell'indice di bilanciamento del nodo di valore 30 può ripercuotersi fino alla radice, portando l'indice di bilanciamento totale dell'albero a +2.

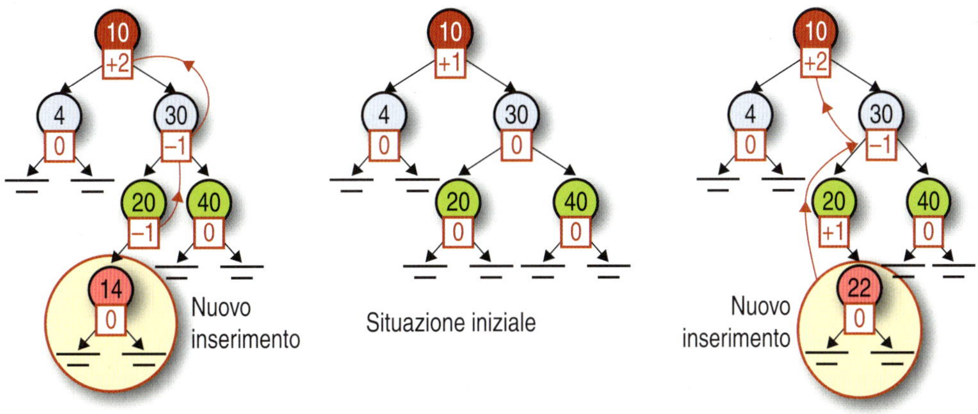

Gli esempi rappresentati nella figura precedente sono riferiti all'inserimento di un nuovo nodo, il cui valore è compreso tra 10 e 30: a un'analoga situazione si perverrebbe con l'inserimento di un nuovo nodo di valore superiore a 30 nel sottoalbero destro (quello contenente il nodo 30).

Da quanto detto finora, si ricava che se l'indice di bilanciamento del nodo avente valore 30 assume uno dei valori +1 o –1 l'indice di bilanciamento del sottoalbero sinistro aumenta di un livello; questo ha come conseguenza diretta che l'indice di bilanciamento della radice viene ad assumere il valore +2 o –2.
Si può considerare, come regola generale, la seguente.

INDICE DI SBILANCIAMENTO

Un albero binario si sbilancia solo nel caso in cui l'inserimento del nuovo nodo incrementi l'altezza totale del sottoalbero in cui viene inserito e la radice abbia un indice di sbilanciamento rispettivamente:

- –1 se si inserisce a sinistra;
- +1 se si inserisce a destra.

Oltre ai numeri, è possibile utilizzare gli alberi di ricerca per dati non numerici, come per esempio l'albero rappresentato nella figura sottostante che contiene parole definite sull'alfabeto a ... z e sul quale è definita una relazione d'ordine lineare che genera l'ordinamento lessicografico proprio delle parole dell'alfabeto, dove per esempio "candela" è minore di "cane" e "cavallo" è maggiore di "cane".

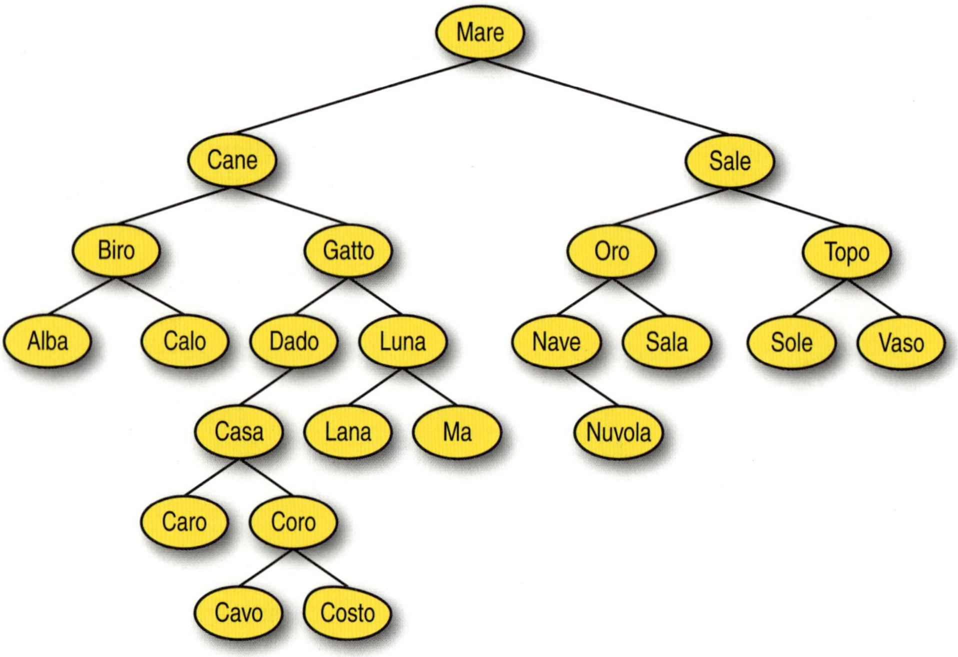

Verifichiamo le conoscenze

Simulazione informatica

Per verificare le tue conoscenze svolgi i seguenti esercizi senza utilizzare il calcolatore

1 **Nell'albero rappresentato nella figura indica:**

le foglie;

l'altezza;

visita pre-order;

visita post-order;

visita in-order;

visita per livelli.

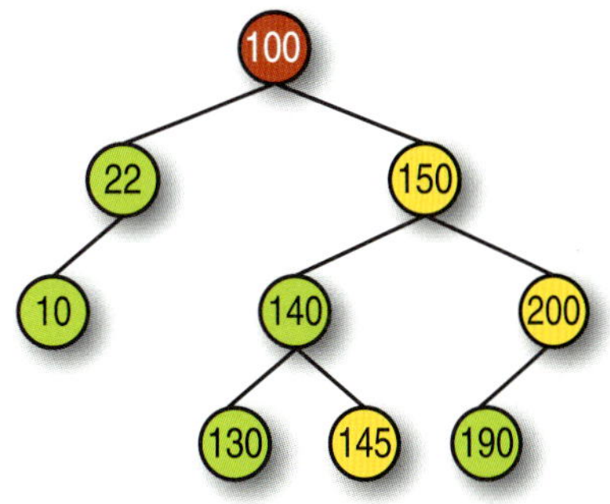

2 **a) Etichetta l'albero affinché diventi un albero di ricerca per le seguenti lettere a, b, c, e, f, g, h, i.**

b) Esegui sull'albero le istruzioni

```
insert(d)
delete(f)
```

una dopo l'altra e disegna l'albero risultante.

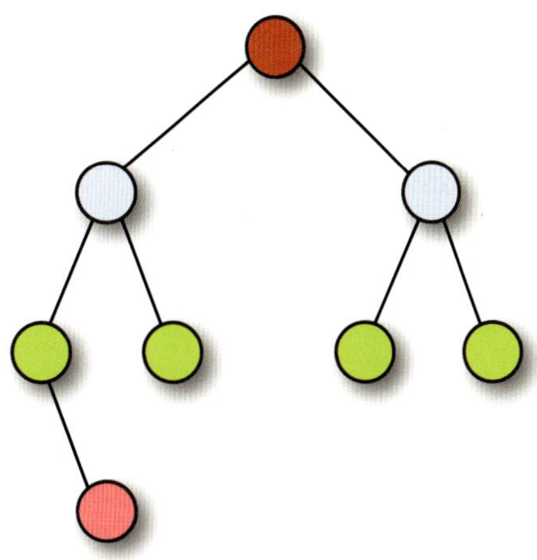

3 **Indica se gli alberi rappresentati nelle figure che seguono sono perfettamente bilanciati oppure no.**

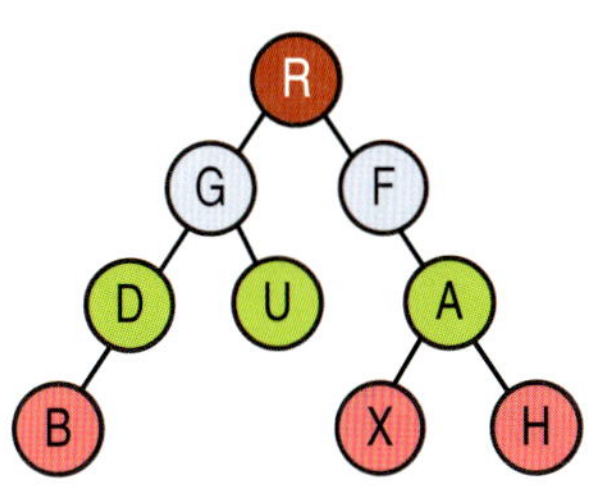

Sì No

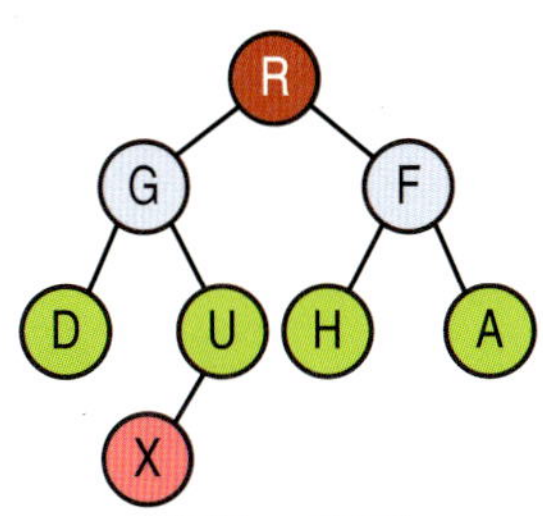

Sì No

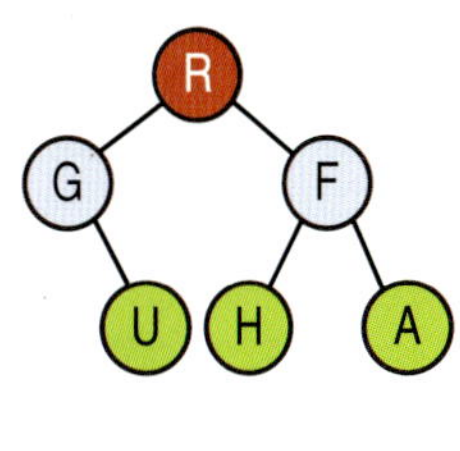

Sì No

Verifichiamo le competenze

Esprimi la tua creatività

Progetta e realizza completamente in linguaggio di programmazione il codice che risolva i problemi proposti. Risolvi gli esercizi utilizzando ove possibile dei sottoprogrammi.

1 Modifica le procedure di visita in modo che restituiscano il numero dei nodi dell'albero.

2 Scrivi una funzione ricorsiva che visiti i nodi di un albero binario di ricerca in ordine decrescente.

3 Scrivi una funzione ricorsiva che stampi gli *n* nodi più piccoli di un albero binario di ricerca, costruito leggendo n valori da tastiera.

4 Scrivi una funzione ricorsiva che stampi gli *n* nodi più grandi di un albero binario di ricerca, costruito leggendo *n* valori da tastiera.

5 Dato un albero ordinato, non necessariamente binario, calcolane l'altezza mediante un algoritmo ricorsivo e uno non ricorsivo.

6 Dato un albero ordinato, non necessariamente binario, calcolane l'ampiezza, ossia il massimo numero di nodi sullo stesso livello.

7 Dato un albero binario, scrivi un programma che lo inverta (cioè che per ogni nodo scambi il figlio sinistro con il figlio destro).

8 Costruisci un albero binario a partire da un array heap di interi, in cui il figlio sinistro dell'elemento *i*-esimo viene memorizzato nell'elemento di indice $2i + 1$ e l'indice del figlio destro nell'elemento $2i + 2$.

9 Dato un albero con radice ALB, sapendo che si definisce altezza minima di un nodo *v* in ALB la minima distanza di *v* da una foglia:

- descrivi una procedura ricorsiva che, dato in input un albero con radice ALB (rappresentato mediante liste di adiacenza), calcoli la somma delle altezze minime dei nodi di ALB;
- descrivi una procedura ricorsiva che individui il nodo il cui campo informazione è massimo.

10 Descrivi una procedura ricorsiva per calcolare la lunghezza del cammino per raggiungere due nodi generici scelti in un albero con radice qualsiasi, costruito a partire dall'input da tastiera.

11 Rappresenta graficamente un albero binario di ricerca con 10 nodi, costruito leggendo dieci numeri interi da tastiera: il primo numero inserito viene considerato la radice. Numera i vertici in base all'ordine di visita in preordine (cioè in ordine anticipato), quindi in base all'attraversamento in postordine (ovvero in ordine posticipato) e in ordine simmetrico (inorder), come negli esempi indicati nelle figure sottostanti.

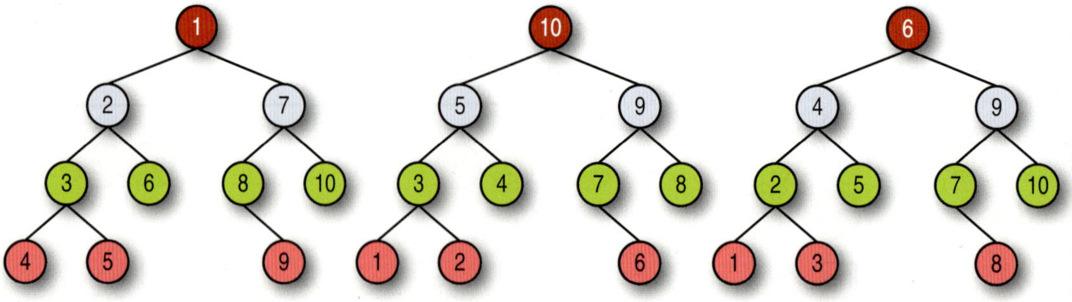

Numerazione preordine   Numerazione postordine   Numerazione simmetrica

UNITÀ DIDATTICA 3

GRAFI

IN QUESTA UNITÀ IMPAREREMO...

- le definizioni e la terminologia dei grafi
- le tecniche di memorizzazione di un grafo
- gli algoritmi di ricerca e visita dei grafi
- i problemi classici sui grafi
- cenni di teoria della computabilità: grafi intrattabili e indecidibili

Introduzione

Il grafo è la struttura generale che comprende tutte le possibili tipologie di organizzazione viste fino a ora (liste e alberi), che sono casi particolari o degeneri di grafi, oltre a nuove e più complesse strutturazioni di dati, che hanno assunto sempre più interesse e utilità nell'informatica moderna.

Un grafo viene rappresentato genericamente con la schematizzazione illustrata nella figura a lato, costituita da un insieme di vertici (o nodi), connessi tra loro mediante archi (o spigoli). ▶

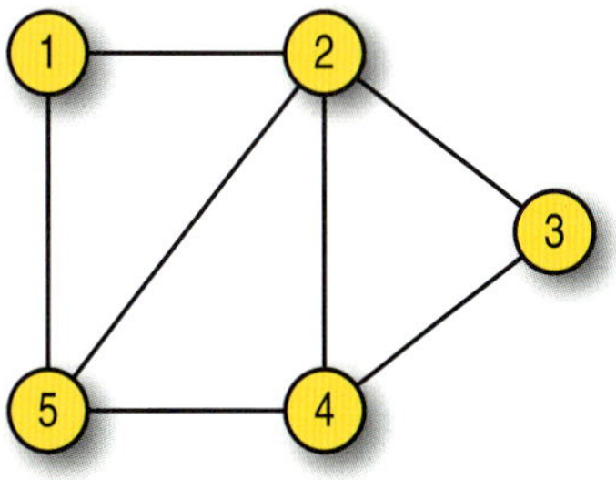

A differenza di vettori, matrici e liste, un grafo è un esempio di ADT non lineare, in quanto ogni nodo può essere legato in modo complesso a più di due elementi.

Una prima definizione di grafo è la seguente.

GRAFO

Un grafo è un ADT definito da un insieme di elementi (nodi) posti in relazione, a due a due, tra loro mediante archi.

Una delle scoperte più affascinanti degli ultimi anni è che un gran numero di sistemi vari e diversi (come Internet, il WWW e i navigatori GPS) si basano su una struttura comune: sono in realtà dei grafi.
Si può anche pensare ai vertici dei grafi come a persone, collegate da archi paragonabili a relazioni interpersonali di amicizia o parentela: in questo caso, il grafo rappresenta una comunità.

La rete Internet nasce dalla necessità di condividere in modo efficiente e rapido informazioni e risorse di calcolo, cioè di collegare tra loro centri di calcolo e reti locali. Tale colloquio avviene per mezzo dell'Internetworking, che è una rete che mette in collegamento diversi router (che sono dispositivi che instradano i dati) e ha come nodi gli *ISP* (*Internet Service Providers*), che forniscono la connettività agli utenti; in Italia, per esempio, i nodi ISP sono connessi tra loro mediante archi (detti dorsali Internet), che formano un grafo mediante il quale sono analizzati e studiati in informatica.

Quando si trasmette un messaggio in Internet (o, semplicemente, si vogliono ottenere informazioni da un sito memorizzato in un ISP), il nostro PC deve mettersi in comunicazione con il PC su cui risiede il sito desiderato: il problema fondamentale consiste nell'individuazione del destinatario della comunicazione e nella successiva trasmissione (instradamento) dei pacchetti di dati mediante un apposito algoritmo, in cui vengono "definite le regole in base alle quali viene preferito un certo percorso in rete per collegare sorgente e destinazione (e nel rispetto delle quali vengono compilate le tabelle di instradamento)".

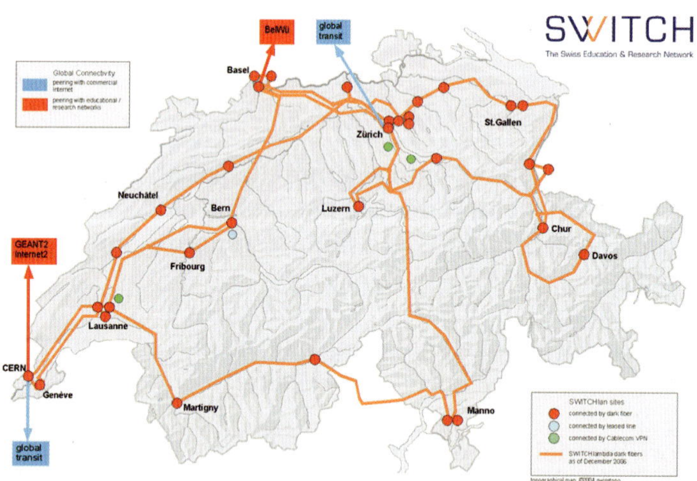

SWITCHlan Backbone 2006

Un secondo esempio di utilizzo dell'organizzazione dei dati mediante i grafi è connesso ai navigatori GPS (satellitari), che permettono di determinare un percorso stradale per raggiungere una destinazione desiderata: partendo da una posizione (nodo) di partenza, questi dispositivi analizzano le cartine geografiche presenti nella loro memoria e in base a esse individuano il percorso (sotto forma di cammino composto da strade che connettono due nodi) che soddisfa le specifiche fornite dal conducente (percorso più breve, più veloce, meno costoso ecc.).

Le cartine stradali (e geografiche) sono memorizzate in forma di grafi: ogni località è un nodo e le strade sono gli archi (in questo caso archi pesati, in quanto a ognuno di essi viene associata la lunghezza in chilometri).
Anche una semplice cartina delle linee della metropolitana è rappresentabile mediante un grafo, in cui le stazioni sono i nodi e gli archi sono i tratti di ferrovia che le uniscono.
Un tipico problema risolvibile utilizzando i grafi è quello di raggiungere una fermata che si trova su di una linea diversa da quella in cui è presente la stazione di partenza; in questo caso, si deve cercare il cammino per raggiungere la più vicina stazione di cambio (cioè un nodo comune alle due linee) e portarsi sulla linea che contiene la stazione di arrivo.

Definizione e terminologia

Il grafo è la struttura che offre maggiore flessibilità nel caso in cui si debbano organizzare i dati in modo da favorire la gestione e l'elaborazione delle informazioni. Analogamente alle strutture dinamiche precedentemente studiate, anche questa può essere definita mediante insiemi di elementi e operazioni di manipolazione. Una definizione di grafo in questi termini è la seguente.

GRAFO

Un grafo G è una coppia (V, E) dove:
- V è l'insieme dei vertici (o nodi)
- E è un insieme di coppie di vertici, detti archi (o spigoli), in cui ogni arco connette due vertici.

Vediamo alcuni esempi di come possono essere costituiti l'insieme V e l'insieme E:
- V = {persone che vivono in Italia}, E = {coppie (x, y) tali che x ha inviato una mail a y};
- V = {persone che vivono in Italia}, E = {coppie di persone che si sono strette la mano};
- V = {città d'Italia}, E = {coppie di città connesse attraverso una rete ferroviaria};
- V = {città d'Italia}, E = {coppie di città connesse attraverso un'autostrada}.

Osservando questi esempi è facile notare le differenze tra il primo esempio e i successivi: nel primo caso, la relazione tra le coppie di elementi non è simmetrica, a differenza delle altre tre situazioni.

GRAFO ORIENTATO

Un grafo orientato (o diretto) G è una coppia (V, E) in cui V è un insieme finito detto insieme dei vertici ed E è una relazione binaria su V che definisce l'insieme degli archi, che sono coppie ordinate di vertici.
Un grafo non orientato è un grafo in cui gli archi sono coppie non ordinate di vertici, cioè un arco tra i due generici vertici *u*, *v* è un insieme di due elementi {*u*, *v*} anziché una coppia (*u*, *v*).

In base al fatto che esista o meno una relazione di simmetria, i grafi possono essere classificati in due grandi categorie: orientati e non orientati.
Se (1, 2) è un arco di un grafo orientato, si dice che:
- l'arco esce dal vertice 1;
- l'arco entra nel vertice 2.

Se l'arco (1, 2) fa parte di un grafo non orientato, si dice che è incidente sui vertici 1 e 2. Dal punto di vista grafico, gli archi di un grafo orientato vengono contrassegnati con una freccia che riflette l'ordinamento della coppia di vertici, cioè che va dal nodo di partenza al nodo di arrivo della coppia di nodi.
Anche il semplice concetto di adiacenza tra due nodi viene influenzato dalla relazione di simmetria.

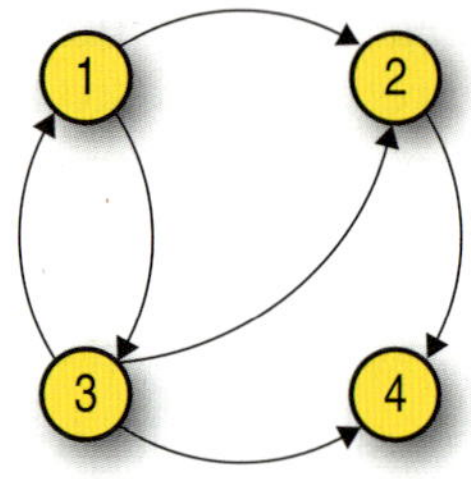

Grafo orientato

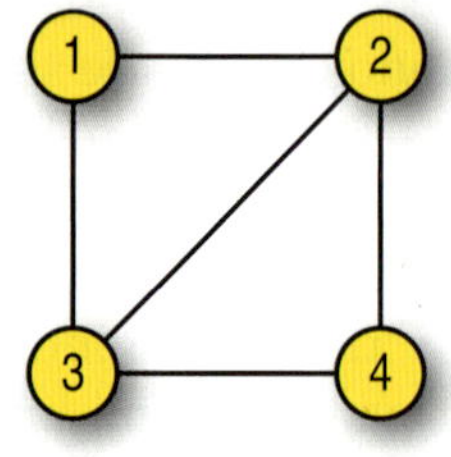

Grafo non orientato

GRAFO NON ORIENTATO

In un grafo non orientato due nodi sono adiacenti se esiste un arco che li unisce.
In un grafo orientato, dati due nodi v_1 e v_2 possono verificarsi le seguenti situazioni:

- v_1 è adiacente a v_2 se esiste un arco che unisce v_1 e v_2;
- v_2 è adiacente a v_1 se esiste un arco che unisce v_2 e v_1;
- v_1 e v_2 sono adiacenti tra loro se esistono i due archi che uniscono v_1 e v_2 e v_2 e v_1;
- v_1 e v_2 NON sono adiacenti se NON esiste alcun collegamento tra essi.

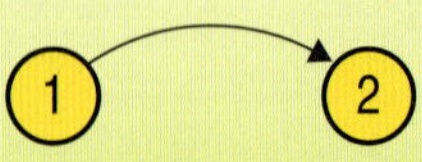
1 adiacente a 2

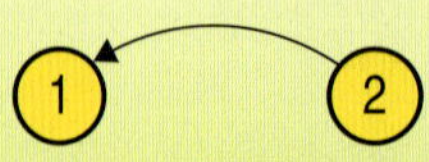
2 adiacente a 1

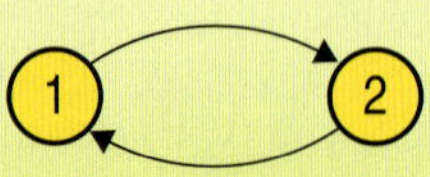
1 e 2 sono adiacenti

1 e 2 non adiacenti

In un grafo non orientato la relazione di adiacenza è simmetrica.
In un grafo orientato il generico nodo *v* è adiacente a *u* ma non è vero il contrario: questa condizione si indica con la notazione $u \rightarrow v$.
Se è verificata la condizione $(v_i, v_j) = (v_j, v_i)$ si parla di grafo semplice, mentre la condizione $(v_i, v_j) <> (v_j, v_i)$ definisce un grafo diretto.

In generale, se non viene esplicitamente indicato, un grafo si intende sempre non orientato. Vediamo alcune definizioni, con riferimento al grafo G mostrato nella figura seguente.

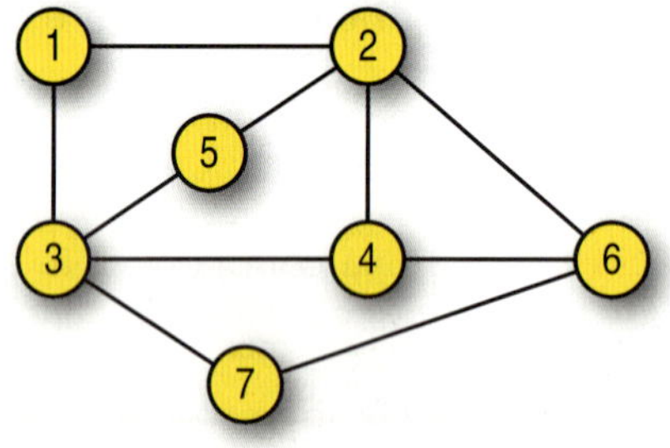

1 Il grafo G ha 7 nodi e 10 archi.

2 Il grado di un vertice di un grafo non orientato rappresenta il numero di archi incidenti sul vertice, cioè il numero di archi che lo connettono ad altri nodi, e si indica con $\delta(V)$: nell'esempio $\delta(1) = 2$, $\delta(2) = 4$, $\delta(3) = 4$, $\delta(4) = 3$, $\delta(5) = 2$, $\delta(6) = 3$, $\delta(7) = 2$.
- In un grafo orientato il grado uscente (entrante) di un vertice è il numero di archi uscenti (entranti) dal vertice.

CALCOLO DEI NODI DI UN GRAFO

È facile dimostrare che il numero dei nodi di un grafo si può ottenere dalla seguente relazione:

$$\Sigma_v \delta(v) = 2\,m$$

in cui m indica il numero degli archi, che quindi è pari alla semisomma dei gradi di tutti i vertici.

3 Con cammino (passeggiata) si intende una sequenza di vertici adiacenti: in un grafo, due vertici possono essere uniti da diversi cammini e con lunghezza di un cammino si intende il numero degli archi che lo compongono; per esempio, nelle due figure sottostanti i cammini <1-2-4-6-7> e <1-3-7> uniscono entrambi i vertici 1 e 7, ma sono di lunghezza diversa.

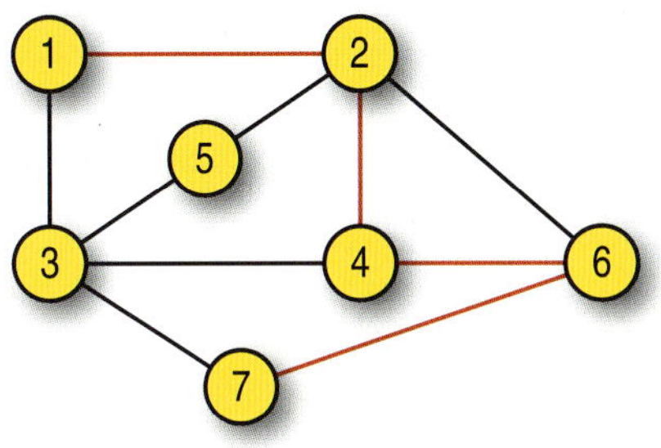

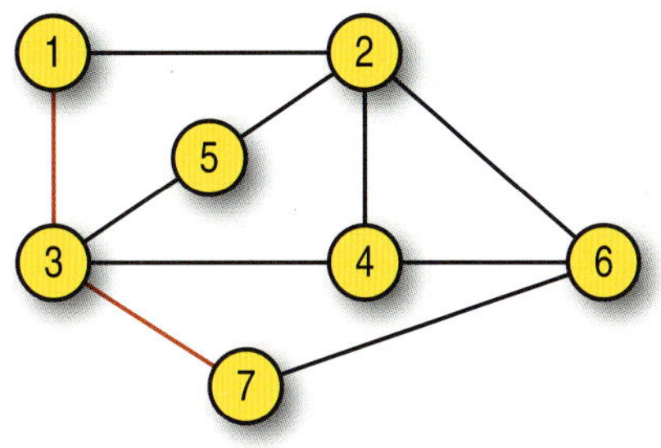

4 Si definisce distanza la lunghezza del cammino più breve tra due vertici; sempre con riferimento alle figure, si può dire che:

- il cammino <1-2-4-6-7> ha lunghezza 5;
- il cammino <1-3-7> ha lunghezza 3;

la distanza tra il vertice 1 e il vertice 7 è 3 e si indica con d(1 – 7) = 3.

5 Un percorso è un cammino in cui tutti gli spigoli (archi) sono distinti.

6 Un sentiero è un cammino in cui tutti i vertici (nodi) sono distinti. Ovviamente, un sentiero è anche un percorso.

7 Un circuito è un particolare cammino che partendo da un nodo v_1 ritorna in v_1 senza archi ripetuti (può anche toccare lo stesso nodo più di una volta) (figura sotto).

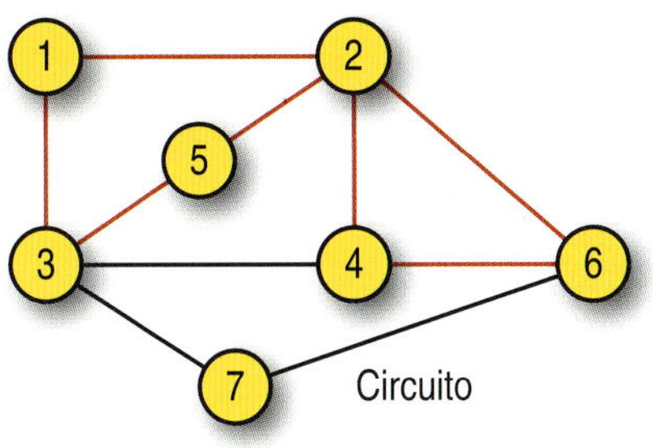

Circuito

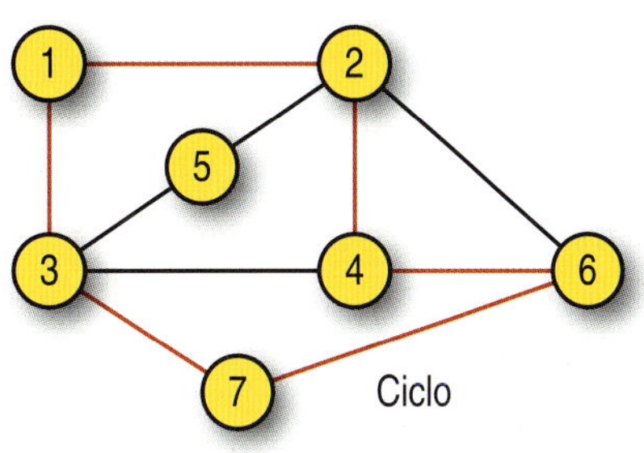

Ciclo

8 Un ciclo è un particolare cammino che partendo da un nodo v_1 ritorna in v_1 senza archi né nodi ripetuti: è cioè un cammino $<v_0, v_1, \ldots, v_k>$; è un ciclo se $v_0 = v_k$. ▶

9 Un grafo pesato è un grafo nel quale viene associata per ogni arco una funzione, che ne calcola il peso; per esempio, in una carta stradale il peso può essere rappresentato dai chilometri di distanza tra due città corrispondenti a due vertici del grafo.

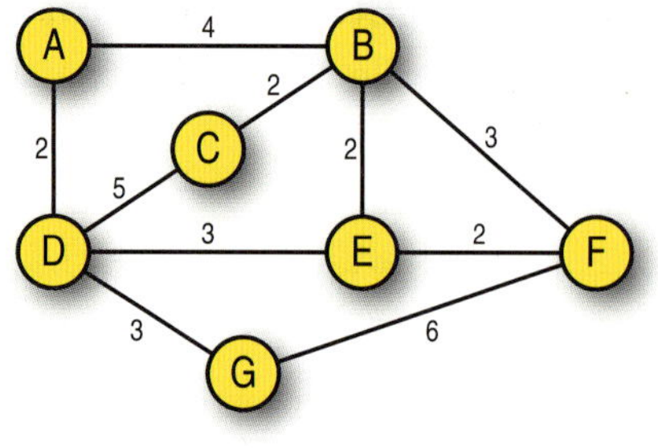

Grafo pesato

10 Un grafo semplice è un grafo in cui sono presenti tutti gli m archi tra i diversi n nodi: è possibile verificare che il numero di archi necessari affinché un grafo sia semplice soddisfa la relazione $m = n(n - 1)/2$; nell'esempio riportato nelle figure sottostanti si ha $n = 4$, quindi il numero degli archi del grafo semplice deve essere $m = (4 * 3)/2 = 6$.

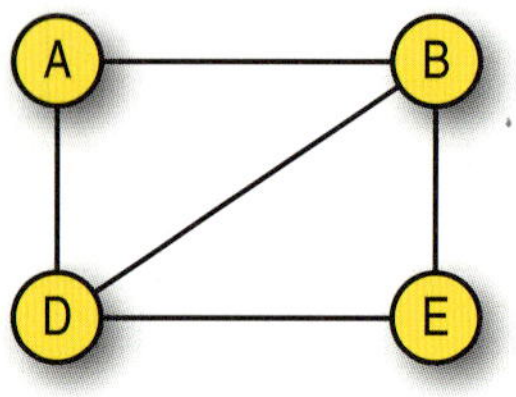

Grafo non semplice

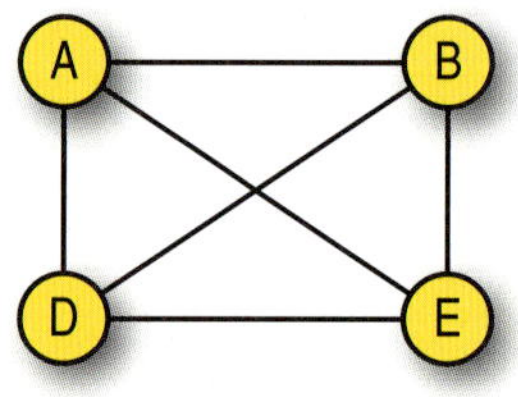

Grafo semplice

Dopo questo primo gruppo di definizioni legate alla topografia dei grafi è possibile dare alcune definizioni fondamentali per lo studio delle applicazioni connesse ai grafi.

GRAFO NON ORIENTATO CONNESSO E ACICLICO

Un grafo non orientato si dice connesso se ogni coppia di vertici (u, v) è collegata da un cammino semplice.

Un grafo orientato si dice fortemente connesso se ogni coppia di vertici (u, v) è collegata da un cammino orientato da u a v.

Un grafo si definisce aciclico se è privo di cicli.

Abbiamo già visto che un grafo non orientato, connesso e aciclico è un albero e ha esattamente $n - 1$ archi.

Diamo infine (per gli amanti della matematica) la definizione classica di grafo, quella che lo "vede" come oggetto combinatorio. Dato un insieme V denoteremo:

- con V^s l'insieme di s-ple ordinate di elementi di V;
- con $V^{(s)}$ la famiglia dei sottoinsiemi di V contenenti s elementi diversi (cioè delle s-combinazioni di V).

Per esempio, se consideriamo l'insieme $V = \{1, 2, 3\}$, si ha:

- $\{1, 2, 3\}^2 = \{(1, 1), (1, 2), (1, 3), (2, 1), (2, 2), (2, 3), (3, 1), (3, 2), (3, 3)\}$;
- $\{1, 2, 3\}^{(2)} = \{\{1, 2\}, \{1, 3\}, \{2, 3\}\}$.

Dal calcolo combinatorio sappiamo che se V contiene n elementi, V^s ne contiene n^s, mentre $V^{(s)}$ ne contiene:

$$\binom{n}{s} = \frac{n!}{(n-s)!}$$

GRAFO ORIENTATO E NON ORIENTATO

Un grafo orientato (o diretto) G è una coppia G = (V, E), dove V è un insieme finito i cui elementi sono detti vertici ed E è un sottoinsieme di V^2 i cui elementi sono detti archi; archi del tipo (x, x) sono detti cappi.
Un grafo non orientato G è una coppia (V, E), dove V è un insieme finito i cui elementi sono detti nodi ed E un sottoinsieme di $V^{(2)}$ i cui elementi sono detti lati.

Si può osservare che un grafo non orientato non possiede cappi.

Rappresentazione dei grafi

Vedremo dapprima come rappresentare i grafi non orientati e successivamente analizzeremo le tecniche utilizzabili per i grafi orientati e per quelli pesati. Vi sono molti modi di rappresentare grafi non orientati: quando si deve scegliere come implementare grafi in una certa applicazione, si devono considerare tutti gli eventuali vincoli, impliciti o espliciti, e le possibili operazioni che caratterizzano le diverse classi di grafi al fine di individuare quella più adatta all'applicazione che si sta progettando. Le tecniche più diffuse per realizzare questo modello di dati mediante un linguaggio di programmazione riflettono quasi fedelmente quelle impiegate per la sua rappresentazione interna nella memoria centrale del calcolatore: si basano sull'idea di non realizzare direttamente la "struttura grafo", bensì di implementare modelli a essa equivalenti che coinvolgono soltanto strutture lineari, come i vettori e/o le liste.

Consideriamo le seguenti due tecniche alternative utilizzate per la rappresentazione dei grafi:
- mediante un array di liste di adiacenza o con una lista di liste di adiacenza;
- mediante una matrice di adiacenza o una matrice di incidenza.

Rappresentazione mediante array di liste di adiacenza

Il grafo G = (V, E) viene rappresentato utilizzando un vettore detto VLA, che sta per *Vettore di Liste di Adiacenza*, in cui ciascuna lista contiene l'elenco dei vertici adiacenti al vertice u del grafo, come bene illustra l'esempio nella figura che segue.

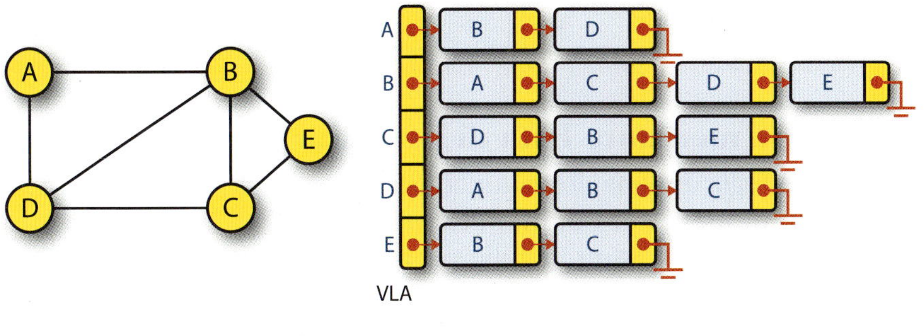

Nel VLA, l'elemento VLA[u] contiene il puntatore alla testa della lista dei vertici v adiacenti a u, ovvero a quei vertici v per i quali esiste un arco (u, v), senza rispettare alcun ordine di inserimento.
Anche un grafo orientato è rappresentabile utilizzando liste di adiacenza costruite in modo simile, come si può vedere nella figura che segue.

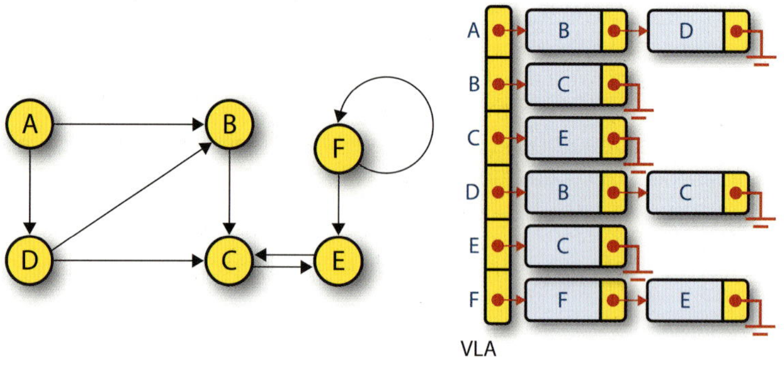

In questo caso si evidenzia una caratteristica particolare: la somma delle lunghezze di tutte le liste di adiacenza è E, cioè uguale al numero degli archi dato che per ogni arco (u, v) c'è un vertice v nella lista di posizione u.
La semplice verifica è la seguente: il numero degli archi è pari a 9 e anche la somma dei puntatori $2 + 1 + 1 + 2 + 1 + 2 = 9$.
È semplice verificare che se un grafo non è orientato la somma delle lunghezze di tutte le liste di adiacenza è 2E, dato che per ogni arco (u, v) c'è un vertice v nella lista di posizione u e un vertice u nella lista di posizione v.
È semplice la verifica sull'esempio di pagina precedente: il numero degli archi è pari a 7 e la somma dei puntatori è $2 + 4 + 3 + 3 + 2 + 2 = 14$, cioè il doppio degli archi.

Con una piccola modifica al record delle liste di adiacenza è possibile utilizzare questa soluzione anche per la rappresentazione dei grafi pesati: infatti, è sufficiente memorizzare, oltre al vertice, il peso dell'arco che lo connette al vertice adiacente, in un secondo campo del record. Un esempio è riportato nella figura seguente.

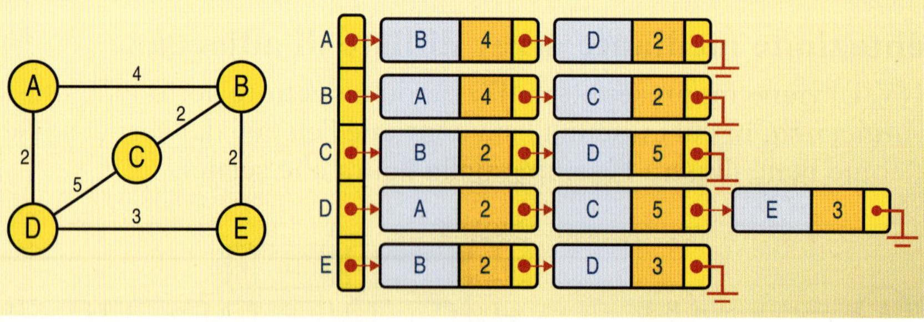

Rappresentazione mediante lista di liste di adiacenza

Una variante alla strategia appena descritta consiste nel rendere completamente dinamica la struttura: al posto di un vettore di puntatori si utilizza perciò una lista, ottenendo una multilista simile a quella dell'esempio nella pagina seguente, che prende il nome di LLA, che sta per Lista delle Liste di Adiacenza.

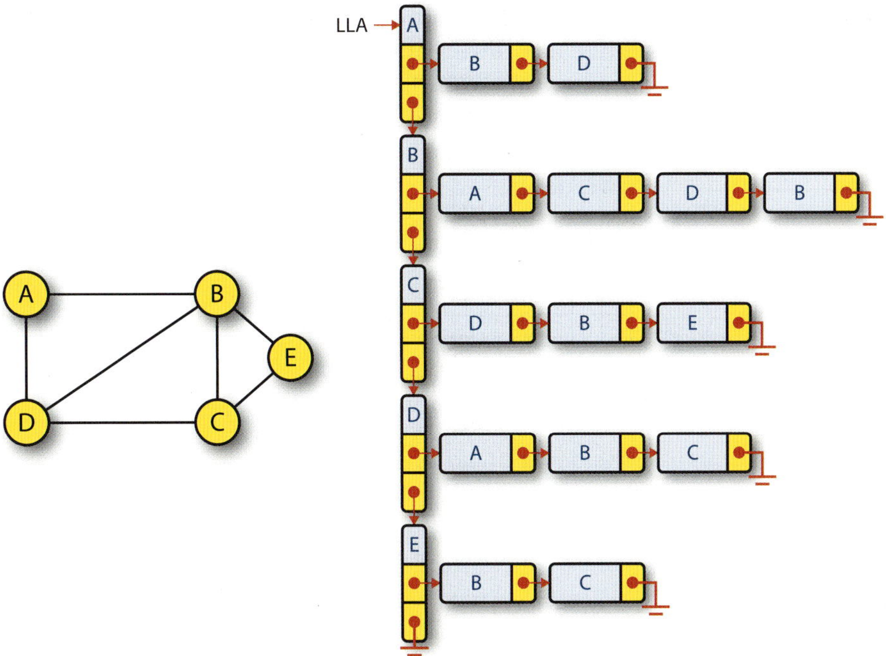

La rappresentazione mediante liste di adiacenza viene utilizzata quando il grafo è di tipo sparso, cioè tale che il numero dei suoi archi è molto minore di V^2; si preferisce invece la rappresentazione tramite matrice di adiacenza nel caso contrario, cioè quando il grafo è di tipo denso, o quando si richiede la massima efficienza nella determinazione della presenza di un arco fra due vertici dati.

Rappresentazione mediante matrice di adiacenza o matrice di incidenza

La differenza fondamentale tra queste due rappresentazioni e le precedenti riguarda la loro modalità di impiego: essendo la matrice una struttura con dimensionamento statico, queste rappresentazioni si utilizzano nel caso in cui il grafo rappresenti situazioni in cui il numero dei vertici rimane pressoché invariato.

Nella matrice delle adiacenze viene riportato, sia in ascissa sia in ordinata, l'elenco dei vertici: nelle celle di incrocio tra due nodi si indica con 1 la presenza di connessione e con 0 l'assenza. Osserviamo che se il grafo è non orientato la matrice presenta una simmetria diagonale.

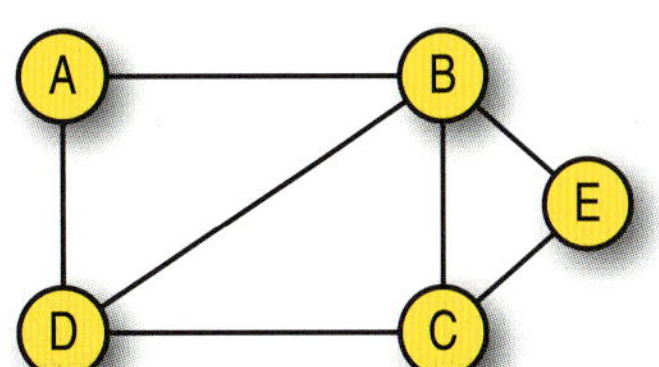

	A	B	C	D	E
A	0	1	0	1	0
B	1	0	1	1	1
C	0	1	0	1	1
D	1	1	1	0	0
E	0	1	1	0	0

Nella matrice delle incidenze viene riportato in ascissa l'elenco degli archi presenti nel grafo e in ordinata l'elenco dei vertici; nelle celle di incrocio si indica con 1 la presenza di incidenza dell'arco sul vertice.

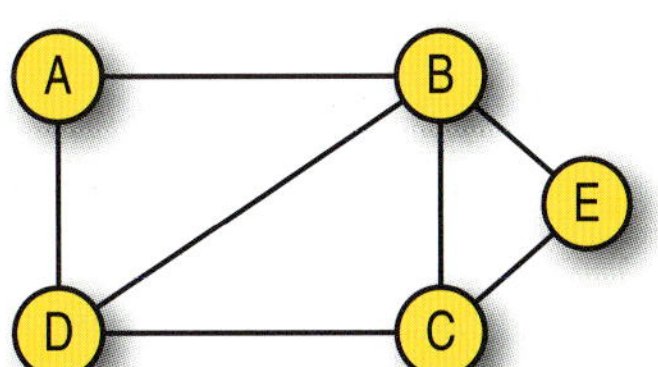

	AB	AD	BC	BD	BE	CD	CE
A	1	1	0	0	0	0	0
B	1	0	1	1	1	0	0
C	0	0	1	0	0	1	0
D	1	1	0	1	0	1	0
E	0	0	0	0	1	0	1

L'utilizzo delle matrici si presta alla rappresentazione dei grafi pesati: basta sostituire nelle celle della matrice delle adiacenze al valore 1 il valore del peso tra il vertice rappresentato in ordinata e il vertice adiacente in ascissa, indicando con 0 o $-\infty$ l'assenza di connessione.

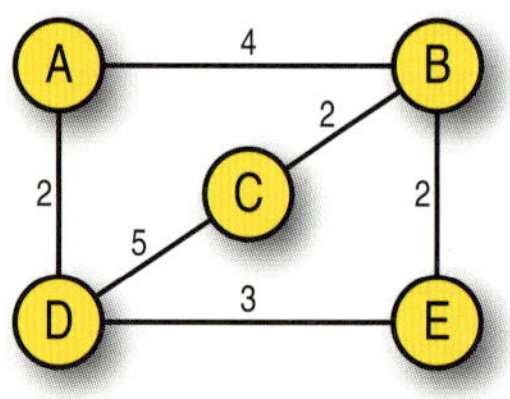

	A	B	C	D	E
A	0	4	0	2	0
B	4	0	2	0	2
C	0	2	0	5	0
D	2	0	5	0	3
E	0	2	0	3	0

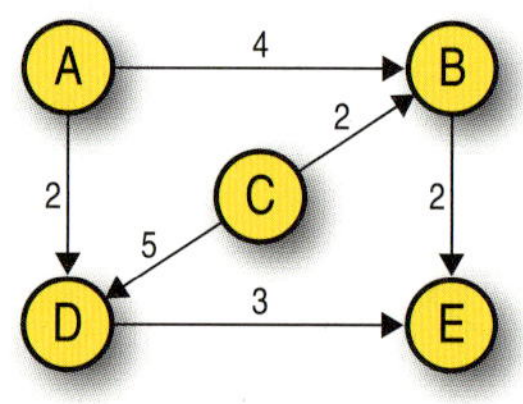

	A	B	C	D	E
A	0	4	0	2	0
B	0	0	0	0	2
C	0	2	0	5	0
D	0	0	0	0	3
E	0	0	0	0	0

Indichiamo, come ultima considerazione, i principali vantaggi della rappresentazione con matrice di adiacenza:
- è di semplice realizzazione;
- se il grafo è piccolo ha la stessa efficienza della rappresentazione mediante liste di adiacenza;
- nel caso di grafi non pesati si può rappresentare ogni singolo elemento con un solo bit anziché utilizzare una parola, con notevole risparmio di memoria;
- gli algoritmi che effettuano l'elaborazione del grafo così rappresentato sono più semplici, per quanto riguarda sia la progettazione sia l'analisi della struttura.

Visite dei grafi

Analogamente a quanto già visto per gli alberi, anche l'elaborazione di un grafo che viene effettuata al fine di analizzare il contenuto di tutti i suoi elementi prende il nome di visita.
Nel caso dei grafi, gli obiettivi fondamentali della visita si possono così riassumere:
- visitare una sola volta tutti i nodi del grafo, senza passare due volte dallo stesso nodo;
- individuare il cammino più breve tra due nodi (se esiste).

Il primo obiettivo è anche conosciuto come "problema del commesso viaggiatore", perché è analogo a quello di indicare a un rappresentante che deve visitare le città di una determinata zona (rappresentate dai nodi di un grafo pesato) il percorso che consente di "passare" da tutti i clienti una sola volta.
Il secondo obiettivo è comune a tutti i problemi di ricerca di un itinerario sul navigatore GPS o su una cartina stradale oppure di ricerca di una pagina web nella rete Internet, di un utente in una rete di comunicazione, o ancora di scheduling di progetti, di progettazione di circuiti e via dicendo...
Le difficoltà che devono essere affrontate, e risolte, dipendono dalla presenza o meno di due situazioni particolari:
- cicli;
- nodi isolati.

La presenza di cicli nei grafi può portare alla generazione di un insieme di percorsi infiniti, come può succedere quando ci si perde all'interno di un labirinto senza trovare l'uscita. In questo caso, la soluzione consiste nel marcare "in qualche modo" i nodi visitati (lasciando

tracce come faceva Pollicino o utilizzando il sistema del "filo di Arianna") mano a mano che si procede con la visita, in modo da riconoscere, quando lo si incontra, un itinerario (arco o vertice) già percorso in precedenza.
La presenza di nodi isolati potrebbe invece compromettere la buona conclusione della visita, in quanto tali nodi non sono raggiungibili: essi devono quindi essere individuati a priori e analizzati a parte, al di fuori dell'algoritmo di visita.

Per elaborare i grafi è necessario visitarne in modo ordinato i vertici: generalmente si procede in ampiezza e in profondità, e in entrambi i casi restituiscono il risultato della visita si ottiene all'interno di una delle due strutture dinamiche elencate di seguito.

- Visite in ampiezza → in un albero (algoritmi BFS, *Breadth-First Search*): i nodi vengono visitati in ordine di distanza crescente dal nodo di partenza.
- Visite in profondità → in una foresta (algoritmi DFS, *Depth-First Search*): la visita si può in questo caso considerare una generalizzazione della visita in preordine di un albero, dal momento che si basa sul visitare "il più in profondità" possibile il grafo, per poi risalire verso i nodi non visitati.

> Tutti gli algoritmi che operano sui grafi sono particolarmente complessi ed esulano dalla trattazione di questo volume: in questa sede ne verranno comunque riportati alcuni cenni, riguardanti soprattutto le idee alla base della ricerca della soluzione dei diversi problemi.

Visita in ampiezza (algoritmo BFS)

La visita in ampiezza di un grafo, detta anche Breadth-First Search (BFS), consiste nell'esplorazione sistematica di tutti i vertici raggiungibili da un dato un vertice sorgente S, toccando tutti i vertici che hanno distanza k da S prima di iniziare a scoprire quelli che hanno distanza k + 1.
Il principio di base è quello di tenere traccia dello stato del nodo toccato (già scoperto, appena scoperto, ancora da scoprire), assegnandogli, per esempio, un diverso colore, come:

- giallo per un vertice non ancora scoperto;
- grigio per un vertice appena scoperto e di frontiera;
- rosso per un vertice già visitato.

Vediamo un esempio, in cui il nodo sorgente è il nodo A.

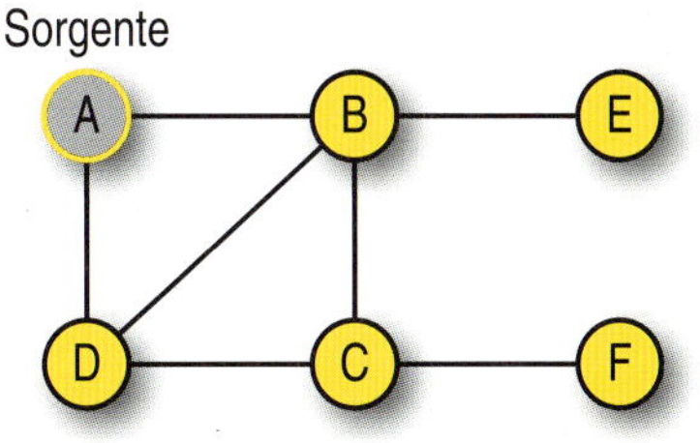

La prima operazione è quella di colorare il vertice appena scoperto di grigio: dato che siamo all'inizio, si tratta del vertice di partenza A.

Quindi ricerchiamo tutti i vertici adiacenti al vertice grigio, nella fattispecie i vertici B e D, e coloriamo anch'essi di grigio. A questo punto, possiamo considerare completata l'analisi del nodo A e quindi lo coloreremo di rosso, ottenendo la situazione riportata nella figura a lato, in cui troviamo:

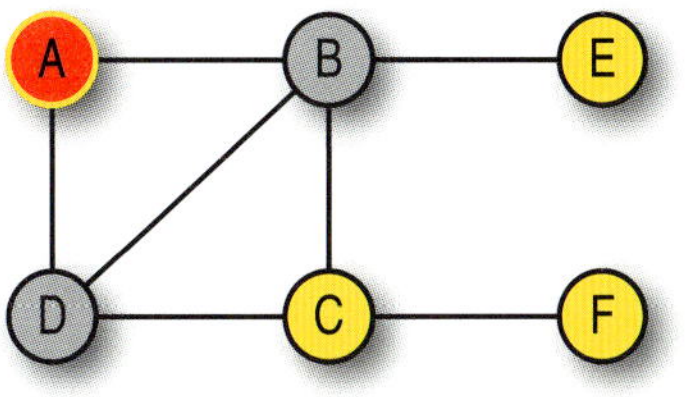

- un nodo rosso, cioè visitato per intero;
- due nodi grigi di frontiera, la cui visita è da completare.

Procediamo quindi considerando i nodi B e D come nuove sorgenti e ripetendo lo stesso procedimento:

- il nodo B ha il nodo E e il nodo C come adiacenti, quindi coloreremo di grigio questi due nodi;
- il nodo D ha il nodo C come adiacente, che è già grigio!

Non resta che colorare di rosso i due nodi di partenza, ottenendo la situazione della figura seguente.

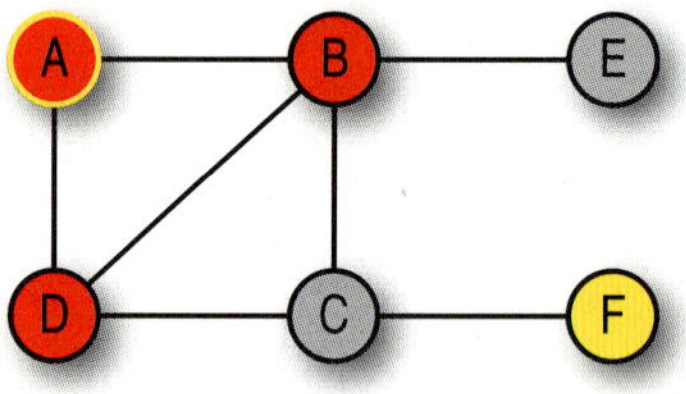

Infine:

- coloriamo di rosso il nodo E, che non ha nodi adiacenti;
- coloriamo di grigio il nodo F, che è adiacente a C, e di rosso il nodo C.

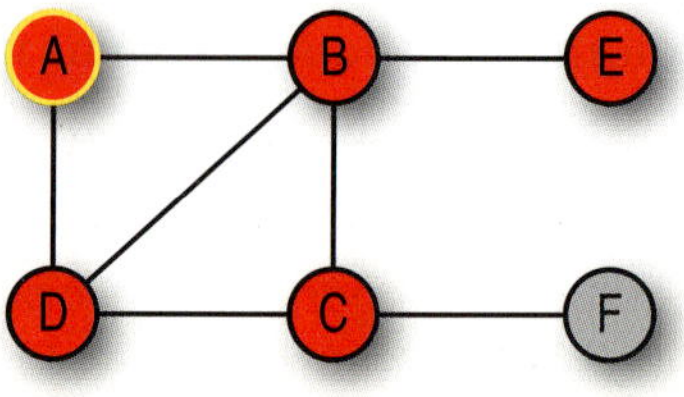

Osservando il procedimento descritto, possiamo notare che ci si muove "a macchia d'olio", estendendo sempre più la porzione di grafo visitata per successivi "allargamenti" della regione di frontiera (nodi grigi).
Dopo ogni fase è inoltre possibile memorizzare le distanze tra il nodo sorgente e ciascun vertice, cioè il numero di passaggi (che equivale al numero di iterazioni del procedimento) impiegati per raggiungerlo, costruendo in questo modo un albero (chiamato proprio albero BFS) che ha il nodo sorgente S come radice, al primo livello i nodi raggiunti alla prima iterazione, al secondo quelli alla seconda e così via, fino a comprendere tutti i vertici del grafo raggiungibili da S.

A ogni nodo visitato va associato un livello, coincidente con il numero dell'iterazione in cui è stato visitato, e solo a questo punto è possibile costruire l'albero BSF.
Entrambi gli alberi proposti nelle figure che seguono sono una rappresentazione della visita in ampiezza del grafo dell'esempio: la loro forma dipende unicamente dall'ordine di scansione dei nodi appartenenti alla frontiera: infatti il primo albero è stato ottenuto analizzando prima il nodo B e poi il nodo C, viceversa il secondo.

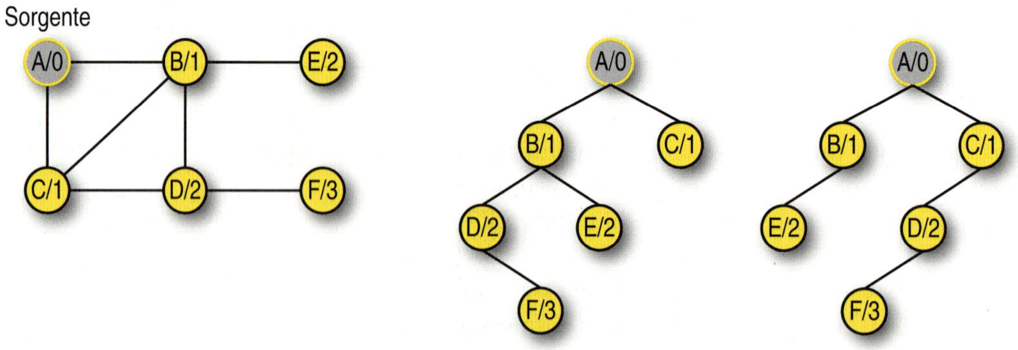

Visita in profondità

La visita in profondità di un grafo, detta anche Depth-First Search (DFS), consiste nell'esplorazione sistematica di tutti i vertici andando a ogni "passaggio" il più possibile in profondità, cioè cercando ogni volta di raggiungere il vertice più lontano dal nodo sorgente S.
Si inizia sempre dal nodo sorgente S e si procede nel seguente modo:

- si prosegue l'analisi fino a che è possibile andare avanti senza ritornare su un nodo già visitato o sul nodo sorgente stesso, marcando i nodi mano a mano che li si tocca;
- si ritorna al nodo più lontano dalla sorgente, cioè a quello di livello più alto, e si "percorrono" altre strade, cioè si esplorano i nodi connessi da archi non ancora attraversati;
- una volta percorsi tutti gli archi che si diramano da un nodo, si passa all'esplorazione di altri archi non visitati, sempre partendo dai nodi incontrati durante le precedenti visite e fino a ritornare al nodo sorgente;
- se si incontrano nodi non visitati, questi divengono nuove sorgenti (o radici) e da qui si parte per effettuare la visita di un sottografo.

A differenza di quanto avviene nella visita per ampiezza, in cui il sottografo dei predecessori faceva parte dell'albero risultante, nel caso della visita in profondità si costruisce una foresta di alberi DFS, ciascuno avente come radice un nodo sorgente.
Operativamente si procede allo stesso modo della visita in ampiezza, colorando i vertici per tenere conto del loro stato durante la visita:

- ogni vertice è inizialmente giallo;
- diventa grigio quando viene scoperto;
- viene colorato di rosso quando viene visitato completamente, cioè quando la sua lista di adiacenza è stata esplorata per intero.

Vediamo un esempio "chiarificatore".

Sorgente 1

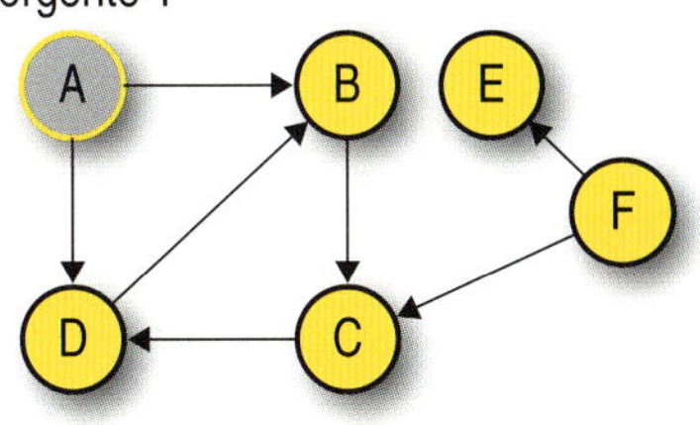

Iniziamo ponendo il nodo A come sorgente e scendiamo il più possibile nel grafo, passando per il cammino <A-D-B-C>: contemporaneamente, coloriamo di grigio i nodi che tocchiamo e li numeriamo progressivamente.

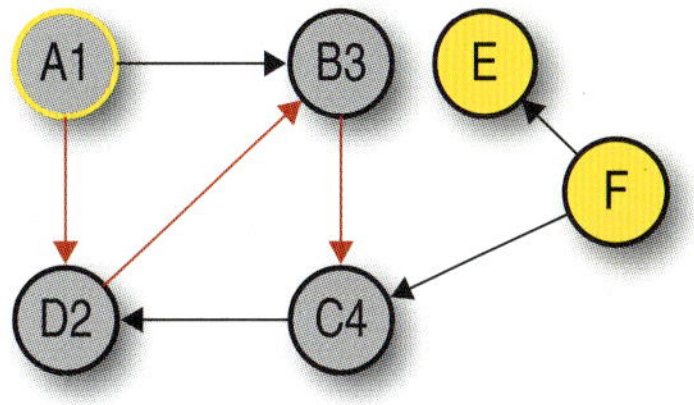

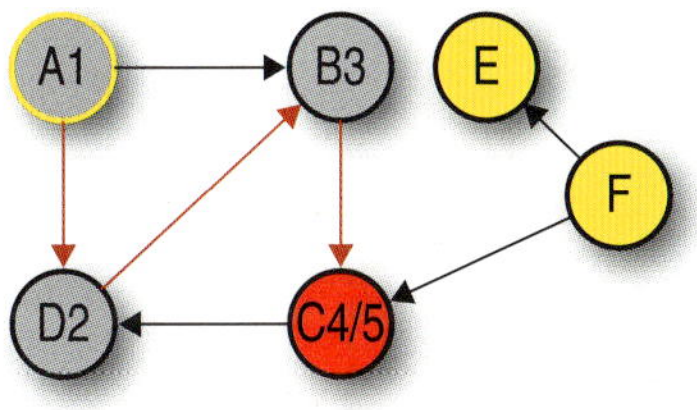

Il nodo C è l'ultimo del percorso compiuto: non avendo adiacenti da visitare, viene colorato di rosso e rinumerato C4/5. Andando a ritroso si passa ad analizzare il suo nodo predecessore, cioè B: anch'esso non ha adiacenti da visitare, quindi viene colorato di rosso e rinumerato B3/6.

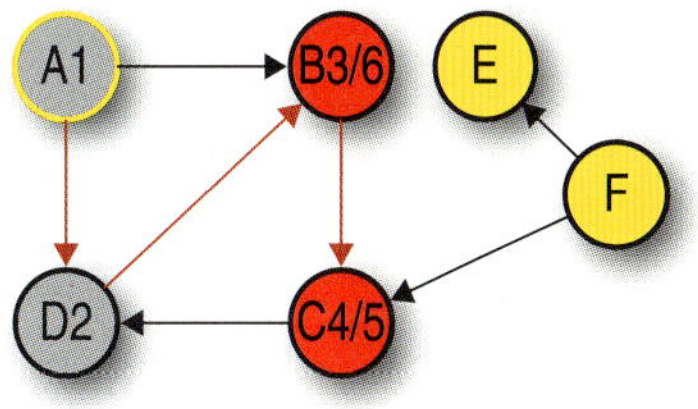

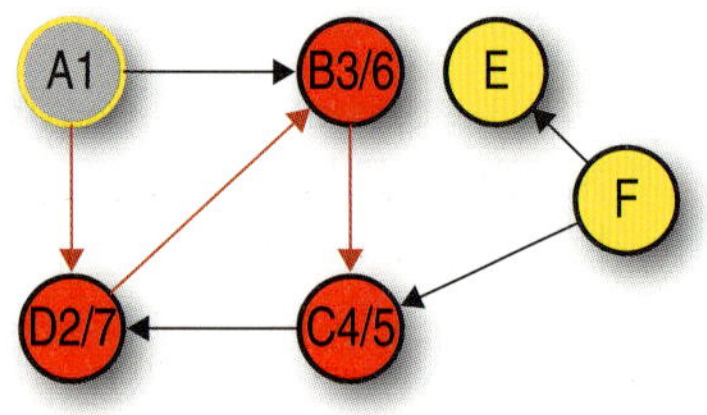

Analogamente a quanto fatto in precedenza, si ritorna indietro al nodo D, che, non avendo nodi adiacenti da visitare, viene anch'esso colorato di rosso e marcato come D2/7. Infine si ritorna al nodo sorgente: come gli altri non ha altri vertici adiacenti, quindi anch'esso viene colorato di rosso e rinumerato come A1/8.

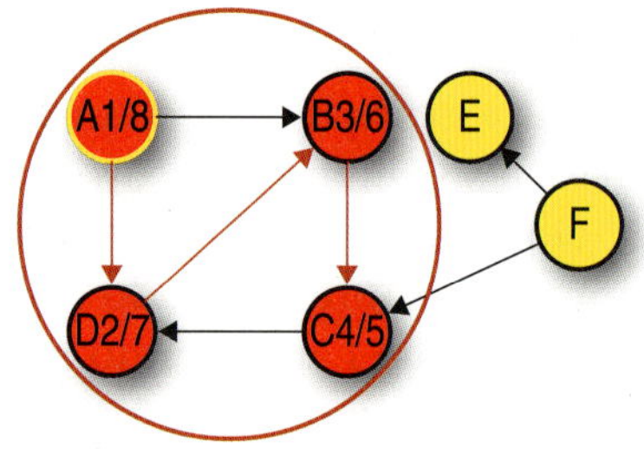

A questo punto, tutto il sottografo avente come sorgente A è stato analizzato.
Si può osservare che non tutti i nodi del grafo di partenza sono rossi, quindi visitati: è dunque necessario definire un nuovo nodo sorgente e proseguire con la visita.
Il procedimento è identico a quello sopra descritto, ed è illustrato di seguito.

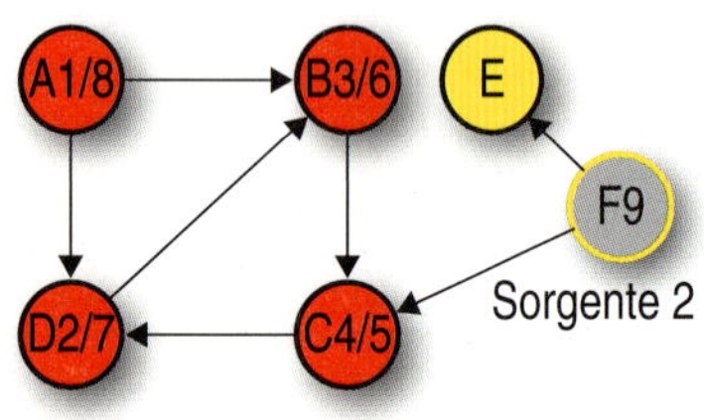

Partendo dal nodo F procediamo con la numerazione del percorso più lungo possibile, che in questo caso si riduce al solo tragitto <F-E>; F viene numerato con 9, E con 10.

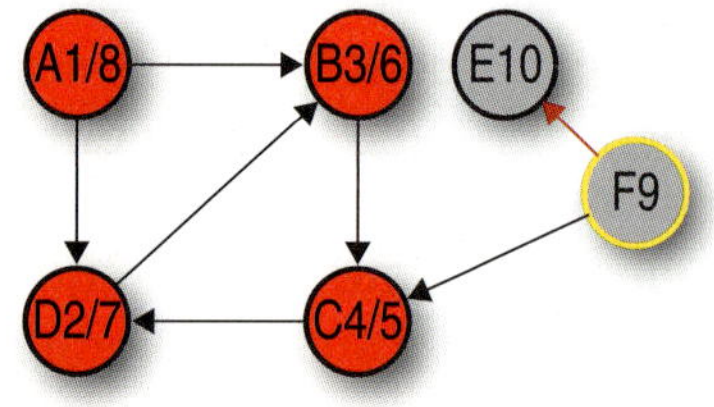

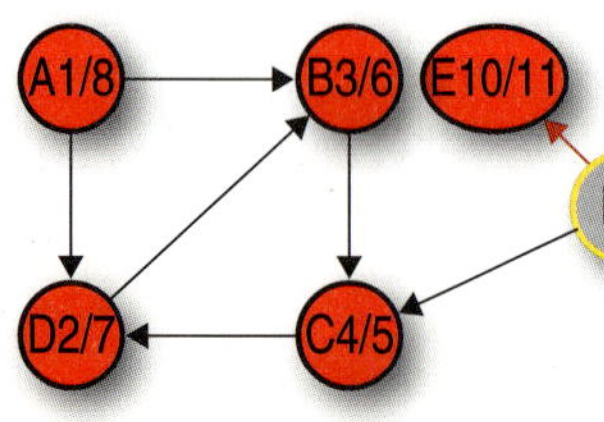

Il nodo E non ha adiacenti, quindi viene colorato di rosso e rinumerato come 10/11. Per ultimo, il nodo F non ha adiacenti: viene rinumerato come 9/12.

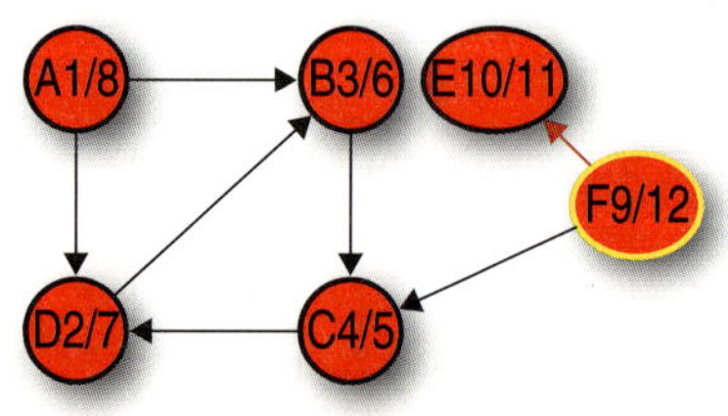

La numerazione è progressiva da 1 a 12: il primo numero indica in quale posizione del passaggio il nodo viene "toccato" per la prima volta, il secondo indica in quale istante è stata conclusa la visita dei suoi nodi adiacenti.
Trasformando questa "frazione" in una coppia di valori tra parentesi, si può osservare che i "tempi di scoperta" hanno una struttura parentetica: associando infatti a una parentesi aperta il momento di inizio e a una parentesi chiusa l'istante finale della visita, la storia completa della visita dei nodi del grafo diventa un'espressione ben formata.

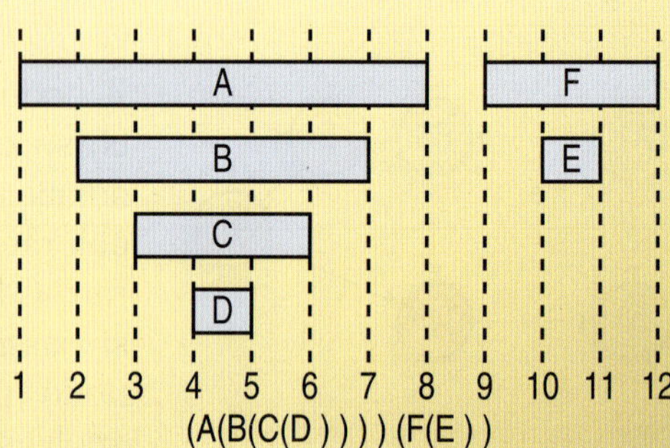

Ricerca del cammino ottimo (cenni)

Parlare di ricerca di un cammino particolare all'interno di un grafo introduce una serie di problemi di analisi dei grafi e di ottimizzazione dei cammini tipici della ricerca operativa. In prima approssimazione possiamo raggruppare questi problemi in due famiglie, le cui caratteristiche saranno brevemente accennate nel seguito della trattazione, mentre la codifica degli algoritmi viene lasciata come approfondimento.

Determinazione del cammino di lunghezza minima

Sono numerose le applicazioni che utilizzano algoritmi di questo tipo per individuare il percorso più breve tra due punti su reti stradali o di comunicazione; questi strumenti trovano altresì applicazione anche nello scheduling di progetti, nella progettazione di circuiti integrati o stampati e in genere negli ambiti in cui ottimizzare significa migliorare un servizio o ridurre i costi.
La formulazione del problema è semplice, ma la sua soluzione è piuttosto complessa: "dato un nodo A, si vuole individuare il percorso ottimo per raggiungere il nodo B all'interno di un grafo pesato in base a un criterio specificato" che, per esempio, può essere la richiesta di minimizzare il numero degli archi attraversati oppure la somma totale dei pesi degli archi stessi.
Esistono molte soluzioni a questo problema, che si differenziano per la modalità di approccio e per la complessità di calcolo della soluzione trovata. L'idea più banale è quella di trovare tutte le possibili strade, calcolarne il valore del parametro di riferimento (tempo, numero archi, distanza ecc.) e confrontare i valori ottenuti: alcuni algoritmi esaminano tutte le coppie di nodi e generano l'albero dei cammini minimi che uniscono ciascuna coppia, inteso come collezione dei cammini minimi trovati all'interno del grafo. Algoritmi più efficienti introducono invece etichette, per tener conto delle elaborazioni effettuate e non doverle più ripetere. Tra gli algoritmi di questo tipo è doveroso citare i seguenti:

- l'algoritmo di Dijkstra, che a ogni passo associa alcune etichette ai valori finali;
- l'algoritmo Bellmann & Ford, che modifica e aggiorna tutte le etichette durante l'esecuzione dell'algoritmo.

Individuazione del Minimo Albero Ricoprente (MST)

Questa seconda famiglia di problemi potrebbe essere vista come "l'estremizzazione" della ricerca del cammino minimo, in quanto consiste nel ricercare all'interno del grafo un sottografo tale da:

- mantenere la connettività tra tutti i nodi, cioè connettere tra loro tutti i nodi del grafo;
- fare sì che ogni connessione abbia il minore costo possibile.

Il risultato ottenuto è una struttura ad albero (dato che non possono esserci cicli in un cammino che tocca i nodi una sola volta!) che prende il nome di Minimo Albero Ricoprente (*Minimum Spanning Tree*, MST) e che risulta essere l'albero di connessione di peso minimo, dove con "peso" si intende in questo caso la somma dei pesi di tutti gli archi presenti nell'albero. Una tipica applicazione degli alberi MST si ha quando si deve selezionare il sottoinsieme di tratte aeree che permettono di raggiungere le relative destinazioni al minimo costo. Vediamo, osservando l'esempio seguente, come un grafo viene trasformato nel suo minimo albero ricoprente.

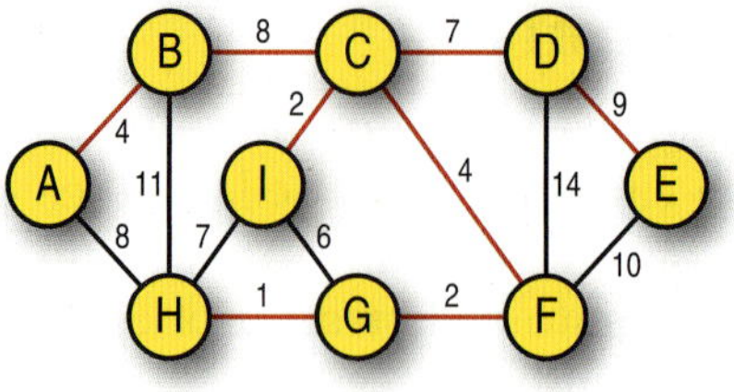

Grafo

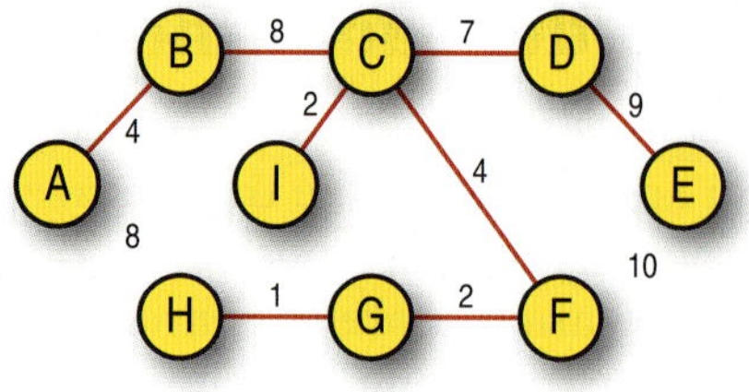

Albero MST

Senza entrare nei particolari, citiamo tre famosi algoritmi che eseguono questa ricerca: l'algoritmo di Kruskal, l'algoritmo di Prim e l'algoritmo di Boruvka, che sono algoritmi di tipo "greedy" (letteralmente, *golosi*) basati sulla scelta dell'alternativa più conveniente al momento.

■ Grafi euleriani

Un interesse particolare va riservato a una tipologia di grafi, nota come grafo di Eulero, dal nome del matematico che li ha studiati e definiti per primo; anzi, proprio il primo esempio conosciuto di grafo, nell'accezione odierna, è quello disegnato da Leonard Euler nel 1736 per risolvere il problema apparentemente banale descritto di seguito, noto come il problema dei ponti di Königsberg.

CAMMINO DI EULERO E GRAFO DI EULERO

- Un cammino di un grafo è detto cammino di Eulero (o *percorso di Eulero*) se passa per tutti i nodi percorrendo ogni arco una e una sola volta.
- Si definisce grafo di Eulero un grafo che contiene (almeno) un cammino di Eulero.
- Un grafo con un solo arco è un grafo di Eulero.

Apportiamo un esempio classico, che ricorda il vecchio problema di disegnare la busta senza staccare la penna dal foglio. Gli archi sono i seguenti: arco(1, 3), arco(2, 1), arco(2, 5), arco(3, 2), arco(3, 4), arco(4, 2), arco(4, 5), arco(5, 3) e graficamente possono essere visualizzati come nella figura a lato, che mostra un grafo composto da 5 nodi. ▶

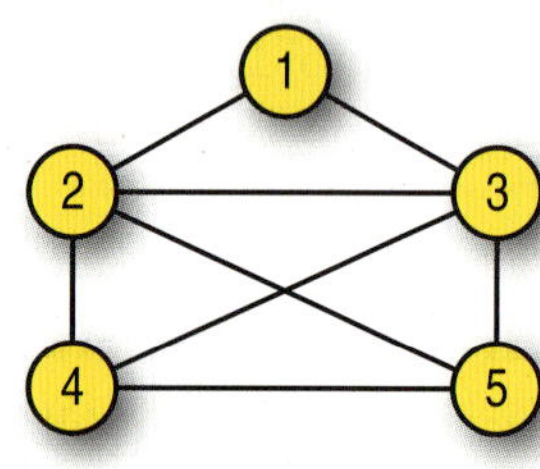

Il cammino <4-2-1-3-2-5-3-4-5> è un cammino di Eulero.
Si può osservare che alcuni nodi sono presenti più volte: ciò è possibile in quanto il vincolo è quello di non percorrere gli archi per più di una volta.

Facciamo ora una modifica al grafo, rimuovendo un arco a caso: per esempio togliamo l'arco(2, 1) o l' arco(1, 3): cosa possiamo dire dei due nuovi grafi così ottenuti?

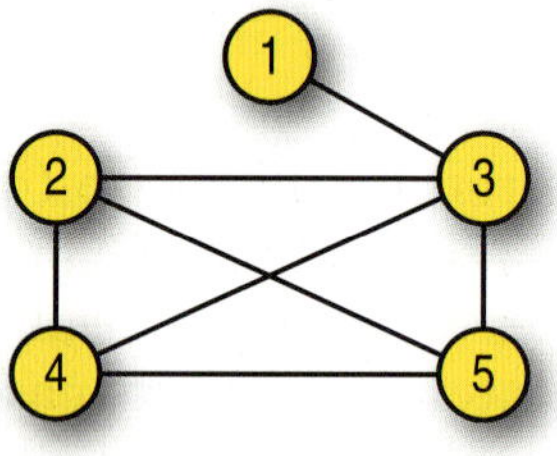

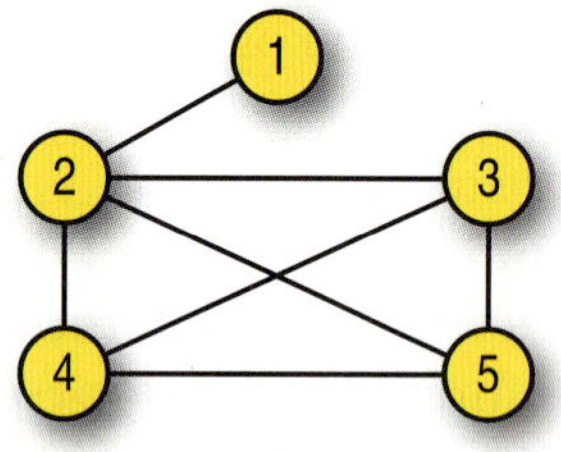

A priori, niente!
Dobbiamo provare a cercare un percorso euleriano e, dato che i due grafi sono simmetrici, ne prenderemo in considerazione soltanto uno.
Dopo vari tentativi ci accorgiamo che non esiste soluzione!

Invece di procedere a caso, proviamo a modificare il grafo partendo dal cammino euleriano, cioè togliendo volta per volta l'ultimo arco del cammino in modo da essere sicuri che il nuovo percorso tocchi tutti i nodi e sia sicuramente euleriano.
Partiamo dunque dal cammino <4-2-1-3-2-5-3-4-5> e togliamo i due archi più esterni, in modo da ottenere i due nuovi cammini riportati nella figura che segue.

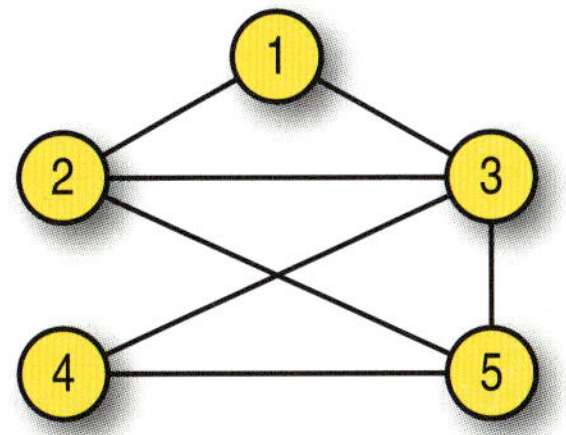

<2-1-3-2-5-3-4-5>

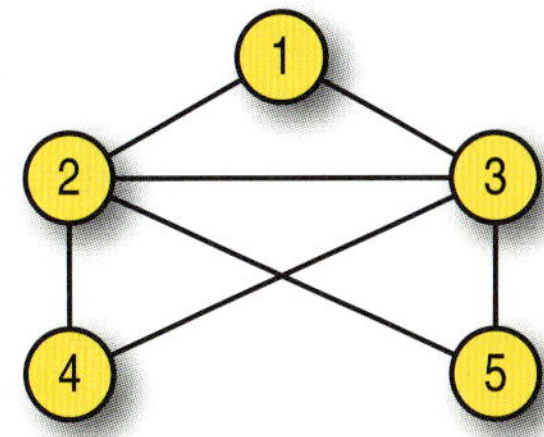

<4-2-1-3-2-5-3-4>

È immediato verificare che anche questi due cammini soddisfano la condizione di Eulero, in quanto toccano tutti i vertici (e sappiamo che non esistono archi percorsi due volte): quindi, anche questo è un grafo euleriano.

Dal primo grafo ottenuto procediamo con due nuovi grafi, ottenuti togliendo i due archi estremi: l'arco(2, 1) nel primo e l'arco(4, 5) nel secondo, ottenendo i due nuovi grafi rappresentati di seguito (analogo discorso può essere fatto eseguendo le medesime elaborazioni sul secondo grafo prima ottenuto: in tutta la trattazione procederemo "semplificando" il primo dei grafi ottenuti).

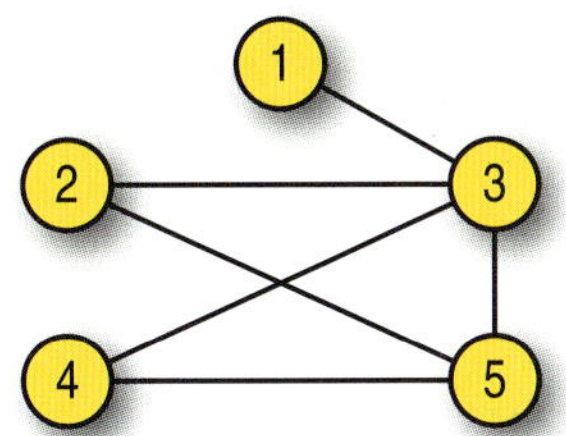

<1-3-2-5-3-4-5>

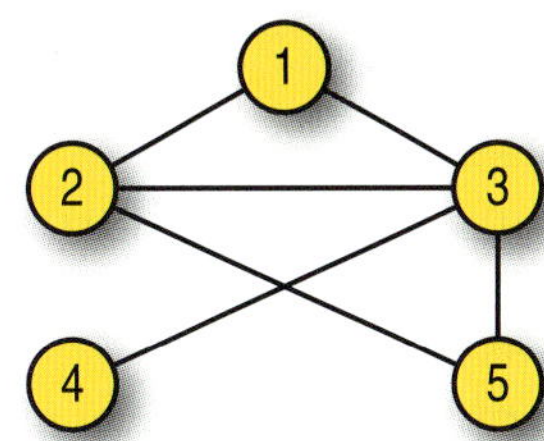

<2-1-3-2-5-3-4>

Sempre dall'osservazione del percorso, si deduce che anche questi due grafi sono euleriani. Dai due grafi ottenuti, togliamo nuovamente i due archi estremi: l'arco(1, 3) nel primo e l'arco(4, 5) nel secondo. Si ottengono due nuovi grafi, ma ora il vertice del primo è diventato irraggiungibile, quindi il grafo risultante non è sicuramente euleriano, mente il secondo mantiene la proprietà di essere un percorso euleriano.

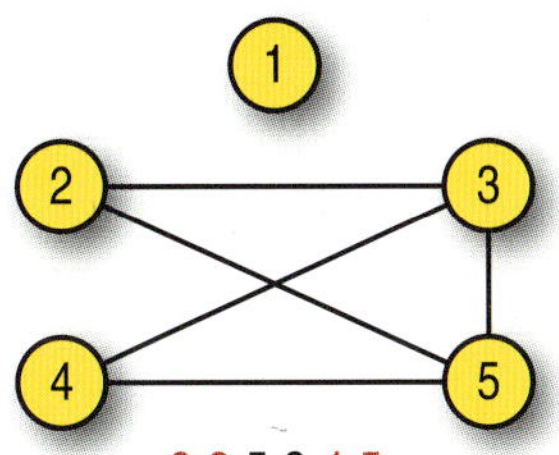

<3-2-5-3-4-5>

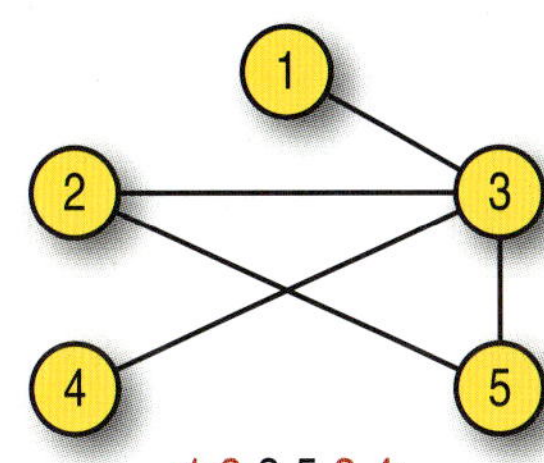

<1-3-2-5-3-4>

Se partiamo ora dal secondo grafo e togliamo gli archi estremi, si ottengono i due percorsi <3-2-5-3-4> e <1-3-2-5-3> che sicuramente non sono euleriani, dato che hanno vertici isolati.

Da questi esempi si può dedurre una particolarità dei grafi di Eulero.

GRAFO DI EULERO
Un grafo è di Eulero se, sottraendovi un arco, il grafo che si ottiene è anch'esso di Eulero e contiene un cammino di Eulero che comincia da uno dei nodi dell'arco sottratto.

Alcuni grafi di Eulero hanno la particolarità che il percorso di visita è chiuso, cioè il nodo di partenza coincide con quello di arrivo: in questo caso, si dice che il percorso di Eulero è un circuito di Eulero. Un teorema dimostrato da Eulero sui grafi riguarda proprio i circuiti.

TEOREMA DEL CIRCUITO EULERIANO
Sia G un grafo connesso. G ha un circuito di Eulero se e solo se ogni vertice di G è pari.

Ricordiamo che un vertice è pari se ha grado pari, cioè se è pari il numero di archi che lo raggiungono: viceversa per il dispari.

Una dimostrazione intuitiva del teorema appena enunciato è la seguente. Dato che nel circuito di Eulero un vertice viene incontrato e poi abbandonato utilizzando un arco diverso da quello entrante, se ne deduce che per visitare ciascun vertice sono necessari due archi; questo discorso vale anche per il vertice di partenza, quindi la somma degli archi che toccano ogni vertice deve essere necessariamente pari.

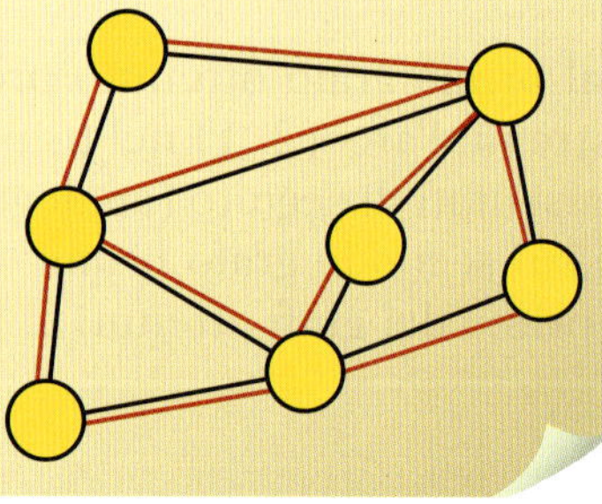

Oltre al teorema sui circuiti, Eulero ha formulato un secondo teorema, che permette di individuare immediatamente il percorso di Eulero semplicemente analizzando i vertici del grafo.

TEOREMA DEL PERCORSO EULERIANO
Sia G un grafo connesso. G possiede un percorso di Eulero se e solo se G ha esattamente 2 vertici dispari: tale percorso parte da uno di questi vertici dispari e termina all'altro vertice dispari.

Grafi hamiltoniani e problemi intrattabili

Eulero non offre una soluzione al problema noto come il problema del commesso viaggiatore (TSP, *Travelling Salesman's Problem*), precedentemente accennato: in questo problema i vertici devono essere attraversati una sola volta. Il problema del TSP è stato studiato da Hamilton e, se in un grafo è possibile individuare un ciclo che goda di queste caratteristiche, sia il ciclo sia il grafo prendono il suo nome, cioè sono denominati rispettivamente ciclo hamiltoniano e grafo hamiltoniano.

CICLO HAMILTONIANO DI UN GRAFO
Un ciclo hamiltoniano in un grafo G è un ciclo che visita ogni vertice di G esattamente una volta.

Hamilton, però, non ha dato la soluzione al problema di trovare cicli di questo tipo in un grafo, ne ha dato solo la definizione: trovare un ciclo hamiltoniano in un grafo è un problema molto complesso che infatti nella teoria della computabilità viene catalogato tra i problemi intrattabili, che sono quei problemi di cui non è possibile trovare una soluzione immediata: richiedono di esplorare tutte le possibili combinazioni di un insieme di dati in ingresso.

È necessario fare una precisazione: non si devono confondere i problemi che hanno una soluzione, sebbene in tempi di elaborazione elevati (anche anni o millenni di elaborazione), con quelli che non ne hanno alcuna, neanche in un tempo di elaborazione infinito!
I primi abbiamo detto che sono chiamati intrattabili, mentre i secondi si dicono indecidibili (o insolubili) e per essi possiamo affermare con certezza che non esiste alcun algoritmo: infatti, per definizione un algoritmo deve terminare in un tempo finito e, in caso contrario, il codice che "cerca di risolvere" tali problemi non può essere considerato un algoritmo.

Quindi, se abbiamo N dati in ingresso, la complessità di questo tipo di problemi è dell'ordine di 2^N, cioè è esponenziale: con fattori esponenziali nella formula di complessità, i tempi di risposta dell'algoritmo crescono rapidamente con il numero N dei dati in ingresso (per esempio anni).
Nell'esempio precedente, dove abbiamo 6 vertici, si ottiene $2^6 = 64$ ma aumentando di poco la dimensione del problema (il numero di nodi $N = 10$) si ottiene $2^{10} = 1024$ e con $N = 40$ abbiamo 10995116!
Quindi il problema del commesso viaggiatore è classificato come problema intrattabile.

PROBLEMI INTRATTABILI E INDECIDIBILI

Problemi intrattabili: quelli per i quali deve esistere un algoritmo di soluzione che termina sempre in tempo finito (anche se estremamente elevato) per qualsiasi insieme dei dati in ingresso.
Problemi indecidibili: quelli per i quali non può esistere un algoritmo di soluzione che termina sempre (in tempo finito) per qualsiasi insieme dei dati in ingresso.

Per esempio, un classico problema è quello del barbiere (o paradosso di Russel):

"un barbiere fa la barba solo a tutti gli uomini che non se la fanno da soli"

Esiste un algoritmo che, dato come dato X un uomo "in ingresso" risponde SÌ se X si fa la barba da solo e NO altrimenti?
Cioè, in altre parole, esiste un algoritmo che ci può dire se il barbiere rade se stesso?

La risposta è negativa: non esistono algoritmi in grado di risolvere questo problema, in quanto un eventuale algoritmo porterebbe alla contraddizione che "se l'uomo X si rade da solo (risposta SÌ) non può essere un barbiere, in quanto un barbiere fa la barba solo a chi non si rade da solo; se invece X non si rade da solo (risposta NO) è il barbiere che lo rade, ma se fosse egli stesso il barbiere dovrebbe radere chi non si rade, cioè se stesso".

Fortunatamente, i problemi indecidibili sono pochi e a volte è possibile individuare in essi alcuni sottoproblemi con caratteristiche computazionali diverse tra loro: è cioè possibile individuare soluzioni parziali computabili. Quindi, in generale, quando ci si trova di fronte a un problema intrattabile bisogna abbandonare l'idea di cercare l'algoritmo esatto che lo risolve completamente, spostando l'attenzione su algoritmi approssimati che ne risolvono solamente particolari istanze (anche dette *famiglie*).

Problemi classici

I ponti di Königsberg

EULERO E I PONTI DI KÖNIGSBERG

Storicamente, viene attribuito come primo esempio conosciuto di grafo quello disegnato da Leonard Eulero nel 1736 per risolvere un problema apparentemente banale: effettuare una passeggiata nella città di Königsberg attraversando ogni ponte una e una sola volta e ritornando al punto di partenza.

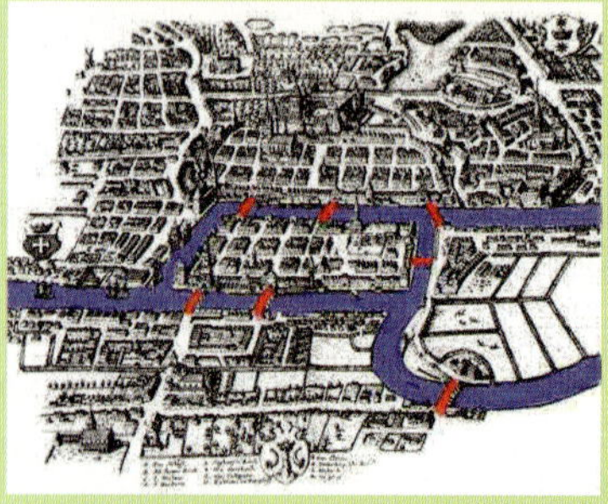

Il problema si riferiva a una particolare disposizione dei ponti sul fiume Pregel nella città di Königsberg (oggi, dopo la Seconda guerra mondiale, la città ha cambiato nome in Kaliningrad, appartiene alla Repubblica russa, e non sono più presenti tutti gli antichi ponti che hanno dato origine alla teoria dei grafi). Al tempo la situazione era più o meno come nella figura, dove si vede il fiume Pregel che forma l'isola di Kneipphof e sono evidenziati in rosso i sette ponti che lo attraversano.

Eulero dimostrò come ciò non fosse possibile, semplificando la mappa della città come riportato nella figura qui a lato, che è un grafo. ▶

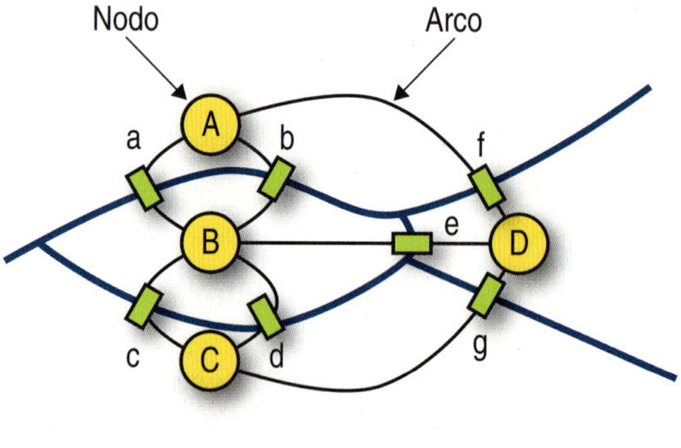

Dopo aver indicato con a, b, c, d, e, f, g i ponti, ha denominato quattro zone della città con A, B, C e D.
Ogni ponte mette in comunicazione due zone, cioè individua un collegamento tra due punti: quindi, ogni collegamento è un arco che collega due nodi.

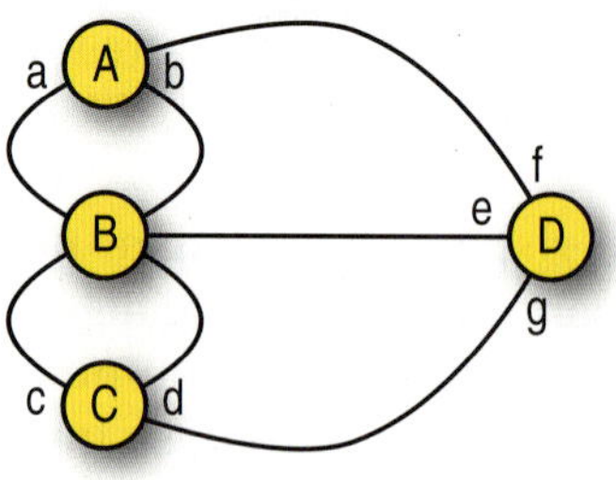

Il problema viene quindi ridotto alla ricerca di un circuito euleriano: si deve verificare se è possibile passare per tutti i nodi (zone della città) percorrendo ogni arco (ponte) una e una sola volta e tornando al punto di partenza: nel grafo di Königsberg non esiste un itinerario con le caratteristiche cercate.

Eulero risolse il problema nel caso di un grafo qualsiasi, mostrando che la condizione necessaria e sufficiente affinché esista un tale cammino è la presenza di nodi da cui si dipartono solo un numero pari di archi, come viene riportato nel suo teorema.
Anche intuitivamente, è comprensibile che se il grado del nodo è dispari esso può essere solamente un punto di partenza o di arrivo della visita, in quanto ogni passaggio da un vertice richiede sempre la presenza di due archi, uno per "arrivarci" e un secondo "per andarsene"; quindi, per poter completare la passeggiata tra le zone A, B, C, D deve essere presente un numero di ponti sempre pari e questo non è il caso della città di Königsberg, in cui in ogni zona sono sempre presenti tre ponti, perciò non è possibile realizzare la passeggiata desiderata.

A PASSEGGIO PER KÖNIGSBERG

Non si sa con certezza se ha o meno fondamento storico o si tratta solo di una leggenda metropolitana l'affermazione secondo la quale intorno al 1750 i cittadini benestanti di Königsberg la domenica passeggiassero per la loro città cercando invano di risolvere il problema.

I quattro colori

Un altro problema che coinvolge il modello "grafo" è il famoso *problema dei quattro colori*: si tratta di determinare il numero di colori strettamente necessari per colorare le regioni di una qualsiasi carta geografica in modo tale che due regioni adiacenti abbiano colori diversi, come nell'esempio riportato nella figura a lato. ▶

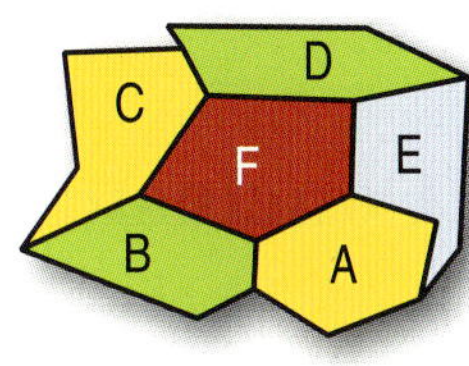

La soluzione viene ricercata utilizzando un grafo per eseguire una rappresentazione del problema, nel quale a ogni nodo corrisponde una regione della mappa e ogni arco collega due nodi corrispondenti a due regioni adiacenti.
La modellizzazione mediante un grafo trascura aspetti non essenziali, come l'estensione delle regioni, la forma dei confini ecc. e mette in evidenza esclusivamente gli aspetti utili a risolvere il problema, in modo analogo a quanto è stato già visto nel caso del problema dei ponti di Königsberg.

SOLUZIONE DEL PROBLEMA DEI 4 COLORI

La risposta è, naturalmente, 4 colori: nonostante la semplice formulazione del problema, la sua dimostrazione ha impegnato per quasi 130 anni i migliori matematici.
La prima formulazione risale al 1852, dovuta all'inglese Francis Guthrie che sottopose il problema al fratello Frederick, allievo del famoso matematico Augustus De Morgan; lo stesso De Morgan il 23 ottobre dello stesso anno scriveva del problema all'amico Hamilton: "... un mio studente mi ha chiesto oggi il perché di un fatto. Egli dice che se si divide una figura, in modo qualsiasi, in regioni e si vogliono colorare queste regioni in modo diverso, cioè in modo che regioni confinanti risultino colorate in modo diverso, possono essere necessari quattro colori ma non di più: ossia ogni carta geografica può essere colorata con un massimo di 4 colori".
Il problema non interessò immediatamente né Hamilton né i matematici dell'epoca ma con il passare del tempo, dato che non si trovava una soluzione, sempre più studiosi vi si appassionarono; tuttavia, per 124 anni il teorema rimase una congettura: nel 1976 due matematici dell'Università dell'Illinois (USA), Kenneth Appel e Wolfgang Haken, riuscirono a dimostrare il teorema utilizzando

però i più potenti calcolatori dell'epoca e ottennero la dimostrazione dopo oltre 1200 ore di tempo-macchina di elaborazione parallela su tre diversi elaboratori elettronici. Per la prima volta, un teorema veniva dimostrato con l'ausilio di un calcolatore e questo suscitò non poche polemiche e discussioni tra i matematici ma aprì una nuova frontiera per la matematica moderna.

Anche questo problema, come quello del commesso viaggiatore, è classificato come intrattabile.

Tre case da rifornire

L'ultimo problema classico che citiamo è spesso proposto nei quiz logico-matematici. Una sua formulazione è la seguente:

> Date tre case e tre fornitori di servizi (per esempio di luce, gas e acqua), si possono collegare le tre case ai tre fornitori senza che le tubature e i cavi che le connettono si incrocino?
> Qual è il numero minimo di incroci che si possono fare?

La ricerca della soluzione è lasciata come esercizio.

■ Conclusioni

Nella tabella che segue vengono riportati i quattro "casi" precedentemente trattati con alcuni tipici casi reali ai quali vengono applicati: si può sottolineare come problemi molto diversi tra loro possano essere modellati mediante la stessa struttura matematica: il grafo.

Problema	Applicazioni reali
I ponti di Königsberg	• Problemi di trasporto: per esempio, stabilire l'itinerario di un veicolo postale per distribuire la posta in maniera efficiente (*Chinese Postman's Problem*) • Problemi di ispezione e manutenzione di sistemi distribuiti: reti elettriche, telefoniche, stradali ecc.
I quattro colori	• Test di circuiti elettronici stampati • Allocazione di variabili e registri della CPU • Assegnazione di frequenze radiotelevisive
Il commesso viaggiatore	• Determinazione dei flussi delle merci tra i magazzini dei fornitori e dei distributori • Determinazione del percorso più breve tra due città
Le tre case e le tre forniture	• Layout di reti elettriche, telefoniche, idriche • Connessione di un insieme di calcolatori in una rete telematica nella maniera più efficiente

Verifichiamo le competenze — *Esprimi la tua creatività*

1 Dato un grafo rappresentato con liste di adiacenze, crea un algoritmo per calcolare i gradi uscenti ed entranti di ogni vertice.

2 Nella città di Königsberg sono stati nel tempo aggiunti altri 3 ponti, chiamati il ponte blu, il ponte rosso blu e il ponte giallo. Dopo aver trasformato la città in grafo, per ciascuna delle nuove situazioni:

- individua la presenza (o meno) di un cammino euleriano;
- individua la presenza (o meno) di un ciclo euleriano.

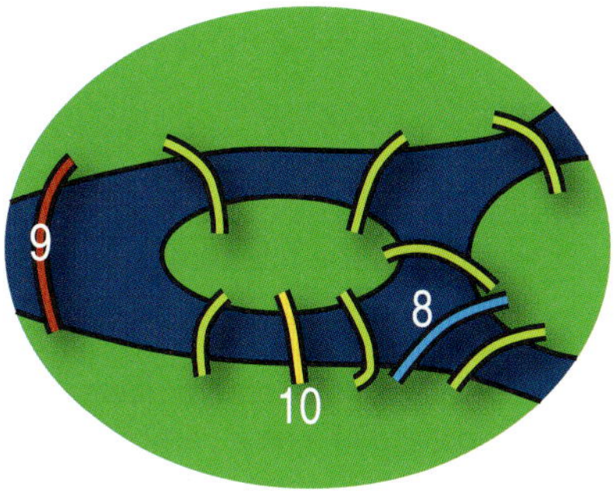

3 Devi organizzare una mostra avendo a disposizione l'ambiente riportato nella planimetria a lato, dove si trovano alcune stanze comunicanti tra loro.

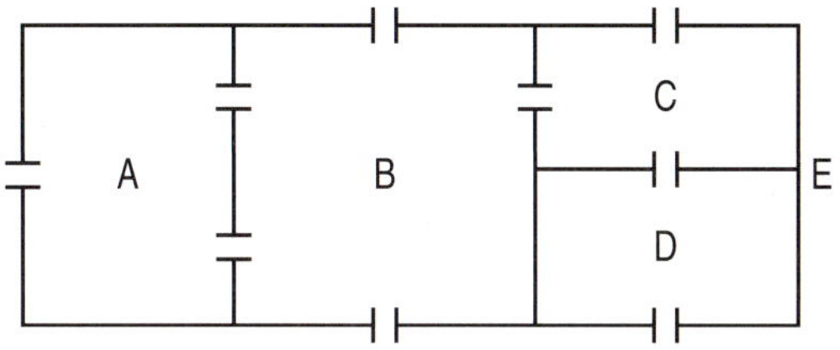

Per favorire l'afflusso del pubblico ed evitare "ingorghi" stabilisci un percorso che attraversi le porte una sola volta.

È possibile individuare tale percorso?

Se non fosse possibile, quale potrebbe essere una modifica degli accessi alle stanze in modo da realizzare un tale percorso?

Infine, discuti la situazione in cui si volesse iniziare e terminare il percorso in E (esterno della mostra) ponendovi una biglietteria esterna.

4 Dato il grafo della figura a lato, individua il Minimo Albero Ricoprente (MST).

Successivamente per ogni nodo esegui:

a. la visita in ampiezza BFS;

b. la visita in profondità DFS.

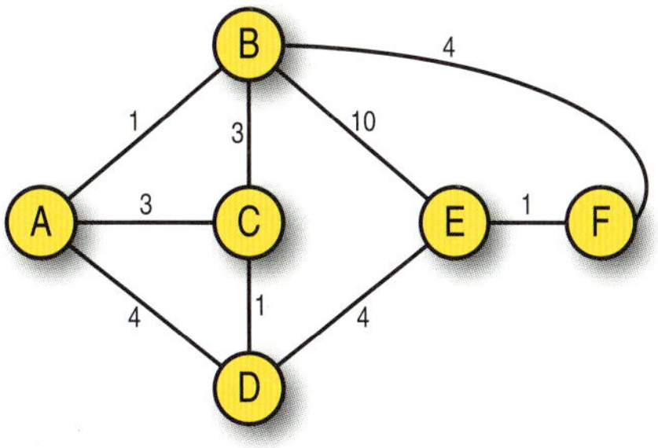

5 Un gruppo di turisti visita un arcipelago e attraversa esattamente una volta ciascuno dei ponti che collegano le isole. L'isola Azzurra è visitata 3 volte.

Stabilisci quanti sono i ponti che collegano Azzurra alle altre isole se la visita:

a. non è iniziata né finita ad Azzurra;

b. è iniziata ma non è finita ad Azzurra;

c. è iniziata e finita ad Azzurra.

6 Qual è il numero minimo di tratti di penna (senza ripassare per uno stesso tratto) che consente di realizzare il disegno dell'aereo riportato nella figura?

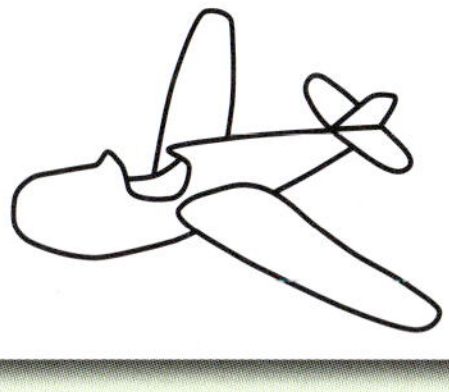

7 A una riunione di studenti i partecipanti si scambiano diverse strette di mano. Dimostra che il numero di studenti che scambia un numero dispari di strette di mano è sempre pari (si deve cioè dimostrare che in qualsiasi grafo (non necessariamente piano) il numero di vertici dispari è pari.

8 Qual è il minimo numero di tagli di un filo per costruire un cubo in cui il filo passi una sola volta per ciascuno spigolo?

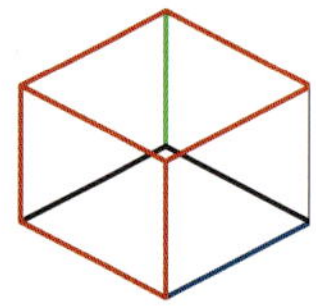

9 Problema delle quatto case e delle tre forniture: se non si possono collegare quattro case a tre fornitori senza che strade-tubature-cavi che le connettono si incrocino, qual è il numero minimo di incroci che si devono fare?

10 Sia dato il grafo orientato riportato a lato. Considerando F come vertice di partenza:

- effettuane una visita in profondità;
- elenca i nodi nell'ordine risultante dalla visita e indica per ognuno di essi i tempi di scoperta e di fine processamento nel formato tempo1/tempo2;
- trasforma nel corrispondente grafo non orientato e rappresentalo mediante la matrice delle adiacenze.

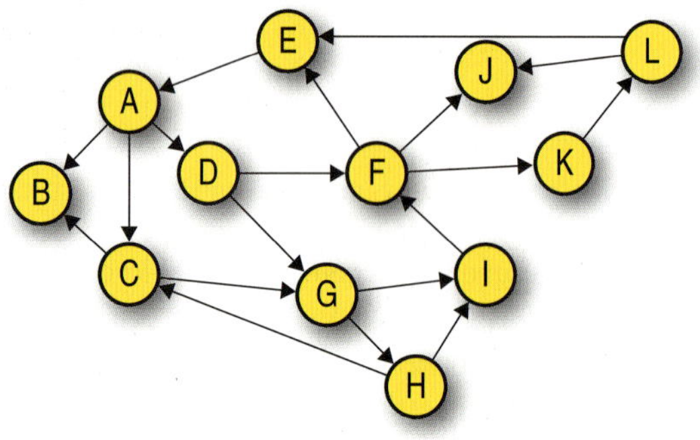

11 Per ciascuno dei due seguenti grafi pesati, determina un *minimum spanning tree* ritornando come risultato l'albero e il valore del peso minimo.

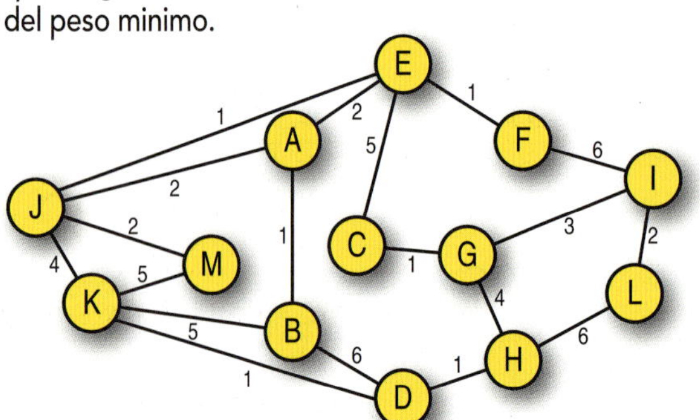

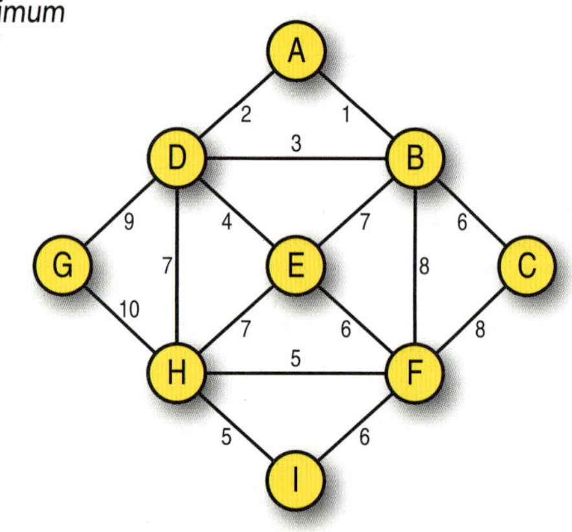

12 Rappresenta il grafo della figura mediante lista delle adiacenze (in ciascuna lista i nodi vengono inseriti in ordine crescente) e mediante matrice delle incidenze.

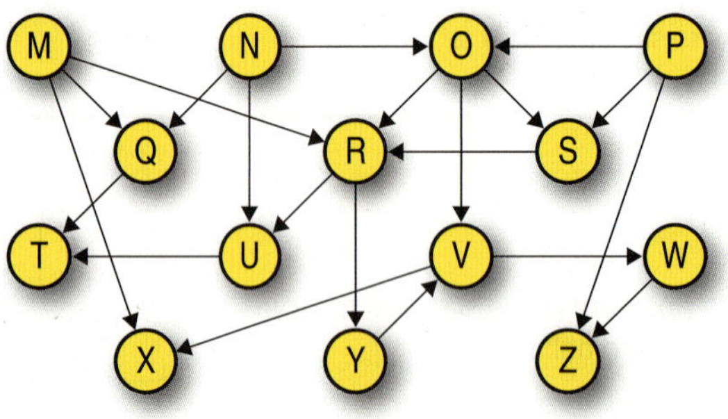

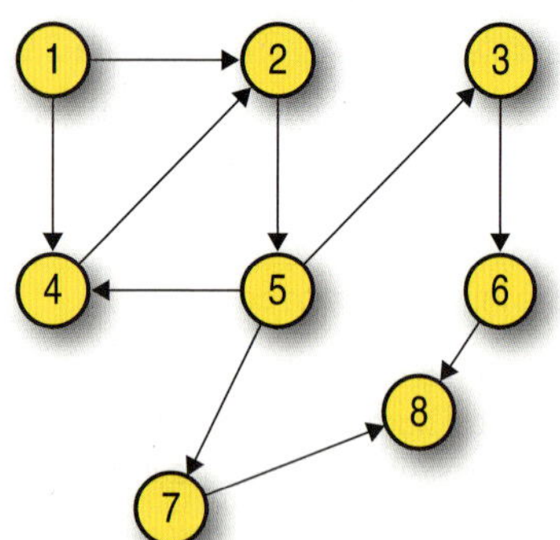

MODULO

11 L'ANALISI DEGLI ALGORITMI E LA COMPLESSITÀ DI CALCOLO

OBIETTIVI

- Conoscere il concetto di qualità di un algoritmo
- Individuare i parametri di qualità di un algoritmo
- Definire la complessità asintotica di un algoritmo
- Conoscere la notazione O-grande
- Definire la complessità asintotica di un problema
- Conoscere le classi di complessità P, NP e NPC

ATTIVITÀ

- Definire il passo base
- Calcolare la complessità temporale di un algoritmo
- Classificare gli algoritmi in base alle classi di complessità
- Imparare a confrontare gli algoritmi
- Determinare la complessità mediante l'istruzione dominante
- Saper classificare i problemi
- Individuare i problemi non computabili

UNITÀ DIDATTICA 1

ANALISI DEGLI ALGORITMI

IN QUESTA UNITÀ IMPAREREMO...

- che cosa si intende per qualità di un algoritmo
- a definire il passo base
- a calcolare la complessità temporale di un algoritmo

Introduzione

La soluzione di un problema lascia al programmatore notevoli libertà progettuali, in quanto si è visto come per ogni problema esistono molteplici algoritmi in grado di risolverlo, molteplici possibilità di codificare lo stesso algoritmo. Ricordiamo un esempio per tutti: il problema della ricerca di un numero in un insieme di numeri.

Abbiamo visto diverse soluzioni e ne ricordiamo le due principali:
- l'algoritmo di ricerca sequenziale;
- l'algoritmo di ricerca dicotomica.

Sappiamo come questi due algoritmi abbiano una "qualità" diversa, cioè uno è "più veloce dell'altro" in quanto trova il risultato in minor tempo.

L'obiettivo che ci proponiamo in questa unità didattica è quello di stabilire dei criteri con i quali poter dare agli algoritmi un "parametro di qualità", cioè poterli etichettare per confrontarli tra loro al fine di poter scegliere l'algoritmo più performante.

> Abbiamo però differenti fattori sui quali basarci per effettuare la scelta di un algoritmo piuttosto che un altro: per esempio si potrebbe prendere come parametro di riferimento il tempo di esecuzione, oppure le risorse necessarie alla sua esecuzione ecc.

Noi prenderemo in considerazione come parametro il tempo di esecuzione, che ci permette di effettuare una valutazione dell'efficienza degli algoritmi.

Estenderemo infine il discorso al problema, dal momento che esiste una stretta relazione tra problema e algoritmo che lo risolve. Introdurremo i concetti fondamentali della teoria della complessità dei problemi: ogni problema verrà classificato in una classe di complessità, ciascuna caratterizzata da parametri che legano la difficoltà di soluzione del problema con il tempo che impiega l'algoritmo che lo risolve.

Definizioni

È necessario ricordare alcune definizioni già viste nei diversi corsi di informatica; innanzitutto il concetto di problema, così come viene definito dal dizionario della lingua italiana:

1. quesito da risolvere attraverso calcoli, sulla base di dati noti;
2. questione irrisolta;
3. situazione difficile da affrontare e da risolvere.

Possiamo quindi utilizzare la seguente definizione di problema.

PROBLEMA

Un problema è costituito da:

- una descrizione generale, in cui sono presenti parametri che possono variare (variabili);
- una questione, cioè un insieme di proprietà che la soluzione del problema deve soddisfare.

Ogni problema quindi può essere affrontato attribuendo valori diversi alle sue variabili: per ogni valore che queste assumono si parla di istanza di un problema.

ISTANZA DI UN PROBLEMA

L'istanza di un problema è una possibile formulazione del problema quando alle sue variabili sono stati assegnati valori particolari.

Quindi per ogni problema esistono infinite istanze. Vediamo due esempi.

ESEMPIO

Problema 1: determinare se un numero è primo.
Ogni numero che viene analizzato è un'istanza del problema, cioè:

$$I_1 = 5, I_2 = 27, \ldots, I_n = 12302323 \ldots$$

Problema 2: ordinamento di un vettore di n elementi.
Ogni vettore è un'istanza del problema, che può variare sia come numero che contiene sia come dimensione del vettore stesso:

$$I_1 = \{4,6,9,3\}, I_2 = \{4,2,9,7,5,22\}, \ldots, I_n = \{4,6,9,3,2,7,\ldots\} \ldots$$

In questo caso:

- la descrizione del problema è: "data una sequenza S di n numeri interi";
- la questione da risolvere è: "determinare una nuova sequenza dove per ogni elemento v vale la seguente relazione: $v_1 < v_2 < v_3 < v_4 \ldots < v_n$";
- la prima istanza ha $n = 4$ e soluzione $I_1 = \{3,4,6,9\}$;
- la seconda istanza ha $n = 6$ e soluzione $I_2 = \{2,4,5,7,9,22\}$.

Se indichiamo con n la dimensione di un'istanza, questa raggruppa tutti gli input che hanno la stessa dimensione: la indicheremo come cardinalità n dei dati in ingresso.
Per ogni istanza del problema l'algoritmo risolutivo deve fornire la soluzione, indipendentemente dai valori, dal tipo e dalla cardinalità delle variabili: diamo quindi una definizione rigorosa che lega il problema all'algoritmo, dove indichiamo l'algoritmo con A, il problema con π e l'istanza con I.

ALGORITMO RISOLUTORE

Un algoritmo A risolve un problema π se applicato a ogni sua istanza I ne produce la soluzione corretta.

La generalità dell'algoritmo, propria della definizione di algoritmo, ci permette di affermare che la risoluzione del problema implica la risoluzione di tutte le sue istanze, quindi che deve fornire il corretto risultato al variare di tutti i dati di ingresso.

> Considerato un algoritmo A, vogliamo caratterizzare la sua complessità computazionale temporale. Sia T il tempo di esecuzione richiesto da A su un input x: calcolare $TA(x)$ può essere molto complicato a causa del variare di x sull'insieme di tutti gli input. Il nostro obiettivo è quello di individuare la complessità computazionale indipendentemente dalla cardinalità n e dalla tipologia x dei dati di ingresso.

Tra problema e algoritmo risolutivo esiste una stretta relazione: se quindi individuiamo un criterio che ci permette di classificare gli algoritmi sarà possibile analizzare e *definire la complessità dei problemi* proprio utilizzando i parametri che definiscono la qualità degli algoritmi.
È anche noto che per ogni problema è possibile scrivere molti algoritmi risolutivi diversi tra loro sia per *prestazioni* sia per *qualità*: sarà necessario quindi stabilire per ogni algoritmo un parametro specifico e, successivamente, confrontare gli algoritmi che risolvono lo stesso problema per poter effettuare la classificazione del problema nella giusta classe di appartenenza.

Parametri di qualità di un algoritmo

Scrivere un algoritmo comporta spesso scelte progettuali difficili e l'individuazione della strategia risolutiva non è sempre semplice: tutti noi abbiamo spesso scritto del codice brutto e inefficiente, e ce ne siamo accorti anche in fase di realizzazione che "potevamo fare di meglio".

Per definire la qualità degli algoritmi dobbiamo quindi anche tenere presente com'è stato descritto l'algoritmo, cioè:

1. la "semplicità" di comprensione/modificabilità del codice sorgente;
2. la "qualità di scrittura" del codice del programma;

3 l'accessibilità per l'utilizzo del programma;
4 la "bellezza grafica" dell'interfaccia utente;
5 ecc.

Ma non è possibile utilizzare parametri soggettivi o qualitativi per classificare gli algoritmi: è necessario scegliere parametri oggettivi in modo da ottenere un criterio di classificazione universale, che sia indipendente da chi effettua la classificazione.

CRITERI DI EFFICIENZA

Possiamo utilizzare fondamentalmente quattro parametri in grado di permetterci di valutare la "bontà" o meno degli algoritmi, detti criteri di efficienza:
- il tempo impiegato (complessità temporale);
- lo spazio utilizzato (complessità spaziale);
- la quantità e la modalità di input/output;
- il tempo di trasmissione.

1 La complessità temporale indica sostanzialmente il tempo impiegato dall'esecuzione dell'algoritmo.
2 La complessità spaziale si riferisce alla dimensione del programma, cioè all'occupazione di memoria richiesta durante l'esecuzione di un algoritmo, sia nella memoria centrale sia nella memoria di massa.
3 La complessità di I/O (input/output) tiene conto del tempo impiegato per l'acquisizione o il trasferimento dei dati con le periferiche: memoria secondaria, tastiera, stampante ecc.
4 La complessità di trasmissione misura l'efficienza di I/O di un algoritmo rispetto a "stazioni remote" (altri computer, memorie fisicamente lontane ecc.).

In generale i criteri di efficienza più utilizzati per determinare la bontà di un algoritmo sono i primi due, cioè il tempo di elaborazione e la quantità di memoria (soprattutto centrale) utilizzata da un algoritmo.
Rispetto al primo gruppo di parametri soggettivi, i criteri di efficienza possono essere calcolati con precisione e calcolati a priori, senza necessariamente eseguire il programma.

Come precedentemente accennato utilizzeremo la complessità temporale per effettuare la classificazione degli algoritmi.
Sarà quindi necessario individuare le modalità per effettuare il calcolo del tempo di esecuzione di un algoritmo A, che indicheremo come complessità di tempo A.

COMPLESSITÀ DI TEMPO

Studiare la complessità di tempo di un algoritmo significa stimare la quantità di tempo che occorre alla CPU per eseguire il corrispondente programma.

Vedremo, nel seguito della trattazione, come la complessità di tempo di un algoritmo risulti essere un ottimo parametro per scegliere il migliore tra due o più algoritmi che risolvono lo stesso problema, e costituirà la base per poter generalizzare il discorso e passare dalla complessità di calcolo di un algoritmo A alla complessità di calcolo del problema π.

Il modello di costo per il calcolo del tempo di esecuzione

Possiamo calcolare il tempo di esecuzione di un algoritmo **cronometrandone** l'esecuzione su alcune istanze e quindi riportandone i risultati ottenuti in una tabella per effettuare il confronto, come nel seguente esempio.

ESEMPIO

Elenchiamo, in secondi, il tempo di esecuzione di 4 programmi che implementano rispettivamente due algoritmi A1 e A2 che risolvono lo stesso problema, mandandoli in esecuzione su due diverse architetture hardware. ▶

	Computer 1		Computer 2	
Dim. Input	**A_1**	**A_2**	**A_1**	**A_2**
50	0,005	0,07	0,05	0,25
100	0,003	0,13	0,18	0,55
200	0,13	0,27	0,73	1,18
300	0,32	0,42	1,65	1,85
400	0,55	0,57	2,93	2,67
500	0,67	0,72	4,60	3,28
1000	3,57	1,60	18,32	7,03

Possiamo però osservare che non è molto significativo misurare il tempo necessario all'esecuzione dell'algoritmo in secondi, in quanto otterremo un risultato fortemente influenzato dal compilatore, che ha generato il codice eseguibile, dall'architettura e dalle caratteristiche hardware del computer sul quale viene eseguito e dai dati in ingresso, in termini sia di dimensione sia di tipologia.

Non è possibile esprimere la complessità temporale intrinseca di un algoritmo utilizzando come unità di misura i secondi.

È quindi necessario svincolarsi dalla tecnologia: dobbiamo effettuare una valutazione che non deve dipendere da una particolare macchina o da un particolare compilatore.
Infatti:

- anche se consideriamo l'algoritmo scritto in linguaggio macchina, il tempo di esecuzione di ogni istruzione non è uguale per tutti i calcolatori ma varia in funzione della frequenza di lavoro della CPU (clock), dall'architettura del calcolatore o dal set di istruzioni di cui la macchina dispone;
- il compilatore gioca un ruolo fondamentale in quanto il numero di istruzioni in linguaggio macchina che vengono generate in corrispondenza a un programma scritto in un linguaggio ad alto livello sono sia numericamente sia qualitativamente diverse a seconda della qualità del compilatore: lo stesso programma viene sempre tradotto in programmi in linguaggio macchina di lunghezze differenti, cioè con diverso numero di istruzioni.

Per individuare un parametro indipendente da tutti questi fattori, non analizzeremo il programma ma l'algoritmo e introdurremo degli elementi che ci permetteranno di stimarne il tempo di esecuzione: effettueremo l'analisi della complessità computazionale dell'algoritmo e stabiliremo una classificazione dei diversi algoritmi definendo per ogni classe *non* il tempo di esecuzione *ma* l'ordine di grandezza del numero di istruzioni che devono essere eseguite per fornire i risultati, tenendo conto dei dati di input e della loro dimensione.

ESEMPIO

Supponiamo di avere due algoritmi diversi per ordinare n numeri interi:
- il primo impiega n^2 istruzioni;
- il secondo $n \log(n)$.

Supponiamo che ogni istruzione venga eseguita in un μsec e osserviamo i tempi di esecuzione al variare della dimensione del problema (per esempio, dimensione del vettore) e quindi del numero di istruzioni eseguite:

Numero di istruzioni	n = 10	n = 10000	n = 10^6
n^2	0,0001 sec	100 sec	10^6 sec (~12 giorni)
$n \log(n)$	0,00003 sec	0,13 sec	19 sec

$(10 * 10) * 10^{-6}$

Osserviamo come per piccoli valori i tempi sono simili mentre al variare della dimensione del problema i comportamenti sono divergenti.

Zoom su...

CASO MIGLIORE, PEGGIORE E MEDIO

In quest'ultimoù esempio non abbiamo fatto riferimento alla tipologia dei dati che sicuramente influenzano il tempo di calcolo in quanto, a parità di dimensione, incidono notevolmente sul numero di istruzioni che vengono eseguite.
Per esempio, consideriamo l'ordinamento di un vettore mediante un algoritmo di bubblesort con sentinella, dove possiamo individuare due casi estremi:
1. vettore già ordinato: in questo caso il numero di operazioni è minimo;
2. vettore completamente disordinato: in questo caso il numero di operazioni è massimo.

Siamo in presenza di due casi estremi che possiamo indicare come il caso migliore (*optimal case*) e il caso peggiore (*worst case*).
Naturalmente le condizioni normali sono di caso intermedio (*average case*), ma per confrontare gli algoritmi indipendentemente dai dati è più significativo considerare sempre il caso peggiore.

Possiamo quindi osservare come sia importante conoscere di un algoritmo non tanto il tempo di esecuzione di un'istanza quanto il suo comportamento approssimato, cioè l'ordine di grandezza con il quale un algoritmo si comporta al variare della dimensione del problema: parleremo in questo caso di complessità asintotica. Questo significa che quando riusciamo a descrivere una relazione che leghi l'algoritmo con il tempo di esecuzione non sarà importante calcolare un valore ma individuare "la tendenza", cioè l'andamento che assume all'aumentare della dimensione del problema nel caso peggiore dei dati di ingresso.

Calcolo della complessità in funzione del passo base

Abbiamo visto come la dimensione del problema incida pesantemente nel calcolo del tempo di esecuzione di un algoritmo: è necessario quindi esprimere il tempo di calcolo di un algoritmo A mediante una funzione $T(n)$ dove n è la dimensione del problema (o dei dati di ingresso). In particolare:

FUNZIONE T(n)

la funzione $T(n)$ esprime il tempo necessario affinché l'algoritmo A possa produrre la soluzione di un'istanza di dimensione n.

Risulta abbastanza semplice individuare una dimensione n di riferimento per gli algoritmi che operano su vettori o matrici in quanto è possibile prendere proprio la dimensione n del vettore come parametro di riferimento; allo stesso modo è semplice individuare un parametro per algoritmi che operano su stringhe (la dimensione della stringa) o di calcolo numerico (fattoriale, potenze ecc.).
Ma nel caso generale o con algoritmi complessi, composti da un insieme di funzioni, non è così semplice individuare tale parametro.
Inoltre abbiamo detto che prendiamo come termine di riferimento la situazione in cui i dati sono disposti nel caso peggiore T_p: questo caso lo indichiamo con

$$T_p(n) = \max \{T(x), \text{ per ogni } x \text{ istanza del problema}\}$$

Per prima cosa è quindi necessario stabilire un criterio generale che permetta di individuare il tempo di esecuzione di un algoritmo.
Iniziamo con il definire il tempo di esecuzione delle istruzioni elementari introducendo il concetto di costo unitario.

ISTRUZIONE A COSTO UNITARIO

Si definisce istruzione a costo unitario un'operazione (*statement*) la cui esecuzione non dipende né dal valore né dal tipo delle variabili, e prende il nome di passo base.

Le seguenti istruzioni elementari sono tutte a costo unitario:
1. assegnamento;
2. operazioni di I/O (solo da tastiera e non da file);
3. operazioni aritmetiche elementari;
4. valutazione di espressioni booleane;
5. accesso a elementi di un array;

se assumiamo che:
- si accede a qualsiasi cella dalla RAM con un costo uniforme;
- le istruzioni vengono eseguite una alla volta senza alcun grado di parallelismo;
- se indichiamo con C un'opportuna costante numerica, consideriamo comunque il costo del test di una condizione booleana composta di più condizioni booleane semplici sempre minore o uguale a C volte il costo del test di una condizione semplice e, quindi, semplificando, otteniamo un costo unitario;

- analogo discorso vale per le operazioni aritmetiche composte: un'espressione con molteplici operazioni ha sempre un costo inferiore a C volte una singola operazione aritmetica;
- non consideriamo le operazioni di accesso ai file.

> Un modello più sofisticato dovrebbe differenziare tra aritmetica intera e reale (*floating point*), tenere conto di come il compilatore traduce le istruzioni di alto livello (compilatori ottimizzanti), considerare l'architettura di una specifica macchina ecc.
> Sarebbe quindi necessario considerare come passo base il singolo ciclo macchina e valutare ogni istruzione sulla base dei cicli macchina necessari per eseguirla: vedremo in seguito che non è necessario un tale livello di calcolo in quanto, valutando il caso peggiore, prenderemo sempre in considerazione il peso dell'istruzione più complessa e considereremo tutte le istruzioni come se fossero uguali a essa.

Vediamo ora come è possibile esprimere la complessità di alcuni programmi in termini di passi base.

ESEMPIO 1

```
k=0;
while (k <= n)
  k=k+1;
```

Il segmento di codice è composto da due istruzioni:

1. assegnamento esterno al ciclo che ha costo unitario, cioè 1 passo base (1pb);
2. il ciclo a condizione iniziale si compone di un test che viene ripetuto $n + 1$ volte e l'istruzione di assegnazione interna che anch'essa viene ripetuta n volte.

Dato che ogni istruzione costa un passo base, otteniamo:

`k=0;`	1	passo base
`while (k <= n)`	$n + 1$	passi base
`  k=k+1;`	$1 * n$	passo base

Totale passi base = $1 + n + 1 + n = 2 + 2 * n$.

ESEMPIO 2

```
k=0;
for (j=1; j <= n; j++)
{
  k=k+1;
  printf(k+234);
}
```

Il segmento di codice è composto da due istruzioni:

1. assegnazione fuori dal ciclo dal costo di 1 passo base;
2. assegnamento iniziale del ciclo che ha costo unitario, cioè 1 passo base (1pb);

3 ogni iterazione del ciclo `for` si compone di un test (che viene ripetuto $n + 1$ volte) e di un incremento (che viene ripetuto n volte);
4 il corpo del ciclo ora è composto da due istruzioni ripetute n volte.

Dato che ogni istruzione costa un passo base, otteniamo:

`k=0;`	1	passo base
`for (j=1; j <= n; j++)`	1 $n + 1$ n	pb inizializzazione pb test pb incremento
`k=k+1;`	$1 * n$	passo base
`printf("Istruzione annidata");`	$1 * n$	passo base

Totale passi base = $1 + 1 + n + 1 + n + n + n = 3 + 4 * n$

ESEMPIO 3

```
k=0;
while (k <= n)
{
  k=k+1
  for (j=0; j <= n; j++)
    printf("Istruzione annidata");;
}
```

In questo caso abbiamo sostituito la seconda assegnazione del corpo del ciclo con un ulteriore ciclo e quindi l'istruzione di `printf` viene eseguita n volte per ogni esecuzione del ciclo `while`.
Dato che ogni istruzione costa un passo base, otteniamo:

`k=0;`	1	passo base
`while (k <= n)`	$n + 1$	passi base
`k=k+1;`	$1 * n$	passo base
`for (j=0; j <= n; j++)`	$1 * n$ $(n + 1) * n$ $n * n$	pb inizializzazione pb test pb incremento
`printf("Istruzione annidata");`	$n * n$	passo base

Totale passi base = $1 + n + 1 + n + n + n^2 + n + n^2 + n^2 = 2 + 4 * n + 3 * n^2$.

Se estendiamo il procedimento a un intero programma otteniamo comunque un'espressione matematica che esprime la complessità in termini di passi base: questa espressione può essere un polinomio oppure, nel caso generale, una funzione che spesso risulta non semplice da ricavare.
Se inoltre abbiamo un programma strutturato composto da procedure e funzioni si deve:
- calcolare la complessità di ogni procedura e funzione;
- per ogni chiamata a procedura/funzione aggiungere la complessità della stessa al costo globale del programma.

Verifichiamo le conoscenze

Esercizi a scelta multipla

1 La risoluzione del problema implica la risoluzione di:
- O tutte le alternative
- O tutte le sue istanze
- O ogni valore delle sue variabili
- O ogni caso nelle selezioni

2 Quale parametro si usa per valutare l'efficienza degli algoritmi?
- O il tempo di esecuzione
- O il costo
- O la lunghezza di un programma
- O l'occupazione di memoria

3 Per ogni istanza del problema l'algoritmo risolutivo deve fornire la soluzione del problema indipendentemente (indica quella non influente):
- O dai valori
- O dal linguaggio utilizzato
- O dal tipo di dati
- O dalla cardinalità delle variabili

4 Quale tra i seguenti non rientra nei criteri di efficienza?
- O il tempo impiegato
- O lo spazio utilizzato
- O la quantità e la modalità di Input/Output
- O il tempo di trasmissione
- O il costo di sviluppo

5 Per confrontare gli algoritmi indipendentemente dai dati si considera:
- O il caso migliore
- O il caso peggiore
- O il caso intermedio
- O la media dei tre casi

6 Si definisce istruzione a costo unitario un'operazione:
- O la cui esecuzione impiega un secondo di elaborazione
- O la cui esecuzione impiega una singola istruzione
- O la cui esecuzione impiega un ciclo macchina
- O la cui esecuzione non dipende né dal valore né dal tipo delle variabili

7 Quali tra le seguenti istruzioni elementari non sono a costo unitario?
- O assegnamento
- O operazioni di I/O (solo da tastiera e non da file)
- O operazioni aritmetiche elementari
- O un'istruzione di ciclo determinato
- O valutazione di espressioni booleane
- O accesso a elementi di un array

Test vero/falso

1 Un algoritmo A risolve un problema π se applicato a ogni sua istanza *I* ne produce la soluzione corretta. V F

2 La complessità computazionale deve essere indipendente dalla cardinalità *n* e dalla tipologia *x* dei dati di ingresso. V F

3 È possibile utilizzare parametri soggettivi o qualitativi per classificare gli algoritmi. V F

4 Lo stesso programma viene sempre tradotto in programmi in linguaggio macchina di uguale lunghezza. V F

5 Una classificazione dei diversi algoritmi definisce per ogni classe non il tempo di esecuzione ma l'ordine di grandezza. V F

6 L'ordine di grandezza con il quale un algoritmo si comporta al variare della dimensione del problema conduce alla complessità media. V F

7 La funzione *T(n)* esprime il tempo necessario affinché l'algoritmo A possa produrre la soluzione di un'istanza di dimensione *n*. V F

8 Si definisce istruzione a costo unitario un'operazione denominata "passo base". V F

Verifichiamo le competenze

Esprimi la tua creatività

Esprimi la complessità dei seguenti segmenti di codice in termini di passi base.

1

```
i=1;
k=2;
while (i <= n)
{
  i=i+1
  k=k*1;
  printf(k);

}
```

2

```
i=1;
while (i <= n)
{
  i=i+1
  printf(i);
}
k=1;
while (k <= m)
{
  k=k+1
}
```

3

```
i=1;
k=1;
while (i <= n)
{
  i=i+1
  printf(i);
  while (k <= m)
  {
    k=k+1
  }
}
```

4

```
for (j=0; j<n-1 && !ordinato; j++) {
  ordinato=1;
  for (i=n-1; i>j; i--)
   if (v[i]<v[i-1]) {
     temp=v[i];
     v[i]=v[i-1];
     v[i-1]=temp;
     ordinato=0;
  }
}
```

5

```
void StampaRiga(int tanti) {
 int i;
 printf("\n");
 for(i=0; i<tanti; i++)
   printf("X");
}
main() {
 int n, m, j;
 printf("Numero di righe");
 scanf("%d", &n);
 printf("Numero di colonne");
 scanf("%d", &m);
 for(j=0; j<m; j++)
   StampaRiga(n)
}
```

UNITÀ DIDATTICA 2

COMPLESSITÀ ASINTOTICA E NOTAZIONE O-GRANDE

IN QUESTA UNITÀ IMPAREREMO...

- che cosa si intende per complessità asintotica di un algoritmo
- a conoscere la notazione O-grande
- come si possono confrontare gli algoritmi
- come determinare la complessità mediante l'istruzione dominante

Complessità asintotica

Dopo aver espresso la complessità dei programmi in termini di passi base, ora il nostro obiettivo è quello di effettuare il confronto tra gli algoritmi che hanno tempi di esecuzione differenti: supponiamo di avere, per uno stesso problema, sette algoritmi diversi con diversa complessità, indicata nella prima colonna della tabella riportata sotto.

Per poterli confrontare meglio traduciamo la complessità in tempo effettivo di elaborazione supponendo che un passo base venga eseguito in un microsecondo (10^{-6} sec) e riportiamo i risultati nella tabella per quattro istanze con dimensioni dei dati di input diverse: nell'ultimo caso non sono stati calcolati i valori delle due istanze finali in quanto già con n = 1000 il risultato ha dimensioni considerevoli.

	classe \ dimensione	n=10	n=100	n=1000	n=10^6
1	$\sqrt{n}$	$3*10^{-6}$	10^{-5}	$3*10^{-5}$	10^{-3}
2	n+5	$15*10^{-6}$	10^{-4}	10^{-3}	1 sec
3	2*n	$2*10^{-5}$	$2*10^{-4}$	$2*10^{-3}$	2 sec
4	n^2	10^{-4}	10^{-2}	1 sec	10^6 (~12 gg)
5	n^2+n	10^{-4}	10^{-2}	1 sec	10^6 (~12 gg)
6	n^3	10^{-3}	1 sec	10^5 (~1 g)	10^{12} (300 secoli)
7	2^n	10^{-3}	10^{14} secoli	------	------

Tempi di esecuzione (in secondi) dei sette algoritmi per diversi valori di *n*.

Analizziamo brevemente le complessità di calcolo prima di discutere i risultati riportati nella tabella:

- i primi tre algoritmi hanno complessità descritta da un polinomio di primo grado;
- il quarto e il quinto hanno complessità descritta da un polinomio di secondo grado;
- il sesto ha complessità descritta da un polinomio di terzo grado;
- il settimo ha complessità descritta da una funzione esponenziale.

La prima osservazione che possiamo fare è che per piccoli valori della dimensione n del problema (la prima colonna) tutti gli algoritmi hanno tempi di risposta non significativamente differenti.

Ma già nel secondo caso, con $n = 100$, l'algoritmo di complessità esponenziale ha tempi di risposta ben diversi da quelli degli altri algoritmi (migliaia di miliardi di secoli contro secondi ecc.) che è inutile considerare per elaborazioni con dimensioni del problema ancora superiori.

Nell'ultima colonna, cioè per grandi dimensioni dell'input ($n = 10^6$), i sette algoritmi si partizionano nettamente in cinque classi in base ai tempi di risposta:

Algoritmo $\sqrt{n}$	$\Rightarrow$ frazioni di secondo
Algoritmo $n + 5$, $2 * n$	$\Rightarrow$ secondi
Algoritmo n^2, $n^2 + n$	$\Rightarrow$ giorni
Algoritmo n^3	$\Rightarrow$ secoli
Algoritmo 2^n	$\Rightarrow$?

Possiamo quindi affermare che all'aumentare delle dimensioni dei dati di ingresso di un dato problema risulta determinante solo l'ordine di grandezza con cui le funzioni crescono al crescere di *n*: introduciamo quindi un nuovo concetto, la complessità asintotica.

Possiamo anche dare una definizione che ci permette di introdurre il costo di un algoritmo.

LIMITE INFERIORE DI COMPLESSITÀ

Un algoritmo (programma) ha costo *O(f(n))* o complessità *O(f(n))* se esistono tre opportune costanti *a*, *b* e *n'* tali che:

$$tempo\ A(n) < a * f(n) + b \text{ per ogni } n > n'$$

O(f(n)) si dice *limite inferiore al comportamento asintotico* di una funzione.

Vediamo alcuni esempi:

1. tempo $3 * n^2 + 2 * n + 4 = O(n^2)$ dato che $3 * n^2 + 2 * n + 4 \leq 4 * n^2$ per $n > 3$;
2. tempo $4 * n^3 + 5 \log n + 8 = O(n^3)$ dato che $4 * n^3 + 5 \log n + 8 \leq 5 * n^3$ per $n > 2$;
3. tempo $2^n + 7n = O(2^n)$ dato che $2^n + 7n \leq 2 * 2^n$ per $n > 4$.

Dato che a noi interessa il comportamento asintotico, cioè con n tendente all'infinito, non è necessario individuare il valore n' ma basta soffermarsi a studiare il termine prevalente.

Notazione O-grande

◀ La scrittura $O(n)$ si legge "*ordine O grande di n*", la scrittura $O(n^2)$ si legge "*ordine O grande di n quadro*" così come la scrittura $O(\log n)$ si legge "*ordine O grande di logaritmo n*": in poche parole la O si legge "*ordine O grande di*". ▶

La scrittura ◀ $O(g(n))$ ▶ prende il nome di notazione O-grande e sostanzialmente è un criterio matematico per partizionare gli algoritmi in classi di complessità.

Riformuliamo la definizione generale appena descritta:

$$tempo\ A\ (n) < a * f(n) + b \text{ per ogni } n > n'$$

FUNZIONE O-GRANDE

Una funzione $g(n)$ è detta essere O-grande di un'altra funzione $h(n)$, e viene scritta:

$g(n)$ è $O(h(n))$

se esistono due costanti positive C e n' tali che per tutti i valori di $n \geq n'$ si abbia che:

$g(n) \leq C*h(n)$

Tradotto graficamente significa che a partire da un certo valore di n il grafico di $a * h(n) + b$ risulta essere sempre al di sopra di $g(n)$:

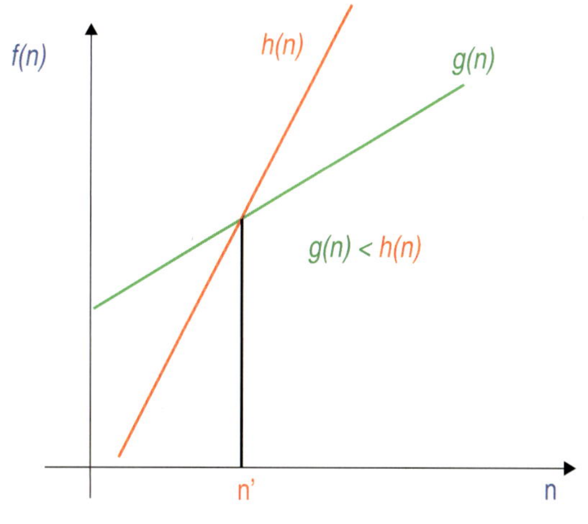

Semplificando, se abbiamo una generica funzione di n possiamo trascurare sia eventuali fattori moltiplicativi sia eventuali termini addizionati e considerare solo il termine prevalente e siamo certi che questa nuova funzione, chiamati $g(n)$, a partire da un certo valore di n', sarà sempre inferiore al valore delle altre funzioni più complesse del suo "stesso tipo".

Possiamo ora definire la complessità asintotica.

COMPLESSITÀ ASINTOTICA

Si dice che $f(n)$ ha complessità asintotica $g(n)$ se valgono le seguenti condizioni:

- $f(n)=O(g(n))$
- $g(n)$ è la più piccola di tutte le funzioni che soddisfano la condizione $g(n) \leq C*h(n)$.

$O(g(n))$ rappresenta il limite inferiore al comportamento della funzione $f(n)$ *aventi lo stesso ordine*.

Analizziamo il tempo di alcuni algoritmi dei quali è noto il $T(n)$ per ricavare l'espressione della funzione $h(n)$:

1

$$tempo\ A\ (n) = 2 * n + 2 = O(n)$$

dato che

$$2 * n + 2 \le 3 * n \text{ per } n > 0$$

quindi

$$C = 3,\ n' = 0$$

2

$$tempo\ A\ (n) = 3 * n^2 + 2 * n + 4 = O(n^2)$$

dato che

$$3 * n^2 + 2 * n + 4 \le 4 * n^2 \text{ per } n > 3$$

quindi

$$C = 4,\ n' = 3$$

3

$$tempo\ A\ (n) = 4 * n^3 + 5 \log n + 8 = O(n^3)$$

dato che

$$4 * n^3 + 7n \le 5 * n^3 \text{ per } n > 2$$

quindi

$$C = 5,\ n' = 2$$

4

$$tempo\ A\ (n) = 2^n + 7n = O(2^n)$$

dato che

$$2^n + 7n \le 2 * 2^n \text{ per } n > 5$$

quindi

$$C = 2 \text{ e } n' = 5$$

Zoom su...

ANDAMENTO CARATTERISTICO

Dato che a noi interessa il comportamento asintotico, cioè con n tendente all'infinito, non è necessario individuare il valore n' ma basta individuare il termine prevalente appunto al crescere di n e prendere di questo il suo andamento caratteristico, come possiamo vedere dagli esempi seguenti:

$T(n)$	complessità asintotica	O-grande	andamento
$7n + 12$	n	$O(n)$	lineare
$3n^2 + 5n$	n^2	$O(n^2)$	quadratico
$2n + 5n * m$	$n * m$	$O(n^2)$	quadratico
$2n + 5\log_2(n)$	$\log_2(n)$	$O(\log_2(n))$	logaritmico di base 2
$4n + 4 * 2^n$	2^n	$O(2^n)$	esponenziale di base 2
$3n^3 + 2^n + 5^n$	5^n	$O(5^n)$	esponenziale di base 5
$7n^{11} + n! + 5^n$	$n!$	$O(n!)$	fattoriale

Si passa quindi dal numero di passo base alla complessità asintotica individuando il termine di complessità maggiore, cioè il blocco del programma che maggiormente è responsabile del tempo di elaborazione.

Algebra degli O-grandi

Vediamo brevemente le principali proprietà della notazione O-grande:

- ogni funzione polinomiale è O-grande di n elevato alla sua maggiore potenza;
- se $f(n)$ è $O(h(n))$ e $g(n)$ è $O(h(n))$, allora $f(n) + g(n)$ è $O(h(n))$;
- se $f(n)$ è $O(h(n))$ e $g(n)$ è $O(i(n))$, allora $f(n) * g(n)$ è $O(h(n) * i(n))$ (*teorema del prodotto*);
- la funzione an^k è $O(n^k)$;
- la funzione n^k è $O(n^k + j)$ per ogni j positivo;
- se $f(n)$ è $O(g(n))$ e $g(n)$ è $O(h(n))$, allora $f(n)$ è $O(h(n))$ (*proprietà transitiva*).

In altre parole, nel caso di una funzione composta da diversi termini la complessità asintotica è definita dal termine di complessità maggiore: inoltre non contano le costanti, né additive, né moltiplicative, ma solo l'ordine di grandezza del termine più significativo.

Definiamo ora un criterio per il calcolo della complessità asintotica di un programma strutturato, nei due esempi fondamentali che costituiscono l'algebra degli O-grandi:

Blocchi in sequenza

```
k=1;
while (k<=n)                    //1° blocco: while
{
  printf(("%d",k*k);
  k=k+1;
}
for (x=1; x <= 2n; x++)         //2° blocco: for
{
  scanf("%d", &num);
}
```

Se $g_1(n)$ è la complessità del primo blocco e $g_2(n)$ è la complessità del secondo, la complessità globale è:

$$O(g_1(n) + g_2(n)) = O(\max\{g_1(n), g_2(n)\})$$

cioè

TEOREMA DELLA SOMMA

La complessità di un blocco costituito da più blocchi in sequenza è quella del blocco di complessità maggiore (*teorema della somma*).

ESEMPIO

Supponiamo di avere un segmento di programma composto da tre parti, anch'esse composte da più istruzioni, aventi rispettivamente complessità $O(n \log n)$, $O(n^3)$, $O(n^2)$.

Componendo le prime due parti otteniamo:

$$O(\max(n \log n, n^3)) = O(n^3)$$

Ora aggiungiamo il terzo segmento al risultato ottenuto e troviamo la complessità complessiva:

$$O(\max(n^2, n^3)) = O(n^3)$$

Blocchi annidati

```
for (x=1; x <= n; x++)              // blocco esterno for
{
  scanf("%d", &k);
  printf(("%d",k*2);
  do                                // blocco interno do
  {
    scanf("%d", &num);
    y = y*2;
  }
  while (y<=n)
}
```

Se $g_1(n)$ è la complessità del blocco esterno e $g_2(n)$ è la complessità di quello interno, la complessità globale è:

$$O(g_1(n) * g_2(n)) = O(g_1(n)) * O(g_2(n))$$

cioè

TEOREMA DEL PRODOTTO

La complessità di un blocco costituito da più blocchi annidati è data dal prodotto delle complessità dei blocchi componenti (applicazione del *teorema del prodotto*).

Con il concetto di "O" grande e le due operazioni definite dall'algebra degli "O" grandi si può calcolare la *complessità di un qualsiasi algoritmo strutturato* ed è quindi possibile confrontare algoritmi differenti e individuare quello che presenta prestazioni migliori.

Equivalenza tra algoritmi

ALGORITMI EQUIVALENTI

Dato un problema P e due algoritmi A e B che lo risolvono con complessità Tempo A(n) e Tempo B(n), diciamo che A è *equivalente* a B nel risolvere il problema P se:

- Tempo A(n) = O(Tempo B(n))
- Tempo B(n) = O(Tempo A(n))

ESEMPIO

Dato un problema P e due algoritmi A_1 e A_2 che lo risolvono siamo interessati a determinare quale ha complessità minore (cioè sia "il migliore" dal punto di vista computazionale):

$$\text{Tempo } A_1(n) = 5n^2 + n$$
$$\text{Tempo } A_2(n) = n^2 + 21n + 15$$

Per valori di n piccoli ($n \leq 5$) la complessità dell'algoritmo A_2 è superiore a quella dell'algoritmo A_1, in quanto il primo termine del polinomio ha peso minore degli altri: la complessità di A_2 è minore di A_1 per ingressi con dimensione maggiore di 5.

> È quindi possibile che lo stesso algoritmo sia meglio o peggio di un altro e quindi più o meno conveniente a seconda della dimensione dei dati di ingresso: dobbiamo quindi prestare attenzione e rappresentare graficamente le funzioni per poter individuare gli intervalli per i quali un algoritmo ha complessità minore di quella di un altro.

Osserviamo ora il comportamento asintotico, cioè per valori elevati di n:

Tempo $A_1(n) = 5n^2 + n$ ha complessità asintotica $n^2 \Rightarrow O(\text{Tempo } A_1) = O(n^2)$
Tempo $A_2(n) = n^2 + 21n + 15$ ha complessità asintotica $n^2 \Rightarrow O(\text{Tempo } A_2) = O(n^2)$

Quindi applichiamo la definizione e verifichiamo che:

Tempo $A_1 = O(\text{Tempo } A_2) \Rightarrow 5n^2 + n = O(n^2)$
Tempo $A_2 = O(\text{Tempo } A_1) \Rightarrow n^2 + 21n + 15 = O(n^2)$

A_1 e A_2 hanno entrambi comportamento asintotico quadratico ($O(n^2)$), quindi sono equivalenti dal punto di vista del costo computazionale.

Vediamo un secondo esempio:

ESEMPIO

$$\text{Tempo } A_1\ (n) = 5n^2 + 3n$$
$$\text{Tempo } A_2\ (n) = n \log n$$

Calcoliamo la complessità asintotica $O(n)$:

$$\text{Tempo } A_1\ (n) = 5n^2 + 3n = O(n^2)$$
$$\text{Tempo } A_2\ (n) = 4 \log n = O(\log n)$$

Dato che i due algoritmi hanno complessità diversa non sono equivalenti dal punto di vista computazionale e il secondo ha complessità minore di quella del primo.

Classi di complessità degli algoritmi

La notazione $O(\,)$ ci permette di suddividere per classi tutti *gli algoritmi A*, dove in ogni classe sono collocati tutti quelli la cui *complessità è dello stesso ordine di grandezza*.

Definiamo le seguenti classi di complessità.

1 Complessità *costante*

$$Tempo\ (n) = O(1)$$

È la complessità che hanno gli algoritmi che eseguono sempre lo stesso numero di operazioni indipendentemente dalla dimensione dei dati (scambio tra due variabili, lettura o scrittura nella posizione di un array, inserimento o estrazione dalla testa di una lista concatenata ecc.).

2 Complessità *logaritmica*

$$Tempo\ (n) = O(\log n)$$

L'algoritmo più conosciuto è quello di ricerca binaria, o logaritmica.

3 Complessità *lineare*

$$Tempo\ (n) = O(n)$$

È la complessità che hanno gli algoritmi che eseguono un numero di operazioni sostanzialmente proporzionale a n (algoritmi generici su array, ricerca sequenziale, somma di numeri di n cifre ecc.).

4 Complessità *pseudolineare* $n \log n$

$$Tempo\ (n) = O(n \log n)$$

Sono ottimi algoritmi di ordinamento come il quick-sort, l'heap-sort ecc.

5 Complessità n^k, con $k \leq 2$

$$Tempo\ (n) = O(n^k)$$

In questa classe troviamo banali algoritmi di ordinamento come il bubble-sort $(O(n^2))$, moltiplicazione di due matrici $(O(n^3))$ ecc.

6 Complessità *esponenziale*

$$Tempo\ (n) = O(k^n)$$

In questa categoria di algoritmi troviamo gli algoritmi euristici, cioè quelli che procedono a tentativi (come per esempio quello del commesso viaggiatore, l'algoritmo che deve produrre tutte le possibili stringhe lunghe n di k simboli ecc.).
Anche l'algoritmo del calcolo del fattoriale di un numero rientra in questa categoria.

Confrontiamo tra loro graficamente le classi di complessità.

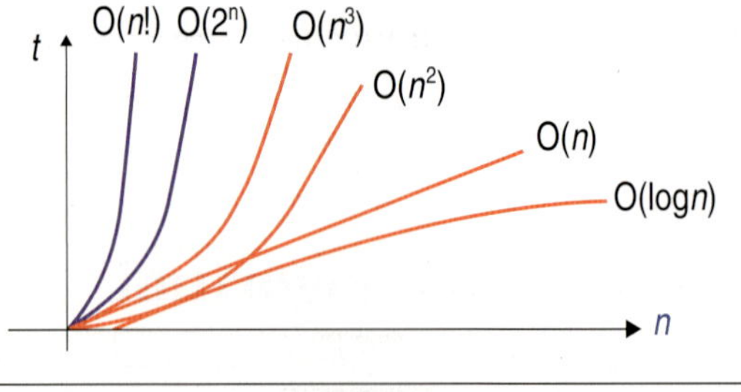

Classificazione in base al tasso di crescita del tempo di calcolo al crescere della dimensione.

In base a questo grafico possiamo confrontare le complessità di algoritmi diversi.

Possiamo suddividere le classi in due gruppi:
- algoritmi con crescita polinomiale in n;
- algoritmi con crescita esponenziale in n.

Tutte le classi di complessità indicate in rosso vengono genericamente considerate come polinomiali: esse sono caratterizzate dal fatto che la dimensione n non compare mai come esponente in alcun modo.
Quando ciò avviene si parla invece di complessità esponenziale.

Come abbiamo già fatto nella tabella all'inizio di questa unità, li confrontiamo numericamente supponendo che un passo base venga eseguito in un microsecondo (10^{-6} sec) e riportiamo i risultati nella tabella sottostante per sei istanze con dimensioni dei dati di input multiplo di 10, quindi di modesta difformità.

	10	20	30	40	50	60
n	10^{-5} sec	$2 * 10^{-5}$ sec	$3 * 10^{-5}$ sec	$4 * 10^{-5}$ sec	$5 * 10^{-5}$ sec	$6 * 10^{-5}$ sec
n^2	10^{-4} sec	$4 * 10^{-4}$ sec	$9 * 10^{-4}$ sec	$1{,}6 * 10^{-3}$ sec	$2{,}5 * 10^{-3}$ sec	$3{,}6 * 10^{-3}$ sec
n^3	10^{-3} sec	$8 * 10^{-3}$ sec	0,027 sec	0,064 sec	0,125 sec	0,216 sec
n^5	0,1 sec	3,2 sec	24,3 sec	1,7 min	5,2 min	13,0 min
2^n	10^{-3} sec	1,0 sec	17,9 min	12,7 gg	35,7 anni	$3{,}6 * 10^4$ anni
3^n	$5{,}9 * 10^{-2}$ s	58 min	6,5 anni	3855 anni	$2 * 10^8$ secoli	$1{,}3 * 10^{13}$ secoli

Come si può osservare, gli algoritmi dotati di complessità esponenziale possono richiedere tempi di esecuzione proibitivi anche per valori relativamente piccoli di n e indipendentemente dalla velocità dell'elaboratore: vedremo come questi algoritmi verranno considerati intrattabili.

Istruzione dominante

Finora abbiamo considerato noto il tempo di calcolo espresso in codice in termini di passi base o costo $t(n)$: nel caso di algoritmi molto lunghi e complessi potrebbe essere non sempre immediato individuare il polinomio (o la funzione) che lo esprime correttamente.

Il concetto di istruzione dominante ci viene in aiuto e ci permette di semplificare in modo drastico la valutazione della complessità.
Ne diamo prima la definizione e quindi la analizziamo mediante due esempi.

ISTRUZIONE DOMINANTE

Dato un algoritmo (o programma) A il cui costo di esecuzione è $t(n)$, un'istruzione di A è detta *dominante* quando, per ogni intero n, essa viene eseguita (nel caso di input con dimensione n) un numero $d(n)$ di volte tale che:

$$t(n) < a * d(n) + b$$

per opportune costanti a, b.

In altre parole, un'istruzione dominante viene eseguita un numero di volte proporzionale al costo dell'algoritmo e quindi basta individuare la presenza di un'istruzione dominante per determinare la complessità dell'algoritmo.

ISTRUZIONE DOMINANTE E COMPLESSITÀ DELL'ALGORITMO

Se in algoritmo è presente un'istruzione dominante *d* che viene eseguita *n* volte la complessità dell'algoritmo si riconduce a quella legata all'istruzione dominante, ossia la complessità dell'algoritmo è *O(d(n))*.

Vediamo due esempi.

ESEMPIO *Ricerca esaustiva in un vettore*

Questo algoritmo esegue la ricerca sequenziale di un elemento `ele` in un vettore `vet` disordinato di dimensione N.

```
 1 Boolean ricerca (vettore vet, int ele) {
 2  int x=0;
 3  boolean T=falso;
 4  while (x<N)
 5  {
 6   if (ele==vet[x])
 7     T=vero;
 8   x++;
 9  }
10 return T; }
```

Le istruzioni 4, 6 e 8 sono quelle dominanti e vengono eseguite rispettivamente N + 1 volte (per i = 0..N) la 4 e N volte (per i = 0..N – 1) la 4 e la 8: dunque il costo è lineare O(N) dove N è la dimensione del vettore.

ESEMPIO *Ricerca del valore minimo di un vettore*

Questo algoritmo esegue la ricerca dall'elemento di valore minimo in un vettore `vet` disordinato di dimensione N.

```
1 int minimo (vettore vet) {
2 int x, min;
3 for (min = vet[0], x = 1; x < N; x ++)
4  if (vet[x]<min)
5    min = vet[x];
6 return min; }
```

Le istruzioni dominanti sono l'incremento x++ del ciclo (istruzione 3) eseguita N volte e il confronto (istruzione 4) eseguita N – 1 volte: quindi il costo è lineare O(N) dove N è la dimensione del vettore (analogamente si sarebbe proceduto nel caso di ricerca del massimo).

Verifichiamo le conoscenze

Esercizi a scelta multipla

1 **Un algoritmo di classe n^2 con dimensione 100 e passo base di 1 μsec impiega:**
- O 10^{-3} sec
- O 10^{-2} sec
- O 10^{-1} sec
- O 10^{0} sec
- O 10^{1} sec

2 **Un algoritmo con $t(n) = 30n^3 + 5\log n + 3^{n-3}$ ha complessità asintotica:**
- O n^3
- O $5\log n$
- O $\log n$
- O 3^{n-3}
- O 3^n
- O nessuna delle precedenti

3 **Se $f(n)$ è $O(g(n))$ e $g(n)$ è $O(h(n))$, allora $f(n)$ è:**
- O $O(g(n))$
- O $O(f(n))$
- O $O(h(n))$
- O nessuna delle precedenti

4 **Quali tra le seguenti non è una classe di complessità?**

O complessità *costante*	Tempo $(n) = O(1)$
O complessità *logaritmica*	Tempo $(n) = O(\log n)$
O complessità *lineare*	Tempo $(n) = O(n)$
O complessità *pseudolineare*	Tempo $(n) = O(n \log n)$
O complessità *fattoriale*	Tempo $(n) = O(n!)$
O complessità *esponenziale*	Tempo $(n) = O(kn)$

Test vero/falso

1 Un algoritmo di classe n^3 con dimensione 100 e passo base di 1 μsec impiega 1 sec. V F
2 Un algoritmo di classe 2^n con dimensione 10 e passo base di 1 μsec impiega 0,1 sec. V F
3 Gli algoritmi si organizzano in classi in base ai tempi di risposta. V F
4 Un algoritmo con $t(n) = 30n^3 + 5\log(3n)$ ha complessità asintotica $O(\log n)$. V F
5 Un algoritmo con $t(n) = 30n^{-1} + 5\log(3n)$ ha complessità asintotica $O(\log n)$. V F
6 Se $f(n)$ è $O(h(n))$ e $g(n)$ è $O(h(n))$, allora $f(n)+g(n)$ è $O(h(n))$. V F
7 La complessità di più blocchi annidati è data dalla somma delle complessità. V F
8 L'algoritmo di bubble-sort con sentinella ha complessità *pseudolineare*. V F
9 L'algoritmo di quick-sort ha complessità *pseudolineare*. V F
10 In ogni algoritmo è individuabile un'istruzione dominante. V F
11 L'istruzione dominante determina la classe di appartenenza di un algoritmo. V F

Verifichiamo le competenze

Esprimi la tua creatività

1 Individua *a*, *b* ed *n'* tali che *tempo* A *(n) < a * f(n) + b per ogni n > n'*:

a) tempo $3 * n^2 + 3 * n + 3 = O(n^2)$ dato che $3 * n^2 + 3 * n + 3 \leq 4 * n^2$ per $n > 3$;
b) tempo $4 * n^3 + 7 \log n = O(n^3)$ dato che $4 * n^3 + 7 \log n \leq 5 * n^3$ per $n > 2$;
c) tempo $2^n + 7n = O(2^n)$ dato che $2^n + 7n \leq 2 * 2^n$ per $n > 5$;
d) tempo $\log_2 n + 12n^2 = O(n^2)$ dato che $\log_2 n + 12n^2 \leq 13n^2$ per $n > 0$;
e) tempo $4 * n^3 + 3 * 2^n + 12n^2 = O(2^n)$ dato che $4 * n^3 + n * 2n + 12n^2 \leq 4 * 2^n$ per $n > 21$.

2 Completa la tabella che segue.

T(n)	Complessità asintotica	O-grande	Andamento
$6n^2 + 5n$			
$12 + 5\log_2(n)$			
$7n^2 + 4 * 2^n$			
$27n + 12$			
$3n^3 + 2^n + 4^n$			
$6n + n\log_2(n)$			
$7n^{11} + n! + 5^n$			
$6n + 2n * m^2$			

3 Individua le istruzioni dominanti.

```
Boolean boh(vettore vet) {
int x;
for ( x = 1; x < N; x ++)
 for ( y = 1; y < N; y ++)
 if (vet[x]> vet[y])
 vet[y]> vet[x]
return T;
```

4 Individua le istruzioni dominanti.

```
int ripetuti (vettore vet) {
int x, max , conta;
for (max = vet[0], x = 1; x < N; x ++)
 if (vet[x]>max) {
  max=vet[x];
  conta=0;
 }
 if (vet[x]=max)
  conta++;
return conta;
}
```

UNITÀ DIDATTICA 3

LA COMPLESSITÀ DEI PROBLEMI

IN QUESTA UNITÀ IMPAREREMO...

- che cosa si intende per complessità asintotica di un problema
- come si possono classificare i problemi
- quali sono i problemi non computabili
- a conoscere la classe NP e la classe NPC

Algoritmi e problemi

Fino ad ora abbiamo studiato la complessità del singolo algoritmo che risolve un certo problema ma è necessario ricordare che la nozione di algoritmo è ben distinta da quella di problema: sappiamo che per ogni problema si possono trovare più algoritmi che lo risolvono e che essi differiscono per vari aspetti, tra cui la complessità di calcolo.

Possiamo classificare i problemi in quattro grosse tipologie:

- problemi di decisione (*recognition*):
  - un problema è di decisione quando deve fornire come soluzione una scelta tra due possibili alternative; quindi la risposta sarà o vero o falso;
- problemi di ottimizzazione (*optimization*):
  - un problema è di ottimizzazione quando deve effettuare una scelta tra un insieme di possibili alternative e deve fornire come soluzione la migliore tra le possibili;
- problemi di enumerazione:
  - un problema è di enumerazione quando si deve trovare un valore come risultato calcolato;
- problemi di ricerca:
  - un problema di ricerca deve trovare un valore esplorando in modo sistematico lo spazio dei dati a disposizione.

> È possibile dimostrare che tutti i problemi possono essere ricondotti a problemi di decisione.

Possiamo classificare gli algoritmi in due tipologie:
- algoritmi deterministici:
  - un algoritmo si dice deterministico se per ogni istruzione esiste, a parità di dati di ingresso, un solo passo successivo;
- algoritmi non deterministici:
  - un algoritmo si dice non deterministico se contiene almeno un'istruzione che ammette più passi successivi.

Zoom su...

NON DETERMINISTICO

È un algoritmo che, posto di fronte alla necessità di prendere una "decisione", ha la "capacità" di scegliere sempre la strada giusta! Naturalmente questa scelta non avviene immediatamente, e l'algoritmo, di fronte a più alternative, le segue tutte "contemporaneamente" come se mandasse in elaborazione più copie di se stesso che, indipendentemente dalle altre, seguono una sola delle alternative possibili in modo da provare tutte le combinazioni per individuare l'alternativa migliore.

Dato che gli algoritmi sono la soluzione di un problema possiamo dare una prima definizione di computabilità di un problema.

COMPUTABILITÀ DI UN PROBLEMA

Un problema P è detto computabile quando esiste un algoritmo A che lo risolve, cioè applicando A a una qualunque istanza I di P ne fornisce l'esatta soluzione.

Possiamo quindi operare una prima suddivisione dei problemi in due grossi sottoinsiemi: i problemi computabili e quelli non computabili.

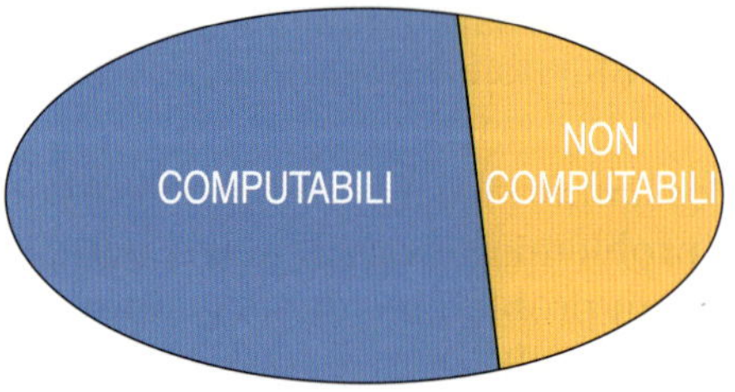

Per i problemi computabili è necessario individuare le classi nelle quali raggruppare gli algoritmi in base alla complessità.

Zoom su...

PROBLEMI INDECIDIBILI

Non è facile stabilire se un problema è computabile o meno: si è cercato di dare una risposta per la prima famiglia di problemi, cioè quelli di decisione, e anche se alla fine dell'800 un risultato di teoria degli infiniti dette al quesito una risposta genericamente affermativa, solo nel 1936 Alan Turing fornì la prima enunciazione di un problema indecidibile che può essere espresso informalmente nel modo seguente:

PROBLEMA INDECIDIBILE

Problema della terminazione (o *halting problem*): dato un algoritmo A e un dato D, entrambi arbitrari, stabilire se la computazione A(D) termina in un numero finito di passi.

Turing dimostrò che questo problema è indecidibile, ovvero non può esistere alcun algoritmo di decisione che stabilisca *in tempo finito*, per qualunque valore della coppia, se la computazione A(D) termina anch'essa in tempo finito.

Turing pose le basi della teoria della computabilità e affrontò il problema di fornire un equivalente rigoroso del concetto intuitivo di algoritmo analizzando il comportamento di un essere umano che stia eseguendo un calcolo, simulandolo mediante l'elaborazione di una macchina calcolatrice astratta. Tali macchine vennero dette in seguito macchine di Turing.

Problemi computabili ma intrattabili

Sappiamo che per risolvere un singolo problema esistono molteplici algoritmi e questi possono essere più o meno complessi dato che la loro "qualità" può essere strettamente vincolata dall'abilità del programmatore.

Possiamo allora spostare lo studio della complessità computazionale dall'algoritmo al problema, in modo da eliminare anche l'abilità del programmatore come possibile elemento di "disturbo": è necessario capire se il problema in quanto tale abbia una sua complessità, cioè se sia "intrinsecamente facile" o "intrinsecamente difficile", indipendentemente dall'algoritmo che possiamo inventare per risolverlo.

Desideriamo ottenere uno strumento che ci permetta di catalogare e confrontare i problemi, estendendo quindi il concetto di complessità direttamente al problema, svincolandoci cioè anche dall'algoritmo risolutivo.

COMPLESSITÀ COMPUTAZIONALE

"La complessità computazionale si occupa della valutazione del costo degli algoritmi in termini di risorse di calcolo, quali il tempo di elaborazione e la quantità di memoria utilizzata. Nel contesto della complessità computazionale vengono anche studiati i costi intrinseci alla soluzione dei problemi, con l'obiettivo di comprendere le prestazioni massime raggiungibili da un algoritmo applicato a un problema." (Cadoli)

Abbiamo visto le classi di computabilità degli algoritmi e abbiamo individuato le seguenti classi di complessità:

1. *costante*;
2. *logaritmica*;
3. *lineare*;
4. *pseudolineare* $n \log n$;
5. n^k, con $k \geq 2$;
6. *esponenziale*.

Riportiamo in una tabella al variare della dimensione del problema n il numero di operazioni:

N	$\log_2 n$	$n*\log_2 n$	n^2	n^3	2^n
2	1	2	4	8	4
10	3,322	33,22	10^2	10^3	$> 10^3$
100	6,644	664,4	10^4	10^6	$>> 10^{25}$
10^3	9,966	9996,0	10^6	10^9	$>> 10^{250}$
10^4	13,287	1328,7	10^8	10^{12}	$>> 10^{2500}$

Abbiamo già osservato come passando da 10 a 100 il numero di istruzioni nel caso di complessità esponenziale assume valori estremamente alti: è anche facilmente dimostrabile, come riportato di seguito, che le cose non migliorano di molto anche se aumentiamo la potenza di elaborazione poiché la complessità esponenziale ha sempre dei tempi inaccettabili.

Nella seguente tabella sono invece indicati i miglioramenti ottenibili, in termini di dimensioni delle istanze risolvibili, per diverse funzioni di complessità, al migliorare della tecnologia dei calcolatori: con x_i abbiamo indicato la dimensione di un'istanza risolvibile oggi in un minuto per la *i*-esima funzione di complessità:

f	Computer odierno	100 volte più veloce	10.000 volte più veloce
n	x_1	$100x_1$	$10.000x_1$
n^3	x_2	$4,6x_2$	$21,5x_2$
n^5	x_3	$2,5x_3$	$6,3x_3$
2^n	x_4	$x_4 + 6,6$	$x_4 + 13,2$
3^n	x_5	$x_5 + 4,2$	$x_5 + 8,4$

Molti problemi di rilevante importanza pratica sono trattabili: sono problemi per i quali disponiamo di efficienti algoritmi di complessità polinomiale. Per potere effettuare una più rigorosa classificazione dei diversi problemi, facciamo riferimento a problemi in forma decisionale.

Riprendiamo quindi la suddivisione delle classi in due gruppi:
- algoritmi con crescita polinomiale in n;
- algoritmi con crescita esponenziale in n.

Possiamo affermare che i problemi che hanno complessità esponenziale nell'algoritmo risolutivo sono di fatto non risolvibili dato che nella maggior parte delle loro istanze i tempi per produrre un risultato sono talmente elevati (anni di elaborazione!) che, pur essendo computabili perché ne esiste un algoritmo risolutore, sono definiti problemi intrattabili.

La teoria della complessità quindi pone un limite più restrittivo alla definizione di computabilità di un problema:

PROBLEMA COMPUTABILE (1)

Un problema P è detto computabile quando esiste un algoritmo A che lo risolve, cioè applicando A a una qualunque istanza I di P ne fornisce l'esatta soluzione in un tempo accettabile.

Questa definizione è stata tradotta nella tesi di Church estesa con la formulazione seguente.

PROBLEMA COMPUTABILE (2)

Un problema è effettivamente computabile se e solo se è risolto da almeno un algoritmo con complessità di calcolo di tipo polinomiale.

Possiamo ora formulare la definizione di problema intrattabile o trattabile.

PROBLEMA TRATTABILE O INTRATTABILE

- Un problema intrattabile è un problema risolubile, ma per il quale non esiste alcun algoritmo con complessità polinomiale che lo risolve.
- Un problema è computazionalmente trattabile se esiste un algoritmo efficiente che lo risolve.
- Un algoritmo si dice efficiente se il suo tempo di esecuzione è espresso da una funzione polinomiale.

Problemi polinomiali ed esponenziali

La classe dei problemi computabili viene indicata con classe P (*polinomial*) mentre la classe dei problemi intrattabili viene indicata con classe EXP (*exponential*).

Il diagramma a lato rappresenta gli algoritmi computabili: ▶

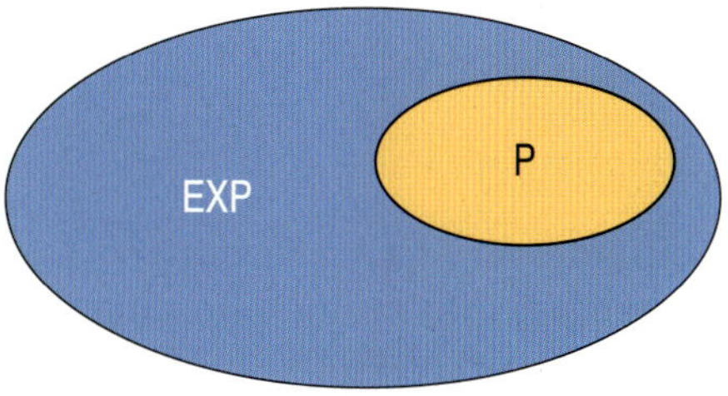

e quindi il diagramma completo, considerando anche gli algoritmi non computabili, è quello mostrato a lato: ▶

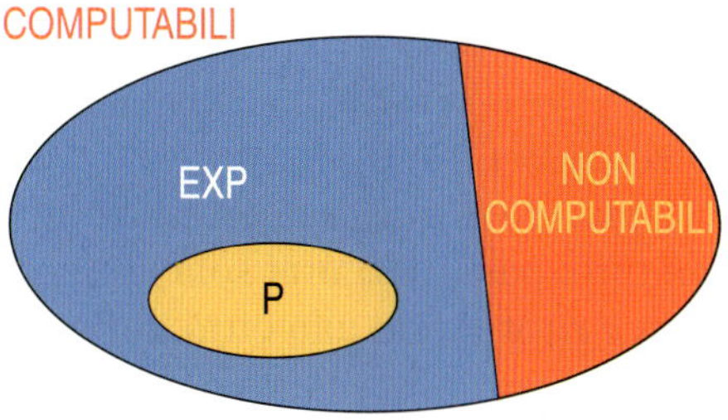

Abbiamo visto che esistono problemi che sono *intrinsecamente esponenziali*, tali cioè da richiedere, per essere risolti, tempo sicuramente esponenziale nella dimensione dei dati.

Appartengono alla famiglia degli EXP tutti i problemi che richiedono risultati di "lunghezza" esponenziale: per esempio, l'algoritmo che genera l'anagramma di una parola, il programma ottimale per il gioco degli scacchi o la dama, oppure l'algoritmo che genera tutti i numeri decimali lunghi un numero voluto di cifre.

Problemi così "genericamente" formulati sono sostanzialmente non interessanti perché si chiede di produrre un risultato che non può poi essere realisticamente esaminato: sarebbe opportuno poter dimostrare l'appartenenza di un problema alla famiglia EXP.

È importante individuare una regola per determinare l'appartenenza o meno di un problema a questa famiglia in quanto ci permetterebbe di escludere la ricerca della soluzione generale poiché a priori sappiamo che ci porterebbe a tempi di calcolo inaccettabili: vedremo che è possibile invece scrivere algoritmi per la soluzione parziale di specifici sottoproblemi o di casi particolari per i quali potrebbe esistere una soluzione di complessità polinomiale.

Il primo problema non banale intrinsecamente esponenziale fu individuato nel 1972 e da allora altri ne sono seguiti, tutti connessi in qualche modo con la teoria dei linguaggi formali e con la logica matematica: solo essi, oltre ai problemi indecidibili, si sono dimostrati intrattabili.

La classe NP

Ma questi problemi hanno "poca" importanza perché non sono utilizzati "nella vita quotidiana" e non trovano quindi applicazioni pratiche importanti: molto spesso, però, noi programmatori incontriamo comunemente problemi decidibili che richiedono tempo esponenziale per i quali non "siamo capaci di risolverli meglio", cioè *non riusciamo a scrivere algoritmi polinomiali* e questo non è sufficiente per affermare che questi problemi siano *intrinsecamente esponenziali*!

ESEMPIO

Vediamo un classico esempio tra i problemi di decisione, quelli cioè che devono dare come risultato o vero o falso.

Questo problema è noto con il nome di problema del commesso viaggiatore (TSP, *Travelling Salesman's Problem*): bisogna determinare il percorso minimo che permetta a un commesso viaggiatore di raggiungere tutte le città che deve visitare, passando una sola volta per ciascuna di esse e ritornando alla città di partenza.

Zoom su...

CICLO HAMILTONIANO

Traduciamo il problema in un grafo dove i vertici devono essere attraversati una sola volta: il problema del TSP è stato studiato da Hamilton e, se in un grafo è possibile individuare un ciclo che goda di queste caratteristiche, sia il ciclo sia il grafo prendono il suo nome, cioè sono chiamati rispettivamente ciclo hamiltoniano e grafo hamiltoniano.

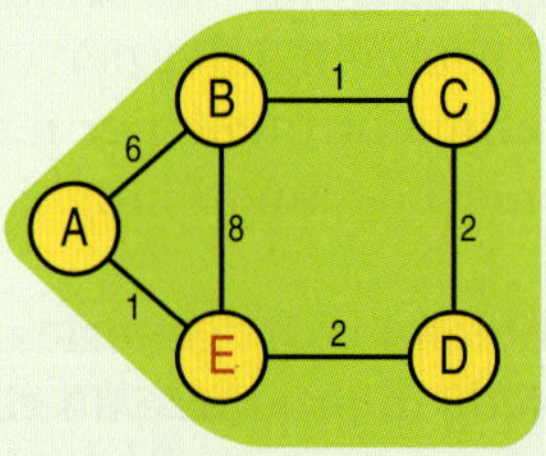

Non è noto se questo problema sia risolubile in tempo polinomiale, ma se esistesse un'informazione addizionale che ci aiutasse nella scelta dell'ordine dei vertici nel ciclo hamiltoniano, essa ci permetterebbe di ottenere in tempo polinomiale la soluzione del problema.
Introduciamo una nuova classe di computabilità per questa tipologia di problemi: la classe NP (Non deterministico a tempo Polinomiale).
Possiamo dare la definizione che segue.

CLASSE NP

La classe NP consiste in tutti i problemi di decisione le cui soluzioni positive si possono verificare in tempo polinomiale avendo le giuste informazioni, oppure la cui soluzione si può trovare in tempo polinomiale con una macchina non deterministica.

Zoom su...

DETERMINAZIONE DELLA CLASSE NP

Mentre la definizione della classe P è semplice e intuitiva, quella della classe NP è obiettivamente artificiale e richiede alcune riflessioni per riuscire a comprenderla nella sua importanza. Innanzitutto osserviamo che per risolvere un problema NP è necessario ricorrere a un metodo enumerativo (cioè che opera a tentativi) che esegua un numero esponenziale di prove per verificare se almeno una di queste corrisponde a una soluzione accettabile, cioè polinomiale.
Se però in un algoritmo enumerativo ci sono *k* punti nei quali è possibile eseguire una scelta tra due o più alternative (come per esempio una condizione di selezione), questo:

- nel caso pessimo termina in un numero esponenziale di prove per raggiungere una soluzione se:
  - questa non esiste;
  - oppure se non sono disponibili informazioni aggiuntive sulla scelta da effettuare alle istruzioni di selezione;
- altrimenti individua una soluzione polinomiale.

Il problema del ciclo hamiltoniano appartiene dunque a NP.

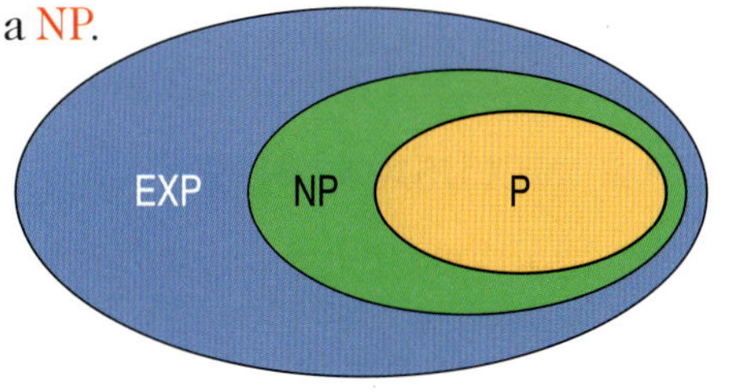

Possiamo ora osservare che per ogni problema in P si può verificare l'esistenza di una soluzione in tempo polinomiale applicando un "aiuto nullo" e risolvendo direttamente il problema: possiamo quindi dedurre che

$$P \subseteq NP$$

In altre parole possiamo ipotizzare per i problermi che classifichiamo con NP che per essi esiste una soluzione ammissibile di lunghezza polinomiale che però è difficile da determinare tra tutte le soluzioni esponenziali.
La classe P è un sottoinsieme della classe NP, i cui problemi decisionali sono tutti risolti con un algoritmo di complessità polinomiale.

La classe P coincide con la classe NP?

Il Clay Institute (USA) ha istituito nel settembre del 2000 un premio di un milione di dollari per chi riuscisse a risolvere uno tra i sette problemi matematici definiti "i problemi del millennio": tra questi rientra la verifica dell'uguaglianza P = NP.

WILES E IL TEOREMA DI FERMAT

Uno degli esperti che compilarono la lista dei sette problemi è Sir Andrew Wiles, che sei anni prima aveva risolto l'ultimo teorema di Fermat: se questo enigma, antico di trecentotrenta anni, non è stato inserito nella lista del millennio, è proprio grazie a lui.

Ad oggi nessuno ha ancora risolto il problema e riscosso il premio in palio e i teorici moderni pensano che P ≠ NP soprattutto perché in decenni di ricerche non è stata trovata alcuna prova del contrario.
Vi sono alcuni problemi, come il percorso hamiltoniano o il "peso dello zaino", per i quali non è noto alcun algoritmo polinomiale.

Oggi i problemi P sono chiamati trattabili, i problemi NP-P sono detti intrattabili.

Ma neppure la dimostrazione che P ≠ NP è stata trovata, la quale porterebbe un apporto notevole nella teoria computazionale e permetterebbe di focalizzare gli sforzi per la risoluzione parziale dei problemi NP o di altri problemi notevoli.

Se si riuscisse a dimostrare invece che P = NP, questo comporterebbe che:

- i metodi crittografici ora sicuri che si basano su algoritmi NP diventerebbero facilmente violabili;
- si potrebbe avere una precisione vicina al 100% nel riconoscimento visivo automatizzato;
- la stessa cosa si avrebbe nelle traduzioni e in genere in tutti i problemi di apprendimento automatico;
- avremmo miglioramenti significativi nelle previsioni del tempo e dei fenomeni naturali;
- trasporti di persone e materiali diverrebbero più veloci ed economici.

Zoom su...

P È INCLUSA IN NP?

Ad oggi non è neppure stato dimostrato se vale il contenimento in senso stretto tra le due classi, cioè se P è inclusa in NP, anche se molti risultati e oltre trent'anni di intensa ricerca inducono a credere che P sia strettamente un sottoinsieme di NP ed esistano problemi in NP che *non sono risolubili* in tempo polinomiale.

In ogni caso finché non sarà dimostrato il contrario dovremo considerare intrattabili i problemi in NP per cui non conosciamo l'esistenza di una soluzione efficiente, cioè di un algoritmo polinomiale che lo risolve.

Questo quesito è il più importante problema irrisolto nella teoria della complessità.

La classe NPC o NP-completa

Alcuni problemi nella classe NP sono più interessanti di altri in quanto è possibile ricondurre la risoluzione di uno alla risoluzione di un altro: questa sottoclasse particolare, alla quale appartiene anche il problema del commesso viaggiatore, è detta NPC, cioè NP-completa, a indicare che possiede tutte le caratteristiche della classe NP.
Dato che la classe NPC è un sottoinsieme della classe NP, possiamo completare lo schema che rappresenta le classi di complessità come riportata nel diagramma che segue.

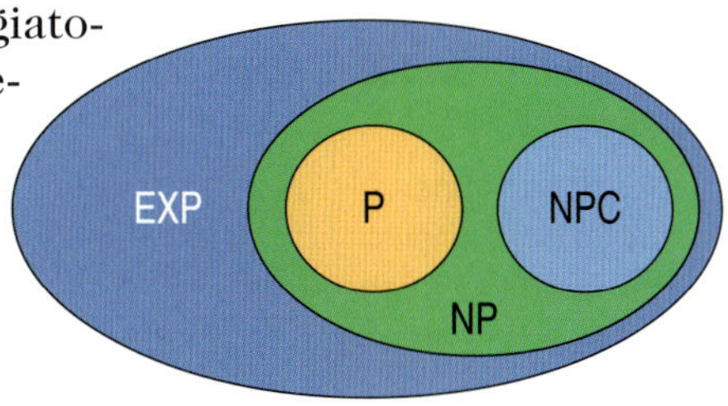

PROBLEMI NPC

I problemi NPC sono i problemi più difficili appartenenti alla classe NP e **se si riuscisse** a scoprire un algoritmo polinomiale per risolverne uno, tutti i problemi in NP potrebbero essere risolti in tempo polinomiale.

Infatti, se un qualsiasi singolo problema NP-completo potesse essere risolto in tempo polinomiale, allora ogni problema NP-completo avrebbe un algoritmo risolvente in tempo polinomiale (equivalenza di tutti i problemi NP-completi): fino a oggi nessun algoritmo che soddisfi questa definizione è però stato trovato.

Purtroppo esistono molti problemi, anche di interesse pratico, per i quali non si conoscono ancora algoritmi non esponenziali (problemi intrattabili). Se si scoprisse che per risolvere anche solo uno dei problemi in NP si hanno solo algoritmi esponenziali, tutti gli algoritmi in NPC richiederebbero tale tempo e quindi si sarebbe dimostrata la congettura $P \neq NP$.

Risolvere i problemi intrattabili

Nella nostra vita quotidiana di programmatori capita sovente di scontrarci con i problemi intrattabili che comunque devono essere risolti, seppure "in qualche modo".
Per poter ottenere una soluzione approssimata e/o parziale è necessario in ogni caso ridurre la loro complessità cercando di avvicinarci a problemi di complessità polinomiale: per fare questo abbiamo a disposizione gli algoritmi descritti di seguito e tra questi possiamo individuare quello che meglio si avvicina alla nostra situazione:

- approssimati: sono algoritmi che risolvono il nostro problema entro una tolleranza che definiamo noi e che indichiamo tra le condizioni iniziali;
- probabilistici: introducono valori di probabilità cosicché si possa prendere in modo più deterministico una decisione all'interno dei casi di scelta;
- casi speciali: ci permettono di risolvere sottoproblemi particolari;
- esponenziali: a volte anche gli algoritmi esponenziali possono essere trattabili se si esclude di essere nel caso peggiore;
- euristici: sono gli ultimi da considerare se nelle tipologie precedenti non si è trovato un possibile tipo di algoritmo che ci possa aiutare a risolvere il problema; ciò in quanto non danno garanzie dato che sono algoritmi dei quali non si sa dire se daranno una soluzione esatta ed in ogni caso quale sarà la loro complessità

Verifichiamo le conoscenze

Esercizi a scelta multipla

1 **Quali tra le seguenti non è una categoria di problemi?**
- O di decisione
- O di ordinamento
- O di ottimizzazione
- O di enumerazione
- O di ricerca

2 **Un problema P è detto computabile quando:**
- O esiste un algoritmo che lo risolve
- O esiste un algoritmo P che lo risolve
- O esiste un algoritmo non NP che lo risolve
- O le tre affermazioni sono equivalenti

3 **Un algoritmo 2^n con dimensione 40 per la sua computazione richiede:**
- O 13 sec
- O 13 minuti
- O 13 giorni
- O 13 mese

4 **Con NP si intende:**
- O la classe Non Polinomiale
- O la classe Non computabile Polinomiale
- O la classe Non completamente Polinomiale
- O la classe Non deterministica a tempo Polinomiale

5 **La classe NP:**
- O è inclusa nella classe P
- O è inclusa nella classe NPC
- O è inclusa nella classe EXP
- O nessuna delle precedenti

6 **Se si riuscisse a dimostrare invece che P = NP, questo comporterebbe che (indica la proposizione errata):**
- O i metodi crittografici diventerebbero facilmente violabili
- O si potrebbe avere una maggiore precisione nel riconoscimento visivo
- O si migliorerebbero le traduzioni automatiche
- O avremmo miglioramenti nella previsione del meteo
- O gli algoritmi diverrebbero più veloci
- O troverebbero beneficio tutti i problemi di apprendimento

Test vero/falso

1	È possibile dimostrare che tutti i problemi possono essere ricondotti a problemi di decisione.	V F
2	In un algoritmo deterministico per ogni istruzione esistono più passi successivi.	V F
3	Un algoritmo non deterministico contiene almeno un'istruzione che ammette più passi successivi.	V F
4	Sono definiti intrattabili i problemi che non sono computabili.	V F
5	La classe EXP è inclusa nella classe P.	V F
6	La classe P è inclusa nella classe NP.	V F
7	La classe NPC è inclusa nella classe NP.	V F
8	I problemi NPC sono i problemi più difficili appartenenti alla classe NP.	V F

MODULO 12 LA PROGRAMMAZIONE A OGGETTI

OBIETTIVI

- Conoscere gli elementi teorici del paradigma a oggetti (OOP)
- Comprendere il concetto di astrazione
- Acquisire il concetto di costruttore e distruttore
- Comprendere le differenze tra *overloading* e *overriding*
- Riconoscere la gerarchia delle classi
- Individuare la specializzazione e la generalizzazione di una classe
- Classificare classi e relazioni tra di esse
- Riconoscere le tipologie di polimorfismo
- Conoscere gli elementi fondamentali dell'ingegneria del software
- Conoscere una metodologia di documentazione (UML)

ATTIVITÀ

- Applicare il concetto di astrazione per modellare le classi
- Definire una classe con attributi e metodi
- Rappresentare classi e oggetti mediante diagrammi UML
- Definire i costruttori e il distruttore di una classe
- Applicare i concetti di incapsulamento e *information hiding*
- Applicare i concetti di ereditarietà e polimorfismo
- Riconoscere se una classe appartiene a una gerarchia
- Definire una gerarchia di classi
- Usare la progettazione orientata agli oggetti per programmi complessi

UNITÀ DIDATTICA 1

OOP: EVOLUZIONE O RIVOLUZIONE?

IN QUESTA UNITÀ IMPAREREMO...

- il concetto di programmazione di sistema
- la motivazione della crisi del software
- il concetto di classe, oggetto, incapsulamento, ereditarietà e polimorfismo
- il concetto di astrazione, implementazione, interfaccia

Introduzione

La programmazione a oggetti (OOP, *Object Oriented Programming*) rappresenta, senza dubbio, il modello di programmazione più diffuso e utilizzato nell'ultimo decennio.
Nasce alla fine degli anni '80 come superamento della programmazione di tipo procedurale, ma oltre che essere una naturale evoluzione dei linguaggi di programmazione strutturati è anche una vera e propria rivoluzione in quanto sposta completamente il punto di vista dal quale si affronta il progetto di un'applicazione.
Come ogni rivoluzione, anche la "rivoluzione informatica" è conseguenza dell'insoddisfazione per l'inadeguatezza degli strumenti software a disposizione degli sviluppatori di fronte alla repentina evoluzione dei sistemi hardware degli anni '90.
Vediamo brevemente di comprenderne le cause, in modo da avvicinarci all'OOP seguendo le tappe che l'hanno generata.

Partiamo da un termine che ben conosciamo, ma che nel tempo ha modificato il suo significato: "programmare".
Riconsideriamo le fasi di realizzazione di un programma, e cioè:
- analisi del problema;
- definizione della strategia;
- codifica (programmazione);
- installazione;
- collaudo.

L'attività di programmazione si identifica con la fase di codifica, che è un'attività sicuramente poco stimolante, che segue le fasi creative e viene percepita come una vera e propria "manovalanza", compiuta da chi trascrive in un linguaggio di programmazione l'algoritmo progettato da altri.

Negli anni '80 ci si trova di fronte a un insieme di problematiche che causano la prima vera "crisi del software": l'evoluzione esponenziale dell'hardware e la riduzione dei costi sia delle macchine sia dei sistemi operativi ha reso *sproporzionati e preponderanti* i costi di sviluppo e manutenzione del software applicativo, nella componente sia correttiva (per eliminare errori) sia adattativa (per rispondere a nuove esigenze).

Inoltre, la metodologia di sviluppo orientata a una visione "algoritmica" del problema informatico (programmazione *in the-small*) si manifesta insoddisfacente, se non addirittura catastrofica se utilizzata e adattata alla progettazione, allo sviluppo e alla manutenzione di sistemi software complessi.

Zoom su...

CARATTERISTICHE DEL SISTEMA SOFTWARE

In un sistema, non basta che il software funzioni, deve essere anche "ben fatto" e presentare le seguenti caratteristiche principali:

1. ben organizzato
2. modulare
3. protetto
4. riusabile
5. riconfigurabile
6. flessibile
7. documentato
8. incrementalmente estendibile
9. a componenti
10. ...

Si passa allora dalla "programmazione di un programma" alla "programmazione di un sistema", quindi al concetto di base del termine "programmare" si attribuisce un nuovo significato. Anche l'attività di pura codifica, intesa come scrittura di istruzioni, assume una nuova dimensione in quanto deve essere integrata al resto del progetto di sistema e quindi richiede ai progettisti nuove (e a volte maggiori) competenze, quali:

- la conoscenza di fondamenti teorici;
- la padronanza degli strumenti disponibili;
- la visione sistemistica del problema;
- la capacità di analisi dello spazio dei problemi;
- la capacità di ragionamento sul lavoro svolto;
- la capacità di comunicazione con gli utilizzatori;
- la capacità di rinnovarsi (aggiornarsi e modificare le proprie convinzioni).

Riassumendo, il nodo centrale è il fatto che cambia sostanzialmente la dimensione del problema: il termine programmare un elaboratore perde il significato che aveva avuto in precedenza e diventa sinonimo di progettare e costruire sistemi software.

Per progettare sistemi occorrono però linguaggi che offrano metafore e concetti sistemistici: infatti, in ogni linguaggio di programmazione, oltre alle regole sintattiche e semantiche e a strutture di dati, è intrinsecamente presente anche un insieme di metafore e concetti che agevolano, o meglio, "instradano" le scelte progettuali del programmatore che utilizza il linguaggio.

ESEMPIO 1

Ricordiamo per esempio il concetto di file: sicuramente è presente nei vari linguaggi ma viene concepito e utilizzato in modo diverso, dato che ogni linguaggio offre strumenti e approcci diversi per la sua gestione e l'utilizzo dei file, a volte anche in modi "trasparenti all'utente".

Si pensi poi, per esempio, come viene o meno considerata l'interfaccia grafica e quali modalità operative sono rese disponibili per essa nei diversi linguaggi: in un linguaggio che prevede solo la gestione dello schermo in modo testuale è improponibile (o meglio, "folle") pensare di implementare un'applicazione grafica con puntatori grafici da spostare con il mouse, pulsanti e finestre!

Ciascun linguaggio offre propri strumenti per migliorare l'espressività del programmatore (come l'organizzazione in funzioni, procedure, moduli ecc.), questi strumenti lo caratterizzano o lo rendono diverso dagli altri, anche se appartenente allo stesso paradigma.

Le diversità delle metafore e dei concetti intrinseci nei diversi linguaggi sono probabilmente la vera ragione dell'esistenza di tanti linguaggi di programmazione, indipendentemente dal paradigma al quale fanno riferimento: un linguaggio è sicuramente più adatto di un altro per risolvere applicazioni in un determinato ambito o settore, a volte anche per un solo specifico problema o parte di esso, offrendo specifiche primitive o di alto livello che permettono di "risparmiare tempo e fatica" allo sviluppatore; d'altra parte, purtroppo, troppo spesso un programmatore si "innamora" di un linguaggio (il primo!) e utilizza sempre lo stesso... anche perché *conosce solo quello* e quindi non è in grado di scegliere quello più adatto per quel particolare problema.

■ Perché tanti linguaggi di programmazione

Ogni linguaggio di programmazione ha quindi un "ruolo" o un settore di applicazione per il quale è più indicato; inoltre, tutti i linguaggi classici, cioè quelli noti come "Pascal like" in quanto si ispirano al linguaggio Pascal e alla programmazione imperativa, non offrono strumenti adatti alla progettazione di sistemi complessi.

Sono quindi necessari nuovi linguaggi, più aderenti alle nuove situazioni e più adatti a risolvere nuove problematiche: i linguaggi a oggetti sono tra questi e sono oggi utilizzati in tutte le fasi di sviluppo dei sistemi software (analisi, progetto, implementazione) perché introducono una nuova visione del sistema offrendo un insieme di concetti e metafore capaci di integrare e rinnovare le tre fasi classiche dello sviluppo.

Questi linguaggi aiutano non solo la codifica di particolari situazioni, ma modificano "il modo di pensare" e vedere i problemi, richiedendo quindi un approccio mentale diverso rispetto ai linguaggi procedurali.

Per tale motivo la programmazione a oggetti è da considerarsi un nuovo paradigma che va ad affiancarsi ai tre paradigmi classici, che sono:

1. imperativo (Modula-2, Pascal, Cobol, Ada, Basic, C, Fortran, Algol);
2. funzionale (Lisp, Scheme, ML);
3. logico (Prolog).

◀ Il termine legacy definisce tutti i casi in cui un'applicazione "obsoleta" continua a essere usata poiché l'utente (tipicamente un'organizzazione) non vuole o non può sostituirla in quanto i costi sarebbero sproporzionati rispetto alle migliori prestazioni che si otterrebbero. ▶

I linguaggi di questo nuovo paradigma presentano importanti caratteristiche:

- utilizzano e integrano le metodologie di sviluppo top-down e bottom-up;
- sono tra le sorgenti d'ispirazione del concetto di componente software;
- aiutano a integrare computazione e interazione;
- aiutano ad affrontare il problema della sostituzione del software obsoleto ◀ legacy ▶.

Il nuovo paradigma, il quarto, prende nome di paradigma a oggetti. Contrariamente a quanto si possa pensare, i primi linguaggi "a oggetti" furono SIMULA I e SIMULA 67, sviluppati da Ole-Johan Dahl e Kristen Nygaard all'inizio degli anni '60, ma ai quei tempi non riscossero particolare successo.

Il primo vero linguaggio a oggetti "puro" usato a tutt'oggi fu il linguaggio SmallTalk, introdotto negli anni '70 inizialmente da Alan Kay e successivamente ripreso da Adele Goldberg e Daniel Ingalls, entrambi ricercatori allo Xerox Park di Palo Alto, in California.
Oggi i linguaggi a oggetti più rappresentativi sono Java e C++.

I linguaggi a oggetti sono i principali artefici della transizione da progettazione e programmazione "in the small" a progettazione e programmazione "in the large".

Crisi, dimensioni e qualità del software

Abbiamo già accennato alla "crisi del software" che negli anni '80 ha rappresentato un serio problema, al punto di mettere in crisi più volte il "sistema informatica" (spesso ridicolizzando i progettisti e gli operatori del settore).

LEGGI CATASTROFICHE

In quegli anni sono nate leggi, corollari e teoremi ormai famosi, dalla "legge di Murphy" alla "legge dei mille programmatori", dalla "sindrome del 90%" alle leggi "di Mayers e di Mealy", che riportiamo di seguito per "dovere di cronaca".

Altro non si tratta che di "battute cattive" nate con una buona dose di cinismo e goliardia, che in comune avevano come fonte di ispirazione reale il fatto che i sistemi informatici erano "pieni zeppi di errori".
Legge di Murphy: se c'è una remota possibilità che qualcosa vada male, sicuramente ciò accadrà e produrrà il massimo danno.
Legge di Murphy (corollario 1): se c'è una possibilità che varie cose vadano male, quella che causa il male peggiore sarà la prima a verificarsi.
Legge di Murphy (corollario 2): gli stupidi sono sempre più ingegnosi delle precauzioni che si prendono per impedire loro di nuocere.
Legge dei mille programmatori: se assegnate mille programmatori a un progetto senza aver ben definito il disegno del sistema, otterrete un sistema con almeno mille moduli.
Sindrome del 90%: colpisce gli addetti ai lavori quando un progetto di un prodotto software è lì lì per essere completato, ma nonostante gli sforzi, continua a restare drammaticamente incompiuto: c'è chi afferma che il primo 90% di un lavoro viene svolto nel 10% del tempo e il restante 10% nel restante 90% (sigh!).
Legge di Mayers: è bene trascurare le fasi di analisi e progetto e precipitarsi all'implementazione allo scopo di guadagnare il tempo necessario per rimediare agli errori commessi per aver trascurato la fase di analisi e di progetto.
Legge di Mealy: se un progetto ritarda, aggiungendo una nuova persona al gruppo questa consuma più risorse di quante ne produce.

Volendo ricercare le motivazioni della crisi del software e prendendo spunto anche dalle "leggi" esposte sopra, è possibile individuare tre cause fondamentali:

1. crisi dimensionale;
2. crisi gestionale;
3. crisi qualitativa.

La crisi dimensionale ha origini di natura essenzialmente tecnologica: è dovuta cioè alla crescita della dimensione dei sistemi informatici con la diffusione di un numero sempre maggiore di computer e della maggiore connessione degli stessi in reti locali e remote.
I nuovi sistemi non hanno solo subìto un aumento delle "dimensioni fisiche", ma hanno provocato nuovi problemi e, di conseguenza, le entità delle astrazioni, dei modelli e degli strumenti per progettare si sono rivelati inadeguati.

La crisi gestionale ha origine dalla crescita sproporzionata dei costi per effettuare la manutenzione del software, sia correttiva sia adattativa, legata al variare delle dimensioni dei sistemi e quindi dei programmi. Nei sistemi di medie e grandi dimensioni trovare gli errori può essere molto difficile e oneroso e ogni modifica può coinvolgere tutto il team di sviluppo.

La crisi qualitativa è anch'essa legata sia alla crescita delle richieste sia al fatto che gli strumenti a disposizione dei programmatori sono risultati insufficienti per ottenere software di qualità e proprietà desiderate.
I linguaggi imperativi e la programmazione strutturata, con le loro strutture dati e le strutture di controllo, le funzioni e le procedure, non si sono dimostrati strumenti efficaci anche perché in essi non sono presenti modalità adatte a offrire supporto all'organizzazione del processo produttivo del software inteso come prodotto di qualità.

Il software di buona qualità deve essere protetto, modulare, riusabile, documentato, incrementalmente ed estendibile: cambiando le dimensioni del problema cambia la dimensione del progetto, ma soprattutto la modalità con cui si deve effettuare l'approccio alla soluzione; ne consegue la nascita dell'ingegneria del software, con nuovi strumenti progettuali e nuovi linguaggi implementativi.

La programmazione a oggetti si propone come una nuova metodologia, con un approccio risolutivo completamente diverso: l'approccio a oggetti. L'utilizzo di linguaggi orientati agli oggetti costringe il programmatore ad adottare nuove metodologie di programmazione, anche inconsapevolmente, sviluppando spesso in modo automatico le attitudini mentali adatte all'approccio sistemistico.
L'impiego di un linguaggio OOP impone l'utilizzo dei principi fondamentali della programmazione a oggetti, che si possono riassumere in modularità, incapsulamento, protezione dell'informazione, che sono le caratteristiche richieste al software di buona qualità: il programmatore "automaticamente" si trova a rispettare le tecniche fondamentali di organizzazione del software necessarie per superare tutte e tre le possibili cause di "crisi" prima descritte.

Astrazione, oggetti e classi

Con la programmazione a oggetti è possibile modellare la realtà in modo più naturale e vicino all'uomo, offrendo nuovi strumenti con cui poter descrivere tutti i livelli di astrazione nei quali viene "trasformato" il sistema software nelle varie fasi della sua progettazione.
L'astrazione è il primo importante strumento di lavoro nella fase di progettazione di un sistema software (oltre che essere un concetto importante in tutte le attività dell'ingegneria), e ne ricordiamo una possibile definizione.

ASTRAZIONE

L'astrazione è il risultato di un processo, detto appunto di astrazione, secondo il quale, assegnato un sistema, complesso quanto si voglia, si possono tenerne nascosti alcuni particolari evidenziando quelli che *si ritengono essenziali* ai fini della corretta comprensione del sistema.

Hoare, nel suo libro *Notes on Data Structuring*, sottolinea questo aspetto e associa il concetto di astrazione a quello di oggetto.

Nel processo di comprensione di fenomeni complessi, lo strumento più potente disponibile alla mente umana è l'astrazione. L'astrazione nasce dall'individuazione di proprietà simili tra certi oggetti, situazioni o processi del mondo reale e dalla decisione di concentrarsi su queste proprietà simili e di ignorare, temporaneamente, le loro differenze.

Gli oggetti simili hanno comportamenti uguali (metodi) e caratteristiche specifiche (attributi) che li differenziano tra loro: sono raccolti in classi, dove ogni classe è l'origine degli oggetti stessi e in essa vengono descritti i comportamenti e le proprietà degli oggetti.

Per essere precisi si dovrebbe parlare di programmazione per classi piuttosto che di programmazione per oggetti in quanto l'oggetto è un elemento di una classe, cioè ne è proprio una sua istanza, come vedremo meglio in seguito.

La classe è l'elemento base della OOP e un programma a oggetti è costituito da un insieme di classi che generano oggetti che tra loro comunicano con scambi di messaggi.
Spesso le classi non hanno bisogno di essere scritte in quanto sono di dominio pubblico, cioè disponibili come moduli di libreria, e il programmatore deve solamente utilizzarle come veri e propri "mattoni software" con cui costruire il programma.

Se una classe non soddisfa appieno le esigenze specifiche di un caso particolare è possibile completarla, aggiungendole tutto quello che necessita per la nuova esigenza: si parla di classe ereditata e l'ereditarietà è la vera potenzialità della OOP, che permette di modellare e specializzare le classi già esistenti e quindi di non dover mai "partire da zero" ma sempre da solide fondamenta.

Se riprendiamo alcuni concetti fondamentali già discussi in passato scopriamo che:
- è inutile riscrivere software che qualcuno ha già scritto (anche perché probabilmente lo ha scritto meglio di noi!);
- un programma deve essere in grado di adattarsi alla complessità del problema e del sistema senza dover intervenire radicalmente sul codice;
- un programma deve essere in grado di adattarsi alla tecnologia: per esempio, se viene modificata la rappresentazione in memoria occorre modificare solamente le operazioni e non l'intero programma.

Ci accorgiamo che la programmazione a oggetti è la risposta a ogni esigenza.

Sappiamo che cosa vuol dire modificare software già scritto: spesso non riusciamo neppure a capire quello che abbiamo scritto noi, immaginiamo che cosa può succedere se dobbiamo rielaborare programmi scritti da altri!

Il grande vantaggio della OOP è che le classi disponibili per gli sviluppatori "funzionano", cioè il codice è testato e completamente esente da errori, e sono "blindate", cioè non è possibile modificare il loro interno ma solo utilizzarle o estenderle in nuove classi più complete con aggiunte personali.

Le classi sono veri "circuiti integrati software" e il programmatore a oggetti a volte diventa un vero "assemblatore di software": naturalmente il sogno di ogni programmatore è quello di avere a disposizione tutti i componenti di cui ha bisogno ma, ovviamente, nella stragrande maggioranza dei casi questo non è possibile.

Il progettista, mediante l'astrazione, cerca di individuare negli oggetti che gli sono necessari comportamenti simili presenti e descritti in elementi di altre classi già esistenti, per poi completare e personalizzare la propria situazione.
Potremmo concludere con una frase apparentemente oscura ma che riassume l'intima essenza della programmazione per oggetti: "si astrae per specializzare".

Dov'è la novità?

Si potrebbe dire che di astrazione e modularità si è già parlato a lungo, così come di scomposizione top-down, approccio bottom-up, tecniche di *divide et impera* ecc., quindi non è chiaro che cosa realmente ci sia di nuovo nella OOP!
Si è inoltre già visto come sia possibile effettuare anche con i linguaggi della programmazione operativa l'implementazione di tipi di dati astratti (ADT) che costituiscano una rappresentazione concreta delle astrazioni concepite dal progettista.

La OOP va invece oltre, realizzando quello che comunemente prende il nome di *information hiding*, cioè l'incapsulamento, all'interno della classe, sia della rappresentazione dei dati sia delle elaborazioni che possono essere eseguite su di essi, fornendo all'utente un meccanismo di interfacciamento che garantisce il mascheramento del funzionamento interno dell'oggetto: solo attraverso l'interfaccia si interagisce con la classe e la classe stessa comunica all'esterno solo per "cosa fa" e non per "come lo fa".

> In tale modo si garantisce il rispetto della semantica delle astrazioni del dato: obbligando ad accedere a esso solo tramite apposite funzioni (metodi) si impedisce l'accesso diretto alla rappresentazione concreta del dato.

L'oggetto estende il concetto di dato astratto e per la definizione di una classe è necessario:
- definire tutte le operazioni che sono applicabili agli oggetti (istanze) del tipo di dato astratto;
- nascondere la rappresentazione dei dati all'utente;
- garantire che l'utente possa manipolare gli oggetti solo tramite operazioni del tipo di dato astratto a cui gli oggetti appartengono (protezione).

Un ulteriore vantaggio dell'incapsulamento è quello di obbligare il progettista a separare il "che cosa c'è dentro" dal "che cosa si vede dal di fuori" durante tutta l'attività di realizzazione di un'applicazione.
- Il sistema esterno è ciò che vede l'utente, quindi quello che deve soddisfare le aspettative definite dal contratto: al cliente non interessa che cosa c'è dentro, interessa che ciò che ha acquistato funzioni e come si utilizza, cioè come si interagisce con esso (interfaccia); il progettista deve quindi focalizzarsi sul funzionamento osservabile (astrazione).
- Il sistema interno non deve essere accessibile all'utente, per cui ci si deve focalizzare sull'implementazione, per fare in modo che tutti i dettagli restino invisibili all'esterno del sistema stesso (incapsulamento).

Ricapitolando, possiamo riassumere le caratteristiche dei due elementi fondamentali che costituiscono l'incapsulamento:
- interfaccia: esprime una vista astratta di un ente computazionale (funzione, procedura, componente software ecc.), nascondendone l'organizzazione interna e i dettagli di funzionamento;
- implementazione: esprime la rappresentazione dello stato interno ed è costituita dal codice che realizza il funzionamento richiesto.

Conclusione: che cos'è la programmazione a oggetti

Si è detto che la programmazione OOP nasce alla fine degli anni '80 come superamento della programmazione di tipo procedurale e per ovviare ai limiti propri che questa aveva.
Gli oggetti sono raccolti in classi, che definiscono campi e metodi comuni a tutti gli oggetti di un certo tipo, e la OOP offre la possibilità di estendere queste classi (nesting) creando vere e proprie gerarchie mediante l'ereditarietà (che permette di propagare automaticamente attributi comuni a più oggetti di una stessa classe).
Mediante il procedimento di astrazione, gli oggetti fisici vengono virtualizzati in oggetti software che offrono le stesse informazioni e servizi degli oggetti reali: si suddivide il sistema reale preso in esame in classi di oggetti, ognuna delle quali possiede proprie variabili e funzioni, che assumono il nome di attributi e metodi.

Zoom su...

METODI

I metodi possono essere di tre tipi, classificati in base al tipo di operazioni che eseguono:
1. visualizzatori per accedere ai valori delle variabili;
2. modificatori per modificare i valori delle variabili;
3. costruttori per creare gli oggetti della classe.

Nella OOP l'information hiding viene realizzato mediante l'incapsulamento ed è possibile accedere ai dati interni all'oggetto solo utilizzando i metodi previsti dal programmatore: l'utente ha a disposizione un'interfaccia che gli permette di interagire con gli oggetti non in modo diretto, ma esclusivamente mediante lo scambio di messaggi.
Un'ulteriore caratteristica della OOP è quella che prende il nome di polimorfismo: si tratta della possibilità di applicare lo stesso operatore a classi diverse, cioè mandare un messaggio con un "medesimo significato" a classi diverse che però lo interpretano e lo eseguono in maniera differente, compatibile con la loro struttura.

OOP IN SINTESI

Ereditarietà, incapsulamento e polimorfismo sono la "triade" di strumenti nuovi, da comprendere e sfruttare, per realizzare la programmazione di sistemi modulari, di buona qualità, con dimensioni scalabili, di facile manutenzione e riutilizzabili.

Verifichiamo le conoscenze

Esercizi a scelta multipla

1 L'acronimo OOP significa:
- O *Object Objective Programming*
- O *Objective Object Processing*
- O *Object Oriented Programming*
- O *Oriented Object Processing*

2 Quale tra le seguenti non è una caratteristica di un sistema software?
- O ben organizzato
- O modulare
- O protetto
- O semplice
- O riusabile
- O riconfigurabile
- O flessibile

3 Quale tra i seguenti non è un paradigma di programmazione?
- O imperativo
- O funzionale
- O matematico
- O logico

4 Quale fu il primo linguaggio a oggetti?
- O Ada
- O Java
- O Simula I
- O C++
- O SmallTalk

5 Le crisi del software furono di natura (indicare quella errata):
- O dimensionale
- O gestionale
- O qualitativa
- O quantitativa

6 Quale tra le seguenti affermazioni è errata?
- O i metodi corrispondono ai programmi
- O gli attributi corrispondono alle variabili
- O un oggetto è un'istanza di una classe
- O una classe è "un mattone software"

7 I metodi possono essere:
- O costruttori
- O distruttori
- O modificatori
- O visualizzatori

8 L'incapsulamento consiste:
- O nell'astrarre gli oggetti
- O nel fare in modo che i dettagli restino invisibili all'esterno
- O nel propagare automaticamente attributi comuni
- O nel realizzare il *divide et impera*

9 Quale tra i seguenti non è un concetto OOP?
- O incapsulamento
- O automatismo
- O polimorfismo
- O ereditarietà

Test vero/falso

1. Il primo linguaggio a oggetti fu sviluppato negli anni '90. V F
2. Con il termine "legacy" si intende un'applicazione OOP. V F
3. L'astrazione ha un ruolo fondamentale nelle OOP. V F
4. SmallTalk fu introdotto negli anni '70 ed è il primo linguaggio "puro". V F
5. La classe è un insieme di oggetti. V F
6. L'oggetto è un'istanza di una classe. V F
7. Nella OOP le variabili corrispondono agli attributi. V F
8. L'interfaccia serve per interagire con un oggetto. V F
9. Nella OOP l'information hiding viene realizzato mediante l'ereditarietà. V F
10. L'ereditarietà permette di propagare automaticamente attributi comuni. V F

UNITÀ DIDATTICA 2

OGGETTI E CLASSI

IN QUESTA UNITÀ IMPAREREMO...

- a utilizzare il processo di astrazione per modellare le classi
- a rappresentare classi e oggetti
- a utilizzare classi e oggetti

■ Programmazione modulare

Un programma OOP si basa essenzialmente sull'utilizzo di moduli software già preparati (magari da altri) senza preoccuparsi di come ciascuno di essi svolga il proprio compito, semplicemente assemblandoli in un contesto funzionale adeguato allo scopo.

> Attualmente nessun progettista elettronico penserebbe mai di realizzare un circuito operazionale utilizzando transistor e componenti discreti, dato che, oltre che essere un lavoro lungo e complesso, necessita di un'accurata progettazione ed è quindi passibile di errori; il progettista utilizza i circuiti integrati disponibili in commercio come, per esempio, l'operazionale già "bello e pronto", perfettamente funzionante, poco ingombrante e di costo minimo.

La OOP cerca di trasferire anche nel software questa metodologia di progetto: gli oggetti software sono da considerarsi veri e propri "circuiti integrati software", che i progettisti di sistemi software possono utilizzare nelle loro applicazioni come elementi già completamente funzionanti, testati e "inscatolati" in moduli autonomi protetti e non modificabili.

Si potebbe obiettare che questi concetti di modularità fossero già stati ampiamente "predicati" dal prof. Wirth negli anni '80 e quindi i concetti di scomposizione, atomizzazione e riutilizzo siano da considerarsi ben noti ai programmatori: la programmazione OOP va molto oltre, in quanto offre, nei linguaggi, strumenti che automatizzano la realizzazione di queste tecniche integrando il processo di *information hiding* senza che il programmatore debba rendersene conto e consentendogli di focalizzarsi su come questi oggetti interagiscono tra loro.

Il progettista software si trova ad avere a disposizione una vera e propria "scatola nera" di cui non conosce il contenuto ma solamente le funzionalità e che può usare e riusare tutte le volte che vuole.
Inoltre, la novità è che all'interno della scatola non ci sono le funzioni ma anche i dati, quindi ogni elemento può vivere di vita propria, indipendentemente dal contesto in cui viene utilizzato.

L'elemento fondamentale di tutto questo è l'oggetto, che è appunto un "insieme di dati e di funzioni" che prende "vita" da una classe: questa è la vera rivoluzione per cui la OOP può considerarsi come un nuovo paradigma che riunisce codice e dati dopo che per anni la tendenza è stata quella di separarli completamente (come possiamo riscontrare nei sistemi a database).

Per descrivere le nostre classi utilizzeremo un codice comune sia a C++ sia a Java: Java è un linguaggio "generato da C++" dove è stata mantenuta la stessa sintassi aggiungendo particolarità che esulano dallo scopo di questo modulo didattico che ha come obiettivo non di insegnare la programmazione a oggetti ma di introdurre le basi e la filosofia di questo paradigma di programmazione.
Non entreremo nel dettaglio dei due linguaggi, ma manterremo la trattazione in modo tale che il codice scritto sia pressoché identico per entrambi, segnalando le minime differenze.

Gli oggetti

Abbiamo detto che la programmazione a oggetti permette di modellare la realtà in modo più naturale e vicino all'uomo, offrendo nuovi strumenti con cui poter descrivere tutti i livelli di astrazione nei quali viene "trasformato" il sistema software nelle fasi della sua progettazione.

Gli oggetti sono le istanze delle classi, quindi oggetti della stessa classe si differenziano tra loro per le loro proprietà (attributi) e, come vedremo, hanno in comune con tutti gli altri oggetti il comportamento.

Formuliamo ora una prima definizione di oggetto.

OGGETTO
Un oggetto è un'entità astratta dotata di specifici attributi e in grado di cooperare con altri oggetti svolgendo specifiche azioni.

Un oggetto è quindi la rappresentazione di una qualsiasi cosa che ha uno stato e un comportamento: per familiarizzare con il processo di astrazione e descrizione degli oggetti vediamo alcuni esempi tratti dalla vita quotidiana.

ESEMPIO 2

1 Oggetto **`Gatto`**

L'oggetto `Gatto`:
- ha caratteristiche specifiche: peso, colore del pelo, età;
- compie azioni, come: correre, dormire e bere il latte.

2 Oggetto **`Automobile`**

L'oggetto `Automobile`:
- ha caratteristiche specifiche: marca, modello, peso, colore, posti...;
- esegue azioni, come: avviamento, arresto, accelerazione, cambio marcia, frenata, suono del clacson, avvio tergicristalli...

3 Oggetto **`Cellulare`**

L'oggetto `Cellulare`:
- ha caratteristiche specifiche: tipo del display, peso, colore, marca, modello...;
- esegue azioni, come: invio di sms, composizione di un numero o accensione e spegnimento automatici.

Notiamo innnanzitutto che in ciascuno di essi possiamo riscontrare le caratteristiche proprie di quel particolare oggetto, cioè gli elementi che lo distinguono dagli oggetti ad esso simili, i valori specifici che hanno gli attributi di quell'elemento particolare (istanza) e che sono i dati interni all'oggetto stesso e lo distinguono dagli oggetti a lui "simili" (della stessa classe).
La seconda osservazione è che tutti gli oggetti "simili" hanno un medesimo comportamento, che è l'insieme delle azioni (operazioni) che sono in grado di eseguire (metodi).

> Due oggetti `Gatto` si distinguono tra loro per il colore, la razza, l'età, il peso, il nome proprio ecc., cioè tutte le caratteristiche fisiche individuali di ogni animale, ma tutti i gatti mangiano, corrono, bevono il latte ecc. allo stesso modo.
> Così pure le automobili: tutte sono costruite per trasportare le persone, si muovono su ruote, hanno bisogno di combustibile e ognuna ha un colore, una marca, una cilindrata, un proprietario, una targa che la distingue dalle altre.

Le classi

L'oggetto estende il concetto di dato astratto, ma è un elemento di un "gruppo" di oggetti che hanno lo stesso comportamento e si distinguono solamente per il proprio stato: tutti gli oggetti simili appartengono alla medesima classe.

Una classe è un "modello" per un insieme di oggetti "analoghi", caratterizzati:
- dalla stessa rappresentazione interna;
- dalle stesse operazioni con lo stesso funzionamento, che permettono di descrivere un insieme di oggetti che hanno gli stessi attributi (variabili) ed eseguono le stesse operazioni (funzioni o metodi).

CLASSE

Possiamo definire la classe come lo schema di base dal quale è possibile creare i singoli oggetti.

La descrizione dei metodi e delle variabili è contenuta all'interno della classe e non negli oggetti, che sono singole istanze della classe stessa.
Tutti gli oggetti istanza di una stessa classe:

- condividono la stessa struttura interna e lo stesso funzionamento;
- hanno ciascuno la propria identità e il proprio stato.

ESEMPIO 3

Vediamo una analogia automobilistica: si può pensare alla classe come al progetto di una automobile, la Fiat 500, completo di tutti i dettagli che definiscono gli attributi e le azioni che essa può svolgere, che viene utilizzato dalla fabbrica per produrre i singoli esemplari.
Paragonando questo procedimento alla OOP il progetto è la classe, mentre le singole autovetture sono i diversi oggetti creati successivamente nel programma.
Un venditore di auto Fiat non conosce il progetto dell'automobile, cioè come è fatta la classe al suo interno, ma ha bisogno di diversi esemplari di automobili, dello stesso modello Fiat 500, ciascuno con colori e optional diversi per soddisfare le richieste dei clienti.
Ha inoltre a disposizione un manuale di istruzioni, fornito dalla casa produttrice, in cui sono elencati i comandi con i quali è possibile comunicare con l'auto, cioè interfacciarsi con essa.

La definizione della classe deve naturalmente sempre precedere la creazione dell'oggetto: la classe è un elemento "statico" e solo in un secondo momento, partendo da essa, è possibile effettuare la creazione degli oggetti di quella classe, che sono elementi dinamici.

◀ In un linguaggio di programmazione tradizionale il concetto di TD, *tipo di dato*, è quello di insieme dei valori che può assumere un dato (una variabile).
Il *tipo di dato astratto* (TDA oppure ADT, Abstract Data Type) estende questa definizione, includendo anche l'insieme di tutte e sole le operazioni possibili su dati di quel tipo. La struttura dati "concreta" è incapsulata nelle operazioni su di essa definite. ▶

La classe è paragonabile allo "stampo" utilizzato per creare gli esemplari (oggetti).

Per definire una classe è necessario:

1. definire (e nascondere) la rappresentazione dei dati all'utente;
2. definire tutte le operazioni applicabili agli oggetti del tipo di dato astratto;
3. garantire che l'utente possa manipolare gli oggetti solo tramite operazioni del tipo di dato astratto ◀ TDA ▶ a cui gli oggetti appartengono (protezione).

Possiamo affermare che "l'oggetto sta alla classe come la variabile sta alla sua dichiarazione di tipo TDA".

Vediamo un esempio di come si costruisce una classe: i Gatti.

ESEMPIO 4 *Classe Gatti*

Seguendo lo schema fornito nella definizione che precede, il primo punto è quello di individuare e definire i dati necessari per descrivere lo stato della classe, in questo caso le caratteristiche dei gatti. Non entrando nel particolare, un gatto può essere caratterizzato da *nome*, *razza*, *età*, *peso*, *colore del pelo*, *lunghezza del pelo*, *sesso*: queste caratteristiche sono gli attributi della classe e vengono definiti come le normali variabili (campi di un record) quindi:

```
//attributi
string nome;
string razza;
int età;                        //espressa in anni
float peso;                     //espresso in etti
string colorePelo;
string lunghezzaPelo:
bool maschio;                   //vero se maschio, falso se femmina
```

Zoom su...

STRINGHE IN JAVA

In Java, a differenza di C++, le classi devono avere l'iniziale maiuscola: dato che string non è un tipo primitivo ma una classe, in Java deve essere scritto così:

```
String nome;
String razza;
...
```

A questo punto, prima di continuare, è necessario soffermarsi a verificare che questi attributi siano sufficientemente generali per poter descrivere *tutti* i gatti possibili e immaginabili: si prendono in esame casi particolari ed estremi e si verifica se il modello appena costruito è in grado di descriverli.

Successivamente individuiamo le operazioni, o meglio, le azioni che gli elementi della classe compiono, come correre, giocare, mangiare, dormire, fare le fusa, lavarsi, miagolare ecc., in modo da definire i comportamenti (metodi).

```
// metodi
bool corre();
bool mangia();
bool salta();
bool faLeFusa();
bool dorme();
bool miagola();
bool siLava();
```

È comunque impensabile individuare completamente tutti gli attributi e i metodi per descrivere una classe completa in ogni dettaglio, adatta per qualsiasi applicazione: è sufficiente soddisfare le esigenze del problema specifico da risolvere in quanto in seguito vedremo come sarà possibile integrare e completare le classi prima di riutilizzarle in progetti che usano l'ereditarietà.

Zoom su...

RAPPRESENTAZIONE UML

Nell'ambito dell'ingegneria del software è stato definito un linguaggio apposito per la descrizione grafica dei progetti, il linguaggio UML, nel quale viene definito un simbolismo universalmente riconosciuto e utilizzato da tutti gli sviluppatori a oggetti per rappresentare le classi e gli oggetti.

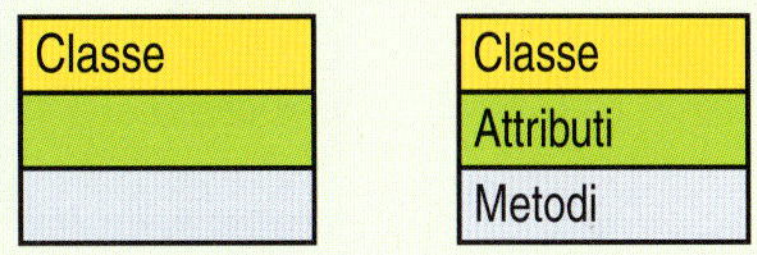

Per le classi sono previsti due livelli di rappresentazione:

1. sintetica: si utilizza un rettangolo con tre sezioni;
2. completa: si utilizza un rettangolo con indicati anche i campi e i metodi.

Anche per gli oggetti la notazione è simile, ma il rettangolo ha solo due sezioni:

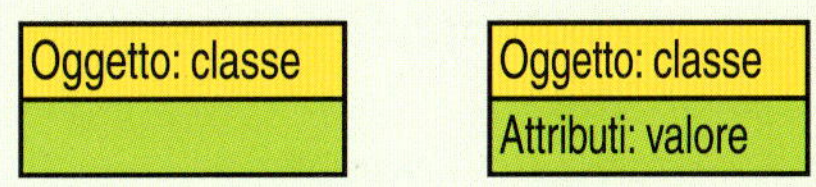

1. rappresentazione sintetica: si utilizza un rettangolo con due sezioni;
2. rappresentazione completa: si utilizza un rettangolo con indicati anche i valori dei campi.

ESEMPIO 5

Definiamo la classe `Gatto` e due istanze, l'oggetto `Gatto Pippo` e l'oggetto `Gatto Malachia`.

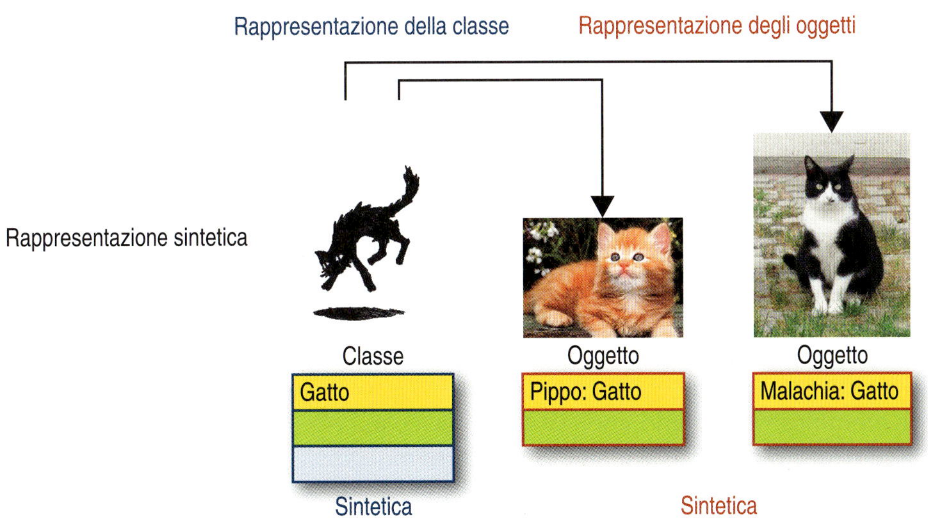

Rappresentazione completa

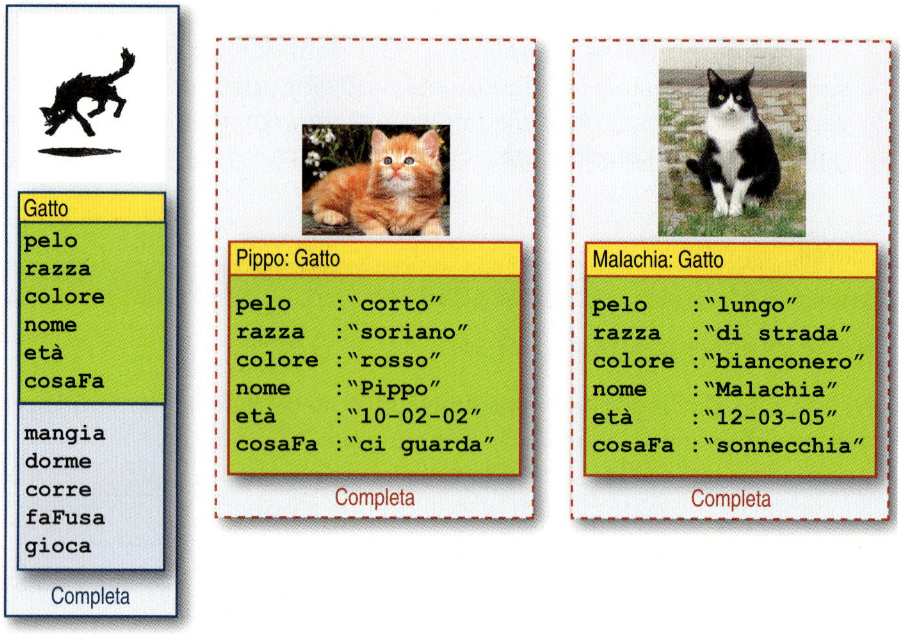

Gli attributi permettono di memorizzare lo stato attuale di un oggetto, cioè l'insieme dei valori che:

- descrivono l'oggetto;
- influenzano il risultato dell'invocazione dei metodi dell'oggetto e prendono il nome di variabili di esemplare (o variabili di istanza, *instance variables*).

Zoom su...

NAMING DELLE CLASSI

Nella programmazione a oggetti sono state sviluppate nel tempo convenzioni formali adottate da tutti gli sviluppatori: non sono "strettamente obbligatorie", nel senso che i compilatori e gli interpreti non segnalano l'errore qualora non vengano utilizzate, ma sono "vivamente consigliate" in quanto favoriscono la comprensione del codice e ne permettono la standardizzazione.

Le prime due convenzioni sono le seguenti:

1. i nomi delle classi DEVONO iniziare con lettera MAIUSCOLA;
2. i nomi degli oggetti DEVONO iniziare con lettera minuscola.

Altre due regole (già utilizzate fino a ora anche nella trattazione dei linguaggi procedurali) sono quelle che riguardano gli identificatori degli attributi (variabili) e dei metodi (funzioni):

3. tutti gli identificatori iniziano con lettera minuscola;
4. i nomi degli attributi composti hanno la lettera maiuscola come iniziale della seconda e dell'eventuale terza parola da cui sono formati.

Vediamo alcuni esempi:

`coloreOcchi`	*oppure*	`coloreDegliOcchi`
`annoNascita`	*oppure*	`annoDiNascita`
`scalaMarcia()`	*oppure*	`scalaUnaMarcia()`
`getValoreEta()`	*oppure*	`setValoreEta()`

Prova adesso!

- Definizione sintetica di una classe
- Definizione completa di una classe

APRI CON UN EDITOR UN FILE automobili.cpp (o automobili.java)

Definire la classe Automobili e dare la rappresentazione sia sintetica sia completa istanziando successivamente due oggetti.

Zoom su...

VISIBILITÀ

Prima di procedere è doverosa una puntualizzazione: lo schema UML precedentemente visto non è completo, in quanto è necessario aggiungere la visibilità.
La visibilità indica la modalità con cui possono essere "utilizzati" i metodi e gli attributi, similmente a quanto visto con le regole per lo scope dei sottoprogrammi.

Esistono due possibilità.

1. Pubblico (`public`). Anche dall'esterno della classe è possibile:
   - per gli attributi, scrivere e leggere i valori;
   - per i metodi, richiamarli (invocarli).
2. Privato (`private`). Sono caratteristiche "locali" della classe e dall'esterno non è possibile:
   - per gli attributi, scrivere e leggere i valori;
   - per i metodi, richiamarli (invocarli).

La rappresentazione UML della visibilità viene effettuata semplicemente scrivendo i caratteri + e – davanti ai metodi e ai campi.

- – sta per `private`;
- + sta per `public`.

Vedremo nel dettaglio, quando parleremo dell'incapsulamento, come definire correttamente e completamente i metodi e gli attributi; per ora è sufficiente adottare un'altra convenzione: tutti gli attributi devono essere dichiarati privati.

Completiamo la classe `Gatto` alla luce di queste nuove conoscenze, aggiungendo la visibilità agli attributi. Per semplicità ci limitiamo a considerare due attributi, nome e cosaFa: aggiungiamo quindi due metodi necessari per leggere e scrivere nell'attributo nome.
Avendo infatti reso privati gli attributi, l'unico modo per poterli leggere e scrivere in un'applicazione è quello di utilizzare un metodo pubblico "che lo faccia al nostro posto": invece di scrivere il nome del gatto nella variabile, diremo al metodo di scriverla "lui" nella variabile, dato che "lui" è un metodo della classe e quindi può leggere e scrivere tutte le variabili della classe stessa.

È doveroso sottolineare che: usare oggetti di una classe e realizzare una classe sono due attività ben distinte!

```
Gatto
-------------------------------
-nome   :String
...
-cosaFa:String
-------------------------------
+daiNome(String):bool
+leggiNome()  :String
+leggiStato():String
+mangia()       :boolean
+dorme()        :boolean
+corre()        :boolean
+faFusa()       :boolean
+gioca()        :boolean
...
```

Si inizia a capire come viene realizzato l'incapsulamento (*information hiding*) e quale sia il significato di interfaccia. Dichiarando `private` tutti gli attributi questi vengono incapsulati all'interno dell'oggetto, quindi resi non visibili direttamente da nessuno. L'unica modalità di leggere e scrivere negli attributi è quella di utilizzare i metodi `public` della classe, appositamente scritti per questo scopo e che interfacciano l'oggetto con chi lo deve utilizzare.

Modellare le classi

Vediamo una semplice metodologia per "modellare" le classi attraverso un esempio.

ESEMPIO 6

Definire una struttura per la classe `contoCorrente`.

Per definire il modello della classe `contoCorrente` si può utilizzare il seguente approccio:

1. descrivere nel miglior modo possibile "a parole" in cosa consiste ciò che deve essere modellato (in questo caso il conto corrente) e che operazioni si vogliono eseguite su esso;
2. evidenziare nel testo i sostantivi: sono candidati a diventare attributi;
3. sottolineare nel testo i verbi: sono candidati a diventare metodi;
4. elencare i sostantivi, eliminando dapprima i termini doppi o i sinonimi, e in seguito separare gli attributi dagli eventuali parametri dei metodi;
5. elencare i verbi, eliminando dapprima i termini doppi o i sinonimi, e in seguito quelli che non sono specifici della classe o della situazione che si sta modellando;
6. completare la classe con i metodi per accedere alle variabili di stato private, definendo una coppia di metodi per ogni variabile (un metodo per leggere il valore e uno per scriverlo).

Vediamo una breve descrizione di conto corrente:
"Il conto corrente bancario è un servizio offerto da un ente di credito a un cliente per custodire ed effettuare movimentazioni di denaro: il cliente effettua operazioni di due tipi sul conto corrente: versamenti o prelevamenti.
I versamenti aumentano il totale (saldo) della disponibilità del cliente mentre i prelievi detraggono un certo importo dal saldo del conto (...)."

Fermiamoci a questo livello di dettaglio: ora procediamo con il punto 2 e 3, evidenziando in giallo i sostantivi e sottolineando in rosso i verbi
"Il conto corrente bancario è un servizio offerto da un ente di credito a un cliente per custodire ed effettuare movimentazioni di denaro: il cliente effettua operazioni di due tipi sul conto corrente: versamenti o prelevamenti.
I versamenti aumentano il totale (saldo) della disponibilità del cliente mentre i prelevamenti detraggono un certo importo dal saldo del conto (...)."

L'elenco dei sostantivi è il seguente:
- conto corrente bancario;
- ente di credito;
- cliente;
- denaro;
- ~~conto corrente~~;
- totale (saldo) della disponibilità;
- ~~cliente~~;
- importo;
- ~~saldo del conto~~;

dove sono stati cancellati i doppioni; inoltre denaro indica la tipologia del conto e quindi potrebbe essere unita a esso diventando un unico attributo conto corrente di denaro, mentre importo è un valore variabile legato a un'azione (parametro di un metodo) e non una caratteristica di stato dell'oggetto.

Quindi gli attributi possono limitarsi a:
- contoCorrenteDenaro: numero univoco di conto;
- enteCredito: banca che lo gestisce;
- cliente: titolare del conto;
- saldo: disponibilità del conto.

Sicuramente questi quattro dati non sono i soli necessari per descrive completamente il conto corrente ma, come già detto, è sufficiente descrivere un modello aderente alle richieste delle specifiche dell'esercizio: è inutile indicare le condizioni sui titoli esteri oppure i giorni di valuta sugli assegni e le commissioni di massimo scoperto, se non sono necessarie per il caso in questione.
Il completamento della classe può sempre essere effettuato in un secondo momento, dato che la OOP prevede la scalarità, cioè la possibilità di aggiungere ed estendere una classe in una più completa al crescere delle esigenze.
Discuteremo questo aspetto parlando di ereditarietà.

L'elenco dei verbi è il seguente:
- è un servizio offerto;
- custodire ed effettuare movimentazioni;
- effettua delle operazioni: versamenti-prelievi;
- ~~versamenti aumentano~~;
- ~~prelievi detraggono~~.

Da esso individuiamo solamente i seguenti metodi:
- operazione di versamento;
- operazione di prelievo.

Infatti, movimentazione è sinonimo di operazione e inoltre le operazioni devono essere specificate in versamento e prelievo. A questi metodi aggiungiamo quelli necessari per leggere/scrivere le variabili (solo quelle necessarie allo specifico problema da risolvere). Il diagramma UML della classe è riportato a lato. ▶
Scriviamo ora in pseudocodifica un semplice programma che esegue alcune operazioni su un conto corrente (dopo aver inserito i dati di intestazione del conto stesso) e visualizza il saldo.

```
ContoCorrente
-----------------------------------------------
-contoCorrente:String
-enteCredito  :String
-cliente      :String
-saldo        :float
-----------------------------------------------
+daiNumeroCC(String)    :boolean
+leggiNumeroCC()        :String
+daiNomeCliente(String) :boolean
+leggiNomeClienteCC()   :String
+leggiSaldo()           :float
+versamento(float)      :boolean
+prelievo(float)        :boolean
...
```

■ Classi diverse dello stesso "oggetto"

Abbiamo già avuto modo di dire che la rappresentazione di una classe non è univoca, per i seguenti motivi:

1. il processo di astrazione è diverso da individuo a individuo, quindi il livello di dettaglio cambia a seconda di chi modella le classi;
2. le classi generalmente vengono definite in un particolare contesto, cioè durante la realizzazione di un progetto, e ci si limita a descrivere "solo quello che serve" in quel momento, senza pensare a possibili futuri riutilizzi.

Vediamo un semplice esempio in cui modelliamo la classe `Automobile` in tre diverse situazioni e con tre diversi risultati:

1. classe `Auto1` per un automobilista;
2. classe `Auto2` per un progettista/motorista;
3. classe `Auto3` per un autonoleggio.

> Ogni modellizzazione viene effettuata in un contesto diverso, cioè a seguito del progetto di diverse soluzioni a diverse esigenze: in questo esempio abbiamo tre situazioni completamente estranee, ma nella realtà può verificarsi che all'interno dello stesso progetto esista la possibilità di avere due classi simili che descrivono la stessa entità. In questo caso, come vedremo, devono essere unificate e si deve realizzare una sola classe che permetta di soddisfare ogni necessità.

Auto1	Auto2	Auto3	
marca modello colore cilindrata velocità max n° posti n° porte	marca modello colore cilindrata velocità max cavalli peso	anno immatricolazione km percorsi data/ora accensione benzina corrente stato	← Stato
accendersi cambiare marcia accelerare frenare spegnersi ...	rapp. peso/potenza ...	necessità revisione km percorribili	← Comportamento

Dato che le esigenze sono diverse le classi sono modellate in modo diverso, sia per gli attributi che indicano lo stato sia per i metodi che descrivono il comportamento.
Tutte e tre le classi sono corrette anche se, come più volte detto, volendo costruire mattoni per riutilizzarli in ogni circostanza sarebbe opportuno prevedere nella classe tutte le caratteristiche e tutti i comportamenti, come nel diagramma riportato a lato. ▶

Automobile	
marca modello colore cilindrata velocità max n° posti n° porte cavalli	peso anno immatricolazione km percorsi data/ora accensione benzina corrente stato
accendersi cambiare marcia accelerare frenare spegnersi rapp. peso/potenza necessità revisione km percorribili	

Spesso non è possibile prevedere tutte le "sfumature" anche perché non è sempre possibile conoscere tutti gli aspetti di quello che si deve progettare. Fortunatamente la OOP ci aiuta con l'ereditarietà, come vedremo in seguito.

Verifichiamo le conoscenze

Esercizi a scelta multipla

1 Un oggetto è:
- O una definizione di tipo
- O un elemento di un metodo
- O un'entità astratta
- O un insieme di metodi e attributi

2 Per definire una classe è necessario (indicare l'affermazione errata):
- O definire i tipi di dati
- O nascondere la rappresentazione dei dati all'utente
- O istanziare almeno un oggetto
- O definire tutte le operazioni applicabili agli oggetti
- O garantire che l'utente possa manipolare gli oggetti

3 Due classi sono uguali se:
- O hanno gli stessi attributi
- O hanno gli stessi metodi
- O non ha senso avere due classi uguali
- O hanno gli stessi attributi e metodi

4 Quale di queste affermazioni riferite agli oggetti della stessa classe è falsa?
- O due oggetti hanno i medesimi attributi
- O due oggetti hanno il medesimo comportamento
- O ogni oggetto compie delle azioni personalizzate
- O ogni istanza ha propri valori per gli attributi

5 La visibilità degli attributi può essere:
- O public
- O private
- O reserved
- O readonly

6 UML è l'acronimo di:
- O *Unified Modeling Language*
- O *Uniform Moduling Language*
- O *Unified Moduling Language*
- O *Uniform Modeling Language*

7 I metodi pubblici:
- O possono essere richiamati fuori dalla classe
- O possono essere richiamati solo con attributi pubblici
- O possono essere richiamati solo dentro la classe
- O nessuna delle affermazioni precedenti

8 Il processo di astrazione:
- O è unico per ogni classe
- O se corretto porta alla modellizzazione univoca
- O crea una classe in funzione delle esigenze specifiche
- O crea una classe per ogni oggetto diverso

Test vero/falso

1 La descrizione dei metodi è contenuta all'interno della classe. V F
2 La descrizione degli attributi è contenuta all'interno degli oggetti. V F
3 Due oggetti della stessa classe hanno il medesimo comportamento. V F
4 Due oggetti della stessa classe possono avere attributi diversi. V F
5 Lo stato di un oggetto viene definito dai suoi attributi. V F
6 La classe rappresenta la parte statica della OOP, l'oggetto la parte dinamica. V F
7 È possibile leggere un attributo privato dall'esterno della classe. V F
8 La modellizzazione può portare a classi diverse per gli stessi oggetti. V F
9 In un progetto si possono avere due classi diverse con lo stesso nome. V F

Verifichiamo le competenze

Esprimi la tua creatività

1 Libro

Crea la classe `Libro` e quindi due sue istanze, assegnando i valori per gli attributi e dando una rappresentazione sia sintetica sia completa.

2 Aereo

Crea la classe `Aereo` e quindi due sue istanze, assegnando i valori per gli attributi e dando una rappresentazione sia sintetica sia completa.

3 Televisione

Crea la classe `Televisione` dandone la rappresentazione sia sintetica sia completa anche di una sua istanza.

4 Treno

Creare la classe `Treno` dandone la rappresentazione sia sintetica sia completa anche di una sua istanza.

5 Rettangolo

Crea una classe che rappresenti un `Rettangolo` e successivamente creare due sue istanze, assegnando valori per la base e l'altezza.

6 Telefono

Crea la classe `Telefono` dandone la rappresentazione sia sintetica sia completa anche di una sua istanza.

7 Mezzo di trasporto

Crea una classe che rappresenti un `MezzoDiTrasporto` e successivamente tre sue istanze: un'`Automobile`, un `Treno` e un `carroFunebre`.

8 MotoGP

Descrivi due classi per il motomondiale, rispettivamente la classe dei piloti e quella delle motociclette, e istanzia un oggetto per classe.

9 Lampada e lampione

Crea una classe che rappresenti una `Lampada` e successivamente due sue istanze. Quindi modella la classe `Lampione` e confrontala con la classe `Lampada` per individuare eventuali analogie.

10 Abito da sposa

Crea una classe che rappresenti un `AbitoDaSposa` e successivamente due sue istanze: per una ragazza brasiliana e per una donna di mezza età svedese.
Successivamente modella la classe più astratta `CapoVestiaro` e istanzia tre oggetti: un `Maglione`, un paio di `Calze`, e una `tutaDaSubacqueo`.
Confronta le due classi ed evidenzia metodi e attributi comuni.

11 Gallina

Crea una classe che rappresenti una `Gallina` e successivamente crea due sue istanze: prova quindi a istanziare con la stessa classe un `Tacchino`.
Quali inconvenienti riscontri? Come deve essere modificata la classe `Gallina` in una seconda classe `DaCortile` che possa contemplare entrambi gli animali?
E volendo aggiungere anche i `Conigli`, che cosa deve essere ulteriormente aggiunto?
Crea quindi una generica classe `AnimaliDaCortile` che li possa descrivere tutti.

UNITÀ DIDATTICA 3

METODI E INCAPSULAMENTO

IN QUESTA UNITÀ IMPAREREMO...

- a scrivere i metodi di una classe
- a implementare l'incapsulamento
- il concetto di costruttore e distruttore
- il concetto di *overloading*

Classi, attributi e interfaccia

Ricordiamo il principio base che deve sempre aver presente ogni programmatore che utilizza un linguaggio a oggetti: l'astrazione.

ASTRAZIONE

L'astrazione è il principio secondo il quale si ignorano gli aspetti di un soggetto che non sono importanti per lo scopo attuale, per concentrarsi su quelli che invece lo sono.

La quasi totalità delle cose con cui abbiamo a che fare nel mondo reale è intrinsecamente complessa, molto più di quanto potremmo dedurre in prima analisi a qualunque livello di approssimazione: piuttosto che cercare di comprendere interamente una cosa "sviscerandone" ogni minimo aspetto e particolarità, ne selezioniamo solo una parte, quella che basta per descrivere il suo aspetto e il suo comportamento ad alto livello.

Le classi sono modelli ottenuti da questo processo di astrazione: una classe può essere vista come lo "stampo" per la creazione di oggetti, cioè un modello che descrive lo stato e il comportamento associato alle istanze della classe (ADT, *Abstract Data Type*).
Gli oggetti possono essere visti come la versione informatica degli oggetti "reali" o "astratti", ciascuno dotato di una sua propria "individualità" che lo differenzia dagli oggetti della stessa classe, caratterizzati da dati "personali" che ne descrivono lo "stato".

Gli oggetti interagiscono tra loro mediante scambio di messaggi, che avviene mediante l'invocazione dei metodi, che descrivono il "comportamento" dell'oggetto e ne possono alterare lo "stato".

Stato e comportamento sono gli elementi costitutivi di una classe: attributi e metodi.

La rappresentazione di una classe viene effettuata usando la notazione UML, che abbiamo visto essere costituita dalle tre sezioni elencate di seguito:

1. il nome della classe (con iniziale maiuscola);
2. l'elenco degli attributi, scritti nella forma:
   `visibilità tipo identificatore` dove:
   - `visibilità` è costituita dai diritti d'accesso: `private` (–) o `public` (+);
   - `tipo`: può essere `int`, `float`, `boolean` ecc.;
   - `identificatore`: è un nome con iniziale minuscola;
3. l'elenco dei metodi.

Si è detto come i diritti d'accesso `public` e `private` permettano di definire la visibilità, oltre che degli attributi, anche dei metodi:

- `private` indica che l'elemento è accessibile soltanto all'interno della classe in cui è definito e non è accessibile dall'esterno;
- `public` indica che l'elemento è accessibile, oltre che all'interno della stessa classe, anche da altre classi.

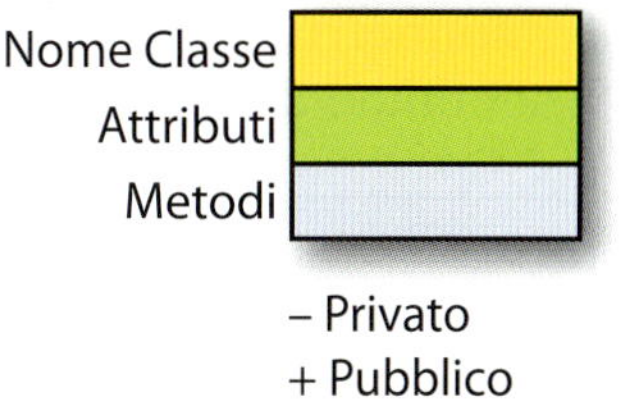

PUBBLICO E PRIVATO

La parte pubblica di una classe, costituita dall'insieme dei metodi e degli attributi public, costituisce l'interfaccia e ha lo scopo di dichiarare che cosa può fare la classe e come può essere utilizzata da un utente.
La parte privata di una classe (*implementazione*) definisce come lavora la classe.

L'utente di una classe ha necessità di utilizzare una classe e "non gli interessa" come questa è realizzata: gli basta accedere all'interfaccia della classe e non gli serve conoscere la sua implementazione. Questa osservazione è stata alla base dell'*information hiding* e della *modularizzazione*.
Dopo aver visto i diversi tipi di metodi vedremo come realizzarli e codificarli, quindi come efefttuare l'incapsulamento utilizzando le parole chiave private e public.

Metodi

La dichiarazione (o definizione) di un metodo è costituita da:

1. un'intestazione (*header*);
2. un corpo (*body*).

L'intestazione di un metodo (che prende anche nome di firma, o signature) è composta da:

- uno specificatore di accesso (visibilità): `public`, `private` o `protected`;
- il tipo di dati restituito dal metodo (`int`, `char`, `boolean`, `void`);

- il nome del metodo (`contatore`, `incrementa`, `decrementa`...);
- un elenco di parametri di ingresso, eventualmente vuoto, racchiuso tra parentesi tonde, nel quale:
  - di ogni parametro si indica il tipo e il nome;
  - più parametri sono separati da una virgola.

La struttura generale di un metodo è simile a quella di una funzione, cioè:
`visibilità` `tiporestituito` `nomemetodo` (elenco_parametri_ingresso)

Analogamente alle funzioni, lo scambio di informazioni tra programma (metodo) chiamante e metodo invocato avviene attraverso il passaggio di zero o più parametri in ingresso e un (eventuale) valore restituito in uscita.

Per i parametri di ingresso valgono le stesse regole e terminologia adottate per le funzioni:
- parametri formali (specificati nella definizione del metodo stesso): simboli che rappresentano i dati su cui il metodo opera;
- parametri attuali (specificati nella chiamata del metodo): dati corrispondenti ai parametri formali, su cui il metodo effettivamente opera.

◀ Lo specificatore protected permette di assegnare diritti pubblici alle classi che vengono derivate tramite ereditarietà come descritto nella prossima unità didattica. ▶

Il corpo (body) costituisce la vera dichiarazione di un metodo e in esso sono specificate le istruzioni che verranno eseguite quando il metodo è invocato (chiamato).

Metodi getter e setter: incapsulamento

Cominciamo dalla progettazione di una classe di esempio, a partire dalla sua interfaccia fino alla definizione del diagramma UML.

ESEMPIO 7 *Progettare e realizzare la classe Contatore*

Soluzione

> La classe da realizzare è "forse la più gettonata" come palestra per la costruzione di un primo esempio concreto sia per la sua semplicità sia per la sua completezza: essa permette inoltre di avvicinarsi alla realtà informatica dopo gli esempi di natura zoologica (cani, gatti e animali) o motoristica (auto, moto ecc.), favorendo la scoperta delle possibilità offerte dalla OOP.

Il contatore in questione è l'elemento che viene utilizzato per effettuare, per esempio, i cicli a conteggio, il count-down per il lancio di un'astronave, l'eliminacode dal panettiere e via di seguito; diamo una breve descrizione dalla quale, mediante la tecnica "empirica" già descritta, effettueremo la modellizzazione della classe.

"Un contatore è un elemento che memorizza un valore di tipo intero, che viene aumentato e decrementato di un valore costante chiamato 'passo'."

Individuiamo sostantivi e verbi:
"Un contatore è un elemento che memorizza un valore di tipo intero che viene aumentato e decrementato di un valore costante (passo)".

> Per completezza si è anche aggiunta l'individuazione dei soggetti che sono candidati a diventare classi: in questo caso il soggetto è unico (contatore), ma generalmente un programma a oggetti è costituito da un insieme di classi che interagiscono tra loro.

Gli attributi sono i seguenti: valore, passo.
I metodi sono incrementa, decrementa, memorizza, ai quali si aggiunge una coppia di metodi che serve per leggere e scrivere ciascuno dei due attributi.

GETTERS E SETTERS

I due metodi convenzionalmente prendono il nome di:
- metodi **getters**, che leggono il valore degli attributi;
- metodi **setters**, che scrivono il valore degli attributi.

I relativi metodi iniziano con get e set:
- getValore() e setValore() sono la coppia di metodi dell'attributo valore;
- getPasso() e setPasso() sono la coppia di metodi dell'attributo passo.

> Naturalmente tutti i metodi setters hanno un valore come parametro di ingresso che è il nuovo dato che il metodo scriverà nell'attributo, mentre i metodi getters hanno come parametro di ritorno il valore dell'attributo.

Contatore
-valore:integer -passo :integer
+incrementa():void +decrementa():void +getValore():integer +setValore(integer):void +getPasso():integer +setPasso(integer):void

Gli attributi sono privati, quindi indicati con il segno meno (–); i metodi, al contrario, vengono resi tutti pubblici e quindi sono indicati con il segno più (+); essi costituiscono l'interfaccia della classe.
La classe completa è riportata nel diagramma a lato. ▶

I programmi che utilizzeranno questa classe non potranno leggere il contenuto delle variabili ma solamente richiamare i metodi che, tramite i loro parametri, scriveranno o leggeranno il contenuto delle variabili.

ESEMPIO 8

Per esempio, se volessimo inizializzare il contatore a 10, basterebbe passare 10 come parametro al metodo

setValore(10)

così come avviene la chiamata di una funzione: in questo esempio la funzione ritorna void, cioè non ha alcun parametro di ritorno.

Per leggere il contenuto del contatore basta invocare il metodo corrispondente e assegnare per esempio il valore restituito a una variabile

valoreAttuale =getValore()

Il metodo getValore() ha come parametro di ritorno un dato di tipo intero, quindi la nostra variabile valoreAttuale deve essere di tipo intero.

In questo modo abbiamo realizzato l'incapsulamento.

INCAPSULAMENTO

Con il termine incapsulamento si intende il meccanismo che permette di racchiudere all'interno della stessa struttura sia dati sia codice: in altre parole, un oggetto è una scatola che protegge i propri dati e il proprio codice tramite l'incapsulamento, dove:
- i dati descrivono l'oggetto;
- il codice opera sui dati dell'oggetto in maniera opportuna.

Si definisce interfaccia dell'oggetto la sua parte pubblica.

Le variabili di esemplare sono dichiarate private e possono essere lette o modificate soltanto dai metodi della classe a cui appartengono: sono quindi nascoste (hidden) al programmatore che utilizza la classe e possono essere lette o modificate soltanto mediante l'invocazione di metodi pubblici della classe (`getters` e `setters`).
Questa caratteristica dei linguaggi di programmazione orientati agli oggetti prende anche il nome di *information hiding*.

Metodi costruttori, distruttori e overloading

Costruttori

La OOP mette a disposizione un tipo particolare di metodi che servono per la creazione dell'oggetto e l'eventuale inizializzazione dei suoi attributi: questi metodi prendono il nome di metodi costruttori.

METODO COSTRUTTORE

Un metodo costruttore è un metodo particolare, che si distingue dagli altri per tre elementi:
- ha lo stesso nome della classe;
- non ha tipo di ritorno, nemmeno void;
- ha visibilità public.

Per la codifica delle istruzioni di controllo nella pseudocodifica utilizziamo le stesse istruzioni finora studiate nella programmazione imperativa, con la medesima sintassi.

Ogni classe ha almeno un metodo costruttore: se non viene specificamente definito, tutti i linguaggi “aggiungono” alla lista dei metodi un metodo costruttore di default “sottointeso”, che permette di creare l'oggetto.

ESEMPIO 9

Vediamo due diversi metodi costruttore.

1 `Contatore()`

In questo caso il costruttore non ha parametri, quindi serve unicamente a creare un'istanza della classe, cioè un oggetto.
All'interno del suo codice verranno inizializzati con valori di default gli attributi.

```
    {
        valore =0;
        passo  =1;
    }
```

2 `Contatore(int valore1,int passo1)`

```
    {
        valore = valore1;
        passo  = passo1;
    }
```

In questo caso il costruttore inizializza gli attributi dell'oggetto con i due parametri che gli vengono passati al momento della sua creazione: se, per esempio, volessimo definire un contatore a decremento che inizia a contare dal valore 100 basterebbe richiamare il costruttore in questo modo:

```
Contatore(100,-1)
```

Non si deve mai indicare un qualunque tipo restituito nell'intestazione dei metodi costruttori, in quanto non verrebbe creato alcun oggetto dato che il sistema "cercherebbe" di restituire una variabile del tipo indicato nell'header, generando quindi un errore e interrompendo l'esecuzione.

Overloading

Una possibilità offerta dai linguaggi a oggetti è quella di permettere la coesistenza di più metodi con lo stesso nome, realizzando il meccanismo noto con il termine ◀ overloading ▶.

◀ In OOP, il termine *overloading* indica la possibilità di avere **metodi/funzioni** con lo stesso nome, ma con la possibilità di accettare un diverso set di argomenti (***signature***). Questo insieme di metodi viene detto in rapporto di *overloading*, o sovraccaricato. ▶

Una classe può contenere più costruttori e metodi con lo stesso nome purché distinti da diverse intestazioni (*signature*), cioè:
- con un numero diverso di parametri;
- con numero uguale di parametri ma di tipo diverso.

Le due condizioni a cui devono sottostare le liste dei parametri riguardano i loro tipi e non gli identificatori e sono necessarie per permettere l'univoca individuazione del metodo all'atto della chiamata da parte del sistema: ricordiamo che la scrittura è costituita dai parametri formali e nella chiamata vengono passati i valori attuali, quindi due metodi con lo stesso numero e tipo di parametri formali con identificatori diversi non verrebbero distinti.

Per esempio, le due dichiarazioni formali:

```
1 public Contatore(int valore, int passo)
2 public Contatore(int passo, int valore)
```

sono diverse solo apparentemente, ma sono identiche formalmente. Infatti, alla chiamata si avrebbe:

```
Contatore(0,1)
Contatore(1,0)
```

Quale dei due costruttori viene eseguito? L'ambiguità è evidente!
Quindi, è necessario che sia diverso o il numero oppure il tipo dei parametri.

Non ci sono problemi, invece, in questo caso:

```
1 public Contatore()
2 public Contatore(int valore)
3 public Contatore(int passo, int valore)
```

e quindi questi tre metodi costruttori possono coesistere in una classe e sono utilizzati a seconda della necessità da parte del programmatore al momento della creazione degli oggetti.

Distruttore

Analogo discorso può essere fatto anche per il metodo distruttore, ma poiché le occasioni del suo *overloading* sono estremamente rare, a questo punto della trattazione non riportiamo alcun esempio.

Ricordiamo solamente che il distruttore serve per effettuare tutte quelle azioni di "pulizia" che risultano necessarie prima della deallocazione dell'oggetto, ovvero:

- deallocare i dati dinamici che sono stati allocati da funzioni membro dell'oggetto;
- chiudere i file che sono stati aperti dalle funzioni membro dell'oggetto.

Questa necessità esiste solo nel caso di progetti articolati o complessi, mentre nelle classi semplici esiste un distruttore standard che viene automaticamente chiamato dal sistema ogniqualvolta un oggetto viene deallocato, con una delle tre seguenti modalità:

- l'oggetto è locale e si esce dal blocco in cui è dichiarato;
- l'oggetto è nella heap e viene rimosso il riferimento a esso;
- l'oggetto è un membro di un altro oggetto e quest'ultimo viene deallocato.

Nel seguito della trattazione ci limiteremo a inserire questo metodo più per "dovere formale" che per reale necessità: nel codice viene richiamato con le seguenti istruzioni:

```
~conta1;           // distruzione oggetto contatore conta1  in C++
conta1.delete();   // distruzione oggetto contatore conta1  in Java
```

ESEMPIO 10

Definire la classe `Punto` che permette di rappresentare i punti A(*x*,y) di un piano cartesiano (con valori di coordinate *x* e *y* di tipo intero).

Soluzione

Utilizziamo questo esercizio per riassumere le operazioni che devono essere eseguite per descrivere una classe, partendo "da zero". Per specificare l'interfaccia che ogni suo oggetto offre verso gli altri con cui interagisce si deve procedere come indicato di seguito.

1. Descrizione a parole, per individuare metodi e attributi.
2. Definizione degli attributi interni e "visibili".
3. Definizione (segnatura) dei metodi di interfaccia, che possono essere:
   - costruttori e distruttore;
   - `getters/setters`;
   - modificatori e interrogatori pubblici.

   Di ciascun metodo deve essere definito:
   - il nome;
   - il tipo restituito;
   - la lista dei parametri formali.
4. Definizione dei metodi interni.
5. Codice dei metodi.

Una breve descrizione della classe `Punto` è la seguente: *"Un punto in un piano cartesiano viene individuato da un nome (carattere maiuscolo) e dalla coppia di coordinate (ascissa, ordinata). Può inoltre essere individuato in notazione "polare" dal modulo (distanza dall'origine) e dall'angolo che forma con l'asse delle ascisse (...)".*

1 Evidenziamo sostantivi e verbi.

"Un punto in un piano cartesiano viene individuato da un nome (carattere Maiuscolo) e dalla coppia di coordinate (ascissa, ordinata). Può inoltre essere individuato in notazione "polare" dal modulo (distanza dall'origine) e dall'angolo che forma con l'asse delle ascisse (...)."

2 Definiamo gli attributi che, nel rispetto dell'*information hiding*, sono tutti privati:

```
private char nome,
private int ascissa, int ordinata //coordinate cartesiane
private float modulo, float angolo  //coordinate polari
```

> Per comodità, l'angolo è stato definito di tipo float ed è misurato in radianti: la rappresentazione in gradi sarebbe più complessa, in quanto richiederebbe 3 numeri interi (gradi, primi e secondi), oppure una stringa (gradi:primi:secondi).

3 Individuiamo i metodi di interfaccia.

- Costruttori e distruttore `public`

```
Punto()
~Punto()                                      // distruttore
Punto(char nome, int ascissa, int ordinata)  // coordinate cartesiane
Punto(char nome, float modulo, float angolo   // coordinate polari
```

- Metodi `public` `getters` e `setters`:

```
char getNome()
void setNome(char nome)
int  getAscissa()
void setAscissa(int valore)
int  getOrdinata()
void setOrdinata(int valore)
int  getModulo()
void setModulo(float valore)
int  getAngolo()
void setAngolo(float valore)
```

- Metodi modificatori e interrogatori `public`:

```
void convertiCartesianePolari()
void convertiPolariCartesiane()
```

4 Definiamo i metodi interni, cioè quelli con visibilità `private`: potrebbe essere utile una coppia di metodi che esegue il calcolo per trasformare le coordinate da cartesiane in polari e viceversa.

```
void convertiCartesianePolari()
void convertiPolariCartesiane()
```

Questi metodi potrebbero per esempio essere chiamati direttamente dai costruttori, in modo da avere sempre tutti i valori corretti negli attributi: inoltre dovrebbero essere chiamati anche all'interno dei metodi `setters`, in quanto il cambiamento di un attributo influenza gli altri tre.

5 La scrittura del codice di tutti i metodi non presenta particolari difficoltà e viene lasciata come esercizio.

Conclusioni

Concludiamo questa trattazione sui metodi con alcune osservazioni sulle più comuni cause di errore.

Invocazione dei costruttori

Si è detto che i costruttori sono metodi particolari, utilizzati per l'inizializzazione dell'oggetto: è doveroso sottolineare che tali metodi non possono essere invocati su oggetti già esistenti della classe, ma devono essere chiamati al momento della creazione dell'oggetto da parte di un metodo di un altro oggetto o dal metodo `main()`.

Passaggio dei parametri

I parametri sono sempre passati per valore, quindi all'interno di un metodo si lavora su una copia della variabile passata come parametro. Unica eccezione è il caso in cui viene passato il riferimento a un oggetto, in cui il valore che viene passato è un puntatore (cioè una variabile che contiene l'indirizzo dell'oggetto) e quindi le modifiche all'oggetto sono permanenti. All'interno dei metodi possono inoltre essere definite e utilizzate variabili "ausiliarie" per le istruzioni di controllo (contatori, buffer, variabili temporanee), che prendono il nome di variabili locali. Queste ultime:

- hanno visibilità solo all'interno del segmento/blocco in cui sono definite;
- vengono rimosse all'uscita dal blocco.

Codice dei metodi

I metodi sono costituiti dalle normali istruzioni di controllo, selezione e iterazione: la regola principale della OOP per la descrizione dei metodi è quella di atomizzare, cioè spezzare il più possibile i metodi in altri più elementari, in modo da creare da una parte un insieme di "mattoni nei mattoni" utilizzabili all'interno della classe, e dall'altra di migliorare la qualità del software riducendo drasticamente la probabilità di errore.
Avendo ogni metodo la sua interfaccia verso gli altri metodi, è facilmente individuabile in quale segmento di codice si verifica un errore e quindi il debugging risulta di veloce esecuzione.

Verifichiamo le conoscenze

Esercizi a scelta multipla

1 La rappresentazione di una classe usando la notazione UML non richiede di:
- O indicare il nome della classe
- O riportare l'elenco dei metodi
- O riportare l'elenco degli attributi
- O riportare l'elenco degli oggetti

2 Un oggetto è:
- O una definizione di tipo
- O un elemento di un metodo
- O un'istanza di una classe
- O un insieme di metodi e attributi

3 Un metodo è costituito da (indicare l'affermazione errata):
- O uno specificatore di accesso
- O il tipo di dati restituito dal metodo
- O il nome del metodo
- O un elenco di parametri di ingresso
- O un elenco di parametri di uscita

4 I metodi privati:
- O costituiscono l'interfaccia della classe
- O devono esser indicati con get/set
- O possono essere invocati solo da metodi della stessa classe
- O servono a inizializzare gli attributi

5 In una classe:
- O deve esserci un costruttore
- O possono esserci più costruttori con diversa segnatura
- O possono esserci costruttori che ritornano void
- O possono esserci più costruttori ma con nome diverso

6 *L'overloading* consiste:
- O nel sovraccaricare le classi
- O nel duplicare i metodi
- O nell'usare i metodi get/set
- O nell'avere metodi con lo stesso nome

7 I metodi possono essere (indicare quello errato):
- O costruttori
- O modificatori
- O distruttori
- O descrittori

8 Il distruttore:
- O deve sempre essere presente
- O serve per eliminare i metodi
- O serve per eliminare un oggetto
- O serve per eliminare la classe

Test vero/falso

1 Il diritti d'accesso `public` permettono di definire la visibilità degli attributi. V F
2 Il diritti d'accesso `public` permettono di definire la visibilità dei metodi. V F
3 La parte **pubblica** di una classe è costituita dall'insieme dei metodi e degli attributi `private`. V F
4 La parte **privata** di una classe definisce come la classe lavora. V F
5 Lo specificatore `protected` permette di assegnare diritti sui metodi. V F
6 I metodi pubblici costituiscono l'interfaccia della classe. V F
7 L'incapsulamento viene realizzato mascherando i metodi. V F
8 Il termine *overloading* indica la possibilità di avere metodi/funzioni con lo stesso risultato. V F
9 Per rimuovere la classe dalla memoria si usa il distruttore. V F
10 Il distruttore chiude i file che sono stati aperti dalle funzioni membro dell'oggetto. V F

UNITÀ DIDATTICA 4

EREDITARIETÀ

IN QUESTA UNITÀ IMPAREREMO...

- a riconoscere la gerarchia delle classi
- a individuare la specializzazione e la generalizzazione di una classe
- a riconoscere se una classe appartiene a una gerarchia
- a definire una gerarchia di classi

Generalizzazione ed ereditarietà

L'ereditarietà è uno dei principi basilari della programmazione orientata agli oggetti e forse più degli altri caratterizza la OOP, costituendo lo strumento "per eccellenza" per raggiungere l'obiettivo di riusabilità del codice.
Il termine stesso richiama il concetto di "tramandare" qualcosa tra generazioni, cioè di trasferire ad altri beni o conoscenze: infatti il concetto alla base di questo paradigma è utilizzare una classe già "bella e pronta", che rappresenta un concetto più generale quando si deve realizzare una classe specifica.
Quindi l'ereditarietà è un processo grazie al quale una classe acquisisce un bagaglio di proprietà da una classe più generica per ampliarla e specializzarla, in modo da permettere di descrivere una classificazione gerarchica di oggetti senza ridefinire ogni volta le singole caratteristiche comuni a ogni classe.

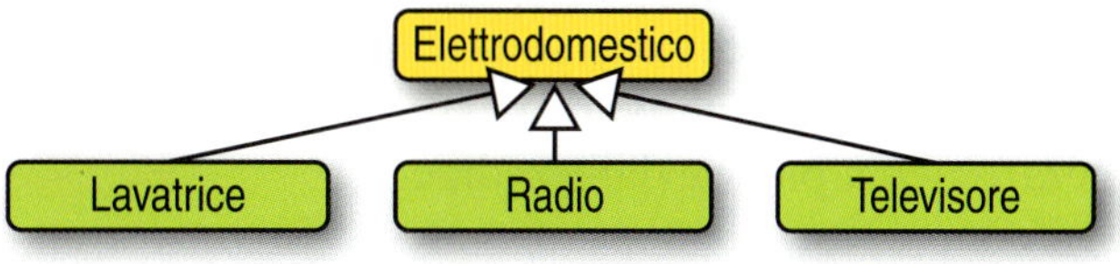

Supponiamo di avere a disposizione una generica classe `Elettrodomestico` e di dover modellare la classe `Lavatrice`: sicuramente nella modellizzazione della classe `Lavatrice` devono essere presenti tutti gli attributi e i metodi della classe `Elettrodomestico`, in quanto la lavatrice *è un elettrodomestico*; inoltre, ci saranno nuovi attributi e metodi specifici della lavatrice, come "il caricamento", "i kg di capacità", "i programmi di lavaggio" ecc.

Lo stesso discorso vale nel caso in cui si vuole descrivere una `Radio` o un `Televisore`: sono entrambi elettrodomestici e in essi è compreso un sottoinsieme di attributi e metodi identici. L'ereditarietà permette di non dover riscrivere all'interno della classe `Lavatrice` le caratteristiche della classe `Elettrodomestico`, ma di dire semplicemente che questa nuova classe è *un Elettrodomestico* con in più un nuovo set di attributi e metodi: l'enorme vantaggio è quello di utilizzare un "mattone" già solido (testato e collaudato!) e di doverlo solamente specializzare.
Questo discorso potrebbe essere esteso anche a più livelli di eredità, come all'interno di un albero gerarchico (nonno-padre-figlio).
Supponiamo di avere a disposizione una generica classe `Animale` e di dover di descrivere tre nuove classi: la classe `Cane`, la classe `Cavallo` e la classe `Delfino`.
Tutti questi animali hanno una particolare caratteristica che li accomuna: sono tutti e tre mammiferi, quindi in tutte le tre classi dovranno essere presenti le caratteristiche dei mammiferi. Sarebbe opportuno quindi definire una classe intermedia `Mammifero`, con al suo interno attributi e metodi specifici.

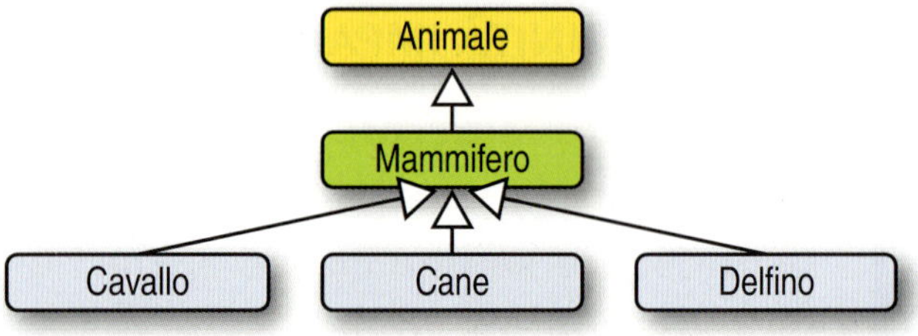

Dunque il cane è un animale ma è anche un mammifero, o meglio *un mammifero è un animale e un cane è un mammifero*, e lo stesso discorso vale per il cavallo e il delfino:
"il cavallo eredita dal mammifero che eredita dall'animale".
La classificazione gerarchica è quindi un elemento fondamentale nella costruzione delle classi perché ci permette di definire livelli di dettaglio e di aggregazione utili per il riutilizzo da parte di altre classi: si sarebbero potute derivare le tre classi direttamente dalla classe Animali, con ovvia duplicazione e riscrittura inutile di metodi e attributi.

> Addirittura questa classificazione sarebbe ancora migliorabile introducendo una classe intermedia `Terrestri`, oppure una classe `Quadrupedi`, in modo da raggruppare ulteriormente le caratteristiche di cani e cavalli.

In un secondo momento, in caso di necessità, è possibile ereditare dalla classe `Animale` altre classi, per esempio `Rettile` o `Uccello`, che andrebbero a completare la struttura gerarchica.
Non è necessario individuare la completa "organizzazione del regno animale" in una sola volta, nel caso in cui serva la sola classe `Cane`: basta definire solamente il suo ramo gerarchico a partire dalla radice.

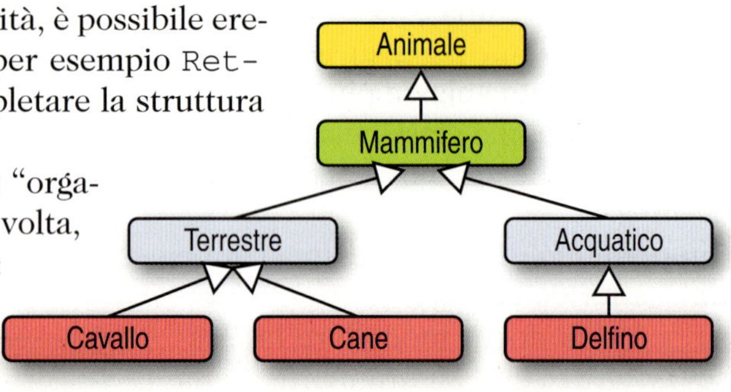

> Nell'esempio `Animale → Mammifero → Cane` è molto facile individuare la classificazione gerarchica; è quindi utile generalizzare modelli per poi riutilizzarli: a volte questa "catena" non è di così immediata individuazione e può portare a spiacevoli risultati.

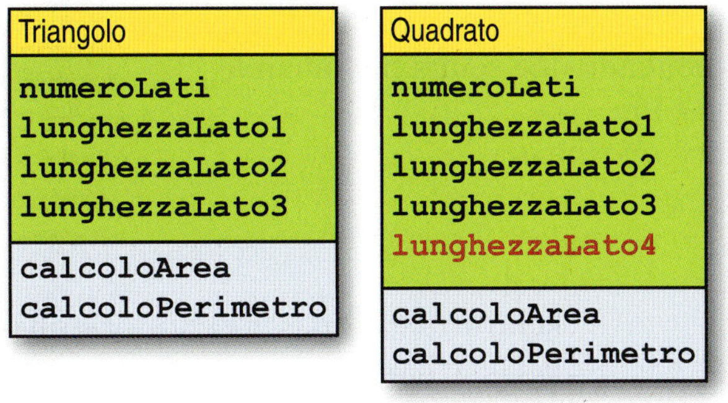

Spesso ci si basa solamente sull'individuazione di elementi (attributi) uguali e caratteristiche simili e... si commette un errore, come nel seguente esempio.
Supponiamo di avere la classe `Triangolo` con il diagramma delle classi riportato a destra e di aver creato la classe `Quadrato`: dal confronto dei diagrammi UML si vede come la classe `Triangolo` sia compresa interamente nel `Quadrato`, quindi si potrebbe pensare di ereditare dalla classe `Quadrato` la classe `Triangolo`, aggiungendo semplicemente un attributo (`lunghezzaLato4`).
Naturalmente questo porterebbe a un errore, in quanto un rettangolo non è un triangolo.

Il suggerimento operativo è proprio quello di verificare la relazione che intercorre tra le due classi: la relazione di appartenenza è un (IS-A).

Definizioni

Una prima definizione di ereditarietà è la seguente.

EREDITARIETÀ (1)

Con ereditarietà si intende un meccanismo per definire nuove classi in termini di classi esistenti già definite con un più alto livello di astrazione, dalle quali ereditare attributi e comportamenti.

Permette di raggruppare classi correlate in modo che possano essere:
- gestite collettivamente;
- riusate.

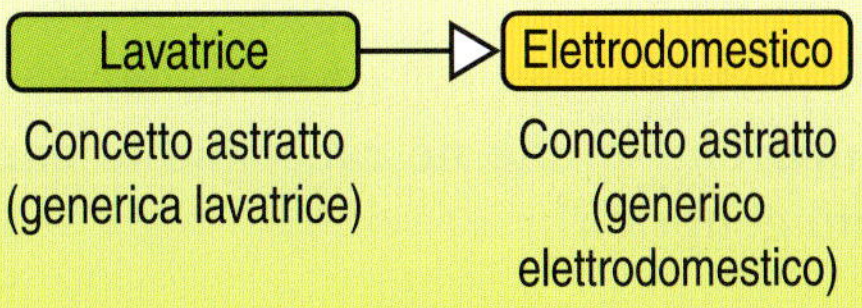

Una seconda definizione legata all'ereditarietà è la seguente.
Le classi vengono organizzate secondo una classificazione gerarchica e viene determinato un concetto di antenato e discendente.

SUPERCLASSE E SOTTOCLASSE

- La classe antenato di una nuova classe prende il nome di superclasse;
- la classe discendente di una classe esistente prende il nome di sottoclasse;
- ogni sottoclasse eredita le caratteristiche della sua superclasse;
- ogni istanza di una sottoclasse è (IS-A) un'istanza della sua superclasse;
- vale la proprietà transitiva: ogni istanza di una sottoclasse è un'istanza di tutte le sue classi antenato;
- il meccanismo di ereditarietà è ricorsivo: una sottoclasse può diventare superclasse delle proprie sottoclassi.

La verifica della relazione di appartenenza avviene ponendo due semplici domande:

- *è un*;
- *è un tipo di*.

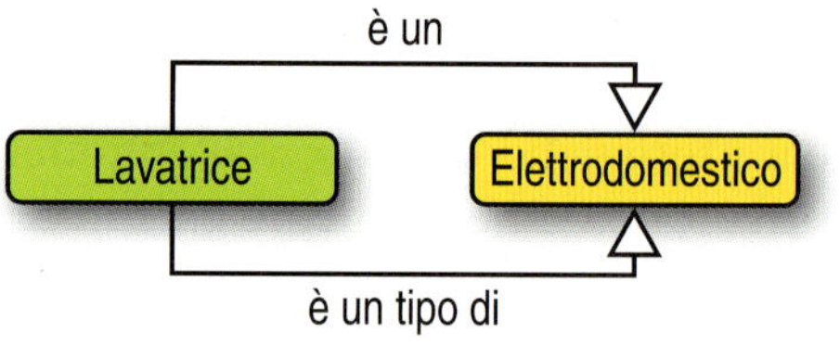

Un esempio è il seguente:

"la lavatrice è un `Elettrodomestico`?" Risposta SÌ
"la lavatrice è un tipo di `Elettrodomestico`?" Risposta SÌ

quindi:

- la classe `Lavatrice` è una sottoclasse della classe `Elettrodomestico`;
- la classe `Elettrodomestico` è una superclasse della classe `Lavatrice`.

RELAZIONE IS-A

La relazione IS-A è la relazione tra una classe (superclasse o classe base) e una o più versioni specializzate (sottoclassi, o classi derivate).
Prende il nome di regola di appartenenza o IS-A relationship (relazione è-un).

I processi che portano all'implementazione dell'ereditarietà sono la generalizzazione e la specializzazione.

- Si parla di specializzazione (classificazione gerarchica) quando, partendo da una classe generica, si definiscono una o più sottoclassi allo scopo di ottenere oggetti più specializzati, che hanno tutte le caratteristiche della classe di partenza più un insieme di caratteristiche specifiche che li distinguono. L'ereditarietà viene applicata seguendo una metodologia top-down.
  Un esempio è il seguente:
  `Animali → Vertebrati → (Pesci+Anfibi+Uccelli+Rettili+Mammiferi)`
- Si parla di generalizzazione se a partire da un certo numero di classi si definisce una superclasse che ne raccoglie le caratteristiche comuni, individuando quindi una classe più generica.

FUNZIONI DELLA SOTTOCLASSE

La classe ereditata (sottoclasse) può:

- aggiungere nuovi campi dati e nuovi metodi a quelli della superclasse;
- ridefinire (sovrascrivere) alcuni dei metodi ereditati dalla superclasse, riscrivendone il codice utilizzando lo stesso nome e firma (*override*);
- restringere in qualche modo la visibilità di una variabile o un metodo ereditato dalla superclasse.

La classe derivata (sottoclasse) non può:

- eliminare campi dati o metodi della superclasse (comportamento *monotono*: il numero aumenta sempre).

L'ereditarietà viene applicata seguendo una metodologia bottom-up.
Un esempio è il seguente:

```
Formula1 → Automobile → MezzoAMotore → MezzoDiTrasporto
```

Ereditarietà: modalità operative

Vediamo come realizzare l'ereditarietà e come descriverla utilizzando i diagrammi UML.

EREDITARIETÀ (2)

La realizzazione di una classificazione gerarchica può essere effettuata mediante le seguenti due semplici regole operative:

- definire dapprima le classi che modellano i concetti più generali, quindi trattare i casi specifici (*uses cases*) come specializzazione;
- creare classi che modellano alcuni concetti, verificare che siano tra loro collegate ed estrarre le caratteristiche comuni in una o più superclassi.

Rappresentazione grafica UML:

"in un diagramma di classi l'ereditarietà viene rappresentata mediante una freccia con la punta a "triangolo vuoto" diretta verso la superclasse". Nel caso di più sottoclassi che hanno in comune la stessa superclasse si utilizza la rappresentazione riportata a lato. ▶

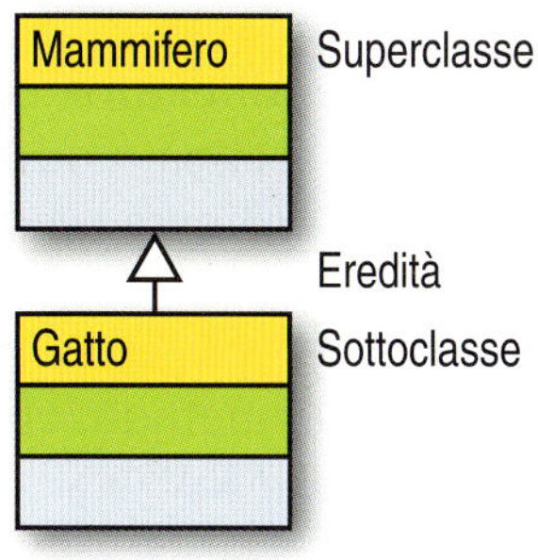

Un esempio di definizione C++ è riportato di seguito: nella definizione della classe derivata dopo il nome della classe e prima della parentesi graffa di apertura bisogna aggiungere il simbolo **:** seguito dal nome della classe base:

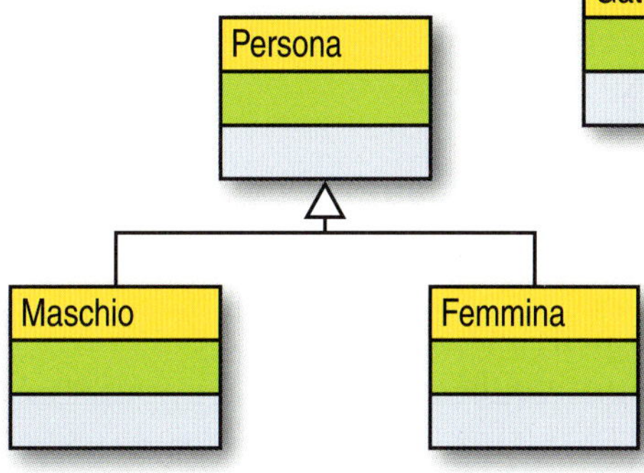


```
class Gatto : public Mammifero
{
   //corpo della classe
};
```

La stessa definizione in linguaggio Java viene fatta con la parola riservata extends ed è la seguente:

```
class Gatto extends Mammifero
{
   //corpo della classe
};
```

In entrambi i casi, la classe derivata (o sottoclasse o figlia) si chiama `Gatto` e la classe base (o padre) si chiama `Mammifero`.

Possiamo notare che:

- `Gatto` eredita gli attributi e i metodi della classe `Mammifero` (solo quelli consentiti dagli specificatori di visibilità, cioè quelli che non sono stati dichiarati `private`);

- `Gatto` non eredita i costruttori della classe `Mammifero` (ne conosceremo in seguito la ragione);
- `Gatto` può definire propri attributi e metodi;
- `Gatto` può ridefinire i metodi presenti in `Mammifero` (*overriding*).

Vediamo un esempio con la definizione dei metodi e degli attributi.

ESEMPIO 11

Data la classe `Punto` che descrive i punti nel piano cartesiano, si modelli la classe `Punto3D` per rappresentare i punti nello spazio.
Le caratteristiche della classe `Punto` sono riportate di seguito.

Attributi
1. Un identificatore, che è un carattere che individua il punto (A, B, C...);
2. la sua ascissa (coordinata X);
3. la sua ordinata (coordinata Y).

Metodi
Ha un solo metodo, che calcola la distanza dall'origine mediante la formula $d = x^2 + y^2$.

Per la classe `Punto3D` si ha quanto segue.

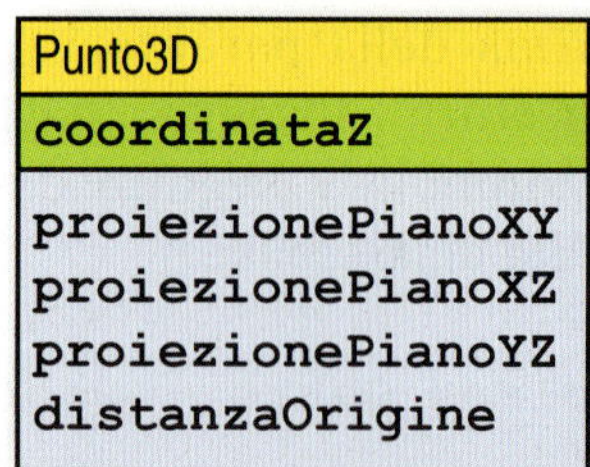

Attributi
1. Tutti gli attributi delle classe `Punto`;
2. un attributo aggiuntivo: la coordinata Z.

Metodi
1. Il metodo della classe `Punto`;
2. propri metodi aggiuntivi (proiezioni).

Il metodo `distanzaOrigine()` ereditato dalla superclasse *non* può andare bene per la sottoclasse poiché la formula di calcolo è diversa, dato che comprende tutte le coordinate del punto: in questo caso $d = \sqrt{x^2 + y^2 + z^2}$.

◀ Il meccanismo di *overriding* (che in inglese significa *prevalente*) consente di ridefinire un metodo in una sottoclasse: i metodi che vengono ridefiniti sono detti polimorfi poiché lo stesso metodo si comporta diversamente a seconda del tipo di oggetto su cui è invocato. Si distingue dall'*overloading* in quanto il nuovo metodo deve avere la stessa semantica di quello ridefinito. ▶

Si tratta quindi di sovrascrivere un metodo già esistente, che svolge la medesima operazione di quello che si desidera implementare (calcolare la distanza dall'origine delle coordinate) ma che deve essere specializzato per la nuova classe.

Questo modo di procedere prende il nome di ◀ overriding ▶ e sarà decritto in seguito.

Quello che abbiamo appena fatto "sembra" essere corretto: pur avendo applicato il meccanismo dell'ereditarietà, non abbiamo però verificato la regola dell'astrazione, che deve soddisfare la domanda di appartenenza (*relationship IS-A*). Violando l'astrazione abbiamo potuto validare l'ereditarietà: ci siamo infatti chiesti "*un punto a tre dimensioni è un punto?*" e abbiamo dato risposta affermativa, ma la classe `Punto` non è completamente astratta: avrebbe dovuto chiamarsi `Punto2D`, dato che non rappresenta il generico elemento geometrico "punto" ma un punto nel piano, quindi a due dimensioni.

Abbiamo dunque interpretato erroneamente l'identificatore `Punto` senza riflettere sul fatto che, rappresentando oggetti in due dimensioni, avremmo dovuto chiamarlo `Punto2D`, quindi la nostra domanda di appartenenza avrebbe dovuto essere *"un punto a tre dimensioni è un punto a due dimensioni?"*: in questo caso la risposta sarebbe stata negativa.

L'errore, o meglio, gli errori sono da imputare a due cause:

1. durante la modellizzazione non si è proceduto correttamente all'astrazione;
2. durante l'implementazione non è stata analizzata nel dettaglio la relazione IS-A.

Nonostante la semplicità dell'esercizio sono stati commessi due errori: se apparentemente "tutto funziona lo stesso" sicuramente in un'applicazione che subisce molti incrementi gerarchici il "violare le regole" porta a conseguenze negative, ed è quindi necessario soffermarsi e riorganizzare la strutturazione gerarchica migliorando il processo di astrazione.

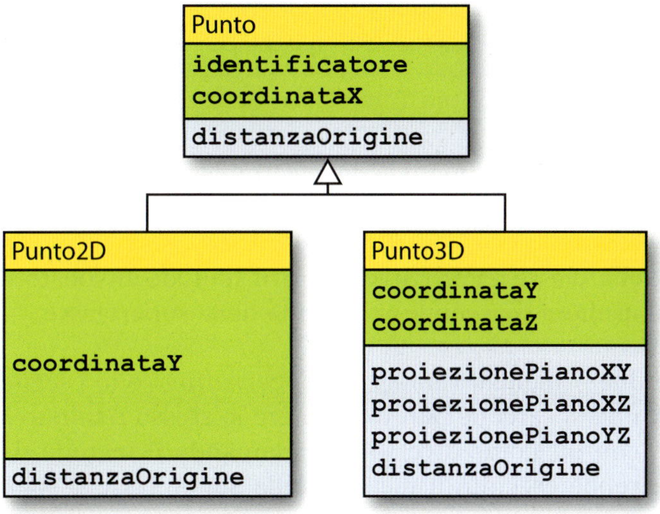

Sovrascrittura (overriding) di un metodo

Abbiamo visto la particolare caratteristica che permette a una sottoclasse di scrivere un metodo della superclasse utilizzando lo stesso nome e segnatura: si dice che il metodo viene sovrascritto (è sottoposto a *overriding*) nella sottoclasse.

La possibilità di sovrascrivere un metodo della superclasse, modificandone il comportamento quando è usato all'interno della sottoclasse, è una delle caratteristiche più potenti della OOP, in quanto permette di riutilizzare il codice di programma che agisce su un oggetto e sostituire a sua insaputa tale oggetto con uno nuovo, più evoluto, appartenente alla stessa gerarchia di classi senza che il programma se ne accorga, cioè senza dover "intervenire con modifiche" al codice del programma utilizzatore.

Vediamo un esempio di come viene eseguito l'*overriding*.
Per sovrascrivere un metodo bisogna definire nella sottoclasse un metodo con la stessa segnatura di quello definito nella superclasse: tale metodo prevale su quello della superclasse

quando viene invocato su un oggetto della sottoclasse così come gli attributi con lo stesso nome, dei quali viene vista la definizione più locale.

Supponiamo che la superclasse `Dipendente` abbia un metodo che visualizza sullo schermo i dati anagrafici, cioè parte degli attributi di un oggetto.

```
public void chiSei()
cout << "il mio nome è " <<  nome;
cout << "il mio numero di matricola è " <<  matricola;
```

Scriviamo nella sottoclasse `Programmatore` un metodo con lo stesso nome, che visualizza sullo schermo i dati anagrafici e i nuovi campi aggiunti.

```
public void chiSei()
cout << "il mio nome è " << nome;
cout << "e programmo in " << linguaggio;
cout << "e preferisco il sistema operativo " <<  sistemaOperativo;
cout << "il mio numero di matricola è " <<  matricola;
```

Si vede come il metodo della sottoclasse `Programmatore` sia molto simile al metodo della classe `Dipendente` ma più completo, in quanto aggiunge alcune specifiche al nome.

Nella classe `Programmatore` il metodo invocato automaticamente è *il più locale*, che maschera (nasconde) il metodo della superclasse.

I due principali vantaggi dell'*overriding* sono i seguenti:
- non si sarebbe potuto ottenere lo stesso risultato scrivendo nella sottoclasse un metodo con un nome diverso e richiamando il metodo della superclasse, in quanto prima verrebbe eseguito il metodo della superclasse e solo successivamente il codice del nuovo metodo;
- un oggetto `Programmatore` può essere trattato come un oggetto `Dipendente` da un generico linguaggio, che ne invoca i metodi senza doverne modificare il codice.

■ Rapporto tra ereditarietà e incapsulamento

Abbiamo detto che l'incapsulamento si può considerare obbligatorio e l'ereditarietà un prezioso strumento di programmazione: nell'esempio fatto precedentemente si è proprio applicato l'utilizzo combinato di entrambi i paradigmi, ovvero abbiamo *ereditato da una classe incapsulata*!
Abbiamo poi visto come accedere ai membri non privati, che non vengono ereditati nella classe estesa: dato che i metodi d'accesso alle variabili della superclasse sono dichiarati pubblici nella superclasse, possono essere ereditati e quindi utilizzati nella sottoclasse.

Concludendo: anche se la classe `Programmatore` non possiede esplicitamente le variabili private di `Dipendente` può comunque usufruirne tramite l'incapsulamento, quindi in pratica le possiede virtualmente.

Quasi tutti i linguaggi OOP introducono un nuovo grado di visibilità, cioè un ulteriore specificatore che consente la visibilità tra le classi che appartengono alla stessa organizzazione gerarchica: la parola chiave che lo identifica è `protected`.

PROTECTED

Lo specificatore `protected` ha un comportamento intermedio tra `public` e `private`.
Dichiarare un attributo `protected` nella superclasse equivale a:

- dichiarare l'attributo `public` per le sottoclassi;
- dichiarare l'attributo `private` per tutte le classi esterne.

La tabella seguente riporta un riepilogo della visibilità degli attributi in base alle classi e agli specificatori.

Accessibile da	`public`	`protected`	`private`
Stessa classe	Sì	Sì	Sì
Sottoclasse	Sì	Sì	NO
Classe generica (non sottoclasse)	Sì	NO	NO

Durante l'ereditarietà un accesso può restringersi o restare uguale, ma mai ampliarsi.

Ereditarietà multipla

Dopo aver visto come si crea una gerarchia di classi affrontiamo una situazione particolare: riprendiamo l'esempio degli animali e consideriamo una classificazione secondo due criteri.

- Ambiente in cui vivono (acquatici o terrestri).
- Categoria zoologica (mammiferi, rettili...).

In forma tabellare, il tutto potrebbe presentarsi come indicato a lato. ▶

	Animali acquatici	Animali terrestri
Mammiferi		
Rettili		

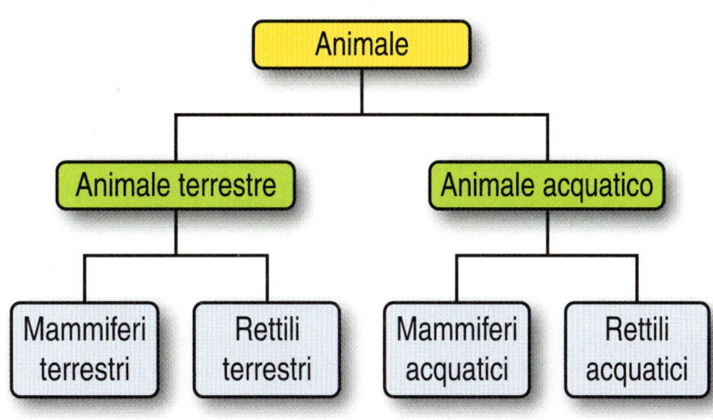

Supponiamo di voler riportare questa classificazione in una tassonomia, cioè definendo una gerarchia di classi mediante l'ereditarietà. È necessario scegliere innanzitutto un criterio da usare per la creazione delle due sottoclassi "di primo livello": per esempio, possiamo definire dapprima gli animali in base all'ambiente in cui vivono e successivamente in base alla modalità di riproduzione. Rispetto alla rappresentazione tabellare, qualcosa è andato perso: non esistono più i concetti di "mammifero" e "rettile", che sono finiti dispersi nelle sottoclassi. Per recuperare il concetto di "mammifero", si può osservare che esistono "animali acquatici mammiferi" e "animali terrestri mammiferi", ognuno con proprie caratteristiche, ma non esiste una categoria di soli "mammiferi" con le peculiarità che la contraddistinguono. Abbiamo quindi perso la possibilità di mantenere distinte le caratteristiche comuni a tutti (e soli) i mammiferi.

In alternativa avremmo potuto stabilire che "mammiferi" e "rettili" fossero le classificazioni di primo livello: in questo caso avremmo perso la rappresentazione pura di "animale acquatico" e "animale terrestre".

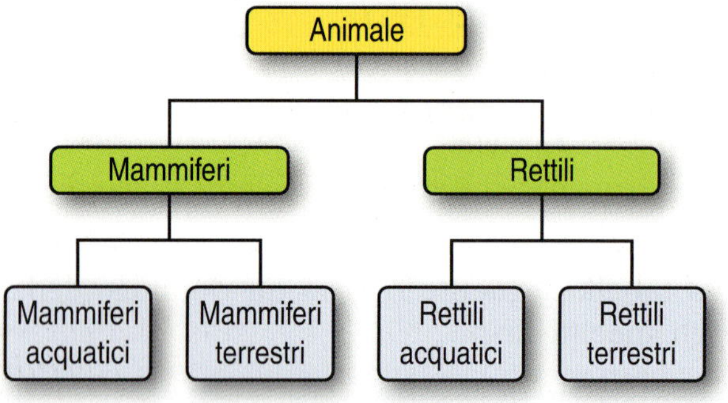

Attraverso il meccanismo di ereditarietà della rappresentazione tabellare precedente è possibile selezionare intere colonne della prima tabella esaminata, accedendo poi tramite esse alle singole celle ma non a intere righe. Questo è accaduto perché si è stabilita una gerarchia tra i due criteri di classificazione che in partenza erano ortogonali (sullo stesso piano): la ragione di ciò sta nel meccanismo di ereditarietà singola utilizzato per implementare la tassonomia.
L'ereditarietà singola è dunque uno strumento molto potente ma non adatto a modellare tutte le situazioni: sarebbe utile poter derivare le sottoclassi (mammiferi terrestri, rettili acquatici ecc.) a partire da più classi-base, corrispondenti ciascuna all'applicazione di un criterio di classificazione. In questo modo i due criteri sarebbero sullo stesso piano e resterebbero ortogonali: quando è possibile derivare una classe facendole ereditare le proprietà di più classi base si parla di ereditarietà multipla.
L'ereditarietà multipla è un meccanismo molto potente ma molto discusso, perché introduce ambiguità non banali da risolvere. Poiché la sottoclasse è un sottotipo di tutte le sue classi base (quindi un animale potrebbe essere contemporaneamente un mammifero terrestre e un rettile) e unisce in sé gli attributi e i metodi delle classi da cui eredita, ci si può porre alcune domande:

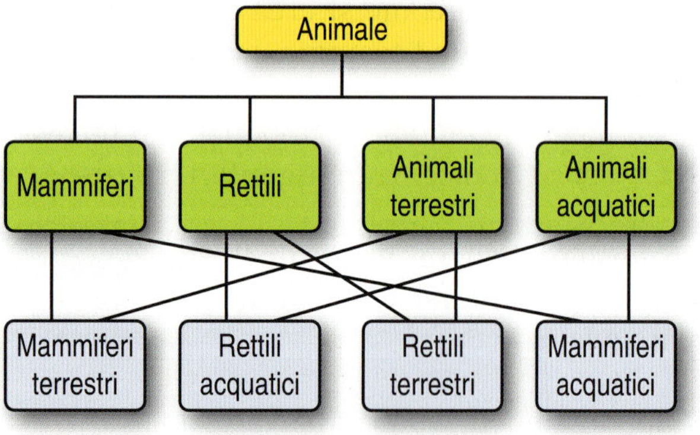

- Che cosa succede se nelle classi base sono presenti campi dati o metodi omonimi? Se nella classe mammiferi terrestri è presente un metodo `chiSei()` presente anche nella classe dei rettili? Quale dei metodi viene ereditato: entrambi, uno solo? Da quale classe base?
- Che cosa succede se una classe eredita direttamente o indirettamente (o per errore) più volte da una stessa classe base? Gli attributi vengono duplicati? I metodi devono essere considerati ambigui o no?

Questi problemi sono tipici del linguaggio C++ è richiedono particolare attenzione nella definizione di gerarchie multiple di ereditarietà: il linguaggio Java ha superato questo problema dato che non supporta l'ereditarietà multipla ma introduce un nuovo concetto, quello di interfaccia, diverso e più semplice da gestire per realizzare l'ereditarietà multipla.

Conclusioni

Per concludere possiamo affermare che:

- l'ereditarietà è una tecnica che permette di descrivere una nuova classe, nei termini di un'altra già esistente e di compiere quelle modifiche o estensioni necessarie per soddisfare i nuovi bisogni;
- la sottoclasse eredita tutti i metodi (operazioni) della genitrice, ma può essere estesa con metodi e attributi locali che ne completano la descrizione. Questa rappresenta una forma di specializzazione;
- l'ereditarietà offre vantaggi in termini di riuso e astrazione.

Il meccanismo di *overriding* è concettualmente molto diverso da quello di *overloading*, e non deve essere confuso con esso.

L'*overloading* consente di definire in una stessa classe più metodi aventi lo stesso nome, ma che differiscano nella *signature*. L'*overriding*, invece, consente di ridefinire un metodo in una sottoclasse: il metodo originale e quello che lo ridefinisce hanno necessariamente la stessa firma, e solo al momento dell'esecuzione si determina quale dei due deve essere eseguito.

Verifichiamo le conoscenze

Esercizi a scelta multipla

1 L'ereditarietà permette di:
- O programmare senza errori
- O ereditare classi da oggetti già presenti
- O trasferire i metodi comuni alle nuove classi
- O riusare il codice

2 Con l'ereditarietà:
- O si specializza una classe
- O si generalizza una classe
- O si incapsula una classe
- O si astrae una classe

3 L'ereditarietà permette di raggruppare classi:
- O se sono correlate
- O sempre
- O solo se hanno metodi in comune
- O solo se hanno attributi in comune

4 L'ereditarietà è un meccanismo per definire:
- O classi generiche
- O classi specializzate
- O metodi polimorfi
- O metodi in *overloading*

5 Indicare l'affermazione errata:
- O la classe antenato prende il nome di superclasse
- O la classe discendente prende il nome di sottoclasse
- O la sottoclasse eredita gli attributi della sua superclasse
- O la sottoclasse eredita i metodi della sua superclasse
- O la sottoclasse eredita gli oggetti della sua superclasse
- O vale la proprietà transitiva verso gli antenati

6 La relazione IS-A è:
- O una relazione tra classi simili
- O la relazione tra una superclasse e una sottoclasse
- O la relazione tra una sottoclasse e una superclasse
- O nessuna delle precedenti

7 La sottoclasse non può:
- O aggiungere nuovi campi
- O ridefinire (sovrascrivere) alcuni dei metodi
- O restringere in qualche modo la visibilità di un metodo
- O restringere in qualche modo la visibilità di una variabile
- O eliminare campi dati o metodi della superclasse

8 L'*overriding* consiste:
- O nel ridefinire i costruttori della classe
- O nel ridefinire gli attributi
- O nell'aggiungere attributi
- O nel ridefinire i metodi

Test vero/falso

1 La classificazione gerarchica è un elemento fondamentale nella costruzione delle classi. V F
2 La riusabilità del codice si ottiene con l'ereditarietà. V F
3 L'ereditarietà permette di definire nuove classi da classi con più basso livello di astrazione. V F
4 Ogni istanza di una sottoclasse è (IS-A) un'istanza della sua superclasse. V F
5 Ogni istanza di una superclasse è (A-IS) un'istanza della sua sottoclasse. V F
6 La relazione IS-A prende il nome di regola di appartenenza. V F
7 La classe derivata può eliminare campi dati o metodi della superclasse. V F
8 Nell'*overriding* il nuovo metodo ha la stessa semantica di quello ridefinito. V F
9 Nell'*overloading* il nuovo metodo ha la stessa semantica di quello ridefinito. V F
10 Un attributo `protected` è accessibile da una sua sottoclasse. V F

Verifichiamo le competenze

Esprimi la tua creatività

1 Implementa la classe **`Mucca`** come specializzazione di una catena di tre antenati.

2 Progetta la gerarchia di classi per definire cantanti, musicisti e compositori e i rispettivi metodi e attributi.

3 Progetta la gerarchia di classi per definire nemici, mostri, giocatore e colpi per un videogioco di tipo space-invader, con i rispettivi metodi e attributi.

4 Classe **`Pianoforte`**

Progetta la gerarchia di classi per definire una classe `Pianoforte` a partire da una superclasse `StrumentiMusicali`.

5 Classe **`Scacchiera`**

Progetta la gerarchia di classi per definire i pezzi del gioco degli scacchi e i rispettivi metodi e attributi.

6 Classe **`Cellulare`**

Progetta la gerarchia di classi per definire un telefono cellulare, metodi e attributi, a partire dalla classe `MezziComunicazione`.

7 Classe **`Automobile`**

Definisci una semplice gerarchia di classi per i veicoli e modella la classe `Automobile` indicando tutti i metodi nel diagramma UML.

8 Classe **`Geometria`**

Progetta un insieme di classi per la rappresentazione delle principali figure geometriche (`Poligono`, `Ottagono`, `Rettangolo`, `Quadrato`, `TriangoloIsoscele`). Di ognuna deve essere possibile calcolare l'area e il perimetro e confrontare questi valori con quelli di un'altra figura geometrica.

9 Classe **`Ascensore`**

Realizza un componente software che modelli un ascensore, che preveda come dati i piani di partenza, di arrivo e prenotati e permetta di eseguire le normali operazioni di un ascensore partendo da una classe `Montacarichi`.

10 Classe **`ComponentiElettronici`**

Realizza un componente software che modelli la gerarchia dei dispositivi elettronici discreti (bipoli, tripoli, resistori, condensatori, diodi ecc.).

11 Classe **`Spaghetii`**

Progetta la gerarchia di classi per definire un piatto di spaghetti, metodi e attributi, a partire dalla classe `farina`.

12 Classe **`Bicicletta`**

Progetta la gserarchia di classi per definire una bicicletta, metodi e attributi, a partire dalla classe `mezzoDiTrasporto`.

UNITÀ DIDATTICA 5

POLIMORFISMO

IN QUESTA UNITÀ IMPAREREMO...

- a riconoscere le tipologie di polimorfismo
- a individuare la compatibilità tra gli oggetti
- a utilizzare oggetti polimorfi
- a utilizzare il polimorfismo per realizzare programmi OOP

Polimorfismo

L'ultimo principio basilare della Programmazione orientata agli oggetti è il polimorfismo che, in parte, è già stato inconsapevolmente compreso nella trattazione dei due precedenti paradigmi (l'incapsulamento e l'ereditarietà).
In questa unità didattica lo tratteremo in modo più approfondito, partendo dalla sua definizione.

POLIMORFISMO

Polimorfismo deriva dal greco "molte forme" e indica la capacità di definire comportamenti diversi in risposta ai medesimi stimoli esterni.

In altri termini, un oggetto polimorfo può rispondere in maniera diversa allo stesso stimolo in relazione al contesto, quindi l'oggetto diventa in grado di adattarsi e di contestualizzarsi automaticamente.
Mediante il polimorfismo l'utente può disinteressarsi all'azione che l'oggetto svolgerà per rispondere allo stimolo (metodo), poiché l'oggetto "sa come comportarsi" in quanto chi ha creato la classe ha previsto le giuste operazioni.

FUNZIONE POLIMORFA

Una funzione si dice polimorfa se è capace di operare su oggetti di tipo diverso specializzando il suo comportamento in base al tipo dell'oggetto su cui agisce.

Come abbiamo visto, nei linguaggi a oggetti il polimorfismo è intrinseco, in quanto in classi diverse possono esistere funzioni con lo stesso nome ma effetti completamente diversi.

Il polimorfismo può essre innanzitutto classificato in:
- polimorfismo orizzontale (per metodi);
- polimorfismo verticale (per dati).

Spiegheremo brevemente le caratteristiche di ognuna di queste categorie utilizzando due esempi.

Polimorfismo orizzontale (per metodi)

Consideriamo il segmento di codice riportato di seguito, che è parte di un metodo `main()` che definisce due oggetti e invoca su di essi due metodi con lo stesso nome.

Supponiamo di avere due oggetti:

```
qua   //è un oggetto della classe quadrato
ret   //è un oggetto della classe rettangolo
```

```
qua.print(); //metodo print di Quadrato
ret.print(); //metodo print di Rettangolo
```

L'invocazione del metodo `print()` sembra ovvia: ogni oggetto richiama il metodo di stampa della propria classe. In generale questo è vero, ma è doveroso prestare attenzione al caso in cui le classi sono legate da ereditarietà, dato che possono crearsi problemi di polimorfismo più complessi.
Ipotizziamo che siano due oggetti di sottoclassi di `FigureGeometriche`: se entrambe le classi dispongono dello stesso metodo, quale dei due deve venire invocato?

Polimorfismo verticale (per dati)

Prendiamo in considerazione un secondo esempio dove è presente la gerarchia di classe:

```
Persona ← Studente
```

I due oggetti `Persona p` e `Studente s` sono tra loro interscambiabili? Sono tra loro "compatibili", cioè a un riferimento di tipo `Persona` possiamo assegnare un oggetto `Studente` e viceversa?

```
p=s   // assegno a persona uno studente
```

oppure

```
s=p   // assegno a studente una persona
```

Uno `Studente`, dato che deriva dalla classe `Persona`, possiede sicuramente tutti i metodi e gli attributi di `Persona`, quindi implicitamente un oggetto `Studente` è anche un oggetto `Persona`, ma non viceversa, dato che un oggetto `Studente` è "più ricco" di un oggetto `Persona`.

Si vuole stabilire quale metodo `print()` verrà invocato sull'oggetto `p`, dato che entrambe le classi lo ridefiniscono.

Abbiamo due possibilità, che dipendono dalla tipologia del linguaggio di programmazione:

1. se prevale il tipo formale del riferimento (`Persona`, nell'esempio precedente), si parla di legame statico;
2. se prevale il tipo effettivo dell'istanza corrente (`Studente`, nell'esempio precedente), si parla di legame dinamico.

In Java si privilegia il legame dinamico e, sebbene `p` sia un riferimento a un oggetto di tipo `Persona`, poiché l'istanza corrente è uno `Studente` viene richiamato il metodo `print()` della classe `Studente`.

In C++ il comportamento è diverso, dato che prevale il legame statico: viene chiamato il metodo della classe `Persona`, a meno di usare una specifica notazione. È quindi doveroso prestare molta attenzione alle specifiche del linguaggio che si sta utilizzando.

Classificazione delle tipologie di polimorfismo

A questo punto è possibile effettuare la classificazione completa di tutte le tipologie di polimorfismo, collocando al primo livello il polimorfismo per metodi (orizzontale) e il polimorfismo per dati (verticale) e generando il diagramma gerarchico riportato di seguito.

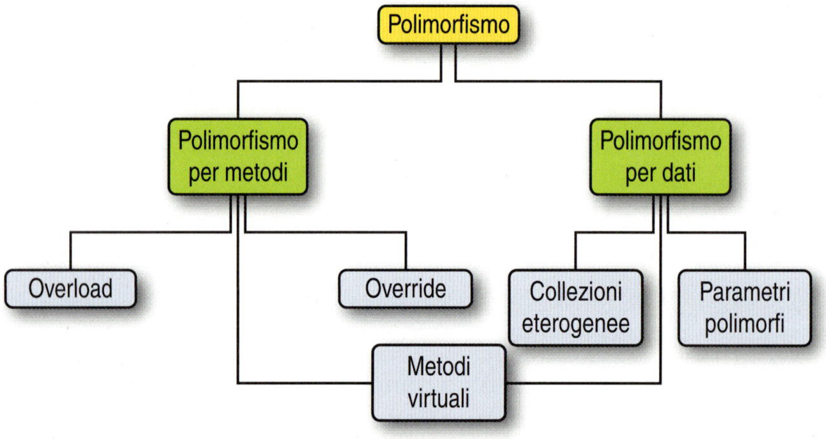

Senza entrare nel particolare, in quanto tutti i casi sono già stati incontrati (e descritti), ricapitoliamo brevemente le principali caratteristiche dei due tipi di polimorfismo.

Polimorfismo per metodi

Il polimorfismo per metodi è la modalità operativa che permette di utilizzare lo stesso nome per metodi differenti.
Viene realizzato in due modi:

- mediante l'*overloading*;
- mediante l'*overriding*.

Overloading

Ricordiamo che nei metodi la coppia costituita dall'identificatore e dalla lista dei parametri è detta "segnatura", o "firma" del metodo.

DETERMINAZIONE UNIVOCA

Un metodo è univocamente determinato non solo dal suo identificatore ma anche dalla sua lista di parametri, cioè dalla sua segnatura.

In una classe possono dunque convivere metodi con lo stesso nome ma firma differente: su questo semplice concetto si realizza una delle caratteristiche più utili delle OOP: l'*overloading*. Tramite questo meccanismo il programmatore può utilizzare lo stesso nome per metodi diversi, per esempio assegnare lo stesso nome a due metodi che concettualmente realizzano la stessa funzionalità ma che la soddisfano in maniera differente, come nell'esempio seguente.

```
class Aritmetica
int somma(int a,int b)              //somma tra interi
return a+b;
float somma(int a,float b)          //somma ibrida
return a+b;
float somma(float a,float b)        //somma tra float
return a+b;
```

Esistono tre possibili forme di scrittura di metodi che hanno lo stesso nome.

1. Tipale: il numero dei parametri è lo stesso, ma i tipi sono diversi.

```
somma(int a,int b)
somma(int a,float b)
```

2. Numerico: il numero dei parametri è diverso.

```
somma(int a,int b)
somma(int a,int b,int c)
```

3. Posizionale: il numero e il tipo dei parametri è lo stesso, ma la loro posizione è scambiata.

```
somma(int a,float b)
somma(float a,int b)
```

Overriding

L'*overriding* è considerato la caratteristica più potente della OOP ed è da qualcuno superficialmente identificato con il polimorfismo stesso. Il termine *overriding*, che significa letteralmente "sovrascrittura", viene utilizzato nella OOP per descrivere la possibilità che le sottoclassi hanno di ridefinire un metodo ereditato da una superclasse.

Naturalmente non può esistere *overriding* senza ereditarietà e quindi, come già abbiamo visto, i tre elementi fondamentali della OOP sono tra loro fortemente connessi.

Una sottoclasse è sempre più specifica della classe che estende (la sua superclasse) e da essa può ereditare metodi che hanno bisogno di essere ridefiniti e perfezionati, per funzionare correttamente nel nuovo contesto.

OVERRIDING

Le regole da rispettare per utilizzare correttamente l'*overriding* sono semplici:

- se si vuole riscrivere un metodo in una sottoclasse si deve utilizzare la stessa identica segnatura, altrimenti in luogo dell'*overriding* si utilizzerebbe l'*overloading*;
- il tipo di ritorno del metodo deve coincidere con quello del metodo che si sta riscrivendo;
- il metodo ridefinito non deve essere meno accessibile del metodo che ridefinisce; per esempio se un metodo ereditato è dichiarato `protected` non si può ridefinire `private`, eventualmente potrà essere `public`.

Dato che per la corretta applicazione della programmazione OOP l'incapsulamento si può considerare obbligatorio, si ha sempre la contemporanea coesistenza, o meglio l'utilizzo combinato, di tutti i tre paradigmi.

ESEMPIO 12

Un esempio fondamentale riguarda la classe `Object`, che è la superclasse di tutte le classi. Nella codifica di ogni classe si deve tenere presente che ereditiamo senza saperlo tutti i metodi della classe `Object` (11 in Java , 7 in C++); uno di questi è il metodo `toString()`, che ha il compito di restituire una stringa descrittrice dell'oggetto. Naturalmente nella classe `Object`, che astrae il concetto di oggetto generico, tale metodo non può adempiere a questo scopo, giacché un'istanza della classe `Object` non ha variabili d'istanza che la caratterizzano e deve quindi essere ridefinita in tutte le classi figlie della gerarchia di derivazione.

Polimorfismo per dati (o per classi)

Il polimorfismo per dati (detto anche polimorfismo per classi) è quello che abbiamo già indicato come polimorfismo verticale, cioè il meccanismo che permette di assegnare un riferimento di una superclasse all'istanza di una sottoclasse.
Per esempio a un oggetto `Punto` è possibile assegnare un oggetto della classe `PuntoTridim`, che è una sottoclasse di `Punto`.
L'interfaccia pubblica dell'oggetto creato, costituita dalle variabili `x`, `y` e `z`, contiene l'interfaccia pubblica della classe `Punto`, costituita dalle variabili `x` e `y`: il riferimento `ogg` "penserà" dunque di puntare a un oggetto `Punto`.
Si distinguono due situazioni, che riportiamo succintamente nei sottoparagrafi che seguono.

Parametri polimorfi

Quando i parametri sono passati per valore (come in Java), se è necessario passare un parametro di tipo puntatore a un metodo, si deve passare il valore numerico del riferimento, in altre parole il suo indirizzo; potrebbe verificarsi la situazione che a quest'indirizzo si trovi un oggetto istanziato da una sottoclasse basata sul polimorfismo per dati, non l'oggetto del tipo indicato nella definizione del puntatore.

PUNTATORE POLIMORFO

In un metodo un parametro di tipo puntatore si dice polimorfo quando può puntare all'istanza di un oggetto da parte di una sottoclasse: questa operazione è possibile quando esso di fatto referenzia una determinata superclasse.

Operativamente, sfruttando il polimorfismo per dati, un parametro di un metodo potrebbe in realtà puntare a un oggetto di tipo diverso.

Collezioni eterogenee

Una collezione eterogenea è una collezione composta da oggetti diversi (per esempio, un array di `Object`).

Anche la possibilità di sfruttare collezioni eterogenee è garantita dal polimorfismo per dati: infatti, un array dichiarato come composto da `Object` potrebbe contenere oggetti di qualsiasi tipo, come si può vedere di seguito.

```
Object arr[3];
arr[0] = new Punto();
arr[1] = "Hello World!";        //sono variabili Object
arr[2] = new Date();            //che puntano a oggetti diversi
```

Oggetti polimorfi

In sintesi, l'applicazione del paradigma del polimorfismo serve anche alla realizzazione dei cosiddetti oggetti polimorfi.

OGGETTI POLIMORFI

Due oggetti polimorfi tra loro utilizzano gli stessi metodi e forniscono la stessa interfaccia definita per altri oggetti, ma ciascuno di loro esegue le stesse azioni in modo diverso.

Per esempio, supponiamo di avere tre classi che rappresentano la stampa di documenti diversi:

- `stampaTesto;`
- `stampaDisegno;`
- `stampaFoto.`

In ognuna di queste classi è stato definito il metodo `stampa()`, che tutti gli oggetti istanziati implementano in modo diverso. L'invocazione del metodo su ciascun oggetto istanziato è formalmente identica, ma:

- `oggettoTesto.stampa()` interpreterà la formattazione del testo per una stampante laser;
- `oggettoDisegno.stampa()` interpreterà i comandi per la gestione di un plotter;
- `oggettoFoto.stampa()` interpreterà e gestirà gli ugelli di una stampante inkjet a colori.

L'utilizzatore di queste classi non si deve preoccupare di nulla: egli ha un oggetto `documento` "qualunque" da stampare (che può essere un testo, un disegno, una foto) e invoca, senza porsi alcun problema, il metodo nel formato `documento.stampa()`.

L'invocazione di un metodo è dunque sempre determinata dalla classe a cui appartiene l'oggetto su cui viene richiamato, non dal tipo della variabile oggetto in sé.

- La variabile oggetto specifica *che cosa si può fare* con l'oggetto (cioè quali metodi si possono utilizzare).
- La classe di appartenenza dell'oggetto specifica *come farlo*.

Concludendo, è possibile sintetizzare il polimorfismo con le seguenti due affermazioni.

- Il polimorfismo è la capacità di definire comportamenti diversi in risposta agli stessi stimoli esterni. In altri termini, tramite il polimorfismo l'oggetto potrebbe rispondere in maniera diversa allo stesso stimolo in relazione al contesto.
- Il polimorfismo permette all'utente di disinteressarsi dell'azione che l'oggetto svolgerà per rispondere allo stimolo (metodo): chi ha creato la classe deve aver previsto le operazioni giuste.

OOP: osservazioni conclusive

A conclusione della presentazione dei tre paradigmi su cui si fonda la programmazione orientata agli oggetti procederemo con il verificare il raggiungimento degli obiettivi che questa nuova tecnica di programmazione si prefigge, che ricordiamo succintamente.

- Correttezza
  La prima esigenza è di avere uno strumento che permetta di scrivere programmi a basso contenuto di errori, nei quali siano facilmente eseguibili le operazioni di test e l'eventuale eliminazione dell'errore mediante il debugging di segmenti di codice facilmente individuabili.
- Adattabilità
  Si vogliono scrivere programmi capaci di evolvere, cioè in grado di "girare" su architetture "del futuro" o crescere aggiungendo nuove funzionalità.
  Il primo concetto correlato a questa esigenza è quello di portabilità del software, che richiede la possibilità riutilizzare il software esistente non solo su differenti versioni dello stesso sistema operativo, ma anche su sistemi operativi diversi.
  Il secondo concetto correlato a questo è quello di manutenzione del software, che consiste nella possibilità di "adeguare" il software esistente alle "esigenze di domani oggi non previste" senza doverlo riscrivere integralmente.
- Riusabilità
  Non meno importante è l'esigenza di utilizzare il software come un componente in diversi sistemi e varie applicazioni senza doverlo riscrivere, cioè di utilizzare "circuiti integrati software" come se fossero scatole nere delle quali avere chiaro solamente "che cosa il codice fa e non fa" e non "come lo fa", da impiegare in tutte le applicazioni che li richiedono.
- Robustezza
  Ultima, ma non meno importante, è l'esigenza di disporre di uno strumento che permetta di scrivere programmi capaci di gestire situazioni inaspettate (per esempio, input inattesi), requisito particolarmente importante in applicazioni "life critical".

Riepiloghiamo ora i tre principi che stanno alla base della programmazione a oggetti.

- Astrazione: "distillare" i concetti che meglio rappresentano un oggetto o un sistema per individuarne le funzionalità essenziali.
- *Information hiding*: nascondere l'informazione a utenti esterni, rendendo accessibile solo l'interfaccia e dando la possibilità di interagire solo mediante questa. Si ottiene il fondamentale beneficio che parti di un programma possono essere cambiate senza dover intervenire sulle altre, quindi senza effetti dannosi su queste ultime.
- Modularità: è la possibilità di organizzare un sistema software in componenti funzionali separati, interfacciati tra loro o progettati *ex novo*, che possono essere riutilizzati o integrati con moduli già esistenti (e collaudati).

L'applicazione di questi principi rende il linguaggio di programmazione OOP particolarmente adatto a conseguire gli obiettivi di robustezza, adattabilità, riusabilità richiesti alle applicazioni moderne.
In ultimo, i tre principali paradigmi che caratterizzano la OOP garantiscono il soddisfacimento dei requisiti di riusabilità e manutenibilità del software.

1. Classi, oggetti, incapsulamento: l'informazione viene nascosta dentro scatole nere (le classi), e l'accesso a essa è controllato.
2. Ereditarietà: una classe può essere estesa attraverso le sottoclassi, che ne ereditano e specializzano le funzioni.
3. Polimorfismo: il tipo di una variabile non definisce completamente il tipo dell'oggetto a cui essa fa riferimento.

Mediante questi potenti strumenti è possibile incrementare la qualità del software senza aggiungere difficoltà di sviluppo; ciò è possibile semplicemente seguendo le regole dettate dai paradigmi della OOP, applicando i quali si ottiene:

- l'incapsulamento delle strutture dati (attributi) e delle operazioni (metodi) che manipolano le classi (*data encapsulation*);
- la separazione tra la struttura dati propria di un oggetto e la struttura dati accessibile dall'esterno (*information hiding*);
- l'astrazione del comportamento delle operazioni a prescindere dalla loro implementazione (*abstraction*);
- la condivisione di strutture dati e operazioni, attraverso ereditarietà e polimorfismo (*sharing*).

Possiamo quindi concludere che la programmazione a oggetti è sicuramente sempre più diffusa e utilizzata con l'evolversi naturale della tecnologia, che richiede applicazioni software sempre più complesse su dispositivi anche diversi dai computer come telefoni cellulari, palmari, navigatori satellitari, televisione interattiva, Internet e chissà su quali nuovi dispositivi interattivi che ci attendono nel prossimo futuro.

Verifichiamo le conoscenze

Esercizi a scelta multipla

1 Il polimorfismo può essere:
- O orizzontale o per dati
- O verticale o per metodi
- O diretto o verticale
- O multiplo o per classi
- O nessuno dei precedenti

2 Il polimorfismo (indicare l'affermazione errata):
- O può essere orizzontale e verticale
- O può essere diretto o indiretto
- O può privilegiare il legame statico
- O può privilegiare il legame dinamico

3 L'*override*:
- O è presente solo nel legame dinamico
- O è una caratteristica del polimorfismo per metodi
- O è una caratteristica del polimorfismo per dati
- O deve avere parametri polimorfi

4 Nel polimorfismo per dati:
- O sono presenti collezioni eterogenee
- O si utilizza l'*overload*
- O si utilizza l'*override*
- O nessuna delle precedenti

5 Le forme di scrittura di metodi che hanno lo stesso nome sono:
- O Tipale, Formale, Posizionale
- O Formale, Tipale, Numerico
- O Numerico, Formale, Posizionale
- O Posizionale, Tipale, Numerico

6 Il metodo ridefinito non deve essere:
- O da *protected* ridefinito *private*
- O da *protected* ridefinito *public*
- O da *private* ridefinito *public*
- O da *private* ridefinito *protected*

7 Gli obiettivi della OOP sono (indicare quello non corretto):
- O correttezza
- O adattabilità
- O riusabilità
- O semplicità
- O robustezza
- O astrazione
- O *information hiding*
- O modularità

Test vero/falso

1 Il polimorfismo è la capacità di definire comportamenti diversi in oggetti uguali. V F
2 Il polimorfismo orizzontale è detto anche polimorfismo per metodi. V F
3 Se prevale il tipo formale del riferimento si parla di legame statico. V F
4 Con il polimorfismo è possibile avere *overriding* senza ereditarietà. V F
5 Un metodo ridefinito può essere meno accessibile del metodo che ridefinisce. V F
6 Con l'*overloading* ci possono essere metodi con lo stesso nome ma firma differente. V F
7 Se prevale il tipo effettivo dell'istanza corrente si parla di legame statico. V F
8 Due oggetti polimorfi tra loro utilizzano gli stessi metodi e forniscono la stessa interfaccia. V F
9 Un metodo si dice polimorfo se un suo parametro referenzia un oggetto polimorfo. V F
10 Il polimorfismo è la capacità di definire comportamenti diversi in risposta agli stessi stimoli. V F

UNITÀ DIDATTICA 6

DOCUMENTAZIONE DI UN PROGETTO

IN QUESTA UNITÀ IMPAREREMO...

- a classificare classi e relazioni tra di esse
- a individuare le relazioni di ereditarietà, aggregazione e dipendenza tra le classi
- a capire l'utilizzo delle schede CRC per l'identificazione di classi
- a usare al meglio i diagrammi UML per descrivere le relazioni tra classi
- a usare la progettazione orientata agli oggetti per programmi complessi

■ Assistenza

Nel progetto informatico si è visto che le attività non terminano con la consegna e l'istallazione del prodotto finito: buona parte dei problemi inizia proprio da quel momento.

Possiamo riassumere le attività che iniziano dalla "messa in opera" con il termine di assistenza che può essere di due tipi.

- Operativa: consiste nella formazione e assistenza on line allo scopo di permettere l'utilizzo del programma da parte degli utenti e la soluzione di tutti i problemi operativi che dovessero manifestarsi nell'utilizzo quotidiano del software.
- Tecnica: sia hardware, cioè connessa a malfunzionamenti e/o aggiornamenti dei macchinari, sia software, cioè la manutenzione del prodotto, già individuata come fase permanente di supporto al sistema dopo la consegna all'utente.

L'utente ha sempre bisogno di un supporto operativo, anche una volta terminata la fase di formazione, ed è fondamentale corredare il prodotto software con un insieme di strumenti che permettano l'autonomia operativa dell'utilizzatore anche per evitare continui interventi di formazione nonché lo spreco di ore in assistenza telefonica: il supporto necessario è una completa documentazione del programma.

Possiamo individuare tre diverse tipologie di documentazione riservata all'utente:

- documentazione inerente all'installazione e all'avvio dell'utilizzo del prodotto;
- documentazione interna: *help on line* e *sensitive help*;
- manuale d'uso: manuale cartaceo con la descrizione delle singole videate, le istruzioni su come eseguire tutte le operazioni offerte dal prodotto, i casi tipici di errore e le indicazioni di come effettuare "il recovery" dello stesso.

Spesso ne viene sottovalutata e trascurata l'importanza e ci si limita a stendere qualche "pagina di documentazione" alla fine del lavoro con delle note "di scarsa utilità", fatte più per dovere che per convinzione di reale utilità delle stesse.

DOCUMENTAZIONE

La documentazione è invece "parte integrante del progetto" e deve seguire fase per fase la realizzazione dello stesso, deve essere iniziata a partire dall'analisi e affinata e integrata costantemente durante tutto il lavoro.

Contemporaneamente alla documentazione utente, deve essere redatta anche la documentazione tecnica, indispensabile per poter effettuare ogni intervento di manutenzione sul software.

Anch'essa si compone di due parti:

- documentazione interna: direttamente dipendente dallo stile di programmazione utilizzato, dalla atomizzazione delle funzioni e dei metodi e dal commento interno a essi;
- documentazione esterna: il *ben noto* manuale tecnico che deve essere particolarmente esauriente in modo tale da consentire ad altre persone di intervenire a diversi livelli sullo stesso progetto informatico per modificarne eventuali funzionamenti, integrando in esso nuove funzionalità o semplicemente modificando quelle esistenti.

Tutti i programmatori "snobbano" questi aspetti e finché non si trovano essi stessi a dover mettere mano al lavoro di altri non ne comprendono completamente la reale importanza e necessità: una prima "presa di coscienza" del programmatore sui benefici derivanti dalla documentazione avviene quando deve mettere egli stesso mano al proprio codice, magari scritto qualche tempo prima, di cui non ha prodotto documentazione e di cui non ricorda bene il funzionamento.
Come sempre è l'esperienza, soprattutto quella negativa, che persuade il progettista ad adottare regole e modelli di sviluppo standardizzati.

L'importanza della documentazione che correda un progetto software aumenta ancora nel momento in cui ci si prefigge l'obiettivo di rendere portabile e riusabile il software prodotto nell'ambito del progetto.
Il paradigma della programmazione a oggetti ha nelle finalità principali proprio questo scopo: garantire un livello elevato di riuso dei componenti software ("black box"), cioè la possibilità di isolare specifiche funzionalità o servizi all'interno di appositi package o classi per riutilizzarle in altri prodotti oppure semplicemente sostituirle con nuovi "tasselli",

senza doversi preoccupare dell'impatto che tali modifiche possono avere sulle restanti componenti software.
La documentazione di un progetto *object oriented* avviene a tutti i livelli della fase di sviluppo anche supportata dall'utilizzo del linguaggio UML, come di seguito descritto.

UML

UML (*Unified Modeling Language*) è un linguaggio di modellazione potente, completo, semplice e naturale ormai universalmente riconosciuto come uno standard *de facto* a livello mondiale: consiste in un insieme di notazioni sviluppate a partire dagli anni '80 e consolidate in un apparato standard alla fine degli anni '90 con il nome, appunto, di UML da Grady Booch, Ivar Jacobson e James Rumbaugh che hanno definito le linee guida per l'impiego del linguaggio di modellazione per ogni tipo di sistema software; la sua maggior diffusione e notorietà, tuttavia, deriva dall'essere particolarmente adatto all'analisi e alla progettazione di sistemi software *object oriented*.
La documentazione di un progetto *object oriented* avviene in diverse fasi e a diversi livelli, a seconda sia dell'aspetto specifico che si intende descrivere sia del differente punto di vista da cui lo si descrive: si è già detto come i diagrammi di flusso (o flow chart) tipici della programmazione strutturata non sono soddisfacenti nella descrizione delle classi ma consentiranno di documentare in modo efficace i singoli metodi delle classi appartenenti al progetto.
Per la descrizione delle classi si sono introdotti i diagrammi delle classi (o class diagram), primo diagramma del linguaggio UML, che permetteranno di elencare in modo sintetico le classi che compongono il progetto, mettendo in evidenza gli attributi che le caratterizzano e i metodi resi disponibili per operare su di esse.
Successivamente, è necessario esplicitare le relazioni esistenti tra le classi stesse e la struttura gerarchica che viene realizzata attraverso la realizzazione di sottoclassi.
Sempre nel diagramma delle classi sono disponibili gli strumenti grafici per mettere in relazione tutte le classi.

L'UML si basa proprio su diagrammi e rappresentazioni grafiche: viene anche chiamato Visual Modeling in quanto mediante l'UML si realizza proprio la visualizzazione grafica del modello, utilizzando 9 diagrammi di base, facilmente comprensibili a tutte le componenti coinvolte nel progetto:
- cliente: chiede la soluzione del problema/esigenza;
- analista: studia e documenta le esigenze del cliente per i progettisti;
- disegnatori (progettisti): definiscono il progetto;
- programmatori: producono, installano e testano il software.

Il Visual Modeling prevede una continua interazione, scambio di vedute tra programmatori e analisti, tra progettisti e programmatori e tra cliente e analisti in modo da ridurre le possibilità di errore di progetto e di realizzazione.

Elenchiamo di seguito i principali vantaggi dell'utilizzo delle metodologia UML:
- il sistema SW viene progettato professionalmente;
- è documentato prima che venga scritto il codice;
- la scrittura del codice è più agevole ed efficiente: è più facile scrivere software riutilizzabile e si ottiene una considerevole diminuzione dei costi di sviluppo;

- i diagrammi UML sono chiari a tutti: è più facile avere una visione d'insieme e quindi sfruttare in modo migliore le risorse hardware;
- è più facile prevedere eventuali "buchi", in modo da ottenere il software che si comporterà come ci si aspetta;
- è più facile effettuare modifiche successive grazie alla documentazione;
- i costi di manutenzione diminuiscono;
- la comunicazione e l'interazione tra tutte le risorse umane che partecipano allo sviluppo sono molto più efficienti e dirette, fatte in modo uniforme, quindi senza incomprensioni con notevole risparmio di tempo.

Si è detto che UML utilizza nove diagrammi base, che sono:

1. Class Diagram: uno per ogni classe, completato dalle associazioni esistenti tra di esse;
2. Object Diagram: uno per ogni oggetto;
3. Use Case Diagram: descrizione del sistema visto dall'utente;
4. State Diagram: rappresentano gli stati e i loro cambiamenti nel tempo di ogni oggetto del sistema (da Start a End State);
5. Sequence Diagram: Class e Object Diagram sono statici: in questo diagramma sono evidenziate le dinamiche, basate sul tempo, delle varie interazioni tra gli oggetti;
6. Activity Diagram: descrive la sequenza delle attività riscontrate negli Uses Cases;
7. Collaboration Diagram: descrive la cooperazione tra gli elementi del sistema;
8. Component Diagram: ognuno nel team lavora su un componente del sistema;
9. Deployment Diagram: mostra l'architettura del punto di vista fisico e logistico del sistema.

La completa trattazione della metodologia UML esula da questo testo, ma nel seguito viene riportata a titolo di esempio la trattazione completa di come produrre il diagramma delle classi, primo punto del Modello UML, in modo da offrire una valutazione dei benefici ottenibili dall'utilizzo di tecniche standardizzate di sviluppo e documentazione del software.

Classi e associazioni tra le classi

Diagramma delle classi

Il diagramma delle classi produce un'immagine "statica" del progetto, identificando le classi che lo compongono e le relazioni che intercorrono tra di esse. Viene utilizzato *a posteriori* per documentare un programma realizzato, ma anche *a priori* per supportare il processo di progettazione e di identificazione delle componenti (classi, oggetti, package ecc.) in cui è opportuno suddividere il programma che si intende realizzare.

Il diagramma della classe è già stato descritto e ne indichiamo gli elementi principali.

- Nome della classe:
  - se è una singola parola ha l'iniziale maiuscola (per esempio, `Animali`);
  - se è composta da più parole, l'iniziale di ogni parola è maiuscola (per esempio, una classe di nome `UccelliRapaci`).
- Attributi:
  - in ogni caso con le iniziali in minuscolo (per esempio, `colore` e `formaOcchi`).
- Metodi:
  - in ogni caso con le iniziali in minuscolo (per esempio, `veloce()` e `mangiaPizza()`).

Graficamente lo abbiamo già utilizzato nella forma sintetica: ▶

Esiste anche la forma completa, in cui vengono aggiunti gli indicatori di visibilità semplicemente mettendo i caratteri + e – davanti ai metodi e ai campi. Si ha:
- – per `private`;
- + per `public`.

Un esempio è riportato a lato.

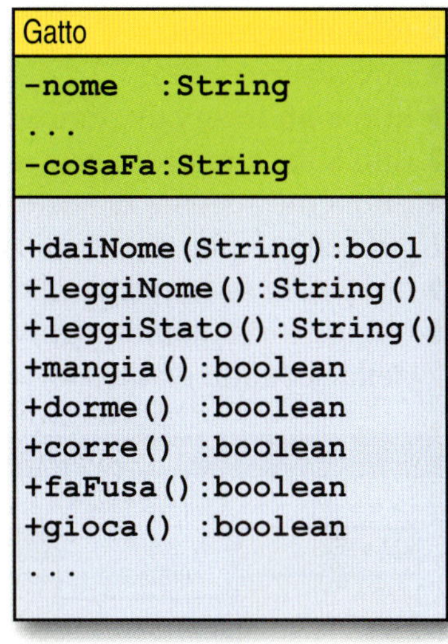

Associazioni

Le classi sono collegate tra loro con apposite linee, creando così un grafo, in modo da rappresentare le relazioni tra oggetti che caratterizzano ogni progetto Object Oriented. In primo luogo è necessario stabilire la differenze tra diversi tipi di relazione che possono intercorrere tra le classi, che possono essere sostanzialmente di cinque tipi:
- semplice;
- complessa;
- riflessiva;
- forte;
- debole.

Mediante le linee continue e tratteggiate, e simboli grafici quali frecce orientate, colorate o meno, eventualmente con numeri o qualche semplice indicazione, è possibile rappresentare ogni tipo di relazione.

Relazione semplice

Il concetto di relazione è quello classico della matematica (in particolare della teoria degli insiemi), derivante dal termine inglese relationship, anche tradotto con associazione o correlazione.

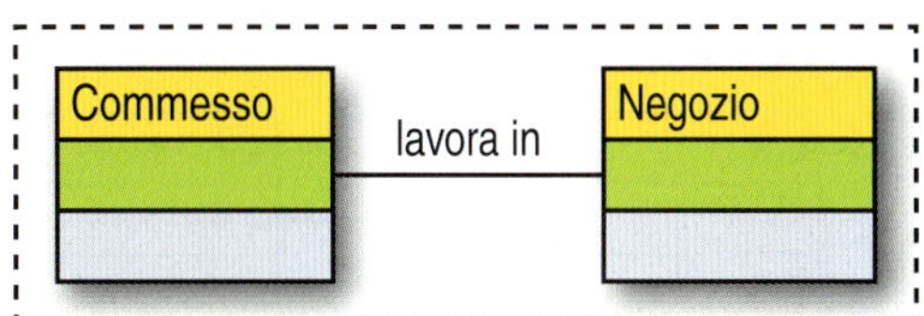

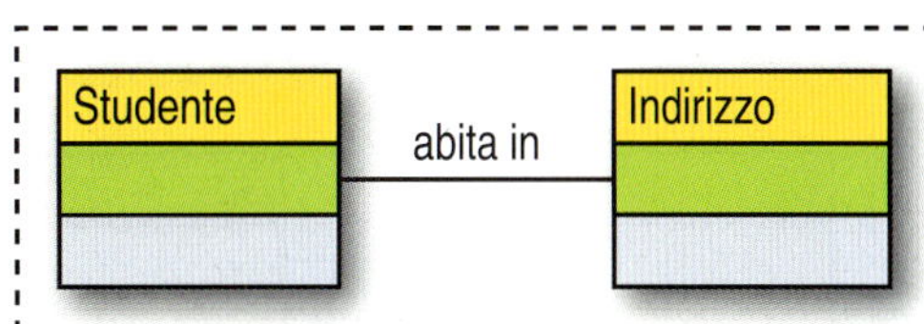

La relazione semplice è quella che lega due classi quando i membri della prima classe possono associarsi concettualmente ai membri della seconda classe, cioè quando un attributo può essere un oggetto di una seconda classe. Viene denominata associazione e graficamente si rappresenta con una linea che connette due classi, con il nome dell'associazione appena sopra la linea stessa.

Relazione complessa

Un'associazione può essere più complessa della semplice connessione tra due classi.

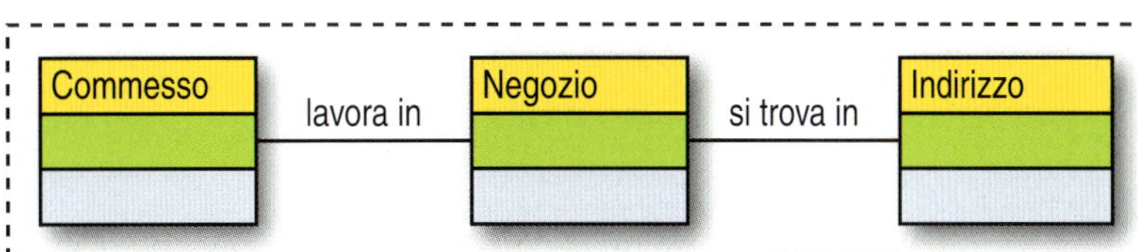

1. È possibile che più classi possano connettersi a una singola classe.
2. Più oggetti possono avere il medesimo valore dell'attributo di una classe associata: in questo caso si parla di cardinalità (o molteplicità) e può assumere le seguenti forme:
   - uno a uno;
   - uno a molti;
   - uno a uno o più;
   - uno a zero o uno;
   - uno a un intervallo limitato (per esempio: 1 a 2-20);
   - uno a un numero esatto n;
   - uno a un insieme di scelte (per esempio: 1 a 5 o 8).
3. La relazione può essere opzionale oppure obbligatoria:
   - opzionale se non tutti gli oggetti sono in relazione tra loro;
   - obbligatoria quando ogni oggetto della prima classe deve essere in relazione con quelli della seconda classe.

Simbolo	Descrizione
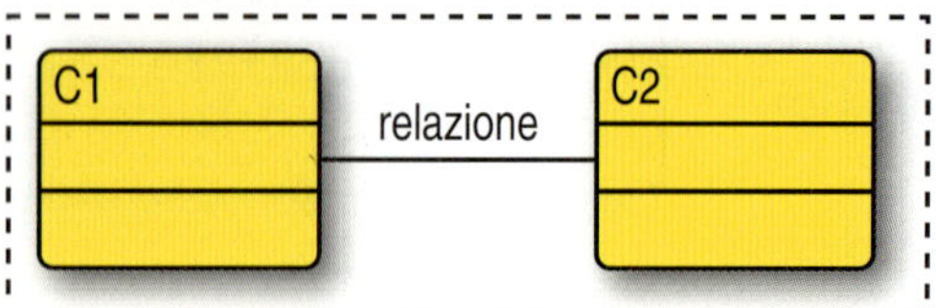	Relazione Le relazioni vengono rappresentate con una linea che congiunge le classi
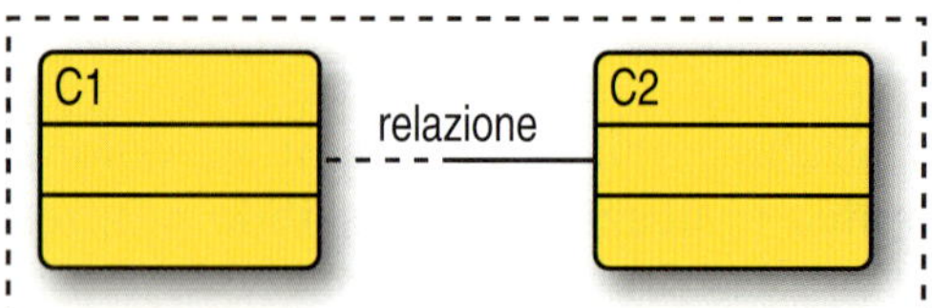	Opzionalità L'opzionalità è rappresentata da una linea tratteggiata e indica che possono esistere istanze di C1 che non sono associate ad alcuna istanza di C2
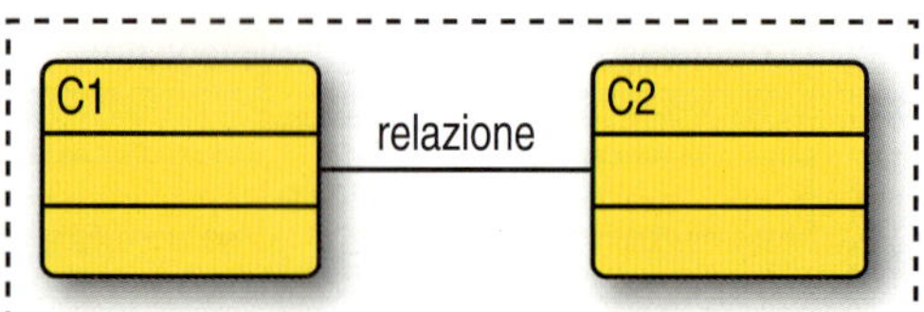	Obbligatorietà È rappresentata da una linea continua e indica che tutte le istanze di C1 devono essere associate ad almeno una istanza di C2
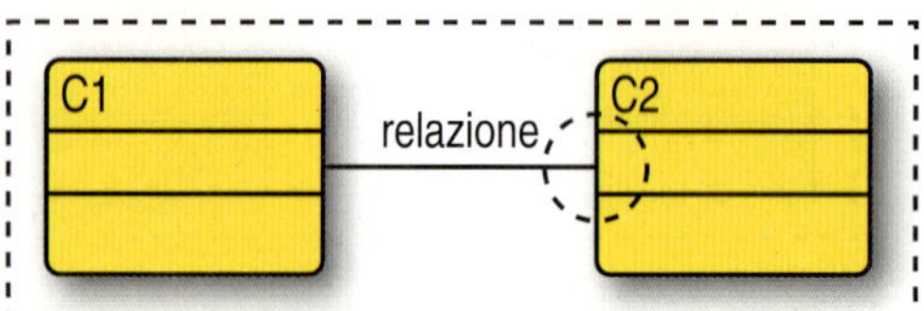	Cardinalità Relativamente a quanto contenuto nel cerchio tratteggiato, per una o più istanze di C1, l'associazione individua una sola istanza di C2
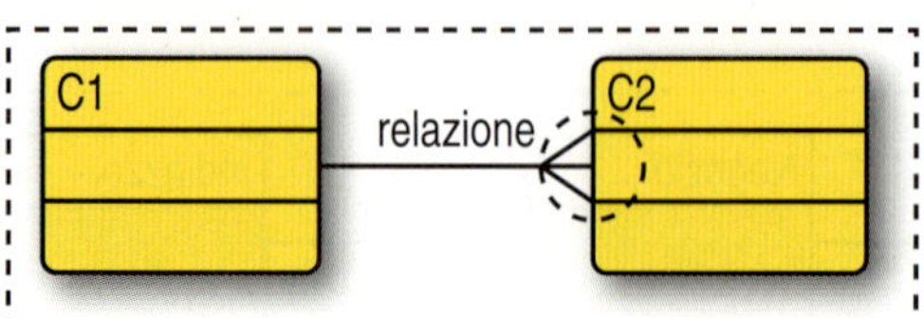	Cardinalità Relativamente a quanto contenuto nel cerchio tratteggiato, per una o più istanze di C1, l'associazione individua una o più istanze di C2

Relazione riflessiva

È un caso in cui gli oggetti della classe sono in relazione con se stessi, per esempio alunni e capoclasse, giocatori e capitano, particolarmente utilizzata nei database.

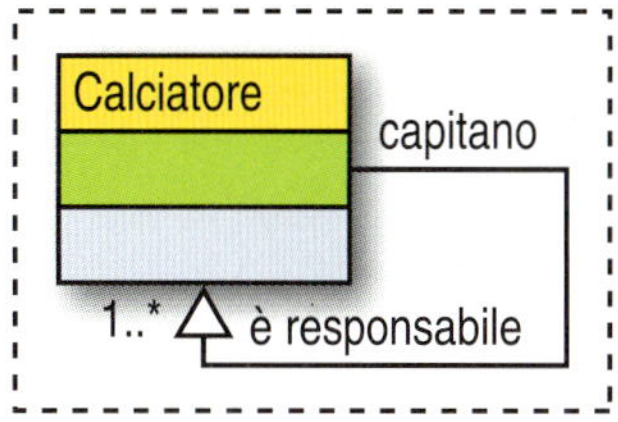

Aggregazione (o associazione debole)

Una classe può rappresentare il risultato di un insieme di altre classi che la compongono: le classi che costituiscono i componenti e la classe finale sono in una relazione particolare chiamata part – whole (parte – intero).

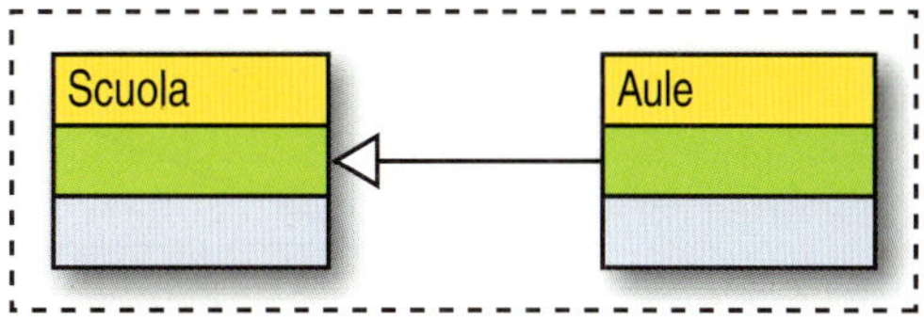

Una linea unisce "l'intero" per un componente con un triangolo raffigurato sulla linea stessa vicino all'"intero": nell'esempio della figura l'intero è la scuola che è composta di aule.
Nel caso di una aggregazione con diversi componenti è possibile effettuare una rappresentazione gerarchica in cui l'"intero" si trova in cima e i componenti ("parte") al di sotto.

ESEMPIO 13

Vediamo un esempio completo e articolato di aggregazione: un televisore.
Innanzitutto individuiamo le "parti" che costituiscono un televisore (senza entrare nei dettagli): ogni TV ha un involucro esterno, uno schermo, degli altoparlanti, delle resistenze, dei transistor, alcuni circuiti integrati, un telecomando e altri componenti che trascuriamo in questo esempio. Il suo schema UML è il seguente:

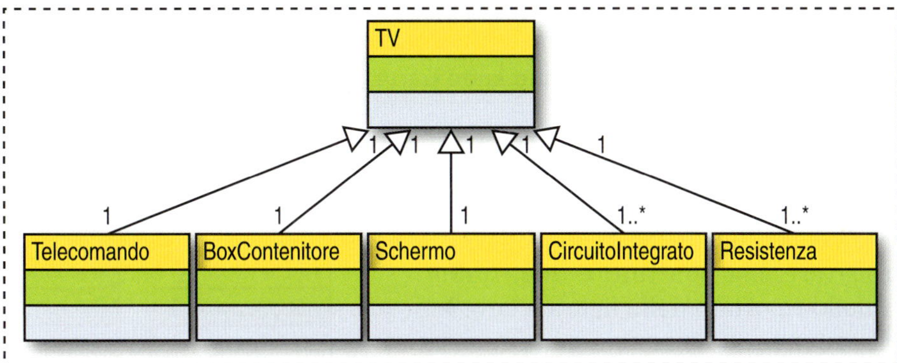

A sua volta, il telecomando è costituito da diverse parti: resistenze, transistor, batterie, led ecc.

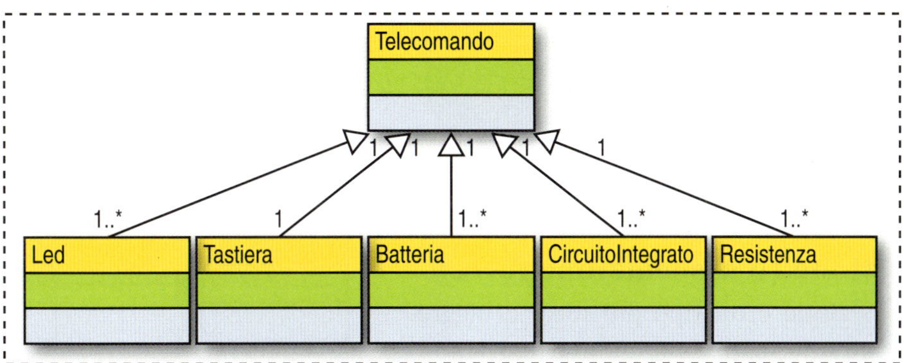

È possibile unificare i due modelli in un unico diagramma individuando le classi comuni ai due sottosistemi:

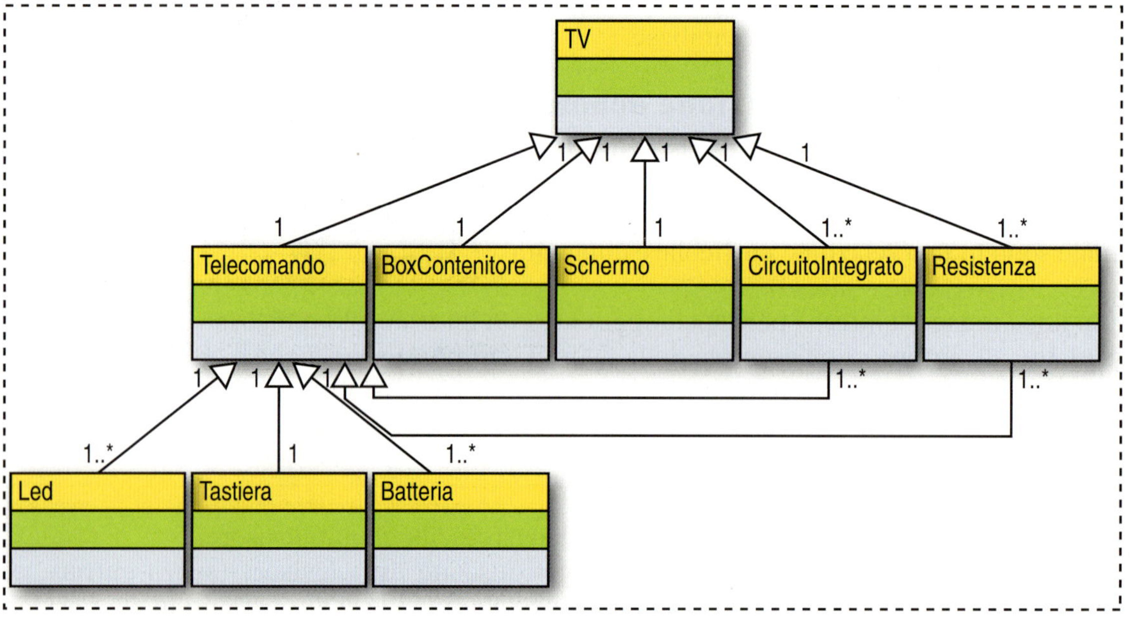

Qualche volta l'insieme di possibili componenti di un'aggregazione si identifica in una relazione OR (oppure OR esclusivo XOR): per modellare tale situazione è necessario utilizzare una constraint, che consiste nella parola OR all'interno di parentesi graffe su una linea tratteggiata che connette le due linee parte-intero.

Per esempio, supponiamo di voler modellare la situazione del riproduttore televisivo di un salotto: si ha a disposizione o un televisore oppure un videoproiettore, ma non tutti e due. Il diagramma è quello riportato nella figura a lato. ▶

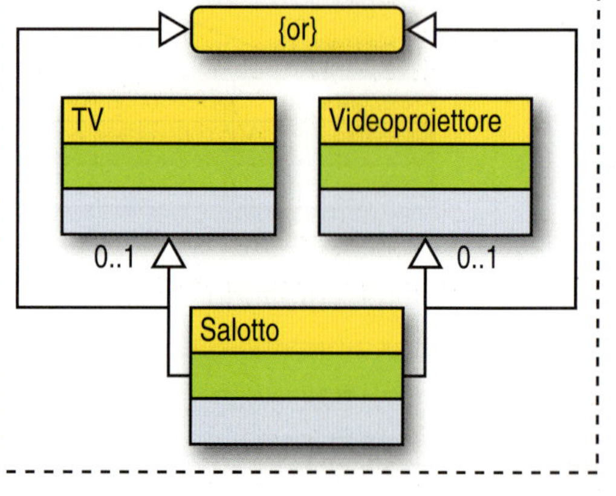

AGGREGAZIONE

Nella aggregazione gli oggetti possono far parte di classi più complete a livello superiore: l'oggetto di una classe condivide le proprietà della classe superiore, cioè ne eredita le proprietà.

Composizione (o associazione forte)

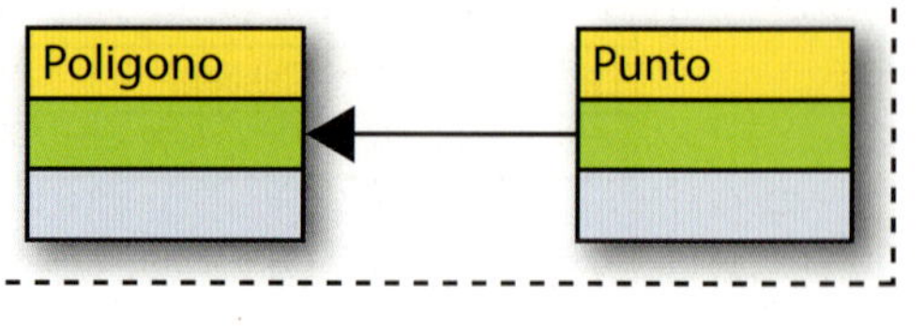

Una composizione è un tipo più forte di aggregazione in quanto ogni componente può appartenere soltanto a un "intero": nel caso per esempio di un Poligono, un Punto non può appartenere contemporaneamente a due Poligoni.

Il simbolo utilizzato per una composizione è lo stesso utilizzato per un'aggregazione, eccetto il fatto che la punta della freccia è colorata di nero. Come secondo esempio prendiamo l'anatomia di un uomo: ogni persona ha (tra le altre cose) una testa, un corpo, due braccia e due gambe e queste "parti" appartengono solo a una specifica persona": graficamente viene rappresentato con il grafico a lato. ▶

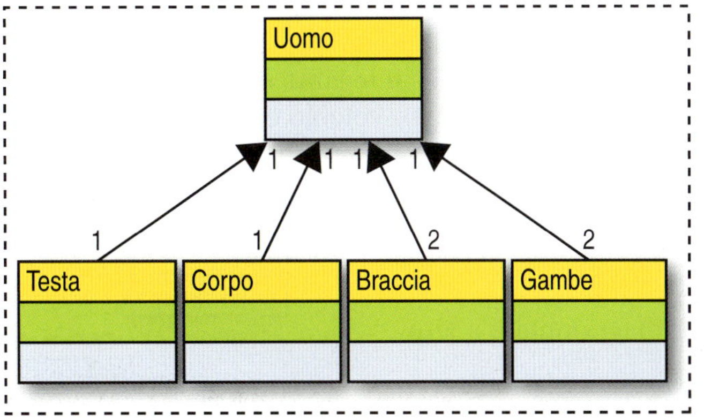

Esiste anche una forma "ibrida" tra l'aggregazione e la composizione: si chiama associazione composita, e in essa ogni componente appartiene *esattamente a un intero.*

Ereditarietà e generalizzazione

In UML l'ereditarietà viene rappresentata con una linea che connette la classe padre alla classe discendente e dalla parte della classe padre si inserisce un triangolo (una freccia bianca).
La rappresentazione di classi astratte viene indicata scrivendo il nome della classe in corsivo.

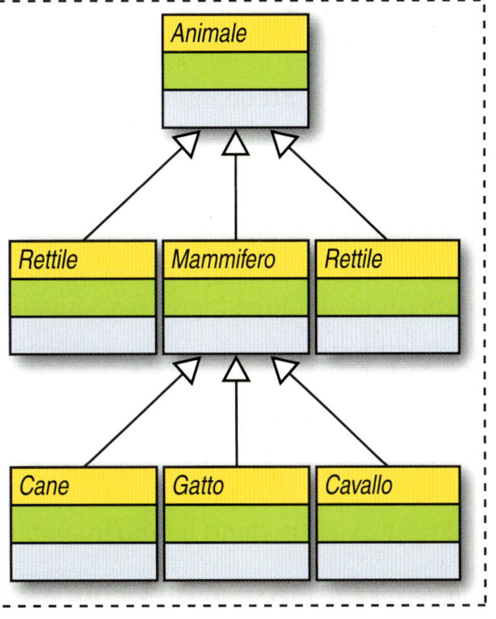

Dipendenza

Un ultimo aspetto di relazione tra le classi che necessita di essere riportato è la dipendenza, che avviene tra due classi quando la modifica di una classe crea (o potrebbe creare) qualche conseguenza sull'altra. La classe "autonoma" prende il nome di fornitore (o supplier) e la classe dipendente è chiamata client.

DIPENDENZA

La dipendenza parte solo dalla classe `client` e arriva alla `supplier` e viene indicata con una linea tratteggiata terminante con una freccia orientata verso la classe `supplier`.

Nell'esempio della figura la classe `CodiceUtente` dipende per esempio dalla classe `GeneraLogin`: se viene cambiata la modalità di assegnazione delle login, tutti i `CodiceUtente` devono essere riassegnati.

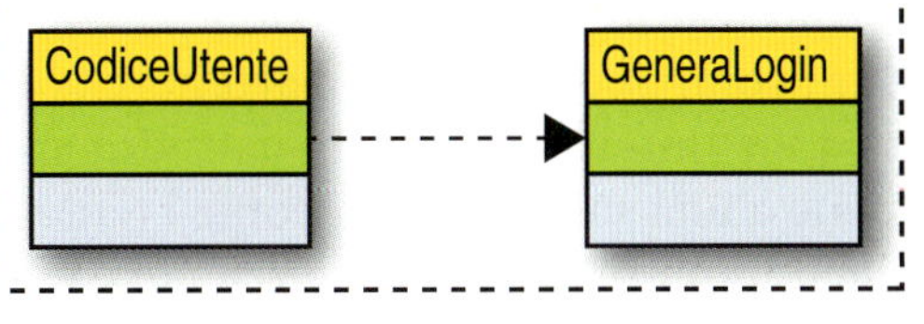

ESEMPIO 14

Realizzare il diagramma UML delle classi `Veicolo`, `Automobile` e `Pneumatico`.

Soluzione
Scriviamo "a parole" il legame esistente tra le classi:
"ogni automobile è un veicolo e ogni veicolo ha uno (o più) pneumatico":
quindi

- *è un* : ereditarietà;
- *ha uno* : associazione.

Il diagramma è a lato.

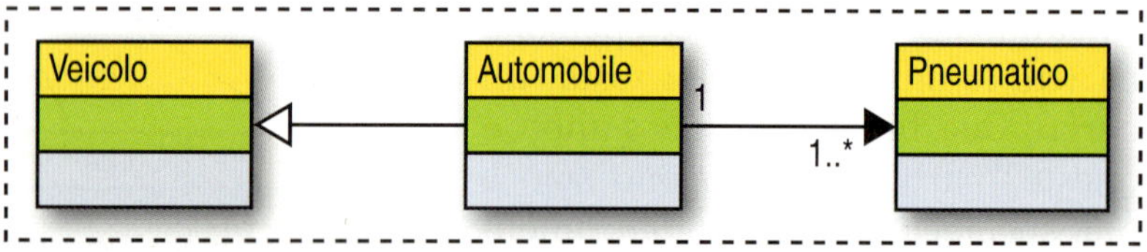

Un esempio completo: aule scolastiche

Situazione
Aula Scolastica: si modelli la situazione di un'aula scolastica.

Soluzione
Descriviamo sinteticamente una generica aula scolastica per poi individuarne le classi: "Un'aula è un locale che ha un nome (IV°I3, laboratorio1 ecc.) ed è composta da una cattedra e *n* banchi; può ospitare *m* corsi (informatica, sistemi, inglese ecc.) e a ogni corso è assegnato uno e un solo docente ed è seguito da uno o più studenti. Il docente e gli studenti hanno un nome mentre gli studenti hanno anche un numero di matricola."
"Rivisitiamo" la descrizione applicando le regole empiriche che in prima approssimazione ci permettono di individuare classi, metodi e attributi. I sostantivi identificano potenziali classi o attributi di classi del nostro modello. I verbi identificano potenziali metodi o proprietà.

"Un'aula è un locale che ha un nome (IV°I3, laboratorio1 ecc.) ed è composta da una cattedra e *n* banchi; può ospitare *m* corsi (informatica, sistemi, inglese ecc.) e a ogni corso è assegnato uno e un solo docente ed è seguito da uno o più studenti.

Il docente e gli studenti hanno un nome e gli studenti hanno anche un numero di matricola."

Passo 1: analisi prima riga e determinazione prime classi

Dalla prima riga:
"Un'aula è un locale che ha un nome ed è composta da *n* banchi e una cattedra" si ottengono tre classi (Aula, Banchi, Cattedra) che hanno tra loro relazione di associazione forte (composizione) in quanto ogni componente può appartenere soltanto a un "intero", cioè ogni cattedra appartiene a una sola aula così come i banchi. Il diagramma UML è riportato a lato. ▶

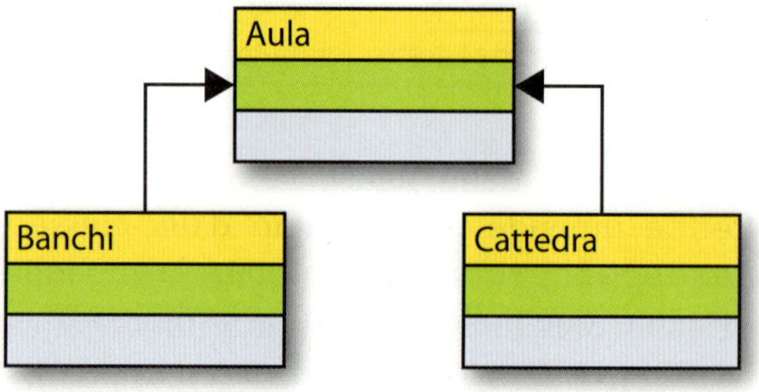

Passo 2: molteplicità classi individuate

Sempre nella prima riga possiamo ora indicare la molteplicità delle relazioni, ricordando come vengono indicate in UML:

1 tra Aula e Banchi, relazione 1 o molti;
2 tra Aula e Cattedra, relazione 1 a 1.

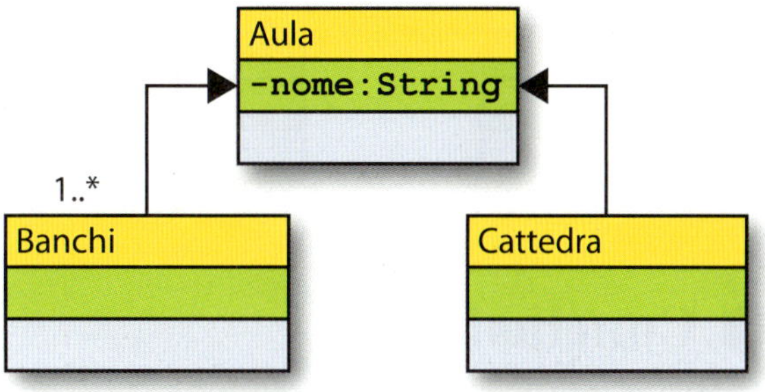

Passo 3: analisi seconda riga e completamento classi

"L'aula può ospitare *m* corsi..."
Si introduce una nuova classe, la classe `Corsi`, con molteplicità 0 o molti, che è in una relazione di associazione semplice con la classe `Aula`.
"... a ogni corso è assegnato uno e un solo docente ed è seguito da uno o più studenti."
Due nuove classi, la classe `Docenti` e `Alunni`, con molteplicità rispettivamente 1 a 1 e 1 o molti con la classe `Corsi`.

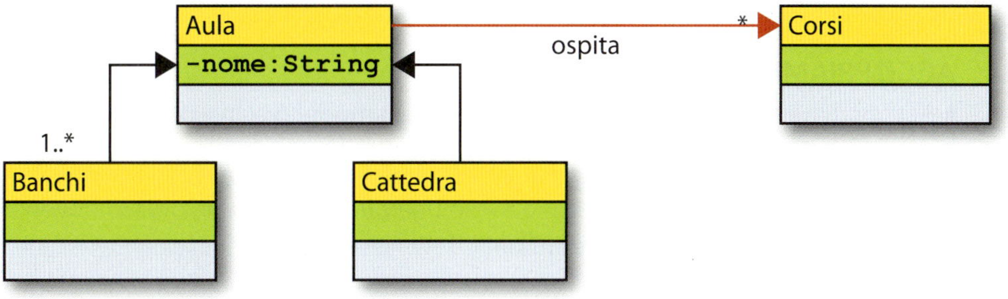

Passo 4: analisi ultima riga

"Il `docente` e gli `studenti` hanno un nome e gli `studenti` hanno anche una matricola."
L'ultima riga ci permette di aggiungere nelle classi alcuni attributi: `nome` e `numeroMatricola`.

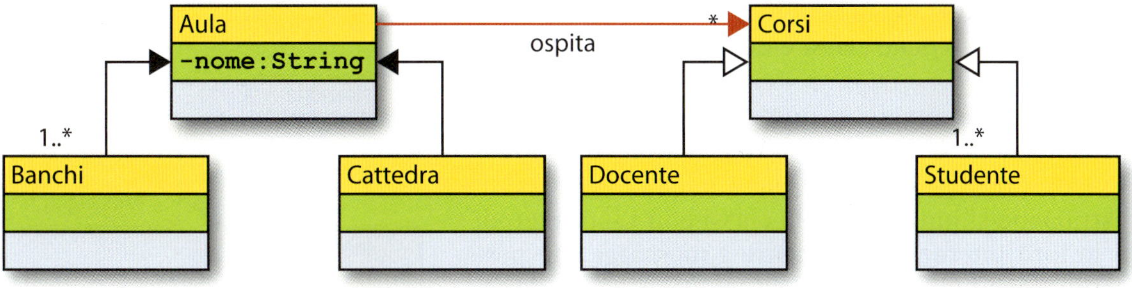

Passo 5: analisi gerarchia tra le classi

Infine è possibile effettuare un'osservazione tra le classi `Docente` e `Studenti`; visto che hanno un attributo in comune, si può individuare una gerarchia di classi introducendo una classe `Persona` da cui discendono entrambe, dato che il Docente è una ("is a") Persona e lo Studente è una ("is a") Persona. Il diagramma UML completo delle classi rappresentato di seguito.

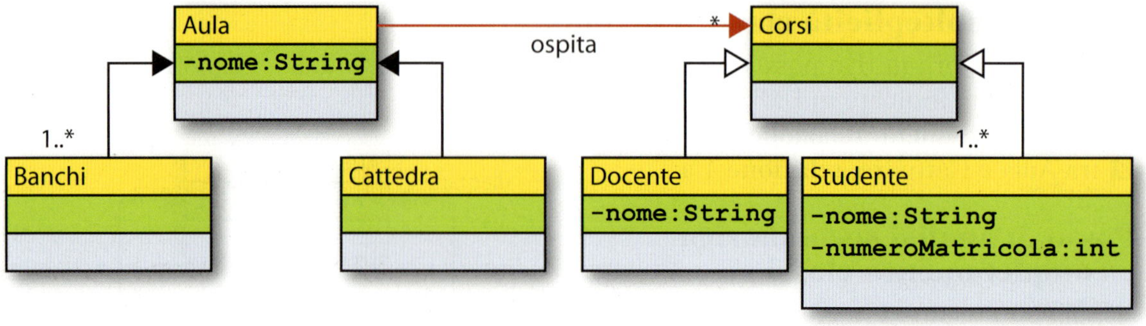

Conclusione

In questa unità didattica sono stati descritti i principali modelli di realizzazione di un'applicazione software e si è introdotto il linguaggio UML come esempio di stile standardizzato per la documentazione di un progetto. Concludiamo questa trattazione con un breve cenno a due fattori di qualità del software che sono semplici da valutare ma fondamentali da considerare in fase di progettazione orientata agli oggetti (OOD, *Object Oriented Design*) in quanto rappresentano un indicatore di riusabilità delle classi.

ACCOPPIAMENTO E COESIONE

- Accoppiamento: indica quanto due classi di un modello siano dipendenti.
- Coesione: indica quanto una classe supporta il medesimo scopo all'interno del sistema.

Ogni classe deve rappresentare un singolo concetto e quindi i metodi pubblici e costanti elencati nell'interfaccia pubblica devono avere una buona coesione, ovvero devono essere strettamente correlati al singolo concetto rappresentato dalla classe.

Un "buon software" va scritto tenendo ben presente quelli che deve avere come obiettivi di progetto, che devono essere soddisfatti dalla relazione tra le classi, ovvero:

- basso accoppiamento: si deve essere in grado di capire il codice di una classe senza leggere i dettagli delle altre e, all'occorrenza, poter modificare una classe senza che le modifiche abbiano impatto sulle altre classi;
- alta coesione: si deve essere in grado di capire ciò che una classe o un metodo fanno in modo univoco e autonomo, in modo da poter effettuare il riuso delle classi e dei metodi.

Possiamo riassumere in uno schema la modalità di progettazione OOD per quanto riguarda l'individuazione delle relazioni tra le classi: dopo il processo di astrazione si individuano le classi con i loro metodi e le loro interazioni mediante i messaggi che possono "scambiarsi". Quindi si procede con l'individuazione delle classi simili e la loro fusione, poi con l'eliminazione dei duplicati e successivamente con l'incapsulamento e la descrizione delle associazioni tra le classi stesse. Per ultimo si valuta il grado di coesione e di accoppiamento tra di esse al fine di migliorare la qualità totale del progetto.

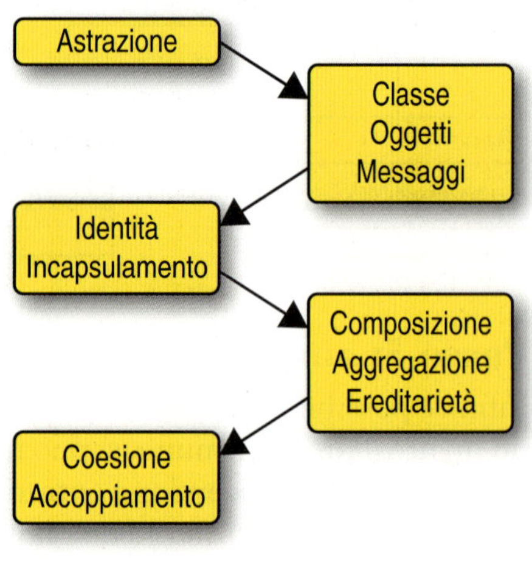

Verifichiamo le conoscenze

Esercizi a scelta multipla

1 L'assistenza può essere:
- O teorica/tecnica
- O teorica/operativa
- O operativa/tecnica
- O pratica/teorica

2 La documentazione riservata all'utente consiste in (indicare la risposta errata):
- O documentazione inerente all'installazione del prodotto
- O documentazione inerente all'avvio dell'utilizzo del prodotto
- O documentazione inerente alla struttura degli archivi
- O documentazione interna
- O manuale d'uso

3 La documentazione tecnica consiste in:
- O documentazione interna/esterna
- O documentazione on line/esterna
- O documentazione pratica/teorica
- O documentazione utente/programmatore

4 L'acronimo UML significa:
- O *Uniform Module Language*
- O *Unified Module Language*
- O *Uniform Modeling Language*
- O *Unified Modeling Language*

5 I diagrammi di base dell'UML sono:

O 6; O 7; O 8; O 9

6 Quale tra i seguenti non è un diagramma di base dell'UML?
- O Class Diagram
- O Object Diagram
- O Method Diagram
- O State Diagram
- O Activity Diagram
- O Component Diagram
- O Deployment Diagram

7 Le associazioni possono essere (indicare quella errata):
- O deboli
- O forti
- O complesse
- O semplici
- O oggettive
- O riflessive

8 Quale tra le seguenti non è una forma di cardinalità della OOP?
- O zero a zero
- O uno a zero
- O uno a uno
- O uno a molti

Test vero/falso

1 La documentazione inerente all'istallazione fa parte della documentazione utente. V F

2 La documentazione esterna all'istallazione fa parte della documentazione utente. V F

3 L'UML viene anche chiamato *Virtual Modeling*. V F

4 L'UML realizza la *visualizzazione grafica del modello*. V F

5 Il *Collaboration Diagram* è un diagramma base di UML. V F

6 L'*Use State Diagram* è un diagramma base di UML. V F

7 L'associazione tra le classi avviene tramite linee continue o tratteggiate. V F

8 Il simbolo utilizzato per una composizione ha la punta della freccia bianca. V F

9 L'ereditarietà si indica con una freccia dalla parte della classe padre. V F

10 La dipendenza tra le classi si indica tramite una linea tratteggiata. V F

Verifichiamo le competenze

Esprimi la tua creatività

1 Descrivi il diagramma delle classi di un impianto HI-Fi, con livello di dettaglio fino ai componenti elettronici. Genera un diagramma UML dell'implementazione delle classi.

2 Descrivi il diagramma delle classi di un'automobile, ereditando dalla classe **`Automezzi`**, dalla classe **`Cerchio`** e dalla classe **`Sedia`**. Genera un diagramma UML dell'implementazione delle classi.

3 Descrivi il diagramma delle classi di un complesso musicale (comprensivo di musicisti, ereditando dalla classe **`Strumenti`**, dalla classe **`ApparecchiatureElettroniche`** e dalla classe **`Umano`**. Generare un diagramma UML dell'implementazione delle classi.

4 Descrivi il diagramma delle classi di un circo, comprendendo animali e artisti, ereditando proprio dalle classi **`Animali`** e **`Artisti`**. Genera un diagramma UML dell'implementazione delle classi.

5 Descrivi il diagramma delle classi di un videogioco tipo Battaglia Navale ereditando dalle classi **`MezzoDiTrasporto`** e **`Arma`**. Genera un diagramma UML dell'implementazione delle classi.

6 Progetta un programma per "l'algebra dei numeri complessi", dove è possibile calcolare le operazioni tra numeri complessi e rappresentarli graficamente sul piano di Gauss. Genera un diagramma UML dell'implementazione delle classi.

7 Progetta un programma per un semplice videogioco tipo "caccia all'orso": l'orso si muove casualmente sull'orizzonte cambiando velocità e direzione mentre il cacciatore spara modificando l'angolo di tiro. Genera un diagramma UML dell'implementazione delle classi.

8 Progetta un programma che emette lo scontrino al casello autostradale: gli automezzi sono classificati in categorie di pedaggio e i pedaggi sono differenziati nei giorni feriali e festivi. Genera un diagramma UML dell'implementazione delle classi.

9 Realizza un programma di gestione delle fatture prevedendo due tipi diversi di righe che descrivono il singolo articolo: uno che descrive prodotti che vengono acquistati in una determinata quantità numerica (come, per esempio, "tre tostapane") e un altro che descrive un addebito fisso (come "spedizione: euro 5,00" oppure "imballo euro 2,00"). Genera un diagramma UML dell'implementazione delle classi.

10 Realizza un programma che si possa utilizzare per tracciare una scena urbana, con case, strade e automobili. Gli utenti possono aggiungere a una strada case e automobili di vari colori. Dopo avere identificato le classi e i metodi, fornisci i diagrammi UML.

11 Progetta un semplice editor di grafica che consenta all'utente di aggiungere a un pannello un insieme misto di sagome (ellissi, rettangoli, linee e testo in colori diversi). Fornisci i comandi per salvare e ripristinare il disegno. Per semplicità,puoi usare un'unica dimensione per il testo e non sei tenuto a riempire le sagome. Individua le classi e fornire un diagramma UML del progetto.

12 Descrivi il diagramma delle classi che consentae di rappresentare la situazione di una pizzeria, dove per ogni pizza è necessario individuare ingredienti e calorie, oltre a descrivere ogni ingrediente in base alla sua origine (cioè animale, vegetale, latticino ecc.) per la scelta, per esempio, dei clienti vegetariani o intolleranti a qualche tipologia di alimento.

UNITÀ DIDATTICA 7

PROGETTAZIONE ORIENTATA AGLI OGGETTI

IN QUESTA UNITÀ IMPAREREMO...

- a individuare e descrivere il problema
- a costruire la soluzione di un problema
- ad affrontare correttamente la ricerca della soluzione
- a scegliere le metodologie e le tecniche adeguate alle diverse situazioni

Introduzione

Per realizzare con successo un qualunque sistema software, che si tratti di un semplice esercizio di laboratorio o di un progetto complesso come un nuovo sistema per la gestione di Malpensa 2000, è indispensabile utilizzare un approccio rigoroso in ogni fase della realizzazione, dalla pianificazione alla progettazione e infine al "collaudo sul campo".
Per i progetti di medie-grosse dimensioni la quantità di tempo che si dedica alla pianificazione deve necessariamente superare il tempo che si impiega per la programmazione e il collaudo: di fatto questo non avviene "sempre" e ci si accorge della scarsa (o totale assenza) di pianificazione quando si sta per la maggior parte del tempo davanti al computer, digitando codice sorgente e correggendo errori.
Questo è un sintomo che segnala la probabile carenza di una corretta metodologia di analisi e di progetto, che porta a una inutile (e "dolorosa") perdita di tempo, come già ricordato dalla Legge di Mayers, che riportiamo.

"È bene trascurare le fasi di analisi e progetto e precipitarsi all'implementazione allo scopo di guadagnare il tempo necessario per rimediare agli errori commessi per aver trascurato la fase di analisi e di progetto."

Sicuramente è possibile ridurre l'impegno complessivo dedicando più tempo e metodo alla fase di progettazione e pianificazione.
In questa unità didattica verrà descritto come affrontare in modo sistematico il progetto e la realizzazione di un sistema software.

■ Il mestiere del programmatore

Il lavoro dei programmatori si può riassumere semplicemente nelle due parole "**produrre programmi**" che però, come ben sappiamo, mascherano un insieme di attività complesse ben lontane dalla semplice codifica di un algoritmo in un linguaggio di programmazione (operazione effettuata dai cosiddetti *codificatori* o *manovali del software*).
Il programmatore programma, è cioè un "artista" della disciplina che prende il nome di programmazione, dove con programmazione intendiamo quanto segue.

PROGRAMMAZIONE

Programmazione è l'insieme di quelle attività che, a partire da un problema, conducono alla stesura di un programma la cui esecuzione da parte di un calcolatore ha come risultato la soluzione del problema dato.

Si parte quindi dal **problema** per arrivare al **programma**, individuando la **soluzione** corretta: questo è il principale compito del programmatore, cioè la ricerca della giusta soluzione. Ed è anche il principale problema: come si fa ad arrivare alla risoluzione di un dato problema?
Se consideriamo il problema come "*una questione da risolvere partendo da elementi noti mediante il ragionamento*" ne deriva che il programmatore dapprima si pone una serie di domande, necessarie proprio per avere gli elementi della conoscenza del problema, e solo successivamente può iniziare il lavoro di progetto.

Ma molte domande attendono una risposta.
- In cosa consiste il problema?
- Come si costruisce la soluzione di un problema?
- Qual è il giusto punto di partenza?
- Quali metodologie o tecniche utilizzare?

Il primo problema è proprio quello di "capire il problema"! Questo spesso non è solo di aritmetica, di geometria, di algebra ma, generalmente, è "*una questione, situazione difficile o complessa di cui si cerca la soluzione*" (dal greco *pròblema*, da *proballo* = metto avanti, propongo – Vocabolario Gabrielli).
Per poter iniziare a ricercare e quindi proporre una soluzione il programmatore deve "essere a conoscenza" di tutte le possibili forme e sfaccettature che può avere il problema, dai casi particolari a quelli imprevisti, dalle situazioni classiche a quelle improbabili; deve effettuare un'"indagine" approfondita alla "Sherlock Holmes" per diventare "proprietario della conoscenza" di ciò che dovrà risolvere: deve *analizzare la situazione* e produrre un modello esemplificativo della realtà.
Il secondo problema inizia quando finisce il primo: una volta individuato *cosa si deve risolvere* (e, come si vedrà, già questo non sempre è semplice!) "il bello viene adesso", cioè si deve progettare la soluzione che risolve il problema. Programmare non è quindi un'operazione semplice! Il programmatore non è comunque lasciato solo a se stesso ma supportato da tecniche, metodologie e strumenti che lo aiutano in ogni fase della progettazione del programma.
Nel seguito della trattazione verranno affrontate e proposte diverse tecniche, studiate e perfezionate nel corso degli anni: anche se da sole non assicurano sempre il raggiungimento

dell'obiettivo, ne sottolineiamo l'importanza, poiché spesso servono per "far imboccare" la strada giusta per raggiungere la risoluzione dei problemi; sono cioè un aiuto al programmatore e suggeriscono tattiche e strategie che permettono di iniziare il progetto della ricerca della soluzione; altre volte forniscono proprio la traccia da seguire per ottenere la soluzione.
Un primo aiuto ci viene dalle tecniche perfezionate e studiate nella disciplina che prende il nome di ingegneria del software, alcuni elementi della quale verranno trattati nei prossimi paragrafi. Questa disciplina è nata proprio per mettere ordine nella materia, mentre **un secondo aiuto** si chiama seniority (anzianità), cioè il frutto dell'esperienza "maturata sul campo", ottenuta con il perfezionamento delle metodologie classiche.
Questi aiuti vanno ad aggiungersi agli "strumenti personali" propri (e indispensabili) dei quali ogni programmatore è dotato: l'esperienza, la fantasia, l'intuito e l'ingegno.
Infatti, spesso il mezzo per accostarsi ai problemi non è solo quello razionale ma soprattutto quello creativo: sviluppare un pensiero creativo significa "dare spazio alle forme di espressione" e discipline che, come l'informatica, anche se dominate dalla razionalità e dalla logica hanno bisogno di fantasia e creatività.

Ingegneria del software e ciclo di vita

L'ingegneria del software, nata negli anni '60 per formalizzare e definire le tecniche e le strategie finalizzate all'ottimizzazione e al miglioramento della produzione dei programmi, ha indicato con "ciclo di vita del software" l'insieme di tutte le attività connesse alla "produzione di un programma" e le ha indicate come illustrato di seguito.

1. **PIANIFICAZIONE DEL SISTEMA**. Denominata anche analisi del sistema (o definizione delle specifiche del sistema), identifica la relazione tra l'ambiente e l'applicazione software individuando le parti del sistema da realizzare con il software.
2. **ANALISI**. Stabilisce le caratteristiche dell'applicazione informatica, delineandone gli aspetti di interfacciamento, di prestazione e di funzionalità; nella fase di analisi si decide *che cosa* il progetto dovrebbe realizzare, senza alcun riferimento diretto a come il programma realizzerà i suoi obiettivi.
   Il prodotto della fase di analisi è un elenco di requisiti che descrive in tutti i particolari che cosa il programma sarà in grado di fare una volta che sarà stato portato a termine. Generalmente viene prodotto un vero e proprio documento, noto come "specifiche dei requisiti", fondamentale per le fasi successive: omissioni, errori, sviste e "superficialità" commesse nella fase di stesura di tale documento sono causa di criticità e portano spesso al fallimento di tutto il progetto.

In questo documento sono presenti anche altre due parti:
- il manuale per l'utente, che indica in che modo l'utente utilizzerà il programma per ricavarne i vantaggi desiderati;
- le prestazioni richieste al sistema e le risorse utilizzate, cioè quanti e quali dati in ingresso il programma dovrà essere in grado di gestire e in quali tempi, la tipologia degli archivi o le connessioni in rete locale o remota, i fabbisogni massimi di memoria e di spazio su disco richiesti.

3. **PROGETTAZIONE**. Sulla base dei requisiti espressi dall'utente e focalizzati con l'analisi, incorpora tutte le attività connesse alla ideazione e definizione della strategia che porta alla soluzione e quindi all'individuazione, tra tutte le possibili strategie, di quella

più efficace ed efficiente. In particolare, nella fase di progettazione si individuano i seguenti due obiettivi:
- si sviluppa un piano di realizzazione del sistema, che comprende e descrive le diverse modalità operative da effettuare;
- si individuano le strutture dati e archivi necessarie alla soluzione del problema: se si ricorre alla progettazione orientata agli oggetti vengono stabilite le classi necessarie e i loro metodi più importanti, producendo il diagramma delle classi e di relazione tra di esse.

4 **CODIFICA (REALIZZAZIONE)**. Nella fase di realizzazione si scrive e si compila il codice sorgente eseguendo la vera e propria CODIFICA delle istruzioni in linguaggi di programmazione: questa fase è scomposta in una attività umana e in una serie di attività svolte dalla macchina:
- nella prima fase, prettamente umana, si traducono in un programma le informazioni fornite dalla formalizzazione;
- nella seconda fase il programma viene elaborato automaticamente per produrre il codice che l'esecutore è in grado di interpretare: il linguaggio macchina.

Si realizzano quindi compiutamente le classi complete di tutti i loro metodi individuati durante la fase di progettazione, ottenendo come risultato il programma finito.

5 **TEST e DEBUG**. Hanno come obiettivo quello di verificare l'assenza di errori; dato che è praticamente impossibile programmare senza errori, è necessaria una specifica fase, quella di test, nella quale viene verificata la correttezza dei risultati dell'elaborazione su un campione di dati di prova: l'eventuale presenza di errori innesca la fase di debug, cioè la ricerca della istruzione (o segmento di codice) errata per procedere alla sua correzione e all'eliminazione del "baco".

6 **INSTALLAZIONE, VERIFICA e COLLAUDO**. È un'unica fase composta da tre momenti:
- con installazione si intende la consegna del software al cliente mediante l'installazione fisica del programma sul sistema del cliente stesso;
- la verifica viene effettuata dagli utenti del programma e consiste nell'accertare che il software sia corretto rispetto alle specifiche individuate dell'analista e quindi conforme a quanto specificato nelle loro richieste, cioè se il risultato è un prodotto corrispondente allo scopo per il quale è stato richiesto;
- il collaudo verifica che, eseguendo prove con dati reali, il programma funzioni correttamente.

Al termine di questa fase si redige un documento sottoscritto da entrambe le parti, committente ed esecutore, che attesta la bontà del prodotto e la sua aderenza alle richieste del cliente, e descrive i collaudi che sono stati eseguiti e i loro risultati.

7 **MANUTENZIONE**. È la fase permanente di supporto al sistema dopo la consegna all'utente; le attività svolte in questo passo del ciclo di vita di una applicazione riguardano:
- l'aspetto correttivo, che consiste nell'eliminare gli errori identificati;
- l'aspetto adattativo, che ha l'obiettivo di apportare le modifiche necessarie per il trasferimento dell'applicazione informatica su altri sistemi, anche a seguito di innovazione tecnologica;
- l'aspetto migliorativo, che si propone di aggiungere nuove funzionalità o di ottimizzare quelle esistenti.

Questa fase risulta agevolata se nelle fasi precedenti si è adottato un buono stile di programmazione e si è prodotta un'adeguata documentazione interna (commenti) ed esterna (manuale d'uso e manuale tecnico) relativa al programma.

Questo modello dello sviluppo del software prende il nome di modello a cascata e i procedimenti formali di sviluppo vennero definiti per la prima volta agli inizi degli anni '70: gli allora progettisti del software avevano un modello molto semplice per queste fasi dando per scontato che, una volta portata a termine una fase, il suo risultato si sarebbe riversato sulla fase successiva, che a quel punto si sarebbe avviata. Purtroppo, l'esperienza "sul campo" ha constatato il fallimento di questa modalità operativa all'aumentare delle esigenze e delle dimensioni del progetto.

Sono stati sviluppati negli anni successivi altri modelli per definire un processo in grado di soddisfare tutte le esigenze di progettazione: di seguito sono riportati i principali modelli, e descritta sinteticamente la loro principale caratteristica, a partire dal modello a cascata a appena descritto.

Modello a cascata

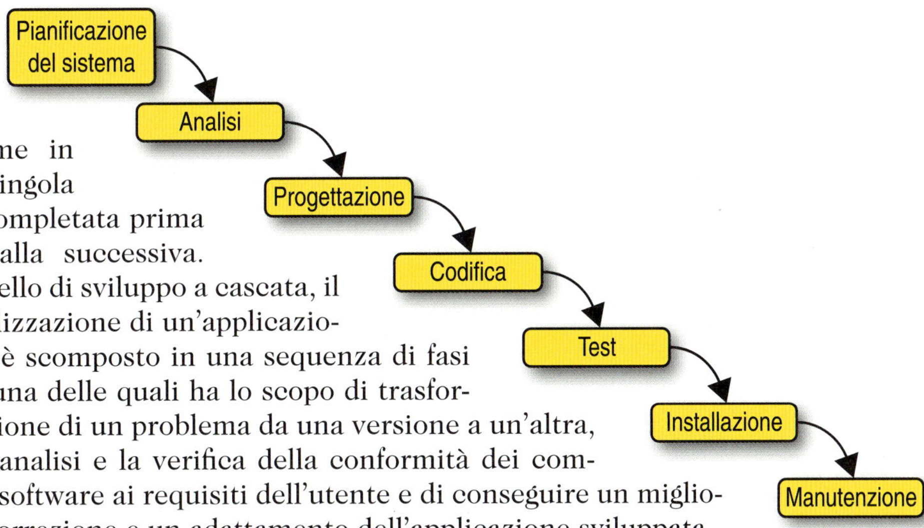

Il modello a cascata (o modello waterfall) prende questo nome in quanto ogni singola attività viene completata prima del passaggio alla successiva. Secondo il modello di sviluppo a cascata, il processo di realizzazione di un'applicazione informatica è scomposto in una sequenza di fasi successive ognuna delle quali ha lo scopo di trasformare la descrizione di un problema da una versione a un'altra, di consentire l'analisi e la verifica della conformità dei comportamenti del software ai requisiti dell'utente e di conseguire un miglioramento, una correzione e un adattamento dell'applicazione sviluppata. In questo modello, ogni singolo passo viene svolto solo se i passi che lo hanno preceduto sono stati completati.

I limiti della metodologia a cascata sono evidenti: la semplice struttura del processo facilita il lavoro degli sviluppatori ma spesso ci si trova in una situazione nella quale ci si rende conto che sarebbe necessario tornare a quella precedente nella quale è stato trascurato qualche elemento ritenuto superfluo e rivelatosi poi indispensabile per poter procedere con il progetto: per esempio, in fase di sviluppo, potrebbe risultare necessario tornare alla fase di analisi per poter effettuare approfondimenti su qualche aspetto del sistema.

Questo modello non è di facile applicazione con progetti di medie dimensioni dove i requisiti utente non sono chiaramente definiti e sono suscettibili di modifiche ed evoluzioni.

Modello a prototipazione rapida

Si esegue un processo iterativo che raffina di volta in volta il risultato prodotto fino al raggiungimento di un prodotto che soddisfa sia l'utente sia lo sviluppatore.
Il processo di sviluppo inizia con la fase di raccolta dei requisiti che sono ritenuti *di rischio più elevato* e nella realizzazione di un progetto che rispetti tali requisiti: dato che il processo è iterativo, tutte le fasi si sviluppano per affinamenti successivi. Per esempio, la prima fase comincia con una prima iterazione dove si ottiene dall'utente una versione iniziale dei requisiti, che poi vengono rivisti nelle iterazioni successive sulla base di commenti e/o rettifiche ed integrazioni proposte dall'utente, fino a raggiungere la versione definitiva.
Successivamente, si costruisce un prototipo. Tale prototipo viene ottenuto, in genere, in tempi molto brevi; spesso si utilizzano degli strumenti automatici che lo costruiscono direttamente (strumenti "*case*"); il prototipo viene sottoposto all'attenzione dell'utilizzatore in modo che quest'ultimo lo visioni, provi a utilizzarlo ed esprima le differenze riscontrate rispetto alle sue aspettative. Sulla base delle indicazioni fornite, il prototipo viene modificato e rivisto dal progettista sino a quando le incongruenze tra prodotto e aspettative non sono ridotte al minimo: cliente e sviluppatore sono entrambi soddisfatti. Il prototipo ultimato costituisce il punto di partenza per la realizzazione del prodotto finale.
I problemi relativi allo sviluppo di una applicazione informatica basata sullo sviluppo e sul raffinamento di un prototipo riguardano, essenzialmente, due aspetti.

1. Il primo svantaggio riguarda il fatto che la valutazione del prototipo da parte del committente spesso non riguarda gli aspetti che il prototipo voleva evidenziare, ma piuttosto altre caratteristiche, come per esempio il layout, i colori, e altri dettagli di secondaria importanza molto lontani dallo scopo per cui è realizzato il prototipo, limitando gli effetti che il prototipo stesso si prefiggeva di raggiungere.
2. Il secondo problema è legato al fatto che il prototipo viene usato come base di sviluppo invece che come "chiarificatore di requisiti": quando il prototipo è operativo gli sviluppatori, spesso sotto la pressione del committente, lo utilizzano come base per la costruzione del prodotto, trascurando le carenze costruttive del prototipo stesso.

Modello incrementale

Il modello incrementale può essere considerato una evoluzione dei due modelli precedenti: si segue il principio del modello a cascata dove, però, una o più fasi sono eseguite per incrementi successivi al fine di creare versioni successive dello stesso prodotto; ogni versione soddisfa una parte dei requisiti (un sottosistema), iniziando a implementare dapprima quelli più critici fino ai meno pressanti (o marginali).

In particolare, si segue il modello a cascata nelle fasi di analisi e formalizzazione, anche se con qualche leggera differenza dal modello puro in quanto in tali fasi si devono anche identificare le priorità e le criticità dei sottoinsiemi individuando la "cronologia" da presentare all'utente finale e le modalità di interconnessione degli stessi. Ogni sottosistema soddisfa solo una parte dei requisiti: i più critici prima e, a seguire, i meno pressanti e la loro realizzazione viene effettuata in modo incrementale realizzandoli **uno alla volta**, cioè una parte per volta del sistema complessivo.
Una conseguenza di questo approccio è che, per ogni realizzazione di un sottosistema, deve essere prevista anche la coppia di fasi di codifica e di test dei sottosistemi software, l'integrazione di tali sottosistemi e il test dell'intero sistema prodotto.
I problemi a cui è soggetto il modello di sviluppo incrementale sono principalmente localizzati nel *riuso dei sottosistemi* e nella *integrazione* di tali sottosistemi.
Per quanto riguarda il primo aspetto, tutti i sottosistemi realizzati attraverso questo procedimento devono essere riusati nella costruzione degli incrementi successivi. Questo aspetto è determinante per contenere i costi di sviluppo che, in caso contrario, lieviterebbero fino a rendere il progetto complessivo poco competitivo rispetto ad altri metodi di sviluppo.
Il secondo punto riguarda il fatto che tutti i sottosistemi devono essere integrabili e, poiché la finalità dell'integrazione è quella di produrre l'intero sistema, devono avere lo stesso livello qualitativo poiché sono appunto frammenti dello stesso software. Questo secondo punto è strettamente legato al primo.
Si sottolinea, infine, che nel modello incrementale non è presente una fase di manutenzione separata dei sottosistemi: infatti l'aggiunta di un incremento corrisponde a una manutenzione e dunque le modifiche possono essere facilmente implementate quando si presentano.
Il ciclo di vita di un'applicazione informatica secondo il modello incrementale è riassuntonella tabella a lato. ▶

Pianificazione del sistema Analisi, scomposizione sottosistemi Formalizzazione	Come il modello "a cascata"
Sottosistema 1	Modello a incrementi
Codifica di un sottosistema 1	
Test del sottosistema 1	
Installazione	
Sottosistema 2	
Codifica di un sottosistema 2	
Test del sottosistema 2	
Installazione	
Integrazione con altri sottosistemi	
...	
Sottosistema N	
Codifica di un sottosistema 1	
Test del sottosistema 2	
Installazione 3	
Integrazione con altri sottosistemi	
Manutenzione	Come il modello "a cascata"

■ Modello a spirale

Per ovviare ai problemi dei modelli precedenti, è nata la metodologia a spirale (o iterativa) ancora oggi ampiamente usata.
Il modello a spirale è un modello generale che include i precedenti; proposto da Barry Boehm nel 1988, scompone il processo di sviluppo in quattro fasi multiple, ciascuna ripetuta più volte: la *pianificazione*, l'*analisi dei rischi*, lo *sviluppo* e la *verifica*.

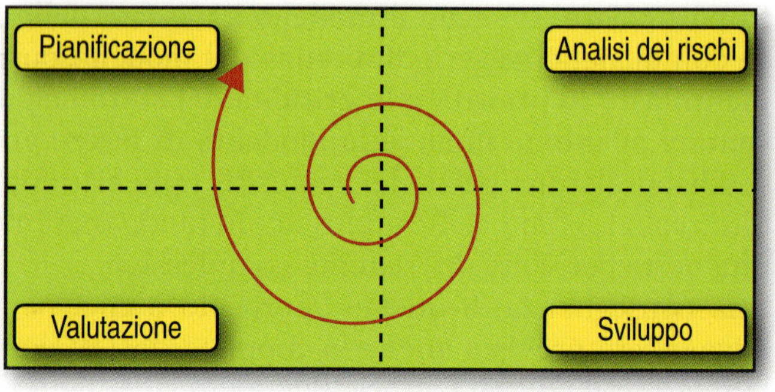

Nel modello iterativo sono quindi presenti le stesse fasi del modello a cascata, ma i tempi sono più ristretti e dalla fase di testing si torna poi a quella di pianificazione per applicare eventuali correzioni al risultato dello sviluppo.
Ogni singola iterazione corrisponde a un modello "a cascata" ripetuto procedendo per affinamenti successivi dove però il numero di ripetizioni dell'iterazione viene preventivamente pianificato.
Sinteticamente, le attività delle quattro fasi sono le seguenti.

1. Pianificazione, in cui si determinano degli obiettivi, delle alternative e i vincoli associati al progetto. Il committente e il fornitore del sistema interagiscono allo scopo di definire in maniera sufficientemente univoca cosa deve essere realizzato e come. In questa fase è buona norma redigere dei documenti, in principio non eccessivamente dettagliati, che fissino i punti fondamentali della pianificazione del lavoro futuro.
2. Analisi dei rischi, in cui si identificano e si analizzano i problemi e i rischi associati al progetto, al fine di determinare delle strategie per controllarli. Tra i rischi che devono essere presi in considerazione si annoverano i fattori di costo, di tempo e di variazione delle specifiche.
   I rischi più evidenti da valutare sono quelli di carattere economico, facendo riferimento ai **costi** di realizzazione, di gestione e di esercizio. Al di là delle considerazioni strettamente economiche, un parametro critico durante l'analisi dei rischi è il **tempo**. Un altro dei rischi si riferisce alle **variazioni delle specifiche** che rende il prodotto non più adatto alle esigenze del committente; a questo proposito, un esempio è quello dell'obsolescenza prematura in cui il committente richiede un prodotto i cui servizi siano già stati superati in efficienza, affidabilità e rapidità da altri sviluppati più di recente.
3. Sviluppo, in cui si procede alla fase vera e propria della realizzazione: i tempi di realizzazione di quest'attività, che comprende sia la codifica sia la verifica, sono tra i più lunghi tra tutti quelli previsti all'interno del ciclo di vita del prodotto software e non è infrequente che il prodotto finale presenti dei difetti di codifica o di aderenza ai requisiti.
4. Valutazione, in cui il committente valuta se il sistema realizzato risponde alle sue esigenze. Attraverso questa fase il committente verifica che il prodotto soddisfi effettivamente i requisiti richiesti. Una logica conseguenza del fatto che un prodotto software non superi la fase di validazione dei requisiti è la necessità di impostare un nuovo ciclo di attività in cui definire più chiaramente – o ridefinire del tutto – i requisiti non realizzati e passare a una ulteriore sessione di analisi dei rischi, di sviluppo e di valutazione.

In base alla pianificazione e all'analisi dei rischi, si sceglie il modello di sviluppo che meglio si presta al soddisfacimento dei requisiti dell'utente.
Si sottolinea nuovamente che la forma della spirale del modello indica la possibilità di sviluppare il sistema in un solo colpo, fermandosi al primo giro e adottando quindi un modello "a cascata", oppure di sviluppare il sistema in modo incrementale anche adottando un modello basato sullo sviluppo di prototipi, "proseguendo" cioè per più di un giro.
La scelta del modello dipende sia dai requisiti del sistema sia dalle capacità dell'azienda produttrice; per esempio, un sistema di grandi dimensioni potrebbe amplificare le pro-

blematiche connesse a un ciclo di vita che segue il modello "a cascata" poiché i tempi di rilascio e di valutazione potrebbero essere inaccettabili.

Il modello a spirale è nato dall'esperienza e dalla constatazione che quasi sempre un prodotto software "apparentemente finito" ha reso necessaria una revisione o integrazione ancora prima di essere messo in funzione, cioè ha dovuto essere sottoposto a una pianificazione di un nuovo ciclo. I prodotti software più complessi vi passano moltissime volte e committente e fornitore devono essere preparati ad affrontare un'evenienza di questa natura tenendone conto durante l'analisi dei rischi. Si ricordi anche che un nuovo ciclo di attività può essere intrapreso anche dopo molto tempo dal rilascio di un prodotto finito, validato e perfettamente funzionante, quando si rendano necessari degli aggiornamenti di dimensioni e impatto più o meno rilevanti.

Metodologie agili

Nel corso degli anni '90 è emerso un certo numero di metodologie di sviluppo software, cosiddette "agili". Un sinonimo per questa accezione della parola agile, potrebbe essere "leggero" (*lightweight*): tali metodologie si contrappongono infatti a quelle cosiddette pesanti (*heavyweight*), come la waterfall o quella iterativa, proponendo modalità di lavoro fortemente orientate ai risultati.
La "leggerezza" di queste discipline è relativa all'impegno da profondere per il raggiungimento del risultato: invece che pianificare, progettare e sviluppare tutto il sistema software, che oltre alle funzionalità richieste cerchi anche di anticipare quelle future, le discipline agili si focalizzano sul raggiungimento di un risultato alla volta, piccolo e ben definito, costruendo con un processo iterativo il sistema completo.

L'idea di base nelle metodologie agili è che queste non sono predittive, non cercano di prevedere come evolverà il sistema software, ma sono adattative, ossia propongono valori e pratiche per meglio adattarsi all'evoluzione dei requisiti utente, prima che del sistema software.

Nei progetti software le esigenze del cliente sono in costante mutamento: sebbene l'avere in anticipo tutti i requisiti utente sia un aspetto desiderabile per realizzare progetti ben fatti, spesso ciò non è possibile e quindi la teoria si basa su un fondamento erroneo, cioè che "non è possibile o è estremamente difficile ottenere a priori tutte le specifiche in modo completo". In questi casi, non si può utilizzare una metodologia predittiva, perché il processo non è completamente prevedibile. Anche se fossero disponibili subito tutti i requisiti, e anche se fossero tutti coerenti, anche la fase di progettazione potrebbe dare dei problemi: è molto difficile, per esempio, catturare il sistema in un modello UML che sia completo e corretto e che possa essere utilizzato come base per lo sviluppo del codice. In contrapposizione alle metodologie pesanti, quelle agili si basano su un processo iterativo composto da fasi di progettazione, sviluppo e test molto più brevi: il progetto e il codice sono impostati per privilegiare l'adattabilità alle modifiche, piuttosto che per soddisfare pienamente e in modo pianificato tutte le specifiche.

Le tre principali caratteristiche delle metodologie agili sono:

- iteratività e incrementalità: le fasi di pianificazione, progettazione, sviluppo e test sono compresse in tempi molto più ridotti di quanto accade nelle metodologie tradizionali, concentrandosi sulla soluzione di pochi problemi, piccoli e ben definiti;
- rilasci frequenti: grazie al procedimento composto da piccoli passi, il team di sviluppo è in grado di produrre versioni del software in tempi più ridotti e i rilasci risultano quindi più frequenti;
- testing: una delle pietre miliari delle discipline agili è il testing, ossia la verifica del corretto funzionamento del sistema, che si applica sia al codice sia ai dati sia agli altri prodotti a cui le diverse discipline sono orientate (come i modelli o la documentazione).

Nelle metodologie agili vengono privilegiate le persone anziché i processi: il concetto si basa sul fatto che se una persona è felice di lavorare, produrrà un sistema di qualità superiore e in meno tempo; contrariamente, chi è obbligato a svolgere attività sgradite avrà problemi di concentrazione, qualità e risultati. Le pratiche e i valori delle discipline agili non sono stati inventati di sana pianta dai rispettivi autori, ma derivano dal comune buon senso, anche se vengono in certi casi portate all'estremo.

> Le discipline agili non sono sempre applicabili a tutti i progetti: sono indicate in progetti dove i requisiti utente cambiano continuamente, e il team di sviluppo ne deve seguire in tempo quasi reale l'evoluzione.

Le metodologie agili fanno riferimento al testo pubblicato nel 1999 da Kent Beck, che definisce la programmazione estremizzata (*extreme programming*), una metodologia di sviluppo che insegue la semplicità eliminando la maggior parte dei vincoli formali di una metodologia di sviluppo tradizionale, dove vengono indicate le seguenti regole pratiche.

REGOLA	DESCRIZIONE
Pianificazione realistica	I clienti devono prendere le decisioni sulla funzionalità, i programmatori devono prendere le decisioni tecniche. Aggiornate il piano di sviluppo quando è in conflitto con la realtà
Piccoli stati di avanzamento	Fornite velocemente un sistema utilizzabile, e fornite aggiornamenti in tempi brevi
Metafora	Tutti i programmatori dovrebbero condividere un racconto che illustri il sistema in fase di sviluppo
Semplicità	Progettate ogni cosa in modo che sia la più semplice possibile, invece di predisporre tutto per future complessità
Collaudo	Sia i programmatori sia i clienti devono preparare casi di prova. Il sistema deve essere collaudato continuamente
Riprogettazione	I programmatori devono continuamente ristrutturare il sistema per migliorare il codice ed eliminare parti duplicate
Programmazione a coppie	I programmatori devono lavorare a coppie e ciascuna coppia deve scrivere codice su un unico calcolatore
Proprietà collettiva	Tutti i programmatori devono poter modificare qualsiasi porzione di codice quando ne hanno bisogno
Integrazione continua	Non appena un problema è risolto, mettete insieme l'intero sistema e collaudatelo

Settimana di 40 ore	Non usate piani di lavoro poco realistici, riempiendoli di sforzi eroici
Cliente a disposizione	Un vero utilizzatore del sistema deve essere disponibile in qualsiasi momento per la squadra di progettazione
Standard per la scrittura del codice	I programmatori devono seguire degli standard di codifica che pongano l'accento sul codice autodocumentato

Molte di queste regole pratiche vengono dal senso comune, mentre altre, come il requisito di programmare a coppie, sono sorprendenti: Beck afferma che la potenza della Programmazione estremizzata consista nella sinergia tra queste regole pratiche, cioè che la somma è maggiore degli addendi.

■ Conclusioni

Dall'analisi di ciascuno dei modelli sopra illustrati è possibile notare come il processo di sviluppo di un'applicazione informatica è sempre scomposto in una sequenza di fasi successive, ognuna delle quali ha lo scopo di trasformare la descrizione di un problema da una versione a un'altra, di consentire l'analisi e la verifica della conformità dei comportamenti del software ai requisiti dell'utente e di consentire un miglioramento, correzione e adattamento dell'applicazione sviluppata.

Il prodotto finale viene realizzato "per affinamenti successivi", cioè con ripetuti tentativi, e quindi un modello a spirale ha maggiori possibilità di successo in quanto a ogni iterazione avviene il confronto e il controllo con l'utente e le eventuali rettifiche in corso d'opera vengono introdotte gradualmente senza il rischio di dover rimettere mano solo a prodotto finito, per "rifare" parti del sistema con il rischio di danneggiare l'intero il progetto.

Il rischio del modello incrementale è quello "psicologico" dei progettisti che, sapendo di poter effettuare una successiva iterazione, a volte "rimandano" e posticipano la realizzazione di alcuni elementi "cruciali", ritardando i termini di consegna del prodotto con l'introduzione di numerose iterazioni a volte superflue.

Verifichiamo le conoscenze

Esercizi a scelta multipla

1 In cche osa consiste la *seniority*?
- O Nell'età dei programmatori
- O Nell'età degli analisti
- O Nell'esperienza di progettazione
- O Nell'uso delle metodologie

2 Ordina cronologicamente secondo il modello a cascata
- O Codifica (realizzazione)
- O Progettazione
- O Pianificazione del sistema
- O Test e debug
- O Analisi
- O Manutenzione
- O Installazione, verifica e collaudo

3 La manutenzione presenta i seguenti aspetti (indicare quello errato):
- O correttivo
- O migliorativo
- O qualitativo
- O adattativo

4 Quale tra le seguenti fasi non rientra nel modello a prototipazione rapida?
- O Raccolta e rifinitura dei requisiti
- O Progetto rapido
- O Costruzione del prototipo
- O Valutazione del prototipo
- O Rifinitura del prototipo
- O Definizione delle interfacce
- O Ingegnerizzazione del prodotto

5 Quale tra le seguenti fasi non rientra nel modello a spirale?
- O Analisi dei rischi
- O Analisi dei benefici
- O Sviluppo
- O Valutazione
- O Pianificazione

6 I rischi nel modello a spirale sono riferiti
- O all'aspetto economico
- O all'aspetto temporale
- O all'aspetto giuridico
- O all'aspetto tecnologico

Test vero/falso

1 Nel modello a cascata, ogni singola attività viene completata prima del passaggio alla successiva. V F
2 Nel modello a cascata è prevista la fase di revisione del progetto. V F
3 Il processo a prototipazione rapida di sviluppo inizia con la fase di raccolta dei requisiti. V F
4 Nel modello incrementale ogni fase è un incremento della precedente. V F
5 L'analisi dei rischi è fondamentale nel modello incrementale. V F
6 Tra i rischi non è da trascurare la capacità del gestore del progetto. V F
7 Il modello a spirale è stato definito nel 1998. V F
8 Ogni modello di sviluppo migliora il modello precedente. V F